Copyright
Law

전문영 변호사의

저작권 노트

저작물과 저작자 편

TERRA

인간은 생각과 감성을 통해 행복을 느낀다. 글과 음악 미술 영상과 같은 저작물은 인간의 생각과 감성에 창작성을 덧입힌 것이다. 이러한 저작물은 우리의 생각과 감성을 각성시키고 풍부하게 하여 우리에게 더욱 큰 행복을 전해주는 매개체 역할을 한다. 그런데 우리가 저작물을 즐기며 느끼는 행복의 이면에는 언제나 저작물에 대한 창작 노고와 그에 관한 법률관계가 존재하기 마련이다. 그런 면에서 저작권법은 다른 법률들 보다 좀 더 인간의 행복과 밀접한 분야라고 할 수 있다. 나는 이러한 생각으로 저작권법 분야에 매진하면서 보람과 긍지를 느끼며 변호사 활동을 해왔다.

나와 저작권과의 인연은 지금으로부터 30여 년 전, 변호사 사무실을 연지 얼마 되지 않았을 무렵에 우연히 음악과 관련된 저작권 문제를 다루면서부터 시작되었다. 당시 저작권은 변호사의 전문 분야로 삼기에는 사건 수가 적었고 사무실 운영에도 별로 도움이 되지 않는 생소한 영역이었다.

그러나 저작권은 내가 좋아하는 소설 음악 영화 등 문화영역과 접하고 있고 문화의 변화 속도만큼이나 저작권 분쟁의 양상 또한 새롭게 변하는 까닭에 사건마다 창의적인 법률적 접근을 필요로 한다는 점에서 오히려 매력을 느꼈다. 더욱이 당시 저작권 문제를 해결할 만한 자료나 서적이 부족하여 미개척지로 남아 있던 우리나라 저작권의 상황은 남들이 가지 않은 길을 가고 싶었던 나를 저작권으로 강하게 끌어 당겼다.

나는 일반 사건을 수행하는 와중에도 틈틈이 저작권법에 관한 자료를 공부했고 점점 더 저작권에 깊이 파고들었다. 1999년에는 저작권 실무자를 위한 「21세기를 겨냥한 저작권 해설」을 출간하면서 실력을 업그레이드 시켰다.

디지털 기술이 한층 발달하기 시작한 2000년에 접어들자 우리나라의 저작권 분야는 더욱 급물살을 타며 변화했다. 저작물에 대한 신탁 관리를 위한 음반 영상 복사 관련된 신설 협회들이 잇달아 설립되었고, 나는 운 좋게도 이들 협회의 법률자문 변호사로서 적지 않은 저작권 자문과 소송들을 수행할 기회를 얻게 되었다. 그리고 그로부터 20여 년간 이들 협회의 법률자문 변호사로서 활동함과 동시에 저작물과 관련된 개인이나 단체의 법률 자문 또한 꾸준히 해오면서 저작권 전문 변호사로 자리매김했고, 덕분에 한국저작권법학회 회장이라는 분에 넘치는 자리를 역임했다.

돌이켜보면 오랜 세월 동안 헤아리기 어려울 정도로 행한 수많은 저작권 자문과 상담 하나하나가 모두 나의 저작권 실력을 쌓을 수 있는 초석이 되었다. 나는 음악, 사진, 영상, 출판, 디자인, 컴퓨터프로그램 등 여러 저작권 분야에 대한 가처분이나 민사 형사 등 각종 법적 분쟁을 꾸준히 수임하여 재판에 임했다. 상담부터 서면 작성까지 모든 과정을 혼자서 수행하느라 어려움도 많이 겪었지만, 당사자와 직접 소통하며 관련 자료들을 접한 덕분에 더욱 탄탄하게 저작권에 대한 내공을 쌓을 수 있었다.

나는 2018년 서초동에 있던 법률사무소를 정리한 후 그동안 직접 소송을 수행하거나 참고로 수집한 저작권 판결문과 관련 자료들을 체계적으로 분류하는 작업을 했다. 여기 저기 쌓여 있던 저작권 분야에 대한 많은 자료가 하나의 체계로 통합하여 정리되었다. 그러나 이렇게 체계를 잡은 저작권 전체 자료의 양은 방대하였다. 나는 이를 한 권의 내용으로 축약하기보다는 다소 시간이 걸리더라도 저작권 분야를 '저작물과 저작자',

'저작권과 저작인접권', '저작권 침해와 구제' 등 총 3권으로 나누어 저작권을 더욱 심도 있게 다뤄보기로 했다. 이 책은 그중 첫 번째로, 저작물과 저작자에 대한 저작권법 문제를 살펴보면서 저작권법의 기본적인 원리를 이해하고, 독자들이 저작권 법리에 좀 더 쉽게 접근할 수 있는 법률적 사고방식을 형성할 수 있도록 돕고자 했다.

나는 다양한 저작권 실무를 접하며 그 해법을 찾기 위해 많은 판례와 다양한 저작권 관련 서적을 보는 과정을 통해 실무자나 학자가 아닌 변호사로서 저작권을 보는 시각을 가질 수 있었다. 따라서 이 책은 한편으로, 변호사의 시각으로 바라본 저작권 문제 및 해법을 정리한 나의 노트를 공개한 것이라고도 할 수 있다. 이 책에는 내가 저작권 상담을 하며 얻게 된 실무 지식과 분쟁 해결을 모색하며 깨우친 저작권 법리들이 고스란히 담겨 있다.

사실 저작권 문제를 풀기 위해서는 음악, 미술, 출판 등 각 분야에서 형성된 저작권 거래 실무에 대한 이해가 선행되어야 하고, 그에 더해 저작권에 형성된 고유의 법리는 물론 일반 민·형사에 대한 기본적인 법률 지식도 필요하다. 하지만 한 권의 책에 이 모든 것을 한꺼번에 정리하기는 어려우므로, 이 책에서는 저작권 분쟁에 대한 사실관계와 법리가 녹아 있는 판례를 중심으로 저작권 문제 해결에 효율적으로 도움이 될 만한 내용을 선별했다.

또한 이 책에서는 우리나라의 저작권법에 관한 분쟁에 직접적인 도움이 되지 않는 외국의 입법례나 판례 또는 이론적 논의를 최소화하고, 그

대신 저작권 분쟁 해결에 지침이 될 수 있는 국내 판례를 최대한 많이 소개했다. 저작권에 대한 이론적 논의가 있는 부분은 법조문의 해석 등에 필요한 범위에서 다루지만, 그에 관한 다양한 견해를 상세히 소개하기보다는 내가 이해한 법리와 관련되는 판례를 소개하는 방식으로 정리하여 저작권 분쟁 해결에 현실적으로 도움이 되고자 했다.

이 책에 저작물과 저작자에 대한 문제 해결에 도움이 될 수 있는 모든 내용을 담기 위해 기존에 발간된 저작권법 서적들을 참고하며 많은 도움을 받았으며, 이를 계기로 저작권법을 선행하여 연구하신 분들의 엄청난 노고를 피부로 느낄 수 있었다. 감사드린다.

변호사는 법률문제로 먹고 산다. 다른 법률과 달리 인간의 행복에 밀접한 저작권법을 다루면서 저작물 창작을 위한 뜨거운 숨결과 저작물 이용에 대한 목마른 갈증을 가까이에서 볼 수 있었던 것은 개인적으로 행운이었다. 때로는 저작권 현실의 밝음을, 때로는 어두움을 보면서 즐겁기도 하고 안타깝기도 한 시간을 보냈다. 변호사이면서 문화를 소비하는 한 사람으로서 이 책을 집필하게 된 것에 보람을 느낀다.

이 책에는 내가 미처 생각하지 못하거나 발견하지 못한 미진한 부분이 있을 수 있다. 용서를 구하며 계속 보완하고자 한다.

鈍筆勝聰(둔필승총)
'어둔한 기록이 총명함보다 낫다'는 말이다. 나의 책이 둔필이나마 사람들이 찾는 답을 향한 이정표가 되기를 기대해본다.

contents

I
저작물
works of authorship

II

저작물의 유형

categories of works

1. 어문저작물

8. 영상저작물

9. 도형저작물

10. 컴퓨터프로그램저작물

III

2차적저작물과 편집저작물

derivative works & compilations

1. 기존 저작물을 이용한 저작물

2. 2차적저작물

5. 게임 저작물

6. 방송포맷 저작물

IV

기타 저작물

other works

1. 캐릭터 저작물

V

저작자

authors

1. 저작자

2. 여러 명 관여 저작물의 저작자

5. 업무상저작물의 저작자

: 판례에 대한 일러두기 :

··· 이 책에서는 저작권 법리에 관련된 중요한 판결뿐만 아니라 저작권 문제해결에 도움이 될 만한 판례를 최대한 모아 소개하였다.

··· 저작권 법리에 오류가 있거나 의문이 있는 판례도 소개하고 간단히 평석하여 저작권 법리에 대한 이해를 돕고자 했다.

··· 판례의 선고일자는 생략하고 법원과 사건번호로 판례를 특정했다.

··· 판례가 갖는 쟁점에 맞추어 사안을 다시 정리하고 판시내용을 요약·정리한 경우가 많고 판례 원문을 그대로 소개할 경우에는 큰따옴표로 표시했다.

··· 판례의 내용 이해에 필요한 경우 편의상 ❶, ❷, ❸ 등의 문자로 판시사항을 구분하였다.

저작물

지혜물

works of
authorship

works of
authorship

I

1

저작물의
성립

가. 저작물의 정의

저작물은 인간의 사상 또는 감정을 표현한 창작물을 말하며, 이러한 저작물을 만든 저작자에게 저작권이 발생한다. (저작권법 제2조 제1호[1], 제10조[2] 제1항) 저작권은 저작물을 창작한 때부터 발생하며 무방식주의에 따라 어떠한 절차나 형식의 이행을 필요로 하지 않는다. (제10조 제2항)

저작권 침해를 주장하려는 자는 자신의 작품이 저작물 요건을 구비하고 있다는 점을 우선 밝혀야 한다. 침해 주장 작품에 저작물성이 인정되면 그 작품에 대한 저작권의 보호 범위가 정해지고 그에 따라 저작권 침해 여부를 판단하게 된다. 저작물로 인정되는 작품을 구성하는 모든 요소가 저작권의 보호대상이 되는 것은 아니고, 작품 중 저작물 요건을 갖춘 부분만이 저작권 보호를 받게 된다.

---

[1] **저작권법 제2조 (정의)**
1. "저작물"은 인간의 사상 또는 감정을 표현한 창작물을 말한다.

[2] **저작권법 제10조 (저작권)**
① 저작자는 제11조 내지 제13조의 규정에 따른 권리(이하 "저작인격권"이라 한다)와 제16조 내지 제22조의 규정에 따른 권리(이하 "저작재산권"이라 한다)를 가진다.
② 저작권은 저작물을 창작한 때부터 발생하며 어떠한 절차나 형식의 이행을 필요로 하지 아니한다.

나. 저작물의 성립요건

제작된 작품이 저작물이 되기 위해서는 ❶ 인간의 ❷ 사상 또는 감정, ❸ 표현, ❹ 창작성 등 요건을 구비해야 한다.

(1) 인간이 주체

저작물에는 '인간'의 사상 또는 감정이 표현되어야 한다. 인간이 아닌 개가 멜로디가 있는 소리를 내거나 원숭이가 붓으로 색채와 형상이 있는 그림을 그려도 저작권의 보호대상인 인간의 사상 또는 감정의 표현에 해당하지 않는다. 인간이 만든 구글번역기에 의한 번역도 마찬가지이다. 인간이 자신의 사상 또는 감정을 구체적으로 표현하지 않고 개략적으로 작품 내용을 컴퓨터에 지시하고, 그에 따라 인공지능이 구체적인 창작적 표현을 만든 작품은 저작물에 해당하지 않는다. 최근 4차 산업혁명 시대에 접어들면서 인공지능 AI가 만든 악곡이나 그림에 대한 법률적 처리가 논의되고 있다.

(2) 사상 또는 감정

① 저작물에는 인간의 '사상 또는 감정'이 표현되어 있어야 한다. 즉 작가의 사상 또는 감정이 작품의 표현에 녹아있어야 저작물이 성립할 수 있다.[3]

> **골프 코스에 대한 서울고등법원 2015나2016239 판결**
> 골프장의 골프 코스의 대부분의 구성요소는 자연물 자체로서 인간의 사상과 창작이 반영되어 있지 않다는 피고의 주장에 대하여, 골프장의 골프 코스가 잔디, 초목 등 자연물로 표현되어 있다고 하더라도 골프장의 골프 코스의 구성요소 배치에 설계자의 사상이 골프장 공사를 통하여 표현되어 있다고 하였다.

② '사상 또는 감정'에는 예술 등에 관한 진지한 생각이나 감정뿐만 아니라 단순한 생각이나 기분도 포함될 수 있다고 한다. 그러나 작가의 의식이 관여하였다고 하여 모

---

3 이와 같이 저작물 표현에 인간의 사상 또는 감정이 존재하여야 저작물로 성립할 수 있지만 저작물에 들어간 인간의 사상 또는 감정 그 자체는 뒤에서 보듯 저작권 보호 대상이 아니다.

두 저작물에 포함되는 것은 아니다. 예를 들어 미술 작품에 화가가 표현한 서명 부분은 자신의 작품임을 표시하는 수단이다. 화가의 의식이 관여하였다고 하더라도 예술적 사상 또는 감정을 표현한 부분이라고 할 수 없다.

피카소 서명에 대한 대법원 97후860, 877, 884 판결
화가가 그의 미술저작물에 표시한 서명은 그 저작물이 자신의 작품임을 표시하는 수단에 불과하여, 특별한 사정이 없는 한, 그 자체가 예술적 감정이나 사상의 표현을 위한 것이라고는 할 수 없어 저작권법상의 독립된 저작물이라고 보기 어렵다고 하였다.

③ 사상 또는 감정에는 예술, 문학 등에 관한 사상뿐만 아니라 실용적 목적을 갖는 법률적 사상, 기술적 사상도 포함된다. 문학적, 예술적 감성이 없는 '법률적 사상'을 표현한 법률 자문의 글이나 '기술적 사상'을 표현한 특허명세서의 글, 도면도 사상 또는 감정에 속하는 것으로서 저작물이 될 수 있다. 만약 동일한 기술적 사상이 각각 다른 표현으로 작성되었다면 각각의 표현에 대하여 별도로 저작권의 보호가 주어질 수 있다.

④ 그러나 '객관적인 정보나 사실 그 자체'는 인간의 사상 또는 감정을 표현한 것이 아니므로 저작물로 보호되지 않는다. 상가의 명칭 및 전화번호, 기차시간표, 요금표, 날씨 등 사실로 이루어진 정보, 실험의 결과로 얻은 과학적 사실, 고서를 통해 알게 된 역사적 사실, 취재로 얻은 시사적 사실 등이 그 예다. 또한 실제 존재하지 않는 소문도 사실 그 자체와 마찬가지로 인간의 사상 또는 감정을 표현한 것이 아니므로 저작물로 보호되지 않는다. 그러나 사실 그 자체를 그대로 표현한 것이 아니라 사실에 대한 작가의 사상이나 감정을 글이나 사진으로 표현했다면 저작물로 보호될 수 있다.

'잡코리아'에 대한 서울중앙지방법원 2015가합517982 판결
웹사이트 HTML 소스 중 화면에 나타나는 텍스트 부분은 채용 업체에서 제공한 채용 관련 정보를 담고 있는 것으로서 저작권법이 보호하는 사상 또는 감정이라고 할 수 없다며 저작물성을 배척하였다.

소설 '이휘소'에 대한 서울고등법원 96나18627 판결

서적 내용 중 ❶ 핵무기 개발을 향한 박정희의 은밀하고도 집요한 노력, ❷ 그 과정에서 박정희가 망인의 도움을 필요로 하였던 점, ❸ 한국이 유도탄 개발 초기에 실패하였다가 끝내는 장거리 유도탄 개발에 성공하였던 일, ❹ 박정희가 사망한 후 국내에서는 핵무기 개발을 저지하려는 미국이 배후에서 이를 교사하였을 것이라는 소문이 한때 나돌았던 점 등은 객관적인 사실이거나 항간에 나돌던 소문에 불과한 것으로서 그 내용 자체를 신청인의 사상이 담긴 창작이라고 할 수 없어 신청인의 저작권이 미친다고 할 수 없고, 다만 외부에 표현된 표현방식에 한하여만 저작권의 보호대상이 될 수 있다고 하였다.

(3) 표현과 창작성

저작물의 표현과 창작성 요건에 대하여는 후술하는 'I. 2~4'에서 별도로 정리한다.

다. 저작물의 문화발전 목적

저작권법 제1조는 "문화 및 관련 산업의 향상발전에 이바지함"을 저작권법의 목적으로 정하여 저작물이 문화 및 관련 사업의 대상 내지 수단이 될 수 있음을 명시하고 있다. 2006년 개정 저작권법 제2조는 저작물을 "인간의 사상 또는 감정을 표현한 창작물"이라고 정의하여 개정 전 저작권법상 저작물 정의에 있던 "문학, 학술 또는 예술의 범위에 속하는"이라는 문구를 삭제하였다. 하지만 문학, 학술 또는 예술은 인간의 사상 또는 감정의 중요한 활동영역으로서 저작권법 제1조의 '문화'를 해석함에 중요한 기준이 되고 있으며 실제로 저작물의 대표적인 영역이기도 하다.[4] 그리고 저작권법 제4조도 문화와 관련된 저작물의 유형을 예시하고 있다.

---

4   2006년 개정저작권법 이전의 저작물에 대한 정의대로 "문학, 학술 또는 예술의 범위에 속하는" 것만으로 저작물의 범위를 제한하면 과학기술의 발전에 따라 새로이 등장한 컴퓨터프로그램 등을 저작권 영역으로 포함시키는 것에 의문이 남게 된다. 또한 '문학, 학술 또는 예술'의 범위에 속하지는 않지만 인간의 다양한 사고나 취향에 따른 창작적 활동에서 나올 수 있는 문화 산물을 모두 포용할 수 없게 될 우려가 있었다. 따라서 위 개정 이전에

① 저작권법은 저작물을 "인간의 사상 또는 감정을 표현한 창작물"이라고 정의하여 저작물의 범위에 인간의 창작적인 정신활동을 통한 표현을 넓게 포함할 수 있도록 하고 있다. 그런데 "인간의 사상 또는 감정을 표현한 창작물"이 모두 저작물이라면 인간이 사상 또는 감정을 표현한 지적 노력의 산물로서 창의적 기능을 갖는 기계도 저작물처럼 보일 수 있다. 그러나 저작물은 문화발전 목적성과 후술하는 무체성을 함께 갖는 것으로서 산업적 분야의 공작물인 기계는 창작적 형태를 갖더라도 저작물로 보호하지 않는다.

② 저작물은 그 내용에 불구하고 창작적 표현형식을 갖추면 성립할 수 있다. 그런데 아동에 대한 성적 착취, 강간, IS의 참수 등을 촬영한 영상과 같이 그 내용이 명백히 반인륜적, 반사회적 나아가 범죄행위의 결과물인데도 저작물로 인정하고 저작권 보호를 하는 것은 저작권법의 목적인 문화 및 관련 산업의 향상발전과 모순되어 보인다.[5] 저작권법의 목적은 '창작적인 표현형식'을 보호하는 방법을 통하여 문화발전을 이루는 것이다. 저작물에 들어 있는 이론, 정보와 같이 표현에 담긴 내용은 저작물 성립과 관련이 없다. 따라서 오류가 있는 이론이나 저급하거나 미흡한 내용을 담고 있는 표현이라도 창작성이 있으면 저작물로 성립한다. 또한 저작권법은 위법한 내용을 담은 저작물의 성립을 제한하거나 보호를 배제하는 규정을 두고 있지 않는 까닭에 위법한 내용을 담고 있어도 창작적 표현형식으로 이루어진 것이라면 저작물로 성립할 수 있다.

③ 저작권은 저작물의 창작적 표현을 보호할 뿐이며 저작물이 담고 있는 '내용'까지 보호하지는 않는다. 저작물로 성립, 보호되는 것과 위법한 내용을 갖는 저작물을 제작·유통할 수 있는지는 별개의 문제다. 위법한 내용물을 제작 유통하는 행위는 형법

도 문학, 학술 또는 예술의 범위로 한정하는 저작물 정의 문구에도 불구하고 대부분 저작물을 지적·문화적 창작물이라는 포괄적인 개념으로 해석하고 있었다. 이러한 점을 고려하여 "저작물"을 "인간의 사상 또는 감정을 표현한 창작물"로 정의하는 2006. 12. 28자 저작권법 개정이 이루어졌다고 한다.

5 다만 범죄 현장을 사실적으로 촬영한 영상물은 연출된 영상물과 달리 대부분 창작성이 없을 가능성이 크다. 이 경우 저작물의 성립요건 결여를 이유로 저작물성을 부인할 수 있는 것은 당연하다. 이 부분과 관련된 음란한 저작물에 대하여는 'I. 5. 다'에서 정리하였다.

등 관련 법률에 의한 규제나 처벌을 받을 수 있다. 또한 위법한 내용의 저작물을 만든 자가 저작권에 기초하여 소극적으로 침해금지를 구하는 것이 아니라 저작물에 대해 이용승낙을 하거나 손해배상을 구하는 등 적극적으로 권리행사를 하는 경우 사회상 규에 반하는 반사회질서행위로서 권리행사가 배척될 수도 있다.

라. 저작물의 무체적 성격

저작물은 저작자의 머릿속에 있던 창작물이 외부에 표현된 것으로서 저작물을 수록 한 서적, 음악 CD, 미술 원화와 같은 유체물과 달리 관념적으로 접근할 수 있는 무체 적 성격을 갖는다.

(1) 저작물과 유체물의 구분

소설을 예로 들어보자. 작가의 머릿속에서 창작된 소설은 문자라는 표현형식으로 외 부로 표현되어 원고가 작성되고, 이를 기초로 서적이 제작되는 과정을 거친다. 이때 저작물은 작가의 머릿속에서 창작된 소설이 머릿속에 머무르지 않고 어문으로 외부 로 표현되는 단계에서 성립한다. 이처럼 무체성을 갖는 저작물은 저작물이 표현된 작 가의 원고나 출판과정을 거친 서적과 같은 유체물과 구분된다.[6]

회화 작품의 경우 무체의 미술저작물이 유체의 캔버스에 화체되어 결합한 형태이지 만 미술저작물의 무체적 성격은 변함이 없다. 캔버스가 불에 타서 소각되더라도 타인 이 이미 소실된 회화를 그대로 기억하여 모방하거나 또는 소각되기 전에 회화를 촬 영한 사진을 이용하게 되면 무체의 미술저작물에 대한 복제권이 침해되었다고 할 수 있다. 이처럼 저작물이 유체물인 표현매체에 결합하여 표현되어 있더라도 유체물과 일체가 되어 변경되거나 소멸하는 것은 아니다.

---

6   만약 저작물을 구술로 낭독하여 외부로 표현하였다면 해당 저작물을 고정한 유체물은 존재하지 않는다.

'무지개 공간' 조형물에 대한 대전지방법원 2014고단345 판결

피고인은 피해자인 조각가가 조형물 공모에 응하기 위하여 만든 '무지개 공간' 등 '조형물 도면'을 무단으로 이용하여 '입체의 조형물'을 만들었다. 피고인은 피해자가 조형물 도면 만을 만들었고 입체의 조형물을 만들지 않았다며 피고인이 만든 입체조형물은 피해자의 조형물 도면에 대한 복제가 아니라고 주장한 사안에서,

피해자가 그 사상 등을 구체적으로 표현한 조형물 도면은 비록 도면의 형태로 존재한다고 하더라도 피해자의 창작적 개성이 충분히 표현되어 있으므로 미술저작물에 해당한다고 하였다. 그리고 조형물 도면에 표현된 조형물과 입체 조형물 사이에는 서로 표현상의 유사성을 찾아볼 수 있으므로 피고인은 조형물 도면에 의거하여 입체 조형물을 제작하였다고 하였다.[7]

(2) 저작권과 소유권의 관계

① 저작물이 유체물에 수록된 경우에는 소유권과 저작권이 각자 효력을 미칠 수 있다. 예를 들어 저작물이 수록된 유체물인 CD를 소유자의 허락 없이 가져가면 절도죄가 될 수 있고, CD에 있던 저작물 표현을 복사하면 저작권 침해가 된다.

제안서 파일 절취에 대한 서울지방법원 2001노942 판결

피고인이 회사에서 퇴직하면서 업무용 컴퓨터에 수록된 회사가 작성한 제안서 등 자료에 대한 파일을 CD에 복사하여 가지고 나온 형사 사안에서,

검사는 절도죄로 기소를 하면서 범행의 객체를 파일로 하였으나 법원은 파일은 절도죄의 대상인 유체물 등이 아니고 파일을 복사하여 가지고 나온 것만으로는 위 파일에 대한 소유권이나 점유의 침해가 있다고 할 수 없으므로 절도죄가 되지 아니한다고 하였다.[8]

---

7   이 사안에서 조각가가 작성한 '조형물 도면'은 선과 글로 이루어져서 외형상 미술저작물이 아니라 도형저작물처럼 보이지만 조형물 도면에 입체형태의 조형저작물이 관념적으로 표현되어 무체의 조형저작물이 이미 성립하고 있었던 사안이었다. 위 판결은 피해자 조각가가 만든 조형물 도면에 미술저작물에 해당하는 입체 형태의 조형물이 관념적으로 표현되어 있는 것을 인정하고 미술저작물의 침해를 인정하였다. 이 사건 항소심 대전지방법원 2015노3038 판결도 "피고인이 이 사건 도안에 따라서 이 사건 조형물을 제작한 행위는 설령 그 이전에 이 사건 도안이 형상화한 조형물이 존재하지 않았다 하더라도 이 사건 도안에 따른 관념적인 조형물의 복제로서 위 조항에서 정의하는 복제에 해당한다."고 하였다.

8   위 사안에서 만약 제안서가 저작물성을 갖고 있다면 피고인의 제안서 복사행위는 저작물에 대한 복제행위에 해당하는 것으로서 저작권법위반죄에 해당할 수 있었을 것이다.

② 조선시대 그림 원작을 소유한 자가 원작을 전시하고 관람료를 받거나 촬영을 허락하면서 대가를 징수하는 것은 마치 저작권 보호기간이 만료된 저작물에 대하여 전시권이나 복제권을 행사하는 것처럼 보인다. 그러나 조선시대 원작에 대한 권리행사는 저작재산권 보호기간이 종료된 저작물에 기초한 것이 아니라 유체물인 원작에 대하여 갖는 소유권의 배타적 지배 권능에 기초한 것이다. 따라서 소유자의 유체물에 대한 배타적 지배 권능을 침해함이 없이 다른 경로로 원작에 대한 복제물을 이용하였다면 그것은 만인 공동소유로 돌아간 저작물을 이용하는 행위에 해당할 뿐이다.

③ 아름다운 나무나 바위, 호수, 산과 같은 자연물은 인간의 사상 또는 감정의 표현물이 아니라서 저작물이 될 수 없다. 이러한 자연물의 소유자가 그에 대한 사진촬영에 대하여 대가를 받는다고 하더라도 이는 저작권이 아닌 소유권의 권능에 기초한 것이다.

(3) 무체 저작물의 이용

저작재산권은 무체성을 갖는 저작물을 이용하는 권리이므로 여러 사람에게 같은 저작물을 복제, 전시, 배포 등의 방법으로 동시에 이용할 수 있도록 할 수 있다. 저작물이 들어있는 유체물의 점유 이전을 통하여 저작물을 이용하는 권리인 배포권도 무체의 저작물을 이용하는 권리 중 하나이다.[9] 다만 '저작물이 고정된 유체물의 이전'을 요건으로 하고 있을 뿐이다.

저작물은 무체성을 갖는 까닭에 타인이 무단으로 저작물을 복제 이용한다고 하여 저작물 자체가 없어지거나 감소하지 않는다. 저작물 침해로 인한 손해액을 산정하면서 침해된 저작물 자체의 가격을 기준으로 하지 않고 저작물에 대한 통상사용료로 추정하는 것도 저작물의 무체성과 연결된다.

---

9   전시권도 유체물의 진열, 게시를 요건으로 한다는 점에서 배포권과 유사하다. 한편, 배포권의 유체물 이전 요건과 관련하여, 유체물의 이전이 없는 디지털 저작물 파일이 유통되는 경우에 대하여도 배포권에 적용되는 권리 소진의 원칙을 적용할 수 있는지에 대한 논의가 있고 또한 전시권에서도 인터넷 화면 등에 저작물을 보여주는 것이 전시에 해당하는지에 대한 논의가 있는데, 이에 대하여는 나중에 배포권·전시권 분야를 다룰 때 정리하기로 한다.

마. 저작물의 존속기간

저작물에 대한 권리인 저작권은 영구적인 권리가 아니다. 시간이 경과하면 소멸한다. 저작권 중 저작인격권은 일신에 귀속[10]하여 저작자의 사망으로 소멸한다. 저작재산권은 보호기간이 경과되거나[11] 상속인이 없는 경우에[12] 소멸한다. 그러나 보호기간이 경과되어 저작권 보호를 받지 못하는 저작물이라도 2차적저작물의 원저작물 또는 편집저작물을 구성하는 저작물이 될 수 있고, 나아가 선행하는 저작물로서 후속 저작물들의 창작성을 걸러내는 역할을 하며 존속한다.

바. 저작물의 분류

인간의 사상 또는 감정을 표현한 창작물이라면 어떤 형태이든 저작물이 될 수 있다. 저작권법은 9가지 저작물을 예시하고 2차적저작물과 편집저작물을 정하고 있지만 저작물의 범위는 그에 한정되지 않는다.

(1) 예시 저작물의 유형

저작권법 제4조는 저작물을 표현하는 형식인 문자, 음, 동작 등과 같은 '표현형식'[13]

---

10 **저작권법 제14조 (저작인격권의 일신전속성)**
　① 저작인격권은 저작자 일신에 전속한다.

11 **저작권법 제39조 (보호기간의 원칙)**
　① 저작재산권은 이 관에 특별한 규정이 있는 경우를 제외하고는 저작자가 생존하는 동안과 사망한 후 70년간 존속한다.

12 **저작권법 제49조 (저작재산권의 소멸)**
　저작재산권이 다음 각 호의 어느 하나에 해당하는 경우에는 소멸한다.
　1. 저작재산권자가 상속인 없이 사망한 경우에 그 권리가 「민법」 그 밖의 법률의 규정에 따라 국가에 귀속되는 경우
　2. 저작재산권자인 법인 또는 단체가 해산되어 그 권리가 「민법」 그 밖의 법률의 규정에 따라 국가에 귀속되는 경우

13 그런데 문자로 표현된 가사가 악곡과 함께 이용되는 경우 대부분 음악저작물로 보고 있고, 강연·연설은 언어로 표현된 어문저작물이지만 음으로 표현되고 있다. '미술', '건축', '사진'은 동일하게 '형상 또는 색채'에 의해 표현되지만 각자 별도로 정한 고유의 요건에 따라 별개의 저작물의 유형으로 예시하고 있다. 문자, 기호 등을 사용

을 기준으로 다음과 같이 9가지의 저작물을 예시하고 있다.[14]

1. 소설·시·논문·강연·연설·각본 그 밖의 어문저작물

2. 음악저작물

3. 연극 및 무용·무언극 그 밖의 연극 저작물

4. 회화·서예·조각·판화·공예·응용미술저작물 그 밖의 미술저작물

5. 건축물·건축을 위한 모형 및 설계도서 그 밖의 건축저작물

6. 사진저작물(이와 유사한 방법으로 제작된 것을 포함한다)

7. 영상저작물

8. 지도·도표·설계도·약도·모형 그 밖의 도형저작물

9. 컴퓨터프로그램저작물

이는 단순히 예시적인 의미만을 갖는 것은 아니다. 저작권법은 미술저작물·건축저작물 또는 사진저작물에 대하여는 전시권을 인정하고(제19조)[15], 개방된 장소에 항시 전시되어 있는 경우에는 복제권을 제한하는 규정을 두고 있으며(제35조)[16], 컴퓨터프로그램저작물의 경우에는 다른 저작물과 다른 특례 규정(제101조의2 내지 제101조의7)을 두는 등 예시된 특정 저작물에 대해서만 적용되는 조항을 두고 있다.

또한 예시된 저작물은 서로 배타적으로 분류된 것이 아니다. 하나의 작품이 중첩적으로 복수의 저작물의 유형에 속할 수 있다. 예를 들어 건축물에 대한 설계도는 건축저작물이면서 도형저작물이 될 수 있고, 붓글씨로 시를 쓴 서예작품은 어문저작물과 미

한 문장 형태의 코드로 표시되는 컴퓨터프로그램도 어문저작물이 아니라 별개의 독자적인 저작물로 보고 있다는 점 등을 고려하면 저작권법의 예시규정은 '표현형식'이외의 저작물의 현실적인 이용과 거래 등도 아울러 감안하여 분류·예시하고 있다고 보는 것이 더 정확해 보인다.

14   저작권법 제2조는 예시된 저작물 중 영상저작물, 응용미술저작물, 컴퓨터프로그램저작물에 대해서만 정의 규정을 두고 있고, 나머지 예시 저작물들에 대한 정의 규정은 두지 않고 있다.

15   **저작권법 제19조 (전시권)**
저작자는 미술저작물등의 원본이나 그 복제물을 전시할 권리를 가진다.

16   **저작권법 제35조 (미술저작물등의 전시 또는 복제)**
② 제1항 단서의 규정에 따른 개방된 장소에 항시 전시되어 있는 미술저작물등은 어떠한 방법으로든지 이를 복제하여 이용할 수 있다.

저작물

술저작물이 될 수 있으며, 가사로 이용된 시는 어문저작물과 음악저작물이 될 수 있다. 이처럼 하나의 작품에 복수의 저작물성이 인정되라도 개별 표현형식이 갖는 고유의 특징에 따라 보호받는 대상과 범위가 달라진다.

(2) 새로운 저작물의 유형

제4조는 저작물의 유형을 한정적으로 정한 것이 아니라 저작물을 예시하고 있을 뿐이다. 저작물은 제4조가 예시하는 9가지 저작물 중 어느 하나에 반드시 해당되어야 하는 것은 아니다. 9가지 저작물에 해당하지 않는 표현물도 "인간의 사상 또는 감정을 표현한 창작물"이라면 저작물에 해당된다. 따라서 저작물의 유형에는 제한이 없다고 할 수 있다. 제4조에서 인간이 표현형식으로 사용할 수 있는 어문, 음, 형상, 색채 등 대부분을 기준으로 저작물로 예시하고 있는 까닭에 현실적으로 새로운 유형의 저작물이 나타나기가 쉽지 않지만 기존 유형에 포함시키기 어려운 저작물이 발생하는 것이 현실이다.

① 기존 저작물의 유형으로 분류하기 어려운 저작물의 유형이 나타나더라도 기존 저작물과 유사한 저작물로서 저작권 보호를 받을 수 있다. 예를 들어 꽃꽂이 작품의 경우 미술저작물이나 편집저작물과 유사한 저작물로 보호될 가능성이 있다. 꽃과 같은 실물로 구성된 꽃꽂이의 경우 실물 자체에 대한 창작성이 아니라 실물의 배치, 구성부분에 창작성이 인정될 수 있는 것이다. 실물이 시들거나 낙엽이 지는 등 시간이 지나면 변경되더라도 이는 저작물이 화체되거나 구현된 유체물이 변경되는 것일 뿐이며 창작된 무체의 저작물까지 없어지는 것은 아니다. 만약 꽃꽂이를 사진으로 찍어놓았다면 꽃꽂이 저작물에 대한 복제권은 그대로 존속할 수 있을 것이다. 다만 꽃꽂이는 인간이 창작하지 않은 꽃이라는 한정된 소재를 사용하여 저작물의 형상을 작성하고 화병 등 비교적 좁은 공간에서 만들어지며 그동안 선행된 많은 꽃꽂이 작품이 존재하였던 까닭에 소재 및 모양 선정만으로 이루어지는 표현이 제한적이라는 점에서 창작성을 쉽게 인정하기 어려울 것으로 보인다.

꽃꽂이 작품사진 달력에 대한 서울민사지방법원 90가합86201 판결

A 단체 회원인 10명의 원고가 각 1점씩 꽃꽂이 작품을 제작하였다. 꽃꽂이 작품을 촬영하여 만든 사진으로 A 단체 명칭의 달력을 만든 것인데 피고가 사진을 무단 복제하여 달력을 만든 행위에 대하여 원고들에 대한 저작권 침해를 인정하였다.

> 이 판결의 판시 내용만으로는 꽃꽂이 작품에 대하여 저작물성을 인정한 것인지, 아니면 꽃꽂이 작품을 촬영한 사진에 저작물성을 인정한 것인지 명확하지 않다. 또한 꽃꽂이 작품이나 사진저작물이 갖는 저작물성에 대하여 판단하지 않고 원고들은 꽃꽂이 작품을 만들었을 뿐이며 사진을 촬영한 자의 지위에 있지 아니한 것으로 보임에도 꽃꽂이 사진을 원고들의 저작물로 보고 원고들을 사진저작물의 저작자로 보는 등 판시사항만으로는 이해하기 어려운 점이 있다.

② 한편 바둑판에 바둑돌로 만들어진 바둑대국 모양이나 이를 기록한 바둑 기보에 대하여 저작물성을 인정할 것인지에 대하여 논의가 있다. 바둑은 대국자의 사상 또는 감정을 바둑판 위에 바둑돌로 표현하는 것으로서 표현의 선택 폭이 넓어 대국자의 창작적 개성을 인정할 수 있다. 또한 바둑 개개의 표현이라고 할 수 있는 바둑돌의 착점은 대국자의 승부를 위한 아이디어가 그대로 표현된 것으로서 아이디어와 표현이 합체되어 있는 것이지만 두 대국자가 번갈아가며 수담(手談)하는 연속된 착점은 승부에 대한 구체적이고 독특한 스토리를 형성하고 있고, 이는 저작물의 내재적 표현이 될 수 있다고 본다.

이처럼 바둑대국 모양은 인간의 사상 또는 감정이 창작적으로 표현된 것으로서 저작물성을 갖는다. 바둑 저작물은 점과 선으로 표현된다는 점에서 도형저작물과 유사하고, 흑백으로 이루어진 형상으로 표현된다는 점에서 미술저작물과 유사한 면이 있다. 하지만 도형저작물은 도형의 형식으로 특정한 대상을 표현하고 있는 반면 바둑 저작물에서 표현되는 점과 선은 대상을 표현한 것이 아니라 승부를 위한 착점 그 자체일 뿐이며, 바둑 저작물은 미적표현을 추구하지 않는다는 점에서 미술저작물과도 다르다. 따라서 바둑 저작물은 저작권법이 예시하지 아니한 새로운 저작물의 유형으로 보인다.

바둑 저작물은 대국자의 착점 순서에 따라 바둑판에 놓여진 바둑돌의 형상으로 외부에 표현되어 성립하게 된다. 바둑 기보는 이미 성립한 바둑 저작물의 표현에 착점 순서를 함께 기록한 것이다. 이는 마치 즉흥 연주를 통하여 외부에 표현되어 성립한 음

저작물

악저작물을 기록한 악보와 유사한 지위를 갖는다.

바둑기사는 바둑에 임하여 실리 또는 세력 바둑을 두거나 빠르거나 느린 행마를 구사하는 등 자신의 사상 또는 감정을 바둑대국에서 표현하고 있다고 볼 수 있다. 흑백으로 나뉘어 바둑알이 놓일 수 있는 바둑판은 가로 19줄, 세로 19줄이 만드는 총 361개의 교차점으로 이루어진 것으로서 바둑에서 둘 수 있는 경우의 수는 10의 170제곱에 이른다고 하는 등 선택의 폭이 넓다. 대국의 초반 포석에서는 기존 형태를 따르는 경우도 있지만 중반 이후 대국의 모양은 거의 신규성을 갖는 형태가 된다는 점에서 대국 모양 형성에 기여하는 두 바둑기사의 창작적 노고를 인정할 수 있다.

대국의 표현인 바둑판에 놓인 바둑알 형상은 바둑기사의 승부를 위한 착점 선택에 의하여 정해진다. 이러한 착점은 바둑기사의 승부를 위한 아이디어가 그대로 표현된 것으로서 아이디어와 표현이 합체되어 있으며, 아이디어와 표현 모두 승부를 위하여 필요한 몇 가지 착점 중에서 선택해야 하는 제약을 받게 된다. 그런데 바둑대국은 경우마다 다르지만 200여 수에 이르는 착점이 연속되는 경우로서 이러한 착점의 연속은 선과 점이 되어 착점의 연속이 만든 대국 결과는 다른 대국 결과와는 차별성을 갖는 독특한 모양의 외형적 표현이 된다. 이러한 바둑대국 모양은 표현과 아이디어가 합체되어 있는 착점의 연속으로 이루어진 것인데 소설에서 개별적으로는 아이디어에 불과한 스토리들이 모여 구성된 소설의 줄거리가 내재적 표현이 될 수 있는 것처럼 바둑은 아이디어 성격의 착점이 연속되면서 바둑 승부에 관련된 구체적이고 독특한 스토리를 형성하고 있으며, 이렇게 바둑돌로 만들어진 외형적 표현 이외에 바둑대국에서 만들어진 승부의 스토리는 내재적 표현이 될 수 있다고 본다.

그러나 바둑 저작물을 기존의 일반 저작물로 포섭하기에는 어려운 요소도 있다. 그동안 바둑대국의 결과는 다수의 사람에게 공유되어 왔던 것이 현실이다. 즉 아이디어의 공유 차원에서 타인의 대국을 복기한다든지, 타인의 대국 결과 중 일부를 모방하거나 변형하여 실전에 쓰거나 바둑을 익히는 것이 관례적으로 이루어져 왔다. 또한 바둑 개개의 착점은 아이디어와 표현이 일체가 되어 있는 상태이고, 바둑대국의 결과물 중 기존에 없는 창작적인 포석이나 새로운 행마는 표현에 합체된 아이디어의 발상에서 기인한 바가 크다고 보인다. 이와 같은 바둑의 독특한 상황과 결과물 이용 관행을 고려하여 바둑 저작물에 대한 입법 등 명확한 규율이 필요한 것으로 보인다.

---

(3) 2차적저작물 등

저작권법은 원저작물을 개변한 2차적저작물, 소재의 선택·배열·구성에 창작성이 있는 편집저작물을 정하고 있고, 창작자의 수와 관련하여 단독저작물, 공동저작물로, 저작자명의 표시에 따라서 실명저작물, 이명저작물, 무명저작물로 저작물을 구분하고 있다.

2차적저작물과 편집저작물은 앞서 본 예시 저작물과는 다르게 저작권법 제5조[17]와 제6조[18]에서 정한 고유의 요건을 충족하면 성립되는 것으로서 예시 저작물과 중복되어 인정될 수 있다. 따라서 하나의 작품에 음, 형상 등 특정의 표현형식에 의한 저작물성과 별개로 소재의 선택, 배열, 구성이라는 표현형식에 의한 편집저작물성이 존재할 수 있는 등 중첩적으로 저작물성이 존재할 수 있다.

예를 들어 게임물을 구성하는 음과 색채, 형상 등은 개개의 표현형식이 갖는 창작성에 기초하여 개별적인 음악저작물이나 미술저작물 등으로 인정되고, 게임물 구성요소의 선택, 배열, 구성에 대한 창작성을 근거로 게임 전체가 편집저작물로 인정될 수 있다. 또한 작품이 부분적으로 2차적저작물이면서 전체적으로 편집저작물이 되는 경우도 존재할 수 있다.

'심마니세계사'에 대한 서울중앙지방법원 2016가합556106 판결

교육부가 2011. 12.경 '사료로 보는 세계사 - 세계사 교과서 보완 지도 자료집'을 발간하면서 원고 저작물에 있는 내용의 일부분을 그대로 혹은 약간의 수정을 가하여 게재하여 전국의 중학교와 고등학교에 배포하였던 사안에서,

원고 저작물은 세계사의 주요 사건과 그에 따르는 논의 주제들에 관하여 과거 그와 인접한 시대에 쓰인 원 사료나 외국의 역사학 관련 고전 문헌의 한글 번역문, 고고학상의 유물, 유적, 과거의 생활상이 담긴 회화, 사진 등의 이미지 사료(史料) 등을 선정·제시하여 학생들이 위와 같은 원 사료 등을 직접 읽고 나서 편저자가 덧붙인 해설과 생각해 볼 문제 등을 추가로 학습하여 자연스럽게 세계사 지식을 습득할 수 있도록 구성한 것을 특징으로 갖는다. 원고 저작물은 통상의 서술 방식을 취한 역사서와 비교하였을 때 여러 가지 소재의 선택이나 배열 또는 구성에 있어 어느 정도의 창작성을 갖추어 부분적으로 번역저작물이면서 전체적으로 편집저작물에 해당한다고 하였다.

17　**저작권법 제5조 (2차적저작물)**
　① 원저작물을 번역·편곡·변형·각색·영상제작 그 밖의 방법으로 작성한 창작물(이하 "2차적저작물"이라 한다)은 독자적인 저작물로서 보호된다.
　② 2차적저작물의 보호는 그 원저작물의 저작자의 권리에 영향을 미치지 아니한다.

18　**저작권법 제6조 (편집저작물)**
　① 편집저작물은 독자적인 저작물로서 보호된다.
　② 편집저작물의 보호는 그 편집저작물의 구성부분이 되는 소재의 저작권 그 밖에 이 법에 따라 보호되는 권리에 영향을 미치지 아니한다.

사. 저작물의 개수

하나의 작품이 문자, 음, 도형 등 단일한 표현형식을 가지면 대부분 한 개의 저작물로 인정된다. 그러나 하나의 작품에 여러 가지 표현형식이 존재하는 경우 무조건 여러 개의 저작물이 인정되는 것은 아니다. 저작물의 개수는 표현형식을 기준으로 하는 저작물의 분류뿐만 아니라 여러 명이 참여한 경우 공동저작 여부, 작가의 창작 의도와 창작적 완결성 등을 고려하여 정할 수 있다.

① 여러 명이 만든 하나의 작품에 다른 표현형식으로 이루어진 각 표현이 그 자체로 창작적 완결성을 가지고 각자 기여한 부분을 분리하여 이용할 수 있는 형태로 결합한 '결합저작물'에는 단독저작물이 여러 개 존재한다. 복수의 저작물이 결합하여 있는 만화의 시나리오와 그림, 노래의 악곡과 가사, 교과서의 글과 삽화 등이 그러한 예이다.

② 반면 저작권법 제2조 21호[19]의 공동제작과 분리이용 불가능성이라는 요건을 갖춘 '공동저작물'은 복수의 표현형식이 존재하더라도 표현형식을 기준으로 복수의 저작물로 보지 않고 하나의 공동저작물이 된다.

③ 또한 1인이 복수의 다른 표현형식을 사용하여 '하나의 저작물'을 만들 수도 있다. 예를 들어 백남준 작가의 작품처럼 미술적 형상에 음악이나 영상을 가미하여 창작성을 갖는 경우 다른 형식을 갖는 표현들이 하나의 창작적 완결성을 갖추면 작품 전체를 하나의 저작물로 볼 수 있다.[20]

---

19 **저작권법 제2조 (정의)**
    21. "공동저작물"은 2명 이상이 공동으로 창작한 저작물로서 각자의 이바지한 부분을 분리하여 이용할 수 없는 것을 말한다.

20 저작물의 개수를 어떻게 인정하는지에 따라서 법률적 결과가 다른 경우가 있을 수 있다. 예를 들어 형상과 영상으로 이루어진 작품이 있는데 누군가 이 작품 중 영상 부분만을 다른 영상으로 무단 변경하였다고 하자. 만약 형상과 영상으로 이루어진 전체 작품을 한 개의 저작물로 본다면 전체 작품에 대한 동일성유지권 침해가 된다. 그러나 위 작품을 형상과 영상의 표현형식을 갖는 두 개의 저작물이 결합한 것으로 본다면 형상저작물 부분은 변경되지 않았고 영상저작물 부분은 완전히 새로운 저작물로 변경된 것이 되어 동일성유지권 침해 문제가 발생하지 않는다.

2

저작물의
표현

가. 표현의 성립

저작물을 창작하는 저작자는 자신의 사상 또는 감정을 나타내기 위하여 표현과정을
거쳐야 한다. 저작물 표현은 외부로 구체적으로 나타나야 하며, 고정될 필요가 없고,
표현과정을 거쳐 성립된 저작물을 대외적으로 공개하는 공표와 구분된다. 저작자의
의도가 미완성된 경우라도 저작물의 표현으로 보호될 수 있다.

(1) 표현의 요소

저작물의 표현은 인간의 마음속에 있는 사상 또는 감정을 음, 문자 등 표현형식으로
외부에 구체적으로 나타내는 것이다. 아직 표현형식으로 외부로 나타내지 않은 단계
이거나, 외부로 표현은 되었으나 구체적인 표현에 해당하지 않은 경우에는 저작물이
성립하지 않는다.

인간의 사상 또는 감정을 외부로 표현하는 과정에서 '표현형식'과 '외부적 표현수단'
이 다를 수 있다. 예를 들어 작곡가는 '음'을 표현형식으로 하는 음악저작물을 악보에
'음악 기호' 등으로 외부로 표현할 수 있고, 조각가는 '입체적 형상'을 표현형식으로
하는 조형저작물을 도면에 '모양·수치·재질을 기재'하는 방법으로 외부로 표현할 수
있다. 또한 화가가 붓과 물감으로 그림을 그리지 않고 창작하려는 그림의 형상, 구도
와 색상을 디테일하게 글로 표현하였더라도 화가의 사상 또는 감정이 형상과 색채로
외부로 표현된 미술저작물이 성립되었다고 할 수 있다.

문화의 변화, 발전에 따라 기존의 시각으로 이해하기 어려운 도전적인 새로운 작품이 나타나곤 한다. 저작물의 표현과 관련하여 1952년 3개의 악장에 쉼표만 표현하여 4분33초 동안 연주 없이 적막을 유지하는 미국의 존 케이지의 곡 '4분 33초'가 흔히 소개된다. 이 곡은 음악의 창작적 요소를 갖는 음의 표현이 존재하지 않는다는 점에서 음악저작물로서 성립하지 못한 것으로 보인다. 이처럼 작가의 창작적 사상에 의하여 외부로 표출된 표현이라도 저작물로서 보호 받기 어려운 경우도 있다.

(2) 표현의 고정

① 우리나라 저작권법은 저작물의 성립요건으로 저작물 표현을 매체에 '고정'할 것을 요구하지 않는다. 즉흥적인 연주나 연설이 녹음 등으로 고정되지 않았어도 즉흥연주로 표현된 악곡은 음악저작물로, 즉흥연설은 어문저작물로서 성립될 수 있다. 저작물을 확인하거나 입증하기 위하여 녹음 등으로 고정하는 것은 저작물 성립과 무관하다.

> **'하늘 가는 길', '찔레꽃' 노래에 대한 서울중앙지방법원 2014가합8122 판결**
> 가수 장사익이 가사로 사용할 글을 가지고 노래를 흥얼거리면 타인이 이를 듣고 피아노로 음을 정하고 악보를 만든 사안에서, 장사익을 위 노래 작곡에 대한 저작자로 인정하였다.

② 그런데 저작권법 제2조 13호는 "영상저작물은 연속적인 영상(음의 수반여부는 가리지 아니한다)이 수록된 창작물로서 그 영상을 기계 또는 전자장치에 의하여 재생하여 볼 수 있거나 보고 들을 수 있는 것을 말한다."고 정의하고 있다. 매체에 기록된다는 의미의 수록은 매체에 대한 고정과 내용상 차이가 없다. 따라서 영상저작물에서의 수록이 '저작물의 성립요건으로서 고정'을 의미하는 것인가에 대한 논의가 있다.

'영상저작물'은 '연속적인 영상' 이외에 '수록'과 '기계에 의한 재생'을 요건으로 하고 있다. 그런데 수록되지 않은 경우라도 연속적인 영상으로 이루어진 영상물이 만들어질 수 있다. 예를 들어 녹화·수록되지 아니한 스마트폰의 통화영상도 사람의 눈으로 볼 수 있는 연속적인 영상으로서 영상물에 해당할 수 있다. 이 경우 수록은 영상물이 가진 고유의 요건이라고 할 수 없다.

비록 수록과 기계에 의한 재생은 인간의 사상 또는 감정을 표현한 창작물로 정의되는 일반 저작물의 성립요건에는 해당하지 않지만 저작권법이 영상저작물의 성립에 연속적인 영상물 이외에 '수록'과 '기계에 의한 재생'을 요구하고 있다는 점에서 수록은 영상저작물의 성립요건이라고 할 수 있다. 이 경우 수록은 저작물의 고정을 성립요건으로 요구하는 미국 등 다른 입법 하에서의 '고정'에 해당하는 실질을 갖는다. 이러한 논의에도 불구하고 영상저작물이 되기 위해서는 '수록'이라는 형태의 '고정'이 필요하다는 점에 대하여는 이론이 없다.

③ 사진기를 이용하여 피사체를 필름 등에 수록하는 방법으로 만들어지는 '사진저작물'에서도 동일한 논의가 있을 수 있다. 한편 저작인접권의 대상이 되는 '음반'은 유형물에 음이 고정되어야 성립하고 그에 대하여 음반제작자의 저작인접권이 발생한다.

(3) 표현과 공표

저작물이 외부에 표현되어 저작물로 '성립'하는 것과 성립된 저작물을 공중이 접할 수 있도록 공개하거나 발행하는 '공표'(저작권법 제2조 제25호)[21]는 구분된다. 시인이 원고지에 글을 작성하는 순간 저작물이 '성립'되어 시인에게 저작권이 발생하며 시인은 작성된 시를 공중이 접할 수 있도록 낭송하거나 시집으로 출판하여 '공표'할 수 있다. 대부분 저작물이 성립한 후 공표가 이루어지지만 예외적으로 연주회에서 즉흥적인 연주를 통하여 새로운 곡을 발표하는 경우와 같이 저작물의 외부적 표현과 공표가 동시에 이루어지는 경우도 있다.

(4) 미완성 표현

저작자가 의도하는 표현이 완성되지 아니한 작품, 데모 작품, 시놉시스 등 종국적으로 완성된 작품이 아니더라도 해당 미완성 작품에 창작적 표현이 존재하면 저작물로 성립될 수 있다.

---

21 **저작권법 제2조 (정의)**
  25. "공표"는 저작물을 공연, 공중송신 또는 전시 그 밖의 방법으로 공중에게 공개하는 경우와 저작물을 발행하는 경우를 말한다.

저작물

데모 작품 '릴리스'에 대한 서울고등법원 99라319 결정

이 사건 영상 시연물은 데모 작품에 불과하여 종국적으로 완성된 작품은 아니지만 저작자의 사상 및 감정의 표현이 담긴 연속적인 영상화면이 CD-ROM에 수록되어 그 영상을 재생하여 볼 수 있는 창작물이므로 저작권법상 영상저작물에 해당한다고 하였다.

'태왕사신기'에 대한 서울중앙지방법원 2006나16757 판결

피고가 원고의 '바람의 나라'는 22권의 단행본으로 출간된 완전한 형태의 만화저작물임에 비해 피고의 '태왕사신기'는 드라마의 제작 발표회에서 투자 유치를 위해 앞으로 피고가 저술할 드라마 시나리오의 대략적인 개요를 간단하게 정리하여 참석자들에게 배포한 시놉시스로서 그 자체가 최종적이고 만족적인 어문저작물로 보기 어려운 면이 있으므로 실질적유사성을 인정하기 어렵거나 유사성 판단의 기준이 더욱 엄격하게 적용되어야 한다고 주장한 사안에서,

피고가 시놉시스라고 주장하는 '태왕사신기'는 A4 용지 35매에 걸쳐 작성된 것으로서 단순한 아이디어 차원을 넘어 각 등장인물들의 성격과 그들 상호 간의 상관관계, 대략적인 줄거리, 에피소드 등을 포함하고 있어 그 자체로 독자적인 완성된 저작물로 존재한다. 피고의 시놉시스와 '바람의 나라'의 실질적인 유사성이 인정된다면 원고에 대한 저작권 침해가 인정되는 것으로서 그것이 시나리오나 드라마의 형태로 다음 단계의 저작물들을 예상하고 있다는 이유만으로 실질적유사성 판단의 대상이 되지 않는다거나 판단기준을 완화하여야 한다는 근거가 없다고 하였다.[22]

나. 표현의 형태

저작물 표현은 표현형식 그 자체로 보여주는 '외형적 표현'과 전체적인 구조나 전개 과정 등으로 나타난 '내재적 표현'으로 구분할 수 있다. 그 외에 소재의 선택, 배열, 구성에 의한 '편집저작물의 표현'이 있다.

---

22 원심 서울중앙지방법원 2005가단197078 판결은 시놉시스 단계에 불과한 피고의 이 사건 저작물은 그 내용과 형태에 있어서 아직 최종적이지 않고 완성되지 않은 단계의 것이라는 이유로 저작권 침해를 인정하지 않았다.

(1) 외형적 표현과 내재적 표현

① 어문저작물의 표현은 구체적인 문장으로 표현한 '문언적 표현'과 소설의 줄거리와 같은 저작물의 전체적인 구조나 전개 과정으로 표현한 '비문언적 표현'으로 구분된다. 그런데 어문저작물 뿐만 아니라 다른 유형의 저작물에서도 '표현형식의 외형 그 자체로 보여주는 표현'과 '표현형식의 외형에 내재된 표현'이 존재할 수 있다.[23]

어문저작물의 표현형식은 문자와 언어인 까닭에 문언적 표현과 비문언적 표현이라는 용어로 나눌 수 있지만 어문이 아닌 다른 저작물의 경우는 '외형적 표현'과 '내재적 표현'이라는 용어로 구분하는 것이 더 이해하기 쉬워 보인다.[24] 이와 같이 저작물의 표현은 소설에서의 문장과 같이 저작물의 표현형식 그 자체로 만들어진 '외형적 표현'과 소설의 문장 표현에 내재되어 있는 사건 전개 구조나 줄거리 등에 대하여 인정되는 '내재적 표현'으로 구분할 수 있다.

체험전 '가루야 가루야'에 대한 대법원 2016다208600 판결

원고는 밀가루를 소재로 하여 4개의 테마 방으로 구성된 어린이 체험전 '가루야 가루야'를 제작하여 2005. 7. 9. 초연 이래 변론종결일 무렵까지 전국 각지에서 체험전을 진행하였다. 원고와 P는 2009. 10. 13. 'Q'라는 명칭으로 체험전의 구성과 내용을 표현한 어문저작물인 기획안[25]을 창작하여 공동저작자로 저작권등록을 마쳤다. 이후 피고가 유사한 형태의 체험전을 열어 영업한 사안에서,

이 사건 기획안은 어문저작물로서 이 사건 체험전은 이 사건 기획안에 대한 2차적저작물로서 저작권의 보호를 받는데 피고의 체험전은 원고의 체험전과 실질적으로 유사하다며 피고의 저작권 침해를 인정하였다. 이 사건 기획안은 'D'라는 제목으로 체험과 공연의 즐거운 만남을 추구하며 배우의 진행과 어린이들의 밀가루 체험놀이 참여라는 쌍방향 형식

---

23 예를 들어 난타와 같은 연극저작물의 경우에도 내재적 표현이 존재하고 있다. 이 부분에 대하여 'Ⅱ. 3. 다. (4) 그 외의 연극저작물'에서 정리하였다.

24 따라서 이하에서는 어문저작물이외의 경우 '외형적 표현'과 '내재적 표현'이라는 용어를 사용하여 저작물 표현을 구분하기로 한다.

25 <4개의 테마 방으로 구성된 밀가루를 소재로 온가족이 함께 즐길 수 있는 체험 놀이터>
　　Prologue(눈 내리는 마을)- 맨발로 밀가루를 밟으며 걸어보는 체험으로서 테마 방으로 가기 전 시작단계
　　첫 번째 방(밀가루 나라)- 밀가루를 이용하여 예쁜 봉투에 나만의 작품을 만드는 방
　　두 번째 방(빵빵나라)- 밀가루 반죽에 알록달록 곡식으로 특별한 쿠키 만드는 방
　　세 번째 방(반죽나라)- 밀가루 반죽 던져보고, 만져보고, 만들고, 밟아보는 놀이방
　　네 번째 방(통밀나라)- 통밀로 타악기도 연주하고, 한 가득 쌓인 밀 풀장에서 헤엄도 치는 밀 풀장
　　Epilogue(바람나라)- 밀가루 날려 보내기(옷에 묻은 밀가루 기타 잔여물 제거)

으로 이루어지는 이 사건 체험전의 공연 기획안이다. 이 사건 기획안에는 물체극 또는 오브제 극이라는 공연 장르를 개척한 P가 밀가루를 마치 살아있는 생명체처럼 해석하거나 밀가루에 다양한 상징을 부여하여 어린이들이 이 사건 기획안에서 정한 각각의 테마와 이야기의 흐름에 따라 독특한 공간에서 가루, 음식, 반죽, 통밀의 형태로 변화하는 밀가루를 오감으로 체험하도록 하는 작품의 의도와, 이를 구체화한 체험놀이의 구성, 극의 줄거리가 개성적으로 표현되어 있어 이 사건 기획안은 사상이나 감정에 대한 독자적인 표현을 담고 있어 창작성을 인정할 수 있다고 하였다.

이 사건 1심부터 대법원까지 유지되었던 기초 사실을 보면 '체험전'은 2005년부터 공연하였고, 체험전의 구성내용을 어문으로 기재한 '기획안'이 작성되어 저작권 등록이 된 것은 2009년이었다. 일반적으로 각본이 먼저 작성되고 이를 연극화하는 경우와는 달리 이 사안은 체험전이 기획되고 제작되어 일종의 연극저작물로 먼저 창작되었고, 나중에 작성한 기획안은 기존의 체험전 구성과 진행내용을 어문 형태로 작성하여 어문저작물로 저작권등록을 한 것으로 보인다.

따라서 위 대법원판결에서 기획안보다 먼저 만들어진 체험전에 대하여 기획안을 원저작물로 하는 2차적저작물이라고 판단하는 것에 의문이 있다. 위 대법원판결은 '기획안'에 대하여 밀가루를 오감으로 체험하도록 하는 작품의 의도와, 이를 구체화한 체험 놀이의 구성, 극의 줄거리가 개성적으로 표현되어 있다며 문언적 표현보다는 비문언적 표현에 방점을 두고 저작물성을 인정하고 있다. 그러나 '기획안에 표현된 비문언적 표현인 체험 놀이의 구성과 줄거리 부분'은 기존에 공연하던 체험전의 핵심적인 구성내용과 공연의 진행내용을 어문으로 표현한 것으로 보인다. 따라서 기획안에서 표현된 구성이나 스토리는 기존의 체험전이 갖고 있던 창작적 표현에 속하는 것으로서 실제 체험전의 구성이나 진행내용을 그대로 요약한 것일 뿐이고 기획안에 대한 창작성의 근거가 될 수 없다. 판결 판시내용만으로는 기획안에 대하여 창작성을 인정한 부분은 이해하기 어렵다.

② 소설에서 구체적이고 독특한 사건의 전개 과정, 등장인물의 교차 등으로 이루어진 줄거리는 특정한 문장 그 자체로 직접 표현하고 있지 않지만 어문에 내재되어 있는 표현이 될 수 있다. 줄거리가 인물, 배경, 사건 전개 등에 따라 무한히 많은 표현이 가능한 상황에서 선택된 독특하고 구체적인 줄거리에 이르면 저작자의 개성이 나타난 비문언적·내재적 표현으로서 보호될 수 있다.

그러나 소설의 줄거리라도 구체성이 없거나 개성이 없는 단순한 줄거리는 비문언적 표현에 이르지 못하고 아이디어에 해당하거나 창작성이 없는 표현에 해당할 수 있다.

또한 주제 등을 다루는 데 있어 전형적으로 수반되는 사건, 배경, 필수 장면은 창작성이 제한된다.

'시체가 돌아왔다' 시나리오에 대한 서울중앙지방법원 2012카합1494 결정

시나리오의 줄거리인 '주인공들이 특정 회사로부터 억울한 피해를 당하고 급하게 돈이 필요하게 된 상황에서 시체를 훔쳐서 상대방에게 그 몸값을 요구한다'는 내용은 아이디어의 영역에 속하는 것으로서 저작권법에 의한 보호를 받을 수 없다고 하였다.

소설 '엄마를 부탁해'에 대한 서울고등법원 2018나2040806 판결

어문저작물 중 소설, 극본, 시나리오 등과 같은 극적 저작물은 등장인물과 작품의 전개 과정의 결합에 의하여 등장인물이 일정한 배경 하에서 만들어 내는 구체적인 사건들의 연속으로 이루어진다. 이러한 사건이 유사하더라도 아이디어 부분이라고 할 수 있는 주제 등을 다루는 데 있어 전형적으로 수반되는 사건, 배경, 필수 장면이라면 포괄적·비문언적 유사성은 인정되기 어렵다. 이와 달리 아이디어의 차원을 넘어 표현에 해당하는 사건 등이 유사한 경우에는 포괄적·비문언적 유사성이 인정될 수 있다.

이 사건 수필과 이 사건 소설에서 ❶ 아버지가 인파가 많은 장소에서 어머니('엄마')를 잃어버린다는 부분, ❷ 딸('큰딸')이 직업적 상황으로 어머니('엄마')의 실종에 바로 대처하지 못하는 점, ❸ 이 사건 수필의 어머니와 이 사건 소설의 '엄마'는 실종 당사자로서 사건의 발단이 되는 인물인 점, ❹ 실종 당시 60대 후반의 노령으로 중병(치매, 뇌졸중 후유증)을 앓고 있었던 점, ❺ 실종 당시 초라한 모습을 하고 있었던 점, ❻ 이 사건 수필의 딸과 이 사건 소설의 '큰딸'은 양 저작물의 전체 또는 일부분에서 화자의 역할을 하는 점, ❼ 직업(이 사건 수필에서는 교사, 이 사건 소설에서는 작가)이 있으며 직업과 관련된 일(이 사건 수필에서는 교생 실습, 이 사건 소설에서는 중국 북페어 참가)로 인해 어머니의 실종에 곧바로 대처하지 못한 점, ❽ 일 등으로 바빠 어머니에게 소홀했던 것을 반성하고 있는 점, ❾ 실종된 어머니를 찾기 위해 열심히 노력한 점, ❿ 이 사건 수필의 아버지와 이 사건 소설의 '아버지'는 인파 속에서 어머니('엄마')의 손을 놓침으로써 실종 사건의 단초를 제공하는 인물이라는 점, ⓫ 어머니('엄마')의 실종 후 식음을 전폐하고 그 행방을 찾아다닌다는 점, ⓬ 이 사건 수필과 이 사건 소설은 어머니('엄마')에게 양 저작물의 화자 역할을 하는 딸('큰딸') 외에도 여러 자녀가 있었다는 점, ⓭ 자녀들이 실종된 어머니('엄마')를 열심히 찾아다닌다는 점 등에 있어 유사하다고 하더라도 이는 '어머니의 실종'을 소재로 한 문학작품 등에서 전형적으로 수반될 수 있는 사건, 배경, 장면으로서 아이디어의 영역에 속하거나 전형적으로 예정하고 있는 설정으로서 창작성을 인정하기 어렵다고 하였다.

③ 게임물에서 아이디어에 해당하는 게임의 전개 방식, 규칙 그 자체 또는 그러한 것들의 선택과 배열 그 자체가 컴퓨터 게임이 갖는 제약에 의해 표현이 제한되는 경우

에는 아이디어의 차원을 넘어 내재적 표현에 이르렀다고 볼 수 없다.

> **'봄버맨' 게임에 대한 서울중앙지방법원 2005가합65093(본소),**
> **2006가합54557(반소) 판결**
> 게임물에서 아이디어에 해당하는 게임의 전개 방식, 규칙 그 자체 또는 그러한 것들의 선
> 택과 배열 그 자체가 저작자의 개성을 드러나는 '표현'으로 볼 수 있는 경우 게임저작물의
> '내재적 표현'으로 인정된다. 그러나 ❶ 컴퓨터를 통해 조작하고 ❷ 컴퓨터 모니터에 표현
> 되어야 하는 한계, ❸ 승패를 가려야 하고 ❹ 사용자의 흥미와 몰입도, ❺ 게임 용량, ❻ 호
> 환성 등 컴퓨터 게임이 갖는 제약에 의해 표현이 제한되는 경우에는 아이디어의 차원을
> 넘어 내재적 표현에 이르렀다고 볼 수 없다고 하였다.

(2) 소재의 선택, 배열, 구성에 의한 표현

① '외형적 표현', '내재적 표현'과 구분할 수 있는 또 다른 표현의 형태로서 '소재의
선택, 배열, 구성'에 의한 '편집저작물의 표현'이 있다. 편집저작물은 편집저작물을 구
성하는 구체적인 소재들의 외형 그 자체가 아니라 소재의 선택, 배열, 구성에 의하여
표현되어 있다는 점에서 내재적 표현과 유사한 면이 있다.

편집저작물 작성에 채택되는 '분류 기준, 편집 방법'은 원칙적으로 아이디어에 해당
한다. 하지만 간단하지 않은 소재의 선택, 배열, 구성으로 구현된 편집저작물의 분류
기준, 편집 방법이 독특하고 구체적인 형태를 가지면 아이디어가 아닌 일종의 내재적
표현이 될 가능성을 갖는다.[26]

② 편집저작물의 표현을 구현하는 '선택, 배열, 구성' 방법은 일반 저작물에서도 사용
될 수 있다.[27] 어문, 미술, 음악, 건축, 안무 등 작품을 창작하는 자는 무엇을 어떻게 어
디에 표현하는가를 고민하고 그에 따라 표현의 요소인 단어와 문장, 색과 형상, 음악
적 요소, 건축 구성 부분, 다양한 몸짓 등에 대한 '선택, 배열, 구성'을 통하여 창작적
표현을 만들어 낼 수 있다.

그런데 해당 분야마다 고유의 표현형식이 존재하는 어문, 미술, 음악, 건축, 안무 등

---

26 이 부분에 대하여는 후술하는 'III. 4. 나. 편집저작물의 아디이어와 표현'에서 다시 다룬다.

27 창작성에 대한 법리 중 '선택의 폭 이론'은 저작물 표현에 대한 선택 가능성에 창작성의 근거를 두고 있다.

일반 저작물은 해당 분야 고유의 표현형식에 의한 예술적 기준과 정도에 따라 창작성을 가름하고 있다. 이처럼 일반 저작물의 경우 저작물 구성요소에 대한 선택, 배열, 구성의 방법으로 표현한 창작성이 아니라 선택, 배열, 구성을 통하여 나타난 '저작물 고유의 표현형식이 만들어낸 개성적 표현'에서 저작물성을 찾아낸다는 점에서 소재에 대한 선택과 배열 방법 그 자체에서 저작물성을 찾는 편집저작물과 구별된다.

③ 최근에는 게임물을 이루는 게임 규칙, 캐릭터, 아이템, 배경화면, 배경음악 등과 '리얼리티 방송 프로그램'을 이루는 무대, 배경, 소품, 음악, 진행 방법, 게임 규칙 등 구성요소에 대한 선택, 배열, 구성에 대하여 저작권 보호를 확장하고 있다.[28]

다. 아이디어와 표현의 구분

저작물의 성립요건인 저작물 표현은 저작물의 보호 범위를 정하는데 중요한 기준이 되고 있다.[29] 저작권의 보호 범위와 관련하여 미국 판례에서 '아이디어와 표현의 이분법', '합체의 원칙', '필수장면 내지 표준삽화의 원칙', '사실상 표준의 원칙' 등 이론이 발전해왔다. 그 중 대표적인 이론이 저작물 중 아이디어는 저작권으로 보호하지 않고 표현만을 보호한다는 '아이디어와 표현의 이분법'이다.

---

28 게임이나 방송포맷은 '표현'에 해당하는 소재를 사용하는 편집저작물과 다르게 그 자체로는 '아이디어'에 해당할 수도 있는 요소에 대한 선택, 배열, 구성 등에서 창작성을 갖는 부분이 있다. 게임이나 방송포맷은 그 자체가 갖는 특정 표현형식에 의한 창작성을 갖는 것이 아니라 구성요소에 대한 선택, 배열, 구성 등에 창작성을 갖는 점에서 편집저작물의 표현에 해당하지만 일반 편집저작물과는 달리 어문, 영상 등 외형적 표현 자체뿐만 아니라 게임의 시나리오나 방송물의 진행 방법 등 내재적 표현요소에서 창작성을 찾는 형태를 취하고 있다. 이 부분에 대하여는 게임저작물 등에서 정리한다.

29 저작물로 인정되는 작품에는 창작적인 표현뿐만 아니라 창작성이 없는 표현, 그리고 아이디어나 정보 영역의 것, 사실, 기술적 고안이나 기능 등 다양한 것들이 함께 존재할 수 있다. 저작물의 성립요건의 측면에서 보면 창작성이 없는 표현은 저작물의 성립요건 중 '창작성'을, 사실은 '인간의 사상 또는 감정'을, 기술적 고안이나 기능 그 자체는 '표현' 요건을 각 충족시키지 못하여 저작권의 보호를 받지 못한다고 할 수 있다.

(1) 아이디어와 표현의 이분법

① 저작물 중 아이디어가 아닌 표현만을 저작권으로 보호한다는 '아이디어와 표현의 이분법'은 저작물에 들어 있는 아이디어나 정보에 독창성이 있다고 하여 아이디어 등에 대하여 배타적 권리를 주게 되면 아이디어 등이 자유롭게 널리 이용되지 못하고 문화의 발전을 저해하게 된다는 취지의 미국 판례에서 발전된 법리이다.

'아이디어와 표현의 이분법'은 1880년 미국 연방대법원이 베이커 셀든(Baker V. Selden) 판결에서 새로운 회계상 부기 방식을 설명한 서적에 대한 저작권 보호는 그 부기 방식을 설명한 언어적 '표현'에만 미치는 것이지 '아이디어'에 해당하는 부기 방식 자체에 미치는 것은 아니라고 판시한 이래, 오랜 기간에 걸쳐 미국 판례에서 발전되다가 1976년 미국 저작권법 제102조 (b)에서 성문화되었다. 미국 저작권법 제102조 (b)는 "어떠한 경우에 있어서도, 창작성 있는 저작물에 대한 저작권 보호는 그 형태 여하를 불문하고, 당해 저작물에 기술, 설명, 예시, 또는 그것에 포함되는 아이디어, 절차, 과정, 체제, 작동 방법, 개념, 원칙, 또는 발견에 대하여는 적용하지 않는다."고 정하고 있고, 관련 미 하원 보고서는 "저작권은 저작자의 작품을 통해 나타난 아이디어나 정보를 타인이 사용하는 것을 방해하지 않는다. 이것은 저작자가 지적인 개념을 표현하는 바의 문학적·음악적·회화적 내지 미술적 양식과 관련된다. 제102조 (b)는 저작권의 보호는 그것이 여하한 형식으로 기술되거나, 설명되거나, 도해되거나 혹은 실체화되어 있더라도 아이디어, 절차, 공정, 체제, 조작 방법, 개념, 원칙, 또는 발견에는 미치지 않는다는 것을 명백히 하고 있다."고 설명하고 있다.

한편, 독일에서는 저작물을 공표와 함께 공중의 영역이 되는 '내용'과 내용을 외부적으로 표현한 '형식'으로 구분하고 형식만을 보호한다는 '내용과 형식 이분법' 이론이 있었고, 이 이론이 '형식'을 세분하여 '외면적 형식'(표현형식으로 외부에 표현된 객관적인 구성)과 '내면적 형식'(저작자의 내심에 일정한 질서를 가지고 형성된 사상 또는 감정의 체계)으로 나누는 입장으로 발전하였다고 한다.

---

② '아이디어와 표현의 이분법'은 저작권으로 보호받는 표현을 무단 사용하면 저작권 침해가 되지만 아이디어를 무단 사용하는 경우에는 저작권 침해가 되지 않는다고 하여 저작권 보호 범위 및 침해를 정하는 기준으로 사용되고 있다.

그런데 실제 사안에서는 저작물의 아이디어와 표현에 대한 경계가 명확하지 않은 경우가 존재한다.[30] 소설의 줄거리, 독특하고 구체적인 교육 방법, 작품 자체보다 작품

---

30 미국 판례에 의하여 발전한 아이디어와 표현의 이분법에서 표현과 아이디어의 구분은 정도의 문제로 보고 구체적 침해 사안에 대한 결론 도출 도구로 사용되어 온 것으로서 절대적 기준을 제시하지 않고 정책적인 판단을

의 아이디어에 초점을 맞추는 개념 미술, 샘플링 기법을 사용하는 음악, 알고리즘을 코딩한 프로그램의 구조와 배열 등이 그 예다. 따라서 아이디어와 표현의 이분법은 다양한 저작물의 개별적 창작 여건 등을 고려하여 적용되고 있다.

판례는 저작권법이 보호하고 있는 것은 사상과 감정을 말, 문자, 음, 색 등에 의하여 구체적으로 외부에 표현한 창작적인 표현형식이고 표현된 내용, 즉 아이디어나 이론 등의 사상 및 감정 그 자체나 공지의 사실 또는 일반상식에 속하는 사실은 아이디어에 해당하여 보호하지 않는다고 하여 '아이디어와 표현의 이분법'을 저작권의 기본적인 법리로 받아들이고 있다.

'희랍어 분석 방법'에 대한 대법원 93다3073, 3080 판결

저작권법이 보호하는 것은 사상, 감정을 말, 문자, 음, 색 등에 의하여 구체적으로 외부에 표현한 창작적인 표현형식이고 그 표현된 내용 즉 아이디어나 이론 등의 사상 및 감정 그 자체는 설사 그것이 독창성, 신규성이 있다 하더라도 소설의 스토리 등의 경우를 제외하고는 원칙적으로 저작물은 될 수 없으며 저작권법에서 정하고 있는 저작인격권과 저작재산권의 보호 대상이 되지 아니한다고 하였다.

'이것이 미국영어다'에 대한 서울서부지방법원 2007가합4127 판결

사실 정보에 관한 저작물에 들어 있는 공지의 사실 또는 일반상식에 속하는 사실은 '아이디어'에 해당하지만 이를 표현하는 서술의 순서, 설명 양식, 제시 방법 등에서 구체적이고 창작적으로 표현한 것은 저작권법상 보호의 대상이 될 수 있다. 원고가 미국에서 20여 년간 생활한 것을 바탕으로 하여 한국인들이 쉽게 익힐 수 있도록 영어 관용어구를 기초로 대화 문장을 창작한 다음 문장들이 사용되는 상황에 맞게 조합·배열하여 알기 쉽게 서술한 원고 서적에 실린 영어 예문들은 저작물에 해당한다고 하였다.

코믹성악공연물에 대한 대전지방법원 2016노3293 판결[31]

"이 사건 공연의 주된 특성인 성악곡에 웃음을 자아내는 소품이나 간단한 연기를 접목하였다는 것은 클래식 음악을 일반 관객들에게 친숙하게 소개하기 위한 아이디어에 불과하

하여온 까닭에 아이디어와 표현에 대한 기준이 명확하게 나뉘어 있지 않다고 한다.

31 피고인이 피해자 오페라단에서 만든 성악 공연물을 모방하여 공연하였다는 이유로 저작권법위반으로 공소가 제기된 사안에 대하여, 1심은 공소가 제기된 피해자 공연물 중 일부에 대하여 저작권법위반죄를 적용하여 벌금

여 저작권의 보호 대상이 된다고 보기 어렵다. 이 사건 공연 중 노래에 접목된 소품이나 연기 등을 살펴보면, ❶ 'K'공연에서 이루어지는 행위들, 즉 옷을 벗어 그 안에 입고 있던 소매 없는 옷 등 비정상적인 차림을 드러내거나 뒤쪽에 구멍이 뚫린 옷을 입고 있다가 뒤돌아서 이를 보여주는 행위, 소매 없는 옷을 입고 팔을 들어 겨드랑이를 노출시키는 행위 등은 오래전부터 웃음을 유발하기 위하여 사용되어 온 것들로서, 흔한 소품이거나 이를 이용한 동작에 불과하고, ❷ 'L' 공연에서 사용된 안경알이 하나만 있는 선글라스는 흔히 사용되는 소품으로 보이며, ❸ 'M' 공연 말미의 무엇인가를 마시는 동작은 'M'의 가사가 맥주를 마시는 장면과 관련된 것임에 비추어 이 노래로부터 쉽게 떠올릴 수 있는 동작으로 보이고 여기서 사용된 생수통 역시 흔히 사용되는 소품이거나 무엇인가를 마시는 행위에서 쉽게 떠올릴 수 있는 것으로 보이며, ❹ 'N' 공연의 구성인 가수와 피아니스트가 그 역할을 바꾼다는 설정이나, 'O' 공연의 구성인 2명의 남자 가수가 서로 다투다가 화해하여 함께 노래를 마친다는 설정은 모두 아이디어에 해당하거나 흔히 사용되는 것으로 보인다. … 원심이 이 사건 공연 중 피고인이 모방하였다고 판단한 부분들은 모두 아이디어에 불과하거나 창작성 있는 표현으로 보기 어려운 것들로서 저작권의 보호대상에 해당한다고 보기 어렵다."

③ '아이디어와 표현의 이분법'에 따라 표현은 저작권으로 보호되고 아이디어는 보호되지 않는다고 하지만 '표현'에 해당한다고 하여 모두 저작권법으로 보호되는 것은 아니다. 저작물의 표현에 해당해도 창작성을 가져야 저작권 보호를 받을 수 있다. 즉 저작물의 창작성과 표현 요건을 모두 충족하는 '창작적 표현'이어야 저작권의 보호를 받는다. 따라서 저작물 표현에 창작성이 없거나 또는 창작적인 아이디어에 불과한 경우에는 저작권 보호를 받지 못한다.

(2) 아이디어의 개념과 범위

① '아이디어와 표현의 이분법'에서 '아이디어'는 사전적인 의미인 '어떤 일에 대한 착상이나 구상'을 뜻하는 것이 아니다. 여기에서 '아이디어'는 저작물로 보호되는 '표현'이 아니기 때문에 저작권법이 보호하지 않은 것들을 통칭하는 개념으로 사용되고

200만 원을 선고하고 나머지 일부에 대하여는 저작권의 보호대상이 되는 창작물이 아니라며 무죄로 판단하였다. 환송 전 2심은 1심의 판단을 그대로 유지하였다. 그러나 상고심인 대법원은 피고인이 모방하였다고 판단한 부분은 모두 아이디어에 불과하거나 창작적 표현으로 보기 어렵다며 피고인에 대한 유죄판단 부분을 파기환송하였고 위 판결은 환송 후 2심 판단이다.

있다.[32] 예를 들어 작품에서 표현한 '사실 그 자체'는 저작물의 요건인 '인간의 사상 또는 감정'을 결하기도 하지만 '사실 그 자체'를 아이디어에 포함시켜 저작권 보호에서 배제하기도 한다.

이처럼 아이디어와 표현의 이분법에서 아이디어는 저작권으로 보호되지 않은 '인간의 사상 또는 감정 그 자체', '표현에 있는 내용', '정보나 사실' 등을 포함하는 넓은 개념으로 사용되고 있다. 더 나아가 창작성이 적거나 없는 추상적 표현, 줄거리 등이 구체적이고 독특한 수준에 이르지 못한 표현에 대하여도 아이디어에 해당한다며 저작권 보호를 배척하는 등 저작권으로 보호하지 않은 저작물 부분을 '아이디어'로 통칭하고 있다.

② 저작물에 표현된 '인간의 사상 또는 감정 그 자체'는 아이디어에 해당한다. 저작물은 인간의 머릿속에 있던 '인간의 사상 또는 감정'을 구체적으로 표현하여야 성립하지만 저작물에 표현된 '인간의 사상 또는 감정 그 자체'는 저작권으로 보호하지 않는다. 전자의 '인간의 사상 또는 감정'은 외부적 표현 이전에 인간의 머릿속에 존재하는 것으로서 표현의 대상으로서 저작물의 성립요소인 반면 후자의 '인간의 사상 또는 감정 그 자체'는 외부로 표현되어 저작물의 내용이 된 것으로서 아이디어와 표현의 이분법상 '아이디어'에 해당하여 저작권으로 보호받지 못하는 것이다.

예를 들어 저작자가 가진 사상이나 관념은 저작물의 표현대상인 '인간의 사상이나 감정'에 해당하지만 이론이나 원칙, 과학 법칙 등으로 저작물에 표현되면 아이디어와 표현의 이분법상 '아이디어'가 된다. 다만 저작물에 표현된 저작자의 사상 또는 감정이 저작권법 제13조가 동일성유지권의 보호 대상으로 정한 "저작물의 내용·형식 및 제호" 중 '내용'에 포함되는지에 대하여 논의가 있는데, 이는 나중에 동일성유지권 분야에서 정리하기로 한다.

---

32 위 아이디어와 표현의 이분법을 성문화한 미국 저작권법 제102조 (b)는 저작권으로 보호하지 않은 것으로서 "아이디어, 절차, 과정, 체제, 작동 방법, 개념, 원칙, 또는 발견"을 들고 있는데 이러한 것들을 아이디어와 표현의 이분법상 '아이디어'로 통칭하고 있다.

(3) 아이디어의 유형

① 판례는 작품에 포함된 사상이나 주제, 이론적 체계, 인류 공통 유산에서 유래한 소재, 표현의 내용, 단순한 표현, 조사결과 등은 아이디어로 보았다.

'성품학교교재'에 대한 서울동부지방법원 2011가합2980 판결

교재를 구성하는 사상이나 주제는 일반적으로 구체성이 없어 저작권법에 의하여 보호되는 표현의 영역에 포함된다고 보기 어렵고, 원고 교재의 제목 중 배려, 지혜, 경청, 감사, 책임감, 절제, 정직, 인내는 다른 문헌에도 사용된 제목으로서 표현이 아닌 추상적인 아이디어에 해당하거나 창작성을 인정할 수 없는 부분이라고 하였다.

수지침 서적에 대한 서울중앙지방법원 2006가합83852 판결

수지침 이론을 설명하면서 14기맥과 345개 혈점의 표현방식으로 알파벳과 아라비아숫자를 조합하여 사용한 14기맥과 345개 혈점의 표현방식은 수지침 이론을 전개하기 위한 전제로서 14기맥과 345개 혈점의 명명방법에 불과한 '아이디어 또는 이론적 체계'에 해당한다고 하였다.

'태왕사신기'에 대한 서울중앙지방법원 2006나16757 판결

원·피고의 저작물은 사신 또는 사신수가 의인화되어 있다는 점이 유사하나 인간 이외의 사물이나 추상 개념에 인격적인 요소를 부여해서 표현하는 의인법을 사용하여 고구려 고분벽화에 있는 사신에 의인화하여 수호신으로 설정한 것은 '아이디어'에 해당한다. 또한 원고가 피고는 원고의 '바람의 나라'에서 쓴 '부도'의 표현적 의미를 베껴 '신시'로 대체하면서 시대적 배경만 광개토대왕 시대로 옮긴 것이라고 주장한 부분에 대하여 '부도'나 '신시'는 인류 문화의 공통유산인 고대 문헌이나 신화에서 유래하는 소재로서 공유의 영역에 속하여 '아이디어'에 해당한다고 하였다.

정보제공 표준제안서에 대한 서울지방법원 99가합93776 판결

제안서의 주요 내용인 가격 변동폭을 미리 설정하면 설정된 변동폭만큼의 등락 발생 시 이를 즉시 이동통신 단말기를 통하여 증권투자자에게 통보해 주는 서비스 방식은 아이디어에 해당한다고 하였다.

'석굴암 그 이념과 미학' 서적에 대한 서울중앙지방법원 2012가합80045 판결

작가 자신의 독창적인 상상력으로 시대적 배경 및 김대성 설화를 새로운 관점에서 해석하여 김대성 설화에 나오는 곰이 백제 유민이며, 김대성이 백제 유민을 죽이고 나서 곰 꿈을 꾸고 참회하게 되는데 이것을 석굴암 창건 동기로 연결하여 석굴암의 창건 목적이 백제 유민에 대한 악업을 참회하고 그 원혼을 달래기 위한 것이었으며, 깨진 천개석은 대립하는 삼국의 모습을 의미하고, 김대성이 깨진 천개석에 의미를 부여하여 그대로 시공한 것이라는 서술한 구체적인 표현들은 저작권의 보호대상에 해당한다. 그러나 '곰을 백제 유민으로 해석한 것', '곰 사냥 사건', '깨진 천개석의 의미', '석굴암의 창건 목적이 참회라는 것'은 아무리 독창적이라고 하더라도 그 자체는 아이디어에 해당한다고 하였다.

'강남스타일' 노래에 대한 서울중앙지방법원 2013가합7566 판결

원고의 음악저작물은 발라드곡인 반면 피고의 강남스타일 음악저작물은 댄스곡으로 상당 부분이 랩으로 이루어져 있어 원고 음악저작물에서 피고 음악저작물이 연상되지 않고, 그 청각적 심미감이 다르며, 가락, 리듬 및 화성에 있어 상당한 차이가 있고, 가사도 구체적인 표현에 동일한 부분이 없다며 실질적유사성이 없는 전혀 별개의 독립된 저작물이라고 판단한 사안에서,

원고가 주장하는 ❶ 일부 유사한 특징인 단순히 두 개의 음으로 연결된 종지부, 후렴구가 단순하게 구성되어 있거나 후렴 악구가 반복되는 것, ❷ 코드 진행이 단순히 'Bm' 하나에 불과한 부분, ❸ '강남스타일'이란 단어가 주요한 가사로서 노래에 전반적·지배적으로 배치된 점, ❹ '헤이~'에 이어 '강남스타일'이 이어지는 동형진행형식, ❺ 성애 표현에 이어 반복 후렴구가 갑자기 끼어드는 부분은 구체적인 표현에는 이르지 못한 아이디어에 해당한다고 하였다.

'인쇄매체수용자조사보고서'에 대한 서울지방법원 2001가합17140 판결

원고 한국광고주협회는 인쇄매체수용자조사보고서를 만들어 배포하면서 자신의 허락 없이 배포·인용·공표하는 것을 금지하였는데, 원고가 실시한 2001 인쇄매체수용자조사의 개요, 가구구독률, 가판구매자 비율 등 조사 결과의 일부 등을 언론사가 기사에 게재한 사안에서,

인쇄매체수용자조사보고서에 나타난 조사결과는 '아이디어'에 해당한다며 피고들이 이 사건 보고서의 내용인 이 사건 조사 결과를 이용한다고 하더라도 이 사건 보고서의 구체적인 표현까지 베끼지 않는 한 이 사건 보고서에 관한 저작권 침해행위로 인정되지 않는다고 하였다.

저작물

② 또한 작품에 들어 있는 미술의 표현기법, 저자가 나름대로 고안한 언어학습 방법, 예를 들어 키 레터스를 이용한 희랍어의 분석 방법, 한자에 선택된 부호를 적용하여 모든 한자의 뜻을 연상하여 암기할 수 있도록 한 한자 학습법, 학습자가 효과적으로 영어를 익힐 수 있도록 하는 교육 방법 등 방법적 요소는 아이디어에 해당한다고 하고 있다.

청계천 색동벽화에 대한 서울고등법원 2009나111823 판결
청계천 색동벽화에서 선을 상하 및 좌우로 교차시켜 삼베의 질감을 묘사하는 표현기법은 '아이디어'에 해당한다고 하였다.

'희랍어 분석 방법'에 대한 대법원 93다3073, 3080 판결
피고가 몇 개의 철자 '키-레터스 (Key-Letters)'를 선택해 어미 변화를 설명함으로써 희랍어를 분석해 가는 새로운 방법론을 사용한 것은 독창성이 있는 기술과 방법으로 보인다. 그러나 이는 어문법적인 원리나 법칙에 해당하므로 저작권의 보호대상인 표현의 영역에 속하는 것이 아니라 보호 대상이 아닌 아이디어의 영역에 속하므로 피고의 이론을 이용하더라도 구체적인 표현까지 베끼지 않는 한 저작권의 침해로 되지는 아니한다고 하였다.

'한자학습법'에 대한 서울고등법원 2007나87117 판결
"이 사건 자원부호 체계는 기존의 한자 부수 214자 대신에 한자의 기본이 되는 80종 149개의 자원부호를 선별하여 개별 한자에 위 각 자원부호를 적용하는 경우 모든 한자의 뜻을 연상, 암기할 수 있도록 하는 학술적인 이론 체계로서, 위와 같은 자원부호 중 일부가 변경, 삭제되는 경우에는 단순히 다양한 선택가능성 중의 하나인 표현형식이 변경되는 것이 아니라, 전체적인 이론 체계의 동일성 내지 완성도에 변화를 가져 오게 되므로, 이 사건 자원부호 체계는 학술적인 이론으로서의 아이디어에 속한다고 봄이 상당하다."

이 사안에서 피고는 개별 한자에 대하여 공통적인 의미로 사용될 요소에 해당하는 뜻에 부합하는 명칭을 부여하고 요소의 뜻을 조합하여 해당 한자의 뜻을 연상하여 암기하는 학습 방법을 착상한 것이 '아이디어'에 해당하고, 이러한 착상을 기초로 만든 자원부호체계는 다양하게 만들어질 수 있는 것으로서 (아마도 선택 가능성이 있다는 점에서) '표현형식'에 해당한다고 주장하였다. 위 판결은 어학, 문자에 대한 학술이론에 있어서 동일한 착상에 기초한 것이라도 구체화한 이론 체계는 다양한 내용이 있을 수 있고, 이러한 다양한 이론을 자유롭게 이용·연구함으로써 보다 우수하고 합리적인 이론이 무엇인가를 발견해가는 것이므로 이 사건 착상에 기하여 고안될 수 있는 자원부호체계가 별도로 존재할 수 있거나 더 합리적이라고 하더라도 자원부호의 체계는 학술적인 이론으로서 아이디어에 속한다고 하였다.

'파닉스영어교재'에 대한 서울고등법원 2011나20227 판결

원고가 출판한 'ELP Phonics' 영어교재는 ❶ 영어 알파벳순서에 따라 음가를 순차 배열한

단원이 여러 개 배치되고, ❷ 각 단원의 처음에는 각 음가를 사용하는 단어 중 학습자에게 친숙한 1개의 단어가 그림과 함께 제시되어 학습자는 쓰기 활동 등을 통해 위 음가를 익히게 되고, ❸ 그 후 2개의 확장단어가 그림과 함께 제시되어 학습자가 이를 익히게 되고, ❹ 그 후 듣기와 쓰기 활동을 통하여 학습자가 해당 음가와 알파벳의 관계를 익히도록 편집되어 있어 소재의 선택, 배열에 표현의 독창성이 있다고 주장한 사안에서,
이 사건 ❶ 저작물 1권 단원구성 중 각 단원의 도입부에 해당 음가가 포함된 단어 중 학습자에게 친숙한 단어 1개를 그림과 함께 제시하여 이를 학습하게 한 다음 해당 음가가 포함된 새로운 단어를 그림과 함께 추가로 제시하여 이를 학습하게 하는 방법 및 ❷ 이 사건 저작물 2권 단원구성 중 단모음별로 빈출 빈도가 높은 각운 패턴을 3~4개 선별한 다음 각 단원의 도입부에서 그 단원에서 학습할 각운 패턴을 소개하고 그 각운 패턴 앞에 단자음이 붙은 세 글자 단어 중 학습자에게 친숙한 단어 1개를 그림과 함께 제시하여 이를 학습하게 하고, ❸ 같은 각운 패턴이 사용된 새로운 세 글자 단어를 그림과 함께 추가로 제시하여 이를 학습하게 하는 방법 자체는 학습자로 하여금 파닉스를 효과적으로 익힐 수 있도록 하는 교육방법, 즉 아이디어 영역에 해당하는 것이어서 저작권법의 보호대상이 아니라고 하였다.

알파벳 캐릭터 학습법에 대한 대전지방법원 2013가합3334 판결

원고 교재는 아동을 대상으로 알파벳을 생물화한 캐릭터, 각 캐릭터별 명칭, 알파벳의 음가와 관련된 이야기를 적합한 단어와 문장 및 배경그림으로 표현한 것으로 창작성이 인정된다고 하였다.

위 판결은 원고 교재와 침해 교재는 구체적 표현 방법에 약간의 차이가 있기는 하나 대부분 동일하여 원고 교재와 침해 교재는 그 창작적 표현형식에 있어 실질적유사성이 있다고 하였다. 구체적으로 알파벳 A부터 Z 중 16개 부분에 대하여 실질적유사성을 인정하였는데 그 일부 판시부분을 보면, "❶ 알파벳 A : 원고 교재는 알파벳 A를 울고 있는 모습으로 표현하면서, 위 캐릭터가 '애애애'라고 울고 있다는 취지의 알파벳 A의 음가가 연상되는 이야기가 있고, 이 사건 침해 교재 역시 알파벳 A를 울고 있는 모습으로 표현하면서, 위 캐릭터가 '애애애'라고 울고 있다는 취지의 알파벳 A의 음가가 연상되는 이야기가 있다. ❷ 알파벳 E : 원고 교재는 알파벳 E를 빨간색의 특이한 치아를 가진 모습으로 표현하였고, 이 사건 침해 교재는 알파벳 E를 긴 치

저작물

아를 가지고 있는 토끼로 표현하였다. … ❸ 알파벳 G : 원고 교재는 알파벳 G를 쥐를 무서워 하는 괴물로 표현하였고, 이 사건 침해 교재는 알파벳 G를 쥐로 표현하였다."라고 판시하고 있다. 위 판결은 알파벳을 생물화한 캐릭터, 캐릭터별 명칭, 알파벳의 음가와 관련된 이야기에 대하여 저작물성을 인정하고 있다. 그러나 캐릭터의 명칭이나 음가 이야기 내용은 저작권으로 보호되는 않는 아이디어의 영역에 속하거나 창작성이 부족한 것으로 보임에도 이 부분을 기초로 실질적유사성을 인정한 부분에 의문이 있다.

벼락치기 공부법에 대한 서울중앙지방법원 2019가합537427 판결

피고는 네이버 카페, 블로그 등에 입시 관련 글을 게시하고 벼락치기 공부법에 관한 영상과 게시글이 있는 입시 관련 영상을 제작하여 유튜브 채널을 통해 소개하고 있었는데 입시학원 강사로 '벼락치기 필살기'의 내용이 포함된 '서울대 공부의 신 김지석의 대박타점 공부법'이라는 제호의 서적을 저술하여 발행하였던 원고가 피고가 원고의 허락 없이 원고 서적의 '벼락치기 필살기'의 내용 중 ❶ 필살기 1. 한만큼 오른다, ❷ 필살기 2. 먼저 전체적으로 훑어보기, ❸ 필살기 3. 문제 읽고 바로 답 읽기'의 내용을 도용하여 별지3 기재와 같은 내용으로 게시하여 원고의 저작권을 침해하였다고 주장한 사안에서,
"원고가 벼락치기 공부법으로 제시한 7가지 방법들 중 위 3가지 방법들 즉, '한만큼 오른다', '먼저 전체적으로 훑어보기', '문제 읽고 바로 답 읽기'에 관한 내용은, 기존에 공부 방법으로 알려져 있는 것이고, 일반적으로 사용하는 용어나 표현형식을 이용하여 설명한 것이므로 창작성을 인정할 수 없는 표현이거나 공부 방법에 관한 개념, 아이디어 그 자체에 해당한다. 피고가 원고의 위 3가지 공부 방법론을 차용하였다고 하더라도 이에 대해서는 원고 저작권의 효력이 미친다고 할 수 없다."

③ 산업적 지식재산권인 특허권과 실용신안권은 특정한 기술에 대한 저작자의 사상 즉 '기술적 사상 그 자체'를 보호하고 있다. 그러나 저작권은 기술적 사상 그 자체는 아이디어에 해당하므로 보호하지 않고 기술적 사상의 표현물만을 보호한다. 또한 기계장치의 부품에 대한 '기술적 고안'에도 인간의 정신적 노고가 들어 있지만 인간의 '사상 또는 감정 표현'에 해당하지 않고 '아이디어'에 해당하는 것으로 보아 저작권으로 보호하지 않는다.

주판 그림에 대한 서울형사지방법원 79노8119 판결

보통 주판의 상단에 아라비아 숫자를 기입하고, 변에 단위 명칭이 기재된 장치를 부설하여 자연수는 천억까지 표시하고, 소수는 소수점 이하 5자리까지 표시하여 곱셈, 나눗셈에

있어서 고단위수의 자릿점을 계산하기 이전에 정답의 자릿점이 정해져 있도록 고안한 피해자의 주판 그림에 대하여,

피해자의 주판 제작 고안의 의도 및 그 사용 방법이 다만 운산의 자릿점 식별에 있다면 이것이 비록 위 피해자가 주판을 통한 수학 연구의 과정에서 고안해 낸 것이라 하더라도 이는 산업적 기술적 고안의 하나로 볼 수는 있어도 위에서 말하는 저작물이라고 판정하기에는 부족하다고 하였다. 위 주판 그림에 따라 그 주판을 제작하였다고 해서 이를 위에서 말하는 출판에 해당한다고 할 수 없으므로 어느 모로 보나 피고인의 행위는 위 저작권법상의 구성요건을 충족시키지 못한다고 하였다.

'시험형식에 관한 특허출원서'에 대한 서울중앙지방법원 2011가합89861 판결

원고가 피고들이 자신이 창작한 시험형식과 동일·유사한 방식으로 온라인 및 오프라인 시험을 시행·대행하여 원고가 만든 어문저작물과 도형저작물이 결합한 편집저작물인 특허출원서에 대한 저작권을 침해하였다고 주장한 사안에서,

원고가 제시한 특허출원서의 구성요소[33]는 종이시험 조건을 컴퓨터를 이용한 시험에 재현할 수 있는 시험형식에 관한 아이디어를 도면 또는 글을 통해 일반적인 방식으로 표현하고 배열한 것일 뿐이며, 편집저작물로서 선택, 배열 또는 구성에 있어 창작성이 없고, 원고가 피고들에 의해 도용되었다고 주장하는 대상 또한 위 특허출원서에 기재된 구체적인 표현 등이 아닌 시험형식에 관한 아이디어 자체라고 판단하였다.

마. 아이디어를 구현하는 표현

저작자는 대부분 자신이 갖고 있는 아이디어를 작품으로 표현한다. 그런데 작품 작성자가 갖고 있는 아이디어를 작품에 표현함에 기술적·개념적 제약이 있는 경우가 있으며, 이러한 제한된 방법으로 만든 표현은 저작권 보호를 받을 수 없게 된다. 표현의 제한과 관련된 이론으로 '합체의 원칙', '필수장면의 원칙', '사실상 표준의 원칙'이 있다.

---

33 "본 발명은 인터넷상의 객관식 시험방법에 관한 교육/시험분야의 것이다. (중략) 그 구성은 두 가지이다. 하나는 실제 시험지를 재현한 화면으로 구성된 전자책과 전자답안지(답안지화면)를 만들고, 시험지화면과 답안지화면을 각각 두 자판에 연동하여, 시험 진행 시 두 자판의 사용만으로 시험지화면과 답안지화면이 번갈아 앞으로 나타나게 구성한다. 둘은, 실제 시험지를 재현한 화면으로 구성된 전자책을 만들고 두 자판에 전자책을 앞뒤로 넘기는 수단을 연동시키고, 답안지는 오프라인상에서 작성한다는 사상에 따라, 사용자에게 답안지를 프린터로 전송하고, 시험 후에 답안을 일괄하여 제출할 수 있는 답안입력장치를 강구한다. … "

저작물

(1) 기술적·개념적 제약을 갖는 표현

아이디어를 표현하는데 실질적으로 한 가지 방법만 있는 경우 또는 하나 이상의 방법이 가능하다고 하더라도 기술적·개념적 제약 때문에 표현에 한계가 있는 경우 제한 정도에 따라 저작권의 보호대상이 되지 않을 수 있다. 하급심 판례는 본래 사방을 지키는 수호신이라는 개념을 갖고 있는 사신을 작품의 소재로 사용하면서 누군가를 수호하는 수호신으로 설정한 표현과 간단한 선, 점, 면, 색상을 조합하여 최대한 단순하게 만든 귀여운 캐릭터 표현에는 기술적 또는 개념적인 제약이 있어 저작권의 보호대상이 아니라고 하였다.

'태왕사신기'에 대한 서울중앙지방법원 2006나16757 판결

아이디어를 표현하는데 실질적으로 한 가지 방법만 있거나 하나 이상의 방법이 가능하다고 하더라도 기술적이거나 개념적인 제약 때문에 표현에 한계가 있는 저작물은 표현에 대한 제한 정도에 따라 저작권의 보호대상이 되지 않을 수 있다. 사신이 본래 사방을 지키는 수호신이라는 개념의 본질적 요소 때문에 사신을 작품의 소재로 사용하면서 누군가를 수호하는 수호신으로 설정한 표현은 제한된 표현 방법의 하나로서 저작권법의 보호 대상이 되지 아니한다고 하였다.

'싸이월드' 캐릭터에 대한 수원지방법원 성남지원 2007가단26560 판결

원고의 캐릭터와 대상 캐릭터가 자연 상태의 인간의 신체를 사실적으로 묘사한 것이 아니라 머리가 몸통에 비해서 상대적으로 크고 3등신에 가까우며, 얼굴이 눈과 입으로만 이루어져 있고 얼굴 형태가 유사하며, 팔과 다리가 가늘고 짧으며, 컵 모양의 전화기를 들고 있거나, 토끼와 손을 잡고 있거나, 커다란 곰에 안겨 있거나, 소년과 소녀가 하트를 사이에 두고 서로 입을 맞추고 있거나, 소녀가 하트 모양의 풍선을 들고 소년과 손을 잡고 있다는 점 등에 있어서 유사하였던 사안에서,

"이러한 유사점은 싸이월드 미니홈피의 스킨에 등장시킬 귀엽고 사랑스러운 모습의 소년, 소녀의 캐릭터를 창작해 내는 데 있어 스킨 혹은 도안의 크기를 고려하여 캐릭터를 최대한 단순하게 만들고, 이를 적절히 표현하기 위하여 머리의 크기를 과장하고, 다른 신체 부위인 손과 발을 단순하고 짧게 표현한 데서 기인한 것으로 보이는 바, 간단한 선, 점, 면, 색상을 조합하여 귀여운 모습의 소년, 소녀의 캐릭터를 형상화 하는 방법은 정형화될 수밖에 없다는 점에서 기술적 또는 개념적인 제약이 있어 그 표현 방법에 한계가 있다 할 것이고, 또한 컵 모양의 전화기를 들고 있거나 토끼, 곰이 함께 등장하는 등의 캐릭터 역시 표현형식이 아닌 아이디어에 해당하거나 가사 표현형식에 해당하는 것이 있다고 하더라도 시각적 캐릭터의 설정에 있어 전형적으로 수반되는 표현에 해당한다 할 것이므로 저작권법에 의한 보호 대상이 될 수 없다."

(2) 합체의 원칙

'합체의 원칙'은 특정한 아이디어를 표현하는 방법이 극히 제한된 경우 그에 대한 표현은 저작권 보호에서 배제될 수 있다는 이론이다. 합체의 원칙을 '창작성의 관점'에서 보면 아이디어를 저작물에 표현할 수 있는 방법이 극히 제한된 경우에는 '누가 하더라도 동일하게 표현할 수밖에 없는' 까닭에 아이디어와 합체된 표현에 대하여 창작성이 없다는 이유로 저작물성이 부인된 것이라고 볼 수 있다. 또한 '아이디어와 표현의 이분법의 관점'에서 보면 저작권으로 보호하지 않는 아이디어가 합체되어 있는 표현을 보호하면 표현과 구분하여 저작권보호를 배제하려는 아이디어까지 저작권으로 보호하여 아이디어를 독점하는 결과를 초래하므로 아이디어와 결합된 표현에 대하여 저작권의 보호를 박탈한 것이라고 할 수 있다. 한편 합체의 원칙이 적용되어 저작권으로 보호하지 않은 표현이라도 제작자의 노력이 들어간 표현 전체를 그대로 모방하면 부정경쟁행위나 민사상 불법행위가 성립할 수 있다.

합체의 원칙은 주로 사실이나 기능을 표현하려고 하는 저작물에 적용되고 있다. 게임이나 컴퓨터프로그램에서 일정한 기능을 수행하기 위한 방식은 아이디어에 해당하는데 이러한 아이디어를 표현할 수 있는 방법이 기능성 때문에 극히 제한적인 경우 아이디어와 표현이 합체될 수 있다.

'리프리놀' 임상논문에 대한 수원지방법원 2010노3551 판결[34]

피고인이 뉴질랜드에서 리프리놀을 수입하여 판매하면서 리프리놀 상품을 개별인정형 제품으로 승인받고자 논문 저자들의 동의를 받지 않고 무단으로 복제하여 식약청에 제출하고 홈페이지 등에 논문 내용을 요약하여 게재한 사안에서,
"2001년 국내 7개 대학병원에서 인체시험실시, 뉴질랜드산 초록입홍합 추출물(리프리놀)의 유효성 및 안정성에 대한고찰 : 다기관 임상연구", "국내 7개 대학병원 인체시험 결과 관절염증 유발물질 '류크트리엔'의 생성을 근본적으로 억제"와 같이 논문에 있는 임상시험결과만을 3~5줄 정도 짧게 제시하여 리프리놀에 관한 임상시험결과의 존재를 알리는 것에 불과하거나, 그 결과만을 객관적으로 간략하게 요약한 부분은 '아이디어'에 해당하거나, 적어도 '아이디어와 표현이 불가분'하다며 저작권 보호를 배척하였다.

---

34 1심 판결은 모두 저작권 침해로 인정하였으나 위 항소심 판결은 논문을 무단으로 복제한 행위에 대해서는 저작권 침해를 인정하였다. 다만 논문의 내용을 간략하게 요약하는 정도에 불과한 표현 부분에 대하여 저작권 침해를 부정하였고 상고심 대법원 2011도5835 판결도 피고인의 상고를 기각하고 항소심판결을 유지하였다.

(3) 필수장면의 원칙

영화나 드라마의 필수장면에 해당하는 사건 배경이나 추상적인 등장인물[35]의 설정은 '아이디어'에 해당한다. 가사 표현에 해당하더라도 전형적인 것으로서 창작성이 결여되어 저작권 보호를 받지 못하게 된다. 시나리오 줄거리가 구체적이고 독특한 경우 '내재적 표현'으로 보호받을 수 있고 이러한 수준에 이르지 못하면 '아이디어'에 불과하여 저작권 보호가 배척된다.

이처럼 소설이나 시나리오, 희곡 등 문예저작물에서 주제나 사건을 구현하는데 필연적이거나 표준적인 '사건, 인물 또는 배경'을 필수장면(표준적 삽화)으로 규정하여 저작권 보호에서 제외하는 것을 '필수장면의 원칙(표준적 삽화의 원칙)'이라고 한다.[36] 필수장면의 원칙은 줄거리 전체가 아니라 줄거리를 구성하는 표준적인 '사건, 인물 또는 배경' 등 장면에 대한 법리로 사용되고 있다.

> ### 동성애소설에 대한 대법원 2013다14378 판결
> "소설 등에 있어서 추상적인 인물의 유형 혹은 어떤 주제를 다루는 데 있어 전형적으로 수반되는 사건이나 배경 등은 아이디어의 영역에 속하는 것들로서 저작권법에 의한 보호를 받을 수 없다(대법원 2000. 10.24. 선고 99다10813 판결, 대법원 2014. 6. 12. 선고 2014다14375 판결 등 참조)"

> ### 소설, 영화 '애마부인'에 대한 서울고등법원 91라79 결정
> "신청인의 소설 애마부인과 피신청인이 제작한 영화 '애마부인 5'가 모두 중년에 이른 여인의 원만하지 못한 가정생활과 이로 인한 갈등과 방황 등을 소재로 하고 있고, 남편의 이름이 현우이며, 동엽이라는 이름의 남자가 등장한다는 점과 남편의 모습에서 말을 연상해 본다든가 말을 타는 여자 주인공의 모습을 등장시킨다는 점에 있어서 유사점이 있어도

---

35 '등장인물의 추상적 유형'은 아이디어로서 저작권의 보호를 받을 수 없지만, 등장인물을 구체적으로 표현한 부분에 창작성이 있으면 저작권 보호를 받을 수 있고, 또한 작품을 통하여 구체적이고 독특하게 형성된 등장인물은 캐릭터저작물로서 보호될 가능성이 있다.

36 서울중앙지방법원 2012카합1315 결정은 "이러한 법리는, 창작행위를 함에 있어서 소재로 되는 아이디어 또는 전형적인 사건, 표현이나 장면묘사에까지 저작권의 보호를 부여하여 특정인에게 독점권을 부여하면 장래에 다른 창작자가 창작을 할 기회를 박탈하게 되므로, 이러한 소재 등은 만인의 공유(Public Domain)에 두어 문화의 창달이라는 저작권법의 목적 달성에 지장이 없도록 하는 것이 바람직하고, 통상 그 침해를 주장하는 자가 그와 같은 소재나 사건, 장면들을 최초로 창작하여 사용하였다고도 볼 수 없는 사정 등에 논거를 두고 있다."고 하였다.

보이나 … (중년 여인을 소재로 한 이른바 성인용 소설 또는 성인용 영화가 원만하지 않은 가정생활 등을 갈등의 원인으로 제시하고 말을 상징으로 도입하는 등의 패턴을 취하고 있음은 흔히 볼 수 있다)"

드라마 '밤이면 밤마다'에 대한 서울남부지방법원 2008가단90655판결

❶ 여주인공 또한 직업이 경찰과 문화재 단속반원으로 차이가 있고 그 성격 역시 서로 다르며, ❷ 잠복근무의 에피소드는 경찰이나 문화재 단속반원이라는 직업을 다루는 데 있어 전형적인 설정이라 할 것이고, ❸ 드라마의 시작 부분에서 주인공이 하는 일을 교차 편집하여 보여주는 장면이나, ❹ 비밀업무 수행 중 위기를 맞는다는 설정은 주제 등을 다루는 데 있어 전형적으로 수반되는 사건이나 배경(필수 장면)에 해당하는 것이라고 할 수 있고 이와 같은 설정 등은 원칙적으로 아이디어에 해당하여 저작권의 보호대상이라고도 보기 어렵다고 하였다.

영화 '클래식'과 드라마 '사랑비'에 대한 서울중앙지방법원 2012카합1315 결정

남자주인공과 여자주인공 및 남자주인공의 친구가 삼각관계를 이루어 괴로워하다가 남·여주인공이 결국 헤어지게 되고, 이들의 못다 이룬 사랑을 남자주인공의 아들과 여자주인공의 딸이 우연히 만나 결실을 맺게 된다는 것은 추상적인 줄거리나 인물 유형으로서 아이디어에 해당한다. 남녀 주인공이 등장하여 사랑 또는 삼각관계를 이루는 것을 주제로 하는 극저작물에서 흔히 사용되는 일반적이고 전형적인 인물표현이나 1960년대 또는 1970년대 한국의 시대상을 담아내면서 그 속의 고등학생 또는 대학생들의 사랑을 그리기 위하여 수반되는 전형적이고 필수적인 표현 또는 표준적인 삽화들은 아이디어의 영역에 속한다고 하였다.

(4) 사실상 표준의 원칙

저작자가 창작한 표현이 널리 일반적으로 사용되면서 현실적인 여건상 사용자나 해당 업계에서 관행이 되어 '사실상 표준'이 되는 경우 저작권의 보호대상에서 배제된다는 이론이다.[37] 하급심 판례는 컴퓨터프로그램에 대한 사용자 인터페이스에 대하

---

37 이와 관련하여 두 프로그램의 메뉴 화면은 동일하지만 소스 프로그램이 달랐던 Lotus 분쟁사안에 대한 미국 항소심 판결은 Lotus의 메뉴 구조는 사용자가 Lotus 프로그램의 작업을 수행하는 작동방식으로서 그러한 작동방식은 저작권의 보호대상이 아니라고 하면서 그러한 작동방식에 저작권의 보호를 줄 경우 소비자의 선택권과 자유로운 경쟁을 제한할 우려가 있다고 하였고 항소심판단은 미국 연방대법원에서 유지되었다.

여 사실상 표준의 원칙을 수용한 바 있다.

PDA 증권프로그램화면에 대한 서울고등법원 2007나58805 판결
PDA 증권프로그램화면 구성은 증권거래에 있어서 필요한 여러 가지 기능을 PDA 화면상에 배치한 것으로서 기능적 저작물의 일종이다. 기능 버튼을 클릭하면 우측에 상하로 스크롤이 가능한 상세화면 창이 뜨는 기능은 이 사건 화면 구성이 도입되기 전에 상용화된 컴퓨터프로그램의 사용자 인터페이스에서 널리 사용되고 있었던 것이다.
원고 서비스는 증권 서비스 고객들의 이용 편의를 위해 개발된 것이므로, ❶ 기존 홈트레이딩 시스템의 메뉴 구조 및 기능 배치를 상당 부분 따를 수밖에 없는 점, ❷ 원고 서비스의 화면 구성에 저작권을 인정하여 독점적인 보호를 할 경우 후발 사업자에게는 화면 구성에 있어 제한적인 선택의 가능성만 남게 될 것으로 보이는 점, 특히 ❸ 선발업체가 채택한 사용자 인터페이스가 광범위하게 전파될 경우 그 인터페이스의 특징이 기능적인 것으로 변화되고 사실상의 표준으로 작용할 수밖에 없는데, ❹ 이를 저작권법에 의하여 장기간 독점적으로 보호할 경우 사용자는 직접 또는 간접적으로 저작권 이용료를 부담하여야 하고, ❺ 이를 피해가기 위해서는 다른 인터페이스를 선택하여 고객이 새로운 사용 방법을 익혀야 하는 점 등에 비추어 보면 이 사건 화면 구성을 저작권법이 보호하는 편집저작물로 인정하기는 어렵다고 하였다.

바. 아이디어의 보호

아이디어는 저작권 보호에서 배제되는 까닭에 누구라도 사용할 수 있는 것처럼 보인다. 그러나 아이디어에 대한 모방은 표절 시비를 부를 수 있다.[38] 이러한 표절은 단순히 학자로서의 도의적 책임 등에 한정되지 않고 사회적 책임 또는 징계의 근거가 될 수 있다. 또한 타인의 아이디어를 도용하는 경우 민법상 불법행위, 부정경쟁방지법[39]

---

38 대법원 2015다5170 판결은 "해당 분야의 일반지식이 아닌 타인의 저작물 또는 독창적 아이디어를 적절한 출처표시 없이 자기 것처럼 부당하게 사용하는 행위는 연구부정행위로서 전형적인 표절에 해당한다."고 하였다.

39 '부정경쟁방지법'은 '부정경쟁방지 및 영업비밀보호에 관한 법률'을 약칭한 것이다.
부정경쟁방지 및 영업비밀보호에 관한 법률 제2조 제1호
차. 사업제안, 입찰, 공모 등 거래교섭 또는 거래과정에서 경제적 가치를 가지는 타인의 기술적 또는 영업상의 아이디어가 포함된 정보를 그 제공목적에 위반하여 자신 또는 제3자의 영업상 이익을 위하여 부정하게 사용하거나 타인에게 제공하여 사용하게 하는 행위. 다만, 아이디어를 제공받은 자가 제공받을 당시 이미 그 아이디어

상 부정경쟁행위로서 아이디어의 도용행위, 성과부정사용행위, 영업비밀침해행위에 해당할 수 있다.

하이트맥주광고에 대한 서울지방법원 96가합7170판결, 서울고등법원 97나15229 판결

맥주용기에 온도감응장치를 장착하여 맥주의 최적상태를 알게 하는 기술적 사항과 이를 이용한 광고로 소비자의 구매충동을 유발한다는 마케팅 전략이 합쳐진 상품 판매 전략에 대한 아이디어와 광고 문안에 대한 제안이 보호받을 수 있는지 다툰 사안에서,

원고의 온도감응장치에 대한 제안 부분에 대하여 1심 서울지방법원 96가합7170판결은 기존에 알려진 방법이라는 점 등을 근거로 영업비밀이나 아이디어침해 부분을 배척하였고 항소심 서울고등법원 97나15229 판결도 동일하게 판단하였다. 1심은 원고가 제안한 광고문구 중 "최상의 맛을 유지하는 온도, 눈으로 확인하십시오"라는 부분과 피고가 사용한 "가장 맛있는 온도가 되면 암반천연수 마크가 나타나는 하이트, 눈으로 확인하세요" 부분이 유사·동일하다고 판단하였다. 따라서 피고 회사가 원고의 광고문구에 관한 제안을 사용하면서 원고로부터 승낙을 받지 않아 원고의 위 광고문구에 관한 아이디어를 침해함으로써 원고가 입은 손해를 배상할 의무가 있다고 하였다.

그러나 항소심 서울고등법원 97나15229 판결은 원고가 예시한 광고문구와 피고가 사용한 광고문구는 모두 "맛있는 온도를 눈으로 알 수 있다"는 단순한 내용을 표현한 것으로서 길이가 짧고 의미도 단순하여 그 표현형식에 위 내용 외에 보호할 만한 어떤 독창적인 표현형식이 포함되어 있다고 볼 여지가 없다며 저작물 성립요건인 창작성이 인정되지 않는다고 하였다.

위 항소심 판결은 온도감응방식의 맥주 판매 전략과 광고문구의 불법행위를 판단하면서 지적재산권이나 부정경쟁방지법에서 보호하지 않는 아이디어를 일반불법행위로 볼 것인지에 논의할 여지가 있다고 하였다. 아이디어를 보호하기 위해서는 최소한의 요건으로서 아이디어의 참신성과 이를 침해하는 행위가 있어야 하는데 이 사안의 경우에는 아이디어의 참신성을 인정할 수 없다고 하였다. 이 사안 원고의 기술 및 광고의 제안은 현행법상 부정경쟁방지법 제2조 제1호 카목에서 정한 성과가로채기의 보호 대상이 될 수 있는 내용으로 보인다.

를 알고 있었거나 그 아이디어가 동종 업계에서 널리 알려진 경우에는 그러하지 아니하다.
카. 그 밖에 타인의 상당한 투자나 노력으로 만들어진 성과 등을 공정한 상거래 관행이나 경쟁질서에 반하는 방법으로 자신의 영업을 위하여 무단으로 사용함으로써 타인의 경제적 이익을 침해하는 행위

저작물

'팜 히어로 사가' 게임에 대한 서울고등법원 2015나2063761 판결

저작권 등 지식재산권에 의한 보호의 대상이 되지 않는 타인의 성과인 정보(아이디어) 등이 재산적 가치를 갖는다고 하더라도 자유로운 모방과 이용이 가능하지만 예외적으로 '특별한 사정'이 있으면 타인의 성과의 모방 및 이용행위를 부정경쟁방지법 제2조 제1호 (현행법) 카목 위반을 이유로 제한할 수 있다고 하였다. '특별한 사정'으로서 ❶ 절취 등 부정한 수단에 의하여 타인의 성과나 아이디어를 취득하거나, ❷ 선행자와의 계약상 의무나 신의칙에 현저히 반하는 양태의 모방, ❸ 건전한 경쟁을 목적으로 하는 성과물의 이용이 아니라 의도적으로 경쟁자의 영업을 방해하거나 경쟁지역에서 염가로 판매하거나 오로지 손해를 줄 목적으로 성과물을 이용하는 경우, ❹ 타인의 성과를 토대로 하여 모방자 자신의 창작적 요소를 가미하는 이른바 예속적 모방이 아닌 타인의 성과를 대부분 그대로 가져오면서 모방자의 창작적 요소가 거의 가미되지 않은 직접적 모방에 해당하는 경우를 들었다.

3

저작물의
창작성

가. 창작성의 의미

저작물로 성립되고 보호되려면 작품의 표현에 창작성이 있어야 한다. 저작물의 '창작성'은 저작물의 성립요건으로서 침해된 작품의 저작물성, 저작권으로 보호되는 표현의 범위, 저작권 침해의 요건인 실질적유사성에서 비교대상을 정하는 기준이 되고 있다.

(1) 저작자의 독자적 작성과 개성의 기여

판례는 저작물의 창작성은 남의 것을 베끼지 않고 작성자의 독자적인 사상 또는 감정의 표현을 담고 있어야 하며 작성자의 창조적 개성이 드러나야 한다고 한다.[40]

---

40 저작물에 어느 정도의 창작성이 요구되는지에 관하여 '노동이론'과 '유인이론'이 있다. 노동이론은 저작자의 노동의 대가에 저작권을 부여하는 입장으로서 남을 것을 베끼지 않았다면 창작성을 인정하며 창작성을 'Originality'라고 한다. 유인이론은 남의 것을 베끼지 않고 문화를 유인할 수 있는 최소한의 가치가 있다면 창작성을 인정하는 입장으로서 창작성은 'Creativity'라고 말한다고 한다. 노동이론은 정신적 노동이 있는 이상 창작성이 거의 없는 경우에도 창작성을 인정할 수 있다고 하고, '유인이론'은 문화발전을 유인할 저작자의 개성 발현을 요구하는 입장을 취하고 있다.

입법적으로 미국은 노동이론에 가까운 입장으로 남의 것을 베끼지 않았다면 창작성을 인정하는 입장이고, 독일, 프랑스 등은 남의 것을 베끼지 않았을 뿐만 아니라 문화유인을 할 수 있는 저작자의 개성이 발현되어야 한다는 입장이라고 한다. 이처럼 창작성은 각국의 입법정책에 따라 차이가 있는 개념이다.

한편 일본에서 주장된 '선택의 폭 이론'은 창작성을 저작물 창작에 선택할 수 있는 표현이 다양하게 존재하는지 등 '표현에 대한 선택의 폭'의 관점에서 파악하여 창작성을 작성자의 독자적 작성이나 창조적 개성 등 주관적 관점을 떠나서 '표현에 대한 선택의 폭'이라는 객관적 관점에서 접근하는 입장이다. 이러한 선택의 폭 이론

저작물

'세탁학기술개론'에 대한 대법원 94도2238판결

"창작성이란 완전한 의미의 독창성을 말하는 것은 아니며 단지 어떠한 작품이 남의 것을 단순히 모방한 것이 아니고 작자 자신의 독자적인 사상 또는 감정의 표현을 담고 있음을 의미할 뿐이어서 이러한 요건을 충족하기 위하여는 단지 저작물에 그 저작자 나름대로의 정신적 노력의 소산으로서의 특성이 부여되어 있고 다른 저작자의 기존의 작품과 구별할 수 있을 정도이면 충분하다고 할 것이다."

지하철 화상전송 설비도면에 대한 대법원 2002도965 판결

"저작물로서 보호를 받기 위해서 필요한 창작성이란 완전한 의미의 독창성을 말하는 것은 아니며 단지 어떠한 작품이 남의 것을 단순히 모방한 것이 아니고 작자 자신의 독자적인 사상 또는 감정의 표현을 담고 있음을 의미하므로, 누가 하더라도 같거나 비슷할 수밖에 없는 표현, 즉 저작물 작성자의 창조적 개성이 드러나지 않는 표현을 담고 있는 것은 창작성이 있는 저작물이라고 할 수 없다."

'석굴암 그 이념과 미학' 서적에 대한 서울고등법원 2013나33609 판결

"창작적으로 표현되었다고 하기 위해서는 엄밀한 의미에서 독창성이 발휘된 것이어야 할 필요는 없고, 필자의 어떠한 개성이 표현된 것이면 충분하다고 할 수 있지만, 다른 한편, 문장 자체가 너무 짧거나 표현상 제약이 있어 누가 하더라도 같거나 비슷할 수밖에 없는 경우나, 표현이 평범하고 흔한 것인 경우에는 필자의 개성이 표현되었다고 할 수 없으므로, 창작적인 표현이라고 할 수 없다."

우리나라 판례들이 판시하고 있는 창작성의 의미는 두 가지 관점을 갖는 것으로 보인다. ❶ 저작자의 저작물 작성 방법이나 형태 등 저작자의 작성행위의 관점에서, '완전한 의미의 독창성을 말하는 것이 아니라 타인의 표현을 모방하지 않고 저작자 자신의 사상 또는 감정을 독자적으로 표현한 것'이라 하고, ❷ 저작물에 녹아 있는 저작자 개성의 기여관점에서, '단지 저작물에 그 저작자 나름의 정신적 노력의 소산으로서의 특성이 부여되어 있고 다른 저작자의 기존의 작품과 구별할 수 있을 정도이며 충분하다'고 하거나 '누가 하더라도 같거나 비슷할 수밖에 없는 표현 즉 저작물 작성자의 창조적 개성이 드러나지 않는 표현은 창작성이 있는 저작물이라고 할 수 없다'고 하고 있다.

이와 같이 판례는 ❶, ❷를 창작성에 대한 별개의 요건으로 본 것이 아니라 동일한 내용의 창

도 우리나라 실무에서 도입되고 있으며 사실적·기능적 저작물이나 작품에 대한 표현이 제한되는 경우의 창작성 판단에 유용하게 쓰이고 있다.

작성을 ❶ 저작자의 독자적 작성행위라는 행위의 관점과, ❷ 저작자 개성의 기여라는 결과의 관점으로 접근하여 정의하고 있는 것으로 보인다. 이러한 관점의 차이에 불구하고 저작자가 남의 것을 모방하지 아니하고 독자적으로 작성하면 창조적 개성이 발현되어 있는 것이 일반적이다. 이처럼 ❶, ❷ 두 관점에서 접근하여 판단하는 창작성은 중복되는 경우가 대부분이며 따라서 ❶의 관점으로만 창작성을 판단해도 무방한 경우가 많다. 다만 독자적인 작성에 불구하고 창작능력의 부족으로 작품이 진부하여 창조적 개성을 발견할 수 없는 경우, 기능성과 실용성에 의하여 창조적 개성의 발휘에 제한을 받은 경우 등 예외적인 경우에는 ❶의 독자적 작성행위 관점으로만 창작성을 판단하기 어렵고, ❷ 저작자 개성의 기여 관점도 고려하여 저작물의 창작성을 검토할 필요가 있다.

(2) 창작성의 구현대상

저작물의 창작성은 저작물의 구성요소 중 표현 부분에 존재하여야 한다. 창작성이 있는 작품 전체를 하나의 저작물이라고 하지만 하나의 작품을 구성하는 모든 부분이 저작권의 보호를 받는 것은 아니며 '창작적인 표현 부분'만이 저작권 보호를 받는다.

(3) 창작성의 정도

저작물은 '최소한도의 창작성'에 이르는 창작성의 정도를 구비해야 한다. 최소한의 창작성을 갖추지 못한 작품이라도 제작자의 창작적 노고가 존재할 수 있으나 '최소한도의 창작성'이 질적·양적으로 저작물에 표현되어 있지 않는 한 저작권의 보호를 받을 수 없다.

> **대학시험문제에 대한 대법원 97도2227 판결**
> "저작권법에 의하여 보호되는 저작물은 문학, 학술 또는 예술의 범위에 속하는 창작물이어야 하는 바(저작권법 제2조 제1호), 여기에서 창작물이라 함은 저자 자신의 작품으로서 남의 것을 베낀 것이 아니라는 것과 최소한도의 창작성이 있다는 것을 의미한다. 따라서 작품의 수준이 높아야 할 필요는 없지만, 저작권법에 의한 보호를 받을 가치가 있는 정도의 최소한의 창작성은 요구되므로, 단편적인 어구나 계약서의 양식 등과 같이 누가 하더라도 같거나 비슷할 수밖에 없는 성질의 것은 최소한도의 창작성을 인정받기가 쉽지 않다 할 것이다."

(4) 객관성

창작성을 '저작자가 저작물 표현에 발현한 고유의 개성'이라고 하여 저작자의 주관적 요소를 가지고 정의할 수 있다. 하지만 저작물의 창작성은 작품을 만든 작가가 주관적으로 인식하거나 느끼는 창작성이 아니라 객관적으로 외부에서 감지할 수 있는 창작성으로 존재하여야 한다.

그러나 저작물의 창작성이 객관적으로 인정되어야 한다고 하여 저작물의 창작성을 판단함에 블라인드 테스트처럼 저작자의 주관적 요소를 모두 배제하고 판단하여야 하는 것은 아니다. 오히려 작가의 개성이 발현된 부분을 찾기 위하여 작가의 주관적 의도, 제작과정이나 경력 등을 고려하고 있다. 사진작가의 의도와 무관하게 카메라 셔터가 우연히 눌려 찍힌 사진이 객관적인 창작적 표현으로 보인다고 하더라도 여기에는 저작자의 작성행위가 자체가 존재하지 않아 창작성이 결여되었다고 할 수 있다.

나. 창작성의 성격

저작물에서 요구하는 창작성은 저작권으로 보호하고자 하는 표현의 범위에 따라 다르게 인정되는 상대적인 면을 가진다. 저작물 작성 이전에 없었던 새로운 것일 필요는 없다.

(1) 저작물보호범위에 따른 상대성

저작물의 창작성은 저작물로 보호하려는 표현의 범위에 따라 상대성을 갖는다. A가 하나의 저작물로 인정되더라도 A 저작물을 구성하는 부분적인 표현 B, C … 등을 개별적으로 나누어 보면 B, C … 등 부분적 표현 모두가 창작성을 갖는 것은 아니다. 예를 들어 '어머님께' 노래가사 전체에서 "어머니는 자장면이 싫다고 하셨어"라는 하나의 문장만 떼어 놓고 보면 짧고 평범한 문장으로서 그 자체로 창작성이 인정된다고 할 수 없다.

저작물의 일부이지만 그 자체로 저작자의 개성이 인정되는 표현인 B와 그렇지 못한 표현인 C가 함께 어울려 전체로서 하나의 창작성을 갖는 A 저작물이 된 경우가 있다고 하자. 타인이 A 저작물 전체를 침해했을 경우 부분적으로 떼어 놓고 보았을 때 창작성이 없어 보이던 C 부분도 A 저작물 전체가 갖는 하나의 완결된 창작적 표현의 일부로서 저작권 보호를 받을 수 있게 된다. 따라서 작품 전체에 대하여 침해금지를 구할 수 있고 손해배상을 구할 경우에도 작품 중 개별적으로 보면 창작적이지 아니한 부분의 비중을 손해배상의 대상에서 배제하지 않고 작품 전체를 기준으로 손해를 산정할 수 있다.

만약 타인이 저작자의 A 저작물 중 일부만 무단으로 이용한 경우 그 부분이 B 라면 저작권의 보호를 받을 수 있다.[41] 그러나 타인이 이용한 부분이 C 라면 저작권의 보호를 받을 수 없게 된다. 타인이 A 전체를 침해하는 경우 개별적으로는 창작적이지 않은 C 표현이라도 저작물 전체가 갖는 창작적 표현의 일부로서 보호되지만 저작물 중 C 표현만을 부분적으로 침해하는 경우에는 저작권으로 보호를 받을 수 없는 것이다. 이러한 점에서 저작물의 표현이 갖는 창작성은 보호하려는 표현의 범위에 따라 상대성을 가질 수 있다고 본다.

예를 들어 '시'는 함축적인 용어를 사용하여 예술성을 표현하는 문구를 사용하는 경우가 많아 내용이 짧더라도 창작성이 인정되고 있다. 그런데 시를 이루는 문구를 따로 떼어 놓고 보면 짧고 평범한 문구에 불과하여 창작성을 인정할 수 없는 경우가 많다. 그러나 이렇게 짧고 평범한 문장이라도 시나 가사를 이루는 나머지 문장과 함께 어우러져 전체가 하나의 완결된 형태의 시나 가사의 창작적 표현의 일부로서 보호를 받을 수 있게 된다.

(2) 저작물의 신규성과의 관계

① 저작물의 창작성은 기존에 존재하지 않던 것을 새로이 만들어 타인이 만든 기존 작품과 구별되어야 하는 '신규성'을 요구하지 않는다. 따라서 타인의 작품을 모방하지 않고 독자적으로 작성한 것이라면 기존 작품과 우연히 같더라도 즉 신규성이 없는 경우라도 창작성을 인정받을 수 있다. 저작물의 창작성은 작품에 대하여 절대적인 판단이 가능한 신규성과 다르게 기존 작품과 동일한 표현의 작품이라도 작성자의 독자적 작성 여하에 따라서 창작성이 배척되거나 인정될 수 있다.

---

41 다만 손해를 산정함에 전체 작품 중에서 침해된 B 부분의 비중을 고려하게 된다.

저작물

② 음악, 디자인, 건축, 캐릭터 등의 분야에서는 현재까지 수많은 기존 저작물이 존재하고, 최근 미디어나 인터넷이 발전하면서 이러한 기존 저작물에 대해 손쉽게 접근할 수 있는 여건이 만들어졌다. 이로 인하여 기존에 동일·유사한 표현이 존재하지 않는 신규성이 저작물의 창작성을 판단하는 데 중요한 요소로 작용하는 경우가 있다. 판례 중에는 저작물의 창작성 인정 여부가 쟁점이 된 저작물을 작성하기 이전에 동일한 저작물이 없었다는 점을 근거로 들어 창작성을 인정하거나 또는 선행 제작된 타인의 음악과 실질적으로 유사한 표현을 가진 원고 음악저작물에 대하여 선행 음악에 대한 의거관계를 인정하고 원고 저작물에 대한 창작성을 배척한 사례가 있다. 이처럼 신규성은 저작물의 창작성과 구분되는 개념이지만 실제 창작성을 판단할 때 고려될 수 있다.

③ 그러나 기존에 동일·유사한 표현이 있다고 하여 저작물의 창작성을 모두 배척하면 사실상 저작물에 신규성을 요구하는 것이 된다. 이는 기존 저작물과 동일한 표현이더라도 독자적 작성이면 창작성을 인정한다는 취지에 반하게 된다. 따라서 기존 작품에 대한 의거관계가 직접 인정되지 않고 접근 가능성만이 인정되는 경우에는 신규성을 요구하지 않는 저작물의 성격을 고려하여 창작자의 창작과정과 내용, 기존 저작물의 분량과 내용 등을 좀 더 신중하게 고려하여 작품에 대한 창작성을 판단할 필요가 있다고 본다.

다. 저작물의 유형별로 상이한 창작성의 기준

저작물의 창작성에 대한 개념과 요건은 모든 분야의 저작물에서 동일하게 요구된다고 할 수 있다. 그러나 실제 각 분야의 저작물은 어문, 음, 형상, 색채 등 다른 표현형식을 통해 만들어지고, 사상 또는 감정의 구현방식이나 내용이 구체적으로 다르다. 또한 각 분야에서 형성되어 있는 기존 저작물의 창작성 정도나 수준, 해당 분야의 실용성, 시장이나 산업에서의 요구, 인접한 다른 산업재산권 제도와의 균형 등 이용 여건 등이 각기 다르기 때문에 저작물의 유형마다 창작성을 인정하는 구체적인 기준이 다르다.

예를 들어 어문저작물은 주어 및 술어의 선택, 용어의 선정, 문장의 구조와 완결성, 서술의 순서와 방법, 줄거리와 같이 표현형식에 내재한 근본적인 본질이나 구조 등에서 창작성의 근거를 찾고 있다. 음악저작물은 가락을 중심으로 하여 리듬, 화성 등의 요소를 종합적으로 고려하여 창작성의 근거를 찾고 있다. 사진저작물은 피사체의 선정, 구도의 설정, 빛의 방향과 양의 조절, 카메라 각도의 설정, 셔터의 속도, 셔터 찬스의 포착, 기타 촬영 방법, 현상 및 인화 등의 과정에서 창작성의 근거를 찾고 있다. 이처럼 저작물은 창작성에 대한 개념적 정의를 기본으로 하지만 저작물의 유형별로 고유의 창작성 기준을 갖고 있으며 그에 따라 동일한 선상에서 비교할 수 없는 개별적인 창작성을 갖고 있다.

저작물

4 창작성 판단

가. 창작성 판단에 대한 접근

저작물의 창작성은 ❶ 저작물의 유형에 따라 구체적인 기준이 다르고, ❷ 기존에 형성된 표현을 고려해야 하며, ❸ 문화 향상발전 등의 목적을 반영하고, ❹ 배타적 권리부여에 따른 이해관계의 형량 등 가치판단이 있어야 하는 등 다양한 요소를 고려해야 하는 개념이다.

따라서 저작물의 창작성에 대한 개념적 정의만으로는 구체적 사안에서 창작성을 판단하는 것에 한계가 있다. 실제 사안에서 예술성의 정도가 보호의 경계 선상에 있거나 기존에 없었던 새로운 형태의 예술적 작품인 경우 해당 분야의 전문가들 사이에서도 창작성에 대한 견해를 달리하거나 직관이 반영된 주관적 기준으로 창작성을 판단하게 되는 등 창작성 판단은 쉽지 않다. 또한 창작성의 정도는 객관적으로 계량화하기도 어렵고 창작성의 내용을 구체적이고 상세하게 표현하기 힘든 까닭에 판결 중에서도 창작성의 내용이나 정도에 대하여 구체적으로 판시하지 않는 경우가 있다. 이와 같은 어려움을 타개하고자 저작물의 창작성 판단을 위한 여러 가지 방법이 사용되어 왔다.

나. 창작성의 적극적 확인

작품의 표현에서 저작자의 개성이 발휘된 부분을 적극적으로 찾아내어 저작물의 창작성을 확인하는 경우가 있다. 이 경우 작품의 창작성을 확인하기 위한 고려 요소로서 ❶ 글, 음 등 작품의 표현형식이 갖는 특성, ❷ 작품의 표현 방법이나 재료 등 수단, ❸ 작품 제작의 목적, 여건이나 표현 의도, ❹ 작품의 구체적 표현 내용, ❺ 선행 작품들의 표현 내용, ❻ 작품의 실용성이나 시장 또는 산업에서의 요구, ❼ 다른 산업재산권 제도와의 균형, ❽ 향후 동일·유사한 창작물의 존재 가능성 등을 들 수 있다. 작품의 창작성 여부가 임계선상에 있고 주관적 기준이나 직관적인 판단이 반영될 가능성도 배제할 수 없는 사안에서는 ❶~❽과 같은 요소를 모두 검토할 필요가 있다.

> **"Be The Reds!" 디자인에 대한 서울지방법원 2002가합79435판결**
>
> 원고가 "Be The Reds!" 문자도안에 대한 저작권확인을 구한 사안이다. 원고는 위 문자도안은 붓으로 역동적인 필체를 구사하여 작성한 서예 글씨를 기초로 만든 것으로 서예작품과 동일한 예술성을 지닌다며 의류, 모바일 광고, 초코파이 등 상품 포장지에 사용되는 등 표현된 물품을 떠나 그 자체가 독립적인 예술적 특성과 가치를 지니는 미술저작물이라고 주장하였다.
>
> 이에 피고는 위 문자도안은 2002년 월드컵 축구 응원 구호의 문자에 대하여 시각적 효과를 강화하기 위하여 만들어진 것으로서 그 자체가 미적 감상의 대상이 되는 예술에 관한 창작물이 아니고, 문자도안에 구사된 서체가 미술 작품성이 있는 개성 있는 글씨체가 아니며 Be the Reds라는 문자의 배열에도 창작성을 발견하기 힘들다고 주장한 것에 대하여,
>
> ❶ "Be The Reds!" 디자인 중 "R"은 "12번째 선수가 되자"는 의미를 표현하기 위하여 숫자 12를 응용한 형태로 되어 있고, ❷ "Reds!" 는 전체적으로 전통적인 붓글씨체를 사용하여 묵필법을 역동적이고 생동감 있는 응원의 느낌을 표현하고 있으며, ❸ 아울러 "Be The" 부분은 "Reds!"위에 붓글씨체의 흐트러짐을 방지하기 위하여 조그맣고 안정적으로 일반 디자인체로 표현되었으며, ❹ 색상은 '붉은악마'의 응원문구인 점을 나타내기 위하여 흰색 바탕에 빨간색으로 쓰거나 그 반대로 빨간색 바탕에 흰색을 써서 도안한 사실을 인정하여 창작성을 인정하였다.[42]

---

42 위 디자인은 원고 박영철이 2002년 월드컵 경기에 사용할 '붉은 악마'의 응원문구인 "Be the Reds!"에 대한 디자인제작을 의뢰받고 2001. 5. 12 창작하여 2002. 6. 17 저작권등록을 한 도안이다. 도안에 대한 저작권등록부에는 다음과 같이 기재되어 있었다.

"월드컵 축구 대표팀의 써포터 단체인 붉은 악마의 캠페인 목적으로 제작되었으며 가장 한국적인 붓글씨 서체를 사용 묵필법으로 혼신의 힘과 역동적이고 살아있는 듯한 응원의 느낌을 강조했다. 붓은 2002개의 노루꼬리털로 만들어 수공으로 제작된 한지에 직접도안 2002월드컵 성공을 기원함은 물론 온 국민의 화합된 응원

저작물

상표등록 강아지 형상에 대한 서울중앙지방법원 2005가합102770 판결

"이 사건 저작물을 다른 저작물과 비교할 때, 통상적인 강아지 그림과 달리 수직으로 평행한 한 쌍의 눈을 표현한 점, 위 쪽으로 솟은 날카로운 모양의 귀를 표현한 점, 얼굴 부분을 사람처럼 수직 형태로 표현한 점, 주둥이 부분이 길게 돌출되도록 표현한 점에서 비교 대상 저작물 2, 2와 동일하고, 수직으로 평행한 한 쌍의 눈을 표현한 점, 강아지 목 부분의 칼라를 우측 하단부에 여러 개의 삼각형 형태로 표현한 점에서 비교 대상 저작물 3과 동일·유사하므로, 창작성이 인정되지 아니하여 저작물로서 보호될 수 없다고 주장하므로 살피건대, 아래 그림 1 내지 4에서 보는 바와 같이 이 사건 저작물은 비교 대상 저작물들과 비교하여 볼 때 그 얼굴형, 눈, 코, 입, 귀 등의 구체적인 형태 및 배치가 확연히 구별되고, 전체적인 미감이나 형상화된 강아지의 이미지, 색감도 크게 구별되어 저작자 나름대로의 정신적 노력의 소산으로서의 특성이 나타나 있고, 비교 대상 저작물들과 쉽게 구별할 수 있어 저작권법이 요구하는 창작성을 갖추고 있다고 할 것이므로 피고의 위 주장은 이유 없다."[43]

'테라로사' 카페건물에 대한 춘천지방법원 강릉지원 2016가단54083 판결

원고 건축물은 ❶ 외벽과 지붕 슬래브가 곡선으로 이어져 1층과 2층 사이의 슬래브에 이르기까지 분절 없이 하나의 선으로 연결되어 마치 건축물 전체가 하나의 거대한 판에 의하여 말려 있는 것처럼 보이는 형태를 보이면서, ❷ 외벽과 연결된 슬래브가 건축물의 3분의 2 부분까지만 돌출되어 있고 그 끝이 45도 각도로 마감되어 있으며, ❸ 아래보다 위가 더 넓은 모양으로 양쪽 외벽이 비슷하게 기울어져 있는 특징이 있고, ❹ 송판무늬 노출 콘크리트로 마감한 외피, ❺ 건축물 왼쪽 부분에 1, 2층 창을 연결한 점, ❻ 돌출시킨 2층 바닥 슬래브를 제외하고는 전면부를 모두 창으로 한 점, ❼ 건축물 오른쪽 2층에 창이 없는 테라스로 한 점이 조합되어 전체적인 외관이 투명하고 세련된 느낌을 주는 사실이 인정된다고 하였다. 원고 건축물의 위와 같은 특징은 시공이 어렵고 공간 활용이 효율적이지 않다는 점에서 그 용도나 기능 자체와 무관한 것이고 외관의 아름다움을 고려한 디자인 형태로서 전체적인 외관에 미적 창의성을 갖춘 것으로 저작물로 인정된다고 하였다.

으로 하나 되자는 의미를 담았다. Be The 의 서체는 일반 도안체로 작업했으며 붓글씨의 흐트러짐을 막기위해 Reds의 상단부분에 작게 표기해 안정감을 부과시켰다. Reds의 R자는 12번째 선수가 되자는 붉은 악마 응원단의 캐치프레이즈를 살리기 위해 숫자를 응용해 디자인했다."

43 위 판결은 원고의 강아지 디자인에 대한 창작성을 다른 그림과의 비교를 통해 인정하는 방법을 사용하고 있다.

광화문모형에 대한 서울고등법원 2015나2015274 판결[44]

"원고 광화문(4면) 모형은 광화문(2면) 모형에서 드러난 지붕의 성곽에 대한 비율, 처마의 경사도, 2층 누각 창문 및 처마 밑의 구조물의 단순화, 문지기의 크기, 중문의 모양, 지붕의 색깔 등의 특성을 그대로 가지고 있고, 여기에 지붕 내부에 별도의 프레임을 통한 어처구니의 표현 등 광화문(4면) 모형의 특유한 부분까지 더하여 보면, 저작자의 정신적 노력의 소산으로서의 특성이 부여되는 표현을 사용한 것으로 볼 수 있다. 이와 같이 실제 광화문을 모형의 형태로 축소하는 과정에서 역사적 건축물의 축소에 그치지 않고 상당한 수준의 변경을 하였으므로 그 표현의 창작성을 인정할 수 있다."

다. 창작성의 소극적 확인

저작물의 창작성에 관련된 판단 기준이나 법리를 적용하여 해당 작품 중 창작성이 없는 부분을 소극적으로 필터링하여 걸러내고 나머지 부분에서 창작성을 판단하는 경우가 있다. 이때 저작물의 창작성과 표현에 관한 법리들이 저작물성을 확인하는 도구로 사용된다. 예를 들어 ❶ 아이디어와 표현의 이분법상 아이디어에 해당하는 경우, ❷ 저작자의 독자적인 작성과 개성의 기여가 결여되어 있는 경우, ❸ 선택의 폭이 제한되어 창작성이 결여된 경우, ❹ 기술적·개념적 제약 때문에 표현 방법에 한계가 있는 경우, ❺ 아이디어와 표현이 합체되어 있는 경우 그와 관련된 저작권 법리를 가지고 '표현'이나 '창작성'을 필터링하게 된다.

(1) 아이디어의 배제

저작물의 창작성은 저작물의 '표현 부분'에 존재하여야 한다. 따라서 '아이디어 부분'에 창작성이 있더라도 이 부분은 저작물의 창작성 판단 대상에서 배제된다. 저작물

---

44 이 사건 1심 서울서부지방법원 2012가합32560 판결은 숭례문 등 건축물에 대하여 우드락에 구현된 평면 설계도를 기초로 입체로 조립할 수 있는 입체 퍼즐은 기능적 저작물로서 그 최종 입체물은 누가하더라도 같거나 비슷할 수밖에 없다며 창작성을 부인하고, 입체 퍼즐 사이의 다소간 차이는 아이디어 또는 보호받지 못하는 표현에 해당한다고 판시하였다. 이 부분은 위 항소심 판결에서 파기되었고, 항소심 판결은 대법원에서 그대로 유지되었다.

중 아이디어 부분을 저작권 보호 범위에서 배제하는 아이디어와 표현의 이분법이 저작물의 창작성을 필터링하는 역할도 하게 되는 것이다.

시나리오 '링'에 대한 서울중앙지방법원 2003가합87723 판결

"소설 등에 있어서 추상적인 인물의 유형 혹은 어떤 주제를 다루는 데 있어 전형적으로 수반되는 사건이나 배경 등은 아이디어의 영역에 속하는 것들로서 저작권법에 의한 보호를 받을 수 없다(대법원 2000. 10. 24. 선고 99다10813 판결 참조)고 할 것인바, 원고가 주장하는 ❶ 문맹인 G와 W의 영적 교감으로 사건을 해결하는 모티브, ❷ G와 W가 교감하는 것이 A가 W로 인하여 G가 남긴 그림의 의미를 파악하게 되는 복선 역할을 한다는 설정의 구도, ❸ A는 W가 G의 집에서 냉장고를 보면서 "우유!"라고 소리치는 것을 보고 G가 남긴 기호를 이해하여 다이아몬드가 숨겨진 곳을 알게 된다는 전개 구조, C이 침대 밑으로 던진 CD를 A가 발견함으로써 범인이 누구인지 알게 된다는 문제 해결 구조, ❹ 이 사건 시나리오의 구성점, ❺ 이 사건 시나리오의 기본골격(Pattern), ❻ 주인공 - 메시지보유자 - 메시지전달자 - 보조자의 구도 등은 이 사건 시나리오와 같은 살인 추리물에서 사건의 발생, 전개, 해결에 있어서 전형적으로 수반되는 것이므로 그러한 모티브, 구성, 기본골격, 구도 자체는 저작권의 보호대상인 창작적인 표현형식이라고 보기 어렵다."

양양골프장에 대한 서울고등법원 2006나43295 판결

골프장 설계의 루팅 플랜이나 시설물 배치에 관한 아이디어 그 자체(예컨대 원고의 주장과 같이 클럽하우스를 골프장 부지의 중앙에 배치할지, 아니면 가장자리에 배치할지 등)는 비록 원고의 지적 노력이 투입되었고 원고만의 독창성이 인정된다고 하더라도 저작권법이 보호하는 저작물에 해당하지 아니한다고 하였다.

(2) 표현의 창작성 배제

다음과 같은 저작물의 표현은 창작성이 배척될 수 있다.

① 누가 하더라도 같거나 비슷할 수밖에 없는 경우

누가 하더라도 같거나 비슷할 수밖에 없는 저작물 표현은 저작물 작성자의 창조적 개성이 드러나지 않는 표현을 담고 있는 것이므로 창작성이 인정되지 않는다.

'잡코리아'에 대한 서울중앙지방법원 2015가합517982 판결

피고가 크롤링 방식을 통해 원고 웹사이트의 HTML 소스를 무단으로 복제하여 피고 웹사

이트 서버에서 이용한 사안에서,

원고가 원고 웹사이트에 게재된 HTML 소스는 웹사이트 이용자들이 채용정보를 효율적으로 이용할 수 있도록 하기 위해 메뉴의 구성, 정보의 배열, 웹페이지 및 채용정보 구성의 디자인 등의 면에서 원고만의 방식으로 만든 컴퓨터프로그램저작물 또는 편집저작물이라고 한 주장에 대하여, 원고 웹사이트 HTML 소스가 나타내는 화면상 채용 관련 정보의 메뉴 구성이나 정보의 배열, 내용 등은 일반적인 채용정보 사이트의 구성 및 내용과 매우 유사하고 누가 하더라도 같거나 비슷할 수밖에 없다고 보인다며 원고 웹사이트 HTML 소스에 창작성이 있다고 인정하기 어렵다고 하였다.

한자 부수 삽화에 대한 서울중앙지방법원 2011가합56847 판결

한자 부수 자체의 모양과 뜻, G의 설문해자 등 만인에게 공유되어 있는 한자 부수의 구성 원리 및 설명을 참조하여 누가 하더라도 같거나 비슷하게 표현할 수밖에 없는 한자 부수 삽화의 표현은 창작성이 없다고 하였다. 그렇지만 G의 설문해자에 나온 설명을 참작하여 원고가 각 삽화의 구체적 형상, 크기, 화면 구성 등의 시각적 요소를 원고 나름의 방법으로 표현한 삽화는 창작성이 있다고 하였다.

② 선택의 폭이 적은 경우

저작물을 창작하면서 선택할 수 있는 표현이 다양하게 존재하지 않아 제한되는 경우에는 창작성이 인정되지 않는다.

'파닉스영어교재'에 대한 서울고등법원 2011나20227 판결

"이 사건 저작물이나 피고교재와 같이 영어를 최초로 학습하는 비영어권 어린이를 위한 영어 파닉스 교재는 그에 사용할 단어나 각운 패턴의 선택에 상당한 제한이 있을 수밖에 없어 어느 정도의 중복은 불가피한 점 … 이 사건 저작물 중 각 단어를 형상화한 그림과 피고 교재 중 같은 단어를 형상화한 그림이 유사하지 아니한 점 등에 비추어 보면, 선택된 개개의 단어나 각운 패턴 및 이를 형상화한 그림 등 구체적 표현에서 이 사건 저작물과 피고 교재가 실질적으로 유사하다고 볼 수 없다."

'한어대사전'에 대한 서울중앙지방법원 2010가합104893 판결

사전 편찬에 있어 ❶ 이미 존재하는 표제자 및 표제어가 선행 사전에 이미 수록되었다는 이유로 이를 사전에서 제외할 수는 없는 것이고, ❷ 존재하는 단어를 모두 싣는다는 목적에 따를 경우 누가 선택하더라도 그 선택된 단어들의 구성은 유사해질 수밖에 없으므로, ❸ 단순히 '한어대사전에 실린 표제자 및 표제어와 '한한대사전'에 실린 표제자 및 표제어가 산술적으로 상당한 비율로 일치한다고 하더라도, ❹ 표제자 및 표제어의 선택에서 창작성을 인정할 수 없는 이상 그 선택에 관한 편집저작권의 침해 역시 인정하기 어렵다고 하였다.

③ 표현이 제한된 경우

저작자의 사상이나 감정 또는 사실을 표현하는 방법이 하나밖에 없거나 또는 극히 한정되어 누가 표현하더라도 마찬가지의 표현이 될 수밖에 없는 경우에는 창작성이 배제된다.

모발이식 상담 글 사진에 대한 서울중앙지방법원 2007가합16095 판결

원고가 환자의 질문에 대하여 작성한 상담내용은 모발이식 수술에 관한 지식과 임상경험에 기초하여 특별히 선택한 용어를 조합 하였고, "모발이 나면서 약간은 까끌까끌한 느낌이 나는 정도"와 같은 수사법으로 표현하였으며, 모발이식 수술의 효용과 개념, 수술 방법, 마취범위, 입원의 필요 여부 및 생활에의 영향, 수술에 소요되는 모발 수, 수술 시의 유의점 등의 순서로 배열한 것이다. 이와 같은 상담내용은 용어 선택과 설명순서에 원고의 개성이 드러난 창작적 표현으로서 어문저작물이라고 주장한 사안에서,

사상이나 감정 또는 사실을 표현하는 방법이 하나밖에 없거나 또는 극히 한정된 경우에는 누가 저작하여 표현하더라도 거의 마찬가지의 표현이 되지 않을 수 없다고 하였다. 저작자가 스스로 생각하여 표현한 경우에도 그 표현이 평범하고 흔한 것인 경우에는 창작성을 갖추지 못하여 저작물로 인정할 수 없다고 하였다. 원고의 상담내용은 환자의 질문에 대해 모발이식 수술의 개념, 효용, 수술 방법, 수술 후의 처치 등에 관한 원고 자신의 사상이나 감정을 밝힌 것이라고 할 수 있지만 그 표현형식으로 보아 그 자체에 저작자의 독자적인 개성이 나타나는 것으로서 법적으로 보호할 가치가 있는 창작적 표현으로 보기 어렵다고 하였다. 게다가 원고가 주장하는 용어 내지 수사법의 선택과 배열이 특별히 원고의 개성이나 창작성을 드러내는 것으로 보이지도 않으므로 위 상담내용은 어문저작물로 보기 어렵다고 하였다.

<원고의 게시물>

"안녕하세요, xx모발이식센터 압구정클리닉 ○○○ 원장입니다. 넓은 이마도 얼마든지 모발이식으로 해결할 수 있답니다. 모발이식술은 정상적으로 있어야 할 모발이 여러 가지 이유로 소실되었거나 부족하여 미용적으로 개선할 필요가 있을 때 자신의 모발을 이용하여 옮겨 심어주는 수술입니다. 수술방법은 자신의 뒷머리에서 머리카락을 포함한 두피를

떼어내어 머리카락을 한 올 또는 두 올씩 분리한 후 식모기를 이용하여 이마에 옮겨 심습니다. 수술은 국소 마취 후 시행하며, 입원은 필요 없고, 수술 후 바로 귀가하실 수 있습니다. 머리를 감는 것은 만 3일 후부터 가능합니다… 이마선을 너무 무리하게 낮추는 경우에는 어색할 수 있습니다. 보통 1~1.5cm 정도 헤어라인을 내리는 데 1000~2000개의 모발이 필요하답니다. 이마 좁히기 수술은 앞머리 헤어라인의 디자인이 매우 중요하며, 경계 부위의 그러데이트한 처리, 이식 모발의 방향과 각도 등에도 유의해야 하므로 좋은 결과를 위해서는 많은 수술 경험을 필요로 합니다. 이마좁히기 모발이식 후 미용적인 효과를 보시려면 약 6개월 정도의 시간이 필요합니다. 그 이유는 옮겨 심은 모발은 1개월 이내에 대부분 빠졌다가 3~4개월 이후 새 모발이 자라나오기 때문이지요. 3개월 후에는 모발을 심은 자리에 모발이 나면서 약간은 까끌까끌한 느낌이 날 정도로 짧은 모발을 볼 수 있을 겁니다. 그러나 대부분 앞머리로 쉽게 가려지기 때문에 그렇게 걱정하지 않으셔도 된답니다."

이 사안 원고 게시물은 실용성에 의한 표현 제한에 불구하고 간단하지 아니한 다수의 문장이 배열·구성되어 있고 또한 각 문장에 사용된 용어와 문구의 선택으로 인하여 그 전체가 어문저작물로서 최소한의 창작성을 가지고 있던 것으로 보인다. 피고 게시물의 대부분이 원고 게시물과 동일한 문장으로 되어 있었음에도 위 판결에서 원고 게시물에 대한 침해를 인정하지 않은 것에 의문이 남는다.

'봄버맨' 게임에 대한 서울중앙지방법원 2005가합65093(본소), 2006가합54557(반소) 판결

봄버맨 게임에서 직사각형의 플레이 필드 안에서 폭탄을 이용하여 상대방 캐릭터를 죽이는 기본 설정 하에서는 전개 과정과 규칙 설정에 다양한 개성을 반영하는 데 한계가 있다. 따라서 ❶ 캐릭터가 격자 모양으로 구성된 맵을 수평 혹은 수직으로 장애물을 피해 이동하면서 폭탄을 설치하여 적을 처치하는데, ❷ 폭탄은 설치된 후 일정 시간이 경과하면 십자형으로 화염을 내뿜으며 폭발하고, ❸ 화염의 길이는 매스 단위로 미쳐 상대방 캐릭터가 맞으면 승리하고, ❹ 패하지 않기 위해서는 그 화염을 피하고자 블록 뒤로 숨는 게임 전개 방식은 표준적인 선택으로서 다양하게 표현될 여지가 크지 않아서 작성자의 개성이 드러나 있다고 보기 어렵다고 하였다.

'팜 히어로 사가' 게임에 대한 서울중앙지방법원 2014가합567553 판결

게임물에서의 '규칙'은 추상적인 게임의 개념이나 장르, 게임의 전개 방식 등을 결정하는 도구로서 그 자체는 아이디어에 불과하고 '규칙들의 조합 자체'만으로는 개별 미션을 처리하는 과정 혹은 그 방법에 대해서만 영향을 미칠 뿐 이로써 게임의 에피소드나 스토리 자

저작물

체의 전개 및 그 표현에 영향을 미친다고 볼 수 없어 '표현'이라 할 수 없다고 하였다. 다만 위 규칙들이나 게임 전개 방식이 이를 표현하는 캐릭터 등 구체적이고 시각적인 형상, 색채, 디자인 등과 결합하여 구체적으로 표현되어야 저작권법에 의하여 보호받을 수 있는데 위 게임은 매치-3-게임 형태로 조그만 스마트폰 화면이라는 한계로 인하여 위 규칙들을 효과적으로 표현할 수 있는 매우 다양한 방법이 있다고 할 수 없다고 하였다.

'나의 라임오렌지나무' 서적에 대한 서울중앙지방법원 2008가합1809 판결
서적 삽화는 아이디어에 해당하는 서적의 해당 내용을 형상화한 것으로서 소재 등을 선택함에 제한이 있을 수 있고, 삽화를 구성하는 착상이나 소재의 동일성은 창작성 판단에서 제외될 수 있다고 하였다.

'청주청원구아파트 평면설계'에 대한 서울고등법원 2004라312 결정
건축저작물인 설계도는 기능적 저작물로서 이에 기초한 건축물의 편의성, 실용성 및 효율성 등의 기능적 가치에 중점을 둘 수밖에 없다. 아파트 설계도의 경우에는 그 기능을 구현하는 표현 방법에 있어 다양성이 제한된 관계로 합체의 원칙(Merger Doctrine)에 의하여 현실적으로 저작권적 보호가 인정되는 부분은 극히 제한된다.
❶ 욕실을 현관 측부에 배치하지 않고 안쪽에 배치함으로써 양쪽에 신발장을 두어 충분한 수납공간을 확보한 점, ❷ 주방에 냉장고를 배치할 수 있도록 부부욕실 배치와 더불어 계획한 점, ❸ 안방에 후면 발코니와 파우더룸, ❹ 수납공간을 같이 배치하여 발코니 확장 시 수납공간을 강화할 수 있는 점 등의 설계상 특징들은 공간 활용의 편의성을 도모하기 위한 기능적 요소로서, 그 자체로는 아이디어에 해당하여 저작권 보호 대상이 될 수 없다고 하였다.

④ 전형적인 표현인 경우
특정 주제를 표현할 경우 전형적으로 수반되는 사건, 배경 또는 캐릭터나 만화에서 전형적으로 그려지는 인물 모습에 대하여 저작자의 창조적 개성을 인정할 수 없으므로 창작성이 인정되지 않는다.

영화 '귀신이 산다'에 대한 서울고등법원 2004라362 결정
'귀신'을 주요 소재로 하는 작품에서 ❶ 귀신이 나온다는 소문이 있는 외딴집을 아무것도 모르는 주인공이 구입한 이후 진행되는 사건으로 구성되어 있다는 점, ❷ 배우자와의 만

남을 염원하는 여자 귀신이 등장하고, ❸ 병원에 입원하여 죽음을 앞둔 배우자를 만나기 위하여 살아있는 사람의 몸을 빌리는 빙의(憑依) 현상을 이용한다는 점, ❹ 귀신과 소통하게 된 남자 주인공이 서로 도우며 부동산 개발업자에 대항하거나, ❺ 사랑하는 이와 만나기 위해 노력한다는 점, ❻ 마지막 단계에 이르러 배우자가 입원해 있는 병실에 들어가는 것을 방해하는 사람이 등장하고, ❼ 이를 피해 병실에서 배우자와 해후한 뒤 뜻을 이룬 귀신들이 승천한다는 점 등은 귀신 혹은 흉가를 소재로 한 기존 작품에서 사용되어 온 추상적인 인물의 유형이거나, 대강의 줄거리 또는 통상적인 상황의 전개 과정 등을 차용한 것이거나, 특정 주제의 표현에 전형적으로 수반되는 사건 또는 배경에 속하는 것들로서 그 창작성을 인정하기 어렵다고 하였다.

드라마 '두근두근체인지'에 대한 서울고등법원 2005라194 결정

침해 시비가 있는 만화와 드라마 사이에 대응하는 인물들 간에 외모, 의상 및 머리 모양 등이 유사한 사안에서,
만화에 나타난 인물들의 외모와 의상 및 머리 모양은 인물의 모습을 과장하거나 생략하여 익살스럽거나 비현실적인 모습으로 나타내는 만화의 특성과 순정만화에서 전형적으로 그려지고 있는 인물들의 모습에 비추어 창작성을 인정하기 힘들다고 하였다.

⑤ 최소한도의 창작성이 없는 경우

저작물에는 저작자의 창조적 개성을 발견할 수 있을 정도의 최소한의 창작성이 드러나야 한다. 저작자의 다소의 노고가 있다고 하더라도 저작물로 보호할 만한 최소한도의 창작성에 이르지 못하면 저작물로 보호되지 않는다.

토목공학수험서적에 대한 서울고등법원 2012나17693 판결

서술형으로 표현된 것을 핵심적인 전문용어나 명사 중심의 간단한 문장이나 구문으로 요약·정리하거나 도표·도식화하는 것은 선행문헌을 기초로 시험 준비에 적합한 교재를 작성하면서 일반적으로 생각해낼 수 있는 것이므로 그것만으로 창작성이 부가되었다고 볼 수 없다고 하였다.

전통주 제조 강의 교재에 대한 서울중앙지방법원 2013가합93192 판결

원고의 강의교재 중 전통주 제조와 관련된 일반적인 지식, 현상, 방식이나 아이디어를 전형적이고 일반적인 단어와 문구로 간결하게 표현한 것이어서 그 창작성을 인정하기 어렵다고 하였다.

저작물

하이트맥주광고에 대한 서울고등법원 97나15229 판결

원고는 피고 회사가 하이트 맥주 광고에 사용한 문구 중 "가장 맛있는 온도가 되면 암반천 연수 마크가 나타나는 하이트 눈으로 확인하세요"라는 부분은 원고가 제안한 광고문구 중 "최상의 맛을 유지하는 온도, 눈으로 확인하십시오"라는 부분과 유사하거나 동일하다며 저작권을 침해를 주장한 사안에서,

광고문구 "가장 맛있는 온도가 되면 암반천연수 마크가 나타나는 하이트 눈으로 확인하세요"와 "최상의 맛을 유지하는 온도, 눈으로 확인하십시오"는 모두 맛있는 온도를 눈으로 알 수 있다는 단순한 내용을 표현한 것으로 문구가 짧고 의미도 단순하다며 저작물로서의 창작성을 배척하였다.

⑥ 문화유산이나 기존의 표현기법에 따른 경우

저작물은 남의 것을 베끼지 않고 독자적으로 작성되어야 한다. 문화유산이나 기존의 표현기법에 따라 작품을 작성하면 저작자의 독자적 작성행위가 결여되어 창작성이 인정되지 않는다.

'태왕사신기'에 대한 서울중앙지방법원 2006나16757 판결

고구려 고분벽화인 사신도(四神圖) 또는 사수도(四獸圖)의 현무, 주작, 청룡, 백호와 같은 소재는 누구나 이용할 수 있는 공공의 지적자산으로서 피고가 원고와 동일하게 사신을 작품의 소재로 삼은 것 자체만으로 원고의 저작권을 침해한다고 볼 수 없다고 하였다.

'희랍어 분석 방법'에 대한 대법원 93다3073, 3080 판결

희랍어의 문법에 관한 단어의 음절 구분과 이를 가로로 그은 선에 수직선을 넣어 도식화하여 그 명칭, 악센트의 종류와 규칙, 악센트의 일반원리 등 희랍어의 문법적 특성에 관한 설명 부분은 동일한 사실에 관하여 여러 가지 표현형식이 있을 수 있는 문예 작품과 달리 그 성질상 표현형식에 있어서 개성이 있기 어려울 뿐 아니라 피고가 사용하기 이전부터 보편적으로 사용되어 온 것으로서 창작성을 인정할 수 없다고 하였다.

(3) 창작성 배제 법리의 중복적용

창작성을 필터링할 수 있는 여러 법리는 각기 다른 존재 이유를 갖는 까닭에 법리 상호 간에 적용 범위가 배척되지 않으며 다른 법리와 함께 중복하여 적용될 수 있다.

기계설계교재에 대한 서울고등법원 2010나1151 판결

기계설계에 필요한 물리적 이론 및 원리, 기계 재료와 각종 수단(결합요소, 축계요소, 동력 전달요소, 운동 제어요소) 및 KS 등 각종 규격을 설명한 부분은 누가 표현하더라도 비슷하게 표현할 수밖에 없는 표현 또는 아이디어와 표현이 합체되어 있어 저작권법의 보호 대상인 저작물로 볼 수 없다고 하였다.

컴퓨터개론 서적에 대한 서울중앙지방법원 2013가합11770 판결

서적 내용 중 멀티미디어 활용분야 등에 관한 서술내용 그 자체는 학술적 내용으로서 아이디어에 해당한다. 그리고 "명령어 처리과정", "폰트" 등에 관한 각종 도안 또는 도식은 기능성에 의한 제한을 받으며, "컴퓨터의 발전과정을 주요 계산기 위주로 설명한 부분"은 종전의 관련 서적에도 유사한 구성형식 또는 내용이 포함되어 있었을 뿐만 아니라 누가 하더라도 같거나 비슷할 수밖에 없는 부분이라며 원고들 서적의 창작성을 부인하였다.

라. 기능적 저작물의 창작성

기능적 저작물은 예술성의 표현보다는 기능이나 실용적인 사상의 표현을 주된 목적으로 하는 저작물을 말한다. 건축저작물, 도형저작물, 컴퓨터프로그램저작물 등과 같이 달성하고자 하는 기능과 실용성 목적에 초점을 맞추어 예술성보다는 특정한 기능 또는 지식, 개념을 전달하거나 방법이나 해법, 작업 과정 등을 표현하고 있는 저작물이 여기에 속한다.

(1) 기능적 저작물의 창작성 판단요소

① 기능적 저작물 중 개념, 방법, 해법, 작업 과정 등 그 자체는 아이디어에 해당하므로 여기에 창작성이 있더라도 저작권 보호를 받지 못한다. 이러한 아이디어를 표현한 부분 역시 아이디어에 의하여 표현이 제약되면 창작성이 부인될 수 있다.

토목공학수험서적에 대한 서울고등법원 2012나17693 판결

"기능적 저작물은 예술성보다는 특별한 기능, 즉 특정한 기능 또는 지식·개념을 전달하

저작물

거나, 방법이나 해법, 작업 과정 등을 설명한 것으로서, 자연히 예술성보다는 당해 저작물이 달성하고자 하는 기능과 목적을 위한 실용성에 초점을 맞춘 것이고, 따라서 기능적 저작물에 있어서의 표현이 갖는 역할은 당해 저작물이 목적으로 하는 기능에 부수적으로 따르는 것으로서 그 표현 역시 기능적인 목적을 지닌다. 기능적 저작물은 그것이 목적으로 하는 기능을 수행하기 위하여 표준적인 용어와 개념을 사용하여야 하고, 아울러 타인이 쉽고 정확하게 알 수 있는 해설방식을 사용하여야 하므로, 그 표현방식은 상당히 제한될 수밖에 없고, 그에 내재된 보호받지 못하는 요소들, 즉 개념이나 방법·해법, 작업 과정 등 아이디어와 표현이 밀접하게 연관될 수밖에 없고, 결과적으로 보호받아서는 아니 되는 아이디어가 보호되는 일이 없도록 보호범위를 제한적으로 해석하여야 한다."

② 기능적 저작물의 표현은 기능의 전달이나 설명을 수행하기 위하여 해당 분야에서 사용되는 표준적인 용어와 개념, 표현 방법이나 규격 또는 그 용도나 기능 자체, 저작물 이용자의 이해 편의성 등에 의하여 제약이 따르므로 창작성에 제약이 있다.

그런데 저작물 표현을 제약하는 기능적·실용적 요소가 앞서 본 기능적 저작물의 유형에만 있는 것이 아니다. 예를 들어 설계도에서 도형으로 표현된 도형저작물 부분뿐만 아니라 그와 함께 도형을 설명하기 위한 어문저작물 부분도 표현이 제약될 수 있다. 또한 시험 서적 등 실용적인 내용을 담은 어문저작물이나 산업적·실용적 기능을 갖는 응용미술저작물 등 다른 저작물의 유형에도 기능성, 실용성에 따른 표현의 제약이 있을 수 있다. 다만 앞서본 기능적 저작물의 유형은 기능의 표현을 주된 목적으로 하는 까닭에 표현의 제약이 현저한 경우라고 할 수 있다.

현대방폭 '기계제품도면'에 대한 대법원 2007도4848 판결

피고인이 피해자 현대방폭전기 주식회사의 허락 없이 도면의 주요 부분은 그대로 둔 채 회사 상호 일부만 수정하여 일신산업전기 주식회사의 웹사이트에 게재한 사안에서, 이 사건 도면은 위 피해자가 제작한 실링·피팅, 케이블 글랜드, 500와트 2중 항공장애등의 제품도면으로서 위 제품들의 구조, 규격, 기능 등을 당해 기술 분야의 통상적인 기술자들이 정확하게 이해할 수 있도록 일반적인 표현 방법, 도면작성 방법에 따라 표현된 것이다. 누가 작성하더라도 달리 표현될 여지가 거의 없을 뿐 아니라 설령 작성자에 따라서 다소 다르게 표현될 수 있는 여지가 있다고 하더라도 이 사건 도면에 작성자의 창조적 개성이 드러나 있다고 할 수 없는 것이어서 구 저작권법의 보호 대상이라고는 할 수 없다고 하였다.

③ 기능적 저작물도 다른 일반 저작물과 마찬가지로 창작적인 표현 부분만이 보호된다는 점에서 창작성의 정도를 다른 일반 저작물과 다르게 볼 필요는 없다. 다만 기능적 저작물의 기능성은 저작물의 창작적 표현 즉 작성자의 사상 또는 감정을 독자적으로 표현하거나 창조적 개성이 드러나는 표현을 제약하는 요소가 되는 까닭에 기능성으로 인한 제한요소를 필터링하고 나머지 표현요소를 가지고 판단하는 등 창작성 판단에 반드시 걸러내야 할 고려 요소가 있다는 점이 다를 뿐이다.

온라인 인쇄 작업가이드에 대한 서울고등법원 2014나2032883 판결

저작물성이 인정되는 기능적 저작물도 창작적인 표현형식만이 보호되므로 기능적 저작물의 보호로 인하여 기능적 저작물 등이 담고 있는 아이디어나 이론, 지식이나 정보, 사실 등과 같은 사상 자체가 보호받게 되는 것은 아니다. 따라서 사상 자체의 보호를 우려하여 기능적 저작물 등의 창작성을 다른 저작물에 비하여 특별히 엄격하게 볼 것은 아니다. 다만 기능적 저작물 등이 담고 있는 사상 자체가 저작권 보호를 받지 않도록 실질적유사성 여부를 엄격하게 판단할 필요가 있으나 기능적 저작물 등을 그대로 복제하였거나 또는 이와 거의 동일하게 볼 수 있을 정도라면 특별한 사정이 없는 한 두 저작물 사이의 실질적유사성을 인정해야 한다. 이 사안에서 독특한 표현과 장문이 포함된 많은 문장과 여러 형태로 다양하게 조합된 도형으로 이루어진 원고의 작업가이드에 대하여 저작물성을 인정하고, 원고의 작업가이드를 거의 그대로 복제한 피고 작업가이드에 대하여 침해를 인정하였다.

④ 판례는 동일한 기능을 하는 기계장치의 연결 관계를 표현하는 기능적 저작물에 있어서 그 장치 등을 구성하는 장비 등이 달라지는 경우 그 표현에 달라지는 것은 당연하다고 하였다. 따라서 장비 등 기술구성의 차이에 따라 동일한 기능을 달리 표현하였다고 하여 당연히 창작성이 인정되는 것은 아니며, 기능의 표현 목적, 이용자 이해의 편의 등 기능성으로 인한 표현의 제한을 벗어난 창작성이 존재하는지 별도로 살펴보아야 한다고 하였다.

지하철 화상전송 설비도면에 대한 대법원 2002도965 판결

"도형저작물은 예술성의 표현보다는 기능이나 실용적인 사상의 표현을 주된 목적으로 하는 이른바 기능적 저작물로서, 기능적 저작물은 그 표현하고자 하는 기능 또는 실용적인 사상이 속하는 분야에서의 일반적인 표현 방법, 규격 또는 그 용도나 기능자체, 저작물 이

저작물

감정평가서에 대한 서울중앙지방법원 2011카합1962 결정

감정평가서는 감정목적물의 현황을 일반인들에게 이해시켜 객관적인 평가를 돕는다는 목적에 따라 일반적이고 공통적인 표현을 사용하여야 하므로 그 표현 방법에 제한이 많다며 기능적 저작물이라고 하였다.

위디스크 홈페이지에 대한 부산지방법원 2008가합705 판결

이용약관은 어문저작물의 일종으로 그 내용이 해당 서비스의 일반적인 이용이나 개별적인 기능, 작동방법 등에 관한 설명과 해설에 관한 것으로서 기능적 저작물에 해당한다고 하였다.

회전초밥점포 인테리어 설계도 및 디자인에 대한 서울중앙지방법원 2006가합14405 판결

원고 점포의 실내외 디자인은 간판, 창외 장식, 내벽 부분의 벽지, 창내 부분의 블라인드 부분 등의 형태, 색채, 문양 등을 취사선택하고, 취사선택된 각 부분을 적절히 조합, 배열하여 만들어진 디자인으로서 응용미술저작물에 해당한다. 또한 예술성의 표현보다는 기능이나 실용적인 사상의 표현을 주된 목적으로 하는 기능적 저작물에 해당하는데 기능적 요소 이외의 부분으로 인정되는 간판의 상호 도안, 간판의 전체적인 색채, … 기둥부를 목재무늬로 구성한 점 등이 피고 회사 본점의 실내외 디자인에서 사용된 표현 방식 및 그 조합, 배열과 동일·유사하거나 일부 변형된 것에 불과한 것으로서 창작성을 인정할 수 없어 저작물로 보호받을 수 없다고 하였다.

PDA 증권프로그램화면에 대한 서울고등법원 2007나58805 판결

PDA 증권프로그램화면 구성은 증권거래에 있어서 필요한 여러 가지 기능을 PDA 화면상에 배치한 것으로서 예술성의 표현보다는 기능이나 실용적인 사상의 표현을 주된 목적으로 하는 기능적 저작물의 일종이라고 하면서 증권사들이 통상 채택하고 있는 검색조건을 약어와 숫자, 영문으로 축약한 검색조건의 표현방식은 아이디어에 해당하고 기능 버튼을 클릭하면 우측에 상하로 스크롤이 가능한 상세화면 창이 뜨는 기능은 이 사건 화면 구성이 도입되기 전에 상용화된 컴퓨터프로그램의 사용자 인터페이스에서 널리 사용되고 있었던 것이며 PDA 단말기의 좁은 화면에서 구현하기 위한 기능들의 배치, 폰트의 크기나 기능 버튼의 활용 등에 있어서 제약이 따르고 증권 서비스 고객들의 이용 편의를 위하여 기존 홈트레이딩 시스템의 메뉴 구조 및 기능 배치를 상당 부분 따를 수밖에 없는 것이라며 편집저작물성을 배척하였다.

체험형 착시미술품 전시회의 취지에 따라 관람객이 실제로 그림과 일체가 되는 듯한 장면을 연출할 수 있도록 독자적으로 제작하거나 명화와 같이 널리 알려진 유명 작품, 대중적인 마술용품 등의 원저작물을 변형 또는 모티브로 하여 제작한 착시미술품인 원고의 전시품에 대한 모방이 문제된 사안에서,

피고 전시품들이 그와 대비되는 원고 전시품들과 각각의 전체적인 형태와 모양, 이미지, 주제 내지 내용, 표현기법 면에서 유사하지만, 전체적인 형태와 모양, 이미지, 주제 내지 내용, 표현기법은 일종의 아이디어에 불과하여 저작권의 보호대상이 되지 아니할뿐더러 체험형 착시미술은 예술성의 표현보다는 관람객들의 착시현상 체험을 위한 표현을 주된 목적으로 하는 기능적 저작물로서 표현의 제약이 있을 수밖에 없는 사정 등을 고려하면 원고 전시품 중 순번 제2, 3, 11 기재 미술품들은 누가 하더라도 같거나 비슷할 수밖에 없는 표현 즉 저작물 작성자의 창조적 개성이 드러나지 않는 표현을 담고 있는 것으로서 창작성이 없다며 실질적유사성의 대상에서 배제하였다.

마. 기존 저작물과 창작성

새로 작성된 저작물이 문화유산의 영향을 받거나 기존 저작물의 표현을 이용하였더라도 창작성을 인정받거나, 반대로 기존저작물에 의하여 창작성이 배척되는 경우가 있다.

(1) 문화유산의 영향을 받은 저작물

문화유산의 영향을 받아 만들어진 저작물이라도 창작성이 인정될 수 있다. 저작물이 갖추어야 할 창작성은 새로운 것을 요구하는 것은 아니며 저작물이 기존 문화로부터 영향을 받아 작성된 경우에도 인정될 수 있다.

한복문양에 대한 대법원 91다1462 판결

종래의 문화적 유산인 복식에 변형을 가한 한복 디자인 중 치마 위에 여러 줄의 가는 띠를 수직 또는 수평으로 덧대는 의복 제작기법은 삼국시대 이전부터 사용되어 오던 것이다. 띠 안에 무늬를 넣는 방법 자체는 종래의 문화적 유산에 속하는 것이지만 띠의 모양을 사

다리꼴로 하고 띠 안에 꽃, 나비, 추상적 문양 등을 소재로 한 무늬를 일정한 간격으로 혼합 배치한 것에 대하여 창작성을 인정하였다.

'고려수지요법강좌'에 대한 대법원 98다46259 판결

기존의 전통 한의학 이론이나 다른 서적들에 의하여 이미 알려진 상응요법 등의 이론을 기초로 하였으나 이를 체계적으로 정리한 '고려수지요법강좌'에 대하여 창작성을 인정하였다.

(2) 기존 저작물을 사용한 저작물

기존에 존재하던 이야기나 서적 등을 참고하거나 이용한 저작물이라도 기존의 것과 다른 표현 방법을 사용하거나 나름대로 새롭게 정리한 경우에는 창작성이 인정될 수 있다.

'세탁학기술개론'에 대한 대법원 94도2238 판결

기존에 나온 한국세탁업협회에서 발행한 교재 등과 부분적으로 동일·유사한 표현이 있지만 전체적인 구성이나 표현형식에 있어서는 기존의 다른 책자들과 뚜렷이 구별할 수 있는 '세탁학기술개론'에 대하여 창작성을 인정하였다.

기계설계교재에 대한 서울고등법원 2010나1151 판결

선행문헌들을 참고 및 인용한 저술 부분 중 그 내용에 담긴 사상을 창안한 것은 아니라 하더라도 선행 저작물들과 다른 표현 방법을 사용한 부분에 대하여는 창작성을 인정하였고 단순히 기계설계의 기술 분야에서 이미 알려진 지식을 취합하는 등 선행문헌 등에 있는 표현과 동일 또는 유사한 부분에 대해서는 창작성을 배척하였다.

토목공학수험용 서적에 대한 서울중앙지방법원 2009가합138784 판결

원고가 침해를 주장하는 상당 부분이 기존 문헌에 있는 표현과 동일 또는 유사한 표현이다. 나아가 나머지 표현에 대하여도 원고 서적의 표현들에 담긴 사상은 모두 원고가 스스로 창안한 것이 아니라 토목공학 등의 기술 분야에서 이미 알려진 지식을 원고가 취합하여 수험용으로 적절하게 정리한 것이다. 원고가 창작성이 있다고 주장하는 표현 중 상당

수도 피고들이 유사한 표현이 담긴 선행문헌을 찾아 제출함으로써 창작성이 없음을 탄핵하지 못하였다고 하여 그와 동일·유사한 표현이 기재된 선행문헌이 존재하지 않으리라고 단정할 수 없다며 위 '나머지 표현'들도 저작권법상 보호 대상이 되는 창작성이 있는 표현이라고 인정하기에 부족하다고 하였다.

이 사안 서적은 기술사 시험을 대비한 수험준비용 교재로서 토목공학 등의 기술 분야에서 이미 알려진 지식을 원고가 취합하여 수험용으로 적절하게 정리한 것으로서 실용성에 의하여 창작성이 제약된 경우로 보인다. 그런데 판결은 '기존 문헌과 다른 표현 부분'에 대하여 창작성을 배척하는 이유로서 '원고 스스로 원고의 표현들에 담긴 사상을 창안한 것이 아님을 고려할 때 위 피고들이 유사한 표현이 담긴 선행문헌을 찾아 제출함으로써 창작성이 없음을 탄핵하지 못하였다고 하여 그와 동일·유사한 표현이 기재된 선행문헌이 존재하지 않으리라고 단정할 수는 없는 점'을 들고 있다.

이 경우 원고가 창작성을 주장한 상당한 부분이 기존 문헌에 존재한다는 점에 기초하여 원고의 주장을 배척한 판결의 결론은 수긍할 수 있다. 다만 ❶ 원고가 표현에 담긴 사상을 창안하지 않았다고 하더라도 나름대로 창작적 표현을 할 수 있다는 점과, ❷ 원고가 자신의 표현과 동일한 기존 표현이 선행문헌에 존재하지 아니한다는 점에 대한 입증책임까지 부담하여야 하는 것은 아니라는 점에서 위 이유 판시 부분은 부적절해 보인다.

'엘에스에프통신교육강좌'에 대한 서울지방법원 98가합16239 판결

기존의 의학지식이나 다른 서적에서 이미 소개된 치료요법 등 이론을 기초하고 이를 포함하고 있으나 이를 체계적으로 정리하여 기술한 '엘에스에프통신교육강좌'에 대하여 창작성을 인정하였다.

'살아있는 동안 꼭 해야 할 49가지' 서적에 대한 서울고등법원 2008나68090 판결

기존에 존재하던 이야기를 소재로 하더라도 단어, 문장 및 문제 등을 전반적으로 다듬고 조절하여 구체적 표현에 차이가 있었던 '살아있는 동안 꼭 해야 할 49가지' 서적에 대하여 창작성을 인정하였다.

소설 '이휘소'에 대한 서울고등법원 96나18627 판결

타인의 소설 속 일부 창작 부분을 표현형식을 달리하여 이용한 사실이 있으나 그 표현을 거의 그대로 베끼지는 않고, 그 내용을 충분히 소화하여 이 사건 소설 속의 상황에 부합하게끔 자기 나름의 스타일로 새롭게 표현한 것은 단지 타인 저작물의 사상이나 아이디어 만을 이용한 것이라고 하였다.

(3) 기존 저작물을 개변한 2차적저작물

기존에 존재하던 원저작물의 창작적 표현을 개변하여 만들어지는 2차적저작물은 기존 원저작물의 본질적 특성을 감지할 수 있는 등 원저작물과 실질적유사성을 갖지만 원저작물과 별개의 새로운 저작물로 인정된다. 2차적저작물의 창작성은 원저작물의 창작 부분과 별개로 개변에 의하여 새로이 만들어진 표현 부분에 존재하며, 작성자는 이 부분에 대하여 저작권을 행사할 수 있다.

'난타' 공연에 대한 서울고등법원 2011나104699 판결

'난타' 공연물이 이미 일종의 연극저작물로 성립된 이후에 '난타 시나리오'가 어문으로 작성된 사안에서,
등장인물의 행동이 언어로 구체적으로 표현되고, 등장인물의 동작에 의해 벌어지는 주변 상황, 등장인물이 내는 소리와 이에 맞추어 진행될 조명, 음악 등의 효과가 상세히 서술되어 있는 등 '난타' 배우들의 행동을 계획, 연출의 내용, 음악, 조명, 무대, 기타 특수 효과 등 6가지로 나누어 어문으로 구체적으로 상세히 서술되었다며 어문저작물로서 창작성을 인정하였다.

이 사안 '난타 시나리오'는 단순한 어문저작물이라기보다는 '난타' 공연물을 원저작물로 하는 2차적저작물로 볼 수 있다. 따라서 '난타 시나리오'에 새로이 부가된 어문적 창작 부분만이 2차적저작물의 보호 범위에 속할 수 있다. 만약 위 시나리오가 '난타' 공연물에서 정해진 공연자의 행동이나 사실을 단순히 그대로 표현한 것에 그쳤다면 원저작물을 그대로 표현한 저작물로서 창작성이 배척되었을 수도 있다.

'생명의 나무' 목판액자에 대한 서울중앙지방법원 2014가합528947 판결

보호 기간이 경과되어 공중의 영역에 속하는 원저작물인 화가 구스타프 클림트의 벽화인 '생명의 나무'를 기반으로 하여 만든 목판액자에 대하여 2차적저작물의 성립을 인정하였다.

(4) 기존 저작물에 의한 창작성 배제

기존 문화의 영향을 받거나 기존 저작물을 이용한 경우라도 창작성이 인정될 수 있지만 기존저작물로 인하여 창작성이 부인될 수 있다.

① 저작권 침해분쟁에서 저작권 침해를 주장하는 원고의 저작물은 창작성 요건을 갖추고 있어야 한다. 피고는 원고의 저작물이 창작되기 이전에 동일·유사한 표현의 기존 저작물이 존재하였던 사실을 찾아내어 원고 저작물이 기존 저작물에 의거하였고 그와 실질적 유사성이 있다고 주장하여 원고 저작물에 대한 창작성을 부인하는 항변을 제기할 수 있다. 피고는 저작권 침해를 주장하는 원고의 저작물이 독자적으로 만든 것이 아니라 기존의 것을 모방한 것이라거나, 원고 저작물에서 보여주는 표현은 누구라도 쉽게 만들 수 있는 것으로 최소한의 창작성이 없다거나, 원고 저작물의 표현은 이미 널리 알려져 흔히 사용되고 있는 표현이라는 등의 주장을 하며 원고 저작물이 작성·발행되기 이전에 동일·유사한 표현을 하고 있던 기존 저작물의 존재를 찾아내어 입증하는 경우가 종종 있다.

또한 전화번호부, 법률 서식, 경마 예상지, 가계부 등과 같은 실용적 저작물은 표현의 선택을 제한하는 실용성에 대한 고려뿐만 아니라 선행 저작물의 표현내용 등 제반 사항을 고려하여 창작성 여부가 인정되고 있다. 대중의 선호도에 의한 제한을 받는 대중음악 분야의 음악저작물도 마찬가지로 기존 음악저작물의 표현을 고려하여 창작성을 판단하고 있다.

> **'섬데이' 노래에 대한 대법원 2013다14828 판결, 서울고등법원 2012나24707 판결**
>
> 이 사건 항소심 판결은 ❶ 원고 저작물 전후에 공표된 다른 음악저작물들에서 원고 저작물과 유사한 가락 또는 화음이 발견되지만 원고가 다른 음악저작물에 의거하여 원고 음악저작물을 작곡함으로써 타인의 저작권을 침해한 사정 등이 인정되지 않는다며 원고 저작물의 창작성을 인정하였다. ❷ 원고는 1997년경부터 약 250곡의 음악저작물을 작곡하고 약 40장의 음반 제작에 참여하는 등 대중음악가로서 꾸준한 활동을 하여 왔다. 피고도 1994. 9.경 이후 오랜 기간 대중음악가로 활동하여 온 사실과 원고 저작물이 수록된 음반이 2003년경 공표되어 약 7년간 음반 시장, 음원 제공 사이트, 방송 매체에 노출되어 온 사실을 근거로 피고 저작물에 대한 '접근 가능성'을 인정하고, 원고 대비 부분과 피고 음악저작물의 부분이 가락, 화음 및 리듬의 면에서 현저히 유사하여 피고 음악저작물의 원고 저작물에 대한 의거를 사실상 추정하였다. 또한 피고 음악저작물은 원고 대비 부분과 동

일·유사한 피고 대비 부분을 기초로 하여 작성된 2차적저작물로서 청중들이 듣기 좋고 대중의 취향에 부합하는 음악의 음의 배열은 한정되어 있고 음악이용 기술의 발달로 음악이 디지털 음원으로 쉽게 전달되는 점 등에 비추어 현대 대중음악가는 자신이 작곡한 음악저작물이 무의식적으로나마 타인의 저작권을 침해하는 것이 아닌지 여부를 확인·방지할 주의의무가 있다고 하였다. 피고는 약 17년간 지속적인 활동을 하여 온 대중음악가로서 위와 같은 대중음악계의 특성을 잘 알고 있다고 보이고 원고와 피고 음악저작물이 수록된 음반은 모두 국내에서 제작, 공표된 것으로 약 6년 정도의 시차만 있다는 점을 근거로 피고에게 주의의무를 다 하지 못한 과실이 있다고 하였다.

그러나 이 사건 상고심 판결은 원심판단 ❶ 부분에 대하여 미국에서 선행 저작물을 부른 가수가 그래미상을 수상하는 등 가스펠(Gospel) 음악사상 영향력 있는 가수로 손꼽힐 정도로 널리 알려졌는데 원고가 미국에서 음악대학을 수료한 작곡가인 사실을 근거로 선행 저작물에 대한 원고의 접근 가능성을 인정했다. 아울러 원고 저작물 부분이 선행 저작물과 가락이 현저하게 유사하고, 리듬도 유사하며, 화성은 보편적으로 사용되는 것이라는 이유로 원고의 침해주장 저작물 부분에 대한 창작성을 부인하며 파기환송하였고 환송심에서 화해권고결정으로 종결되었다.

② 먼저 만들어진 원고 도안과 나중에 만들어진 피고 도안 사이에서 저작권 침해가 문제 된 경우 원고 도안과 피고 도안 사이의 의거관계와 실질적유사성 즉 저작권침해의 요건이 피고 도안의 저작물 성립요건인 창작성을 결정하는 역할을 한다.

저작물은 신규성을 갖는 새로운 저작물일 필요는 없고 나름대로 창작성이 존재하면 된다. 그런데 피고 저작물에 대하여 먼저 만들어진 원고 저작물에 대한 의거관계와 실질적유사성이 인정되면 피고 저작물의 창작성은 부인된다. 실제로는 피고가 원고 저작물을 보지 않고서 원고 저작물의 표현과 동일·유사하게 창작한 것이라고 하더라도 원고 저작물에 접근할 가능성이 있었다고 추정되면 피고 저작물의 창작성은 법적으로 인정받지 못하게 된다. 저작권 침해 재판에서 입증 여하에 따라서 창작성을 인정받지 못하는 결과가 초래될 수 있는 것이다. 이는 실체적으로 창작성을 갖고 있더라도 제도적으로 창작성이 인정되지 못하는 경우라고 할 수 있다.

바. 저작권의 목적과 보호기간에 따른 창작성 판단

저작물의 창작성을 판단할 때 저작권 제도의 목적이나 보호기간 등이 하나의 고려요소가 될 수 있다. 저작물로 인정되면 저작재산권의 보호기간 동안 배타적인 보호를 받게 된다. 저작물의 창작성을 판단함에 있어 저작자 사후 70년간 배타적으로 저작권을 행사하는 것을 용인할 만한 창작성이 있는지, 그것이 저작권법의 목적인 문화산업발전에 부응하는 것인지 등을 고려할 경우가 있다.

PDA 증권프로그램화면에 대한 서울고등법원 2007나58805 판결

증권프로그램 화면 구성이 편집저작물에 해당하는지 문제된 사안에서,
❶ 원고 서비스의 화면 구성에 저작권을 인정하여 독점적인 보호를 할 경우 후발 사업자에게는 화면 구성에 있어 제한적인 선택의 가능성만 남게 될 것으로 보이는 점, ❷ 특히 선발업체가 채택한 사용자 인터페이스가 광범위하게 전파될 경우 그 인터페이스의 특징이 기능적인 것으로 변화되고 사실상의 표준으로 작용할 수밖에 없는데, ❸ 이를 저작권법에 의하여 장기간 독점적으로 보호할 경우 사용자는 직접 또는 간접적으로 저작권이용료를 부담하여야 하고, ❹ 이를 피해가기 위해서는 다른 인터페이스를 선택하여 새로운 사용방법을 익혀야 하는 점 등에 비추어 보면, 이 사건 화면 구성을 저작권법이 보호하는 편집저작물로 인정하기는 어렵다고 하였다.[45]

'되고송'에 대한 서울중앙지방법원 2009가합124549 판결

'러브레터', '노란 샤쓰의 사나이', '가는 세월', '돌아가는 삼각지', '님그림자' 등을 각 작곡한 원고들이 피고 SK텔레콤이 광고에 삽입한 '되고송'은 원고들의 히트곡의 모티브나 멜로디의 일부를 표절 또는 도용하여 편집한 것으로서 2차적저작물에 대한 권리와 저작인격권을 침해한 것이라고 주장한 사안에서,
"음악저작물에 있어서 일반인에게 좋은 느낌을 주는 음률과 리듬의 구성범위는 상당히 제한되어 있다고 보이는데, 완성된 하나의 곡을 구성하는 일부 음의 배열을 쉽사리 저작권법에서 보호되는 저작물로 인정할 경우 저작물의 공정한 이용을 도모함으로써 문화 및 관련 산업의 향상 발달에 이바지한다는 저작권법의 목적에 반할 수 있다는 점까지 고려하면, 이 사건 각 일부분에 이 사건 각 저작물과 구별되는 별도의 저작자의 사상 또는 감정이 창작적으로 표현되어 있다고 인정되지 아니하므로, 이 사건 각 일부분이 저작권법에 의하

---

45 위 판결은 저작물성을 판단함에 저작물이 사실상 표준 역할을 하게 될 경우 저작권법에 의한 장기적인 독점적 보호를 우려하고 있다.

여 보호되는 저작물임을 전제로 하는 원고들의 청구 역시 더 나아가 살펴볼 필요 없이 이유 없다."

5 저작물의 보호 배제

가. 보호되지 않는 저작물의 구성 부분

어떤 작품이 저작물로 성립되었다고 하여 그 작품을 구성하는 모든 부분이 저작권으로 보호되는 것은 아니다. 일반적으로 작가는 작품 전체에 대하여 저작권을 주장하지만 그 작품에는 ❶ 창작적 표현, ❷ 아이디어, ❸ 기술적 고안, 기술 그 자체, ❹ 사실 그 자체, ❺ 제호나 창작성이 없는 단순하거나 관행적인 표현, ❻ 보호 기간이 경과한 저작물의 표현, ❼ 종래의 문화적 유산 등 만인의 공유에 속한 표현 등 다양한 요소가 있을 수 있다. 이러한 작품의 구성 부분 중 ❶ 창작적 표현만이 저작권에 의하여 보호되며 나머지 부분은 보호되지 않는다.

나. 저작권 보호가 배제·제한되는 저작물

저작권법은 저작물로 성립되더라도 저작권 보호가 배제되거나 제한되는 경우를 아래와 같이 규정하고 있다.

- 제3조 국내에서 보호되지 아니하는 외국인 저작물
- 제7조 보호하지 아니하는 저작물

- 제23조 내지 제36조 저작권 제한 규정에 의해 이용되는 저작물
- 제39조 내지 제42조 보호기간이 경과한 저작물
- 제49조 상속인의 부존재 등에 의한 저작재산권이 소멸된 저작물
- 제50조 내지 제52조 법정허락에 의해 이용되는 저작물

그 외에도 저작자가 저작재산권을 포기한 경우에는 저작자의 허락 없이 저작물을 이용할 수 있다. 또한 저작자는 저작재산권을 포기하지 않으면서도 자신의 저작물을 타인이 임의로 이용할 수 있도록 할 수 있고, 이 경우에도 저작재산권 보호가 배제된다. 이러한 저작물에 대한 이용허락표시를 CCL(Creative Commons License)이라고 하고 이를 이용자에게 제공하는 인터넷 사이트들이 있다. 한국저작권위원회에서 운영하는 '공유마당'에서 CCL저작물, 공공저작물, 만료저작물, 기증저작물을 제공하고 있다.

(1) 법률 등 공익적 성격의 저작물

저작권법 제7조[46]는 국민의 알 권리나 공익적 성격을 고려하여 작성자의 창작적인 표현이 존재하는 창작물이라도 저작물로서 보호받지 못하는 것을 정하고 있다. 여기에 해당하는 경우에는 저작권이 발생하지 않으며 누구라도 이용할 수 있다. 이와 유사한 취지에서 법 제24조의2[47]는 공공저작물의 저작재산권을 제한하는 규정을 두어

---

46 **저작권법 제7조 (보호받지 못하는 저작물)**
다음 각 호의 어느 하나에 해당하는 것은 이 법에 의한 보호를 받지 못한다.
1. 헌법·법률·조약·명령·조례 및 규칙
2. 국가 또는 지방자치단체의 고시·공고·훈령 그 밖에 이와 유사한 것
3. 법원의 판결·결정·명령 및 심판이나 행정심판절차 그 밖에 이와 유사한 절차에 의한 의결·결정 등
4. 국가 또는 지방자치단체가 작성한 것으로서 제1호 내지 제3호에 규정된 것의 편집물 또는 번역물
5. 사실의 전달에 불과한 시사보도

47 **저작권법 제24조의2 (공공저작물의 자유이용)**
① 국가 또는 지방자치단체가 업무상 작성하여 공표한 저작물이나 계약에 따라 저작재산권의 전부를 보유한 저작물은 허락 없이 이용할 수 있다. 다만, 저작물이 다음 각 호의 어느 하나에 해당하는 경우에는 그러하지 아니하다.
1. 국가안전보장에 관련되는 정보를 포함하는 경우
2. 개인의 사생활 또는 사업상 비밀에 해당하는 경우
3. 다른 법률에 따라 공개가 제한되는 정보를 포함하는 경우
4. 제112조에 따른 한국저작권위원회(이하 제111조까지 "위원회"라 한다)에 등록된 저작물로서 「국유재산법」에 따른 국유재산 또는 「공유재산 및 물품 관리법」에 따른 공유재산으로 관리되는 경우

공공저작물에 대한 자유 이용범위를 넓혔다. 다만 이처럼 저작물로 보호받지 못하는 법률이나 판결 등도 그에 대한 선별, 요약, 해설 등의 작성과정을 거치면 저작물로 보호될 수 있다.

판례해설집에 대한 창원지방법원 2005노1762 판결

타인이 작성한 이 사건 판례 해설집을 인터넷 홈페이지에 게시하여 기소된 피고인은 이 사건 판례 해설집이 일반에 알려진 대법원 판례를 요약한 것에 불과하며, 피고인이 종전에 저술한 'D'의 내용을 베낀 것이라고 주장한 사안에서,
이 사건 판례 해설집은 'D'의 내용을 무단 전재하였다거나 그 내용의 대부분을 전재하고 일부 수정한 것이 아닌 독창적인 저작물로 인정된다. 공지의 대법원 판례를 이용하여 저술하였다고 하더라도 중요판례를 선별하여 요약 기술하고 위 판례에 대한 해설과 기출지문 정리가 들어간 이 사건 판례 해설집은 독창적인 가치를 지닌 저작물로 인정되므로 피고인의 주장은 이유가 없다고 하였다.

(2) 사실의 전달에 불과한 시사 보도

저작물로서 보호되지 않는 저작물을 규정한 저작권법 제7조의 제1호 내지 제5호 중 현실적으로 가장 문제되는 것은 제5호 '사실의 전달에 불과한 시사보도'다. 언론매체의 정형적이고 간결한 문체로 육하원칙에 따라 있는 사실을 간결하게 표현한 기상정보, 판결내용, 인사이동, 사망기사, 사고기사, 범죄기사 같은 신문기사를 그 예로 들 수 있다. 이러한 신문기사는 인간의 사상 또는 감정이 아닌 사실 그 자체를 표현한 것으로서 보도에 사용되는 통상적인 문구로 작성되어 창작성이 인정되지 않는다. 이처럼 사실의 전달에 불과한 시사 보도는 당연히 저작물성이 없는 것이고, 제7조 제5호는 확인적·주의적 의미에서 정한 것이라고 한다.

그에 반해 보도의 신속성이라는 제약에서 벗어나 일정한 주제에 대하여 작성자의 생각을 독창적으로 표현한 논평이나 논설 또는 기자의 견해와 평가가 상당 부분을 차지하는 시사 보도의 기사는 '사실의 전달에 불과한 시사 보도'에 해당하지 않고 창작적인 어문 표현으로서 저작권의 보호를 받는다.

판례는 시사 보도 중 보도 사실을 재구성하고 개성 있는 문체로 표현하여 여기에 자신의 평가, 전망 등을 더하는 등 단순한 사실의 전달에 불과한 시사 보도를 넘는 것은 저작권으로 보호한다. 그러나 사건이나 사고, 수사나 재판 상황, 판결 내용 등에 대한

사실이나 정보들을 전달하면서 독창적이고 개성 있는 표현 수준이 아닌 단순히 사실의 전달에 불과한 시사 보도의 정도에 그친 것은 저작권의 보호대상에서 제외하고 있다.

연합뉴스 기사에 대한 대법원 2004도5350 판결

시사 보도는 여러 가지 정보를 정확하고 신속하게 전달하기 위하여 간결하고 정형적인 표현을 사용하는 것이 보통이어서 독창적이고 개성 있는 표현 수준에 이르지 않고, 단순히 '사실의 전달에 불과한 시사보도'의 정도에 그친 것은 저작권법에 의한 보호 대상에서 제외한 것이라고 하였다. 원심은 공소사실 기재 각 연합뉴스사의 기사 및 사진의 내용을 개별적으로 살펴서 그 중 단순한 '사실의 전달에 불과한 시사보도'를 넘어선 보도의 복제 행위에 대하여만 복제권 침해행위의 죄책을 인정하였어야 할 것임에도 불구하고 이러한 조치 없이 공소사실 기재 각 연합뉴스사의 기사 및 사진 복제 행위에 대하여 모두 복제권 침해행위의 죄책을 인정한 것은 위법하다고 하였다.

'세이테마' 서비스에 대한 서울중앙지방법원 2004가합76058 판결

주식회사 네오위즈가 운영하는 웹사이트에서 회원 사이의 정보공유를 목적으로 제공하는 개방형 커뮤니티 서비스인 '세이테마' 서비스의 이용자들이 위 서비스에서 제공하는 게시판에 주식회사 스포츠조선 등이 작성한 기사와 사진을 게재한 사안에서 이 사건 기사는 '단순한 사실의 보도기사'에 불과하여 저작권법에 의하여 보호되는 저작물이라고 볼 수 없다는 피고의 주장에 대하여,
이 사건 기사는 단순히 사실을 보도를 넘어 개성 있는 표현으로 재구성하고 자신의 평가, 전망 등을 더한 어문저작물에 해당한다고 하였다. 이 사건 사진도 단순히 피사체를 기계적인 방법에 의해 촬영한 것에 그치는 것이 아니라 피사체의 선택, 구도의 설정, 빛의 방향과 양의 조절, 카메라의 앵글, 셔터 찬스의 포착 등에 촬영자의 개성과 창조성이 반영된 사진저작물에 해당한다고 하였다.

시사 보도에 대한 대법원 2007다354 판결

"원심 판시의 이 사건 원고 기사 중 이 사건 저작권인정 기사를 제외한 나머지 기사들은 스포츠 소식을 비롯하여 각종 사건이나 사고, 수사나 재판 상황, 판결 내용 등 여러 가지 사실이나 정보들을 언론매체의 정형적이고 간결한 문체와 표현 형식을 통하여 있는 그대로 전달하는 정도에 그치는 것임을 알 수 있어, 저작권법에 의하여 보호되는 저작물이라고 할 수 없다."

이 사건 원심 서울고등법원 2006나2355 판결은 기사 중 기자가 사실을 기초로 하여 비판, 예상, 전망 등의 표현을 하고 또한 수집한 소재를 선택·배열·표현할 수 있는 다양한 방법 중 자신의 일정한 관점과 판단기준에 근거하여 소재를 선택·배열한 후 독자의 이해를 돕기 위한 어투, 어휘를 선택하여 표현한 기사에 대하여 저작물로 인정하였다.

그 외에 ❶ 수사기관의 수사, 체포, 구속 등에 관련된 기사, ❷ 단일한 사항에 대하여 객관적 사실만을 전하는 기사, ❸ 전형적인 표현이 사용된 법원의 재판 판결에 관한 기사는 비교적 길이가 짧고 기사의 내용을 구성하는 사실의 선택, 배열 등에 있어 특별한 순서나 의미가 있어 보이지 않는다. 표현 자체가 지극히 전형적이고, 깊이 있는 취재에 의한 것이 아니라 관계 기관의 발표자료 등에 의존하여 간단하게 구성되어 그 작성자가 다양한 표현 방법 중 특별한 방법을 선택하였다고 보이지 않는다. 위 각 기사는 기자라면 누구나 같거나 유사한 표현을 사용할 것이라고 보이는 기사다. 그 내용, 길이 등에 비추어 소재의 선택, 배열, 구체적인 용어의 선택, 어투, 그 밖의 문장에 창작성이 인정된다거나 그 기사를 작성한 기자의 평가, 비판 등의 사상이나 감정이 표현되어 있는 기사에 해당한다고 볼 수 없다며 저작물이라고 할 수 없다고 하였다.

'모기와의 전쟁' 보도뉴스에 대한 서울고등법원 2011나52200 판결

"이 사건 뉴스의 보도문에서 '모기와의 전쟁', '첨단 기술', '기발한 아이디어' 등 모기 관련 각종 언론의 기사들에서 통상적으로 사용되는 표현들이 사용되었으나, 여러 개의 맨홀 구멍을 통하여 소독약을 동시에 뿌릴 수 있는 문어발 방역기가 사용되고, 모기가 좋아하는 색깔과 냄새로 모기를 유인하여 죽이는 장치가 사용되며, IT 기술을 접목하여 모기 개체수를 자동으로 집계하여 방역반에 전송해주는 장치 사용을 부각하는 등 다른 보도 기사들과 구별되는 표현들이 사용되었고, 해마다 심해지는 고온 현상으로 모기의 수가 증가하여 친환경 방법으로는 감당할 수 없어 최첨단 기술과 아이디어들이 동원되고 있다는 전체적인 평가가 실렸으며, 위 보도문이 담긴 이 사건 뉴스에서 해당 장치들이 사용되는 다양한 장면을 여러 각도에서 촬영함과 동시에 아파트 주민, 구로보건소장의 인터뷰를 함께 전달하고, 위와 같이 촬영된 영상이 'ㅇㅇㅇ'에서 방송될 분량과 형식에 맞게 편집되고, … 이 사건 뉴스는 단순한 사실의 전달에 불과한 시사보도에 불과한 것이 아니라 고유한 표현으로 재구성된 사실과 기자의 평가가 담긴 보도문을 효과적으로 전달하기 위하여 전문적인 기술로써 연속적인 영상으로 촬영하고 재구성하여 편집한 영상저작물"이라고 하였다.

주권방송에 대한 서울고등법원 2016나2018997 판결

원고의 영상물 중 F 행사와 강연을 '촬영', '편집'한 영상물에 관하여 원고 소속촬영자는 촬영 대상을 선정하고 촬영 의도와 구도에 맞게 카메라를 각각 배치하여 촬영을 진행하였고, 행사나 강연 등이 진행되는 과정에서 화면을 이동하거나 줌인(Zoom In), 줌아웃

저작물

(Zoom Out) 기법을 활용하여 촬영 대상을 변경하거나 강조하기도 하였다. 원고 소속 편집자의 의도에 따라 원고 영상물 6은 A가 '북한에서의 세쌍둥이 출산'에 관하여 발언한 부분을, 원고 영상물 7은 E가 '새로운 지도자 추대에 따른 북한의 분위기'에 관하여 발언한 부분을, 각 강조하기 위하여 해당 부분을 편집하였다. 원고 영상물 6, 7은 약 251분 동안 촬영한 원본을 각각 4분 35초, 1분 59초 분량으로 편집하였으며 그 외에 화면 전환, 자막 삽입, 사진 삽입, 인트로화면 삽입 등의 추가 편집 과정을 거치는 등 촬영한 영상을 편집하였다고 인정하여 '사실의 전달에 불과한 시사보도'가 아니라 창작적인 영상저작물로 인정하였다.

(3) 저작권의 제한 규정

저작권법은 저작인격권과 저작재산권을 제한하여 저작물 보호를 제한하고 있다. 저작권법 제11조 내지 제13조는 저작물의 성질이나 그 이용의 목적 및 형태 등에 비추어 부득이하다고 인정되는 경우 등에 저작인격권을 제한하고 있고, 저작권법 제23조 내지 제38조는 저작재산권을 제한하고 있다.[48]

(4) 외국인 저작물

저작권법 제3조[49] 제1항은 "외국인의 저작물은 대한민국이 가입 또는 체결한 조약에 따라 보호된다."고 정하여 외국인의 저작물을 보호하고 있다. 오늘날 대부분의 국가가 베른협약 등 국제조약에 함께 가입하고 있는 까닭에 외국인의 저작물은 대부분 우리나라 저작권법에 의하여 보호된다.

다만 제3조 제3항은 외국에서 우리나라 저작물을 보호하는 만큼 그에 상응하여 외국

---

48 저작인격권과 저작재산권의 제한사유에 대하여는 나중에 저작인격권과 저작재산권을 정리하면서 함께 다루기로 한다.

49 **저작권법 제3조 (외국인의 저작물)**
① 외국인의 저작물은 대한민국이 가입 또는 체결한 조약에 따라 보호된다.
② 대한민국 내에 상시 거주하는 외국인(무국적자 및 대한민국 내에 주된 사무소가 있는 외국법인을 포함한다)의 저작물과 맨 처음 대한민국 내에서 공표된 외국인의 저작물(외국에서 공표된 날로부터 30일 이내에 대한민국 내에서 공표된 저작물을 포함한다)은 이 법에 따라 보호된다.
③ 제1항 및 제2항에 따라 보호되는 외국인(대한민국 내에 상시 거주하는 외국인 및 무국적자는 제외한다. 이하 이 조에서 같다)의 저작물이라도 그 외국에서 대한민국 국민의 저작물을 보호하지 아니하는 경우에는 그에 상응하게 조약 및 이 법에 따른 보호를 제한할 수 있다.
④ 제1항 및 제2항에 따라 보호되는 외국인의 저작물이라도 그 외국에서 보호기간이 만료된 경우에는 이 법에 따른 보호기간을 인정하지 아니한다.

저작물의 보호 배제

인의 저작물을 보호하는 '상호주의'를 채택하고 있는 까닭에 우리나라 저작물 보호를 제한하고 있는 국가에 속한 외국인의 저작물은 우리나라 저작권법에 의한 보호가 제한될 수 있다. 또한 제3조 제4항은 외국인의 저작물이라도 그 나라에서 보호기간이 만료된 경우에는 우리나라 저작권법에서 정한 보호기간을 인정하지 않고 있다. 예를 들어 미국저작권법은 1978년 1월 1일 이전에 창작된 저작물의 경우 최초 저작권 취득 이후 95년간 보호하는 까닭에 저작자 사후 70년을 보호하는 우리나라의 저작권법과 달리 보호기간이 짧을 수 있다. 또는 예외적이지만 대한민국이 가입 또는 체결한 국제조약에 함께 가입하지 않은 국가에 속한 외국인의 저작물은 우리나라 저작권 보호에서 완전히 배제될 수 있다.[50]

이처럼 제3조 및 국제조약 등에 의하여 우리나라에서 보호되지 않은 외국인의 저작물은 국내에서 저작권의 보호를 받을 수 없다. 따라서 우리나라 국민이 이처럼 보호되지 않은 외국인의 저작물을 외국인으로부터 저작재산권을 양도받아 보유하고 있다고 하더라도 국내에서 저작권을 행사할 수 없다. 단, 북한에서 만들어진 저작물에 대하여는 우리나라 저작권법에 따라 보호하고 있다.

소설 '두만강'에 대한 서울민사지방법원 89카합13962 결정

"우리 헌법 제 3조에 의하면 대한민국의 영토는 한반도와 부속도서로 한다고 규정하고 있는데, 북한지역은 한반도의 일부이므로 이 지역은 대한민국의 영토에 해당 되고,따라서 이 지역은 주권 범위 내에 있으며 대한민국의 주권과 부딪치는 어떠한 주권의 정치도 법리상 인정될 수 없는 것이고(대법원 1961년9월28일 선고 4292행상48 판결 참조),따라서 우리 헌법에 의거하여 제정 시행된 저작권법이나 민법 등 모든 법령의 효력은 당연히 북한지역에 미친다고 보아야 하며 …. 북한지역이 우리 주권의 범위 밖에 있다거나 우리 법령의 적용 밖에 있다고 볼 수 없으며, 더구나 북한주민의 상속인이 남한에 있어 그에 대한 우리 법령상의 보호를 부여하고자 하는 경우에는 더욱 그러하다고 할 것이다.

그렇다면, 이 사건의 경우에 있어서도 비록 위 이기영이 북한지역에 거주하였으며 이 사건 저작물을 북한에서 저작하였다고 하더라도 그는 우리 저작권법에 의해 보호되는 저작권을 취득하였으며 그가 사망함으로써 남한에 있는 장남 이종원이 그 상속지분에 따라 저작권을 상속하였다고 할 것이므로 이와 다른 견해에 선 피신청인들의 위 주장은 받아들일 수 없다."

---

50 국제조약 국가별 가입에 대한 자료는 한국저작권위원회 자료에서 찾아볼 수 있다.

저작물

다. 음란한 저작물

음란한 내용을 담은 저작물이라도 원칙적으로 저작권으로 보호될 수 있으나 이와 별개로 형사적 제재와 민사적 효력이 제한될 수 있다.

(1) 저작권 보호

작품의 '내용' 중에 부도덕하거나 위법한 부분이 포함되어 있다 하더라도 작품에 창작적 '표현'이 있으면 저작물로 성립하며 저작권법의 보호를 받는다. 따라서 남녀의 실제 성행위 장면을 담고 있는 음란물이라도 창작적 표현이 있으면 저작권으로 보호될 수 있으며, 타인이 무단으로 이를 이용하면 음란한 저작물 저작자가 가진 저작권을 침해한 것이 된다.

누드사진에 대한 대법원 90다카8845 판결

"저작권법의 보호대상인 저작물이라 함은 사상, 또는 감정을 창작적으로 표현한 것으로서 문학, 학술 또는 예술의 범위에 속하는 것이면 되고 윤리성 여하는 문제되지 아니하므로 설사 그 내용 중에 부도덕하거나 위법한 부분이 포함되어 있다 하더라도 저작권법상 저작물로 보호된다 할 것이다."

웹하드 '디스크펌프' 음란물에 대한 대법원 2011도10872 판결

피고인이 웹하드 서비스를 제공하던 '디스크펌프'의 사이트에 가입하여 음란성을 갖는 성인 영상물 40,848점의 디지털 콘텐츠를 업로드하고 이를 회원들이 다운로드받을 수 있도록 하였던 형사 사안에서,
"저작권법의 보호대상이 되는 저작물이라 함은 위 열거된 보호받지 못하는 저작물에 속하지 아니하면서도 인간의 정신적 노력에 의하여 얻어진 사상 또는 감정을 말, 문자, 음, 색 등에 의하여 구체적으로 외부에 표현한 것으로서 '창작적인 표현형식'을 담고 있으면 족하고, 그 표현되어 있는 내용 즉 사상 또는 감정 그 자체의 윤리성 여하는 문제 되지 아니한다고 할 것이므로, 설령 그 내용 중에 부도덕하거나 위법한 부분이 포함되어 있다 하더라도 저작권법상 저작물로 보호된다고 할 것이다(대법원 1990. 10. 23. 선고 90다카8845 판결 참조)"

(2) 형사적 규제

음란물이 저작물로 인정된다고 하더라도 음란물을 규제하는 형법 등 법률에 저촉되는 행위를 하면 처벌받을 수 있다. 이러한 규제는 음란한 내용을 담은 '저작물'이라도 저작권법에 의하여 보호되는 것과 서로 모순되어 보인다. 형법 등은 특정 시점이나 환경에 따라 정의되는 음란성 개념을 기준으로 현재의 사회질서나 안전을 지키려는 입법취지를 가진 반면 저작권법은 저작물의 '내용'이 현재의 법률이나 윤리에 반하는지에 상관없이 저작물의 '표현'을 함부로 타인이 이용할 수 없도록 저작물을 보호함으로써 문화 분야의 발전을 도모하려는 입법취지를 갖고 있다. 따라서 형법 등에서 음란물의 유통을 금지하면서도 저작권법에서 저작물로 보호하는 것은 상호 모순되는 관계가 아니라 각 법률이 갖는 입법취지가 다른 점에서 나타나는 현상이라고 할 수 있다.

음란한 '내용'이나 음란한 '물건'을 형사적으로 제재하는 법률[51]에 의하여 음란한 저작물의 저작자라도 음란물을 적극적으로 유통할 수 없는 까닭에 배포권, 전시권 등 저작권이 사실상 제한된다. 또한 형법 제245조 공연음란죄 등은 건전한 성 풍속과 같은 사회적 법익을 보호하려는 형사규정이므로 저작자의 승낙과 관계없이 음란한 저작물에 대한 공연 행위에 대하여 형사 처분을 받을 수 있다.

요구르트 제품홍보 공연에 대한 대법원 2005도1264 판결
요구르트 제품의 홍보를 위하여 공연장에서 여성 누드모델인 피고인들이 알몸에 밀가루를 바르고 무대에 나와 분무기로 요구르트를 몸에 뿌려 밀가루를 벗겨내는 방법으로 알몸을 완전히 드러내어 음부 및 유방 등이 노출된 상태에서 무대를 돌며 관람객들을 향하여

---

51 음란물을 규제하는 법률에는 형법 제243조 (음화반포 등), 형법 제244조 (음화제조 등), 성매매알선 등 행위의 처벌에 관한 법률 제18조 (벌칙) 제1항 제4호, 성폭력범죄의 처벌 등에 관한 특례법 제13조 (통신매체를 이용한 음란행위), 풍속영업의 규제에 관한 법률 제3조 (준수 사항) 제3호, 정보통신망 이용촉진 및 정보보호 등에 관한 법률 제44조의7(불법정보의 유통금지 등) 제1항 제1호, 동법 제74조 (벌칙) 제1항 제1호, 게임산업진흥에 관한 법률 제32조 (불법게임물 등의 유통금지 등) 제2항 제3호, 동법 제45조 (벌칙) 제6호, 아동 청소년의 성보호에 관한 법률 등이 있다.
실제 위 법률들을 적용하여, 영화 '사방지'의 포스터에 대하여 '음화제조죄'(형법 제244조)를 인정한 대법원 90도145 판결, 나이트클럽에서 가짜 성기를 노출한 사안에 대하여 음란공연으로서 '풍속영업의 규제에 관한 법률위반'을 인정한 대법원 2010도10171 판결, 만화 동영상에 등장하는 외관상 19세 미만으로 보이는 표현물이 성교행위를 하는 동영상에 대하여 '아동 청소년의 성보호에 관한 법률위반'을 인정한 대법원 2015도863 판결이 있다.

요구르트를 던져 주었던 사안에 대하여 공연음란죄가 인정되었다.

음란 연극 공연에 대한 대법원 96도980 판결

연극에서 ❶ 피고인은 팬티만 걸친 상태로 침대 위에 누워 있고, ❷ 여주인공은 뒤로 돌아선 자세로 입고 있던 가운을 벗고 완전 나체 상태로 피고인에게 다가가서 끌어안고 서로 격렬하게 뒹구는 등 그녀가 피고인을 유혹하여 성교를 갈구하는 장면, ❸ 피고인이 여주인공을 폭행하여 실신하여 쓰러진 그녀의 입고 있던 옷을 벗기고 관객들에게 정면으로 그녀의 전신 및 음부까지 노출된 완전 나체의 상태로 만들고, ❹ 그녀의 양손을 묶어 창틀에 매달아 놓고 자신은 그 나신을 유심히 내려다보면서 자위행위를 하는 장면을 7 내지 8분 동안 연기한 사안에서,

"연극공연행위의 음란성의 판단에 있어서는 당해 공연행위의 성에 관한 노골적이고 상세한 묘사, 서술의 정도와 그 수법, 묘사, 서술이 행위 전체에서 차지하는 비중, 공연행위에 표현된 사상 등과 묘사, 서술과의 관련성, 연극작품의 구성이나 전개 또는 예술성, 사상성 등에 의한 성적 자극의 완화의 정도, 이들의 관점으로부터 당해 공연행위를 전체로서 보았을 때 주로 관람객들의 호색적 흥미를 돋구는 것으로 인정되느냐의 여부 등의 여러 점을 검토하는 것이 필요하고, 이들의 사정을 종합하여 그 시대의 건전한 사회통념에 비추어 그것이 공연히 성욕을 흥분 또는 자극시키고 또한 보통인의 정상적인 성적 수치심을 해하고, 선량한 성적 도의관념에 반하는 것이라고 할 수 있는가의 여부에 따라 결정되어야 할 것이다."

(3) 민사적 효력 제한

① 음란물 저작자가 적극적으로 음란물을 복제, 배포하거나 제3자에게 복제, 배포를 허락하거나 음란물을 가지고 재산적 이익을 취하려는 경우에는 형사법규를 위반한 행위로서 민법 제103조의 '반사회질서행위'에 해당한다. 따라서 이러한 행위를 내용으로 하는 약정은 무효가 될 수 있다.

② 음란물을 무단으로 복제하는 경우라도 저작자가 침해자에 대하여 복제에 따른 손해배상을 구하기는 쉽지 않다. 유통이 금지되는 음란물에 대하여 금전적 손해를 산정하기가 어렵고, 음란물 이용에 대한 대가성을 갖는 금전적 손해금을 인정하는 것은 사회질서에 반하기 때문이다. 그러나 ❶ 우리나라에서는 유통이 불가능한 음란물이지만 음란물을 만든 외국에서는 정상적인 유통이 가능한 상품인 경우 침해자에 의하

여 외국으로 역수출되어 제작자에게 피해를 주는 경우나, ❷ 우리나라 실정에 맞추어 음란물 중 음란 부분을 삭제하고 유포하려는 사업이 침해자에 의하여 방해를 받은 경우와 같은 특별한 사정이 있는 경우에는 손해배상 또는 부당이득제도를 통하여 금전적 청구가 인정될 가능성을 배제할 수 없다.

③ 음란한 저작물 저작자는 음란물의 제작이나 유통을 제재하는 법률들과 모순되지 않은 범위 내에서 예를 들어 소극적으로 음란한 저작물의 무단 유통 금지를 구하기 위하여 법원에 저작권 침해금지청구를 구할 수 있다.[52]

일본 성인에로물에 대한 서울고등법원 2015라1508 결정

일본 성인에로물의 일본 제작자가 국내 웹하드서비스업체를 상대로 저작권 침해를 주장하며 침해금지가처분신청 사안에서,

"음란이라는 개념이 사회와 시대적 변화에 따라 변동하는 상대적이고도 유동적인 것으로, … 문화는 기존의 틀에서 벗어난 다양한 창작활동에 의해 변화하는 과정을 거치면서 한 세대에서 다음 세대로 전달되는 생명력을 가지고 향상·발전하는 것이고, 저작권법은 이러한 문화발전을 촉진하기 위하여 기존의 사상 내지 가치관에 구애됨이 없이 창작적 표현형식 그 자체를 저작물로서 특별히 보호하는 것이므로, 저작물은 '창작성'을 본질적인 요소로 하는 '보편적이고 가치중립적인' 개념으로 이해되어야 할 것으로 보인다. 이 사건 영상물은 저작물로서 저작권법의 보호대상이 된다고 할 것 … ❶ 이 사건 영상물은 성기 노출등의 장면으로 구성되어 있지만, 위와 같은 장면만으로 구성되어 있는 것은 아니고 정사장면에 이르기까지의 내용 전개 과정 등 음란하다고 볼 수 없는 부분도 포함되어 있다. ❷.. 음란물에 해당한다고 하더라도, 이 사건 영상물을 하나 하나 살펴보면 시나리오를 바탕으로 이를 구체화하는 '기획과정'에서 촬영장소와 배우의 선정, '촬영과정'에서 영상에 고정될 수 있는 실연과 배경의 선택, 촬영조명 및 미술작업, '편집과정'에서 하나의 영상물로 완성하기 위하여 촬영된 필름의 삭제, 연결작업 등 제작과정에 참여한 저작자의 창작적인 표현형식이 담겨 있다고 봄이 상당하다. ❸ … 저작물은 적어도 인간으로서의 존엄과 가치의 본질적인 부분을 해하여서는 아니 되고(헌법 제10, 37조), 문화 및 관련 산업의 향상발전에도 기여를 하여야 한다(저작권법 제1조) 따라서 음란물이라는 이유만으로 저작물

---

52 음란물에 관련된 판결은 주로 저작재산권에 대한 침해가 문제된 사안이다. 그러나 음란물이 저작물에 해당한다면 저작인격권이 발생하며, 그에 따라서 타인이 무단으로 음란영상물을 편집하면 동일성유지권 침해 문제가 발생할 수 있다. 예를 들어 침해자가 음란 부분을 삭제한 행위에 대하여는 음란물제작자가 동일성유지권이 침해가 되었다고 주장할 수 있다. 그러나 이 경우는 저작권법 제13조 제2항 5호의 "그 밖에 저작물의 성질이나 그 이용의 목적 및 형태 등에 비추어 부득이하다고 인정되는 범위 안에서의 변경"에 해당되어 동일성유지권이 제한되는 경우에 해당될 수 있다.

저작물

성이 바로 인정되지 않는다고 볼 수는 없으나, 적어도 일방적인 강간행위를 그대로 촬영한 스너프 필름(Snuff Film, 폭력, 살인, 강간 등의 모습을 담아 은밀히 유통시키는 필름으로 해당 범죄장면을 그대로 연출하고 촬영한다), 아동을 대상으로 촬영·편집한 포르노물(아동·청소년의 성보호에 관한 법률에 따라 제작, 배포, 공연히 전시 또는 상연한 자뿐만 아니라 알면서 이를 소지한 자도 처벌받게 되어 있다) 등 인간으로서의 존엄과 가치의 본질적인 부분을 해하고 도저히 사회 일반에서 수용할 수 없을 정도의 음란물일 경우에는 (이와 같은 음란물은 문화 및 관련 산업의 향상발전에 기여한다고 볼 수도 없다) 저작물성을 부인하거나 저작권법에 따른 금지청구권 행사를 제한하여야 한다고 봄이 상당하다. 다만 이 사건 영상물을 살펴보면, 위 영상물 중 일방적인 강간행위를 그대로 담은 스너프 필름이나 아동을 대상으로 촬영·편집한 포르노물에 해당하는 영상물은 존재하지 아니하는 것으로 보인다."

위 판결은 기존 대법원판결의 입장에 따라 음란물이라도 저작물성이 인정되지만 인간으로서의 존엄과 가치의 본질적인 부분을 해하는 경우나, 도저히 사회 일반에서 수용할 수 없을 정도의 스너프 필름이나, 아동 대상 포르노물 등 음란물일 경우, 저작물성을 부인하거나 저작권법에 따른 금지청구권 행사도 제한하여야 한다는 등 음란의 정도가 심한 저작물에 대하여는 저작물성 자체를 부인할 수 있다는 내용을 담고 있다.

저작물의
유형

저자들의
유형

categories
of works

categories
of works

II

1 어문 저작물

가. 어문저작물의 정의와 특성

어문저작물은 소설, 논문, 시나리오, 구술 강의와 같이 인간의 사상이나 감정을 전달하는 언어와 문자로 표현된 저작물이다.[53] 문자 이외에도 점자, 속기 기호는 물론 수리적 사고를 표현하는 숫자, 문자와 함께 사용되는 !, ?와 같은 기호로 표현된 것도 어문저작물에 속한다.

문자, 기호 등으로 이루어진 컴퓨터언어로 작성되고 그 의미를 인식할 수 있는 소스코드 등 컴퓨터프로그램저작물도 표현형식상으로는 어문저작물로 분류될 수 있지만 우리나라 저작권법은 정보처리 장치에서 사용되고 일련의 지시, 명령으로 표현되는 등 요건을 갖춘 경우 어문저작물과 구분되는 별개의 저작물로 예시하고 규율하고 있다.

① 강사가 교재를 가지고 강의를 한 경우 문자로 이루어진 교재와 말로 이루어진 강의는 별개의 어문저작물로 성립할 수 있다.

---

[53] 사람의 의사를 전달하는 '문자와 언어'를 표현형식으로 하는 어문저작물은 '문서나 구술' 형태를 통해서 외부에서 인식할 수 있는 표현으로 나타날 수 있으므로 그에 따라 '문서에 의한 저작물' 또는 '구술에 의한 저작물'로 구분하기도 한다. 이 구분은 저작물의 '표현형식'을 기준으로 한 것이 아니라 저작물의 '외부적 표현 방법'을 기준으로 나눈 것이다. '문서에 의한 저작물'은 유형물인 종이에 고정되어 외부로 표현된 저작물이고, '구술에 의한 저작물'은 말로 외부로 표현된 저작물로서 녹음 등으로 고정되는 것과 무관하게 저작물로 성립한다.

'성품학교교재'에 대한 서울동부지방법원 2011가합2980 판결

피고 B가 피고 교재를 가지고 강의를 하고 피고 교재에 강의내용이 가필된 점을 근거로 '강의가 가필된 상태의 피고 교재'를 '원고 교재'와 비교하여 두 교재의 유사성을 판단하여야 한다는 원고의 주장에 대하여,

"피고 교재 중 필기되어 있는 부분은 피고 교재의 원래 내용이 아니므로 이를 제외하고 대비한다. 원고는, 강의도 저작권으로 보호되는데 피고 교재의 자세한 내용은 피고 B가 강의를 통하여 보충하는 것이므로 피고 교재의 내용에 필기 부분을 포함하여야 한다고 주장하나, 강의 필기의 경우 청강자에 따라 내용이 달라질 수 있고, … 각 기재에 의하면 실제로 피고 B로부터 강의를 수강한 교사들이 피고 교재에 필기한 내용이 서로 다른 사실을 인정할 수 있으며, 나아가 별개의 독립된 저작물인 피고 교재와 피고 B의 강의를 일체로 보아 하나의 저작물로 다루어야 할 사정도 없다."

이 사안과 다르게 만약 피고 B가 원고의 교재를 거의 그대로 구술하는 강의를 하였다면 원고 교재에 대한 공연권 침해가 문제 될 수 있다. 또한 피고 B의 강의에서 원고 교재의 표현이 가진 본질적 특성을 감지할 수 있는 경우라면 원고 교재에 대한 2차적저작물작성권 침해가 문제 될 수 있다.

② 어문표현에 문자가 이용된 경우라도 인간의 사상이나 감정의 전달기능과 관련이 없는 문자의 크기나 모양, 글자체는 어문저작물로 보호하지 않는다.

'글라스락' 제품설명서에 대한 서울중앙지방법원 2007가합80973 판결

"어문저작물에서 사상이나 감정의 전달이라는 언어의 본연의 기능과 관계없이 표현되는 문자나 음성의 크기, 글자체 등은 어문저작물로서 보호되는 표현에 해당하지 않는다. … 원고가 어문저작물로서 보호되는 표현으로 주장하고 있는 주방용 유리 밀폐용기제품의 주된 특성을 요약하여 큰 글씨로 기재하고, 그 아래에 구체적인 특성을 작은 글씨로 기재하는 부분과 제품의 주된 특성을 요약하여 기재하는 부분에 배경색을 둔 것은 어문저작물로 보호되는 부분이 아니다."

③ 서적 중 문자로 표현한 부분에 창작성이 있을 뿐만 아니라 서적의 표현을 구성하는 소재의 선택, 배열, 구성 등에 창작성이 있는 경우에는 '어문저작물' 이외에 '편집저작물'이 함께 성립할 수 있다.

저작물의 유형

> **대입 사회문화 서적에 대한 서울중앙지방법원 2013가합49690 판결**
>
> "원고 도서는 사회문화 과목을 공부하는 수험생들이 단기간에 각종 쟁현, 개념, 문제를 파악할 수 있도록 자신의 축적된 전문 지식과 경험을 바탕으로 하여 나름의 고민을 통해 전체적인 체계를 정하고 자신의 판단에 따라 취사선택한 사항을 수록한 것으로서, 그 소재의 선택, 배열, 구성 등에 최소한의 독자적인 창작성이 있다고 보이므로, 원고 도서는 전체로서 편집저작물로서 인정되고, 학습내용 부분의 경우 다양한 쟁점과 개념을 나름의 표, 그림 등 시각적 전개방식 및 요약이나 서술식으로 저술한 것으로 어문저작물로서의 창작성도 인정된다."

나. 어문저작물의 창작성

다양한 표현이 가능한 언어와 문자를 표현형식으로 하는 어문저작물은 다른 저작물에 비하여 표현의 선택 폭이 넓은 편이지만 표현 방법이 제한되거나 최소한의 창작성이 결여된 어문 표현이 있고, 또는 표현이 아닌 아이디어 해당 부분도 포함하고 있다. 저작물의 창작성에 관한 여러 가지 법리를 적용하여 어문저작물의 창작성을 확인할 수 있다.

(1) 어문 표현의 창작성

어문에 존재하는 학술이론 등은 아이디어로서 표현에 해당하지 않고 사실, 정보 그자체는 인간의 사상이나 감정의 표현이 아니다. 따라서 인간의 사상이나 감정의 표현에 해당하지 않는 학술이론이나 사실 정보 그 자체는 저작권으로 보호받지 못한다. 그러나 이러한 이론이나 사실 정보를 창작적으로 표현한 것은 어문저작물로 보호될 수 있다.

> **'석굴암 그 이념과 미학' 서적에 대한 서울고등법원 2013나33609 판결**
>
> 원고는 위 서적에서 토함산 근처에 축성공사에 동원된 백제 유민의 거류지가 있었을지 모른다며 퇴임한 D가 왕실 및 조정과 일정한 거리를 두고 토함산에 은둔하다시피 사찰 건립에만 매진하였다는 서술 부분은 역사적인 사실에 대한 새로운 학술적 해석으로서 아이디

어 영역에 속하고, 석굴암이 건립되던 8세기 중엽 신라의 정치 상황에 대한 서술 부분은 역사적인 사실을 나열한 것에 불과하여 창작성이 있다고 보기 어렵다고 하였다.

'여행천하 유럽' 서적에 대한 대법원 2009도291 판결

피해자 여행책자 중 교통 숙박 정보는 객관적 사실을 특색 없이 일반적인 표현형식에 따라 기술한 것이고, 관광지, 볼거리, 음식 등을 주관적으로 묘사·설명한 부분을 구성하는 어휘와 구문이 피고인 서적과 일부 유사하나 다른 책자에서 찾아볼 수 있는 통상적인 표현 방식에 의하여 그대로 기술한 것에 불과한 것 등을 제외하면 그 비중이 미미하여 피해자의 서적의 창작적 특징이 피고인의 서적에서 감지되지 않는다고 하였다.

(2) 창작성 판단의 기준

어문저작물의 창작성은 문자와 언어 그 자체로 표현된 '문언적·외형적 표현'뿐만 아니라 구체적이고 개성 있는 소설의 줄거리처럼 작품에 내재한 독특한 구조 등 '비문언적·내재적 표현'에 존재할 수 있다. 어문저작물의 창작성을 판단하는 기준으로 ❶ 주어, 술어, 용어 등 문구의 선택, ❷ 문장 및 문단의 구조와 내용, ❸ 작품의 내용 및 목적과 표현상의 제약 유무와 정도, ❹ 일반적인 관행적 표현인지 여부, ❺ 서술의 순서와 구성의 형태, ❻ 작품의 줄거리 등 근본적인 본질이나 구조 등을 들 수 있고 이를 종합하여 판단할 수 있다.

영어학습법 '영어말문이 터지는'에 대한 서울고등법원 2008나14826 판결

"원고들이 저작권을 침해당했다고 주장하는 개개의 저술표현들이 저작권법의 보호를 받을 가치가 있는 정도로 최소한도의 창작성을 갖추고 있다고 가정하더라도, 피고측 도서표현들이 주어·술어의 선택, 용어의 선정, 문장의 구조와 완결성, 서술의 순서와 방법 등에 있어서 원고측 저술표현과 일치한다고 보기 어려워 원고 측 저술 속의 특정한 행이나 절 기타 세부적인 부분을 복제하였다고 할 수 없고, 그 내용 또한 일반적인 영어학습론에서 주장되는 이론들을 응용하여 나름대로 독창적인 방식으로 서술한 것이 대부분이어서 원고측 저술 속의 근본적인 본질이나 구조를 복제함으로써 전체적으로 포괄적인 유사성이 있다고 할 수도 없다."[54]

---

54 저작권 침해의 요건인 실질적유사성에는 주제 및 배경, 전체적인 줄거리, 등장인물의 구체적 성격과 역할, 구체적인 사건전개 등을 토대로 작품 속의 근본적인 본질 또는 구조를 복제함으로써 전체로서 '포괄적·비문언적 유

저작물의 유형

다. 어문 표현의 양

장문은 다양한 문구와 문장, 문단 구조와 줄거리 등으로 창작적 표현을 할 수 있는 여건을 갖는 까닭에 창작성을 갖기 쉬운 반면, 단문은 어문적 창작성을 발휘할 공간이 협소하여 창작성이 배척되기 쉽다.

(1) 장문 표현

소설과 같은 장문은 개성 있는 문장과 평범한 문장이 함께 어우러지면서 글 전체가 하나의 창작성을 가질 수 있다. 그러나 소설의 모든 문장이 창작성을 가지는 것은 아니다. 만약 침해자가 하나의 소설 중 일부 문장을 뽑아서 사용한 경우에는 그 부분에 대해서만 창작성을 별도로 검토하여야 한다.

사성'이 인정되는 경우와 작품 속의 특정한 행이나 절 또는 기타 세부적인 부분이 복제됨으로써 양 저작물 사이에 문장 대 문장으로 대칭되는 '부분적·문언적 유사성'이 인정되는 경우가 있다. 이러한 실질적유사성은 침해가 문제되는 저작물들이 갖고 있는 창작적 표현을 비교하는 것으로서 그 전제로 유사성을 비교하려는 저작물들의 창작성을 찾아내는 과정을 거치게 된다.

'석굴암 그 이념과 미학' 서적에 대한 서울중앙지방법원 2012가합80045 판결

하나의 저작물을 구성하고 있는 문장 중 객관적인 사실이나 정보를 특색 없이 그대로 기술하거나 사상에 관한 설명으로서 누가 하더라도 이와 같거나 비슷하게 할 표현에 대하여는 창작성을 부인하였고 그 외 일부 표현에 대하여는 창작성을 인정하였다.

원고의 이 사건 서적 중 "완벽한 힘의 균형 상태가 발생한다", "면석들이 아래로 쏠리거나 서로 어긋나서 기우는 일이 일어나지 않게 된 셈이다", "면석들을 다섯 층으로 쌓아 올라가다가", "세 번째 층부터 마지막 층까지 각 층당 10개의 면석들 사이에 갈고리 모양의 부재 10개를 돌아가면서 끼워 넣었다", "앞으로 쏠리지 않도록", "면석들을 꽉 움켜잡도록 한 것이다"(155쪽) 등의 표현은 동틀돌의 모습을 통해 추론되는 설계 및 기능을 설명한 것으로서 객관적인 사실이나 정보를 별다른 특색 없이 그대로 기술한 것에 불과하므로 창작성을 인정할 수가 없다고 하였다. "화쟁이란 모순되고 대립적인 요소들이 서로의 존재를 긍정하면서 더 높은 변증법적인 통일의 세계, 원융무애한 세계의 나아감을 뜻한다", "대립을 극복하고 화합을 추구하는"(63쪽)이라는 표현은 화쟁 사상에 관한 설명으로서 이는 누가 하더라도 이와 같거나 비슷하게 표현할 수밖에 없어서 창작성을 인정할 수 없는 표현이라고 하였다. 반면에 이 사건 서적 중 "저 심원한 우주 공간을 유영하는 별들의 행진을 감상할 수 있게 되었다"(155쪽)의 표현과 "그 거룩한 새벽, 천상의 신들이 환희의 찬가를 바쳤듯이 말이다"(207쪽)는 표현에 대하여는 창작성을 인정할 수 있다고 하였다.[55]

(2) 단문 표현

짧고 간단한 단문으로 어문 표현을 하는 경우 구성이 단순해지거나 창작성이 나타나야 할 공간이 협소하게 되어 누가 하더라도 동일·유사해지거나 최소한의 창작성을 갖추지 못할 가능성이 있다. 또한 단순히 사용 방법이나 기능을 그대로 기술하거나 일상적인 표현이 사용된 경우 등에도 저작물성이 배척된다. 그런데 시는 짧은 글이지만 시인의 창작적인 궁리가 응축되어 정리된 작품으로서 작가 고유의 개성이 반영된 창작적 표현으로 인정된다. 이처럼 단순히 어문의 '표현의 양'만을 기준으로 어문저작물성을 정할 수는 없으며 결국은 저작자의 창작적 노고가 어문에 반영되어 있는지를 기준으로 저작물성을 판단하게 된다.

다만 단문에 대하여 쉽게 저작물성을 인정하여 저작자에게 배타적 권리를 부여하면

55　한편, 위 판결은 이처럼 창작성이 인정되는 부분과 대비되는 피고의 '재상의 꿈 - 석굴암 창건의 비밀' 소설 부분은 "밤하늘의 별처럼 천장에 박혀 있다", "조용한 어둠 속에서 깊은 천상의 어느 공간에서 그 소리가 들려오는 것만 같다"라고 다르게 표현하고 있으므로 실질적유사성이 없다고 하였다.

짧은 문장이나 문구를 임의로 이용할 수 없게 되어 문화발전에 역행할 수 있는 까닭에 단문에 대한 창작성 인정에 신중을 기하게 된다.

> ### '글라스락' 제품설명서에 대한 서울중앙지방법원 2007가합80973 판결
>
> 원고 글라스락 제품설명서[56]의 문구와 거의 유사한 피고의 제품설명서에 대한 분쟁에서 원고의 제품설명서에 대한 어문저작물성이 배척된 사안에서,
> "어문저작물에서는 소설이나 시 등과 같이 상당한 정도 정리된 길이의 작품의 경우에는 그 집필에 있어 본인이 창작·궁리를 응축해서 문장에 본인의 개성이 반영되는 것이 보통이므로 창작성이 부정되는 경우가 적다. 그러나 문장이 비교적 짧고 표현방식에 창작·궁리를 할 여지가 없거나, 단순히 사실을 소개한 것으로서 다른 표현을 상정할 수 없는 것 또는 구체적인 표현이 매우 흔한 경우에는 저작자의 개성이 반영되어 있다고 보기 어렵다."

> ### 영화 '왕의 남자'에 대한 서울고등법원 2006라503 결정
>
> 희극 '키스'에서 반복적으로 사용된 "나 여기 있고 너 거기 있어"라는 대사에 대하여 일상생활에서 흔히 쓰이는 표현으로서 창작성이 없다고 하였다.

> ### 수지침 서적에 대한 서울중앙지방법원 2006가합83852 판결
>
> 원고의 서적표현은 수지침 이론을 서술함에 있어서 기본원리인 상응 요법, 오지진단법에 따라 손이나 손의 혈점을 인체의 머리나 사지나 오정 또는 기타 신체의 부위에 대응시키거나 14 기맥의 흐름을 설명하는 내용을 짧은 단문으로 정리한 것이고 수지침 이론의 기본원리를 단문으로 기재한 원고의 서적표현을 원고의 창작적 개성이 발현된 표현으로 보기도 어렵다고 하였다.

(3) SNS 표현

SNS에 올린 글 중 자기 생각이나 감정을 간단하게 표현하거나 일상적으로 표현하는 경우에는 창작성을 인정할 수 없지만 작성자의 창조적 개성이 드러나는 경우에는 사

---

56 "글라스락은 강하고 안정합니다. 친환경적인 신개념 유리 밀폐용기(실용신안, 의장상표 출원) (환경호르몬에 안전한 유리 밀폐용기) 떨어뜨리거나 외부충격에도 잘 깨지지 않는 강화유리(특허등록) 글라스락은 간편합니다. 전자레인지로 음식을 데우거나 간단한 음식 요리도 간편하게~ 뜨거운 음식, 찬 음식 모두 OK! 글라스락은 깨끗합니다. 스크래치가 없고 냄새를 차단하는 완전밀폐용기(음식물이 배지 않음) 깨끗하고 위생적이며 손쉬운 세척으로 깔끔합니다. 산성물 함유 음식물 보관 시 안전합니다."

상 또는 감정의 다양한 표현 방법 중 하나로 보아 비록 짧은 문구라도 창작성을 인정할 수 있다.

> ### 이외수의 트윗글에 대한 서울남부지방법원 2012고정4449 판결
> "변명을 많이 할수록 발전은 느려지고 반성을 많이 할수록 발전은 빨라진다"라는 등 이외수의 56개의 트윗 글을 복제하여 전자책 파일을 만들어 판매한 사안에서, 글귀마다 이외수 특유의 함축적이면서도 역설적인 문체가 사용되어 그의 개성을 드러내기에 충분한 사실을 인정할 수 있다고 하여 창작성을 인정하였다.[57]

> 위 판결은 이외수의 트윗 글 56개 전체에 대하여 저작물성을 판단하고 있으나 56개의 트윗 글은 56개의 개별 저작물이므로 56개를 구분하여 저작물성을 판단하고 유무죄를 판단하였어야 할 것으로 보인다.

(4) 편지

편지에 간단한 문안이나 사실의 통지에 불과한 표현만 있으면 창작성을 인정하기 어렵다. 그러나 자기 생각이나 감정, 생활모습을 구체적으로 표현한 경우에는 창작성을 인정할 수 있다. 발신인이 보낸 편지의 소유권은 수신인에게 귀속되지만 편지가 갖는 창작적 표현에 대한 저작권은 발신인에게 그대로 남아있게 된다.

> ### 소설 '이휘소'에 대한 서울지방법원 94카합9230 판결
> 피신청인 공석하가 저술하여 발행한 소설 '이휘소'에는 이휘소가 1955. 2. 5.부터 1972. 8. 30.까지 사이에 어머니인 신청외 박순희에게 보낸 40여 통의 편지가 게재되어 있었다. 망 이휘소의 상속인인 신청인들은 이휘소의 편지에 대한 저작권을 상속받았다며 피신청인 공석하가 자신들의 동의 없이 이휘소의 편지를 변경 게재하여 이휘소와 신청인들의 저작권 및 프라이버시를 침해한 것이라고 주장한 사안에서,

---

57 56개의 트윗 글 중 일부를 보면, "1. 변명을 많이 할수록 발전은 느려지고 반성을 많이 할수록 발전은 빨라진다. 2. 한 놈만 패겠다는 생각으로 올인하라. 그것이 장점이 돼 열등감을 가릴 것이다. 3. 그대가 그대 시간의 주인이다. 무엇이 푸르냐고 나에게 묻지 마라. 그대가 푸른 것이 곧 진실이다. 6. 내가 흐르지 않으면 시간도 흐르지 않는다. 8. 고백컨대, 내 인생의 가장 큰 밑천은 열등과 빈곤이었다. 10. 이왕 굶을 거, 도나 쌓자. (젊은 시절 마음을 비우기 전에 내장이 비어있었다며) 13. 성공한 가난뱅이는 가난에서 탈피하는 순간 신이 자신에게 무엇을 깨닫게 하려했던가를 명확히 알게 된 사람이다. 14. 불만은 불연소된 욕심의 찌꺼기다. 그러나 불만이 없으면 개선도 없다." 등이 있었다.

이휘소가 미국에서의 유학 및 가정생활과 연구 활동 등에 관한 생활 속에서 느끼는 감정, 어머니와 형제 등에 대한 그리움, 물리학에 관한 평소 생각 등을 표현한 편지에 대하여 저작물성을 인정하였다.

라. 사실 정보의 표현

사실이나 정보를 전달할 것을 목적으로 작성된 사실적 저작물[58]은 사실과 정보를 그대로 표현하는 까닭에 문학 등 다른 어문저작물에 비하여 창작성이 제한될 수 있다. 그러나 사실이나 정보를 그대로 표현하는 것을 넘어 구체적으로 기술한 글은 창작적 표현으로서 저작권의 보호를 받는 어문저작물이 될 수 있고, 사실이나 정보를 창작적으로 선택·배열한 경우 편집저작물로 보호를 받을 수 있다.

여행사 홈페이지에 관한 서울중앙지방법원 2010가합53476 판결

이 사건 어문저작물 중 여행지의 교통, 객실, 식당 등에 관한 설명 부분은 객관적 사실이나 정보를 일반적인 표현형식에 따라 있는 그대로 기술한 것에 지나지 않아 창작성을 인정하기 어려우나 위 어문저작물 중 관광지, 볼거리, 음식 등을 주관적으로 묘사하거나 여행객을 대상으로 여행지를 즐기는 방법 및 주의사항 등에 관해 기술하고 있는 부분에는 작성한 사람의 창작과 노력에 따른 개성이 나타나 있어 창작성이 인정되며 나아가 이 사건 어문저작물은 전체적으로 보아 원고의 대표이사 등이 선택한 여행지의 정보 중에서 여행객들이 궁금해 할 사항을 선택하여 수집·배열한 점에 있어 편집저작물로서의 독자적인 창작성도 인정된다고 하였다.

구한말 사진집에 대한 부산지방법원 99가합18766 판결

원고는 1986년경 소장한 사진 자료 중 566점의 사진을 구한말 궁궐과 황제 등의 모습, 한미전쟁(신미양요), 청일전쟁, 동학란(동학 농민 운동), 구한국군대, 관혼상제, 경주, 1890년대의 판화 등의 주제로 수록하면서 사진 밑에 가령 '청국 복장을 입은 대원군, 천진,

---

58 어문저작물의 창작성을 판단하면서 역사적 저작물, 사실적 저작물, 실용적 저작물, 기능적 저작물 등으로 구분하기도 한다. 그러나 이러한 구분을 가지고 일률적으로 저작물성을 논할 수는 없는 것이며 해당 저작물의 목적, 대상, 내용, 표현 방법 등을 기준으로 구체적으로 어떤 점에서 저작물성이 제한되는지를 살펴보아야 한다.

1885'라는 식의 제목을 붙이고, "흥선대원군 이하응은 1882년 7월 임오군란 때 청군에 납치되어, 천진 보정부로 호송되어 3년간 유폐 생활을 하다가 1885년 8월에 귀국했다. 대원군이 귀국 직전 천진에서 청국 고관의 복장을 입고 찍은 사진이다"라는 식으로 글을 덧붙여 놓은 서적을 발행하였다. 피고가 원고 서적에 수록된 일부 사진을 무단으로 게재하고 그 제목이나 설명 부분을 실질적으로 인용하여 피고서적을 발행한 사안에서, 원고의 노력으로 알게 된 구한말 사진들의 촬영시기 및 피사체의 내용을 사진의 설명 부분으로 간략히 덧붙여 놓은 글은 역사적인 내용을 밝힌 것일 뿐이며 창작성이 있는 표현이 아니라고 하였다.

'사회평론' 어린이 역사책에 대한 서울고등법원 2015나2075696 판결

역사적 저작물 중 역사적 사실 자체는 창작성이 없으므로 단순히 역사적 사실을 기술하거나 사료(史料)를 인용한 경우나 창작성이 없고 서술된 표현이 일반적·관용적으로 사용되거나 선행 서적에도 유사한 표현을 사용하고 있는 경우 창작성이 부인되지만 역사적 사실을 설명하고 구성하는 표현에는 서술 방법과 문체, 상황에 따른 적절한 예시나 비유, 역사적 사실들을 어떠한 순서와 주제로 구성하고 재배열하였는지 등의 방법으로 창작성이 존재할 수 있다고 하였다.

'한어대사전'에 대한 서울중앙지방법원 2010가합104893 판결

한자 사전에 있어서 한자의 주석은 역사적으로 일정하게 형성되었고, 이전에 이루어진 것들을 시범으로 하여 이에 약간의 첨사·삭제하는 정도를 벗어날 수 없는 본질적인 제약이 있다며 한자 사전의 뜻풀이는 이미 통용되는 뜻풀이와 구별되는 창작적 표현이 사용될 여지가 좁고, 용어의 선택범위가 제한적이라는 이유로 한자 사전에서의 주석 자체에 창작성을 인정하기 어렵다고 하였다.

'석굴암 그 이념과 미학' 서적에 대한 서울중앙지방법원 2012가합80045 판결

석굴암 건축의 역사적 배경 및 이념을 고찰하고 그와 연결하여 석굴암의 미학을 설명하기 위한 서적은 사실과 정보의 전달을 주된 목적으로 하는 사실적 저작물이며 비록 역사적 사실을 재해석하여 표현한 부분이 부가되어 있어도 이는 김대성 설화를 해석하여 석굴암 창건의 동기와 주체 등을 밝히는 과정에서 역사적 사실을 바탕으로 한 설화의 등장인물, 사건 및 전개 과정을 기본으로 하고 이에 부가된 서술에 불과하므로 석굴암에 관한 사실과 정보를 전달하기 위한 사실적 저작물의 성격은 그대로 유지되고 있다고 하였다. 따라서 사실적 저작물로서 표현 방법이 제한되어 있으므로 그에 관한 저작권 보호 범위를 좁게 해석하지 않으면 그 사실과 정보까지 보호하는 결과를 가져올 수도 있으므로 보호 범

저작물의 유형

위를 제한해야 한다고 하였다.

마. 실용적·기능적 표현

실용적인 기능 등을 표현한 어문저작물은 문예적 저작물에 비하여 해당 기능이 속하는 분야에서의 일반적인 표현 방법, 그 용도나 기능 자체, 저작물 이용자의 이해 편의성 등에 의해 창작적 표현이 제약된다.

> **건축도면 번역물에 대한 서울동부지방법원 2013가합4997, 2013가합5006(중간확인) 판결**
> 원고가 번역한 원저작물은 건축도면의 제도 방법에 대한 해설을 대부분 단문으로 설명한 기능적 저작물이므로 이를 번역한 이 사건 번역서에 창작성이 인정될 수 없다는 피고의 주장에 대하여,
> 원저작물의 각종 도면이 기능적 저작물에 해당한다 하더라도 문장으로 그 제도 방법의 해설을 서술한 부분까지 기능적 저작물이라고 할 수는 없으며 이는 그 문장의 장단에 불구하고 어문저작물에 해당한다고 하였다.

위 판결은 제도 방법을 문장으로 해설한 것에 대하여 문장의 장단에 불구하고 어문저작물에 해당한다고 하고 있다. 그러나 제도 방법 해설에 관한 어문은 기능성이나 실용성에 의한 제한이 있을 수 있고, 더구나 단문의 경우에는 창작성에 제한이 있을 수 있다. 2차적저작물은 창작성을 갖는 원저작물의 존재를 전제로 하는 까닭에 만약 원문이 기능성과 단문으로 인하여 창작성이 결여되었다면 그에 대한 번역물은 2차적저작물로 성립할 수 없다.

(1) 의료에 관한 글

의료에 관한 글은 실용적·기능적 저작물이 되는 경우가 많다. 특정한 의료 분야의 개념, 효용, 방법, 치료 후의 처치 등에 관한 구체적인 글은 단순한 사실이나 정보가 아닌 의료에 관한 인간의 사상이 표현된 것으로 볼 수 있지만 ❶ 학술적인 내용으로서 아이디어에 해당하는 경우, ❷ 의학적 사상을 표현하는 방법이 극히 한정되어 있거나

용어와 수사법의 선택에 개성이 없는 등 표현이 평범하고 흔한 경우, ❸ 의료시술 장면과 같은 기능 또는 실용적인 사상의 표현을 주된 목적으로 시술 방법에 대한 정보를 전달하면서 부수적으로 이루어지는 설명 등과 같은 경우는 어문저작물로 인정받지 못할 수 있다.

고주파수술에 관한 대법원 2008다44542 판결

"원심 판시 별지 6 그림(이하 '이사건 그림'이라 한다)은 고주파 수술기를 이용한 고주파 응고법의 치료원리, 응고 깊이·범위 등에 있어서의 특징을 도형을 이용하여 단순하게 도식화한 것이고, 원고 회사가 발행한 팸플릿에는 이 사건 사진 및 그림과 함께 원고 2 등을 비롯한 의사들이 발표한 논문 등에 있는 고주파수술기의 사용방법과 치료원리 및 효과를 설명한 기재(이하 '이 사건 설명기재'라 한다)가 있어, '이 사건 그림'과 '설명기재'는 고주파 수술기를 이용한 고주파 응고법의 치료원리와 효과 등을 나타내기 위한 것임을 알 수 있으므로, 그 학술적인 내용은 누구에 대하여도 자유로운 이용이 허용되어야 하고, 그 표현형식에 있어 저작자의 독자적인 개성이 나타나 법적으로 보호할 가치 있는 창작적 표현이 있다고 보기도 어렵다."

주름개선시술 강의에 대한 서울고등법원 2011나47635 판결

원고는 피고 회사의 후원으로 의사들에게 주름개선 시술 기법을 약 1시간 30분 동안 강의하였고, 이 강의는 영상으로 녹화되었다. 이후 피고 회사가 특수실을 홍보하면서 위 강의 동영상을 18분 정도 분량으로 편집하여 수록한 CD를 위 강의에 참석하지 않은 의사들에게 배포한 사안에서,[59]
주름개선 시술에 관한 원고의 강의에서 시술 기법, 도구, 주의사항, 기타 필요한 세부적인 사항을 나름대로 효율적으로 배치하여 설명한 부분은 원고의 주름개선 시술 기법의 구체적인 방법을 원고가 직접 시연하는 과정에서 그 요령과 기법 등을 그대로 설명한 것으로서 원고의 강의는 기능적·실용적 저작물에 해당한다면서, 원고의 주름개선 시술 기법이라는 학술적인 내용은 누구나 자유로운 이용이 가능하고, 위 강의에서 나타난 원고의 표현형식은 시술 방법에 대한 시연을 통하여 정보를 전달하는 과정에서 부수적으로 이루어진 일반적인 설명에 그쳐서 창작성이 없다고 하였다.

---

59 원고는 이 사건 동영상에 담긴 원고의 강의내용은 종전의 리프트 시술과는 다른 신규성, 진보성이 있는 시술에 대한 것으로서 독창적이고, 실제로 원고가 직접 시술을 하면서 시술 기법, 도구에 대한 설명, 주의점, 통증을 줄일 수 있는 세부적인 방법을 시간상으로 효율적으로 배치하여 원고 특유의 화법과 형식으로 설명하는 등 강의의 표현 방법 역시 독창성이 있어 원고의 독자적인 사상을 표현하고 있는 학술의 범위에 속하는 어문저작물이라고 주장하였다.

저작물의 유형

(2) 제품 설명서와 사업 기안서

제품 설명서 또는 사업 기안서는 실용적·기능적 저작물로서 창작성에 제약을 받는 경우가 많다. 그러나 전형적인 표현을 벗어나 구체적으로 나름의 개성을 발휘한 경우에는 저작물성이 인정된다.

'글라스락' 제품설명서에 대한 서울중앙지방법원 2007가합80973 판결

원고의 판매하는 주방용 유리 밀폐용기의 특징을 '글라스락은 강하고 안전합니다', '글라스락은 간편합니다', '글라스락은 깨끗합니다'의 3가지로 요약하여 빨간색, 황토색, 파란색의 배경에 글자 크기를 다른 문구보다 크게 하고 그 아래에 제품의 구체적인 특징을 작은 글씨로 기재한 제품 설명 문구는 사용된 문구와 그 배치방식에 창작성이 있으므로 어문저작물에 해당한다는 원고의 주장에 대하여,
원고의 제품 설명 문구는 모두 극히 간결하고 유리 밀폐용기의 특징을 그대로 표현한 것이며 3가지 요약 문장도 극히 간결할 뿐만 아니라 주방용 유리 밀폐용기의 특성이나 용도에 비추어 쉽게 연상되고 그 아래 기재된 개개의 문구나 문구가 전달하고자 하는 특성을 요약한 것으로 창작성이 없다고 하였다.

애완견사료 상품설명서에 대한 서울남부지방법원 2010가합19069 판결

뉴트리플러스젠의 상품설명서는 소비자에게 상품의 정보를 전달하기 위하여 상품의 효능, 특징, 급여 방법을 간략히 기재한 것으로서 다른 동종제품의 상품설명에서도 흔히 찾아볼 수 있는 수준에 불과하다며 창작성을 배척하였다.[60]

'네이버카페의 제작 카페'에 대한 부산지방법원 2014나16804 판결

'네이버카페의 제작 카페'를 운영하는 원고가 만든 슬로건 문구 "네이버카페 제작·디자인·포스팅·활성화·관리·홍보 대행"은 사업내용을 단순히 나열하여 일반적인 방식으로 표현한 것이며, 상담신청서와 가입신청서 문구는 일반적으로 사용되는 표현으로 이루어져 창작성을 인정하기 어렵다고 하였다.

---

60 상품설명서에는 "뉴트리플러스젠 종합은 시리즈 중 가장 기본에 충실한 포뮬러의 고급영양제입니다. 뉴트리플러스젠 종합영양제는 면역체계를 강화시켜주며, 애완동물에 필요한 영양분을 보충해 주는 영양제입니다. 애완동물의 일상에서 섭취가 부족한 다량의 비타민과 미네랄을 공급해줍니다. 최고급 원료와 풍부한 미네랄, 비타민을 함유했으며, 애완동물의 건강을 생각한 최고의 영양제입니다. 모질의 최상의 컨디션을 유지해주며, 피부질환에 도움이 되는 성분을 함유하고 있습니다. 노령견, 산모견, 활동견, 성장자견에게 급여시 최상의 컨디션을 만들어줍니다."라는 기재가 있었다.

'성경엑스포' 기획서에 대한 서울서부지방법원 2010가합4394 판결

기획서의 내용 중 성경 구절 및 인터넷상의 이미지, 역사적인 사진의 일정 부분을 그대로 활용하거나 변형하여 구성한 것으로 보이므로 적어도 위 각 부분은 창작성이 인정되지 아니하나 성경을 테마로 한 문화행사의 기획배경, 행사목적, 행사개요, 기대효과, 설치물 개요, 운영계획, 홍보 마케팅계획, 채무계획 등이 나름대로 제시되어 있다며 창작성을 인정하였다.

'봉추찜닭' 광고문에 대한 서울지방법원 2001가합78237 판결

봉추찜닭 상호로 프랜차이즈 사업을 하는 원고가 작성한 카탈로그에 안동찜닭 요리에 대한 이미지 사진과 수익성, 원료 공급, 점포 운영매뉴얼, 인테리어, 홍보 등 6개 항목으로 나누고 사업설명문과 광고문[61]을 게재하였는데 피고들이 이를 모방한 사안에서,
이 사건 저작물 중 사업설명문, 광고문 및 점포시설 투자표는 안동찜닭 및 그 프랜차이즈 사업에 관한 원고의 독자적인 사상 또는 감정 즉 아이디어를 표현한 지적·문화적인 창작물이고, 이미지 사진은 단순히 안동찜닭 자체라기보다는 닭고기, 고추, 감자, 당면 등 재료들이 조화롭게 배치되고 또한 푸짐하게 접시에 담겨 있는 모습으로서 안동찜닭의 맛깔스러운 이미지를 부각시켜 광고의 효과를 극대화하기 위한 사진으로서 창작성이 있다고 하였다.

'야마하' 음향기기 광고에 대한 서울서부지방법원 2005카합1848 결정

채무자가 음향기기 회사인 채권자가 싱가포르에 수출한 제품을 한국으로 수입하여 채권자가 만든 한국어로 된 제품설명서를 첨부하고 채권자의 홈페이지에 있는 사진과 설명문을 사용하였던 사안에서,
이 사건 설명서는 채권자의 AV 리시버 제품을 자세히 소개·설명하고 그 사용 방법을 사용자들이 쉽게 알 수 있도록 그림과 함께 설명하고 있어 그 내용과 분량, 전체적인 체계 등에 비추어 보면 채권자의 노력에 의한 지적·문화적인 창작물에 해당한다고 하였다.

---

61 사업설명문에 "2. 원료를 저렴하게 공급합니다. 조리처방 및 매뉴얼에 의해 생산되므로 전문적인 주방장이 필요 없고 관리가 아주 쉽습니다. 또한, 원료의 대부분은 본부에서 공급받기 때문에 가격이 저렴할 뿐만 아니라 품질도 확실하고 원하는 시간에 원하는 물량을 확보할 수 있습니다."등의 기재가 있었고, 광고문에 "매콤 달콤한 맛이 경쟁력입니다" 내지 "안동 고유의 별미로 담아낸 安東찜닭전문점이 장안의 화제!"라는 제목으로 "봉추찜닭은 몇 십 년 전부터 안동지방에 내려온 요리를 바탕으로, 현대인의 입맛에 맞게 양념과 소스를 업그레이드시킨 별미요리입니다. 닭고기의 담백함, 청양 고추의 매콤함, 갖은양념의 달콤함, 쫄깃쫄깃한 잡채의 감칠맛, 동치미 국물의 시원함이 어우러진 독특한 맛이 일품이며, 그 맛이 바로 특별한 경쟁력입니다. 안동찜닭 고유의 맛을 업그레이드시킨 원조 안동찜닭 전문점, 봉추찜닭 – 그 맛이 특별한 만큼 사업의 맛도 아주 특별합니다. 그 맛이 달콤한 만큼 사업의 맛도 아주 달콤합니다"라는 기재가 있었다.

온라인 인쇄 작업가이드에 대한 서울고등법원 2014나2032883 판결

온라인 인쇄에 관한 작업가이드는 단편적인 문구나 짧은 문장들, 간단한 서식, 또는 일반적인 컴퓨터 화면의 단순한 캡처 화면 등으로만 이루어져 있는 것이 아니라 이 사건 작업가이드에만 개별적으로 나타나는 표현들과, 꽤 긴 길이의 문장을 상당수 포함한 수많은 문장과 여러 형태로 다양하게 조합된 도형 등으로 이루어져 있다며, 이 사건 작업가이드에서 전달하고자 하는 지식이나 정보 등 사상은 이미 공지된 것이고 일반적으로 통용되는 단어나 문구 등을 사용하여 설명하는 것이 불가피한 부분도 있기는 하지만 다른 표현의 문장, 도형 등을 사용하여 같은 내용을 설명하는 것도 얼마든지 가능한 등 선택 가능성이 있고 문장이나 문단의 전체적인 구조, 단어의 조합, 도형의 구체적인 표현형식 등에서 이 사건 작업가이드만의 독특한 특성이 표현되어 있다며 온라인 인쇄에 관한 작업가이드에 대하여 창작성을 인정하였다.

이 사안에 대한 1심 서울동부지방법원 2013가합15553 판결은 원고의 작업가이드는 인쇄사고를 예방하기 위하여 유의사항을 고객들에게 쉽고 정확하게 전달한다는 실용적인 목적을 갖는 기능적 저작물이라고 판단했다. 가이드에 사용된 표현이 기계적이거나 간단하게 설명한 내용이고 인쇄업자들이 동일한 인쇄 관련 프로그램을 사용하여 발생하는 인쇄사고도 동일하므로 인쇄사고를 방지하기 위한 가이드의 표현은 인쇄 분야의 일반적인 표현 방법, 이용자의 이해 편의성에 의해 표현이 제한되어 누가 하더라도 동일·유사한 표현을 사용할 수밖에 없다는 등의 이유로 창작성을 부인하였다.

그러나 위 항소심 판결은 기능적 저작물이라도 창작성을 다른 저작물에 비하여 엄격하게 볼 필요가 없다며 작업가이드에 기재된 문장, 도형 등 전체적인 표현을 고려하여 창작성을 인정하였던 사안이다.

(3) 홍보문구

광고문구, 슬로건 등 홍보목적을 갖는 문구라도 구체적인 표현을 갖는 경우 저작물성이 인정될 수 있다. 그러나 홍보문구는 홍보하려는 내용을 사람들에게 쉽게 각인시키려는 목적을 가지며 이를 위하여 적은 수의 단어나 문구가 조합된 간단한 표현으로 만들어진다. 이처럼 홍보목적과 간단한 표현이라는 제약으로 인해 표현에 대한 선택의 폭이 좁으므로 홍보문구는 창작성을 인정받기 어려울 경우가 많다.

홍보용 팸플릿에 대한 대법원 91도1597 판결

사단법인 소비자보호단체협의회 회장이 제작·발간한 "소비자 권리를 아십니까"라는 책자가 홍보용 팸플릿이라고 하더라도 거기에 지적·문화적 창작이 들어있다면 저작권법 소정의 저작물에 해당한다고 하였다.

하이트맥주광고에 대한 서울고등법원 97나15229 판결

하이트 맥주의 판매 전략으로 예시된 광고문안 "잘 익었을 때 드십시오. 최상의 맛을 유지하는 온도 눈으로 확인하십시오. 영상 7~9도 사이가 아닌 맥주는 깊은 맛을 느낄 수 없습니다. 8도에 가장 깊은 맛이 숨어 있었다. 이제 가장 깊은 맛일 때 즐기십시오."에 대하여, 문구가 짧고 의미도 단순하여 독창적인 표현형식이 포함되어 있다고 볼 여지가 없다고 하였다.

'2,000원으로 밥상 차리기' 서적에 대한 서울남부지방법원 2010가합20113 판결

2,000원으로 밥상 차리기 서적의 표지 상단에 기재된 문구인 "값비싼 그릇, 본 적도 없는 재료, 집에 없는 조리도구로 서민들 기죽이는 요리책은 가라! 인터넷 최고의 요리작가 나물이가 직접 장을 보고 요리하고 사진 찍고 레시피를 정리한 100% 서민을 위한 요리책"의 저작물성이 문제된 사안에서,
"이 사건 초판 문구는 비록 이 사건 초판 서적 중 '2,000원으로 밥상차리기'의 내용을 효과적으로 전달하기 위한 수단으로서 기재된 것이기는 하나, '저렴한 예산 범위 내에서 사진을 보며 쉽게 따라 할 수 있다는 점에서 서민의 처지에서는 현실적으로 따라 할 수 없었던 기존 요리책들과 차별되는 서민을 위한 요리책'이라는 사상 내지는 감정을 표현한 것으로서, 원고 김선숙이 위 문구를 다른 곳에서 베꼈다고 볼 자료가 없고, 저작권법에 의한 보호를 받을 가치가 있는 정도의 최소한도의 창작성도 인정된다."

음반 스티커 표어에 대한 서울중앙지방법원 2017가소7712215 판결

가수 김정민의 음반의 겉면에 스티커로 부착된 '1984 청춘집중-난 우리가 좀 더 청춘에 집중했으면 좋겠어' 문구 중 '난 우리가 좀 더 청춘에 집중했으면 좋겠어'를 현대백화점 2층 연결통로에 네온사인으로 제작하여 게시한 사안에서,
"우리 조금 불안하더라도 인생에서 다시 없을 청년 시절을 충분히 만끽하고 즐기자"라는 사상이 표현되었다 할 것이고, 용어의 선택, 리듬감, 음절의 길이, 문장의 형태 등에 비추어 독창적인 표현형식이 포함되었다며 창작성을 인정하고 현대백화점이 '난 우리가 좀 더 청춘에 집중했으면 좋겠어'라는 문구를 네온사인으로 제작하여 게시한 행위에 대하여 손해배상 300만 원이 인정되었다.

위 판결은 '1984 청춘집중-난 우리가 좀 더 청춘에 집중했으면 좋겠어' 문구 중 '1984 청춘집

중-' 부분이 제외된 '난 우리가 좀 더 청춘에 집중했으면 좋겠어' 표현 부분에 대하여 창작성을 인정하고 있다. 그러나 이 부분은 한 문장으로 이루어진 짧고 일반적인 표현으로 보이는 경우임에도 창작성을 인정한 것에 의문이 있다.

> **유아용시트 표어에 대한 일본 동경고등법원 2001. 10. 30 선고 판례**
>
> "엄마의 가슴보다 유아용 시트"가 "나 안심 엄마의 무릎보다 유아용 시트"라는 표어를 침해한 것인지가 쟁점이 된 사안에서,
>
> '나 안심'과 '엄마의 무릎보다 유아용 시트'가 결합된 "나 안심 엄마의 무릎보다 유아용 시트"에는 최소한의 창작성이 인정되지만 '엄마의 무릎보다 유아용 시트'에는 창작성이 인정되지 않는다면서 "엄마의 가슴보다 유아용 시트"는 창작성이 있는 부분의 이용이 아니라고 판단하였다.

(4) 법률 서류, 계약서, 감정평가서

① 법률 사안에 관한 변호사의 의견서, 소송이나 징계 절차에 제출된 준비서면이나 의견서 등도 창작성을 가지면 저작물로 보호될 수 있다.

> **고충처리신청서에 대한 동경지방재판소 2012년 제13494호 판결**
>
> 비공개심리로 진행되는 변호사의 고충처리신청서와 징계에 대한 답변서 등 법적 문서에 대하여 "기재할 내용이 일률적으로 정해진 것이 아니고 이들을 어떠한 순서와 어떠한 표현에 의해 어느 정도 기재할 것인가는 다양한 가능성이 있다"며 저작물성을 인정하면서 이러한 문서를 비공개심리가 예정된 절차에 제출한 것은 발표 등에 해당하지 않고 공표된 것에 해당하지 않는다며 이 문서를 임의로 블로그에 게재한 것은 공표권과 공중송신권을 침해한 것이라고 판단하였다. 반면 사실관계를 간략히 적시하고 흔히 사용하는 문장으로 이루어진 통고서에 대해서는 저작물성을 인정하지 않았다.

② 계약서는 당사자의 합의 내용에 대하여 법적 강제력을 갖는 것을 목적으로 당사자 사이에 합의된 거래조건이나 내용을 문서화하는 것으로서 작성자의 법률적 사상이 표현되어 있다고 할 수 있다. 그러나 계약목적 달성이라는 실용적 목적을 갖는 계약서는 ❶ 당사자의 권리, 의무, 분쟁 해결방법 등 계약서의 내용에 필수적인 요소를 표현하여야 하고, ❷ 이러한 표현을 함에 있어 계약문구나 단어가 갖는 법률적 의미 및 해당 업계에서 관행적으로 사용하는 거래용어 등을 고려하여야 하며, ❸ 당사자의 합의 내

용을 객관적으로 인식할 수 있는 명확한 문구나 단어를 선택해야 하는 제약을 갖는다. 실무에서 사용되는 계약서의 경우 이와 같은 실용적 요소에서 벗어나 독창적으로 어문 표현하기 어려운 까닭에 어문저작물로 인정하기 어려운 경우가 대부분이다.

위디스크 홈페이지에 대한 부산지방법원 2008가합705 판결

"이 사건 이용약관 등은 어문저작물(혹은 이를 자료로 한 컴퓨터프로그램저작물 또는 온라인 디지털 콘텐츠)의 일종으로 특히 그 내용이 해당 서비스의 일반적인 이용이나 개별적인 기능, 작동방법 등에 관한 설명, 해설에 관한 것으로서 기능적 저작물에 해당하고, 앞서 본 바와 같이 기능적 저작물의 경우에는 그 분야의 일반적인 규격, 용도, 기능, 이용자의 이해 편의성 등에 의하여 그 표현이 제한되어 특별히 작성자의 창조적 개성이 드러나지 않는 한 저작권 등이 인정되지 않는바,… 이 사건 이용약관 등의 내용은 온라인정보제공업에 종사하며 동종의 서비스를 제공하는 업체라면 이용자들에게 해당 서비스의 이용이나 개별 기능의 작동을 설명하기 위해 기재해야 할 일반적인 것에 불과하고, 달리 그 표현 등에 특히 원고만의 창조적인 개성이 발현되었다고 볼 수 없다. 따라서, 이 사건 이용약관 등이 저작권법 등에 의하여 보호됨을 전제로 한 원고의 주장은 이를 받아들이지 않는다."

③ 하급심 판례는 일반적이고 공통적인 표현을 사용하여야 하는 감정평가서에 대하여 창작성을 인정하기 어렵다고 하였다.

감정평가서에 대한 서울중앙지방법원 2011카합1962 결정

신청인은 대법원이 명하는 감정평가대상 부동산에 대하여 감정평가서를 작성하여 제출하는 업무를 담당하고 있었고, 피신청인들이 운영하는 인터넷 웹사이트 또는 경매정보지 등의 인쇄물에 이 사건 각 저작물을 비롯한 경매대상 부동산에 대한 감정평가서들을 유상 또는 무상으로 게시·반포하여 일반에 제공하고 있었던 사안에서,
감정평가서는 감정 목적에 따라 일반적이고 공통적인 표현을 사용하여야 하는 까닭에 표현 방법에 제한이 많고 같은 대상에 대한 감정평가서를 누가 작성하더라도 달리 표현될 여지가 크지 않는 등 기능적 저작물로서 감정 대상에 대한 설명은 감정목적물에 따라 불가피하게 내용과 표현이 달라지는 경우가 많은데 이런 경우에까지 창작성이 있다고 보게 되면 결국 표현형식이 아닌 대상, 내용, 아이디어 등을 저작권법으로 보호하는 결과가 되어 부당하다며 저작물성을 배척하였다.

저작물의 유형

(5) 수험 서적

수험 서적은 수험을 대비하려는 실용성을 갖는다. 수험 서적은 대부분 교과서 등 기존 서적 등과 공통되거나 공지의 사실에 기초하고 있다. 수험 서적을 만들 때 기존 서적의 표현과 동일하거나 당해 분야에서 장기간 일반적으로 통용되어 온 전문적·표준적인 용어로 표현하는 등 통상적이거나 관용적인 용어나 문장을 사용하는 경우가 많다. 또한 누적된 기출문제를 분석하여 교재에 포함해야 할 핵심 내용과 모범답안 형태의 표준적인 표현양식이 존재한다는 점은 수험교재의 창작성을 제약하게 된다.

그러나 저자가 설명하고자 하는 특정한 이론 등을 어떠한 어문을 사용하여 어떤 방식으로 서술하느냐는 저자의 창작적 노력에 따라 다를 수 있다. 따라서 저자가 이용자가 쉽게 이해할 수 있도록 내용을 정리하고 나름의 표현 방법에 따라 이론, 학설, 관련 용어, 문제에 대한 접근 방법 및 풀이 방법 등 체계를 형성하여 서술한 부분에 대하여는 창작성을 인정받을 수 있다.

> **토목공학수험서적에 대한 서울고등법원 2012나17693 판결**
>
> 토목공학수험서적은 '토목시공기술'이라는 전문적인 공학 분야에 대한 사실적·기능적 저작물로서 ❶ 일반적으로 통용되어 온 전문적이고 표준적인 용어로 표현되고, 선행문헌에 기재된 내용과 표현형식이 전반적이고 포괄적으로 이용되고 있으며, 실용적이고 기술적인 지식 내지 매뉴얼 위주로 서술된 관계로 그 내용 및 표현에 있어서 큰 차이가 없는 특성이 있고, ❷ 다수의 단답형 및 논술형 기출문제가 누적되어 오면서 답안에 반드시 포함되어야 할 핵심 내용은 물론 이를 출제자의 의도에 부합하게 효과적으로 답안지에 서술하고 표현해내는 '모범답안' 형태의 표준적인 표현양식이 존재하고 있어 수험교재 저자들 역시 그에 초점을 맞춰 '핵심 및 요점정리' 형태로 교재를 작성해온 결과 수많은 수험교재가 그 내용은 물론이고 표현의 형식에서도 상당한 정도로 동일·유사하다는 특성이 있으며 이러한 특성을 고려하여 표현의 창작성을 인정하는데 제한이 있다고 하였다.

> **'제5판 재무관리' 서적에 대한 대법원 2010다70520, 70537 판결**[62]
>
> 국가고시나 전문자격시험의 수험서와 같은 실용적 저작물의 경우 그 내용 자체는 기존 서

---

[62] '제5판 재무관리' 서적을 둘러싼 분쟁은 '제5판 재무관리' 서적의 저자가 제기한 민사사건 및 형사사건과 상대방이 맞고소한 형사사건으로 진행되었는데 위 판결은 민사사건에 대한 것이다.

이 사건 1심은 해설서나 참고서, 문제와 그 해답을 작성할 때에는 개성적 구성보다는 자연히 이해하기 쉬운 통례적·도식적·관용적이고 진부한 용어나 문장, 문단 구성방식을 선택하게 되어 개성의 제시 여지가 없고, 또한

적, 논문과 공통되거나 공지의 사실에 기초한 것이지만 이용자가 쉽게 이해할 수 있도록 내용을 정리하고 나름의 표현 방법에 따라 이론, 학설, 관련 용어, 문제에 대한 접근 방법 및 풀이 방법 등 체계를 잡아서 설명하였다면 저작자의 창조적 개성이 발휘된 창작물에 해당한다고 하였다.

다만 이처럼 전체적으로 저작물에 해당한다고 하더라도 그 내용 중 기존 다른 저작물과 동일·유사하거나 기존 이론이나 개념을 정리한 부분과 같이 누가 하더라도 같거나 유사할 수밖에 없어서 창작성을 인정할 수 없는 표현 부분에 대하여는 저작권의 침해가 성립되지 않는다고 하였다. 그럼에도 전체적으로 창작성이 인정되고 비교되는 일부 내용이 유사하다는 이유로 복제권 침해를 인정한 원심은 법리를 오해한 잘못이 있다고 하였다.

'전면개정 재무관리' 서적에 대한 서울중앙지방법원 2005노3375 판결[63]

저작물의 구체적인 표현형식이 그 자체로 독창적인 정도는 아니고 기존의 서적, 논문 등과 공통되거나 공지의 사실을 기초로 하고 있다고 할지라도 특정한 이론적 설명에 관하여 어떠한 문자를 사용하여 어떤 방식으로 서술하느냐는 저자의 창조적인 정신적 노력에 따라 다를 수 있는데 고소인이 저술한 '전면개정 재무관리' 서적의 표현 중 단순히 학술적인 내용에 포함된 정형적인 수식에 의한 계산 방법, 전개 과정 등에 대한 설명이나 표현형식이 저작물이 저작되기 이전부터 사용되어 온 것이라면 창작성을 인정하기 어렵다고 판단하였다.

펀드투자상담사 수험교재에 대한 서울고등법원 2013나1398 판결

펀드투자상담사 교재를 작성함에 있어 그 소재를 표현할 수 있는 다양한 방법 중에서 작

그 표현형식에 창작성이 나타나 있을 가능성도 희박하다고 보았다. 위와 같은 실용적 어문저작물은 보호 하한선에 있어서 평범한 학술적 어문저작물보다 '비교적 높은 수준'을 요구하고 있다며 '제5판 재무관리' 서적 전체에 대하여 창작성을 배척하였다.

항소심은 1심과 달리 원고가 공인회계사 학원의 강사로서의 오랜 경험을 토대로 하여 수험생의 이해도를 높이기 위해 재무관리 분야의 여러 학설과 이론에 관하여 예를 들어 설명하거나 도표나 그림 등 시각적인 전개 방식을 이용하여 원고 나름의 표현방식에 따라 위 '제5판 재무관리'와 '제5판 재무관리 해답집'에 표현하여 저술한 것이라며 일부 다른 서적과 유사한 부분에도 불구하고 서적 전체에 대하여 창작성을 인정하였다.

그러나 대법원은 저자 나름대로 표현한 점에 창작성을 인정하여 전체적으로 저작물로 인정하면서도 다른 서적과 유사한 부분이나 누가 하더라도 동일한 창작성이 없는 부분은 보호되지 아니한다며 서적 전체를 창작물로서 보호한 2심을 파기하였다.

63 이 사안은 고소인이 '제5판 재무관리' 서적의 저자인 피고소인으로부터 고소를 당한 상태에서 피고소인의 '재무관리 제4판' 서적이 자신이 저술한 '전면개정 재무관리' 서적을 침해하였다며 맞고소를 하여 진행된 형사 건으로서 위 판결은 피고소인에게 형사상 무죄를 선고하며 원심을 파기하였다.

성자가 독자의 이해를 돕기 위하여 구성 및 배열방식, 어휘, 도표 등의 시각적 자료 등을 선택·사용하여 서술한 부분에 창작성을 인정하였다.

바. 시험문제

시험문제는 학교 교사가 업무의 일환으로 출제하는 경우와 위촉된 출제위원이 출제하는 경우로 나뉜다. 어문으로 표현되는 것이 대부분이지만 미술, 사진, 도형 등 여러 가지 저작물이 포함된 경우도 있다. 그 형태도 지문 부분, 단답형 질문, 선다형 질문, 선택답안 등 여러 가지가 있다.

학습 관련 인터넷업체, 출판사, 시중 학원이 학교 시험문제를 기출문제 등으로 활용하면서 발생한 분쟁에서 시험문제가 저작물로서의 창작성을 갖는지, 업무상저작물에 해당하는지 등이 쟁점이 되었다.

(1) 창작성

시험문제는 특정 시험의 목적에 따라 해당 분야에서 요구되는 내용이 있어야 하고, 기존의 해당 분야의 자료 등을 사용하여 시험문제를 만드는 등으로 인하여 창작성이 제한될 수 있다. 그러나 이러한 제약을 넘어서 출제자가 나름의 정신적인 노력을 기울여 남의 것을 그대로 베끼지 않고 출제한 시험문제는 창작성이 인정된다.

시험문제는 학습능력검증을 위하여 무엇을 질문사항으로 정하고 답으로 무엇을 제시할 것인지 등 그 내용을 선정하는 과정을 거쳐 그 자체로는 창작성이 없는 간단한 문장이나 단어로 질문과 예시답안을 표현하고 있다. 시험문제의 선정은 아이디어에 해당하고, 또한 단문이나 단어로 된 질문 등의 어문표현은 그 자체에 대하여 창작성을 인정하기 어려울 경우가 있다. 그러나 시험문제의 창작성은 문언의 외형적 표현 그 자체나 줄거리와 같은 비문언적 표현에서 창작성을 찾는 일반 어문저작물과는 달리 지문이나 질문과 오답, 정답의 표현에 대한 선택과 배열을 통하여 만들어진 전체적인 표현에 존재할 수 있다.

대학시험문제에 대한 대법원 97도2227 판결

입시 문제는 역사적인 사실이나 자연과학적인 원리에 대한 인식의 정도나 외국어의 해독 능력 등을 묻는 것이다. 교과서, 참고서 기타 교재의 일정한 부분을 발췌하거나 변형하여 구성된 측면이 있다고 하더라도 입시 문제 출제위원들이 인재를 선발하기 위하여 정신적인 노력과 고심 끝에 남의 것을 베끼지 않고 문제를 냈고, 문제의 표현이나 제시된 여러 개의 답안의 표현에 최소한도의 창작성이 인정된다며 저작물로 인정하였다.

'눈높이 기탄국어'에 대한 서울고등법원 2001나21986 판결

채권자의 '눈높이 국어' 중 문제 유형 자체는 모두 아이디어에 불과하고, 해당 내용은 초등학교 교과서 또는 유아 초등학생용 학습교재에서 일반적으로 사용하고 있는 표현형식으로서 그 각 질문의 표현이나 제시된 여러 개의 답안의 표현에 있어 최소한도의 창작성이 있다고 보기 어렵다고 하였다.

'족보닷컴' 사이트에 대한 서울중앙지방법원 2005가합73377 판결[64]

족보닷컴 사이트 홈페이지를 운영하는 인터넷 서비스업체가 전국의 중·고등학교 시험문제를 모아 자료화한 후 시험문제를 유상으로 복제 또는 전송하는 서비스에 대하여 학교 교사들은 저작권침해를 주장하였다. 이에 인터넷 서비스업체가 이 사건 전체 시험문제는 기존의 교과서, 참고서 또는 공표된 다른 학교의 시험문제 등 기존의 문제를 모방한 것으로서 출제자 자신의 독자적인 사상 또는 감정의 표현을 담고 있다고 볼 수 없으므로 창작성을 인정할 수 없어 저작권법의 보호 대상이 되는 저작물이라고 볼 수 없다고 주장하였던 사안에서,

기존에 출제되었던 문제와 동일한 일부 문제에 대하여는 저작물성을 배척하였고, 나머지 문제에 대하여는 시험문제의 일부를 교과서, 참고서, 타 학교 기출문제 중 일정한 부분을 발췌·변형하여 구성한 점이 교육과정에서 요구되는 정형화된 내용과 불가분의 관계가 있다고 하더라도 교사들이 남의 것을 베끼지 아니한 점과 질문의 표현이나 제시된 답안의 표현에 최소한도의 창작성이 있음이 인정된다고 하였다.

의사 간호사 국가시험 기출문제에 대한 서울동부지방법원 2011고단1583 판결

의과대학 및 간호대학 교수들이 문제은행에 저장된 문제 중에서 출제 문제를 선정한 후

---

64 위 1심 판결은 항소심 서울고등법원 2006나110270 판결에서 일부 변경된 부분이 있으나 여기서 소개한 판단 부분은 그대로 유지되었고 대법원 2008다5004 판결에서도 유지되었다.

저작물의 유형

(2) 저작물의 개수

일반적으로 시험은 다수의 문제로 이루어진다. 시험문제 전체를 단일한 완결된 표현으로 보아서 그 전체를 한 개의 저작물로 보거나 또는 문제은행 방식의 경우 테스트하고자 하는 영역별로 문항을 선별하고 배열하는 것에 창작성이 있어서 한 개의 편집저작물이 될 수도 있다. 그러나 시험문제의 각 문항은 질문 자체만으로 또는 질문과 정·오답이 결합하여 다른 문항과 별개로 창작성을 갖는 하나의 저작물로 성립될 수 있다. 이 경우 시험문제 전체는 시험 문항 수만큼의 복수 저작물이 결합한 저작물이 된다고 할 수 있다.

토플 문제에 대한 서울고등법원 93나47372 판결

토플 문제에 대한 손해액을 정하면서 하나의 문항을 기준으로 사용료 상당 가격을 손해배상으로 산정하였다.

'족보닷컴' 사이트에 대한 서울고등법원 2006나110270 판결

먼저 치러진 다른 학교 시험에서 출제된 바 있는 문항(예를 들어 OO시험 객관식 21번 문제 등)에 대하여 창작성을 배척하고 이러한 것을 제외한 나머지 문제들에 대하여 저작물성을 인정하는 등 시험 문항별로 저작물성을 판단하였다.

(3) 지문을 이용한 시험문제

시험출제자가 타인의 저작물을 시험문제의 지문으로 사용한 경우 시험문제는 타인이 창작한 '지문 부분'과 출제자가 창작한 '질문과 정·오답 부분'으로 나눌 수 있다. 저작권법 제32조는 시험을 위하여 필요한 경우 공표된 저작물을 복제 등으로 이용할 수 있도록 정하고 있다.[65] 제32조의 시험에 지문으로 이용된 저작물은 저작재산권이 제한되지만 2차적저작물의 원저작물이 될 수 있다고 본다. 즉 시험문제가 '지문'에 대하여 '문제 답안' 표현이 추가되는 방식으로 새로운 창작성이 부가된 형태를 갖는 경우 시험문제는 지문을 원저작물로 하는 2차적저작물이 될 수 있다. 또한 출제자가 작성한 시험문제 중 지문 이외의 문제 부분이 주이고 지문 부분이 종인 주종 관계가 형성되면 시험문제의 지문은 시험문제 저작물에 인용된 저작물이 될 경우도 있을 것이다.

(4) 시험문제에 대한 권리

외부의 출제위원에게 위촉하여 시험문제를 출제하는 경우에는 창작자 원칙에 따라 시험문제를 작성한 자가 저작권을 갖게 된다. 따라서 시험 주관자와 출제위원 사이에 시험문제에 대한 저작권 처리를 정해두는 것이 일반적이다. 학교 시험의 경우 소속 교사가 시험문제를 실제 작성하지만 업무상저작물에 해당하는 경우에는 학교 측에 시험문제의 저작권이 귀속될 수 있다.

> **'족보닷컴' 사이트에 대한 대법원 2008다5004 판결**
> 중·고등학교 시험문제에 대하여 시험문제지에 출제자의 기명이 있는 경우에는 출제 교사에게, 출제자의 기명이 없는 경우에는 학교를 설립하고 운영하는 주체에게 저작권이 있다고 하였다.[66]

---

65 **저작권법 제32조 (시험문제를 위한 복제 등)**
     학교의 입학시험이나 그 밖에 학식 및 기능에 관한 시험 또는 검정을 위하여 필요한 경우에는 그 목적을 위하여 정당한 범위에서 공표된 저작물을 복제·배포 또는 공중송신할 수 있다. 다만 영리를 목적으로 하는 경우에는 그러하지 아니하다.

66 위 판결은 제9조 단서의 기명저작물에 대한 부분을 삭제한 2006년 개정저작권법 이전의 저작권법이 적용되었던 사안에 대한 것으로 기명저작물 여부가 문제 되었던 건이다. 한편 현행 저작권법상 '공립학교'에서 출제된 시험문제에 대하여 학교 설립과 경영의 주체인 광역자치단체 등이 저작권을 가질 경우 공공저작물에 의한 제한조항이 적용될 수 있다.

사. 뉴스

기자가 자신의 일정한 관점과 판단 기준에 근거하여 뉴스 소재를 선택·배열한 후 독자의 이해를 위한 어투, 어휘를 선택하여 표현한 기사는 창작성이 인정된다. 그러나 기사의 길이가 비교적 짧고 전형적인 표현으로서 관계기관의 발표, 자료 등에 의존하여 사실의 선택, 배열 등이 특별한 순서나 의미를 가지지 않는 등 기자라면 누구나 동일·유사한 표현을 사용할 것이라고 보이는 기사는 창작성이 배척된다.

연합뉴스 기사에 대한 서울고등법원 2006나2355 판결

기자가 수집한 소재를 선택·배열·표현할 수 있는 다양한 방법 중 자신의 일정한 관점과 판단기준에 근거하여 소재를 선택하고 이를 배열한 후 독자의 이해를 위한 어투, 어휘를 선택하여 표현한 기사 부분에 대하여 창작성을 인정하였다. 그러나 기사의 길이가 짧고 기사의 내용을 구성하는 사실의 선택, 배열 등에 있어 특별한 의미를 갖지 않으며, 표현 자체가 지극히 전형적이고, 깊이 있는 취재에 의한 것이 아니라 관계기관의 발표자료 등에 의존하여 간단하게 구성되어, 그 작성자가 특별한 표현 방법을 선택하였다고 보이지 않는 기사에 대하여 창작성을 배척하였다.

'세이테마'서비스에 대한 서울중앙지방법원 2004가합76058 판결

피고의 웹사이트에 게재된 원고들이 작성한 뉴스 기사의 제목과 3줄 가량의 일부 내용 부분에 대하여 어문저작물성을 인정하지 않았다.

2 음악 저작물

가. 음악저작물의 정의와 특성

음악저작물은 음악적 표현과 무체성을 갖는다. 음악저작물은 그 자체의 창작과 이용에 관한 권리뿐만 아니라 그 외에 실연자의 가창과 연주, 음반제작자의 음반 제작, 방송사업자의 음악 방송 등 다른 여러 권리와 관련되어 있다.

(1) 음악적 표현

음악저작물은 인간의 음악적 사상이나 감정을 인간이 들을 수 있는 소리인 '음'으로 창작적으로 표현한 저작물이다. 다만 '음'으로 표현하는 모든 창작물이 아니라 뒤에서 보듯이 가락 리듬 화성 등 음악적 요소를 갖는 음으로 표현한 창작물이어야 한다. 작곡가의 음악적 감정을 표현한 악곡이 대표적이다.

따라서 음으로 이루어진 것이라도 자연음이나 효과음은 인간의 사상이나 감정의 표현물이 아니고 음악적 요소를 갖추지 못한 까닭에 음악저작물에 해당하지 않는다. 또한 사람의 음성으로 이루어진 연설자의 강연은 언어를 표현형식으로 하는 어문저작물이 되고, 가수의 가창은 음악저작물을 예능적으로 표현한 실연에 해당한다.

(2) 무체성

음악저작물은 다른 저작물과 마찬가지로 무체성을 가지며 외부에 표현되어야 한다. '음'을 표현형식으로 하는 음악저작물은 가창, 연주와 같이 '파동으로 존재하는 현실적인 음'으로, 또는 오선과 음표 등 '음악 기호'로 외부에 표현될 수 있다. 즉 작곡가가 자신의 머릿속에 떠오르는 악곡을 즉흥적으로 연주하여 음으로 표현하거나 악보에 그려서 음악저작물을 창작할 수 있다. 여기서 음악 기호가 작성된 종이 '악보' 그 자체는 음악저작물이 외부로 표현되어 있는 유체물이며, 무체물인 음악저작물과 구분된다. 오선에 그려진 음표는 어문저작물의 표현형식인 '문자'와 유사하게 기호의 모습을 갖지만 '사상 감정의 전달'이 아니라 '음악적 감정'을 표현하고 있다는 점에서 어문저작물의 표현형식과 구분된다. 음악 기호는 '음'을 표현형식으로 하는 무체의 음악저작물을 외부에 표현하는 수단에 해당한다.

음악저작물의 고정은 성립요건이 아니다. 따라서 음악저작물로 성립되기 위하여 반드시 악보나 음반 등에 고정될 필요가 없다. 작곡 창작자의 즉흥적인 흥얼거림으로도 음악저작물은 성립될 수 있다.[67]

> **'하늘 가는 길', '찔레꽃' 노래에 대한 서울중앙지방법원 2014가합8122 판결**
>
> 피고는 장사익이 '하늘 가는 길', '찔레꽃' 노래의 가사를 창작한 사실은 인정하지만 노래 악곡에 대해서는 장사익은 이 사건 음반 제작 당시 악보를 볼 줄 몰랐고, 장사익이 노래를 흥얼거리면 임동창이 이를 듣고 피아노로 음을 정하는 방법으로 곡을 만들었으므로 장사익이 이 사건 음악저작물의 작곡가라 할 수 없다고 주장한 사안에서,
>
> "음악저작물은 인간의 사상이나 감정을 음으로 표현한 창작물을 말하는바, 음악저작물로 성립되기 위하여 반드시 악보나 음반 등에 고정화가 요구되는 것은 아니다, 앞서 인정한 사실에 의하면 임동창이 이 사건 음악저작물의 악보를 작성한 것은 1994. 11. 7.자 공연 및 이 사건 음반의 녹음이 모두 완료된 이후로, 그 이전에 이미 장사익에 의하여 이 사건 음악저작물의 작곡이 완성되어 있었는바, 단순히 장사익이 완성한 음을 임동창이 피아노를 통하여 확인하고 악보를 작성하였다 하여 임동창이 이 사건 음악저작물의 작곡가라 할 수는 없다, 따라서 이 사건 음악저작물의 작곡가는 장사익이라 할 것이며, 장사익으로부터 이 사건 음악저작물의 저작재산권을 신탁받은 원고가 이 사건 음악저작물에 관한 권리를 보유하고 있다 할 것이다."

---

67 악곡이 즉흥적인 가창이나 연주를 통해 최초 외부로 표현된 경우 이러한 가창이나 연주는 음악저작물의 외부적인 표현이면서 동시에 실연의 지위를 갖는다.

(3) 음악저작물의 이용과 분쟁

음악저작물은 가창, 연주 등 실연을 통하여 '인간이 들을 수 있는 파동 형태의 음'으로 구현된다. 이것이 마스터테이프[68] 등에 수록되고 음악 파일 형태로 변환되는 등 음반이 되는 과정을 거쳐 이용된다. 음악저작물의 분쟁에는 음악 이용 방법이나 기간, 수록 매체 및 그에 대한 사용범위 등 음악사용계약과 관련된 경우나 인터넷과 디지털 기술이 발전되면서 웹, P2P, 유튜브 샘플링 기법 등 새로운 음악 이용방식으로 인한 경우도 있지만 음악저작물의 창작적 표현에 대한 표절이 기본적인 분쟁내용이 되고 있다.

나. 음악의 창작적 요소

음악에는 가락, 리듬, 화성, 음색, 형식, 템포, 박자, 악센트, 느낌, 조, 장르 등 여러 가지 요소가 존재한다. 그 중 '가락', '리듬', '화성'을 음악의 3요소라고 한다. 이러한 다양한 요소가 합쳐져서 만든 창작적 표현을 기준으로 음악저작물의 창작성을 판단한다. 음악저작물이 침해된 경우 실질적유사성은 청중이 받는 전체적인 느낌으로 유사성을 판단하게 되며 이때 음악을 구성하는 모든 요소를 고려한다.

(1) 가락

음악저작물인 악곡의 구성요소 중 '가락'은 구체적이고 독창적인 형태로 표현될 수 있어 악곡의 개성을 만드는 데 가장 큰 역할을 한다. 따라서 음악저작물의 창작성 판단에 가장 중요한 기준이 되고 있다.

---

68 '마스터테이프'는 음악저작물을 최초로 실제 음으로 수록한 저장매체로서 '저작권법상 음반'의 지위를 갖는다. 마스터테이프는 '오선과 음표'로서 성립된 음악저작물이 연주 등을 통해 '파동으로 존재하는 음'으로 구현된 것이 녹음된 것으로서 음악저작물이 복제된 매체라고 할 수 있다. 이러한 마스터테이프를 복제하여 판매용 음반으로 제작하거나 디지털 파일의 형태로 수록되어 유통되는데 이러한 마스터테이프의 복제행위에는 저작권법상 음반의 복제와 음악저작물의 복제가 함께 존재한다.

'섬데이' 노래에 대한 대법원 2013다14828 판결

"음악저작물의 창작성 여부를 판단함에 있어서는 음악저작물의 표현에 있어서 가장 구체적이고 독창적인 형태로 표현되는 가락을 중심으로 하여 리듬, 화성 등의 요소를 종합적으로 고려하여 판단하여야 한다."

'봄봄봄' 노래에 대한 서울고등법원 2015나25893 판결

창작성이 문제 된 원고 음악저작물 부분의 구성 요소 중 가락은 원고가 자신의 노력과 음악적 재능을 투입하여 제작함으로써 자신의 감정을 표현한 것이고 화성, 리듬은 오랫동안 수많은 음악저작물에 사용되고 일반 대중들에게 노출되어 공유의 영역이 되어 있으나 가락을 중심으로 하여 화성, 리듬 등의 요소를 종합적으로 고려하여 판단하면 원고 음악저작물 부분은 저작권법 보호를 받는다고 하였다.

'사랑해요 LG송'에 대한 서울고등법원 2011나103375 판결

피고의 '사랑해요 LG송'이 최진희가 부른 원고의 노래 '가버린 사랑' 악곡의 모티브 및 앞 4소절(솔미미미 라파파파 솔솔라솔레파−미)를 침해한 것인지가 문제 된 사안에서, 피고저작물은 원고 저작물 4마디 15개의 음 중 4개만 변경(솔미레미 라파미파 솔솔파솔 레파미)한 사실이 있지만 원고 저작물은 1, 2마디에서 6도 상승하며 3박자 지속하여 상승하는 음에서 우러나는 감정의 여운을 느낄 수 있으나 피고 저작물은 지속적인 상승과 하강의 반복으로 여운이 사라지고 역동적이며 흥겨운 감정을 느끼게 되는 등 선율(가락)이 바뀌면서 선율의 흐름상 다른 전개 형식을 갖게 되었다고 하였다. 이러한 차이가 다음 전개되는 가락에도 영향을 주어 애절한 가락과 흥겨운 가락으로 이어져 있다며 리듬과 화성은 침해를 주장하는 부분과 동일하나 '가락'의 차이 때문에 이 사건 노래 부분의 일부분을 이용하였다고 하더라도 실질적유사성이 없는 전혀 별개의 독립적인 저작물이라고 판단하여 침해 주장을 배척하였다.

(2) 리듬과 화성

'리듬'과 '화성'도 가락과 함께 음악저작물의 창작성을 판단하는 기준이 될 수 있으나 가락과 별개로 '리듬'과 '화성'만으로 창작성을 인정받는 경우는 드물다. 그러나 기존 가락을 원저작물로 한 편곡저작물의 창작성을 판단하는 경우 리듬과 화성이 중요한 기준이 될 수 있다.

'봄봄봄' 노래에 대한 서울고등법원 2015나25893 판결

리듬은 시간과 강조점을 조절함으로써 리듬에 어느 정도 변화를 줄 수는 있지만 음악의 관행상 리듬의 다양성은 제한되어 창작성이 인정될 여지가 매우 약하다며 원고의 리듬은 가락의 각 음의 길이에서 발생하는 리듬에 불과하여 창작성이 없고, 원고의 화성은 캐논 코드, 머니코드, 비교 대상 7, 10, 11, 12의 각 대비 부분의 화성과 유사하고[69], 원고의 화성에 가해진 일부 변경은 일반적으로 공유되어온 보편적인 화성의 연속에 새로운 창작성을 더한 정도가 아니라며 창작성을 배척하였다.

'사랑해요 LG송'에 대한 서울고등법원 2011나103375 판결

원고의 이 사건 노래 부분('솔미미미-라파파파-솔솔라솔레파-미')은 화성의 구성음만으로 작성된 것이어서 창작성이 없다는 피고의 주장에 대하여,
화성의 구성음만으로도 선율의 변화와 리듬의 배치에 따라 매우 다른 감정의 표현이 가능하므로 화성의 구성음만으로 작성된 음악저작물이라는 사정만으로 보편적·관용적 표현으로서 독창성을 부여할 수 없다고 단정하기도 어렵다며 피고의 주장을 배척하였다.

아리랑 노래에 대한 서울중앙지방법원 2013가합559814 판결

원고가 2000년경 전통민요 경기아리랑을 재즈풍으로 편곡하여 만든 악곡을 음반으로 제작하고 나서 피고가 2012년 광고에서 경기아리랑을 재즈풍으로 편곡한 곡을 부르고 음반으로 발행한 사안에서 피고의 곡은 자신의 편곡을 모방한 것이고 박자와 화성이 유사하다는 원고의 주장에 대하여,
통상의 음악저작물은 가락을 중심으로 창작성 여부를 판단함이 원칙이지만 기존의 곡을 편곡하는 경우 편곡된 곡은 기존 곡의 가락을 대부분 이용하게 되므로 이러한 경우에는 가락보다는 리듬과 화성의 요소를 더욱 중요한 요소로 보아야 하는데 원고 아리랑은 경기아리랑을 재즈풍으로 편곡한 기타 듀엣 연주곡으로서 그 화성의 요소를 복합적으로 고려해 보았을 때 듣는 사람에게 민요로서 연주 또는 가창되는 경기아리랑과는 전체적으로 다른 분위기나 느낌을 준다며 그 화성이 경기아리랑의 화성에 비하여 원고 자신의 독자적인 감정의 표현을 담고 있다며 창작성을 인정하고 원저작물인 경기아리랑을 편곡의 방법으로 작성한 2차적저작물인 편곡저작물로 인정된다고 하였다.

---

69 위 판결은 머니코드[C-G-Am-F(또는G), 여러 화성의 조합들 중 가장 효율적이고 간단한 화성 패턴의 하나로 현대 대중음악에서 흥행하는 곡에 공통적으로 사용되어 소위 '돈이 되는 코드'라고 통칭되는 화성]등 기존의 여러 음악이 갖고 있는 화성을 비교하였다.

저작물의 유형

(3) 조성

음악에서 기능적으로 연결된 화음들의 체계를 말하는 C, F, G와 같은 '조'는 음악 창작과정에 있어서 일종의 소재 또는 아이디어로 기능하는 것으로 음악저작물의 창작적 표현으로 보지 않는다. 오히려 음악저작물에 대한 침해를 판단함에 있어 비교 대상인 곡들의 조가 다른 경우 대상 곡들을 동일한 조로 변경해놓고 비교하는 것이 일반적이다.

> **아리랑 노래에 대한 서울중앙지방법원 2013가합559814 판결**
> "피고 음반 아리랑의 조가 원고 아리랑과 같이 F장조로 되어 있으므로 피고들이 원고 아리랑을 기초로 피고 음반 아리랑, 피고 광고 아리랑을 편곡하였다고 주장한다. 음악저작물에 있어서 조는 저작권법에 의해 보호받는 표현의 범위에 해당하지 않으므로, 원고의 이 부분 주장은 받아들일 수 없다."

> **'사랑해요 LG송'에 대한 서울고등법원 2011나103375 판결**
> "이 사건 음악저작물과 'G'의 실질적 유사 여부를 판단함에 있어, 원고는 'G'의 여러 버전 중 가야금 버전이 가장 유사하다고 주장하므로, 이를 기준으로 하여 판단하되, 음악저작물에 있어서 저작권법에 의해 보호받은 표현에 해당하지 않는 조(調), 기교적으로 가미될 수 있는 리듬(예를 들어 8분 음표 ♪ 두 개의 음을 점8분음표 '♪.'와 16분 음표 '♪'로 변경한 리듬) 및 강약을 제거하고 C장조로 변경한 별지 2 기재 악보를 기준으로 대비한다."

(4) 빠르기와 장르

음악에 있어서 '빠르기'는 리듬을 구성하는 하나의 요소에 불과하여 창작적인 지위를 부여하기 어렵다. 발라드, 블루스, 재즈, 록, 트로트 등 음악의 '장르'는 아이디어 요소에 해당한다.

다. 음악저작물의 창작성

가락, 리듬, 화성 등 요소로 이루어진 음악적 표현에 대하여 저작물의 창작성에 대한 법리를 적용하여 음악저작물의 창작성을 확인할 수 있다.

(1) 창작성 기준

① 남의 것을 모방하지 않고 원고 자신의 독자적인 음악적 감정의 표현을 담고 있어야 창작성이 인정된다. 음악 작품을 구성하는 부분 중 창작적 표현만이 저작권으로 보호되며 아이디어나 관용적인 표현, 해당 음악 장르가 가진 보편적인 표현은 보호되지 않는다.

> **'사랑해요 LG송'에 대한 서울고등법원 2011나103375 판결**
> 이 사건 노래 부분('솔미미미-라파파파-솔솔라솔레파-미')은 6도 음정으로 도약하는 음악 기법으로 오늘날 이 사건 대비 곡들에서 볼 수 있듯이 음악저작물에 흔히 사용되는 관용구이거나 아이디어에 해당한다는 주장에 대하여,
> 원고의 노래 '가버린 사랑'의 일부가 그 이전에 창작된 음악저작물의 일부와 일치(첫 두 음이 한 옥타브 차이가 있는 외에는 일치)한다고 하더라도 남의 것을 모방하지 않고 원고 자신의 독자적인 감정의 표현을 담고 있다는 의미에서의 창작성은 인정된다고 하였다.

> **'봄봄봄' 노래에 대한 서울고등법원 2015나25893 판결**
> 원고의 곡과 기존의 다른 6개의 곡과 직접 비교하여 유사성이 있는지를 확인하여 원고의 곡에 대하여 창작성을 인정하였고, 화성음으로 이루어진 가락에 대하여도 동일·유사한 가락을 찾아보기 어려운 점에 근거하여 창작성을 인정하였다. 음악저작물은 그 이용 가능한 소재에 한계가 있어 매우 보편적인 음이나 화성의 연속, 리듬의 설정 등은 공유되어야 한다며 음악저작물 중 일부가 관용적인 표현에 불과한 부분은 저작권법에 의해 보호되지 않는다고 하였다.

② 음악저작물에 대한 저작권 침해 분쟁은 음악저작물 작품 전체가 표절되었다는 시비가 있는 경우보다는 작품 중 일부분이 침해되었다고 주장하는 경우가 대부분이다. 음악저작물 표현의 일부분이라도 음악 작품의 모티브를 형성하거나 전체 곡과 별도

로 저작자의 감정이 창작적으로 표현되는 등 다른 부분과 독립하여 보호받을 수준의 창작성을 가지면 보호된다.

'사랑해요 LG송'에 대한 서울고등법원 2011나103375 판결

"이 사건 음악저작물의 모티브 및 앞 4마디('솔미미미-라파파파-솔솔라솔레파-미' 부분으로 이하 '이 사건 노래 부분'이라 한다) … 이 사건 노래 부분과 이 사건 대비 부분은 비록 이 사건 음악저작물과 'G' 중 일부분에 불과하나, 음악저작물 중 일부분이라 할지라도 그 부분만으로도 사람의 감정을 표현한 것으로서 다른 부분과 독립하여 보호받을 가치가 있고 전체 음악저작물 중 중요한 부분에 해당할 경우에는 침해의 대상이 된다고 보아야 한다. 그런데 이 사건 노래 부분은 이 사건 음악저작물 전체 32마디 중 12마디에 해당하고, 이 사건 대비 부분은 'G' 전체 16마디 중 12마디에 해당하는바, 이와 같이 전체 음악저작물에서 차지하는 양이 적지 아니할 뿐만 아니라 각 음악저작물의 도입부 네 마디에 해당하고 특히 첫 두마디는 곡 전체의 모티브를 형성하고 있다는 점에서 충분히 보호받을 부분으로 볼 수 있다."

'되고송'에 대한 서울중앙지방법원 2009가합124549 판결

'러브레터', '노란 샤쓰의 사나이', '가는 세월', '돌아가는 삼각지', '님그림자' 등을 각 작곡한 원고들이 피고 SK텔레콤이 광고에 삽입한 '되고송'은 원고들의 히트곡의 모티브나 멜로디의 일부를 표절 또는 도용하여 편집한 것으로 2차적저작물에 대한 권리와 저작인격권을 침해한 것이라고 주장한 사안에서,

"작곡자의 일관된 하나의 사상 또는 감정이 표현되어 창작된 하나의 곡에 있어서, 그 곡의 일부를 구성하는 짧은 음의 배열이 별도의 저작물로서 저작권법에 의하여 보호받기 위하여는 전체 곡과는 별도로 이를 구성하는 짧은 음의 배열 자체에 전체 곡과는 구별되는 저작자의 사상 또는 감정이 창작적으로 표현되어 있어야 할 것인데, 이 사건 각 일부분의 경우, ❶ 모두 3개 내지 9개의 음표로 이루어진 매우 짧은 음의 배열에 불과한 점, ❷ 원고들의 의식적으로 창작한 완성된 하나의 저작물인 이 사건 각 저작물의 극히 일부에 불과한 점, ❸ 그 중 일부는 M과의 유사성을 드러내기 위하여 자연스럽게 연결되는 음의 배열 중 그 일부를 작위적으로 잘라낸 부분인 점, ❹ 이 사건 각 저작물이 창작되기 전에 이미 이 사건 각 일부분과 동일한 계명 및 박자를 가지는 음의 배열 역시 다수 존재하였을 것으로 추측되는 점, ❺ 음악저작물에 있어서 일반인에게 좋은 느낌을 주는 음률과 리듬의 구성범위는 상당히 제한되어 있다고 보이는데, 완성된 하나의 곡을 구성하는 일부 음의 배열을 쉽사리 저작권법에서 보호되는 저작물로 인정할 경우 저작물의 공정한 이용을 도모함으로써 문화 및 관련 산업의 향상 발달에 이바지한다는 저작권법의 목적에 반할 수 있다는 점까지 고려하면, 이 사건 각 일부분에 이 사건 각 저작물과 구별되는 별도의 저작자의 사상 또는 감정이 창작적으로 표현되어 있다고 인정되지 아니하므로, 이 사건 각 일부분이 저작권법에 의하여 보호되는 저작물임을 전제로 하는 원고들의 청구 역시 더 나아가

살펴볼 필요 없이 이유 없다."

(2) 창작성의 제약

① 인간의 감정에 호소하기 위하여 제작되는 '음악'에서의 음의 배합은 듣기 좋은 느낌을 주어야 하는 까닭에 선택의 폭이 제한적이고, 더구나 대중의 취향에 부합하는 음악은 음의 배합이 더욱더 제한적이라고 한다. 이처럼 음악저작물, 특히 상업성을 중시하는 대중음악은 실용적 저작물처럼 창작성에 제약을 갖고 있다.

'너에게 쓰는 편지' 노래에 대한 수원지방법원 2006가합8583 판결

"음악저작물이 인간의 감정에 호소할 수 있도록 하기 위해서는 사람들이 선호하는 감정과 느낌을 불러일으킬 수 있는 음의 배합을 이루어야 하는데, 음의 배열 가능성은 이론상 무한대이나 그중 듣기 좋은 느낌을 주는 경우는 한정되고 나아가 대중의 취향에 부합하는 경우는 더욱 한정되며 사람의 목소리가 포함되는 가창곡의 경우 더욱 제한된다."

'사랑해요 LG송'에 대한 서울고등법원 2011나103375 판결

"사람의 가청범위나 가성범위 내에서 사람들이 선호하는 감정과 느낌을 불러 일으킬 수 있는 음의 배합에는 일정한 한계를 가질 수밖에 없다는 점도 참작"하여야 한다고 하였다.

아리랑 노래에 대한 서울중앙지방법원 2013가합559814 판결

"음악저작물은 인간의 청각을 통하여 감정에 직접 호소하는 표현물로서 인간의 감정에 호소할 수 있도록 하기 위해서는 사람들이 선호하는 감정과 느낌을 불러일으킬 수 있는 음의 배합을 이루어야 하는데, 이론상으로는 한 옥타브에 있는 12개의 음(12음계)을 이용하여 무수히 많은 배합을 구성할 수 있으나, 사람의 가청범위나 가성범위 내에서 사람들이 선호하는 감정과 느낌을 불러일으킬 수 있는 음의 배합에는 일정한 한계를 가질 수밖에 없다. 따라서 음악저작물을 대비하여 실질적유사성 여부를 판단함에 있어서는 위와 같은 음의 배합의 한계, 각 대비 부분이 해당 음악저작물에서 차지하는 질적·양적인 비중, 수요자인 청중의 관점 등을 종합적으로 함께 고려하여야 하고, 일부 유사한 부분이 있다고 하여 그러한 사정만으로 비교대상인 음악저작물과 실질적으로 유사하다고 단정할 수는 없다."

② 음악 작품이 하나의 음악저작물로 인정되는 경우라도 음악 작품 중 이미 전래 음

악에 사용되어 공유의 영역에 속하거나, 이전부터 널리 관용적으로 사용해왔거나 또는 누구나 쉽게 만들 수 있는 일반적인 음악적 표현 부분에 대하여는 창작성이 제한된다.

음악 분쟁의 대상이 되는 원고나 피고의 '악곡 그 전체'는 음악적 창작성을 갖고 있는 경우가 많으며, 대부분 원고의 악곡 중 일부에 대한 표절이 문제 된다. 그런데 기존에 만들어진 수많은 음악 작품이 존재하는 까닭에 원고가 침해를 주장하는 악곡 일부와 유사한 기존 악곡이 존재하는 경우가 있다. 따라서 피고는 원고가 침해를 주장하는 악곡 부분의 창작성을 부정하기 위하여 원고의 악곡 부분과 유사한 기존의 다른 악곡을 찾아 제시하는 방법으로 방어한다. 이처럼 원래 저작권 침해 요건인 기존 음악에 대한 의거성과 실질적유사성이 침해를 주장하는 악곡에 대한 창작성을 필터링하는 역할을 하는 경우가 있다.[70]

'섬데이' 노래에 대한 대법원 2013다14828 판결

피고가 작곡·작사한 '섬데이' 노래가 원고가 작곡·작사·편곡한 '내 남자에게'의 작곡의 대비 부분을 침해하였는지가 문제된 사안에서,

원심은 원고 작곡 대비 부분에 대하여 다른 음악저작물에 의거하거나 모방하지 않고 독자적으로 작성하였다며 창작성을 인정하면서[71] 원·피고의 작곡 대비 부분 사이에 유사성이 있다고 판단하였다.

그러나 위 상고심 판결은 원고 작곡 대비 부분에 대하여 미국에서 '먼저 창작된 작곡'에 대한 접근 가능성을 인정하여 의거관계를 추정하고 또한 원고 작곡 대비 부분과 '먼저 창작된 악곡'의 실질적유사성도 인정하여 원고 작곡 대비 부분의 창작성을 부인하며 원심을 파기하였다. 이처럼 상고심은 침해를 주장하는 원고 작곡 대비 부분이 창작성을 갖지 못하고 있다고 판단한 까닭에 피고가 원고 작곡 대비 부분을 침해한 것인지를 확인하기 위한 의거성이나 실질적유사성 요건에 대한 판단은 하지 않았다.

---

70 이 부분은 Ⅰ의 4의 마의 (4) '기존저작물에 의한 창작성 배제'에서 다룬 바 있다.

71 **원심 서울고등법원 2012나24707 판결**
    "원고 음악저작물이 공표되기 전 또는 후에 공표된 상당 수의 음악저작물들에서 원고 음악저작물과의 가락 또는 화음의 유사성이 발견되는 사실은 앞서본 바와 같다. 그러나 원고 음악저작물의 창작성은 이를 구성하고 있는 개별음의 고저(Pitch), 음의 장단(Duration)의 복합적인 연속으로서 가락, 화음 및 리듬에 원고의 독자적인 감정의 표현을 담고 있는지 여부에 의해 판단되어야 하는바, 원고가 다른 음악저작물에 의거하여 원고 음악저작물을 작곡함으로써 스스로 타인의 저작권을 침해하였다거나, 원고 대비 부분이 오랫 동안 수많은 음악저작물에 사용되고 일반 대중들에게 노출되어 공유의 영역이 되었다는 등의 사정이 인정되지 않는 이상, 남의 것을 모방하지 않고 원고 자신의 독자적인 감정의 표현을 담고 있다는 의미에서의 저작권법상 창작성은 인정된다고 봄이 상당하다. 따라서 원고 대비 부분을 포함한 원고 음악저작물은 저작권법에 의해 보호를 받는다."

'너에게 쓰는 편지' 노래에 대한 수원지방법원 2006가합8583 판결

원고는 피고가 작곡한 '너에게 쓰는 편지'의 후렴구 8소절은 원고가 작곡한 'It's You'의 후렴부 8소절을 그대로 표절하거나 일부 변형하여 사용함으로써 원고의 위 곡 'It's You'에 대한 '성명표시권' 및 '동일성 유지권'을 침해하였다고 주장하며 위자료를 구하였다.[72] 피고는 ❶ 원고 주장 부분은 미국의 전래민요인 '할아버지의 시계(Grandfather's Clock)', 스탠더드 팝(Standard Pop) 음악, 1960년대 이후 비틀스(Beatles) 등 여러 가수의 곡에서 널리 사용되어 온 관용구(Cliche)로서 창작성이 없으므로 위 부분에 관하여 저작권을 주장할 수 없고, ❷ 가사 원고 주장 부분에 창작성이 인정된다고 하더라도 피고 부분은 그와 서로 전혀 다른 구조의 가락(Melody)과 화성(Chord) 진행구조로 되어 있어 상호 유사하지 않으며, ❸ 또한 각 대비 부분의 가락이 유사하다 할지라도 이는 화성의 진행에 따라 도입부에 사용될 수 있는 음정이 제한되어서 생긴 것일 뿐이라고 주장하였던 사안에서, 피고가 관용구라고 제시한 'If You Go'와 'Grandfather's Clock' 노래와 원고의 8소절과의 유사성 주장에 대하여 음표와 쉼표의 구성, 화성의 진행, 박자의 분할, 박자의 장단, 코드의 진행 등 구체적인 내용을 검토하여 배척하였고 원·피고의 대상 작곡 부분을 비교하여 유사성을 인정하였다.

'외톨이야' 노래에 대한 서울중앙지방법원 2010가단86875 판결

피고가 작곡하고 씨앤블루가 노래한 '외톨이야'가 원고의 '파랑새' 노래의 악곡을 침해한 것인지가 문제 된 사안에서,
'파랑새' 노래보다 먼저 발표된 다른 선행 저작물이 '파랑새' 악곡과 가락이 유사하고, 음계가 동일하며, 리듬을 구성하는 요소에 불과한 빠르기에 차이가 있다는 점을 근거로 원고가 침해를 주장하는 '파랑새' 음악저작물의 해당 부분에 대한 창작성을 부정하면서 원고의 침해주장을 배척하였다.

---

72 위 분쟁에서 원고는 문제 된 곡에 대한 '저작재산권'을 사단법인 한국음악저작권협회에 신탁하였던 까닭에 저작재산권 신탁 이후에도 저작자에게 남아있는 '저작인격권' 침해로 인한 손해배상만을 구하였고 법원은 침해를 인정하여 위자료로서 1000만 원을 인정하였다.

저작물의 유형

라. 가사

저작권법은 음을 표현형식으로 하는 음악저작물에 대한 정의나 그에 포함되는 작품의 종류를 예시하는 규정을 두지 않고 있다. 그런데 표현형식만을 기준으로 저작물을 분류할 경우 가사는 문자나 언어의 형식으로 표현되는 어문저작물에 해당한다고 할 수 있다. 이처럼 어문저작물과 동일한 표현형식을 갖는 가사가 음악저작물에 해당하는 것인지에 대하여 논의가 있다.[73]

(1) 가사의 저작물성

① 작사자가 악곡과 관계없이 작성해 놓은 가사는 리듬, 가락, 화성 등 음악적 요소와 관련 없는 어문 표현만 존재하여 어문저작물일 뿐 음악저작물이라고 할 수 없다.

② 그러나 가사가 악곡과 함께 이용되는 경우 ❶ 가사는 단순히 의사전달을 위한 어문 표현을 넘어 음악의 창작적 요소인 가락, 리듬, 화성과 결합된 표현이 되고, ❷ 가사는 악곡과 함께 음악에 속하는 것으로 장시간 인식되어 왔고, ❸ 실제 가사는 음악저작물로서 신탁되거나 거래되어 왔다는 점을 고려하면 어문의 표현형식에 불구하고 음악저작물성을 갖는 것으로 보아야 할 것이다.

구체적으로 가사가 악보, 노래방기기, 실연 공연, 음반에서 악곡과 결합하여 이용되는 경우 음악저작물로 볼 수 있다. 예를 들어 가사로 만들어지지 아니한 '시'는 어문저작물이지만 악곡과 결합하여 노래의 가사로 이용되면 음악저작물로 보호받을 수 있다.

이는 가사가 음악저작물로 보호받지 못하는 악곡과 결합되어 이용된 경우에도 마찬가지이다. 예를 들어 저작권 보호기간이 경과한 클래식 악곡에 붙인 가사도 악곡의 가락, 리듬, 화성 등 음악적 요소와 결합하여 있는 것이므로 음악저작물로서의 보호를 받을 수 있다. 또 타인의 악곡을 표절하여 음악저작물로서 창작성이 배척된 악곡

73　가사가 어문저작물과 음악저작물 중 어디에 속하더라도 저작권 보호를 받을 수 있다. 그러나 예를 들어 가사가 어문저작물이라면 음악저작물에 대하여 신탁 허가를 받은 단체는 어문저작물인 가사에 대하여는 관리할 수 없게 되는 등 가사가 음악저작물 또는 어문저작물인지에 따라 거래 시장이나 이해관계인들에게 영향을 미칠 수도 있다.

과 결합하여 있는 가사도 표절된 타인의 악곡이 갖는 창작적 음악 요소와 결합하여 있는 것으로 볼 수 있다. 이러한 가사들을 무단 이용하면 가사에 대한 저작권에 대한 침해가 될 수 있다.

이와 같이 가사가 '그 자체의 어문 표현'이외의 악곡의 음악적 요소와 결합하여 이용되는지 여부에 따라 음악저작물로 인정되는 것은 응용미술저작물이 그 자체의 미술 표현 이외의 외적 요소로서, 이용된 물품과의 구분 가능성 여부에 따라 응용미술저작물로 인정되는 경우와 유사한 논리라고 할 수 있다.

(2) 악곡과의 관계

악곡과 가사는 노래 작품에 함께 사용되지만 표현형식이 상이하여 분리 이용이 가능하다. 악곡과 가사로 이루어진 노래는 두 개의 단독저작물이 결합한 결합저작물인지 아니면 하나의 공동저작물인지에 대하여 논의가 있다.

악곡과 가사가 함께 존재하는 가곡이나 가요 등 노래가 만들어지는 다양한 형태를 고려하지 않고 일률적으로 논하기는 어렵다. 노래를 만들 경우 ❶ 작곡자와 작사자가 독자적으로 악곡과 가사를 작성하는 경우, ❷ 작곡자와 작사자가 하나의 노래를 목표로 악곡과 가사를 나누어 작성하는 경우, ❸ 여러 명이 함께 악곡과 가사의 창작에 모두 참여하여 노래를 공동 창작한 경우, ❹ 하나의 노래에 대한 작곡, 작사를 1인이 하는 경우 등이 있을 수 있다. 이 네 가지 경우에 악곡과 가사가 형성하는 법률관계를 살펴본다.

① 작곡자와 작사자가 각자 독자적으로 악곡과 가사를 작성하는 경우

공동저작물에서 요구하는 공동관계[74]를 갖추지 못하고 또한 악곡과 가사는 분리하여 이용할 수 있다는 점에서 악곡과 가사는 결합저작물의 관계를 갖는다.

---

74 후술하는 'V. 3. 공동저작자'에서 보듯이 공동저작물이 되기 위해서는 ❶ 여러 명의 참여자 각자가 창작적 표현에 기여하면서, 객관적으로 저작물 창작에 여러 명이 함께 참여하고 주관적으로 참여자들에게 공동창작의 의사가 있는 '공동관계'가 있어야 한다. ❷ 참여자 각자가 공동저작물에 '기여한 부분을 개별적으로 분리하여 이용할 수 없는' 형태이어야 한다.

② 작곡자와 작사자가 하나의 노래를 만들기로 하고 각자 악곡과 가사를 나누어 작성하는 경우

악곡과 가사는 하나의 노래를 구성하지만 표현형식상 구분되고 창작성을 만드는 요소나 방법에도 차이가 있는 까닭에 작사자는 악곡의 표현에, 작곡자는 가사의 표현에 별다른 기여를 하지 않고 각각 독자적으로 작성하고 각자 그 자체로 창작적 표현의 완결성을 갖는다.[75] 작성된 악곡과 가사는 개별적으로 분리 이용될 수 있으며 또한 작곡·작사자 각자 자신이 작성한 악곡과 가사에 대하여 독립된 권리로 인식하고 있다는 점에서 특별한 사유[76]가 존재하지 않는 한 공동저작물로 보기 어렵다.[77]

> **'No.1' 노래에 대한 대법원 2013다58460 판결**
>
> 이 사건 노래는 외국 작곡가 'OO'의 오리지널 악곡을 가지고 원고가 창작한 이 사건 노래의 가사를 사용하여 새롭게 편곡자의 편곡 기법을 통해 방송과 전송 등에 이용될 수 있는 '음원'으로 만들어진 것이며, 이 사건 노래의 음원은 녹음 작업에 함께 입회하여 녹음 작업을 진행하였던 원고와 편곡자들이 공동으로 창작한 공동저작물이라고 볼 수 있다는 한국음악저작권협회의 주장에 대하여,
>
> "원심이 인정한 사실관계를 앞서 본 법리에 비추어 살펴보면, 이 사건 노래 중 가사 부분은 원고가, 편곡 부분은 편곡자들이 각자 창작한 것이고, 가사 부분과 편곡 부분을 각각 분리하여 이용할 수 있으므로, 이 사건 노래는 저작권법 제2조 제21호에서 규정한 공동저작물이 아니라고 봄이 타당하다. 같은 취지에서 편곡자들이 자신의 저작재산권 지분을 포기하였는지와 관계없이 작사자에게 귀속될 저작권사용료를 산정함에 있어 분배비율 5/12를 적용한 원심의 판단은 정당하고, 거기에 상고이유의 주장과 같은 공동저작물에 관한 법리오해, 심리미진 등의 위법이 없다."

---

75 하나의 노래를 만드는 것을 목적으로 악곡, 가사를 만드는 과정에 작곡·작사자가 서로 의견을 교환하는 경우가 있고 그러한 의견이 반영되기도 한다. 대부분 함께 노래를 만드는 상대방의 작곡, 작사 표현에 관한 아이디어 차원의 의견을 제시하는 것일 뿐이며, 상대방의 창작적 표현 자체에 기여하는 경우는 예외적이라 할 것이다.

76 한편 (사)한국음악저작권협회는 가사만 변형한 경우라도 작곡가의 개작 동의서를, 곡만 변형한 경우라도 작사자의 개사 동의서를 제출하도록 요구하는 등 사실상 공동저작물로 취급한다고 한다. 이러한 업무처리는 작곡, 작사를 음악저작물로서 함께 신탁 받은 단체의 실무적인 업무 내용일 뿐이다. 이를 근거로 악곡과 가사를 공동저작물로 보기는 어렵다.

77 만약 공동저작물로 보면 작곡·작사자 모두의 합의 없이 저작권을 행사하거나 저작재산권의 지분을 양도할 수 없으며, 예를 들어 음악저작권 단체에 대한 신탁도 모두의 동의 없이는 효력이 없게 된다. 또한 공동저작자 중 일방이 상속인 없이 사망한 경우 나머지 공동저작자가 사망한 공동저작자의 지분을 갖게 되는 법률 효과를 갖는다. 하나의 노래를 위해 각자 악곡과 가사를 나누어 작성한 작곡·작사자에게 이러한 법률효과를 수용 또는 감수할 수 있는 의사를 발견하기는 쉽지 않을 것으로 보인다.

프로야구 응원가에 대한 서울중앙지방법원 2018가합516867 판결

작사가인 원고는 음악저작물은 악곡과 가사가 결합하여 저작권자들의 예술적인 사상과 감성을 완성적으로 표현한 최적의 결과물에 해당하므로 음악저작물의 악곡과 가사 중 악곡만을 변경하여 작곡가의 동일성유지권 또는 2차적저작물 작성권을 침해한 경우 작사가의 동일성유지권 또는 2차적저작물 작성권도 침해한 것으로 볼 수 있다고 주장하였던 사안에서,

음악저작물의 악곡과 가사는 분리 가능한 각 독립저작물로서 공동저작물이 아닌 결합저작물의 관계에 있으므로 악곡과 가사를 구분하여 개별적으로 작곡가와 작사가의 저작권이 침해되었는지를 판단하여야 한다며 원고의 주장을 배척하였다.

③ 여러 명이 함께 악곡과 가사의 창작에 모두 참여하여 노래를 공동 창작한 경우

표현형식상 구분되는 악곡과 가사가 존재하지만 이 경우는 여러 명이 공동으로 만든 하나의 노래에 대하여 각자가 기여한 부분을 분리하여 이용할 수 없는 경우로서 공동저작물이 될 수 있다.

'데스퍼라도' 노래에 대한 서울중앙지방법원 2006가합110242 판결

미국의 록그룹 이글스의 구성원들이 '데스퍼라도' 노래를 만들면서 노란색 메모지에 함께 가사를 쓰고 수정하여 가사를 만들고, 구성원 A가 노래를 부르고, 구성원 B가 A의 노래에 맞추어 피아노로 반주를 하면서, 함께 여러 가지 악상을 시도하면서 악곡을 창작하였던 사안에서, 음악저작물인 '데스퍼라도'의 가사와 악곡을 하나의 공동저작물로 인정하였다.[78]

④ 1인이 하나의 노래에 대한 악곡과 가사를 모두 창작한 경우

악곡과 가사로 이루어진 1개의 단일한 저작물로 볼 것인지 2개의 결합저작물로 볼 것인지가 논의될 수 있다. 창작자가 만든 하나의 작품에 서로 다른 표현형식들이 존

---

78 위 사안은 여러 명이 하나의 노래를 공동으로 만들기 위해 악곡과 가사의 표현에 모두 기여한 경우로서 1인이 하나의 노래작품으로 작곡과 작사를 모두 창작한 경우와 마찬가지로 여러 명이 공동으로 만든 하나의 저작물이 성립된 것으로 보인다.

저작물의 유형

재한다고 하여 작품에 들어간 표현형식을 기준으로 반드시 2개의 저작물로 인정하여야 하는 것은 아니다.[79] 예를 들어 영상과 형상 또는 음악과 미술이 일체로 된 복합적인 표현형식을 갖는 하나의 예술작품을 만든 경우 표현형식상 영상과 형상, 음악과 미술로 분리할 수 있다고 하여 영상저작물, 음악저작물과 미술저작물이 결합한 수 개의 저작물이라고 할 수 없다. 오히려 영상과 형상, 음악과 미술이 일체가 된 1개의 저작물로 보는 것이 타당하다. 따라서 이러한 작품의 영상이나 형상 일부분만을 변경하거나 복제하더라도 전체 작품에 대한 동일성유지권이나 복제권 침해로 보아야 할 것이다.

마찬가지로 1명의 창작자가 하나의 노래작품으로 구상하고 함께 창작한 악곡과 가사가 일체로서 노래의 창작적 요소를 이루고 있는 경우에는 표현형식상 악곡과 가사를 구분할 수 있고 실제 악곡과 가사가 분리되어 이용될 수 있다고 하더라도 악곡과 가사로 이루어진 위 노래작품은 하나의 단일한 저작물로 보아야 한다고 본다. 이 경우 타인이 무단으로 새로운 가사를 붙여 노래를 이용한 경우 악곡이 변경되지 않았더라도 동일성유지권 침해가 될 수 있다.

(3) 가사집

악곡과 무관하게 가사만을 실은 '가사집' 서적에 글로 표현된 가사는 음악적 표현 요소와 분리된 경우로서 어문저작물로 보호받을 수 있다. 그리고 '가사와 악곡이 함께 있는 노래집'의 가사는 음악 기호를 통하여 외부에 표현된 악곡과 결합하여 사용된 것으로 음악저작물로 보호받을 수 있다.

---

79 'Ⅰ. 1. 저작물'에서 정리하였듯이 저작물의 개수는 표현형식을 기준으로 하는 저작물의 분류뿐만 아니라 작품 작성자의 창작 의도와 작품의 창작적 완결성, 이용 현황 등을 고려하여 정할 수 있다고 본다. 저작권법에서 예시된 저작물 형태가 아니라 상이한 표현형식이 합쳐진 복합적 형태의 표현물도 하나의 저작물로 인정할 수 있다.

마. 악보

음악저작물은 고정되어야 성립하는 것은 아니지만 즉흥연주를 제외하고는 원본 악보 등에 고정되면서 음악적 사상 또는 감정이 외부로 표현되어 성립하는 경우가 대부분이다.[80] 이 경우 원본 악보는 음악저작물의 성립 단계에서 외부적 표현 매체로서의 지위를 가진다.

오선지에 음악 기호로 음악저작물을 표시한 악보 자체는 소설저작물이 들어 있는 서적과 마찬가지로 무형적인 음악저작물이 수록된 유체물이다. 따라서 유형물인 악보 자체는 저작권 보호의 대상이 아니라 소유권의 대상이 된다. 유체물인 종이가 아니라 디지털 파일에 음악저작물이 수록한 디지털 파일 악보도 종이 악보와 마찬가지로 음악저작물 그 자체와 구분할 수 있다.

최근 온라인상에서 이루어지는 악보 거래에서 저작자가 아닌 제3자가 음악저작물에 대한 악보를 작성하여 온라인상에 게재하고, 이용자는 음악저작물이 수록된 악보를 다운로드하고 있다. 이 경우 대부분 작곡가로부터 저작재산권을 신탁받은 신탁단체로부터 허락을 받는 절차를 취하고 있다.[81]

종이 악보를 무단 복사하면 유체물인 악보에 음악 기호로 표현된 음악저작물에 대한 복제가 성립할 수 있다. 그러나 모차르트의 악곡과 같이 이미 저작권 보호기간의 경과된 클래식 음악의 악보를 대여한 자는 유형물의 소유자로서 유형물인 악보를 대여하는 것이며, 저작권에 기초한 권리행사가 아니다. 따라서 대여하는 클래식 악보집을 무단으로 복제하거나 연주하였다고 하더라도 음악 저작권 침해가 되지 않는다.[82]

---

80 베른협약은 고정화(Fixation)를 저작물의 성립요건으로 할 것인지를 각국의 입법에 유보하고 있다. 미국 저작권법은 고정화(Fixation)를 저작물의 성립요건으로 하고 있고 따라서 음악저작물도 악보나 음반 등에 고정되어야 성립한다고 한다.

81 단, 원래의 음악저작물의 일부를 변경하여 피아노 연주용으로 만들거나 특정 악기의 연주에 필요한 부분만을 발췌한 악보의 경우에 대하여는 동일성유지권의 침해 문제가 별도로 발생할 수 있다.

82 다만 오래된 민속음악의 수집과 채보에 많은 노력과 투자가 이루어진 경우 부정경쟁방지법으로 보호될 수 있는 성과물이 될 수도 있다.

오페라 '무영탑'에 대한 대구지방법원 2004가합14585 판결

F 오페라단이 오페라 공연을 연습하면서 E 오페라단의 재산인 악보집을 무단 사용한 것은 저작권 침해가 된다고 주장한 사안에서,

"저작권의 침해로 인정되는 저작물 등의 이용은 저작물을 그 자체로서 이용하는 행위를 말하는 것이고, 저작물의 매개체에 불과한 물건을 이용하는 행위는 이에 포함되지 아니한다고 할 것인바, 이 사건의 경우 E오페라단의 악보집을 사용하는 행위는 오페라라는 저작물 자체가 아니라 단지 그 매개체만을 이용하는 행위라고 할 것이어서, 민법상의 소유권을 침해하는 불법행위가 성립함은 별론으로 하더라도, 저작권의 침해행위로는 인정되지 아니한다고 할 것이다."

3 연극
저작물

가. 연극저작물의 정의와 특성

연극저작물은 일반적으로 '몸짓이나 동작'을 표현형식으로 하여 사상이나 감정을 전달하는 저작물이라고 한다. 저작권법 제4조 제1항 제3호는 연극 및 무용, 무언극 등을 연극저작물로 예시하고 있다. 연극에서의 연극배우의 동작, 무용에서의 춤 동작, 무언극에서의 동작이 연극저작물의 표현에 해당할 수 있다.

저작물은 고정을 요건으로 하지 않으므로 추후 연극저작물에 대한 입증 문제는 별도로 하더라도 즉흥적인 동작도 연극저작물로 성립할 수 있다. 저작자가 연극저작물을 외부로 표현하면서 반드시 동작으로 하여야 하는 것은 아니다. 음을 표현형식으로 하는 음악저작물에서 음악 기호로 음을 악보에 표현할 수 있듯이 연극저작물에 해당할 수 있는 동작을 글이나 그림으로 또는 무보로 외부에 표현할 수 있다.

연극저작물에서 표현된 창작적 동작을 만들어 낸 안무가는 연극저작물의 저작자가 될 수 있다. 연극저작물을 표현하는 동작이 반드시 무대 공연의 형태로 이루어져야 하는 것은 아니며 관중 없이 혼자서 만든 동작이라도 연극저작물이 될 수 있다. 그러나 연극저작물은 대부분 무대에서 공연되면서 음악 미술 극본이 함께 하고 제작자, 감독, 연출자, 배우, 무용가 등 다양한 참가자가 있는 종합무대예술로 이루어지는 경우가 많다.

저작물의 유형

나. 연극저작물의 창작성

연극저작물은 사람의 몸짓과 동작이 연속적으로 연결된 모양이 창작적인 경우 성립한다. 연극저작물 작품 중 창작적인 '동작의 형(形)'만이 저작권으로 보호되고, 이때 동작의 형은 연속적으로 연결되는 신체동작이어야 하는 까닭에 연극저작물 작품 중 창작성이 없는 '일부 동작'이나 '정지상태의 신체 모양'은 보호되지 않는다.

사진촬영에 임한 광고모델이나 패션모델이 보여주는 포즈도 신체로 만든 모습을 표현하고 있지만 동작의 형으로서는 최소한의 창작성이 부족한 경우라고 할 수 있다. 무용 동작이라도 정지 상태의 신체를 촬영한 경우 그 사진에서 무용의 창작성을 발견할 수 없는 까닭에 무용의 창작적 표현이 사진으로 복제되어 침해되었다고 할 수 없다. 무용저작물의 복제를 인정하기 위해서는 무용저작물의 동일성의 범위에 속하는 표현이 이용되어야 한다. 이러한 복제의 동일성의 범위에 속하기 위해서는 무용저작물의 창작적 특징이 드러나는 최소한의 양이 필요한데 사진으로 찍힌 하나의 정지 동작만으로는 무용저작물 침해를 인정하기 부족하다.

다. 연극저작물의 유형

저작권법은 연극저작물로 연극 및 무용, 무언극을 예시하고 있지만 그에 한정되지 않고 '몸짓이나 동작'으로 표현한 창작물은 연극저작물에 속한다.

(1) 연극
① 연기 동작의 창작성
저작권법 제4조는 '연극저작물'을 예시하면서 '연극'을 그에 포함시키고 있다. 그런데 연극에서의 동작은 '몸짓이나 동작'이 주된 표현형태가 되는 무언극이나 무용과는 달리 주로 극본을 실연하는 배우의 대사와 연관된 연기 동작으로 존재한다. 이러한 연기 동작 그 자체만을 떼어내어 창작적인 동작 표현이라고 볼 수 있는 경우는 오히려 드물다. 연극저작물이 되려면 연기 동작이 단순히 극본을 예능적으로 실연하는 범위를 벗어나 창작적인 동작의 형으로 표현되어야 한다.

배우 스스로 또는 연출가에 의해 만들어진 연기 동작이 하나의 '동작의 형'으로서 창작성을 갖는다면 극본에 대한 실연과 별개로 연극저작물로서 성립할 수 있다. 이 경우 연극저작물은 어문저작물인 극본에 대한 2차적저작물 또는 극본과 별개의 새로운 저작물 형태를 갖는다.

② 종합공연예술로서의 연극

연극배우의 동작의 형이 연극저작물로 인정된다고 하더라도 무대에서 공연되는 연극 작품 중 일부 구성요소에 대한 것일 뿐이다. 무대에서 공연이 이루어지는 연극, 뮤지컬, 발레 등은 종합공연예술로서 표현형식상 구분되는 음악, 미술, 극본 등 여러 가지 저작물이 결합하여 있는 결합저작물에 해당한다고 보는 것이 일반적이다.[83]

연극 작품은 '동작의 형'에 창작성을 갖는 연극저작물만으로 커버할 수 없는 복합적인 요소를 갖고 있다. 연극 작품은 어문저작물인 극본을 기초로 한다. 그러나 무대에서 공연되는 연극 작품은 일반적으로 극본을 원저작물로 하는 단일한 2차적저작물이 아니다. 연극 작품은 극본을 기본으로 무대장치, 의상, 조명, 음악, 연출자의 연출, 배우의 연기 등 다양한 요소로 구성된다. 무대장치나 음악 등 연극 작품 요소에 창작성이 인정되는 경우 미술저작물, 음악저작물에 해당할 수 있다.

극본을 예능적으로 표현하는 연극 연출자의 연출이나 배우의 연기는 저작권법 제64조 제1항 제1호의 실연에 해당하며 저작인접권의 보호 대상이다. 연극배우의 대사, 표정, 동작 등에 배우의 개성이 들어 있다고 하더라도 통상적인 배우의 연기는 저작물을 예능적으로 표현하는 실연행위 범주에 속하는 것으로 보고 있다. 또한 연극을 효과적으로 보여주기 위하여 창의성을 발휘한 연출자의 연출행위도 실연행위로서 저작인접권으로 보호된다.

그런데 연극의 연출가가 극본의 효과적 표현을 위한 통상적인 연출을 넘어서 연극

---

83 뮤지컬 '캣츠(CATS)'에 대한 서울지방법원 2000카합774 결정에서 결합저작물로 인정한 뮤지컬 '캣츠'에 대한 저작물 표시를 보면, "티. 에스. 엘리어트(T.S Eliot)의 시를 원작으로 하여 1981년 영국에서 제작된 뮤지컬로서, ❶ 음악의 작곡자 : 앤드류 로이드 웨버(Andrew Lloyd Webber) ❷ 관현악 편곡의 원작곡자 : 데이비드 쿨런(David Cullen) ❸ 세트장치와 의상 : 존 네이피어(John Napier) ❹ 뮤지컬 작품의 연출 : 트레보 넌(Trevor Nunn) ❺ 안무의 원작자 : 길리안 린(Gillian Lynne) ❻ 조명 디자인 : 데이비드 허시(David Hersey)에 의하여 창작된, 제목이 '캣츠(CATS)'인 뮤지컬 작품." 이라고 하고 있다.

극본 및 연기자의 선정, 무대장치 등 연극 구성요소에 대한 선택, 배열, 구성에 창작적인 기여를 하는 경우가 있다. 최근 게임 저작물, 방송포맷 저작물에 대하여 여러 가지 구성요소에 대한 개개의 저작물성 인정과는 별개로 구성요소의 선택, 배열 등에 창작성을 인정하여 저작물 전체에 대하여 저작물성을 인정하고 있는 경우처럼 연극이 갖는 개개의 구성요소의 저작물성과 별개로 구성요소의 선택, 배열, 구성 부분에 창작성이 인정되면 연극 전체가 일종의 편집저작물로서 보호받을 수 있다고 본다. 이러한 논리는 연극뿐만 아니라 다른 종합 무대예술에도 적용될 수 있다.[84]

체험전 '가루야 가루야'에 대한 대법원 2016다208600 판결
공연기획, 제작 등을 목적으로 설립된 원고는 밀가루를 소재로 하여 4개의 테마 방으로 구성된 어린이 체험전 '가루야 가루야'를 제작하여, 2005. 7. 9. 초연 이래 변론종결일 무렵까지 전국 각지에서 체험전을 진행하면서 원고와 P는 2009. 10. 13. 'Q'라는 명칭으로 체험전의 구성과 내용을 표현한 어문저작물인 기획안을 창작하여 공동저작자로 저작권 등록을 마쳤는데 피고가 유사한 형태의 체험전을 열어 영업한 사안에서,
체험전은 어린이들의 밀가루 체험 놀이 참여를 위한 각각의 테마별 공간과 소품의 형태 및 배치, 무대장치의 구성과 배경, 체험 진행 배우들의 실연, 진행 방법 및 진행 규칙 등이 복합적으로 결합하여 있는데 그 구성요소들이 일정한 제작 의도에 따라 선택·배열되고 유기적으로 조합됨으로써 기존의 체험전 등과는 구별되는 창작성 개성을 갖추고 있다고 하였다.

위 판례는 체험전의 구성요소 선택, 배열, 유기적 조합에 의하여 창작적 표현을 한 것에 대하여 창작성을 인정하고 있다. 판례의 사안은 연극이 아니라 체험전 형태에 대한 것이지만 체험전 구성요소의 선택, 배열, 조합 등과 유사한 표현 형태가 연극에서도 존재할 수 있다고 보이고 그 경우 연극 구성요소의 선택, 배열, 조합에 의한 창작성이 존재하면 연극 전체에 대한 편집저작물이 성립될 수 있는 가능성을 시사하고 있다. 최근 게임물, 방송포맷 등 복합적 저작물을 구성하는 요소의 선택, 배열, 조합, 구성 등에 대하여 창작성을 인정하는 판례의 입장은 향후 새로운 복합적인 저작물이 발생할 수 있는 상황에서 긍정적으로 보인다.

---

84 이와 같이 '편집저작물'로 인정되는 연극은 단순히 극본을 실연하는 연출의 범위를 벗어나서 극본을 기초로 연극 소재의 선택, 배열, 구성 등에 창작성이 부가된 형태를 가지며 그 범위에서 극본에 대한 '2차적저작물'이 성립될 수 있다고 본다. 아래 소개한 체험전에 대한 대법원판결은 공연물인 체험전의 창작성을 구성요소의 선택, 배열, 조합에서 찾으면서 또한 기획안에 대한 2차적저작물로 보았다.

코믹성악 공연물에 대한 대전지방법원 2014노1511 판결

"뮤지컬은 단독 저작물의 결합에 불과한 결합저작물이어서 뮤지컬 제작자가 뮤지컬의 완성에 창작적으로 기여한 바가 없는 이상 독자적인 저작권자라고 할 수 없다는 판례를 피고인은 원용하고 있으나, 위 판례는 뮤지컬의 제작자, 연출자가 뮤지컬 대본을 실제로 완성하거나, 그 대본에 따라 곡을 붙인 희곡작가나 작곡가로부터 뮤지컬의 대본과 악곡에 관한 저작권을 양도받지 않는 이상 뮤지컬 전체에 대해 독자적인 저작권자라고 할 수 없다는 것으로서, 뮤지컬이라는 하나의 저작물을 완성함에 있어서는 제작자나 연출자 못지 않게 대본의 작성 및 작곡의 비중이 크다는 점을 고려할 때 복수의 저작자들 각자의 창작 활동의 성과가 모두 동등한 비중으로 저작물의 창작에 관여하였다고 충분히 볼 수 있어 그 중 일부 저작자들에게만 독자적인 저작권이 있다고 보는 것은 오히려 부당하다는 취지이고, 본 사안은 D 오페라단에서 특정 클래식 악곡에 고유한 몸동작과 소품 및 코믹한 표현을 결부시켜 창작물을 완성시켰던 것으로서 복수의 저작자들의 관여에 의해 탄생한 결합저작물에 관한 위 판례와는 사안이 다르므로 검사가 D 오페라단을 저작권자로 특정한 것은 정당하다고 할 것이다."

이 사안의 피해자 공연물은 특정 클래식 악곡에 고유한 몸동작과 소품 및 코믹한 표현을 결부시켜 완성된 작품이다. 위 판결에 대한 상고심 대법원 2015도2107 판결은 피고인이 피해자 공연물을 모방한 부분은 아이디어이거나 창작적 표현에 해당하지 않아 저작권의 보호 대상이 아니라며 위 판결을 파기환송하였지만 피해자 공연물 전체가 편집저작물성을 가지는지에 대하여는 판단하지 않았다.

만약 피해자 공연물을 이루는 클래식 악곡, 몸동작, 소품에 대한 선택, 배치, 구성에 창작성이 존재한다면 공연물 전체는 편집저작물성을 가질 수 있으며, 제3자가 피해자의 공연을 녹화하여 배포하면 피해자 공연물에 대하여 D 오페라단이 보유한 저작권 침해가 성립할 수 있다.

종합공연예술로서 발표된 연극 작품을 무단으로 모방하는 경우 '연극 전체에 대하여 침해금지'와 연극 등에 결합하여 있는 다수의 '개별적인 저작물에 대한 이용 금지'를 함께 구할 수 있다.

뮤지컬 '캣츠(CATS)'에 대한 서울지방법원 2000카합774 결정

공연금지가처분결정의 주문 및 신청취지: "1. 피신청인들은 신청인의 허락을 받지 않고 별지 목록 기재 뮤지컬 '캣츠(CATS)'의 공연을 제작, 홍보, 광고, 상연, 방영하여서는 아니 되며, 위 뮤지컬 '캣츠'의 공연에 사용되는 악곡, 안무, 의상, 무대장치, 조명을 연주, 가창, 실연, 제작, 설치, 이용하여서는 아니 된다. 2. 피신청인들이 위 뮤지컬 '캣츠'의 공연을 위하

저작물의 유형

③ 연극의 저작자

배우 동작의 형이 극본을 예능적으로 또는 효과적으로 표현하는 실연의 정도를 벗어나 창작성을 가져서 연극저작물로 볼 수 있는 정도에 이르렀다면 이를 창작한 '연출자나 배우'는 연극저작물에 대한 저작자가 될 수 있다. 극본에서 연기자의 개성 있는 동작을 글과 그림으로 구체적으로 표현하고 있다면 '극본 작가'는 극본이 갖는 어문저작물 이외에 무체의 '동작의 형'을 글과 그림으로 표현한 자로서 연극저작물의 저작자가 될 수 있다.

저작권법은 연속적인 영상을 필름 등에 고정함에 있어 창작성을 발휘된 영상물은 시나리오나 배우의 연기와 별개로 영상저작물로 인정하고 특례규정을 두어 '영상제작자'에게 영상물 이용을 위한 권리를 인정하고 있다. 그런데 영화와 마찬가지로 종합예술이라고 할 수 있는 연극의 경우에도 그 전체를 기획하고 책임지는 '연극제작자'가 있지만 저작권법은 연극저작물 등에 대하여 영상저작물 이용에 관한 특례규정과 같은 규정을 두지 않고 있다. 따라서 연극 작품을 기획하고 그 책임을 부담한 연극제작자를 특별히 보호하지 않는다. 그러므로 앞서 본 바와 같이 연출가에 대하여 연극 등에 대한 편집저작권을 인정하더라도 영상저작물제작자와 유사한 역할을 한 연극제작자와 편집저작자인 연출가에 대한 관계나 연극제작자의 연극 구성요소 이용에 대하여는 위 특례규정의 적용이 없고 저작권 일반규정에 의하여 해결하여야 한다.

오페라 '무영탑'에 대한 대구지방법원 2004가합14585 판결

오페라는 음악, 가사, 안무, 무대장치 등이 결합하여 있는 종합예술의 장르에 속하는 것으로서 여러 명의 저작자가 기여한 부분이 분리되어 이용될 수도 있다는 점에서 '결합저작물'로서 결합저작물의 각 저작자는 각자 부분에 대하여 개별적인 저작권자가 되며 오페라의 제작, 공연 전체를 기획하고 책임지는 자라도 오페라의 완성에 창작적으로 기여한 바가 없다면 독자적인 저작권자로 볼 수 없다고 하였다.

뮤지컬 '사랑은 비를 타고'에 대한 대법원 2004마639 결정

신청인 A가 1995경 미국 영화 '사랑의 행로(My Fabulous Baker Boys)'를 보고 당시 활약하던 두 연극배우에게 배역을 맡겨 뮤지컬을 제작하기로 의도하고 신청외 C에게 대본을, 신청외 D에게 작곡을 의뢰하였다. 신청인 B는 이들로부터 넘겨받은 대본과 곡을 두고 이들과 의견교환 및 자구 수정작업을 거친 다음 1995. 7.경부터 본격적인 연습에 들어가 전체적인 조율과 지휘, 감독을 하여 '사랑은 비를 타고'라는 이름으로 뮤지컬을 초연하였다. 당시 F가 제작자, 신청인 A는 기획자, 신청인 B가 연출자로서 개인 재산이나 노력을 출자하여 제작에 참여하면서 공연제작비 등을 전액 부담하였다. 그런데 피신청인들이 위 뮤지컬의 극본과 악곡에 관한 저작권자인 위 B, C로부터 공연물 제작에 관한 허락을 받아 이 사건 뮤지컬을 공연하게 되자 신청인들이 피신청인들에 대하여 뮤지컬에 대한 저작권이나 저작인접권을 주장하여 공연 금지를 구한 사안에 대하여 대법원판결에서 그대로 유지된 원심 서울고등법원 2004라246 결정은,

뮤지컬은 음악과 춤이 극의 구성 전개에 긴밀하게 짜 맞추어진 연극으로서 각본, 악곡, 가사, 안무, 무대미술 등이 결합된 종합예술의 분야에 속하고 복수의 저작자에 의하여 만들어진 것으로 공동저작물이 아닌 '결합저작물'에 속하고 뮤지컬 자체는 연극저작물의 일종이므로 영상제작자에 대한 특례규정의 적용이 없으며, 따라서 뮤지컬의 제작 전체를 기획하고 책임지는 뮤지컬 제작자라도 뮤지컬의 완성에 창작적으로 기여한 바가 없다면 저작권자라고 볼 수 없고[85] '뮤지컬의 연기자, 연출자' 등은 실연자로서 자신이 한 실연에 대하여 저작인접권을 가진다고 하였다. 그러나 연출자를 변경한 이 사건 뮤지컬이 배우들의 연기나 안무, 조명, 무대장치 등 연출자에 의해 달라질 수 있는 부분까지 초연 뮤지컬과 동일하다는 점에 대한 소명이 없다며 신청을 배척하였다.

위 판례는 뮤지컬은 하나의 무대 종합예술로서 음악과 각본, 무대미술 등 다수의 저작물이 결합하여 있는 결합저작물의 형태임을 밝히면서도 '뮤지컬'을 '연극'과 비슷한 형태로 보고 일종의 연극저작물이라고 판시하고 있다. 그러나 이는 뮤지컬이 영상저작물과 달리 영상저작물의 특례규정 적용을 받지 못하는 저작물에 속한다는 점을 밝히려는 의도에서 설시한 것으로 보이

---

85 이 사건 신청인들은 이 사건 뮤지컬과 같은 창작 뮤지컬은 그 구성요소인 악곡, 각본, 가사, 안무, 무대장치, 조명, 의상, 연기 등을 분리할 수 없는 것은 아니지만 그 구성요소가 유기적으로 결합하여 새로운 예술작품으로 완성된다고 주장했다. 만일 뮤지컬의 구성요소를 분리한다면 종합예술작품으로서의 예술적 완성도와 가치를 잃게 되므로 뮤지컬은 그 구성요소의 저작물 성립 여부와 관계없이 그 자체가 저작권법의 보호 대상인 저작물로 성립한다는 것이다. 또한 뮤지컬의 제작과정에서 구성요소를 유기적으로 결합하여 수준 높은 예술적인 미(美)를 구현하는 주체는 제작자와 연출자이므로 그들이 독립된 저작물로서의 뮤지컬에 관한 저작권을 가진다며 원고들이 초연 뮤지컬 및 이 사건 뮤지컬의 저작권자라고 주장하였다. 이러한 신청인들의 주장에는 뮤지컬이 개별적인 저작물의 성립과 별개로 그 자체가 하나의 저작물로 성립되었다는 내용을 담고 있다. 만약 이 사건에서 뮤지컬을 구성하는 표현 소재나 저작물 등에 대한 선택, 배열, 구성에 대한 창작성이 있어 하나의 편집저작물로서 보호받아야 한다는 원고의 주장이 있었다면 결합저작물이라는 이유만으로 배척할 수는 없었을 것이기 때문에 구성요소의 선택, 배열, 구성에 의한 편집저작물 등의 성립에 대한 판단이 필요했을 것이다.

며 위 뮤지컬에서 공연한 동작의 형에 창작성을 인정하여 연극저작물이 성립되었다고 판단한 것은 아니라고 보인다.

(2) 무용

① 안무의 저작물성

무용저작물은 동작의 모양에 창작적 표현이 있는 '안무'를 말한다. 안무는 안무가가 음악에 맞추어 기존에 알려진 여러 동작을 조합·구성하고 실연자의 배치 등을 구상하여 동작의 흐름을 창안하는 것으로서 일련의 신체적 동작과 몸짓을 조합 배열한 동작의 형이다. 무용 동작은 안무로서 연극배우의 동작에 비하여 저작물성이 인정되기 쉽다.

안무는 무보나 영상에 고정되어야 하는 것은 아니며 고정되지 않더라도 저작물로서 성립한다. 다만 무보를 저작권의 등록을 하거나 무용 동작을 녹화 등 방법으로 고정하여 안무저작물의 성립을 입증하는 것은 별개의 문제이다.

안무는 다양한 형태의 기존 안무가 있고 인간의 신체 동작을 통하여 구현되며 시간과 공간에 일정한 제약이 있기 때문에 표현 선택의 폭이 작을 수 있다. 안무 중 단순한 형태의 일련의 동작이나 특정 일부분만으로는 창작성을 찾기는 어려울 수 있다. 그러나 하나의 노래에 맞추어 구성원의 동작이 유기적으로 연결되어 완결성을 갖는 안무의 경우에는 안무 전체에 대하여 창작성이 인정될 가능성이 높다.

무용 동작의 모양을 창작한 안무가는 무용저작물의 저작자로서 저작권의 보호를 받는다. 안무를 무대에서 예능적으로 표현한 무용가는 안무의 창작적 표현을 만들지 않았지만 실연한 자로서 저작인접권의 보호를 받는다.

'샤이보이' 안무에 대한 서울고등법원 2011나104668 판결

이 사건 안무에 사용된 각종 동작의 요소를 개별적으로 분석하면 각종 댄스 장르의 전형적인 춤 동작과 이미 공개된 춤에서 발견되는 특징과 유사한 면이 있다. 하지만 이 사건 안무는 ❶ 특정 노래의 전체적 흐름, 분위기, 가사 진행에 맞게 종합적으로 재구성한 점, ❷ 4인조 여성 그룹의 구성원의 역할(랩, 노래, 춤 등)에 맞추어 춤의 방식과 동선을 유기적으로 구성한 점, ❸ 기존에 알려진 다양한 춤동작도 여성 그룹과 노래에 맞추어 상당히 창조적으로 변형된 점, ❹ 각 춤동작이 노래 흐름에 맞추어 완결 형태를 가진 점 등을 종합하여 안무가가 노래에 맞추어 그룹 구성원에게 적합한 동작과 몸짓을 창조적으로 조합·배열한 것으로서 안무가의 사상 또는 감정을 표현한 창작물에 해당한다고 하였다.

② 종합공연예술로서의 무용

무용은 안무 동작으로만 독자적으로 존재하지 않고 발레 작품의 경우와 같이 무용수의 춤동작과 무용에 사용된 음악, 의상, 조명, 무대장치 등이 결합하여 있는 종합예술 장르로서 무대에서 공연되는 경우가 많다. 발레 작품은 외관상 하나의 작품이 만들어지더라도 창작에 관여한 저작자들 각자 기여한 부분이 분리되어 이용될 수 있다는 점에서 공동저작물이 아닌 단독저작물이 결합하여 있다고 보고 있다.

> **발레 '발레와 빛의 소리'에 대한 서울고등법원 2016나2020914 판결**
>
> 이 사건 원고인 공연기획사의 운영자 A가 기획 제작하는 발레 작품에 대하여 이 사건 피고인 발레 무용수 겸 안무가 B에게 안무를 맡겼는데 B가 발레 작품에 관하여 저작권등록을 하였다. A는 이 사건 발레 작품 전체를 총괄하여 기획·연출하는 예술총감독인 자신이 B에게 각 막별로 안무 의도 및 표현형식을 알려주고, 이에 따라 B가 안무가 겸 무용수 지도자의 지위에서 음악에 맞는 안무 초안을 짜고, 무용수들과 함께 A 앞에서 시연한 후 A가 그중 변경할 부분과 배제할 부분을 지적하면 B가 A의 의도에 따라 재구성을 하여 A가 이를 확정하는 방식으로 창작이 이루어졌다고 주장하였다. 아울러 이 사건 발레 작품이 업무상저작물 또는 자신과의 공동저작물에 해당한다고 주장하며 B를 상대로 저작권침해금지 등을 구한 사안에서,
>
> ❶ 피고는 이 사건 발레 작품들을 공연하기에 앞서 자신이 제작한 안무에 기초하여 이 사건 발레 작품들에서 공연할 무용수들을 지도하면서 공연연습을 실시하였고, ❷ 원고가 공연연습 도중에 방문하여 무용수들에게 간식을 제공하거나 공연연습 과정을 확인하였을 뿐 무용수들에 대한 실질적인 무용 지도는 피고에 의하여 이루어졌으며, ❸ 원고는 피고가 담당한 안무와 관련하여 무용수들의 등장 위치와 동작의 타이밍, 무용수들의 시선의 처리 등에 관하여 의견을 제시하고 그 수정을 요청한 적이 있으나 이는 원고가 이 사건 발레 작품들의 기획자 또는 연출자의 지위에서 안무가인 피고에게 작품의 콘셉트에 맞게 그에 대한 수정을 요청한 것으로 볼 여지도 있고, ❹ 작품의 공연 브로슈어에 원고를 예술감독으로, 피고를 안무가로 또는 원고를 대표·단장으로, 피고를 예술감독 및 안무가로 표시하였을 뿐 원고를 이 사건 각 발레 작품들의 안무가 또는 공동안무가로 표시하지 않았다며 원고가 이 사건 발레 작품들 중 무용 부분의 저작자 또는 공동저작자라고 인정하기에 부족하다고 하였다.

저작물의 유형

③ 전통춤의 저작물성

무용 중 오래전부터 전해 내려온 전통춤은 이미 보호기간이 경과되어 만인이 공유하고 있는 경우가 많다. 그런데 전통춤을 기초로 새로운 안무를 만들어 내거나 변경된 안무를 부가하면 전통춤과는 구별되는 창작적인 안무로서 새로운 저작물이 되거나 또는 전통춤에 새로운 창작성이 부가된 2차적저작물이 될 수 있다. 그러나 새로운 안무가 전래의 전통춤이 갖는 표현이 갖는 동일성의 범위를 벗어나지 못한 것이라면 전래의 전통춤에 대한 복제물에 속하게 된다.

(3) 무언극

대사 없이 동작으로 표현하는 '무언극'은 무용과 유사하게 동작의 모양을 표현형식으로 하는 까닭에 무용과 동일하게 취급할 수 있다.

드로잉쇼에 대한 서울중앙지방법원 2010카합2398 결정

무대에서 미술의 창작과정과 그 과정에 적용될 수 있는 특수효과 기법을 시각적으로 표현하는 아래 목록 방법에 안무, 무대장치, 조명 등의 기법을 가미하여 무언극의 형태로 극화한 드로잉 쇼는 기존의 미술 기법 또는 다른 공연에서 이미 사용된 표현 방법을 그대로 모방한 것으로 보기는 어렵다. 게다가 아래 목록의 구체적인 표현 방법, 무언극으로 제작하기까지 소요된 기간 등에 비추어 드로잉 쇼에 사용된 아래 목록에 기재한 방법에 창작성을 인정하였다.

"목록
1. 그려 놓은 그림에서 순간적으로 물이 저절로 흘러내리는 효과를 창출하는 방법
2. 흰색의 종이가 순간적으로 컬러 그림으로 바뀌는 효과를 창출하는 방법
3. 흰색의 종이 윗부분을 목탄으로 문지르면 없었던 그림이 나타나는 효과를 창출하는 방법
4. 조명과 먹물을 이용하여 긁어서 그림이 빛과 함께 나타나는 효과를 창출하는 방법
5. 유리에 그림을 그려 손전등으로 영상처럼 보이게 하는 그림자 효과를 창출하는 방법
6. 투명한 액체가 입김을 불어 넣으면 빨간색으로 변하는 특수액체를 이용한 효과를 창출하는 방법
7. 특수 형광지를 배경으로 손전등을 이용해 그림을 그리는 효과를 창출하는 방법
8. 손가락에 물감을 묻혀 그림을 그린 뒤 종이를 떼어내면 다른 그림이 만들어지는 효과를 창출하는 방법
9. 물감, 색연필로 그린 뒤 바나나 및 과일을 문질러서 그림으로 만들어지는 효과를 창출하는 방법
10. 자석과 자석가루를 이용하여 저절로 그림이 그려지고 사라지는 효과를 창출하는 방법"

위 판결은 위 드로잉 쇼가 대사 없이 동작으로 이루어진다는 점에서 무언극의 형태라고 판시하여 저작권법상 무언극이 예시된 연극저작물에 해당하는 것처럼 판단하고 있다. 그런데 위 드로잉 쇼는 연극저작물의 창작적 표현형식인 '동작의 외형적 표현' 그 자체에 창작성이 있는 것으로 보이지 않는다. 위 판결이 창작적 표현으로 보고 있는 목록상 방법들은 드로잉 쇼의 전체적인 구조나 전개 과정 등 스토리를 표현한 것으로 무언극의 외형적 무대동작에 내재되어 있는 '내재적 표현'에 창작성을 인정하고 있는 것으로 보인다.

(4) 그 외의 연극저작물

① 음악 공연무대에서 출연자들의 무대 동작이 창작적인 동작을 갖는 경우 무용이나 무언극과 마찬가지로 연극저작물에 해당할 수 있다.

② 피겨스케이팅, 리듬체조 등 스포츠 분야에서 보여주는 안무도 ❶ 경기 규칙에 따른 제한과, ❷ 해당 경기 분야에서 이미 보여준 기존의 동작이나, ❸ 통상적인 동작의 범위를 넘어서 동적인 신체 모습을 창작적으로 표현하고 있다면 연극저작물로서 보호될 수 있다.

③ 퍼레이드나 매스게임에 참가한 사람들의 동작과 전체적인 모양에 창작성이 있을 수 있다. 퍼레이드에 참가하는 사람들이 만들어 낸 동작의 형이 창작적인 경우라면 일종의 안무로서 연극저작물이 성립될 수 있다. 카드섹션에서 연출된 전체적인 형상과 색채 등에 창작성이 있는 경우에는 미술저작물이 성립될 수도 있다.

④ '난타'는 대사가 가질 수 있는 언어적 요소를 배제하고 주로 일상에서 들을 수 있는 소리, 다양한 장르의 리듬과 비트, 그리고 등장인물들의 연극, 무용, 마임적 성격의 다양한 움직임을 소재로 하여 만들어졌다는 점에서 '연극저작물'의 범주에 속한다고 한다.

> **'난타' 공연에 대한 서울고등법원 2011나104699 판결**
> 원고는 자신이 '난타' 초연 공연에 대한 시나리오를 창작하였는데 현재 피고가 원고의 시나리오를 약간 변형한 '난타'를 공연함으로써 원고의 공연권과 2차적저작물 작성권을 침

해하였다며 '난타' 공연의 금지를 구한 사안에서,

원고가 작성한 시나리오는 '난타' 초연 연출자로서 작성한 연출대본으로서 '난타'와의 관계에 있어서 그 보호 범위는 제한적이지만 원고의 시나리오에 대한 저작권이 인정된다고 하였다. 그러나 '난타'는 악곡, 각본, 안무, 연기 등 각각의 표현양식들과 참여자들이 서로 영향을 주고받으며 창작적으로 표현되어 연극저작물로 성립·창작된 것으로서 다수의 공동저작물이 결합한 결합저작물로서의 성격을 가지고 또한 음악, 동작, 안무, 미술 등 '난타'를 구성하는 각각의 표현양식들과 이를 매개로 참여자들이 서로 영향을 주고받고 중첩적으로 얽히는 과정에서 '난타'의 구체적인 줄거리와 사건의 구성 및 전개, 그리고 등장인물 사이의 관계 및 교차 등이 구체적이고 독자적이며 창작적으로 표현됨으로써 연극저작물로서의 '난타'가 성립, 창작되었다고 하면서 원고의 시나리오는 원고의 연출을 포함한 다수의 기여로 창작된 '난타'의 표현형식 중 일부를 이용하여 연출대본으로 작성된 것인데 이는 외부의 물리적인 매체에 고정되기 어려워 공연 참여자들의 몸과 기억에 각인된 형태로 존재하던 연극저작물로서의 '난타'를 원고가 연출 작업을 위하여 언어라는 표현방식으로 변형·각색한 결과 '난타'에 대하여 종속적인 지위에 있는 연출대본으로서의 시나리오가 작성되었다고 볼 수 있다며 원고의 주장을 배척하였다.

'난타'는 무용, 동작, 음악, 미술 등의 표현양식 사이의 경계가 유동적인 상태에서 '난타'를 구성하는 개별저작물에 대한 공동창작이 이루어진 경우라고 할 수 있다. 위 판결은 '난타'는 공동저작물에 해당하는 다수의 개별저작물로 구성되어 있고, 이처럼 '난타'를 구성하는 다수의 개별저작물은 각각의 분리이용이 가능하므로 결합저작물에 해당한다고 하였다. 즉 '난타 전체'에 대하여 결합저작물로 인정하면서도 '난타를 구성하는 개별저작물'에 대하여 공동저작물로 인정하여 결국 '난타'는 다수의 공동저작물이 결합하여 있는 결합저작물이라고 판단하였다.

또한 위 판결은 '난타'를 기본적으로 연극저작물에 속하는 것으로 보면서도 난타의 창작성을 '외형적인 동작의 표현'이 아니라 다수의 표현이 결합하여 있는 난타의 구성요소와 진행내용 등에서 찾고 있다. 이는 구체적이고 개성 있는 소설의 줄거리가 내재적 표현으로 인정되어 보호받는 것과 맥을 같이 하는 판단으로서 내재적 표현에 대한 법리가 어문저작물뿐만 아니라 다른 저작물에서도 존재할 수 있다는 점을 시사하고 있다.

4

미술
저작물

가. 미술저작물의 정의와 특성

미술저작물이란 '형상 또는 색채'를 사용하여 시각적으로 미적 표현을 한 저작물을
말한다.[86] 저작권법 제4조 제1항 제4호는 "회화·서예·조각·판화·공예·응용미술저작
물 그 밖의 미술저작물"을 예시하고 있다.

미술저작물은 저작권법이 예시하고 있는 회화, 서예, 조각, 판화, 공예, 응용미술저작
물에 한정되지 않는다. 광고 포스터의 미적 표현, 영화의 세트나 배경, 뮤지컬·오페
라·연극의 무대장치, 만화의 그림 부분, 서적의 삽화도 미술저작물이 될 수 있다. 그
외에도 창작적인 형상과 색채를 갖추고 있는 꽃꽂이, 조경[87], 글씨 등도 미술저작물에
해당될 수 있다.

최근 사람의 신체에 도안이나 그림을 새기는 문신(타투)이 많이 이용되고 있다. 우리
나라 저작권법은 고정을 요건으로 하지 않고, 무체성을 갖는 저작물은 매체(예를 들어
사람의 피부, 돌, 종이 등)에 불구하고 저작물성을 가질 수 있다. 따라서 사람의 피부에

---

86 저작권법은 '형상과 색채'를 동일하게 표현형식으로 한 미적 표현이라 할 수 있는 미술저작물, 건축저작물, 사
진저작물을 구분하고 있다.

87 나무, 꽃 등 자연물 그 자체 표현에 대해서는 저작물성이 인정되지 않는다. 그러나 인간이 토지에 심은 나무 꽃
등 자연물에 대한 선택 배치 구성을 통하여 미적 표현을 한 '조경'은 미술저작물성과 편집저작물성을 가질 수
있다. 또한 나무, 꽃 등 자연물 그 자체로 표현된 조경 그 자체는 토지상 공작물이 아니지만 토지 형상에 대한
기초공사 하에 심은 꽃, 돌, 나무 등 자연물이 건축구조물의 배치나 구성과 함께 존재하는 '정원이나 골프장 코
스'는 건축저작물로서의 창작성을 인정받을 수 있다.

저작물의 유형

새겨진 문신의 형상과 색채가 창작성을 갖는 표현에 해당하면 미술저작물성을 가질
수 있다고 본다.

화투그림 대작에 대한 대법원 2018도13696 판결

"저작물 중에서도 미술저작물은 인간의 사상이나 감정이 시각적 형상이나 색체 또는 이들
의 조합에 의하여 미적(美的)으로 표현된 저작물이다(저작권법 제4조 제1항), 미술저작물
은 다른 일반 저작물과 달리 그것이 화체된 유체물이 주된 거래의 대상이 되며, 그 유체물
을 공중이 볼 수 있도록 공개하는 '전시'라는 이용 형태가 특별히 중요한 의미를 가진다."

한국인삼비누의 광고포스터 미소디자인에 대한 서울중앙지방법원 2012가합106749 판결

피고가 전통극의 홍보디자인을 만들면서 원고의 한국인삼비누 광고 포스터상 전통 여인
상과 유사한 표현을 제작한 사안에서,
"원고는 고전적인 여인의 얼굴과 그에 따른 이미지를 나타내기 위하여 이 사건 원고 디자
인을 제작하였는데, 이 사건 원고 디자인은 여인의 얼굴과 머리 부분을 중심으로 전통적
아름다움을 살리면서 얼굴에서 코 아랫부분은 과감히 생략하여 여백의 미를 드러낸 것으
로서, 원고의 정신적 노력의 소산으로서의 특성이 부여된 저작권법의 보호대상인 미술저
작물에 해당한다고 봄이 상당하다."

크리스마스카드용 그림에 대한 서울지방법원 97가합13097 판결

크리스마스카드에서 흔히 이용되는 화풍을 따른 '서울 전경', '설경', '대나무', '분재' 등 그
림에 대한 저작물성이 문제 된 사안에서,
"이 사건 그림들은 크리스마스카드 등에 이용하기 위하여 만들어진 것으로서 상업적 용도
를 가진 것이기는 하나 그 미적인 요소가 크리스마스카드로서의 실용적인 기능과 물리적
으로 또는 개념적으로 분리할 수 없는 것이 아닌 이상 저작물로서 보호를 받을 수 있는 것
이고, 또한 저작자의 실명이나 낙관 등이 표시되어 있지 않다 하여 저작물로서 보호되지
않는 것도 아니며, 이 사건 그림들이 크리스마스카드용 그림에 흔히 이용되는 화풍을 따
르고 있다는 이유만으로 창작성이 없다고 할 수 없다."

캘리그라피 '여수名家'에 대한 서울중앙지방법원 2017가단5055851 판결

원고는 전복 간장게장을 판매하는 주식회사 여수명가로부터 BI(Brand Identity)의 용도로
'여수名家'라는 글자에 대한 캘리그라피 제작을 의뢰받아서 캘리그라피를 창작하여 이를
서예로 저작권등록을 하였고, 주식회사 여수명가는 이를 간판이나 홈페이지에 사용하였

다. 피고가 名家교동짬뽕의 가맹사업을 하면서 '名家' 부분을 무단으로 사용한 사안에서,
"이 사건 캘리그라피는 원고가 직접 붓을 들고 글씨를 쓴 것이고, 몇 차례의 습작 과정을
통해 이를 완성한 것이며, 이러한 과정을 통해 완성된 이 사건 캘리그라피인 '여수名家'는
원고 자신의 독자적 사상 및 감정, 즉 창조적 개성이 표현된 글씨로서 저작권법상 미술저
작물에 해당한다고 할 것이다. 이 사건 캘리그라피를 대하는 사람은 선의 굵기나 형태, 운
필의 방식 등을 통하여 특정한 인상이나 심미감을 감득할 수 있다고 보이고, 이는 작성자
의 창조적 개성이 표현된 것에 다름 아니라고 할 것이다. … 이 사건 캘리그라피는 미술저
작물 중 서예(저작권법 제4조 제1항 제4호)로서의 법적 성격을 가짐과 동시에 응용미술저
작물(저작권법 제2조 제15호)의 성격도 아울러 가진다고 할 것이다. 응용미술저작물로 볼
경우 이 사건 캘리그라피는 그 사용 실태 및 현황 등에 비추어 그것이 이용된 물품과 구분
되어 독자성을 인정할 수 있다고 할 것이다(물론 이 사건 캘리그라피를 미술저작물 중 서
예로 파악할 경우 물품과의 분리가능성은 따로 문제가 되지 아니한다)"

'Wynn' 표장에 대한 서울중앙지방법원 2008가합132550 판결

카지노 호텔사업자의 'Wynn' 표장과 동일한 표장을 비만 전문클리닉에서 사용한 사안
에서, 카지노 호텔사업자의 'Wynn' 표장은 단순히 'Wynn'을 필기체로 쓴 것에 지나지 않
는 것이 아니라 ❶ 'W'를 대문자 필기체로 왼쪽이 더 낮고 오른쪽을 길게 뺀 형상이며, ❷
'ynn'은 소문자 필기체로 쓰면서 'y'의 경우 아랫부분을 길게 빼내었으며, ❸ 'nn'의 경우에
도 글자 뒷부분을 길게 늘이다가 점을 찍는 방법으로 글자가 흐르는 느낌을 강조하였다.
단순한 필기체에서 벗어나 글자의 예술적 측면을 강조하여 그 느낌을 창작적으로 표현하
였다며 저작물성을 인정하였다.

무대조형물에 대한 서울중앙지방법원 2008가합1908 판결

원통형 게이트는 가수가 자신의 공연에 사용하기 위하여 공연의 전체적인 주제, 의도 및
분위기(컨셉, Concept)에 맞추어 원통의 지름, 높이, 색상, 재질, 원통에 뚫린 구멍의 수,
위치, 크기, 내부 조명의 크기 및 위치 등을 조절함으로써 설계·도안한 조형물이라며 창작
성을 인정하였다.

나무판자조화그림에 대한 서울중앙지방법원 2008가합93853 판결

피고가 여러 개의 죽은 나무를 잇대어 그 사이로 생명력이 없는 조화(造花) 형태의 풀을
배치하여 살아 피어나는 풀의 모습을 표현한 원고의 작품과 유사한 형상을 건축디자인 패
턴으로 만들어 사용한 사안에서,
원고 저작물에 자연물인 나무판자 등을 묘사한 부분이 포함되어 있다고 하더라도 위 저작

물은 나무판자, 조화인 풀, 옹이 등을 적절하게 배치한 뒤 채색과 명암 등으로 표현하면서 다른 저작자의 기존 작품과 충분히 구별할 수 있을 정도로 원고의 독자적인 사상 또는 감정의 표현을 담고 있다며 창작성을 인정하였다.

나. 미술저작물의 저작물성

형상과 색채로 만들어진 미술적 표현에 창작성이 있으면 미술저작물이 성립한다. 무체의 미술저작물은 미술저작물이 화체된 유체물에 대한 소유권과 별개로 저작권으로 보호를 받는다. 미술저작물은 최소한 정도의 창작성을 구비하여야 하며 사실을 그대로 묘사하였거나 실용성 기능성에 의하여 표현에 제한을 받은 경우에는 창작성이 배척된다.

(1) 무체성

미술저작물도 저작물의 기본적인 속성인 무체성을 갖는다. 미술 작품은 대부분 종이, 돌 등과 같은 유체물에 색채와 형상으로 저작물을 표현하지만 이처럼 유체물에 화체되더라도 미술저작물은 유체물과 별개로 무체의 형태로 존재한다. 따라서 미술 작품이 소실되어도 미술저작물은 그대로 남을 수 있고 저작자는 미술저작물에 대한 복제물이나 사진에 대하여 저작권을 행사할 수 있다.

① 미술저작물은 반드시 유체물에 화체되어야 하는 것은 아니다. 컴퓨터 그래픽으로 만든 디지털 파일로 미술저작물을 표현할 수도 있다. 또한 '불꽃놀이'에서 불꽃으로 표현된 형상과 색채는 유체물에 화체되어 있지 않지만 그동안 기존에 표현된 폭죽과 다른 형태와 색상을 갖는 불꽃과 연달아 발사되는 불꽃의 선택, 순서, 구성을 통하여 창작성을 가질 수 있다. 다만 불꽃놀이를 만드는 폭죽의 소재 및 제작기술과 공중 폭발 방식으로 인하여 제작자가 만드는 색채와 형상에 한계가 있고, 또한 제작자가 폭죽의 폭발 시간, 위치, 형상을 고려하여 폭죽을 발사하더라도 불꽃놀이에서 보여주는 구체적인 미적 표현에 폭죽의 구성물로 인한 우연성이 개입될 수 있는 등 저작물성

을 쉽게 인정할 수 없는 요소를 갖고 있다.

물방울, 구름 이미지에 대한 서울중앙지방법원 2013가합505657 판결

원고가 태블릿에 포토샵 등 프로그램과 태블릿 도구를 이용하여 레이어 방식으로 만든 물
방울 및 구름 이미지에 대하여 원고 나름의 정신적 노력의 소산으로서의 특성이 부여된
저작권법 보호 대상인 미술저작물에 해당한다고 하였다.

KB카드 웹사이트에 대한 서울중앙지방법원 2009가단490355 판결

그래픽 디자인업체가 만든 이미지 파일에 대하여 미술저작물로 인정하였다.

② 미술저작물은 대부분 형상이나 색채로 직접 표현된다. 하지만 도안이나 도면을 가
지고 관념적인 입체 형태의 조형물을 외부로 표현할 수 있고 도안 등으로 표현된 무
체의 조형물 형상에 창작성이 있으면 미술저작물로 보호된다.

택지개발 조형물구상도안에 대한 서울중앙지방법원 2006가합51459 판결

순번 1 내지 9, 순번 12 내지 16의 조형물 구상도안 및 순번 11의 조형물 구상도안 중 용머
리 형상을 한 난간 부분은 ❶ 단순한 조형물의 스케치에 불과한 수준을 넘어서 피고가 위
구상도안을 토대로 하여 조형물을 제작할 수 있는 수준에 이른 도안이고, ❷ 그 조형물 구
상도안에 심미적·예술적 표현도 상당한 정도 나타나는 점 등을 종합하여 보면 위 조형물
구상도안은 구 저작권법 제4조 제1항 제4호의 그 밖의 미술저작물에 해당한다고 봄이 상
당하다고 하였다.

'무지개 공간' 조형물 도안에 대한 대전지방법원 2015노3038 판결

피고인은 아파트 단지안에 예술작품을 설치하면서 피해자가 창작한 도면 형태의 조형물
중 조형물 밑받침 돌 부분만 일부 바꾸거나 어른 2명과 아이 2명 형태의 조형물에서 아이
2명 형태 부분만 제거한 입체 조형물을 설치하였다. 피고인은 저작권법의 관련 규정상 건
축물이 아닌 경우에는 설계도면에 따라 입체 모형을 만들더라도 저작권법상의 "복제"에
해당하지 않으므로, "무지개 공간" 및 "미래를 위한 행복"과 같이 도면으로만 존재하는 건
축물이 아닌 피해자의 작품을 피고인이 "미래의 꿈" 및 "상생"이라는 입체 조형물로 만든
경우에는 저작권법상의 "복제"에 포함되지 않는다고 주장한 사안에서,
피고인이 이 사건 도안에 따라서 이 사건 조형물을 제작한 행위는 설령 그 이전에 이 사건

③ 캔버스에 그림을 그린 화가는 자신이 그린 미술저작물에 대한 저작권과 캔버스에 제작된 그림에 대한 소유권을 갖게 되며, 그림이 매각되더라도 무체의 미술저작물에 대한 저작권은 화가에게 남게 된다. 미술 원작을 매수한 자는 유체물인 원작에 대한 소유권을 취득하는 것이지 원작에 화체된 미술저작물에 대한 저작권까지 취득하는 것은 아니다. 따라서 시중에 유통된 미술 작품의 경우 저작권자와 소유자가 다른 것이 대부분이다. 이러한 미술품에 대한 권리 경합으로 인한 이해관계를 조정하기 위하여 저작권법 제35조[89]은 원본소유자가 원본을 전시하는 경우 및 원본 판매를 위한 책자에서의 복제, 배포에 대하여 저작재산권을 제한하고 있다.

(2) 아이디어와 표현의 이분법

미술저작물에도 아이디어와 표현의 이분법이 적용된다. 회화작품이 표현하고 있는 화풍은 음악의 장르와 마찬가지로 아이디어의 영역에 속하는 것으로서 독특한 화풍을 창작하였다고 하여 화풍 자체에 대하여 저작물보호를 구할 수 없다.

(3) 창작성

① 타인의 것을 베끼지 않고 나름의 개성을 발휘한 미술 작품은 저작물로서 보호되는데, 미술성이 높은 작품만 저작물로 보호되는 것은 아니다. 따라서 회화의 밑그림과 같이 아직 미완성인 작품의 경우라도 나름의 창작성이 발휘되는 한 저작물로서 보호를 받을 수 있다. 하지만 누가 하더라도 비슷한 경우, 창작성이 적은 단순한 표현, 일반적인 표현방식에 의한 표현은 창작성이 배척되어 보호받지 못한다.

---

88 위 판결에서 "이 사건 도안에 따른 관념적인 조형물의 복제"라고 판시한 부분은 이 사건 도안이 표현하고 있는 무체의 조형저작물에 대한 복제를 의미하는 것이다.

89 **저작권법 제35조 (미술저작물등의 전시 또는 복제)**
① 미술저작물등의 원본의 소유나 그의 동의를 얻은 자는 그 저작물을 원본에 의하여 전시할 수 있다. 다만 가로·공원·건축물의 외벽 그 밖에 공중에게 개방된 장소에 항시 전시하는 경우에는 그러하지 아니하다.

'세계명작동화'에 대한 서울고등법원 95나8746 판결

저작권법상 미술저작물이란 형상 또는 색채에 의하여 미적으로 표현된 저작물을 말하며, 밑그림이나 데생 또는 미완성 작품도 작가의 사상, 감정이 창작적으로 표현된 것이면 미술저작물이라 할 것인바 동화책을 완성하기까지는 ❶ 데생, ❷ 셀 트레스, ❸ 셀 컬러 지정, ❹ 셀 채색, ❺ 배경 채색 등에 이르는 여러 단계를 거치는데, 채권자가 한 작업은 그 가운데 ❶, ❷, ❸의 작업이고 나머지 ❹, ❺의 작업은 다른 피용자에 의하여 수행되었다고 해도 완성된 이 사건 그림 중 창작성이 있는 작업은 ❶과 ❸ 작업에 있다고 할 것이고 창작된 인물과 배경 그림에 지정된 색깔을 칠하는 작업은 그림의 완성을 위한 기계적인 작업에 불과하다고 할 것이므로 채권자가 데생한 후 채권자가 지정한 색깔로 채색한 이 사건 그림은 전체로서 채권자의 창작성이 담긴 채권자의 미술저작물이라고 하였다.

청바지 에비수 갈매기 도안에 대한 서울고등법원 2009나122304 판결

'하나의 선으로 된 산봉오리 형태의 간단한 도안'은 굴곡부를 가진 하나의 선으로 이루어진 다른 도형들과 구별되는 고유한 의미가 담겨 있는 것으로 보기도 어렵다고 하여 창작적 요소를 인정하기 어렵다고 하였고 창작 이전부터 널리 사용되어 온 '에비수 선 형상'은 종래부터 존재하는 표현으로서 창작성이 없다고 하였다.

하지정맥류 삽화에 대한 서울중앙지방법원 2007가합114807 판결

피고가 한국경제TV에 출연하여 하지정맥류에 대하여 설명을 하면서 원고 홈페이지에 있는 별지1과 같은 삽화와 사진을 사용한 사안에서,

"하지정맥류의 치료를 전문으로 하는 의원들은 홍보용 홈페이지에서 하지정맥류의 증상을 설명하기 위하여 다리에 통증을 느끼고 있는 사람을 그리거나 합병증으로 인하여 다른 신체부분에 비해 어둡게 변한 하체의 모습을 그린 삽화를 흔히 게시하고 있고(을3의 2·3) 원고의 삽화는 그와 같은 삽화들과 얼굴의 표정이나 옷색깔 등이 서로 다르기는 하지만 전체적으로 인물이 취하고 있는 포즈나 증상을 설명하기 위한 표현기법 등에 있어서 매우 흡사하다. 따라서 원고의 삽화는 질병의 증상을 설명함에 있어 통증의 원인과 부위를 시각적으로 표현한 것으로서 동일한 설명에서 일반적으로 사용되는 그림의 수준에 불과하여 저작권법에 의한 보호를 받을 가치가 있는 정도의 창작성이 있다고 볼 수 없다."

순례길 일러스트에 대한 서울서부지방법원 2013가합33966 판결

원고는 출판사의 의뢰를 받고 순례길 지도 및 일러스트를 제작하였는데 이를 받은 출판사가 원고의 지도 등을 당초 약정한 여행서적 부록이 아닌 별책부록, 블로그 등에 다양하게 사용하자 출판사에 대하여 도형 미술 편집저작물 침해를 주장한 사안에서,

이 사건 각 일러스트는 대상물을 '선'만으로 간결하고 단순하게 표현한 것으로서 ❶ 원고가 명소 등의 사진 또는 삽화 자료에 '플래시'라는 컴퓨터프로그램의 '레이어'기능을 적용해 위 사진 또는 삽화에 담긴 형상의 윤곽선이 드러나게 한 다음 태블릿 펜으로 그 윤곽선을 따라 그리는 방법으로 제작한 것은 지도의 실용적인 목적에 맞도록 원자료의 본래 형상과 가깝게 단순화한 기술적인 표현으로서 일러스트 제작 분야에서 통상적인 기술을 가진 사람이라면 이와 유사하게 표현할 것으로 보이고, ❷ 일부 일러스트는 원자료를 일부 변형, 재배치 또는 고안하여 제작한 것이지만 선만으로 간결하고 단순하게 표현된 그림으로서 그 창작의 정도가 저작권법에 의하여 보호할 만한 것으로는 보기 어려우며, ❸ 순례길을 주제로 한 여행 지도를 제작하는 사람이라면 통상적으로 이 사건 지도에 삽입된 이 사건 각 일러스트 및 사진과 동일 또는 유사한 자료를 선택하여 지도에 표시할 것으로 보이는데 그 구성 역시 그와 같은 종류의 자료 구성 내지 배치에서 통상적으로 행하여지는 방법이고, ❹ 이 사건 지도의 배경 산을 각각 크기가 다른 삼각형 모양에 그러데이션 효과를 주는 방법으로 표현하여 지도 곳곳에 배치하였는데 지도에서 산을 표시함에 있어 크기가 다른 삼각형 모양으로 나타내는 것은 일반적인 표현방식으로서 이에 그러데이션 효과를 가미하였다는 것만으로는 창작성을 인정할 수는 없다고 하였다.

② 작품을 이해하기 어렵거나 비슷한 재료나 형태로 유사하게 표현하는 현대미술 작품도 다른 미술 작품과 마찬가지로 형상과 색채 등에 대한 창조적 개성을 기준으로 저작물성을 판단한다. 그런데 높은 미술적 소양을 요구하는 등 현대미술에 대한 창작성이나 유사한 작품 사이의 실질적유사성에 대한 판단이 쉽지 않은 경우가 있다.

계란 추상 오브제 작품에 대한 서울고등법원 98나39611 판결
"원고는 프랑스 A대학 조형예술대학원을 졸업하고 프랑스에서 활동하고 있는 화가로서 1989년부터 계란을 소재로 하여 B라는 주제로 미술작업을 시작한 이래 1996. 10. 이전에 별지 3. 표시와 같이 패널 위에 아크릴칼라로 그린, 극히 단순화된 원형의 깨뜨린 계란 수십 개를 일정한 틀 속에 상하좌우로 나란히 병렬시킨 모양의 평면회화 작품과 실제의 프라이팬 위에 깨진 계란 모양의 그림을 그려 넣은 오브제(Objet) 작품을 창작하였다. …
위 인정사실에 의하면, 원고의 별지 3 작품은 계란이라는 일상적 소재를 선택하여 이를 원형의 극도로 단순화, 추상화시킨 형태로 구성한 뒤 기하하적 배열구도에 따라 반복적으로 나열하는 방식으로, 또는 실물 프라이팬의 바닥에 프라이된 계란의 모습을 그려 넣은 방식으로 원고의 개인적인 사상과 감정을 창작적으로 표현하고 있다 할 것이므로, 이는 미술의 범위에 속하는 것으로서 저작물성이 있다고 할 것이다."

고무줄 작품에 대한 대구지방법원 2014카합125 결정

전시장의 공간 속에 수백 개의 고무줄의 각 양 끝을 다양한 모양과 규칙으로 연결하는 작업을 통해 벽체와 천장, 기둥을 고무줄로 메워 한 면을 만들거나 고무줄의 벌려진 틈을 이용하여 빛과 그림자의 물리적인 착시효과를 나타내는 작품에 대하여,

피신청인이 인터넷 포털사이트에 'String Installation Art(스트링 설치 미술)'로 이미지를 검색하면 신청인의 작품보다 훨씬 복잡하고, 규모가 크며, 정교한 작품이 검색되므로 신청인의 작품이 저작물로서 보호를 받을 만한 독자성이 있다고 보기 어렵다고 주장한 것에 대하여,

"신청인이 2003년경부터 만들어 온 작품은 모두 고무줄을 소재로 한 것인데, 공간의 특징에 따라 고무줄의 폭이 넓은 것부터 폭이 좁은 것까지 다양한 크기의 고무줄을 사용하였고, 색상 또한 공간의 특징에 어울릴 수 있도록 검은색, 붉은색, 파란색, 흰색, 회색 등을 사용하여 왔으며, 고무줄의 배열과 관련하여서도 공간이나 작업의 특징에 따라 공간과 공간을 구획하여 고무줄로 연결하거나 직각으로 맞닿는 면과 면 사이를 고무줄로 연결하며, 한 벽면을 고무줄로 연결 설치하기도 하는 사실이 소명되고, 위와 같은 작업형태나 내용에는 신청인이 들인 정신적 노력의 소산으로서 창조적 개성이 부여되어 있다고 보이므로, 신청인의 작품들은 저작권법의 보호대상이 되는 저작물에 해당한다고 볼 수 있다."

③ 사물을 사실적으로 묘사하는 미술저작물은 그러하지 아니한 미술저작물에 비하여 상대적으로 창작성이 제한되어 저작권의 보호 범위가 좁다. 예를 들어 꽃 주변에 곤충을 배치하고 이를 사실적으로 묘사한 것은 저작권의 보호대상이 되지 않을 수 있다. 그러나 현실에 존재하는 대상을 사실적으로 묘사한 것이라도 스케치와 채색 등 미술 작품의 작업 과정에 제작자의 개성이 깃들어 있다면 창작성을 인정받을 수 있다. 예를 들어 극사실주의 그림은 단순히 사실에 대한 묘사와는 달리 대상을 일순간 극단적으로 정지시켜 사진보다 더 사실적으로 강조하는 형상과 색채로 표현한 작품으로서 저작물성이 인정된다.

'포트메리온' 디자인에 대한 서울고등법원 2009나11742 판결

"예전부터 꽃이나 식물을 사실적으로 묘사하면서 그 주변에 나비, 벌, 잠자리 등의 곤충을 사실적으로 묘사하는 도안 내지 미술저작물이 있어 왔음을 인정할 수 있고, 이러한 점에 비추어 보면 원고 저작물 1중 이에 해당하는 부분 즉, 꽃 주변에 곤충을 배치하여 이를 사실적으로 묘사한다는 부분은 저작권의 보호대상이 되는 창작적 표현에 해당한다고 볼 수 없다. … 이러한 점들에다가 미술저작물에 있어서 그 소재가 되는 사물 자체는 저작권의

보호대상이 되지 아니하므로, 실존하는 사물을 사실적으로 묘사하는 미술저작물은 그러하지 아니한 저작물에 비하여 상대적으로 저작권의 보호범위가 좁을 수밖에 없다는 점을 고려하여 원고 저작물 1과 피고 표장 1을 대비하여 보면, 원고 저작물 1은 가든 라일락꽃을 사실적으로 묘사한 것이고 피고 표장 1은 층꽃나무 꽃을 사실적으로 묘사한 것이어서 그 자체만으로도 양자가 상이한데다가 그 주변의 나비와 잠자리의 형태와 색채 역시 양자가 상이하고, 그로 인하여 양자가 주는 전체적인 느낌 역시 상이하므로 양자는 실질적으로 유사하지 아니하다."

물방울, 구름 이미지에 대한 서울중앙지방법원 2013가합505657 판결

자연에 이미 존재하는 형상의 하나인 물방울 또는 구름 모양이라 하더라도 그 구체적인 윤곽선이나 형태, 색채, 명암, 빛의 반사 및 그 조합 방식에 따라 얼마든지 상이한 모습으로 창작될 수 있다. 원고의 물방울 및 구름 이미지는 ❶ 윤곽선이나 형태, 색채, 명암, 빛이 반사되는 모습이나 햇빛이 비치는 모습 등이 저작자인 원고 나름의 표현 방법으로 세밀하게 표현되었고, ❷ 일반인들이 실제 물방울 또는 구름의 모습이라고 착각할 정도로 정교한 이미지로서 누가 하더라도 같거나 비슷하게 표현할 수밖에 없는 형상의 물방울 또는 구름 모양이라고는 볼 수 없다며 원고 나름의 정신적 노력의 소산으로서의 특성이 부여된 저작권법 보호 대상인 미술저작물에 해당한다고 하였다.

④ 미술 작품에 실용성이 있다고 하더라도 저작자의 창작적 개성이 깃들어 있으면 미술저작물로 인정받을 수 있지만 미술저작물이 실용적 목적으로 표현에 제약을 받은 경우에는 그 제약으로 인해 창작성이 제한된다. 하급심 판례는 홍보를 위한 글씨 도안에서 출처표시 등 실용적인 기능에 의한 표현이 주이고 심미적인 표현이 부수적이어서 별개의 미적 관념을 불러일으킨다고 보기 어려운 경우에는 미술저작물로서의 창작성을 인정받을 수 없다고 하였다.

'한우' 서체와 그림에 대한 서울중앙지방법원 2013가합558316 판결

이 사건 웹디자이너의 한우 서체와 그림은 ❶ 순수 서예작품과 달리 그 자체로 독립하여 감상의 대상으로 삼기 위하여 창작된 것이 아니라 주로 인터넷 웹페이지에 표시되어 상품의 가치를 높여 고객 흡인력을 발휘하도록 하거나 홍보에 이용하는 것과 같은 실용적인 목적에 주안점을 두고 있을 뿐만 아니라, ❷ 위 서체도안이나 그림은 원고 회사나 원고 회사가 판매하는 상품에 관한 정보를 효과적으로 전달하기 위한 실용적 기능에 관한 관념을 불러일으킬 뿐 그와는 분리된 별개의 미적 관념을 불러일으킨다고 보기 어렵고, ❸ 그 제작과정에서도 그와 같은 실용적인 기능에 대한 고려가 결정적으로 영향을 미쳐서 통상적인 출처 내지 브랜드에 다소간의 심미적인 요소를 부가한 것에 불과하다며 미술저작물성을 인정하지 않았다.

위 판결은 서체도안과 한우 형상 그림에 대하여 상품에 관한 정보를 효과적으로 전달하기 위한 실용적 기능에 관한 관념을 불러일으킬 뿐 그와는 분리된 별개의 미적 관념을 불러일으키지 아니한 경우로서 홍보목적 등 실용성에 의하여 창작성이 제한된다고 인정하여 '창작성 요건'에 대하여 판단을 하고 있다.

후술하는 대법원 2012다76829 판결은 상표 도안에 대하여 정보를 전달하기 위한 실용적 기능과의 분리가능성을 요구하지 않는데 이는 응용미술저작물의 '분리가능성 요건'에 대한 것으로서 서로 모순되는 것은 아니다.

⑤ 외국어 회화교육 교재에 사용되는 삽화는 회화내용에 대한 이해를 돕기 위하여 제작된다. 하급심 판례는 회화교재의 삽화는 그 자체로 창작성이 있는 줄거리를 가지기 어렵고 그 표현대상의 선택도 제한되는 등 실용적 기능에 따라 창작성이 제한되나 삽화 중 구체적으로 개개의 등장인물이나 사물, 사용된 부호의 용모와 인상, 표정, 분위기와 같은 것들은 실용적인 기능과 분리되어 식별될 수 있는 저작자의 독자적인 개성이 표현되어 창작성을 갖는다고 하였다.

일본어 교재 삽화에 대한 서울서부지방법원 2000카합442 판결

채권자는 A와 일본어 교재를 위한 삽화 제작 용역 계약을 체결하면서 삽화 저작권 일체를 양도받기로 하였는데 채무자가 A로부터 일본어 초급교재에 대한 삽화를 받아서 서적을 발행한 사안에서,

채무자는 채권자와 채무자의 서적에 있는 삽화는 외국어 회화 교재에 불가피하게 등장할 수밖에 없는 필수장면이거나 소재에 있어 유사성이 있을 수 있지만 채무자의 서적 삽화는 별도의 창작성을 갖는 표현으로서 독립된 저작물이라고 주장하였는데,

"이 사건에 있어서와 같이 외국어 회화교육 교재에 사용되는 삽화는 일상적인 회화내용에 대한 이해를 돕기 위하여 제작되기 때문에 그 자체로 창작성이 있는 줄거리를 가지기 어렵고, 그 표현대상의 선택도 제한되기 마련이며, 개개의 삽화 역시 미술 작품 중에서 그 표현도가 낮은 저작물에 속하는 것이 보통이기는 하나, 그 중에는 실용적인 기능과 분리되어 식별될 수 있는 저작자의 독자적인 개성이 표현된 영역이 존재한다고 할 것이고, 그것은 구체적으로 개개의 등장인물이나 사물, 사용된 부호의 용모와 인상, 표정, 분위기와 같은 것들이라고 할 것인바, 이 사건과 같이 두 서적의 삽화가 모두 같은 사람에 의하여 제작

저작물의 유형

된 경우에는 그 삽화저작자가 특별한 노력을 기울이지 않는 한 당연히 위와 같은 구체적인 표현이 동일해 질 가능성이 매우 클 수밖에 없을 것인데, A는 별지목록 기재 서적의 삽화를 그리면서 채권자 서적의 삽화와 그 대상이 되는 장면이나 소재가 비슷한 경우, 그 위치나 방향을 다소 변형하고, 전체적으로 표현을 다소 단순화하려고 노력하였을 뿐이며, 그 결과 두 서적의 삽화에는 실질적으로 동일한 창작성이 표현된 것으로 판단되므로, 채무자들의 위 주장은 이유가 없다."고 하였다.

'송해 캐리커처'에 대한 서울중앙지방법원 2013고정2795 판결

이 사건 송해의 캐리커처 및 포스터는 '송해'의 외관상 특징을 포착하여 희극적으로 과장하여 그린 것으로 인물의 외관상 특징에 구속되는 경향이 강하기 때문에 누가 그리더라도 같거나 비슷할 수밖에 없게 되는데 이 사건 캐리커처는 명도가 높은 원색을 주로 사용하고, 입체감보다 평면적인 느낌이 나도록 하였으며, 얼굴과 손 부분에 묘사를 집중하여 다른 캐리커처들과 다르다. 그러나 이러한 점은 명도가 높은 원색을 주로 사용하여 송해를 더 젊게 보이고 사람들의 눈에 더 잘 띄게 하여 홍보 효과를 극대화하고, 원색으로 평면감을 주어 포스터로 제작하기에 용이하게 하면서, 포스터에서 사람들의 시선이 주로 집중되는 얼굴과 손 부위를 강조하여 '송해 빅쇼'의 홍보와 이를 위한 포스터 제작이라는 상업적 목적에 부응하기 위한 것이므로 작성자만의 독자적 표현방식이나 예술성, 창조성을 인정하기 곤란하다. 상업적 대량생산에 이용되거나 실용적 기능을 주된 목적으로 하여 창작된 경우에는 그 자체가 하나의 독립적인 예술적 특징이나 가치를 가지고 있어 예술의 범위에 속하는 창작물에 해당한 것만이 저작물로 보호된다며 생활한복의 응용미술저작물성에 대한 대법원 2000도79 판결을 제시하고 이 사건 송해의 캐리커처 및 포스터는 독립적인 예술적인 특성이나 가치를 갖는 창작물로 인정할 수 없다고 하였다.

이 사안 캐리커처 및 포스터는 실용 목적의 '미술저작물'에 해당할 수 있음에도 위 판결은 실존 인물의 캐리커처에 대해 누가 하더라도 같거나 비슷할 수밖에 없는 표현이라며 일반적으로 창작성이 결여되어 있다고 보았다. 게다가 캐리커처 등이 상업성을 갖는다는 이유만으로 '응용미술작품'으로 보고, 또한 2000년 개정 저작권법 이전 판례에서 응용미술저작물에 요구하였던 "독립적인 예술적 특징과 가치"를 기준으로 저작물성이 없다고 판단한 부분에 의문이 있다.

다. 디자인 도안

물품에 대한 디자인은 디자인보호법의 보호대상이지만 미술저작물과 중첩적 보호가 가능하다.[90] 여기서는 미술저작물성이 문제되는 단체 표장, 건축 조형물 구성도안, 상표 도안에 대하여 본다.

(1) 단체의 표장

단체의 표장이나 대회의 상징물도 미술저작물이 요구하는 창작성을 갖추고 있으면 저작권으로 보호될 수 있다. 그러나 단순한 모양의 표장이나 상징물은 저작물로 인정하기에는 창작성의 양이 미흡한 경우가 많고, 또한 단순한 도안에 배타적 권리를 부여하면 문화발전을 저해할 수 있다는 점에서 미술저작물로서의 창작성이 배척될 가능성이 높다.

(2) 건축물에 설치될 조형물 도안

건축물에 설치될 조형물을 구상한 도안이 단순한 스케치 수준을 넘어 입체의 조형물의 미적 형상을 표현하면 미술저작물에 해당할 수 있다. 그러나 도안에서 표현한 조형물이 주로 건축의 실용 목적으로 제작되어 건축물 부속 부분의 기능과 분리될 수 없는 경우에는 미술저작물로 보호받기 어렵다.

> **택지개발 조형물구상도안에 대한 서울중앙지방법원 2006가합51459 판결**
>
> 조형물 구상도안 중 '용머리 형상을 한 난간 부분'은 단순한 조형물의 스케치에 불과한 수준을 넘어서 피고가 위 구상도안을 토대로 하여 조형물을 제작할 수 있는 수준에 이른 도안이고 그 조형물 구상도안에 심미적·예술적 표현도 상당한 정도 나타나는 점 등을 종합하여 보면 위 조형물 구상도안은 구 저작권법(… 2000. 6. 30까지 시행되던 것…) 제4조 제1항 제4호의 "그 밖의 미술저작물"에 해당한다고 봄이 상당하다.
>
> '난간 및 보도 포장에 대한 부분'은 그 이용된 물품인 난간 및 보도 포장의 실용적인 목적이 주가 되어 직선과 곡선, 대나무 형태의 문양 또는 원 모양을 결합하여 배치함으로써 통상의 난간 및 보도 포장의 기능과 별도로 그 자체가 하나의 독립적인 예술적 특성이나 가

---

90   이 부분 자세한 내용은 'Ⅱ. 5. 응용미술저작물'에서 다룬다.

치를 지니고 있다고 보기 어려우므로 응용미술 작품에도 해당하지 않는다고 하였다.[91]

경주마 조형물 드로잉에 대한 서울중앙지방법원 2008노547 판결

기수를 태운 4기의 경주마들이 4줄의 토피어리를 각각 레인으로 삼아 경주하는 모양의 'P'라는 제목의 수채화 '스케치'와 6개의 토피어리로 분리되는 D 공원의 조형물 설치 공간 위에 8마리의 경주마들이 각각의 토피어리 위를 서로 다른 동작으로 질주하는 모습을 정면과 측면 및 후면에서 바라본 모습을 그리고, 조형물 설치공간의 크기(가로, 세로), 토피어리의 높이와 폭, 실제 제작될 경주마의 크기(폭, 너비, 높이) 등을 표시한 '드로잉'이 저작권법상의 저작물인지 여부가 문제 된 사안에서,

"❶ E는 독일에서 미술대학의 교수로 재직하면서 조각가로 활동하고 있고, 국내의 미술관에도 그 작품을 기증한 적이 있는 등 조형물 등 미술작품의 제작을 업으로 하고 있는 점, ❷ 또 이 사건 드로잉 등은 피고인의 요청에 따라 E가 기수를 태운 경주마들이 경주를 하는 모양의 조형물을 구체화하는 과정에서 그려지거나 만들어진 것으로 모두 경주마들이 배치된 수개의 토피어리 사이에 사람들이 지나갈 수 있도록 보행로가 설치된 조형물{이는 도심(외부세계)의 긴장된 생활로부터 단절하여 휴식을 주는 공원(내부세계)로 들어오는 사람을 환영하는 의미를 지니고 있다}을 일관하여 표현하고 있는 창작물들인 점, ❸ 더욱이 E가 피고인의 요청에 따라 이 사건 드로잉 등을 연속하여 그리거나 제작함에 있어 가장 초보적인 단계의 작품구상을 표현한 것이 위 스케치인데, 피고인은 이를 미술저작물로 등록하기도 한 점 등에 비추어 보면, 피고인이 E에 대해 요청한 '기수를 태운 경주마들이 경주를 하는 모양의 조형물'은 단순한 아이디어 또는 사상 내지 감정이라고 할 것이지만, E이 그 사상 등을 구체적으로 표현한 이 사건 드로잉 등은 E의 창작적 개성이 충분히 표현되어 있으므로 미술저작물에 해당한다고 봄이 상당하다."

(3) 상표의 도안

상표의 도안은 '도안의 사용 형태' 즉 물품에 복제되어 이용되었는지 여부에 따라 '일반 미술저작물'과 '응용미술저작물'로 나뉠 수 있고, 그에 따라 저작물로서의 성립요건이 다르게 된다.

① 상표를 구성하는 도안이 상품 출처 표시를 위하여 사용되고 있더라도 저작물의

---

91 실용적 기능을 갖는 응용미술저작물은 기능적 저작물과 마찬가지로 실용적 기능으로 인하여 창작성의 제한이 있을 수 있고 또한 물품과의 독자성을 갖추어야 저작물로 보호될 수 있는 제약을 받는다.

요건을 갖춘 경우에는 미술저작물로서 보호를 받을 수 있다.

> **여우머리 형상 상표에 대한 대법원 2012다76829 판결**
>
> "저작물과 상표는 배타적·택일적인 관계에 있지 아니하므로, 상표법상 상표를 구성할 수 있는 도형 등이라도 저작권법에 의하여 보호되는 저작물의 요건을 갖춘 경우에는 저작권법상의 저작물로 보호받을 수 있고, 그것이 상품의 출처표시를 위하여 사용되고 있거나 사용될 수 있다는 사정이 있다고 하여 저작권법에 의한 보호 여부가 달라진다고 할 수는 없다."

② 홍보물이나 홈페이지에 게재된 상표 도안과 같이 물품에 복제되어 부착되지 않은 도안은 물품에 동일한 형상으로 복제되어야 성립하는 응용미술저작물의 요건을 충족하지 않는다. 따라서 일반 미술저작물로서 창작성을 구비하였는지 판단하여 저작권 보호를 줄 수 있다.

> **여우머리 형상 상표에 대한 대법원 2012다76829 판결**
>
> 여우 모양의 상표 도안을 물품에 표시해온 것 외에도 스티커 형태로 배포 홍보물 홈페이지 등 물품에 부착하지 않고 도안 형태만을 게시하여 사용한 경우 상표 도안이 창작성을 구비하였는지는 도안 자체로 일반미술저작물로서 창작성을 구비하였는지를 판단하면 충분하다며 자연계의 일반적인 여우머리와 구분되는 독특한 여우머리로 도안화된 형상에 창작성을 인정하였고, 도안이 상품의 출처표시로 사용되었다는 사정은 저작권법의 보호에 장애가 되지 않는다고 판시하였다.[92]

③ 창작적인 상표 도안이 복제하여 물품에 부착된 형태로 이용된 경우는 응용미술저작물의 요건 중 '창작성 요건'과 물품에 동일한 형상으로 복제될 수 있어야 한다는 '대량생산성 요건'을 충족한 것으로서 나머지 '독자성(분리가능성) 요건'을 충족하면

---

92 이 사건 원심 서울고등법원 2011나70802 판결은 ❶ 이 사건 도안은 '응용미술저작물'로서 스포츠 의류 이외의 다른 물품의 디자인으로 이용될 수 있고, 스포츠 의류가 갖는 실용적 기능이 이 사건 도안에서 느껴지는 미적인 요소는 물리적·관념적으로 모두 분리하여 인식될 수 있다, ❷ 저작권법은 물품과의 물리적·관념적 분리가능성을 요건으로 할 뿐 별도의 '상표표지기능과의 분리가능성'을 요구하는 것은 아니다, ❸ 법률로 보호기간이 정해져 있는 저작권을 근거로 부작위명령을 구하는 사건에서 법원은 사건을 심리한 결과, 보호기간 등에 따른 확정적인 종기가 밝혀진다면 반드시 주문에 표시하여야 한다며 판결주문에서 "2040. 12. 31까지 피고들은 이 사건 도안을 사용하여서는 아니 된다."라고 판시한 바 있다.

저작물의 유형

응용미술저작물성을 인정할 수 있다.

> **청바지 에비수 갈매기 도안에 대한 서울고등법원 2009나122304 판결**
>
> '청바지 모양의 도안'과 그 안에 'M 유사 형태의 도안'이 결합된 도안에 대하여 '청바지 모양의 도안'은 그 이용된 물품인 청바지와 구분되는 독자성을 갖지 못하고 있다고 하여 분리가능성을 부인하였고, 'M 유사 형태의 도안'은 보호받을 만한 창작성을 갖추지 못했다고 하였다.

위 판결은 하나의 도형을 구성하는 청바지 모양과 M자 모양을 구분하여 청바지 모양에 대하여 청바지인 물품과 분리가능성이 없다는 이유로 M자 모양에 대하여는 창작이 없다고 판단하고 있으나, 청바지 모양과 M자 모양이 결합하여 있는 전체 형상은 하나의 도안으로서 그에 대한 저작물성을 판단하지 않고 구성 부분의 형상을 분리하여 각각 판단한 부분에 의문이 있다.

라. 오리지널 캐릭터

캐릭터 중 오리지널 캐릭터는 일반 미술저작물로서의 창작성을 구비하면 저작물로 보호받을 수 있다.[93]

> **'르 슈크레 토끼' 캐릭터에 대한 대법원 2015도11550 판결**
>
> 이 사건 캐릭터는 이른바 오리지널 캐릭터의 일종으로 개발된 도안으로서 물품에 표시되는 경우 이외에도 동화책들에서 물품에 부착되지 않은 형태로 게재되는 등 이 사건 캐릭터 자체만의 형태로도 사용되어 왔으므로 도안 그 자체가 일반적인 미술저작물로서 창작성을 구비하였는지 여부에 따라 판단하면 충분하다고 하였다.
> 토끼를 사람 형상으로 표현한 이 사건 캐릭터는 ❶ 둥근 얼굴에 작고 둥근 눈 및 작은 눈과 대비되는 크고 둥근 코와 그 아래에 일자에 가까운 입 모양을 갖추고 있고, ❷ 귀는 긴 타원형으로 속살 같은 것이 보이는 형태로 되어 있으며, ❸ 팔과 다리는 길게 늘어뜨려 약

---

93 캐릭터는 그 창작적 표현형식에 따라서 미술저작물성이나 영상저작물성을 가질 수 있다. 이러한 캐릭터를 독자적인 저작물로 보호할 것인지에 대하여 논의가 있다. 이 부분은 후술하는 'Ⅳ. 1. 캐릭터 저작물'에서 다루기로 한다.

간 휘어진 형태인데 손이나 발은 원형으로 되어 있어, ❹ 전체적으로 아무 표정이 없지만 느긋하고 귀여운 느낌을 주도록 도안한 것으로 흔히 볼 수 있는 실제 토끼의 모습과는 구별되는 독특한 형상으로서 창작자 나름의 정신적 노력의 소산으로서의 특성이 부여되어 있고 다른 저작자의 기존 작품과 구별할 수 있는 정도라고 보이므로 저작권법에 의하여 보호되는 저작물의 요건으로서의 창작성을 구비하였다고 하였다.

저작물의 유형

5

응용미술
저작물

가. 응용미술저작물의 정의와 특징

순수미술과 대비되는 응용미술은 실용품에 응용된 미술을 말하는데 저작권법 제4조 제1항 제4호는 '응용미술저작물'을 회화·서예·조각·판화·공예 등과 함께 미술저작물로 예시하고 있다. 또한 제2조 제15호[94]에서 '응용미술저작물'은 물품에 동일한 형상으로 복제될 수 있는 미술저작물로서 그 이용된 물품과 구분되어 독자성을 인정할 수 있는 것을 말하며 디자인 등을 포함한다고 정의하고 있다.

응용미술은 이용되는 물품과 미술적 요소의 존재 형태에 따라서 ❶ 귀고리, 반지 등 장신구나 미술공예품 등 미술적 표현이 '실용품 그 자체'에 있는 경우, ❷ 실용품인 가구의 조각 등 미술적 표현이 '실용품과 결합'된 경우, ❸ 대량생산되는 '실용품의 양산을 위한 모형에 미술적 표현'이 있는 경우, ❹ 의류디자인 등 '실용품의 모양'으로 이용되는 경우 등으로 나누기도 한다.

(1) 미술저작물과의 경계

미술 작품에 형상과 색채로 이루어진 창작적인 표현만 있으면 미술저작물로 보호될

---

94 **저작권법 제2조 (정의) 제15호**
　　"응용미술저작물"은 물품에 동일한 형상으로 복제될 수 있는 미술저작물로서 그 이용된 물품과 구분되어 독자성을 인정할 수 있는 것을 말하며, 디자인 등을 포함한다.

수 있다. 하지만 물품에 동일한 형상으로 대량 복제된 미술 작품은 독자성 요건을 갖춘 경우에 한하여 미술저작물에 속하는 응용미술저작물로 보호받을 수 있다. 미술 작품이 물품에 사용되기 이전에 이미 미술저작물로 성립되어 있었다면 나중에 대량생산의 물품에 사용되더라도 별도로 응용미술저작물의 독자성 요건을 충족하여야 하는 것은 아니다.

'Be The Reds!'에 대한 대법원 2012도10777 판결, 서울서부지방법원 2012노260 판결

피고인들이 2002년 월드컵 당시 널리 사용된 'Be The Reds!'라는 응원 문구를 도안화한 이 사건 저작물이 그려진 티셔츠 등을 착용한 모델을 촬영한 이 사건 사진들을 인터넷상 포토라이브러리(Photo Library) 업체에게 위탁하여 배포한 사안에서,

원심은 이 사건 도안은 일응 그 분류상 형상 또는 색채에 의하여 미적으로 표현된 미술저작물로서(저작권법 제4조 제1항 제4호) 문자를 표현의 소재 내지 도구로 사용했으나 언어적 사상이나 의사의 전달이라는 본래의 기능보다는 시각적·형상적 사상의 표현에 주안점을 둔 것이고, 이 사건 도안의 창작 경위와 이용실태 등을 고려할 때 그 목적과 기능에 있어서 회화나 문자를 소재로 하여 서예가의 사상 또는 감정을 창작적으로 표현한 순수 서예 작품과는 달리 그 자체로 독립하여 감상의 대상으로 삼기 위해서 창작된 것이라기보다 주로 티셔츠, 두건 등의 상품에 동일한 형상으로 복제, 인쇄되어 상품의 가치를 높이거나 고객흡인력을 발휘하도록 하거나 광고에 이용하는 것과 같은 실용적인 목적에 주안점을 둔 것으로서 이용되는 상품 내지 표현 소재인 문자 자체와 구분되어 어느 정도의 독자성이 인정된다는 점에서 응용미술저작물(저작권법 제2조 제15호)로 볼 수 있다고 하였다.

대법원은 이 사건 저작물은 그 성격상 저작자의 창조적 개성의 발휘에 따른 미적 표현이 드러나 있는 미술저작물의 일종이라고 하였다.

---

(2) 디자인보호법과의 관계

한편 디자인보호법은 공업상 이용할 수 있는 디자인에 대하여 등록 등 일정한 요건 하에 디자인권으로 보호하고 있다. 디자인보호법 제2조 제1호는 "디자인이란 물품…의 형상·모양·색채 또는 이들을 결합한 것으로서 시각을 통하여 미감을 일으키게 하는 것을 말한다."라고 정의하고 있다. '공업상 이용할 수 있는 디자인'에 해당하는 것이 신규성, 진보성 요건을 갖춘 경우 특허청에 출원하여 심사를 받고 등록을 함으로써 디자인권이 발생하며, 디자인권은 디자인보호법 제90조 제1항에 따라 설정등록한 날부터 발생하여 디자인등록 출원일 후 20년이 되는 날까지 존속한다.

저작권법은 이러한 디자인권과 별개의 응용미술저작물 요건을 갖추면 디자인권 보호와 중첩적으로 미술저작물로 보호하고 있다. 응용미술저작물 중 형상과 색채를 표현형식으로 한다거나 물품에 동일한 형상으로 복제되는 대량생산성은 디자인권으로 보호하는 디자인과 차이가 없지만 응용미술저작물의 창작성과 독자성(분리가능성) 요건은 디자인권과 구별되는 저작권 고유의 성립요건이다.

> **말 도안 커튼에 대한 서울중앙지방법원 2015카합569 결정**
> 매화 문양이 얼음 결정을 이루듯이 선 또는 점으로 서로 연결된 매화 도안이 커튼 레이스 제품에 사용된 사안에서,
> "말 형상 도안이 사용된 채권자의 커튼은 그 도안을 해당 물품에 그대로 인쇄 및 복제하는 방법으로 제작된 것이어서, 말 형상 도안은 다른 물품에도 동일한 형상으로 복제되어 실용품의 도안으로 이용될 수 있고 그 이용된 물품과 구분되어 독자성을 인정할 수 있는 것으로 보인다. 따라서 말 형상 도안은 저작권법에 의하여 보호되는 응용미술저작물에 해당하고, 저작권법 제2조 제15호가 응용미술저작물에 관하여 '디자인 등을 포함한다'고 규정하고 있는 이상, 위 도안이 디자인권의 보호 대상이 해당하더라도 그와 별도로 저작권법에 의하여 보호되는 응용미술저작물에도 해당할 수 있다고 할 것이다."

나. 응용미술에 대한 저작권법 변경

응용미술에 관하여 1957년 저작권법은 '공예'만을 저작물로 정하고 있었고, 1986년 개정 저작권법에 이르러 '응용미술작품'이 미술저작물의 범위에 전면적으로 포함되었으며, 2000년 개정 저작권법은 '독자성 요건을 갖춘 응용미술저작물'을 미술저작물로 보호하였다. 이러한 입법의 변경에 따라 응용미술에 대한 저작권법의 보호 대상이 달라졌다.

(1) 1957년 저작권법

1957년 저작권법 제2조[95]는 응용미술 중 대량생산 되지 않고 하나만 제작되는 일품

---

95 1957년 저작권법 제2조(저작물)

제작의 '공예'만을 저작권법에서 보호하였고, 그 외에 양산되는 공업제품에 이용된 디자인 등은 의장법에 의하여 보호하였다.

이와 같이 1957년 저작권법은 대부분의 응용미술을 저작물이 아닌 의장으로 보호하는 입장이었다. 다만 1957년 저작권법 제2조의 규정은 저작물을 한정적으로 정한 것이 아니라 '예시'한 것이므로 공예와 유사한 응용미술은 저작물로 보호받을 수 있었다.

(2) 1986년 개정 저작권법

① 1987. 7. 1 부터 시행된 1986년 개정 저작권법은 '응용미술작품'을 미술저작물에 포함시켜 보호하였다.[96] 그리고 부칙 제2조 제1항[97]에는 1957년 저작권법상 보호받지 못한 저작물은 보호를 받을 수 없도록 하는 경과규정을 두었다. 따라서 1986년 개정 저작권법이 시행된 이후에도 개정 이전에 이미 작성된 응용미술 중 '공예나 이와 유사한 응용미술'을 제외한 나머지 응용미술은 1986년 개정 저작권법의 응용미술작품으로 보호되지 않았다.

묵주반지등록무효에 대한 서울행정법원 2006구합439 판결

응용미술작품이 1987. 7. 1. 이전에 창작되어 위 구 저작권법에 의하여 보호를 받지 못하였다면 비록 그것이 '물품에 동일한 형상으로 복제될 수 있는 미술저작물'로서 그 이용된 물품과 구분되어 독자성을 인정할 수 있는 것이라고 하더라도 위와 같이 전문 개정된 1987년 저작권법에 의하여 보호를 받을 수가 없는데 F 묵주반지는 창작연월일을 1985. 3.로, H 묵주반지는 창작연월일을 1986. 3.로 각 기재하여 저작권등록신청을 한 신청서

"본법에서 저작물이라 함은 표현의 방법 또는 형식의 여하를 막론하고 문서, 연술, 회화, 조각, 공예, 건축, 지도, 도형, 모형, 사진, 악곡, 악보, 연주, 가창, 무보, 각본, 연출, 음반, 녹음필림, 영화와 기타학문 또는 예술의 범위에 속하는 일체의 물건을 말한다."

96 **1986년 개정 저작권법 제4조 (저작물의 예시 등) 제4호**
"서예·도안·조각·공예·응용미술작품 그 밖의 미술저작물"

97 **저작권법 부칙 제2조 (적용 범위에 관한 경과조치)**
① 이 법 시행 전에 종전의 규정에 따라 저작권의 전부 또는 일부가 소멸하였거나 보호를 받지 못한 저작물등에 대하여는 그 부분에 대하여 이 법을 적용하지 아니한다.
② 이 법 시행 전에 행한 저작물등의 이용은 종전의 규정에 따른다.
③ 종전의 부칙 규정은 이 법의 시행 후에도 계속하여 적용한다. 다만, 법률 제4717호 저작권법중개정법률 부칙 제3항에 따른 저작인접권의 보호기간에 관한 경과조치 규정은 제외한다.

저작물의 유형

문면에 의하여 위 F 묵주반지와 H 묵주반지는 저작권법에 의한 보호 대상으로서 '저작물'에 해당하지 아니함이 명백하다고 하였다.98

② 그러나 응용미술작품을 전면적으로 응용미술저작물로 보호하는 1986년 개정 저작권법에 불구하고 당시 판례는 응용미술에 대하여 원칙적으로 의장법에 의한 보호로 충분하다고 보았고 의장법에 의한 보호를 넘어서 보호할 만한 예술적 특성과 가치가 있는 경우에만 예외적으로 응용미술저작물로 보호하려고 하였다. 직물 도안, 생활한복 도안, 플라스틱 쟁반 도안의 응용미술저작물성이 문제 된 사안에서, 응용미술저작물의 성립요건으로 "그 자체가 하나의 독립적인 예술적 특성이나 가치"를 가지고 있어야 한다며 응용미술저작물의 성립을 엄격히 제한하는 입장을 취하여 응용미술저작물의 성립을 배척하였다.

대한방직염직도안에 대한 대법원 94도3266 판결

응용미술 작품에 대하여는 원칙적으로 의장법에 의한 보호로써 충분하고 예외적으로 저작권법에 의한 보호가 중첩적으로 주어진다고 보는 것이 의장법 및 저작권법의 입법취지라 할 것이므로 산업상 대량생산에의 이용을 목적으로 하여 창작되는 모든 응용미술 작품이 곧바로 저작권법상의 저작물로 보호된다고 할 수는 없고 그중에서도 그 자체가 하나의 독립적인 예술적 특성이나 가치를 가지고 있어 위에서 말하는 예술의 범위에 속하는 창작물에 해당하여야만 저작물로서 보호된다며 염직 도안인 '르 데지레(Le Desire)'와 '르 바스켓(Le Basket)'은 직물의 염직에 사용하기 위한 것으로서 응용미술품의 일종이긴 하나 저작권법의 보호 대상이 되는 저작물에는 해당하지 않는다는 원심의 판단을 유지하였다.

위 대법원판결에서 유지된 원심 서울형사지방법원 94노2571 판결은 "이 사건 도안은 …직물 디자인으로 사용 목적으로 1990년에 제작된 것으로서 직물의 기능과 물리적으로 혹은 개념적으로 분리되어 식별될 수 있는 예술적 특성을 가지고 있다고 볼 수 없다고 판단된다."라고 미국의 분리가능성이론을 염두에 둔 것 같은 판시를 하였다. 이와 같이 구법 하의 판례 중에는 2차원인 직물 도안의 저작물성에 대하여 "그 자체가 하나의 독립적인 예술적 특성이나 가치"

---

98 위 사안에서 1심은 등록처분이 당연무효임을 확인하였는데, 항소심은 저작권등록업무의 처분청은 '저작권심의조정위원회'임에도 피고를 '저작권심의조정위원회 위원장'으로 하여 소를 제기한 것은 피고적격이 없는 자를 상대로 한 소로서 부적법하다며 소를 각하하였다.

를 기준으로 하면서 그와 함께 실용품인 직물과의 물리적 또는 개념적으로 분리를 요구하는 것처럼 설시하는 경우가 있었다. 그러나 구법 하의 판례에서 설시된 분리가능성은 직물도안에 대하여 응용미술작품으로서 보호하기 위한 창작성 기준을 높여 의장권으로 보호할 수 있는 수준을 넘는 높은 정도의 예술적 창작성을 의미하는 또 다른 표현에 불과하고 분리가능성 자체를 응용미술작품의 요건으로 본 것은 아니었다.

대한방직염직도안에 대한 서울고등법원 95나10473 판결

"직물도안들은 꽃무늬 등을 여러 가지 색채로 표현하고 이를 적당하게 배열하여 만들어진 평면적인 도안이 직물에 인쇄된 것들로서 응용미술품의 일종에 해당된다고 할 것이나 그 색채나 문양 등에 비추어 볼 때 실용물인 직물과 분리된 도안 그 자체가 하나의 독립적인 예술적 특성이나 가치를 가지고 있다고는 볼 수 없으므로 위 직물도안들은 저작권법의 보호대상이 되는 저작물에는 해당되지 아니한다."

전기보온밥통 디자인에 대한 수원지방법원 99노4546 판결

전기보온밥통의 외부측면에 그려져 있는 튤립, 장미 등의 꽃무늬를 적절히 배열한 도안은 그 제작 경위와 목적, 외관 및 기능상의 특성 등 제반 사정에 비추어 볼 때 전기보온밥통의 기능과 물리적으로 혹은 개념적으로 분리되어 식별될 수 있는 예술적 특성이 있다고 볼 수 없다며 저작물성을 배척하였다.

플라스틱 쟁반 도안에 대한 서울고등법원 99라74 결정

A 사업자는 합성수지로 만든 쟁반을 제작하여 판매하면서 미국회사가 작성한 과일 그림을 나름대로 배치하고 과일 그림 밑부분에 해당 문자를 부가한 도안을 사용하고 있었는데 B 경쟁사업자가 A 사업자의 쟁반 디자인을 그대로 사진 찍어 자신의 쟁반 디자인으로 사용하여 만든 쟁반을 A 사업자의 납품업체에 절반의 가격으로 납품한 사안에서, 플라스틱 쟁반에 사과, 배 등의 과일을 비교적 사실적인 색채로 표현하고 배열한 도안은 실용물인 플라스틱 쟁반과 분리되어 그 자체가 하나의 독립적인 예술적 특성이나 가치를 가지고 있다 할 수는 없다며 저작물성을 배척하였다.[99]

---

99 B 경쟁업체가 응용미술 도안을 그대로 복제하여 동일한 제품 만들어 저가에 판매한 행위는 A의 도안이 응용미술저작물로서 보호가 되지 않는 경우라도 민법상 사회상규에 반하는 불법행위에 해당할 수도 있지만, A 사업

(3) 2000년 개정 저작권법

2000년 개정 저작권법은 그 이전까지 두지 않던 응용미술저작물에 대한 '정의 규정'을 두면서 응용미술이 이용된 물품과 구분되는 '독자성 요건'을 명시하였다.[100]

> **묵주 디자인에 대한 헌법재판소 2004헌마478 불기소처분취소결정**
> 묵주 디자인의 침해가 문제 된 형사사건에서 검사가 "산업상의 대량생산에의 이용을 목적으로 하여 창작되는 모든 응용미술 작품이 곧바로 저작권법상의 저작물로 보호된다고 할 수는 없고, 그중에서도 그 자체가 하나의 독립적인 예술적 특성이나 가치를 가지고 있어 예술의 범위에 속하는 창작물에 해당하여야만 저작물로서 보호된다."고 판시한 대법원 1996. 2. 23. 선고 94도3266 판결을 원용하여 이 사건 묵주 디자인 역시 산업상의 대량생산에의 이용을 목적으로 하여 창작된 것으로 봄이 상당하여 저작권법상의 저작물로 보호받기 어려울 뿐만 아니라 그 자체가 묵주의 기능과 분리되어 식별될 수 있는 정도의 독립적인 예술적 특성이나 가치를 가지고 있다고 보기도 어렵다는 이유로 위 피고소인들에 대하여 혐의없음의 불기소처분을 하였다. 이에 묵주 제작자가 항고, 재항고하였으나 기각되고 나서 불기소처분에 대한 취소를 구하는 헌법소원심판을 청구한 사안에 대하여, 2000. 7. 1.부터 시행 전후의 저작권법에서의 응용미술저작물에 대한 규정상의 차이를 지적하며 이 사건 묵주 디자인이 언제 고안된 것인지, 고안자가 누구인지, 그 이용된 물품(이 사건의 경우에는 묵주, 묵주반지 또는 팔찌)과 구분되어 독자성을 인정할 수 있는지 등을 판단하지 않고 법리를 오해하여 불기소처분한 것은 헌법상 평등권을 침해한 위헌적 처분이라고 하였다.

'묵주 디자인'에 대한 불기소처분에 대하여 위와 같은 위헌 판단이 내려진 이후 '묵주반지 디자인'을 무단으로 사용한 행위에 대하여 기소가 제기되어 진행된 형사사건에서, 1심은 유죄를 선고하였으나 항소심은 묵주반지에 있는 '묵주반지 디자인'은 그 이용된 물품인 묵주반지와 구분되는 독자성을 인정할 수 없어 저작권법의 보호 대상인 응용미술저작물에 해당하지 아니한다고 판단하여 무죄를 선고하였다.

자가 미국회사가 작성한 과일 그림을 그대로 사용한 점을 근거로 민법상 불법행위도 인정하지 않았다.

100 저작권법 제2조 (정의) 제15호
"응용미술저작물"은 물품에 동일한 형상으로 복제될 수 있는 미술저작물로서 그 이용된 물품과 구분되어 독자성을 인정할 수 있는 것을 말하며, 디자인 등을 포함한다.

다. 응용미술저작물의 성립요건

'응용미술'의 표현이 저작권법상 '응용미술저작물'로 보호를 받기 위해서는 ❶ '창작성', ❷ '대량 생산성', ❸ '물품과 구분되는 독자성'의 요건을 갖추고 있어야 한다. 3가지 요건 중 '창작성'은 저작물이라면 갖추어야 할 기본적인 요건이고, '대량생산성'은 응용미술저작물에 속할 수 있는 저작물의 범위에 대한 것이라면 '독자성'은 대량생산되는 물품에 복제된 미술저작물이 저작물성을 갖기 위한 응용미술저작물 특유의 것으로서 가장 중요한 요건이라고 할 수 있다.

다이어리 디자인에 대한 서울중앙지방법원 2011가합133393 판결

노트의 속지 도안이 ❶ 시각적 요소를 나름의 방법으로 표현되어 정신적 노력의 소산으로서의 특성이 잘 부여되어 있어 저작물로서의 창작성이 인정되고, ❷ 또한 물품에 동일한 형상으로 복제될 수 있으며, ❸ 그 이용된 물품인 스티커 및 노트에 사용된 디자인은 물품에 그대로 인쇄 및 복제하여 제작한 것으로서 얼마든지 다른 실용품의 디자인으로도 이용될 수 있으므로 응용미술저작물에 해당한다고 하였다.

매화문 문양에 대한 특허법원 2018나2407 판결

레이스 제품에 사용되는 매화문양이 얼음 결정을 이루듯이 서로 선 또는 점으로 연결된 도안은 ❶ 선, 면 등에 의해 구체적으로 외부에 표현한 창작적인 표현이며, ❷ 다른 물품에도 동일한 형상으로 복제될 수 있고, ❸ 의류 등의 물품이 가지는 기능적 요소와 쉽게 분리가 가능한 것으로 보인다며 응용미술저작물로 인정하였다.

버버리 디자인에 대한 서울중앙지방법원 2018가합512971 판결

"저작권법 제2조 제15호 소정의 응용미술저작물에 해당하기 위해서는 그 작품이 저작물이 되기 위한 일반적 요건, 즉, '창작성'의 요건을 갖추는 이외에 '물품에 동일한 형상으로 복제될 수 있는 미술저작물일 것(복제가능성)'과 '그 이용된 물품과 구분되어 독자성을 인정할 수 있는 것(분리가능성)'이라는 두 가지 요건을 갖추어야 한다(대법원 2013. 4. 25. 선고 2012다41410 판결 등 참조)

…위 법리에 비추어 이 사건 원고 디자인에 관하여 보건대, 이 사건 원고 디자인은 옅은 황갈색(베이지, beige) 바탕 상단에 붉은색의 굵은 가로줄, 하단에 검은색과 하얀색의 굵은 가로줄이 각 있고, 그 가로선들 중앙으로 옅은 붉은색의 얇은 세로줄이 있는 체크 디자인으로 이는 세로줄과 가로줄이 여러 차례 겹치게 구성되는 일반적인 체크 디자인…과

구별되는 창작자 나름대로의 정신적 노력 소산으로서 특별성이 부여되어 있고, 그 특성이 다른 기존 작품과 구별될 수 있는 정도이다.

그리고 이 사건 원고 디자인을 원고 제품에서 분리하여 이를 의류, 지갑, 벨트 등 물품에 동일한 형상으로 복제할 수 있으므로, 가방 제품 이외의 다른 물품의 디자인으로도 얼마든지 이용될 수 있고, 원고가 생산·판매하는 가방 제품이 가지는 실용적 기능과 이 사건 원고 디자인은 관찰자로서 물리적으로나 관념적으로나 모두 분리하여 인식될 수 있다. 따라서 이 사건 원고 디자인은 저작권법 제2조 제15호에서 정한 응용미술저작물에 해당한다고 보는 것이 타당하다."

(1) 창작성

응용미술저작물에도 저작물의 요건인 창작성을 구비하여야 하며 저작자의 미술적 개성이 형상과 색채로 창작적으로 표현되어야 한다. 응용미술은 기본적으로 실용성을 추구하는 까닭에 실용적 기능으로 인하여 표현에 제한이 있고 따라서 창작성이 제한되는 경우가 많다.

① 창작성이 인정되는 경우

일반 미술저작물과 마찬가지로, 응용미술저작물도 시각적 형상 및 색채, 이들의 구성 및 배치에 나름의 작성자의 개성이 발휘되면 창작성이 인정된다.

> **'히딩크 넥타이'에 대한 서울중앙지방법원 2004노2851 판결 (파기환송심)**
>
> '히딩크 넥타이'의 도안은 도안제작자가 창작한 것이 아닌 우리 민족 전래의 태극 문양 및 팔괘 문양을 주된 표현으로 삼고 있는 등 저작물성이 인정되지 않은 전래의 문양을 바탕으로 한 것이기는 하지만 ❶ 이를 상하좌우 연속 반복하면서 중앙의 삼태극을 중심으로 팔방으로 배치된 팔괘와 그 외곽을 두 겹의 동심원으로 둘러싸고 있는 주된 문양, ❷ 선형 태극으로 이루어진 부차적인 문양, ❸ 주된 문양과 부차적인 문양을 둘러싸고 가상의 마름모꼴과 사각형의 꼭지점에 각 배치된 서로 다른 크기와 색상의 점 등으로 조화롭게 구성된 점에 미적 창작성을 인정하였다.

> **'history' 도안에 대한 수원지방법원 안양지원 2012가합7583 판결**
>
> 빛, 색, 리듬을 기본개념으로 옵아트적 요소의 미니멀한 작품을 만든다는 목표 하에 ❶ 'history'의 각 글자를 파란색, 노란색, 하늘색, 보라색, 회색, 초록색, 빨간색으로 하고,

❷ 위 각 글자의 크기, 글씨체, 위치를 다르게 하여 시각적인 효과를 극대화하고자 한 'history' 건물 로고에 대하여 창작성을 인정하였다.

다이어리 디자인에 대한 서울중앙지방법원 2011가합133393 판결

피고의 디자인이 속지로 포함된 '다이어리 상품'이 원고가 제작한 스티커와 디자인이 속지로 포함된 '노트 상품'의 저작권을 침해한 것인지가 문제 된 사안에서,
원고 각 디자인은 ❶ 다양한 형상의 식물, 열매, 토끼의 각 문양, 다람쥐가 도토리를 쥐고 서 있는 형상, ❷ 함께 배치된 문구의 내용 및 활자의 색상, 크기, 형태 및 ❸ 디자인 전체의 배치, 형태, 색상 등의 시각적 요소를 원고 나름의 방법으로 표현한 것으로 저작물로서의 창작성이 인정된다.

청첩장 도안에 대한 서울고등법원 2010나54063 판결

"원고의 각 청첩장 전체 도안은 청첩장의 전체 형태 및 색상, 나비, 리본, 하트, 장미꽃, 넝쿨 문양, 스티치 문양 등 각종 문양, 청첩장에 사용한 한글·한자·영문 문구의 내용 및 활자의 색상·크기·형태 등의 시각적 요소를 원고 나름의 방법으로 표현한 것임이 인정되고, 나아가 원고의 정신적 노력의 소산으로서의 특성이 잘 부여되어 있다고 보이므로 저작물로서의 창작성이 인정되고, … 저작권법의 보호 대상인 응용미술저작물에 해당한다[101]

부엉이 디자인에 대한 의정부지방법원 2015가합50276 판결

피고가 원고의 인테리어 상품 도안을 임의로 에어컨 커버 등 제품에 사용한 사안에서,
"원고 도안은 상단에는 버드나무 넝쿨이 위에서 아래로 늘어져 있고, 하단에는 잔디밭이 묘사되어 있으며, 중심부에는 왼쪽에서 오른쪽으로 뻗은 가지 위에 큰 부엉이 한 마리와 작은 부엉이 한 마리가 나란히 앉아 있고, 그 바로 아래에는 오른쪽에서 왼쪽으로 뻗은 가

---

101 위 판결은 청첩장 전체 도안에 대하여 응용미술저작물로 인정하면서 청첩장을 구성하는 표현 중 창작성을 갖는 부분을 비교·검토하여 실질적유사성을 인정하거나 배척하였다.
"원고 1번 청첩장의 나비 도안(원고 1번 도안)은 색상·크기·형태 등의 시각적 요소를 원고 나름의 방법으로 표현함으로써 원고의 정신적 노력의 소산으로서의 특성이 잘 부여되어 있고, 다른 저작자의 기존 작품과 구별되므로, 저작권법의 보호대상인 창작성 있는 표현에 해당한다. …원고 2번 청첩장의 나비 도안(원고 2번 도안)과 매우 유사한 도안들이 이미 존재하고 있음이 인정되고, 이러한 인정사실에 비추어 보면 원고 2번 도안은 공지의 도안을 다소 변형한 것에 불과하여 그 작성자의 창조적 개성이 드러나 있다고 보기 어려우므로, 이를 두고 저작권법에 의하여 보호되는 창작성이 있는 표현이라고 볼 수는 없다. 원고 3번 청첩장의 나비 도안(원고 3번 도안)은 색상·크기·형태 등의 시각적 요소를 원고 나름의 방법으로 표현함으로써 원고의 정신적 노력의 소산으로서의 특성이 잘 부여되어 있고, 다른 저작자의 기존 작품과 구별되므로, 저작권법의 보호대상인 창작성 있는 표현에 해당하고, 을 제353, 354, 355호증의 기재만으로는 이와 달리 보기 어렵다."

저작물의 유형

지 위에 작은 부엉이 한 마리가 앉아 있으며, 가지와 잔디 중간에 'Life is good'이라는 문구가 적혀 있는 것으로, 부엉이의 생김새나 선도, 버드나무 넝쿨과 잔디밭의 묘사는 기존에 사용되던 도안과 유사하여 창작성이 인정되기 어려우나, 두 개의 가지가 서로 다른 방향으로 뻗어 있고 그 각각의 가지에 두 마리, 한 마리의 부엉이가 앉아 있는 모습, 문구의 배치 등에서 기존의 저작물들과 다른 미적인 특성을 지니고 있다. 따라서 원고 도안에는 원고 나름의 정신적 노력의 소산으로서의 특성이 부여되어 있고 이는 다른 저작자의 기존 작품과 구별될 수 있는 정도이므로, 원고 도안은 '인간의 사상 또는 감정을 표현한 창작물'로서 저작권법의 적용을 받는 응용미술저작물에 해당한다."

담장 디자인에 대한 서울지방법원 2003고정725 판결

피고인이 타인이 응용미술저작물로 등록한 아지랑이의 형태와 유사한 모양의 담장 디자인을 게재한 카탈로그를 제작 배포하고 초등학교 담장 설치공사를 하면서 타인이 창작하여 2002. 8. 5. 등록한 '놀이동산' 담장 형태와 유사한 모양의 담장을 제작, 납품한 행위에 대하여 저작권 침해를 인정하고 벌금형 선고하였다.

위 판결은 담장 디자인이 저작물성을 갖추고 있는지에 대한 구체적인 판단 없이 디자인이 등록되었다는 사실만 판시하고 있다. 그러나 디자인이 저작권등록이 되었다고 하여 당연히 저작물로서 인정되는 것은 아니다. 대량생산되는 담장이라도 그 모양에 미적 창작성이 있고 담장의 형태나 기능으로부터 제한을 받지 않은 경우에는 독자성이 인정되어 응용미술저작물로서 성립될 수도 있지만 기존에 사용되거나 간단한 모양 또는 담장의 형태나 기능으로부터 제한을 받는 실용적 목적의 담장 디자인은 응용미술저작물로서 인정되지 않을 수 있다.

② 창작성이 배척되는 경우

작성자가 고안한 도안이라도 흔하게 사용되는 형상이나 색채의 선택, 간단하고 흔한 배치 방식, 실용성에 따른 통상적인 표시 방법에 해당하거나 단순한 이미지에 불과하면 창작성이 부정되어 저작물로 인정되지 않는다.

'포트메리온' 포장박스문양에 대한 서울고등법원 2011나50785 판결

"이 사건 A 포장박스 문양이 … '응용미술저작물'에 해당하는지 살펴보면, 이 사건 A 포장박스에 있는 문자는 상품의 표지, 명칭, 주소, 출처를 표시한 단순한 영문 문자이고 … 영문 상호를 녹색바탕의 타원형 도형에 흰색 영문 문자로 표시하고 테두리에 나뭇잎 모양으로 둘러싼 도형으로서 … 타원형 도형과 영문 문자를 녹색 계통의 상표와 문자열로 표시하여 45°로 기울어진 사선형태로 배열한 것은 간단하고 흔한 배치 방식이고 갈황색 배경은 .. 흔하게 사용되는 색상이며, 그 문자와 도형이 함께 구성되고 배치된 전체 이미지 역시 원고 A을 표시하는 상호와 문자를 사선형으로 반복하는 정도에 불과한 것이고, 문자와 도형의 지시적 기능을 제외한 단순한 타원형과 글자들의 배열을 사선으로 반복하여 배치한 문양이 원고 A만의 고유한 창작물이라고 볼 수도 없으며, … 따라서 이 사건 A 포장박스 문양은 원고 A의 상호와 주소를 단순하게 반복적으로 표시한 결과에 수반한 것에 불과하고, 포장박스로서 원고 A 제품을 포함하고 있다는 지시적 기능과 분리되어 별도의 저작물로서 감상의 대상이 될 정도로 인간의 사상 또는 감정이 표현된 창작물이라고는 볼 수 없으므로 이 사건 A 포장박스의 문양이 저작권법 제4조 제1항 제4호의 '응용미술저작물'에 해당함을 전제로 한 원고 A의 주장은 이유 없다."

③ 창작성이 일부만 인정되고 나머지는 배척되는 경우

저작물로 인정되는 응용미술 중에도 창작적 표현과 그렇지 못한 표현이 존재한다. 응용미술 중 누가 작성하더라도 같거나 비슷할 수밖에 없는 표현, 최소한의 창작성의 정도를 갖지 못한 표현, 기존의 통상적인 표현에 대해서는 창작성은 부인되고 저작물의 일부라도 저작권 보호를 받지 못한다.

> **길상문 문양에 대한 대구지방법원 2008가합5442 판결**
> 원고의 서적에 게재된 문양을 피고의 홈페이지에 게재하여 누구나 무상으로 다운로드받아 사용하게 한 사안에서,
> 이 사건 문양 중 ❶ 한국 전통문양에 관한 여러 자료에서 그 소재를 발굴한 다음 여기에 원고 나름의 방식으로 단순 추상화하는 등의 변형을 가하고, 구성을 새롭게 하거나 배열을 달리하는 등의 방법으로 원래의 전통문양과는 다른 새로운 문양을 창작한 것은 응용미술저작물로 인정하였다. 그러나 그 외에 ❷ 연꽃과 연잎, 난초, 새와 꽃나무, 나비, 국화를 소재로 한 문양으로서 자연에 실재하는 동·식물을 별다른 변형 없이 실제 있는 모습대로 묘사하는 것은 누가 이를 표현하더라도 같거나 비슷할 수밖에 없고 ❸ 기존 문양에 나타난 선, 모양 등을 보다 단순화하거나 음양에 차이를 둔 정도에 불과한 경우에는 창작성을 인정할 수 없다고 하였다.

> **말 도안 커튼에 대한 서울중앙지방법원 2015카합569 결정**
> 채권자의 말 도안이 눈, 코, 입이 없고 귀만 뾰족하게 돌출되어 있고 다리는 끝이 뭉툭하게 앞뒤 1개씩만 그려져 있고, 발굽과 꼬리가 없이 단순하게 하여 영국 국기의 도안을 채색하

고, 그 위에는 왕관을 그려 넣었으며, 오른쪽에 필기체로 'London' 영문자를 부가하고, 배경에 하늘색 바탕 위에 별 모양의 흰색 도형들이 산재하여 있고, 하단에는 흰색과 연한 회색, 진한 회색으로 아래로 갈수록 진한 색상을 사용하여 구름을 형상화한 것으로 보이는 3단의 곡선 무늬를 그려 넣은 사안에서,

"❶ 하늘색 바탕 위에 흰색 별 모양의 도형이 산재한 형상의 도안이나 하단의 구름 형상의 곡선 무늬 등은 종전에 커튼이나 침구류 등 다양한 직물류 제품에서 공연히 실시되었던 도안과 유사하다고 볼 여지가 있고, ❷ 'London'이라는 문구는 영국 소재 도시의 지명을 기재한 것에 불과하고 이를 기재한 서체도안에 창작성이 인정된다고 볼 만한 사정도 없어, 채권자 도안 중 위 부분들은 저작권법에 의하여 보호될 수 있다고 보기 어렵다.

그러나 이를 제외한 말 형상 도안에 관하여 보건대, ❶ 말 부분의 형상은 비교대상 도안의 말 형상과 유사하다고 볼 여지가 있고, ❷ 청색 바탕 위에 적색과 흰색의 직선 및 사선이 교차하는 형태의 영국 국기의 도안 자체는 채권자가 창작한 것으로 보기 어렵다. 그러나 ❸ 정방형 또는 직사각형의 배경이 아닌 부정형의 말 형상의 도안 위에 영국 국기의 도안 중 중심이 되는 적색과 흰색의 사선이 교차하는 부분이 말의 두부에 위치하도록 채색하고 나아가 그 위에 작은 왕관을 덧붙여 말이 왕관을 쓰고 있는 듯이 표현한 말 형상 도안 전체는 채권자의 창작적인 표현형식으로 볼 여지가 있고, 비교대상 도안 중 영국 국기의 도안으로 채색되었거나 왕관과 함께 사용된 말 형상은 없는 점 등에 비추어 보면, 말 형상 도안이 비교대상 도안에 의하여 그 창작성이 없다고 단정하기는 어렵다."

(2) 대량생산성

응용미술저작물은 산업적 목적으로 이용하기 위하여 물품에 동일한 형상으로 복제될 수 있는 미술저작물이어야 한다.

① 응용미술저작물은 산업적 이용을 위하여 물품에 반복적으로 동일한 형상으로 복제 이용되는 대량생산성의 요건을 갖추고 있어야 한다. 예를 들어 도예가가 직접 수공으로 만든 일품 도자기는 대량생산성의 요건을 갖추지 못한 것이다. 이러한 도자기에 대하여 응용미술저작물의 독자성을 검토할 필요 없으며 형상, 색상에 창작성이 인정되면 일반 미술저작물로 보호된다.

> **안내데스크 디자인에 대한 서울중앙지방법원 2009가합33025 판결**
> "이 사건 아트월은 붉은 색 바탕벽에 인쇄용지를 형상화한 사각형 내지 사각틀의 형상을 불규칙하게 배치하되, 그 중 일부 사각형은 반투명한 소재로 만들고 뒤에 등을 설치하였

고, 나머지 사각형 내지 사각틀은 바탕벽보다는 조금 밝은 색깔의 붉은 색으로 배치하였던 바, 위 각 디자인은 아트월의 바탕벽과 구분되고, 동일한 형상으로 반복 설치가 가능하므로 응용미술저작물에 해당한다 할 것이다."

무지개공간 조형물 도안에 대한 대전지방법원 2015노3038 판결

"이 사건 도안은 조각가인 피해자가 아파트 내 환경조형물 공모전에 응모하기 위하여 자신의 사상이나 일정한 주제의식을 담아 컴퓨터프로그램으로 그린 창작물인 사실, 이 사건 도안에는 그 형상화하려는 조형물의 재질과 규격 등이 상세히 기재되어 있어 누구나 이 사건 도안만 있다면 이 사건 도안이 형상화하는 조형물과 동일 또는 유사한 조형물을 제작할 수 있을 것으로 보이는 사실, 실제로 피고인 또한 이 사건 도안에 의거하여 이 사건 조형물을 제작한 사실이 인정되는바, 이에 의하면 이 사건 도안은 그 자체로 물품에 동일하게 형상화될 수 있는 응용미술 작품의 일종이고, 그 이용된 물품(이 사건의 경우 형상화된 또는 형상화될 조형물)과 구분되어 독자성을 인정할 수 있는 응용미술저작물에 해당한다고 봄이 상당하다."

위 판결은 피해자인 조각가가 아파트 단지 내 환경 조형물공모에 응하여 만든 조형물 도안을 응용미술저작물로 판단하고 독자성 요건을 판단하고 있다. 이는 조형물 도안을 기초로 동일한 형상의 유체의 조형물을 대량으로 만들어 낼 수 있다는 점에 근거하고 있는 듯하다. 그러나 이 사건 조형물 도안은 아파트 단지 내 환경 조형물로서 산업적 대량생산의 목적을 위한 것이 아니다. 조형물 도면을 응용미술저작물로 본 판결에 아래와 같은 의문이 있다.

❶ 예를 들어 음을 표현하는 수단인 음악 기호로 작성된 악보가 음악저작물에 대한 외부적 표현물에 해당하는 것과 마찬가지로 여기서 조형물 도안은 조각가가 창작하려는 무체의 조형저작물의 외부적 표현물에 해당한다. 위 조형물 도안은 도안에 외형적으로 작성된 글이나 선 등 표현수단 그 자체가 아니라 도안이 관념적으로 표현한 입체의 조형저작물을 표현하고 있다. 조형물 도안에 따라 유체의 조형물이 실제 제작되지 않았더라도 일반 미술저작물에 해당하는 무체의 조형저작물은 이미 성립된 것이다. 이러한 조형물 도안을 기초로 만들어진 유체의 조형물에는 무체의 조형저작물이 복제되어 화체되어 있게 된다. 따라서 피고인이 조형물의 도안에 따라 유체의 조형물을 제작한 행위는 피해자가 창작한 '미술저작물'인 조형저작물을 복제한 침해행위가 된다. ❷ 위 조형물 도안은 실제 물품에 반복적으로 동일한 형상으로 복제되어 이용되지 않았다. 일반 미술저작물로 이미 성립한 저작자의 작품을 타인이 임의로 대량생산 물품에 사용하였다고 하여 응용미술저작물로서 보호를 해주어야 하는 것은 아니다. ❸ 일반 미술저작물로 분류되는 조각이나 판화의 경우 동일한 작품을 수 개의 유체물로 만들어 내고 있더라도 응용미술이 아니라 순수미술로 분류하는 점을 고려하면 위 조형물 도안에 따라 반복하

저작물의 유형

여 복수의 조형물로 만들 수 있다고 하여 대량생산성의 요건을 갖추었다고 보고 응용미술저작물의 대상이 된다고 할 수 없다. ❹ 만약 판결과 같이 응용미술저작물로 보고 보호하려면 복제 이용된 물품과의 독자성 요건을 충족하여야 한다. 그런데 조각과 같은 조형물은 관념적인 조형물 형상과 동일한 유체물의 형상으로 복제되어 이용하는 것이 대부분이다. 이 경우 조형물 도안은 이용된 물품이라고 할 수 있는 유체의 조형물과 구분되어 독자성을 인정하기 어렵다.

② 응용미술저작물의 정의 조항은 물품에 동일한 형상으로 "복제될 수 있는" 미술저작물이라고 정하여 문구상으로는 향후 복제될 가능성이 있는 미술저작물도 포함하고 있는 것처럼 보인다. 그러나 위 조항 후단은 "그 이용된 물품"과 구분되어 독자성을 인정할 수 있는 것이라고 정하고 있어서 응용미술저작물이 되기 위해서는 도안 등이 실제로 이용된 물품이 있어야 한다. 따라서 응용미술저작물은 산업적 목적으로 물품에 반복적으로 복제 이용된 것을 말하며, 아직 물품에 복제되지 않고 있으나 향후 물품에 복제될 가능성이 있는 미술저작물까지 포함하는 것은 아니라고 보인다. 예를 들어 원래 양산하려는 제품의 도안으로 만들어졌지만 실제 물품에 복제 이용되지 아니한 도안은 '응용미술저작물'이 아닌 일반 '미술저작물'로서의 저작물성을 검토하여 저작권 보호여부를 결정하면 될 것이다. 그러나 만약 저작자가 응용미술품을 위한 도안을 만들고 그것이 물품에 실제 사용하는 과정을 거치는 경우에는 도안 작성 단계의 미술저작물로서의 성립은 별도로 논하지 않고 응용미술저작물의 성립과정에 포섭된 것으로 보고 응용미술저작물성만 판단하면 될 것으로 보인다.

우리나라 저작권법은 응용미술저작물의 복제 대상을 '물품'으로 정하고 있다. 이와 달리 미국 저작권법 제101조는 '실용품'을 단순히 그 물품의 외관을 나타내거나 정보를 전달함에 그치지 않고 본질적으로 실용적인 기능을 가지는 물품이라고 정의하고, 이러한 실용품의 디자인이 저작권의 보호를 받기 위해서는 분리가능성이 있어야 한다고 한다. 따라서 미국저작권법상 단순히 외관을 나타내는 캐릭터, 인형, 장난감, 디자인과 정보전달을 위한 홍보나 식별 도안은 실용품에 해당하지 않으므로 분리가능성을 검토할 필요 없이 저작물 보호를 판단할 수 있다고 한다. 우리나라 저작권법은 '실용품'을 포함하는 넓은 개념의 '물품'을 응용미술저작물의 복제이용대상으로 하고 있지만 실용품에 해당하지 않은 물품의 디자인 등은 대부분 물품의 실용적 기능과 거리가 있어 독자성(분리가능성)이 인정되어 저작권 보호를 받을 수 있다는 점에서 응용미술저작물을 실용품에 한정하는 미국저작권법상의 결론과 차이가 거의 없어 보인다.

응용미술저작물

③ 도안이나 디자인이 동일한 형상으로 반복 이용되지만 '물품에 복제되지 않는' 경우가 있다. 예를 들어 홍보에 사용되는 도안 등이 홍보물이나 온라인 등에서 반복적으로 이용되거나 스티커 등에 복제되어 반복 사용되지만 물품에 복제되지 않는 경우이다. 이 경우 응용미술저작물이 될 수 있는 대량생산성 요건을 갖추지 않아 응용미술저작물이 아닌 일반 미술저작물로서의 저작물성을 판단하면 된다. 다만 이러한 도안은 홍보 등 실용 목적을 갖는 까닭에 순수미술과는 달리 실용성에 의한 표현의 제한으로 창작성이 제약될 수 있다.

④ 상표를 구성하는 도안이라도 상표로서의 사용과 관계없이 저작물 요건을 갖추면 저작권 보호를 받을 수 있다. 판례는 상표나 캐릭터 도안 자체가 창작된 이후 물품에 도안으로 사용될 뿐만 아니라 전사지나 스티커 형태로 제작하거나 카탈로그 등 홍보물과 인터넷 홈페이지 등에서 게재하여 이용한 경우에는 일반적인 미술저작물로서 창작성 등 요건을 갖추면 보호될 수 있다고 한다.

여우머리 형상 상표에 대한 대법원 2012다76829 판결
"원고는 위 각 도안(이하 이를 '이 사건 원고 도안'이라 한다) 자체를 작성한 이래로, 이를 원고가 제조·판매하는 모토크로스(Motocross)·산악자전거(Mountain Bike)·일반 자전거용 의류, 스포츠 장비, 신발, 잡화 등 물품에 표시해온 것 외에도, 다른 곳에 부착할 수 있는 전사지나 스티커 형태로 제작하여 잠재적 수요자에게 배포해오는 한편, 원고가 발행한 카탈로그 등 홍보물과 인터넷 홈페이지 등에서 물품에 부착되지 않은 이 사건 원고 도안 자체만의 형태를 게재해왔다. 따라서 이 사건 원고 도안이 저작권법에 의하여 보호되는 저작물의 요건으로서 창작성을 구비하였는지 여부는 도안 그 자체로 일반적인 미술저작물로서 창작성을 구비하였는지 여부에 따라 판단하면 충분하다고 할 것이다. 그런데 이 사건 원고 도안은 모두 자연계에 존재하는 일반적인 여우의 머리와는 구별되는 독특한 여우 머리로 도안화되었거나 이와 같이 도안화된 여우머리 형상을 포함하고 있어, 여기에는 창작자 나름의 정신적 노력의 소산으로서의 특성이 부여되어 있고 이는 다른 저작자의 기존 작품과 구별될 수 있는 정도라고 보인다. 그러므로 이 사건 원고 도안은 저작권법에 의하여 보호되는 저작물의 요건으로서 창작성을 구비하였다고 할 것이다."[102]

⑤ 따라서 창작된 도안이 양산되는 물품에 복제, 사용된 경우에는 독자성을 검토하여

---

102 이 사건 원심 서울고등법원 2011나70802 판결은 '응용미술저작물'로 보고 독자성 요건까지 판단하였다.

저작물의 유형

응용미술저작물로서 보호 여부를 정하지만, 창작된 도안이 물품에 부착되지 않는 방법으로도 사용되는 등 도안 자체가 물품과 관계없이 사용된 경우에는 일반 미술저작물로서 보호될 수 있다.

(3) 독자성 요건

대량 생산되는 물품에 복제 이용된 미술적 표현이 물품의 실용적·기능적 요소와 분리되어 독자성이 인정되면 응용미술저작물로 보호된다.

① 저작권법 제2조 제15호는 "이용된 물품과 구분되어 독자성이 인정"되어야 한다고 하여 독자성 요건을 정하고 있다. 일반적으로 독자성 요건은 미술적 표현이 그것이 복제된 물품의 실용적 기능으로부터 분리하여 인식될 수 있는 것을 말한다고 한다. 이는 실용품에서 실용적 기능과 미술적 표현을 물리적으로나 관념적으로 분리할 수 있으면 미술저작물로 보호한다는 미국에서 형성된 분리가능성 이론을 도입한 것이라고 보고 있다. 우리나라 판례도 '물품의 실용적·기능적 요소로부터의 분리가능성'이 있는 경우 독자성이 있다고 하고 있다.

> **요리 책 표지 디자인에 관한 대법원 2012다41410 판결**
> "응용미술저작물로서 저작권법의 보호를 받기 위해서는, 산업적 목적으로의 이용을 위한 복제가능성과 당해 물품의 실용적·기능적 요소로부터의 분리가능성이라는 요건이 충족되어야 한다."

② 분리가능성은 제품의 미적 요소가 실용적·기능적 요소로부터 분리하여 인식될 수 있고, 분리되어 인식된 미적 표현 그 자체로 독립하여 존재할 수 있어 얼마든지 다른 물품에도 적용될 수 있는 것을 말한다.

이러한 분리가능성을 판단함에 있어 미국에서 논의되어 온 물품의 실용적 요소와 미적 요소에 대한 '물리적 분리가능성', '관념적 분리가능성'을 고려할 필요가 있다. '물리적 분리가능성'은 물품에 존재하는 조각 등 미술 작품 부분을 물리적으로 떼어내어도 물품의 실용적 기능에 문제가 없는 경우를 의미한다. '관념적 분리가능성'은 물품에 존재하는 미술적 요소가 물품의 전체 외관에서 관념적으로 분리되는 경우를 말한다. 예를 들어 ❶ 화병에 새겨진 그림이 화병의 형상과 별개로 마치 평면적 그림처럼 시각적으로 인식되는 경우, ❷ 물품의 미적 부분이 가진 실용적 기능에 관한 관념과는 분리된 별개의 미적 관념을 불러일으키는 경우, ❸ 작가의 창작이 실용적 측면의 고려에 의하여 제약을 받지 않은 경우 등 다양하게 설명되고 있다.

우리나라 판례는 독자성이 인정되려면 물리적·관념적 분리가능성을 갖는 도안이 실제로 그 자체를 쉽게 다른 물품에도 복제 사용할 수 있어야 하고 물품의 실용적 기능이 도안의 미적인 요소보다 높게 평가되지 않아야 한다고 한다. 반대로, 실용적인 목적이 주가 되어 만들어진 물품의 형상에 다소간의 심미적인 요소를 부가한 것에 불과한 경우에는 독자성을 인정하지 않는다.

> **'히딩크 넥타이'에 대한 서울중앙지방법원 2004노2851 판결 (파기환송심)**
>
> '히딩크 넥타이'는 '히딩크 넥타이' 도안을 직물에 선염 또는 나염의 방법으로 복제하는 방법으로 제작된 것으로서 ❶ '히딩크 넥타이' 도안은 얼마든지 다른 실용품의 디자인으로도 이용될 수 있고, ❷ 넥타이의 실용적 기능이 위 도안의 그 미적인 요소보다 결코 주된 용도라고도 보이지 않으므로, '히딩크 넥타이' 도안은 넥타이의 기능과 관념적으로 구분되어 독자성이 인정된다고 하였다.[103]

위 판결은 응용미술저작물에 독자성을 요구하는 2000년 개정 저작권법에 따라 직물 도안에 해당하는 '히딩크 넥타이' 도안에 대하여 독자성을 인정하고 응용미술저작물로 인정하였다. 앞서 본 2000년 개정 저작권법 이전의 '대한방직 염직 도안'에 대한 대법원 94도3266 판결과 2000년 개정 저작권법이 적용된 '히딩크 넥타이'에 대한 대법원 2003도7572 판결은 모두 응용미술이 물품의 모양으로 이용된 '직물 도안'에 대한 저작물성 판단이었다. 대한방직 염직도

---

103 이 사건 1심 판결은 응용미술 작품 모두가 바로 저작권법상의 저작물로 보호될 수 없고, 그중에서도 독립적인 예술적 가치 등을 가지고 있어 예술의 범위에 속하는 창작물에 해당하는 것만이 저작물로서 보호한다는 전제하에 위 히딩크 도안이 응용미술 작품의 일종에 해당하나 그 제작 경위와 목적, 색채, 문양, 표현기법 등에 비추어볼 때 실용물인 넥타이와 분리된 도안 그 자체가 하나의 독립적인 예술적 특성이나 가치를 가지고 있는 창작물이라고 보기는 어려우므로 저작권법의 보호 대상이 되는 저작물에 해당하지 아니한다는 이유로 무죄판단을 하였다. 항소심 판결은 1심의 판단을 그대로 유지하였다.
그러나 상고심인 대법원 2003도7572 판결은 2000. 7. 1.부터 시행된 개정저작권법의 적용에 따라 '히딩크 넥타이' 도안이 ❶ 저작권법상 응용미술저작물의 일종으로서, ❷ '물품에 동일한 형상으로 복제될 수 있는 미술저작물'에 해당한다고 하면서, ❸ '그 이용된 물품과 구분되어 독자성'을 인정할 수 있는 것이라면 저작권법의 보호 대상인 저작물에 해당하고, 그렇지 않다면 저작물에 해당하지 아니한다고 할 것인데도, ❹ 원심은 위 도안이 그 이용된 물품과 구분되어 독자성을 인정할 수 있는 것인지에 관하여 심리하지 아니한 잘못이 있다는 이유로 원심을 파기환송하였고 위 파기환송심판결에서 유죄가 인정되었다.

저작물의 유형

안 판결과 히딩크 넥타이 판결의 결론이 다른 이유는 일견 2000년 개정저작권법에서 새로이 응용미술저작물의 요건으로 규정한 독자성(분리가능성)의 인정 여부에 의하여 직물 도안의 저작물성을 다르게 판단한 것처럼 보인다. 하지만 앞서 본 바와 같이 이미 구법의 판례에서도 응용미술의 물리적·개념적 분리가능성을 고려하되 이를 창작성의 내용으로 파악하였던 점을 감안하면 2000년 개정 이전과 이후의 판결의 판단이 달라진 근본 원인은 '분리가능성'이 아니라 '창작성'의 정도 판단에 대한 차이에서 비롯된 것으로 보인다. 즉 구법 하의 판례는 대량생산되는 직물에 대하여 의장으로서의 도안 표현을 넘는 높은 수준의 창작성을 요구하였던 반면 개정 이후의 판례는 일반적인 창작성만을 요구하고 있는 것으로서 직물도안이 응용미술저작물이 되기 위한 창작성의 정도에 대하여 사실상 판례상 변경이 있었던 것으로 보인다.

개집 디자인에 대한 서울중앙지방법원 2012가합543317 판결

"분리가능성이란 당해 물품의 기능적 요소와는 구분되는 미적인 요소로서 그 독자성이 인정됨에 따라 그 자체로 얼마든지 다른 물품에도 적용될 수 있는 성질을 의미하는바, 물품의 형상이 미적인 요소와 실용적·기능적 요소를 함께 반영한 것이라면 그 형상이 설령 미적인 것이라 해도 관념적 분리가능성이 있다고 볼 수 없고, 그 형상이 실용적·기능적 요소를 고려하지 않은 순수한 미적인 판단이 독립적으로 작용한 결과 나타난 것이라면 관념적 분리가능성이 있다고 할 것이다. ···· 이 사건 저작물은 미키마우스 캐릭터 또는 팬더곰의 얼굴 형상을 띄고 있는 '애완동물용 개집'으로서 전체적으로 구(球)모양을 하고 있는데, 그 바닥면은 원 모양으로 평평하고, 그 정면에는 원 모양의 입구가 크게 뚫려 있어서 이를 통해 출입할 수 있게 하였으며, 그 윗부분에는 귀를 형상화한 둥근 부분이 양쪽에 장식품으로 달려 있다. 또한, 뚫린 원 모양의 입구를 제외한 나머지 구 외형의 가운데 부분에는 띠가 선명하게 둘려 있다. 색상은 양쪽 귀의 안쪽, 원형 입구의 테두리, 외형의 가운데 띠 부분만 짙은 색상이고, 나머지는 다소 옅은 색상이다. ···· 이 사건 저작물의 위와 같은 기본적인 형상이나 모양, 구성요소 및 그 배치 등을 종합하여 보건대, 이 사건 저작물에 다소간의 심미적인 요소가 부가되어 있다고는 볼 수 있으나, 이 사건 저작물이 '애완동물용 개집'이라는 실용품에서 물리적 또는 관념적으로 벗어나 다른 실용품에 그대로 적용될 수 있을 정도라고 보기는 어렵다."

철재 울타리 도안에 대한 서울고등법원 2004나48890 판결

"이 사건 각 디자인은 소유권의 경계표시 기능만을 가지는 일반적인 철재 울타리의 경우와 달리 그 독특한 형상과 문양에서 미적인 요소를 지니고 있어 응용미술작품의 일종으로 '물품에 동일한 형상으로 복제될 수 있는 미술저작물'에는 해당한다고 할 수는 있겠으나, 기본적으로는 그 이용된 물품인 철재 울타리의 실용적인 목적이 주가 되어 직선과 곡선, 몇 가지 형태의 타원 및 작은 원 등을 기하학적으로 결합한 울타리 살을 철재 기둥 사이에 배치함으로써 통상의 철재 울타리에다가 다소간의 심미적인 요소를 부가한 것에 불과하다고 할 것이지, 울타리의 기능과 물리적 혹은 관념적으로 구분되어 독자성을 가지는 정도의 것이라고 볼 수 없어, 개정 저작권법의 보호대상인 저작물에 해당하지 않는다고 봄이 상당"하다고 하였다.

교과서 편집디자인에 대한 서울중앙지방법원 2009카합3104 결정

신청인이 교과서에 들어갈 "서체의 모양, 크기 및 색채의 선택, 줄 간격의 조정, 여백의 정도, 그림 내지 사진의 변형 내지 배열, 배경의 색채 결정, 캐릭터나 기호의 사용" 등으로 교과서의 내용을 더욱 시각적으로 표현할 수 있도록 구성하는 디자인 작업을 하여 응용미술저작물로 만들었으나 교과서에 디자인권자를 피신청인의 직원으로 표시하여 성명표시권을 침해하였다고 주장한 사안에서,

'분리가능성'은 예를 들어 넥타이의 문양과 같이 당해 물품의 기능적 요소와는 구분되는 미적인 요소로서, 그 독자성이 인정됨에 따라 그 자체로 얼마든지 다른 물품(의류, 가방 등)에도 적용될 수 있는 성질을 의미한다며 사안 교과서에서의 문자, 그림의 형태나 배열 등의 형식적 요소 자체만으로는 하나의 미술저작물이라고 할 수 있을 정도의 독자적인 실체가 인정되지 않고, 이는 도서의 고유한 특성으로서 다른 대부분의 물품에는 이를 그대로 적용할 수가 없다는 이유로 물품과의 분리가능성을 요건으로 하는 응용미술저작물에 해당한다고 보기 어렵다고 하였다.

청바지 에비수 갈매기 도안에 대한 서울고등법원 2009나122304 판결

청바지 뒷면 모양에 엉덩이 부분에서 무릎 부분까지 'M'과 유사한 형태의 도형을 삽입한 형태의 이 사건 도안이 물품인 청바지에 복제되어 있던 사안에서,

법원은 이 사건 도안에서 'M'과 유사한 형태를 제외한 나머지 부분은 청바지 자체로서 이 부분은 그 이용된 물품인 청바지와 구분되어 독자성을 인정할 수 없고, 이 사건 도안에서 물품인 청바지와 구분되어 독자성을 인정할 수 있는 'M'과 유사한 형태 부분은 저작권법에 의한 보호를 받을 가치가 있는 정도의 창작성을 인정할 수 없다고 하였다.

위 판결은 '청바지 뒷면 모양'과 'M자 유사 도형'이 결합한 하나의 도안에서 'M자 유사 도형'을 제외한 나머지 '청바지 뒷면 모양' 부분에 대하여 물품인 청바지와의 독자성을 배척하고 있다. 그러나 어떠한 실용적 기능의 관점에서 물품인 청바지와 청바지 뒷면 모양 도안에 대한 독자성을 부인한 것인지 명확하지 않다. 청바지 뒷면 모양 도안은 청바지의 형상을 표현하였다고 하여 청바지 물품에 대한 정보 기능이 있을 수 있다고 단정할 수 없고, 오히려 2차원의 도안인 까닭에 청바지 물품 형상 구조가 갖는 실용적 요소와 쉽게 분리가 가능한 것으로 보인다. 차라리 '청바지 뒷면 모양'은 단순한 형태를 가진 까닭에 창작성 요건을 구비하지 못한 것으로 판단하는 것이 더 합당해 보였다.

저작물의 유형

③ 회사 로고나 상표 도안이 직접 의류에 새겨진 경우와 같이 상표 도안이 물품에 직접 복제되는 경우 응용미술저작물의 독자성이 문제 될 수 있다. 판례는 물품에 복제되어 사용되는 상표 도안이 물품에 대한 식별을 가능하게 하는 출처표시의 역할을 하고 있다고 하더라도 저작권 보호를 받을 수 있다고 한다. 이처럼 상표 도안이라는 이유로 저작권 보호에서 배제되지는 않지만 기능적 저작물과 마찬가지로 상표 도안이 식별표지기능으로 인한 제약에서 벗어난 창작적 표현이 있어야 저작권 보호를 받는다. 따라서 상표의 식별기능을 고려하여 단순하거나 간단한 표현으로 만든 상표 도안은 창작성이 부족하여 저작권 보호가 배척된다.

여우머리 형상 상표에 대한 대법원 2012다76829 판결

상표법상 상표의 도안에 대하여 상표법상 상표를 구성할 수 있는 도형 등이라도 저작권법에 의하여 보호되는 저작물의 요건을 갖춘 경우에는 저작권법상의 저작물로 보호받을 수 있고, 그것이 상품의 출처표시를 위하여 사용되고 있거나 사용될 수 있다는 사정이 있다고 하여 저작권법에 의한 보호 여부가 달라진다고 할 수는 없다고 하였다.

상표 도안이 가진 '물품의 출처 정보 등에 대한 식별 등 실용인인 기능'은 '물품의 형상 구조가 갖는 실용적 기능'과는 구분된다. 위 대법원판결은 상표의 도안이 상품의 출처표시를 위하여 사용되고 있거나 사용될 수 있다는 사정이 있다고 하여 저작권법에 의한 보호 여부가 달라진다고 할 수는 없다고 판시하고 있을 뿐이며 달리 독자성 요건에 관하여 명백히 밝히지 않았다. 그러나 위 대법원판결에서 유지된 원심 서울고등법원 2011나70802 판결은 "이 사건 도안은 스포츠 의류 등 물품에 동일한 형상으로 복제될 수 있는 응용미술저작물로서 스포츠 의류 등 제품 이외의 다른 물품의 디자인으로도 얼마든지 이용될 수 있고, 원고가 제작·판매하는 스포츠 의류 등 물품이 가지는 실용적 기능과 이 사건 도안에서 느껴지는 미적인 요소는 관찰자로서 물리적으로나 관념적으로나 모두 분리하여 인식될 수 있다. … 저작권법은 '그 이용된 물품과 구분되어 독자성을 인정할 수 있는 것'이라고 규정하여 물품과의 물리적 또는 관념적 분리가능성을 요건으로 할 뿐 별도의 상품 표지 기능과의 분리가능성을 요건으로 하지 않고 있으므로 위와 같은 사정이 이 사건 도안을 응용미술저작물로 인정함에 방해되지 않는다. 따라서 이 사건 도안은 저작권법의 보호대상이 되는 응용미술저작물에 해당한다."고 판시하고 있었던 까닭에 위 사건에 대한 판결은 '독자성 요건'에서 '물품의 형상 구조와의 물리적·관념적 분리가능성'을 요구할 뿐 '상품 표지 기능과의 분리가능성'을 요구하지 않는다는 입장을 취한 것처럼 보였다.

그러나 뒤에서 보는 대법원 2012다41410 판결은 ❶ 서적의 표지와 제호 디자인은 서적의 내용이 존재함을 전제로 하여 이를 효과적으로 전달하기 위한 수단에 불과하고, ❷ 서적 표지라는 실용적인 기능과 분리 인식되어 독립적으로 존재할 수 없다며, '정보전달이라는 실용적 기능'을 분리가능성 판단의 범위에 넣고 있다. 따라서 이 사안 대법원판결은 도안이 상품의 출처표시를 위하여 사용되고 있거나 사용될 수 있다는 사정만으로 저작물성을 배척할 수 없다는 입장만을 표명한 것으로 제한하여 볼 필요가 있다.

④ 하급심 판례는 ❶ 포장박스 등에 사용된 캘리그라피 도안은 상품 정보전달을 위한 실용적 기능에 관한 관념과 분리된 별개의 미적 관념을 불러일으킨다고 보기 어렵다. 그리고 도안 제작과정에서 실용적 기능을 고려하느라 통상적인 출처나 브랜드의 표시에 다소간의 심미적인 요소를 부가한 것에 불과하다. ❷ 상표법상 서비스표를 구성하는 도형이 상품이나 서비스표의 출처표시를 위하여 사용되고 있다는 사정은 저작권법에 의하여 보호하는 데 장애가 되는 사유는 아니다. 하지만 해당 도형이 식별 표지로서 갖는 본래의 기능으로부터 분리, 독립되어 별도의 감상 대상이 될 정도로 미적 요소를 가져 독립적인 존재 가치를 가져야 미술저작물이 될 수 있다고 하였다.

> **'담양 한우' 캘리그래피에 대한 광주고등법원 2013나11996 판결**
> '담양 한우' 부분은 원고가 붓을 사용하여 개성적인 필체로 표현한 것으로 볼 수 있지만 ❶ 주로 포장 박스나 포장지 등의 제품에 동일한 형상으로 복제, 인쇄되어 홍보 등 실용적인 목적에 주안점을 두고 있고, ❷ 포장된 상품에 관한 정보를 효과적으로 전달하기 위한 실용적 기능에 관한 관념과 분리된 별개의 미적 관념을 불러일으킨다고 보기 어렵고, ❸ 그 제작과정에서도 그와 같은 실용적인 기능에 대한 고려가 이 사건 캘리그래피 디자인의 미적 요소의 결정에 영향을 미쳤다고 할 것이므로 이 사건 캘리그래피 디자인은 통상적인 출처 내지 브랜드의 표시에다가 다소간의 심미적인 요소를 부가한 것에 불과하다며 독자성을 부인하였다.

> **알티엠상표도안에대한 특허법원 2017나1599(본소), 2017나1605(반소) 판결**
> 원고는 피고의 홈페이지에서 원고가 출원한 서비스표와 동일·유사한 서비스표를 사용하고 있다고 주장하고, 반면 피고는 존속기간이 만료된 종전 서비스표는 '캘리그래피(Calligraphy, 서예)' 내지 도안으로서 저작권법상 보호 대상이 되는 저작물이며 원고가 위 저작물을 서비스표로 출원하여 무단사용하고 있다며 종전 서비스표에 대한 저작재산권을 양도받은 피고 저작권을 침해하였다고 주장한 사안에서,
> "이 사건 종전 서비스표의 표장은 상호를 문자로 표시한 부분과, 영문 'RTM' 위에 그려진 이파리가 있는 사과의 도안 부분이 결합하여 구성되어 있다. 그 중 상호에 해당하는 부분

은 출처표시, 즉 정보를 전달하는 실용적인 기능에 주된 목적이 있다. 영문 'RTM' 부분을 각 글자의 색깔을 달리 하여 연속하여 겹치게 기재하거나, 한글 '알티엠' 부분을 손글씨 느낌으로 작성하는 등으로 위 상호 부분에 미적인 요소가 일부 가미되어 도안화되어 있기는 하나, 이는 상호를 효과적으로 전달하여 수요자들의 인상에 각인되게 하기 위한 수단에 불과할 뿐으로서, 그 미적 요소 내지 창작성이 서비스업의 표지라는 서비스표 본래의 기능으로부터 분리, 독립되어 별도의 감상의 대상이 될 정도에 이른 것으로는 보이지 않아 그것이 출처표시라는 실용적인 기능과 분리 인식되어 독립적으로 존재가치를 가진다고 보기 어려우며, 문자의 색깔이나 형태, 배열 등 형식적인 요소 자체만으로 하나의 미술저작물이라고 할 수 있을 정도의 독자적인 실체를 인정하기도 어렵다."

위 판결은 서비스표의 표장이 응용미술저작물에 해당하는 것으로 보고 응용미술저작물의 독자성과 창작성을 판단하고 있다. 그러나 피고가 저작권을 주장하는 서비스의 표장은 광고대행업 등의 서비스표로만 사용되었고 물품에는 복제되어 사용된 것으로 보이지 않는다. 따라서 일반 미술저작물로서의 창작성만이 문제 될 수 있었던 사안으로 보인다.

⑤ 판례는 서적 표지 디자인이 응용미술저작물의 독자성을 갖기 위해서는 물품인 서적 내용을 효과적으로 전달하기 위한 실용적 기능으로부터 분리가능성이 있어야 한다고 하였다.

요리 책 표지 디자인에 관한 대법원 2012다41410 판결[104]

응용미술저작물로서 저작권법의 보호를 받기 위해서는 '산업적 목적으로의 이용을 위한 복제가능성'과 당해 '물품의 실용적·기능적 요소로부터의 분리가능성'이라는 요건이 충족되어야 한다며 서적의 표지와 제호 디자인은 ❶ 서적의 내용이 존재함을 전제로 하여 이를 효과적으로 전달하기 위한 수단에 불과하고, ❷ 서적 표지라는 실용적인 기능과 분리

---

104 이 사건 1심에서 원고는 '서적 표지의 제호디자인', '서적 표지의 글', '서적 표지 그림 등 디자인'에 대한 침해를 주장하였으나 '서적 표지의 글'부분에 대하여만 피고의 침해행위가 인정되었다. 항소심 재판진행 중 피고가 서적 표지를 변경하면서 '제호디자인'만 판단 대상이 되었다. 항소심에서 원고는 ❶ 서적 표지에 있는 제호디자인은 각기 다른 글자의 크기, 색상, 글자체가 유기적으로 조합 구성되어 전체적으로 미적 표현을 느낄 수 있는 하나의 디자인으로서 창작성을 인정할 수 있고, ❷ 또한 이 사건 시리즈 서적 표지가 아닌 다른 월간지의 제호 디자인으로 실제 사용되고 있고, ❸ 반찬이나 주방기구 식품과 관련된 사업에서 표자나 포장지 등에 사용할 것을 제안 받은 사실 등 당해 서적의 실용적 기능적 요소와 물리적·관념적으로 분리가 가능하다고 한 디자인이라고 주장하였으나 항소심에서 배척되어 상고가 제기되었던 사안이었다.

인식되어 독립적으로 존재할 수 없으며, ❸ 그 문자, 그림의 형태나 배열 등의 형식적 요소 자체만으로는 하나의 미술저작물이라고 할 수 있을 정도의 독자적인 실체가 인정되지 않으므로 서적의 표지, 제호 디자인은 저작권법의 보호 대상이 되는 응용미술저작물이 아니라고 하였다.

위 판결은 ❶ 실용품이 아닌 서적도 응용미술저작물의 이용대상인 물품으로 보았고, ❷ 대량생산되는 서적 물품에 서적 표지 디자인이 복제 이용되는 것에 대하여 응용미술저작물의 대량생산성 요건을 충족한 것으로 보았으며, ❸ 또한 물품의 정보전달을 위한 실용적 기능은 물품의 형상 구조 그 자체가 갖는 실용적 기능과 구별될 수 있는 기능임에도 이러한 정보전달 기능으로부터 분리 가능할 것을 독자성 요건으로 보았다.

원래 서적 표지가 갖는 정보전달의 실용적 기능은 이를 구현해낸 '서적 표지 디자인'이 갖는 기능이라고 할 수 있다. 이러한 실용적 기능은 서적 표지 디자인의 표현을 제한하여 디자인의 창작성을 제약하는 요소가 될 수 있다. 위 판결은 서적 표지를 서적 물품의 일부로 보고 서적 내용을 전달하는 서적 표지 디자인은 서적 물품의 일부인 서적 표지와 분리되어 이를 다른 물품에 얼마든지 사용할 수 없는 것으로 보고 독자성을 배척한 것으로 보인다. 이처럼 서적 표지가 갖는 서적 내용의 '정보전달이라는 실용적 기능'은 응용미술저작물의 '독자성' 요건에서는 물품과 표현의 분리를 제약하는 요소로 '창작성'의 요건에서는 창작성을 제약하는 요소로 각각 관여할 수 있다. 개념적으로 이와 같이 구분되지만 실제로 독자성과 창작성을 판단하는 경우에 서적 표지디자인의 기능적 요소와 미적 요소를 형량하는 등 유사한 기준과 방법으로 접근할 수밖에 없는 것으로 보인다.

통시리즈 서적 표지 디자인에 대한 서울중앙지방법원 2007가합5972 판결

원고 서적 '회사에서 바로 통하는 엑셀2003'의 표지는 적색을 바탕으로 ❶ 제호의 '통' 부분 및 '엑셀 2003' 문자 부분은 흰색을 사용하고, ❷ '통' 부분은 '회사에서 바로 통하는' 부분 중에서 좌로 비스듬히 기울어진 형태로 글씨가 크고 굵게 표현되었고, ❸ 사무실 풍경을 소재로 한 만화를 표지의 왼쪽 가장자리에 배치한 형태였던 사안에서,
"원고의 표지디자인은 앞서 살펴 본 바와 같이 제호, 색상, 만화의 배치·내용 등의 구성에 비추어 서적 표지라는 실용적인 기능과 물리적 혹은 관념적으로 분리하여 인식되면서 독립적으로 존재할 수 없다고 할 것이어서 결국 서적과 구분되어 그 독자성을 인정하기 어려우므로, 원고의 표지디자인은 저작권법의 보호대상이 되는 응용미술저작물에 해당한다고 볼 수 없다."

저작물의 유형

> **마하3시리즈 서적 표지 디자인에 대한 서울서부지방법원 2009가단76143 판결**
>
> "이 사건 표지 디자인은 도형을 뫼비우스의 띠로 형상화한 다음 이를 에폭시 유광코팅으로 강조하고, 배경을 그리드로 처리하고 교차점에 도형 아이콘을 배치하는 등 하였는바 (갑1-1, 2, 3, 갑11), 그 저작자 나름대로의 정신적 노력의 소산으로서의 특성이 부여되어 있고, 다른 저작자의 기존의 작품과 구별할 수 있다고 할 것이므로, 창작성이 인정된다. …… 이 사건 표지 디자인은 그 이용된 물품인 서적과는 구분되는 것으로서(갑1-1, 2, 3), 그 독자성을 인정할 수 있으므로, 저작권법의 보호를 받는 응용미술저작물이다."[105]

라. 기타 디자인

우리나라 저작권법은 응용미술저작물을 실용품에 한정하지 않고 '물품'과의 구분되는 독자성을 요건으로 정하고 있는 까닭에 실용품이 아닌 인형, 장난감, 서적 표지등에 복제된 디자인도 응용미술저작물로 성립할 수 있다. 산업적으로 대량으로 생산되는 인형이나 장난감의 디자인은 응용미술저작물의 대량생산성의 요건을 충족하더라도 ❶ 형상이나 색채가 종래의 일반적인 표현에 불과한 경우, ❷ 동물 인형의 경우해당 동물이 갖는 고유의 모습으로 인하여 표현이 제한되는 경우, ❸ 실용성으로 인해 표현이 제한된 경우에는 창작성 요건을 결여할 수 있다.

① 인형 등이 소품이나 오락기구로서 실용적 기능이 있더라도 인형의 형상과 색채 등 미적 표현을 인형 물품에서 분리하여 예를 들어 애니메이션 영화의 등장인물로 사용할 수 있는 등 독자성 요건을 갖출 수 있다고 본다. 애니메이션 등장인물로 이용된 인형의 모습을 일종의 캐릭터로 보고 캐릭터 저작물로서 보호를 논하는 경우도 있다. 원래 물품의 실용적 기능과 관계없이 제작된 만화나 영화의 시각적 캐릭터는 이후 인형 등 물품에 부착되어 사용되더라도 응용미술저작물이 아닌 캐릭터 저작물로서 보호받을 수 있다.

---

105 이 판결은 서적 표지 디자인이 서적 표지로서 갖는 실용적 기능과의 독자성을 인정하고 있으나 그에 대한 근거를 명확히 판시하지 않았다.

동물봉제인형에 대한 서울지방법원 99가합72021 판결

"원고의 봉제인형들(별지 제3목록)은 일반인들에게 판매하기 위한 목적에서 제작된 동물의 형상을 본 딴 인형으로서 이른바 '응용미술품'의 범주에 속한다고 할 것인데, 동물들(호랑이, 토끼, 원숭이, 돼지, 말, 개) 모습 중 그 특징적인 부분(예 : 호랑이의 줄무늬)등을 고안점으로 삼아 이를 원고가 나름대로 재해석하여 형상화하였다는 점에서 그 독창성이 없다고 할 수는 없을 것이다. 그러나, 위 인형들이 저작물로서 보호되기 위하여는 그 독창성뿐만 아니라 인형이 가지는 실용적인 기능과 분리되는 예술적 특성이나 가치를 가지고 있어야 할 것인데, 별지 제3목록 표시의 원고의 봉제인형들이 그 제작방법, 형태, 재질, 디자인 등에서 그 실용적 기능과 분리되면서 이를 뛰어넘는 예술적 특성이나 가치를 가지고 있다고 보기는 어렵다고 할 것이다. …

6. 호랑이 인형

호랑이 모양을 한 콩주머니 인형으로서 전체적으로 짙은 노랑색에 검정색 줄이 가로로 길게 그어져 있다. 입과 귀부위는 흰색 털로서 처리가 되어 있고, 원형의 검정색 플라스틱 단추로서 눈을 만들었다."

위 판결은 2000년 개정 저작권법 이전의 구법상 해석에 따라 응용미술저작물에 대하여 실용적인 기능과 분리되어 이를 뛰어넘는 예술적 특성이나 가치를 창작성에서 요구하고 있다. 만약 이 사안에 현행 저작권법의 규정이 적용된다면 봉제 인형의 형상 색채가 일반 미술저작물로서의 창작성 정도만 갖고 있었다고 하더라도 일종의 캐릭터 형태로 다른 물품에 사용할 수 있는 까닭에 독자성이 인정되어 응용미술저작물로 성립할 수도 있다.

② 하급심 판례는 반지를 대량생산할 수 있는 '반지의 금형'이 갖는 형상은 반지의 기능과 관념적으로 구분되는 '독자성'을 갖추지 못하고 있다고 하였다.

넝쿨 모양 반지 금형에 대한 서울중앙지방법원 2008노1654 판결

넝쿨 모양 반지와 관련하여 "… 위 금형을 이용하여 복제한 D 반지 4개를 판매한 것을 비롯하여 … 위 D 반지를 복제하여 판매함으로써 피고인은 피해자가 창작한 응용미술저작물인 D반지의 저작권을 침해하였다."라는 공소사실에 대하여,

D 반지가 금형을 통하여 대량생산되었던 점을 근거로 D 반지가 동일한 형상으로 복제될수 있는 이 사건 금형이 위에서 말한 응용미술저작물에 해당하는지 여부가 문제 된다면서 반지를 대량생산할 수 있는 '반지의 금형'이 갖는 형상이 반지의 기능과 관념적으로 구분되어 '독자성'을 갖추지 못하여 응용미술저작물에 해당하지 아니한다고 하였다.

저작물의 유형

③ 또한 서적뿐만 아니라 제안서와 같은 문서도 물품으로 보고 문서상의 도안에 대하여 독자성을 인정하여 응용미술저작물로 인정한 경우가 있다.

프로젝트제안서에 대한 서울중앙지방법원 2018가합517075 판결

"이 사건 도안은 여러 갈래로 나뉘어진 도로의 교차지점에 자동차가 정차하고 있는 모습을 표현하고 있는데, 이는 ❶ 현재의 위치에서 나아갈 길을 모색하고 목표지점을 설정하기 위한 로드맵을 구축하고자 하는 이미지를 직관적으로 나타내고, 단순한 사상 또는 감정 그 자체에 그치는 것이 아니라 이를 선, 면, 색 등에 의하여 구체적으로 외부에 표현한 창작적인 표현형식에 해당하며, ❷ 그것이 원고의 제안서 등과 같은 문서에서 분리하여 다른 물품에 동일한 형상으로 복제될 수 있다고 할 것이어서 이 사건 도안은 저작권법 제2조 제15호에서 규정한 '물품에 동일한 형상으로 복제될 수 있는 미술저작물'로서 응용미술저작물에 해당한다고 할 것이다."

마. 수개의 디자인이 있는 물품

하나의 물품에 존재하는 디자인을 나누어 일부 디자인 부분에 대하여 응용미술저작물로 인정하는 경우가 있다.

장미아치 구조물, 자전거 보관대 디자인에 대한 서울중앙지방법원 2013가합27850 판결

자전거 보관대의 디자인 중 ❶ 자전거를 세워두기 위한 거치대 부분, 지붕을 떠받치기 위하여 좌우에 위치한 넓은 판 형태의 기둥, 눈과 비를 막기 위한 완만한 호 형태의 지붕은 자전거 보관대를 구성하기 위한 필수적 요소로서 그 자체로 이용된 물품인 자전거 보관대와 구분되어 독자성을 인정하기 어렵다. ❷ 기둥에 존재하는 흰색 곡선의 모양 배열은 원고가 자신의 독자적인 사상을 원고 나름의 방법으로 표현한 것임이 인정되고, 그 이용된 물품인 자전거 보관대는 원고 디자인을 기둥에 그대로 인쇄 및 복제하는 방법으로 제작된 것으로서 위 디자인은 얼마든지 다른 실용품의 디자인으로 이용될 수 있다며 독자성을 인정하였다.

안내데스크 디자인에 대한 서울중앙지방법원 2009가합33025 판결

안내데스크 디자인 중 ❶ 천장 및 양 벽과 일체감을 주도록 같은 재질로 마감하고, 모서리 부분이 둥글게 처리되며, 안내데스크의 한쪽 끝부분은 통행이 가능하도록 통로를 마련하되, 통로 쪽의 안내데스크의 높이를 상대적으로 낮게 설치한 안내데스크의 형상 및 그에 관한 도면 부분은 안내데스크 자체와 분리가 가능하지 않아 응용미술저작물로 보기도 어려우나 ❷ 다만 안내데스크 정면의 흰색 바탕에 사각형 무늬의 '안내데스크 무늬'는 안내데스크와 분리하여 복제 가능하므로 응용미술저작물로 인정될 수 있다고 하였다.

저작물의 유형

6 건축
저작물

가. 건축저작물의 정의와 특성

건축저작물은 일반적으로 인간의 사상이나 감정을 '토지상 공작물'이라는 표현형식으로 창작적으로 표현한 것이라고 한다. 건축저작물은 '토지상' 뿐만 아니라 바다나 강, 우주에도 존재할 수 있다. 그리고 주거와 같이 인간이 공간을 누리는 형태가 아닌 기계나 물레방아 같은 '공작물'은 건축저작물이 될 수 없다. 이런 점에서 '토지상 공작물'보다는 '건축 공작물'[106]이 건축저작물의 표현형식에 좀 더 부합해 보인다.

저작권법은 건축저작물을 미술저작물과 구분되는 별개의 유형으로 정하고 있는데 미술저작물이 형상과 색채에 의한 미적 요소에 창작성을 갖는 저작물이라면 건축저작물은 '건축 공작물의 형상과 색채'에 창작성을 갖는 저작물이라고 할 수 있다.[107]

저작권법 제4조 제1항 제5호는 건축물, 건축을 위한 모형 및 설계도서 등을 함께 건축저작물로 예시하고 있다. 그런데 '건축물'과 달리 '건축을 위한 모형 및 설계도'는 건축저작물성 이외에 도형저작물의 성격을 가지는 등 그 성격과 내용에 차이가 있다. 건축저작물은 입체적인 3차원의 건축구조물을 표현한 것이며 다른 저작물과 마찬가

---

106 여기서 '건축 공작물'이란 사람들의 주거 등 실용적 편의를 위하여 다양한 건축 재료를 사용하여 만들어진 형상·구조·공간을 갖는 공작물을 말한다고 할 수 있다.

107 건축저작물은 미술저작물의 표현형식인 '형상과 색채'로 건축공작물의 창작성을 표현하고 있다. 이러한 점에서 건축저작물은 미술저작물과 유사한 점을 보유하며, 실제 건축물을 미술저작물로 보는 외국 입법례도 있다.

지로 무체성을 갖는다. 2차원으로 작성된 건축설계도는 건축저작물로서 관념적으로 3차원의 건축구조물을 표현하고 있다. 현실에 존재하는 유체의 건축물 그 자체가 건축저작물은 아니며, 유체의 건축물에 화체되어 있거나 건축모형 또는 설계도면에 관념적인 이미지로 구현된 건축 공작물의 표현이 건축저작물에 해당한다.

나. 건축저작물의 창작성

건축저작물의 창작성은 개개의 건축물 구성요소가 아닌 건축물 전체 외관에 존재하여야 한다. 아직 건축되지 아니한 건축물의 형상을 표현한 모형 및 설계도는 관념적인 이미지로 표현한 전체적인 건축물의 형상에 창작성이 있어야 건축저작물로 인정된다.

(1) 창작적 요소
건축저작물을 이루는 모든 건축구성물 부분에 창작성이 모두 존재하여야 하는 것은 아니다. 건축물 중 중요하거나 비중이 큰 부분에 창작성이 있으면 건축저작물로 성립할 수 있다. 건축저작물의 창작성은 ❶ 건축물 외부의 전체 형상 ❷ 건축물 내부의 구조 및 공간 분할 ❸ 건축 재료나 마감재에 의한 질감과 색상 ❹ 지붕, 창문, 문, 벽 등 구성 부분의 배치와 조합 등에서 찾을 수 있다.

① 건축물이 건축저작물로 인정된다고 하더라도 건축물 모든 부분이 저작권으로 보호되는 것은 아니며, 창작적 표현이 있는 부분만이 저작권으로 보호된다.

건물 벽 배경의 광고에 대한 서울중앙지방법원 2006가단208142 판결
광고회사가 건물주에게 대가를 지급하고 건물의 일부인 벽을 배경으로 한 광고물을 제작한 사안에서, 건물이 그 모양, 공간 및 각종 구성 부분의 배치와 조합 등에서 고도의 미적 창작성을 갖춘 건축저작물이라고 하더라도 창작적 표현에 해당하지 않는 건물 벽면 중 일부를 사용한 것은 저작권침해에 해당하지 아니한다고 하였다.

저작물의 유형

② 타인이 그동안 시도하지 않은 건축 방법이나 새로운 건축자재로 건축물을 만들었다고 하더라도 그 외관에 창작적인 표현이 없으면 건축저작물이 되지 않는다.

> **비행기 레스토랑에 대한 서울고등법원 2000나38178 판결**
> 폐비행기를 절단한 조각을 재구성·정리·배열한 레스토랑 건물에 대하여 ❶ 절단 해체한 폐비행기 동체 부분을 6개의 기둥으로 지지된 철골 프레임에 조립함으로써 비행기 동체를 원형 그대로 공중에 설치하였다는 점, ❷ 지상으로부터 출입문에 이르기까지 비행기 트랩과 같은 모양의 계단을 설치하였다는 점, ❸ 비행기의 측면에 별도의 건물을 축조하고 이를 비행기 내부와 연결하여 건물의 일부로 활용하고 있다는 점, ❹ 비행기 출입문들 중 일부를 떼어내고 투명창을 설치한 점 등의 외관 및 설계상의 특징은 폐비행기를 지상에 고정하여 건물을 건축하고 식당 영업을 위한 기능적 요소로서 그 기능적 요소를 넘는 전체적인 외관에 있어서 창작적인 요소는 없다고 하였다.

(2) 창작성의 제한

건축저작물은 대표적인 '기능적 저작물'이다. 건축 분야의 일반적인 표현 방법, 주거 등 실용적 목적이나 기능, 저작물 이용자의 편의성 등에 따라 창작적 표현이 제한되는 경우가 많다. 또한 인류가 주거문화를 접한 이래 현재까지 수없이 많은 건축물 형태가 이미 존재하고 있었던 까닭에 기존저작물에 의하여 건축물의 창작성이 제한될 수 있다.

건축저작물의 창작성은 건축물의 종류 등을 기준으로 일률적으로 정해질 수는 없다. 구체적인 건축물이 갖는 실용적 요소와 기존에 존재해왔던 건축물의 모습 등을 고려해야 한다. 예로부터 전래하였거나 일반적인 방식을 따른 표현, 실용성에 의하여 제한된 표현 부분을 우선 걸러내고 나머지 창작적 표현 부분을 가지고 개별적으로 건축저작물의 성립 여부를 판단하게 된다.

> **'테라로사' 카페건물에 대한 대법원 2019도9601 판결**
> "건축물과 같은 건축저작물은 이른바 기능적 저작물로서, 건축분야의 일반적인 표현 방법, 그 용도나 기능 자체, 저작물 이용자의 편의성 등에 따라 그 표현이 제한되는 경우가 많다. 따라서 건축물이 그와 같은 일반적인 표현 방법 등에 따라 기능 또는 실용적인 사상을 나타내고 있을 뿐이라면 창작성을 인정하기 어렵지만, 사상이나 감정에 대한 창작자

자신의 독자적인 표현을 담고 있어 창작자의 창조적 개성이 나타나 있는 경우라면 창작성을 인정할 수 있으므로 저작물로서 보호를 받을 수 있다.

위 법리와 적법하게 채택된 증거에 비추어 살펴본다. 피해자 공소외인이 설계하여 강릉시 (주소 1 생략)에 시공한 카페 '테라로사'의 건축물(이하 '피해자 건축물'이라 한다)은, 외벽과 지붕슬래브가 이어져 1층, 2층 사이의 슬래브에 이르기까지 하나의 선으로 연결된 형상, 슬래브의 돌출 정도와 마감 각도, 양쪽 외벽의 기울어진 형태와 정도 등 여러 특징이 함께 어우러져 창작자 자신의 독자적인 표현을 담고 있다. 이처럼 피해자 건축물은 일반적인 표현 방법에 따른 기능 또는 실용적인 사상만이 아니라 창작자의 창조적 개성을 나타내고 있으므로, 저작권법으로 보호되는 저작물에 해당한다고 보아야 한다."

삼각텐트 펜션에 대한 서울중앙지방법원 2013가합23179 판결

삼각텐트를 모티브로 하여 삼각형의 상단 일부를 절단한 후 정면 중앙에 출입문을 두고, 그 좌측에는 삼각뿔 형태의 통유리 구조물이, 그 우측에는 사각뿔 형태의 통유리 구조물이 있고, 건축물의 양 측면에는 창문이 설치된 펜션 건축물의 특징적 모습들은 주거성, 실용성 등을 높이기 위한 기능적 요소와는 오히려 배치되는 것이고 고객들의 관심을 끌 수 있는 미적인 외형을 갖추는데 더 초점을 두었다는 점에서 기능적 저작물이라는 이유만으로 펜션 건축물의 창작성을 부정하기 어렵다고 하였다.

버섯궁전 건축물에 대한 의정부지방법원 99고단4209 판결

"이건 피해자 C의 건축물과 피고인의 건축물 모형은 둥근 형태의 기둥에 지붕을 버섯모양으로 건축한 것으로 일반인이 양 건물을 볼 때 버섯모양으로 지은 것으로 쉽게 알 수 있어서(이러한 부분이 저작자인 C의 독창성이 나타난 부분이다) 상호간에 유사성이 있다할 것이고, 위 C가 가사 만화영화 '스머프'의 장면에서 모방을 하였다 할지라도 이를 실제 건물의 형태로 창작해 낸 이상 이는 독자적인 저작물로서 보호되어야 할 것이다."

위 판결과 같이 만화영화에 등장하는 건물을 모방하여 실제 건물의 형태로 창작하였다고 하여 모두 건축저작물이 되는 것은 아니다. 만약 만화영화 스머프에 등장하는 건물이 그 형상이나 색채에 창작성이 있는 경우라면 이를 기초로 새로운 창작성을 부가하여 만들어진 피해자 건물은 2차적저작물이 될 수 있고, 만약 스머프 건물에 창작성이 없다면 피해자의 건물은 별개의 건축저작물이 될 수 있다. 어느 경우이든 피해자 건물의 건축적 요소에 창작성이 존재하여야 하는데 위 판결은 피해자 건물의 어떤 부분에 창작성이 있는지에 대한 판시가 없어 그 내용을 알 수 없다.

저작물의 유형

골프 코스에 대한 서울고등법원 2015나2016239 판결

원고인 골프장 운영자들은 골프장 골프 코스를 이용하여 스크린골프 사업을 운영하는 피고에 대하여 골프 코스에 대한 저작재산권을 주장하고, 피고는 이 사건 골프장의 골프 코스의 디자인은 전 세계 골프업계의 경험이 축적된 결과물에 불과하여 독자적인 부분이 거의 없고, 골프장의 각 구성요소는 목적과 기능에 의하여 형태가 정해지며, 골프장의 모습은 부지의 지형으로부터 결정적으로 제약을 받고 이러한 제약 하에서 골프 경기가 열리는 장소로서 기능하기 위한 다양한 조건을 충족하여야 하므로, 다양한 표현이 불가능하여 창작성이 있다고 볼 수도 없다며 이 사건 골프장의 골프 코스는 저작물에 해당하지 아니한다고 주장한 사안에서,

골프 코스를 만드는 여건에 제한적 요소가 있다고 하더라도 ❶ 골프 코스의 전체적인 배치를 보면 워터 해저드를 중심에 두고 삼각형 형태로 회오리치는 듯한 형상, 클럽하우스로부터 출발하여 지그재그 형태로 나아갔다가 다시 클럽하우스로 돌아오거나 길게 뻗은 선 모양으로 나아갔다가 다시 돌아오는 형상, 'ㄴ'자 모양, 부채꼴 모양으로 펼쳐져 있는 형상 등등, 이 사건 각 골프장의 골프 코스의 전체적인 배치는 각 골프장마다 독특한 특징을 갖고 있고, ❷ 각 골프장의 골프 코스를 구성하는 각 홀의 구체적인 배치에 있어서 홀마다 페어웨이의 모양이나 길이, 폭, 꺾어진 방향과 각도, 벙커나 워터 해저드의 위치, 모양 및 크기 등이 모두 달라 전체 홀마다 독특한 특색을 가지는 등 골프 코스를 구성하는 요소의 배치와 조합을 포함한 미적 형상으로서의 골프 코스의 전체적인 디자인에 다른 골프 코스와 구분될 정도로 설계자의 창조적 개성이 존재한다며 건축저작물성을 인정하였다.

(3) 2차적저작물인 건축저작물

기존의 건축저작물, 도형저작물인 모형, 미술저작물인 스케치 등을 기초로 하여 새로운 건축 표현이 창작적으로 부가된 경우 2차적저작물인 건축저작물이 성립될 수 있다.

등대 도안에 대한 서울고등법원 2008나4461 판결

실제로 등대를 건축할 수 없는 '스케치 형태의 등대 도안'은 건축저작물에 해당하지 않고, 따라서 위 도안에 따라 등대를 건축하더라도 '건축저작물의 복제'에 해당하지는 않으며, 다만 등대 도안을 기초로 작성한 건축설계도나 이러한 설계도에 따라 건축된 등대는 등대 도안에 대한 2차적저작물이 될 수 있다고 하였다.

다. 건축물

건축저작물은 유체의 건축물에 화체되어 표현될 수 있다.

(1) 건축물의 저작물성

저작권법 제4조 제1항 제5호에서 건축저작물로 예시된 "건축물"은 무체의 건축저작물이 표현된 유체물이다. 이러한 건축물에 포함될 수 있는 구조물이나 공작물은 아래와 같이 다양하다.

① 건물은 주거, 사업, 종교 등 목적 여하를 불문하고 모두 건축저작물이 될 수 있다. 따라서 집이나 사무실 건물과 같은 주거가 가능한 구조물은 물론이고 전시장 같이 주거를 주된 목적으로 하지 않는 경우도 포함한다. 또한 토지상의 건축물이 아니라 예를 들어 한강 위에 건설된 세빛섬이나 바다 위에 건축된 공작물도 건축저작물이 될 수 있다.

위 판결은 건축저작물은 건축물의 지붕, 기둥, 벽을 통해서 실내외를 구분할 수 있을 정도에는 이르러야 한다고 판시하여 건축법상의 건축물의 정의개념[108]을 도입한 것으로 보인다. 이처럼 건축법에 따라 건축물을 해석하면 교차로, 공원 등과 같이 토목만으로 이루어진 공작물은 건축물에서 배제하는 등 저작권 보호를 받는 건축물을 모두 포함하지 못할 수 있다.

또한 위 판결은 건축저작물에 해당하기 위해서는 반드시 주거를 목적으로 할 필요는 없지만 어느 정도 사람의 통상적인 출입이 예정되어 있어야 한다고 하고 있다. 건축저작물성을 갖기 위해서는 건축 공작물의 형태를 갖추어야 한다. 인간의 실용적 편의를 목적으로 하는 건축공작물은 사람들의 통상적인 출입을 하는 경우가 대부분이지만 만들어진 건축 공작물이 실용적 편의를 갖고 있다면 사람들의 통상적인 출입을 요건으로 할 필요는 없다고 본다. 사람들이 통상적인 출입이 어렵지만 건축 공작물로 만들어진 탑은 건축저작물성을 가질 수 있다. 또한 감상의 목적으로 설치된 조형미술 작품이지만 사람들의 통상적인 출입이 가능한 형태로 만들어진 야외 미술 조형물이 존재할 수 있다는 점에서 '어느 정도 사람의 통상적인 출입이 예정'되어야 한다는 점은 미술저작물과 구분되는 건축저작물이 가져야 하는 고유의 요건이라고 볼 수 없다.

② 협의의 건축물 이외에 시설, 교량, 도시설계 및 공원, 골프장도 건축저작물에 포함한다. 정원의 건축저작물성에 대하여는 논의가 있다. 나무나 꽃, 돌 등 실물과 인공적인 구조 형태를 갖는 정원은 토목공작물과 유사한 면을 갖는 것으로 건축저작물의 범주에 속하는 것으로 볼 수 있다.

골프 코스에 대한 서울고등법원 2015나2016239 판결

골프장 운영자들이 스크린 골프장을 운영하는 피고에 대하여 골프 코스에 대한 저작재산권을 주장한 사안에서 피고가 이 사건 각 골프장은 건축물이 아니므로 저작권법 제4조 제1항 제5호에서 규정하고 있는 건축저작물에 해당한다고 볼 수 없다고 주장한 부분에 대하여,

골프장의 골프 코스는 ❶ 비록 집이나 사무실 건물과 같이 주거가 가능한 구조물은 아니라고 할 것이나, ❷ 골프 코스를 포함한 골프장은 클럽하우스 등이 포함되어 그 이용객들의 통상적인 출입이 예정된 시설이고, ❸ 골프장은 건축법령상 건축물 중 운동 시설로 분류된 점 등에 비추어 골프장의 골프 코스는 '건축저작물'에 해당한다고 하였다.

---

108 건축법 제2조 제2항 제2호: "건축물이란 토지에 정착하는 공작물 중 지붕과 기둥 또는 벽이 있는 것과 이에 딸린 시설물, 지하나 고가의 공작물에 설치하는 사무소·공연장·점포·차고·창고, 그 밖에 대통령령으로 정하는 것을 말한다."

③ 실내 인테리어를 건축저작물로 볼 것인지에 대하여 논의가 있다. 실내 인테리어가 건축 공작물로서의 형태를 갖추고 있는지에 따라 응용미술저작물 또는 건축저작물이 될 수 있다고 본다. 실내 인테리어 그 자체만으로 건축 공작물의 형태에 이르지 못하였지만 부분적인 형상이나 칠이나 벽지에 의한 색채 부분에 창작성을 갖고 있는 경우에는 응용미술저작물로 보호받을 수 있고, 실내 인테리어의 형태가 건축 공작물로서의 구조, 공간을 갖고 있고 창작성이 존재하면 건축저작물로서 보호받을 수 있다고 본다. 다만 실내 인테리어는 한정적인 표현 공간이나 구조, 기능적 저작물로서 용도에 따른 표현의 제약, 기존 인테리어의 내용 등으로 인하여 창작성에 제약을 받을 수 있다.

하급심 판례는 점포에 대한 인테리어 설계도를 건축저작물에 해당하는 것으로 본 경우가 있고, 이와 달리 점포의 실내외 디자인은 디자인이 이용된 건축물인 점포와 구분되므로 건축물 내지 건축을 위한 설계도서가 아니라고 한 경우도 있다.

PC방 시공도면에 대한 서울동부지방법원 2003가합9191 판결

"이 사건 도면은 건축물의 설계도면으로서 비록 기능적 성격을 띠고 있기는 하나, 별지 기재 도면(갑 제5호증)에서 보는 바와 같이, 좌석을 10개씩 그룹으로 묶어 5개씩 마주보게 배치하고 그 그룹들 사이에 격벽과 복도를 두어 구획을 나누어 게임존(Game Zone), 인터넷존(Internet Zone)을 설치하고, 그와 별도로 좌석 4개의 비즈니스존(Business Zone)과 좌석 6개의 커플존(Couple Zone)을 별도로 설치하고, 휴게공간(Rest Area)을 출입구 바로 앞에 배치하고, 흡연실을 따로 카운터 뒤에 배치하는 등 나름대로의 특성을 가지고 있는 사실을 인정할 수 있는바, 이 사건 도면은 저작물로서 요구되는 창작성을 갖추었다고 할 것이므로 저작권법 제4조 제1항 제5호의 건축저작물 또는 같은 항 제8호의 도형저작물에 해당한다."

이 판결 사안은 PC방 영업을 위한 실내 인테리어 시공용 설계도면에 관한 것이다. 위 판결은 원고의 설계도면을 건축저작물과 도형저작물로 인정하면서 다만 피고의 시공 내용에 비추어 저작권침해요건인 의거성을 인정할 수 없다고 하였다. 그런데 위 판결은 아이디어 영역에 속해 보이거나 또는 건축물 구성 부분으로 볼 수 없는 좌석의 개수, 위치 등을 기초로 창작성을 판단하는 부분이 있었고 특히 도형저작물은 도형적 표현에 창작성을 가져야 함에도 그에 대한 별다른 고려 없이 도형저작물성까지 인정하고 있다.

산부인과병원 인테리어 설계도에 대한 서울중앙지방법원 2005가단385035 판결

병원 건물의 인테리어 공사를 실시하기 위한 설계도의 건축저작물성이 문제 된 사안에서, ❶ 설계자의 독창성이 발휘될 수 있는 디자인 설계와 색상 설계를 포함하지 않고 있고, ❷ 산부인과 병원 건물 설계의 일반적인 표현 방법, 규격 또는 그 용도나 기능 자체, 이용자의 이해 편의성, 공간적 제약 등의 제한요소로 인하여 상정이 가능한 극히 제한된 표현으로서, ❸ 병원 건물로서의 편의성, 실용성, 및 효율성 등의 기능적 요소를 넘어서 전체적인 디자인 표현 자체에 창작성을 인정하기 어렵다며 건축저작물로 보호받기 어렵다고 하였다.[109]

회전초밥점포 인테리어 설계도 및 디자인에 대한 서울중앙지방법원 2006가합14405 판결

이 사건 각 설계도 및 원고 점포의 실내외 디자인은 실내건축에 관한 것으로서 건축저작물에 해당한다는 원고주장 부분에 대하여,

이 사건 각 설계도와 원고 점포의 실내외 디자인은 건축물의 실내외 장식에 관한 것으로서 그 디자인이 이용된 건축물인 원고 점포와 구분되어 인식되는 것으로서 건축물 내지 건축을 위한 설계도서가 아니므로 저작권법 제4조 제1항 제5호에서 규정한 건축저작물에 해당한다고 할 수 없다며 배척하면서, 회전초밥 식당으로서의 이미지 부각 및 고급스러운 분위기를 구현하기 위하여 간판, 창외 장식, 내벽 부분의 벽지, 창내 부분의 블라인드 부분 등의 형태, 색채, 문양 등을 취사선택하고, 취사선택된 각 부분을 적절히 조합, 배열하여 만들어진 점포의 디자인은 건축저작물이 아니라 응용미술저작물에 해당할 수 있다고 하였다.

(2) 건축물 구성요소의 창작성

건물 구성 부분에 대하여 창작성을 인정할 것인지에 대하여 논의가 있다. 건축물의 일부분인 지붕, 창문, 대문 그 자체는 건축물에서 요구하는 실용적 기능으로 인하여 창작성을 인정하는 것에 어려움이 있고, 또한 해당 부분이 창작성을 갖는 경우라도 그것만으로 건축물 전체가 창작성을 갖기 어려운 까닭에 건축저작물이 성립되기 어렵다. 그러나 이러한 건물 구성 부분에 있는 창작적 표현이 건축물에서 차지하는 비중이 상당하여 건축물 전체가 저작물성을 갖게 되는 예외적인 경우에는 건축저작물로 보호를 받을 수 있다고 본다.

---

109 위 사안은 건물 내 인테리어 공사를 목적으로 만들어진 설계도에 대한 것이었다. 인테리어 설계도가 건축저작물이 될 수 있다는 전제 하에 창작성이 없다는 이유로 건축저작물로서 보호를 배척하고 있다.

① 하급심 판례는 건축물의 표준적인 개개의 구성요소들인 창문, 문 또는 그 밖의 주요한 건물의 구성요소들은 건축저작물로서 보호를 받을 수 있는 부분이 아니라고 하였다.

> **산부인과병원 인테리어 설계도에 대한 서울중앙지방법원 2005가단385035 판결**
> "건축물에 있어서 표준적인 개개의 구성요소들, 예를 들어 창문, 문 또는 그 밖의 주요한 건물의 구성요소들은 건축저작물로서 보호를 받을 수 있는 부분이 아니고, 건축저작물에 있어서의 창작성은 주로 그 자체로서는 저작권의 보호를 받지 못하는 개개의 구성요소를 미적으로 선택·배열·조합함으로써 전체적으로 보호받을 만한 저작물을 만들어 내는 데 있다."

> **철재 울타리 도안에 대한 서울고등법원 2004나48890 판결**
> "이 사건 각 디자인이 적용된 철재 울타리를 해당 건축물과 따로 떼어서 그 자체가 창작성을 가지는 독립된 저작권법상의 건축저작물이라고 평가하기도 어렵다"

② 한편 건축물의 일부인 대문이나 벽 부분에 실용적 기능을 벗어난 창작적 미술 표현이 존재하는 경우 해당 부분만으로 건축저작물로서 성립하지 못한다고 하더라도 미술저작물로서 보호받을 수 있다. 예를 들어 바티칸 시스티나 성당에 그려진 미켈란젤로의 '천지창조' 그림과 같이 건축물에 부속된 미술가의 조각이나 그림은 물리적으로 건축물의 일부이지만 건축 공작물로서의 창작적 표현이 아니며 미술저작물성을 갖는다. 또한 건물 외형은 물론 부분적으로 미적 형상을 갖는 가우디의 '사그라다 파밀리아' 성당은 전체적으로 건축저작물에 속하지만 미술저작물도 함께 존재하는 경우로 보인다.

> **도라산 역사 벽화에 대한 대법원 2012다204587 판결**
> 도라산 역사 내벽과 기둥에 설치한 벽화를 철거한 사안에서, 작가가 만든 벽화를 역사 건축물과 별개의 미술저작물로 인정하는 전제 하에 소유권자의 파괴행위에 대하여 미술저작물에 대한 동일성유지권 침해를 인정하지 않았다.

라. 건축을 위한 모형 및 설계도

저작권법 제4조 제1항 제5호는 '건축을 위한 모형 및 설계도'를 건축저작물에 포함시키고 있다. 앞서 본 '건축물'에는 건축저작물이 갖는 실제의 모습이 그대로 화체되어 있는 반면 '건축을 위한 모형'에는 건축저작물이 축약된 모형의 모습으로 구현되고, '건축을 위한 설계도'의 경우에는 2차원의 도면에서 기호 선 수치 등으로 입체의 건축저작물을 표현하고 있다.

(1) 모형 및 설계도의 창작성

'건축을 위한 모형 및 설계도서'는 모형이나 설계도면에서 도형으로 관념적으로 표현한 무체의 건축 공작물의 형상에 창작성이 있어야 건축저작물로 보호된다.

① 모형 중 창작성이 없는 기존 건물을 그대로 축소한 건물 모형이나 건축 공작물로

서 창작성을 갖지 못한 단순한 형태인 경우에는 건축저작물로 성립될 수 없다.[110]
건물의 소개나 안내를 위하여 기존 건축저작물을 모방하여 제작한 건물 모형은 건축저작물의 복제물이 되고 새로운 창작성이 부가된 경우에는 2차적저작물로서 저작물성을 가질 수 있다.

② 아파트에 대한 설계도면은 사람이 거주하는 아파트 세대별 공간이나 주차장 등에 대한 평면도는 제한된 공간 및 주거나 주차의 실용성에 의하여 표현의 선택의 폭이 좁아서 창작성이 인정되기 어렵다. 그러나 아파트 건물 자체의 형상과 구조를 독특하게 표현하거나 아파트 부지가 넓어 아파트에 들어설 건물, 조경, 시설, 도로 등에 대한 선택의 폭이 넓은 경우에는 건축저작물로서 창작성을 인정받을 가능성이 있다.
하급심 판례는 아파트 설계도면 중 건축물 배치현황만이 표현된 배치도면에 대해 건축물의 전체적인 미적 형상을 관념적으로 표현하지 못하고 있다면 그 배치도면은 건축저작물에 해당한다고 볼 수 없다고 하였다.

대구수성구 아파트에 대한 서울중앙지방법원 2005가합57481 판결
건축을 위한 모형 및 설계도서는 아직 건축되지 아니한 건축물의 전체적인 미적 형상을 관념적으로 표현하고 있어서 건축저작물로 보호받는 것이므로 건축물을 이루는 개개의 구성요소가 아닌 전체적인 외관에 창작성이 있는 경우에만 저작물로 인정할 수 있으므로 건축물의 설계도면 중 일부의 도면에 그 건축물의 배치현황 등 제작자의 사상이 표현되어 있다고 하더라도 그 도면 자체만으로는 건축물의 전체적인 미적 형상을 관념적으로 표현하고 있는 정도에 이르지 못하는 경우라면 그 도면이 독자적으로 제작자의 창조적인 개성을 표현하고 있다고 할 수 없으므로 건축저작물에 해당한다고 볼 수 없다며, 이 사건 아파트의 5개 또는 6개 동을 서쪽에 3개, 동쪽에 나머지로 나누어 배치하되 서쪽의 3개 동은 종면으로 동쪽의 나머지 건물들은 횡면으로 각 배치하고 서쪽 3개 동의 각 모양은 남향, 남동향, 동향인 건물이 합쳐져 있는 모양으로 표현하고 있는 이 사건 배치도만으로는 이 사건 아파트의 전체적인 미적 형상 또는 전체적인 틀을 생각해 내기 어려우므로 이 사건 배치도에 원고 자신의 사상 또는 감정이 표현되어 있다고 하더라도 이는 전체적인 아파트의 형상 중 일부 구성요소를 표현한 것에 불과하여 이 사건 배치도는 원고의 독창적인 표현으로서 이 사건 아파트의 전체적인 미적 형상을 관념적으로 표현하고 있다고 할 수 없으므로 건축저작물에 해당한다고 볼 수 없다고 하였다.

---

110 그러나 예를 들어 기념품 가게에서 판매하는 건물 형상의 상품에 미적인 창작성이 있으면 미술저작물 또는 응용미술저작물로 보호될 수 있다.

저작물의 유형

(2) 창작성의 제한

건축저작물인 설계도서는 예술성의 표현보다는 실용적인 기능이나 사상의 표현을 주된 목적으로 하는 기능적 저작물이다. 일반적인 표현 방법, 규격, 용도, 이해의 편의성에 의해 표현이 제한되는 까닭에 창작적 표현이 쉽지 않다. 하지만 작성자의 창조적인 개성이 드러난 건축설계 도면의 건축 공작물 표현은 건축저작물로 보호받을 수 있다.

① 창작성 부인 판례

아파트 평면도나 배치도에 대한 대법원 2008도29 판결

고소인이 건설사가 공개한 설계도면을 기초로 평면도와 단지 배치도 등을 제작하여 수록한 고소인의 '아파트 백과' 서적의 내용을 피고인이 복제한 사안에서,
고소인이 만든 평면도 등 부분은 ❶ 건설회사에서 작성한 설계도면을 단순화하여 일반인들이 보기 쉽게 만든 것이고, ❷ 아파트의 경우 해당 건축 관계 법령에 따라 건축 조건이 이미 결정된 부분이 많고, ❸ 발코니 바닥 무늬, 식탁과 주방가구 및 숫자 등 일부 표현방식이 독특하게 되어 있기는 하지만 이는 기존의 평면도 및 배치도 형식을 다소 변용한 것에 불과하다며 고소인의 아파트 평면도 및 배치도에 대한 창작성을 부인하였다.[111]

강서구 아파트 건물배치도면에 대한 서울고등법원 2001나20945 판결

원고는 피고조합과 가계약을 하고 설계 용역 업무를 하던 중 재건축 설계도면의 내용에 대한 견해 차이로 본 계약 체결에 이르지 못하고 포기하였는데 피고 회사 배치도면은 ❶ 대지의 형상에 따라 건축물을 배치하는 계획이 원고의 것과 일치하고, ❷ 단지 진·출입에 따른 차량동선의 표현방식과 같은 쪽으로 처리하여 설치한 어린이 놀이터의 위치 및 ❸ 아파트로의 진입 부분도 유사하다며 원고가 건물배치도면에 대한 저작권 침해를 주장한 사안에서,
양 배치도는 모두 한정된 도로망 등 주어진 대지 여건 하에서 생활공간에 대해 거의 유사한 기호를 나타내는 수요자들의 요구를 최대한 충족시키는 방향으로 설계되어 서로 유사성을 띌 수밖에 없다며 침해주장을 배척하였다.

---

111 고소인이 작성한 평면도와 단지 배치도는 건설사가 작성하여 건축저작물로서의 창작성이 없어 보이는 아파트 평면도 및 배치도를 단순화하여 변용한 것이었다. 한편, 고소인이 작성한 평면도와 단지 배치도는 '아파트백과' 서적출판에 게재하기 위하여 작성된 경우이지만 이는 '건축을 위한' 건축 공작물을 표현한 도면으로서 건축저작물과 도형저작물로서의 창작성을 모두 검토할 수 있었던 사안으로 보인다.

② 창작성 인정 판례

주거지역 설계도면에 대한 서울지방법원 99가합12579 판결

원고의 설계도는 시가지 중심부에 수평과 수직의 +자 교차로를 마련하여 수평축 위쪽은
격자형으로 도로 배치하고, 수평축 하부 쪽은 반원의 모양이 되도록 굴곡된 도로를 동심
형상으로 중복하여 배치한 뒤 +자 중앙에서 방사상으로 도로가 뻗어 나가고, 건물도 방
사상으로 배치함을 특징으로 하는데 산을 깎아 내고 아파트를 설계하는 등 무리한 요소가
있었던 사안에서,
원고의 설계도는 원고의 경험과 사상을 표현함에 있어 그 전체적인 표현이 창작성을 가지
는 저작물이라고 하였다.

인천서구아파트 단지배치도에 대한 서울중앙지방법원 2005가합3613 판결

일반적인 아파트단지의 형태인 '一'형 및 'ㄱ' 형태가 아니라 중앙에 계단이 있는 3면으로
구성되어 있으며, 27개 동의 아파트 중 8개 동은 한쪽 면이 옆으로 길게 누운 'Y' 형태, 1개
동은 삼면의 길이가 동일한 'Y'자 형태, 나머지는 '一'자 형태를 취하고, 아파트, 근린생활
시설, 주민공동시설, 보육시설 등 건물과 도로, 조경, 운동시설, 놀이터 등의 시설물을 조
화롭게 배치하여 전체적인 외관에 있어서 창작성이 있는 아파트단지 배치도에 관하여 저
작물성을 인정하였다.[112]

서울 숲 트리마제 아파트에 대한 서울중앙지방법원 2016가합508640 판결

설계도면 중 주동의 형태 및 입면 디자인을 나타낸 설계도면(101동 내지 104동의 정면도,
우측면도, 배면도, 좌측면도)은 원고 자신의 독자적인 사상 또는 감정의 표현을 담고 있는
건축저작물로 보았다.

양양골프장 설계도면에 대한 서울고등법원 2006나43295 판결

원고가 골프장 설계도면을 작성하여 납품하고 이후 계약을 합의해지 하였는데 피고들이
원고 설계도면을 변경하여 설계도면을 만들고 시공을 하였던 사안에서,

---

112 위 판결은 원고의 90,571㎡ 27개 동 단지 배치도에 대하여, 저작물성을 인정하면서도, 피고의 35개 동 단지 배
치도와의 사이에 실질적유사성이 없다며 침해를 부인하였다. 그 외 사안인 서울 강서구 아파트 대지 3,954㎡ 1
개 동 102세대 (서울고등법원 2001나20945 판결), 서울 중랑구 아파트 대지 8,803㎡ 3개 동 165세대 (서울고등법
원 2004라21 결정), 대구 수성구 아파트 대지 26,811㎡ 5개 동 467세대 (서울중앙지방법원 2005가합57481 판결)에
서는 단지 배치도에 대해 저작물성을 부인하였다.

저작물의 유형

골프장 설계도면은 도형저작물과 건축저작물에 해당할 수 있으나 이 사건 골프장 설계도면에 대하여 ❶ 골프장을 구성하는 클럽하우스, 연습장, 휴게소, 주차장, 펜션, 식당, 숙소, 진입도로, 연결 도로, 홀(티 박스, 페어웨이, 그린, 벙커, 러프 등), 연못과 그 밖의 부대시설 모양, 위치, 배열 정도를 설계도면에 도시한 것으로서 각 구성요소의 모양의 표현방식{예컨대, 클럽하우스를 지붕의 평면도 또는 사각형으로 표시하거나, 주차장의 주차구획을 선으로 표시하거나, 홀의 가장자리를 단선(單線)으로 표시하거나, 연결도로를 복선(複線)으로 표시하는 것 등}은 설계도면 작성 시 사용하는 통상적인 표현으로 이루어졌다는 이유로 도형저작물성은 배척하였다. ❷ 그러나 건축물 개개의 구성요소(이 사건의 경우 진입도로, 클럽하우스, 연습장, 각각의 홀, 연못 등)의 배치와 조합을 포함한 건축물의 전체적인 디자인이 다른 건축물의 그것과 구분됨으로써 미적(美的) 형상을 갖고 골프장의 루팅 플랜이나 시설물 배치, 골프 코스의 배치에 대한 저작자의 개성을 인정하여 건축저작물로서의 창작성은 인정하였다.

(3) 건축 목적성

모형과 설계도 중 '건축을 위한' 모형과 설계도만이 건축저작물이 될 수 있다. 여기서 '건축을 위한'이란 건물 신축, 개축 등 직접 건물 시공에 사용할 목적을 갖는 경우뿐만 아니라 건축물에 대한 의견을 개진하거나, 건물저작물을 소개하려는 목적으로 새로운 창작적인 도면을 만들어 서적에 게재하거나, 전시장에서 건축물 모형을 전시하는 경우 등도 포함하여야 할 것으로 보인다.

그러나 퍼즐 놀이를 위하여 만든 광화문 모형은 건축을 위한 건물모형이 아니므로 건축저작물이 될 수 없고 도형적 표현에 창작성을 갖는 경우 도형저작물로 보호될 수 있을 뿐이다. 또한 설계도면이 건축을 위한 것이 아니라 조형구조물에 대한 미적인 형상과 색채를 표현하고 있는 경우라면 미술저작물로 보호받을 수 있다.

등대 도안에 대한 서울고등법원 2008나4461 판결

등대 도안이 등대의 제작을 위한 스케치로서 건축 구상이 개략적인 단계에 불과하고 기술성이나 기능성보다는 형상, 색채, 구도 등의 미적 표현에 중점을 두고 있어 그것만으로는 실제로 등대를 건축할 수 없는 경우에는 저작권법제4조 제1항 제5호에 정한 '설계도서'에 해당한다고 보기는 어렵고 도형저작물이나 미술저작물에 해당할 뿐이라고 하였다.

(4) 도형저작물과의 관계

건축을 위한 모형 및 설계도는 저작권법 제4조 제1항 제8호의 "…설계도.. 모형 그 밖의 도형저작물"에도 포함될 수 있다. 따라서 건축을 위한 모형이나 설계도가 제5호 건축저작물이나 제8호 도형저작물 중 어느 하나 또는 양자에 해당하면 해당 저작물로서 보호를 받게 된다. 건축 설계도면이 표현한 관념적인 건축구조물에 창작성이 부족하여 건축저작물이 되지 않더라도 설계 제도상 도형표현에 창작성이 있다면 도형저작물이 될 수 있다. 하나의 건축설계도가 중첩적으로 두 저작물에 해당하더라도 건축저작물과 도형저작물로서 각각 보호받는 창작적 표현 부분은 각기 다르다.

마. 건축저작물 관련 문제

건축저작물에 관련하여, ❶ 설계도서에 따른 건축물 시공이 복제에 해당하는지, ❷ 공중에게 개방된 장소에 항시 전시된 건축물에 대한 이용에 대하여 저작재산권이 제한되는지, ❸ 건축설계 계약이 해제된 경우에도 건축주가 설계도서를 그대로 이용할 수 있는지 등에 대하여 본다.

(1) 설계도서의 시공에 의한 복제

저작권법 제2조 제22호 후단은 건축을 위한 모형 또는 설계도서에 따라 건축물을 시공하는 것은 건축저작물의 복제에 해당한다고 정하고 있다. 건축을 위한 설계도면이나 모형에는 건축공작물로 표현된 관념적인 건축저작물이 표현되어 있고, 시공과정을 거친 완성된 유체의 건축물에도 그에 화체된 관념적인 건축저작물이 존재한다.[113] 따라서 설계도면이나 모형 그 자체를 다시 설계도면 등으로 제작하면 건축저작물에 대한 복제가 된다. 또한 설계도면이나 모형이 표현하고 있는 관념적인 건축저작물을

---

113 저작권법 제4조 제1항 제5호는 건축저작물로 "건축물·건축을 위한 모형 및 설계도서"를 들고 있으나 엄밀히 말하면 유체물인 건축물이나 도면에 작성된 설계도 등은 건축저작물 그 자체가 아니라 '건축저작물의 표현물'로서 예시된 것이다. 건축저작물은 '건축공작물의 형상과 색채'라는 '표현형식'으로 인간의 사상이나 감정을 표현한 무체의 저작물이며, 건축물과 설계도면, 모형은 이러한 건축저작물의 '표현물'이라고 할 수 있다.

건축물로 시공하는 경우에도 건축저작물에 대한 복제가 이루어지는데 위 제22호 후단의 건축물의 복제규정부분은 이를 확인한 것이다.[114]

그러나 건축을 위하여 새로이 건물모형을 제작하였더라도 그 건물모형에 담긴 무체의 건축저작물의 형상과 색채에 창작성이 없으면 건축저작물이 성립하지 않는다. 이러한 모형에 따라 건축물을 시공하더라도 건축저작물에 대한 복제가 되지 않는다.

> **회전초밥점포 인테리어 설계도 및 디자인에 대한 서울중앙지방법원 2006가합14405 판결**
>
> 이 사건 설계도와 원고 점포의 실내외 디자인은 건축물의 실내외 장식에 관한 것으로서 건축물 내지 건축을 위한 설계도서가 아니므로 건축저작물에 해당하지 아니한다고 하였다. 가사 피고들이 이 사건 설계도에 의거하여 피고들 점포의 실내외 디자인을 구성하였다고 하더라도 설계도에 따라 물품을 만들거나 시공하는 것은 그 설계도에 나타난 아이디어를 이용한 것일 뿐 그 표현을 이용한 것이 아니라 할 것이므로 이 사건 각 설계도의 저작권을 침해하였다고 할 수 없다고 하였다.

(2) 공중에 개방된 건축물의 저작재산권 제한

저작권법 제35조 제1,2항[115]에 따라 "가로·공원·건축물의 외벽 그 밖에 공중에게 개방된 장소에 항시 전시"되는 미술저작물 등[116]은 어떠한 방법으로든지 이를 복제하여 이용할 수 있고 다만 건축물을 건축물로 복제하거나 판매 목적으로 복제하는 경우는 제외된다. 따라서 도로상에 접한 건물은 공중에게 개방된 장소에 항시 전시하는 경우

---

114 이는 조형미술저작물을 표현한 도안의 경우 도안 자체를 그대로 복제하지 않고 무체의 조형미술저작물을 표현하고 있는 도안에 따라 유형의 조형물을 제작한 경우에도 미술저작물의 복제에 해당하는 것과 동일하다.

115 **저작권법 제35조**(미술저작물등의 전시 또는 복제)
① 미술저작물등의 원본의 소유자나 그의 동의를 얻은 자는 그 저작물을 원본에 의하여 전시할 수 있다. 다만, 가로·공원·건축물의 외벽 그 밖에 공중에게 개방된 장소에 항시 전시하는 경우에는 그러하지 아니하다.
② 제1항 단서의 규정에 따른 개방된 장소에 항시 전시되어 있는 미술저작물등은 어떠한 방법으로든지 이를 복제하여 이용할 수 있다. 다만, 다음 각 호의 어느 하나에 해당하는 경우에는 그러하지 아니하다.
1. 건축물을 건축물로 복제하는 경우
2. 조각 또는 회화를 조각 또는 회화로 복제하는 경우
3. 제1항 단서의 규정에 따른 개방된 장소 등에 항시 전시하기 위하여 복제하는 경우
4. 판매의 목적으로 복제하는 경우

116 **저작권법 제11조** (공표권)
③ …미술저작물·건축저작물 또는 사진저작물(이하 "미술저작물등"이라 한다)…

에 해당하는 것으로 누구든지 건축저작권자의 승낙 없이 사진 촬영 등 어떠한 방법으로든지 복제할 수 있다. 단, 이를 건축물로 복제하거나 판매 목적으로 사진으로 촬영하여 복제해서는 안 된다.

(3) 건축설계 계약이 해제된 이후 설계도서의 이용

판례는 건축공사 중 건축설계 계약이 해제된 경우라도 완성된 설계도서가 완성된 건축주에게 교부되고, 그에 따라 설계비 중 상당 부분이 지급되고, 설계도서 등에 따른 공사가 상당한 정도로 진척된 경우에는 일단 건축주에게 허여된 설계도서 등에 관한 이용권은 의연 건축주에게 유보된다고 한다.

건축설계 계약해제에 대한 대법원 99마7466 결정

신청인과 피신청인은 피신청인이 건축하는 속초 ○○아파트 신축공사의 인허가 설계도서 및 준공도서, 시공도면 및 설계변경도서의 작성 등 용역을 신청인이 수행하고 신청인이 작성한 모든 설계도 등에 대한 모든 권리는 피신청인에게 귀속시키기로 하며, 보수는 피신청인이 신청인에게 계약금, 1차 중도금(2차례로 나누어 지급), 2차 중도금, 최종 잔금을 지급하기로 약정하였다. 신청인은 아파트의 신축공사에 필요한 설계도서를 작성하여 피신청인에게 교부하였고, 피신청인은 신청인의 설계도서에 따라서 지하층의 공사를 마치고 골조공사를 진행하면서 신청인에게 설계용역에 대한 보수를 지급하였다. 이후 신청인과 피신청인 사이에 분쟁이 발생하여 피신청인은 계약해제 의사표시를 하고, 신청인도 건축설계 계약을 지속할 수 없다며 설계용역보수의 정산을 요구한 사안에서,

건축공사 중 건축설계 계약이 피신청인의 귀책사유로 해제되었다 하더라도 신청인이 위 설계도서에 관한 저작재산권(복제권)자의 지위를 회복하는 것은 아니며 해제된 경우라도 ❶ 가분적인 내용으로 이루어진 건축설계 계약에 있어서 설계도서 등이 완성되어 건축주에게 교부되고 그에 따라 설계비 중 상당 부분이 지급되었으며, ❷ 그 설계도서 등에 따른 건축공사가 상당한 정도로 진척된 경우에는 일단 건축주에게 허여된 설계도서 등에 관한 이용권은 의연 건축주에게 유보된다고 하였다.

위 판례는 아파트 설계도에 대하여 저작물성이 있다는 전제 하에 설계 계약에 따라서 복제권이 양도되었고, 건축공사가 상당한 정도로 진척되어 이를 중단할 경우 중대한 사회적·경제적 손실을 초래될 수 있다는 점 등을 이유로 설계 계약은 계속적 계약으로서 해제의 소급효를 인정하지 아니한다는 원심을 유지하였다.

그런데 아파트 설계도가 창작성을 갖는 경우는 오히려 드문 경우임에도 이 사건 원심에서 설계도면 등에 대한 창작성 판단이 이루어지지 않았다. 이 사건 원심과 대법원판결은 위 설계도

서에 대하여 저작권이 발생한 것을 전제로 판단하고 있으나 이 사안은 건축설계 계약이 해제된 이후에도 건축주가 건축저작물성이 없는 건축설계도의 이용권을 갖고 있는지가 법리적으로 문제 되었던 것으로 보인다. 또한 이 사안에서 문제 되지 않았지만, 설계계약이 해소된 이후에 건축주가 설계도에 따라 건축을 계속할 수 있다고 하더라도 설계도의 이용에 따른 대가 지급 문제가 남을 수 있다.

7

사진
저작물

가. 사진저작물의 정의와 특성

사진저작물은 인간의 사상 또는 감정을 사진 및 이와 유사한 제작방법으로 일정한 영상의 형태로 표현한 창작물을 말한다. (저작권법 제4조 제1항 제6호[117])

사진저작물은 '일정한 영상'을 표현형식으로 가진다. '사진 및 이와 유사한 제작방법'에는 필름이 빛에 의하여 감광되는 화학작용을 이용하여 만들어지는 종래의 사진제작 방식뿐만 아니라 디지털 카메라로 촬영하여 디지털 파일 형태로 '일정한 영상'을 제작하는 방법도 포함된다.

① 촬영자가 촬영, 인화과정을 거쳐 만든 사진이 창작적 표현을 갖는 경우 사진저작물이 성립하고, 창작자원칙에 따라 창작적 사진을 만든 사진 촬영자는 창작과 동시에 사진저작물에 대한 저작권을 갖는다.

하급심 판례는 광고대행업자와 사진작가 사이의 사진에 대한 저작권귀속에 대해 저작권귀속에 관한 특별한 약정이 없는 한 저작권은 사진작가에게 귀속한다고 하였다. 광고대행업자가 광고사진을 의뢰하면서 촬영대상물을 대부분 준비하고 촬영안을 미리 작성하는 등의 주도적인 역할을 하였더라도 마찬가지라고 하였다.

---

117 **저작권법 제4조 (저작물의 예시 등)**
　　6. 사진저작물(이와 유사한 방법으로 제작된 것을 포함한다)

② 촬영 의뢰인이 사진저작자로부터 사진저작물에 대한 저작권을 양도받기로 하는
약정이 있더라도 일신전속의 성격을 갖는 동일성유지권 등 저작인격권은 사진저작
자에게 그대로 남는다. 따라서 사진을 변경하여 이용하려면 사진 저작권에 대한 양도
약정에 불구하고 동일성유지권을 갖고 있는 사진저작자로부터 허락을 받아야 한다.

나. 사진의 창작성

촬영된 사진에 인간의 사상이나 감정이 창작적으로 표현되어 있으면 사진저작물이
성립한다. 사진저작물의 창작성을 판단할 때 ❶ 사진기의 기계적 작동에 따라 누구라
도 사진기의 앵글에 들어온 대상을 그대로 재현할 수 있다는 점, ❷ 촬영자가 사진기
를 통하여 표현될 수 있는 요소를 선택하는 방법을 통하여 사진저작물의 표현이 달
라질 수 있다는 점 등을 고려하여야 한다.

(1) 창작성 기준
사진 촬영자가 타인의 사진을 보지 않거나 베끼지 않고 독자적으로 촬영하여 촬영자

---

118 파기된 이 사건 1심은 사진저작물이 광고물이고 광고물 제작자가 타인의 의뢰를 받아 그 광고물을 제작한 경우
광고물 제작 의뢰자가 그 제작과정을 실질적으로 통제하고 감독하면서 그 제작과정에서 실질적인 역할을 하였
다면 그 광고물의 저작권은 원시적으로 광고물 제작 의뢰자에게 귀속된다고 판단하였다.

의 창작적 개성이 발휘된 사진은 저작물로 성립한다. 이처럼 촬영된 사진은 기존의 사진과 유사하더라도 저작물로 보호될 수 있다. 예를 들어 사진동호회에서 회원들이 모여 특정 풍경이나 인물 등 동일한 대상을 찍은 사진의 경우 유사한 사진들이 존재할 수 있다. 그러나 이러한 사진들이 비슷하다고 하여 창작성이 없는 것은 아니며, 독자적으로 촬영하여 창작적 개성을 발휘한 사진이라면 각각의 저작물로 보호받을 수 있다.

사진 촬영자가 별다른 고민 없이 직감에 따라 스마트폰으로 풍경을 촬영하였는데 멋있는 사진이 나올 수 있다. 사진저작물의 창작성은 많은 고민이 있어야만 인정되는 것은 아니며 직감에 따라 촬영한 경우에도 인정될 수 있다. 사진저작물의 창작성이 문제 되는 경우 촬영자의 주관적인 의도와 촬영목적이 고려되지만 객관적으로 사진에서 보이는 표현을 무시하고 창작성을 판단할 수 없다.

사진저작물의 창작적 요소 대부분은 사진기 앵글에 들어온 상황이나 기능의 설정을 선택하는 방법으로 이루어진다. 사진저작물의 창작성은 사진의 표현으로 외부에 나타나야 하며 사진의 표현에 존재하는 상황이나 기능의 설정 내용이 사진의 창작성을 좌우하게 된다. 아무리 창작적인 생각을 하였더라도 객관적으로 표현된 사진에서 이를 감지할 수 없다면 창작성을 인정할 수 없다.[119]

(2) 창작성 요소

촬영자가 사진기의 사물재현기능을 넘는 창작성을 일정한 영상 표현에 발휘하여야 사진저작물이 될 수 있다. 촬영자는 사진기를 통하여 표현될 수 있는 요소를 선택하는 방법을 통하여 사진저작물의 창작적 표현을 만든다. 사진의 창작성은 촬영자가 촬영대상과 사진기 기능을 선택하고 결정하는 과정 및 그 이후의 인화 과정에서 발휘되는 것이다.

---

119 저작물의 작성과정을 보면 저작자의 창작성이 머리에 존재하고 이것이 외부로 표현되어 저작물로 만들어지는 수순을 밟는다. 그런데 법률적인 분쟁에서 저작물의 창작성을 판단하는 과정을 보면 외부로 표현된 저작물에서 역으로 저작자의 창작성을 찾아내는 수순을 밟게 된다. 실제로는 사진기 셔터의 우연한 작동 등 작성자가 전혀 의도하지 않은 결과물이라도 작성자가 창작적 노력 없이 만들어진 것이라는 점에 대한 입증이 없으면 재판 절차상 저작물의 창작성이 인정될 수도 있는 것이다.

저작물의 유형

판례는 구체적으로 피사체의 선정, 구도의 설정, 빛의 방향과 양의 조절, 카메라 각도의 설정, 셔터의 속도, 셔터 찬스의 포착, 기타 촬영 방법, 현상 및 인화 등의 과정에서 촬영자의 개성과 창조성이 인정되어야 사진저작물로서 보호된다고 한다.[120] 이러한 다양한 창작적 요소가 결합하여 표현된 일정한 영상은 사진저작물로서 저작권 보호를 받는다.

애완견 사진에 대한 서울지방법원 2001가단173463 판결

애완견 사진 촬영에서, 애완견들의 생김새, 색깔과 이미지 등에 따라 바닥과 배경의 색상 및 소재, 애완견이 착용하는 장식물 및 주변 소품 등을 결정과 애완견의 배치 등 피사체의 선정과 구도의 설정, 조명의 선택 등 빛의 방향과 양의 조절, 촬영 각도 등 카메라 각도의 설정, 움직이는 애완견들에 대한 촬영 순간의 셔터의 속도와 셔터 찬스의 포착에 있어서 나름의 개성을 반영한 사실을 근거로 사진작가의 창작성을 인정하여 사진저작물에 해당한다고 하였다.

출입증 사진에 대한 대구지방법원 2011구합4994 판결

기업체의 카탈로그, 브로슈어 등 일부 사진에 대하여 기업 이미지 제고 목적에서 촬영 높이, 촬영 각도, 사진의 구도, 빛의 양 조절, 셔터 찬스 포착, 인화 과정에서의 보정 등에 창작성을 인정하여 저작물로 인정한 반면 출입증 등을 제작하기 위한 증명사진 및 카탈로그 사진 중 기계의 부품 등 피사체를 충실히 표현한 사진에 대하여 저작물성을 배척하였다.

다. 사진의 창작성 판단

사진의 창작성을 판단할 경우 촬영 대상을 기계적으로 재현하는 사진기의 기계적 기능에 의존한 부분은 배제하고, 촬영의 목적·용도를 고려하여 촬영, 현상, 인화 등 과정에서 나타난 사진 표현의 창작적 요소의 양과 질을 종합하여 판단한다.

---

120 뒤에서 소개하는 햄 제품 등 광고용 사진에 대한 대법원 98다43366 판결, 치질수술부위 재현사진에 대한 대법원 2008다44542 판결에서 판시한바 있다.

(1) 창작성의 제한

사진은 사진작가의 촬영대상과 외형 구도에 대한 선택과 사진기의 기계적인 작용이 함께 연동되어 표현이 완성되는 특징이 있다. 기계적 작용에만 의존한 사진 촬영을 거쳐 만들어진 사진에는 인간의 사상이나 감정이 창작적으로 표현될 여지가 적다. 앵글 영상을 기계적으로 재현하는 사진기의 기능은 창작성을 제한하는 요소가 된다. 카메라 기능, 촬영목적, 촬영시각 또는 촬영장소의 제약으로 인하여 누가 사진을 찍더라도 동일하거나 유사한 사진이 나올 수 있는 경우라면 창작성이 배척될 수 있다.

> **모발이식 상담 글 사진에 대한 서울중앙지방법원 2007가합16095 판결**
> "사진은 누구든지 사진기로 촬영을 하고 현상과 인화 등의 처리과정을 거쳐 피사체를 찍은 사진이 완성되는 것이므로 사진촬영은 기계적 작용에 의존하는 부분이 많고, 정신적 조작의 여지가 적으므로 촬영자의 창작성이 발휘되는 부분이 많지 않다는 점에서 다른 저작물과 차이가 있는 것은 부정할 수 없으므로 어떠한 사진이 저작권법에서 보호하는 사진저작물에 해당하는지 여부를 판단함에 있어서는 그와 같은 사정을 고려하여야 한다."

(2) 창작성 판단요소

① 즉석에서 사진을 촬영한 경우라도 촬영되는 표현에 대하여 직감적으로 또는 일정한 의도를 가지고 촬영을 하게 된다. 이러한 직감이나 의도를 갖는다고 하여 사진의 창작성이 인정되는 것은 아니며, 촬영된 사진표현에 존재하는 창작성 요소의 양과 질을 기준으로 사진저작물의 창작성을 판단하게 된다.

> **고객후기사진에 대한 의정부지방법원 2018나208261 판결**
> 원고가 피고 쇼핑몰에서 패딩점퍼를 구매한 후 위 쇼핑몰의 고객 후기 게시판에 원고가 구매한 옷을 입고 찍은 사진(원고가 방 안에 있는 전신거울 앞에 서서 휴대폰 카메라로 전신거울에 비친 자신의 모습을 찍은 사진으로 얼굴 부분은 지워져 있고, 원고의 신체 중에는 종아리 아래에서 발까지 부분, 양손, 한쪽 귀와 머리카락 일부만 보인다.)을 올리고, 고객 후기를 작성하였는데 피고가 이를 자신의 계정에 올린 사안에서,
> "원고 사진은 단순히 원고가 구매한 옷을 입고 찍은 사진으로 구매후기 게시판의 특성상 상품인 옷을 구매한 자가 구매사실을 보여주기 위해 촬영한 것에 불과하다. 또한 위 사진은 구매한 옷을 피사체로 선정하여 그 중심에 놓인 옷의 형태, 색깔이 보이도록 촬영한 것

이고, 구체적 촬영방법인 카메라의 각도나 빛의 방향과 양의 조절, 촬영시점의 포착 등에 있어 원고의 개성이나 창조성이 있다고 볼 수 없다(원고 주장과 같이 휴대폰 카메라의 전문가 모드를 이용하여 ISO감도, 셔터 스피드 등을 수동으로 조절하였다고 하더라도, 이는 주위 밝기 등에 따라 피사체인 옷이 잘 보이도록 조절한 것에 불과하여 그러한 점을 고려하더라도 사진저작물성이 인정된다고 볼 수 없다) 따라서 원고 사진은 저작물로 보기 어렵다."

② 타인 사진의 창작적 요소를 그대로 모방하거나 또는 데드카피를 한 사진은 창작성이 부인된다. 그러나 피사체의 선택과 구도와 같은 일부 창작성 요소가 기존 사진과 일부 동일·유사하다고 하여 곧바로 창작성을 부인할 수 없고 사진을 제작하기 위한 촬영, 현상, 인화 등 전체과정에서 나타난 창작적 요소를 모두 종합하여 판단하여야 한다.

③ 사진 촬영의 목적이나 용도를 고려하여 실용성 등으로 표현이 제한된 사진의 창작성은 제한된다.

노스페이스 빙벽등반사진에 대한 서울중앙지방법원 2009가합136313 판결

"❶ 이 사건 사진은 실용적 목적을 달성하기 위한 단순한 광고용 사진이 아니라 전문 산악인의 역동적인 빙벽등반 모습을 촬영한 사진이라는 점, ❷ 이와 같은 빙벽등반에 관한 사진촬영은 그 특성상 촬영의 순간포착이 중요하고, 일반적 사진 촬영과 달리 등반선수의 동선을 따라가야 하는 등 그 촬영에 있어 어려움이 많다는 점, ❸ 기타 이 사건 사진에서 촬영된 등반선수의 역동적 자세, 빙벽에 표시된 붉은 표시와 등반선수의 배치, 전체적 구도 등을 종합적으로 고려할 때, 위 사진은 빙벽등반선수의 역동적인 모습을 극대화 하고자 하는 촬영자의 개성과 창조성이 있다고 볼 수 있어, 저작권법상 보호되는 저작물이라 할 것이다."

선글라스모델 셀카 사진에 대한 서울중앙지방법원 2016가단5138223 판결

원고가 자신을 피사체로 하여 직접 촬영한 소위 '셀카'인 경우에도 원고가 선글라스 제품을 무료로 제공받는 대신 이를 착용한 사진을 인스타그램에 올려주는 모델 역할을 하면서, ❶ 선글라스를 착용한 여성의 얼굴의 멋을 표현하는데 주안점을 두고, ❷ 선글라스의 모양과 색상 등에 맞추어 립스틱 등 색상을 선택하여 칠하는 등 얼굴 화장을 하고 머리 염색과 스타일, 표정 등을 이에 맞추어 연출하였으며, ❸ 커피숍으로 보이는 가게를 배경으로 선택하고 ❹ 셀카임에도 얼굴이 자연스럽게 표현되는 카메라의 앵글을 찾아서 촬영하였으며, ❺ 위와 같은 촬영의 주안점을 살려서 디지털 보정을 거친 셀카 사진에 대하여 사진저작물성을 인정하였다.

설계·감리 건축물 홍보 서적 사진에 대한 대전지방법원 2003가합725 판결

설계·감리한 건축물들의 현장을 촬영한 사진은 비록 사진작가인 원고의 기술에 의하여 이를 촬영하였다고 하더라도 그 목적은 그 피사체인 건축물 자체만을 충실하게 표현하여 홍보라는 실용적인 목적을 달성하기 위한 것이고, 다만 이때 그와 같은 목적에 부응하기 위하여 그 분야에서 고도의 기술을 가지고 있는 원고의 사진기술을 이용한 것에 불과하다며 사진저작물성을 배척하였다.

(3) 창작성의 정도

최소한의 창작성 정도만 갖춘 사진도 저작물로서 보호받을 수 있다. 그러나 이러한 사진은 창작적 표현 부분이 적은 까닭에 저작권 보호 범위가 좁게 된다. 예를 들어 사진동호회에서 한 장소에 모여 동일한 대상을 촬영하는 경우 선택의 여지가 없는 피사체의 선정, 구도, 광량, 카메라 위치 등으로 창작성이 제한된 사진저작물이 되어 저작권 보호 범위가 좁아질 수 있다. 하지만 적어도 타인의 작품을 그대로 베끼는 데드카피의 침해로부터 보호를 받을 수 있다.

한편 창작성이 없는 사진에 대한 데드카피는 저작권 침해가 되지 않지만 타인의 노력과 투자로 만들어진 사진을 사용하였다는 이유로 민법상 불법행위나 부정경쟁방지법이 적용될 수 있다.

소프트리 아이스크림 매장사진에 대한 서울고등법원 2014나2052436 판결

"피고는 2014년 초반부터 가맹점을 모집하는 과정에서 원고가 원고 매장의 내 외부 모습 등을 촬영한 이 사건 사진을 그대로 사용하거나 일부를 편집한 다음 피고의 영업을 홍보하는 데 사용하였는데, 피고의 이러한 행위는 원고의 상당한 투자나 노력으로 만들어진 성과물을 자신의 영업을 위하여 무단으로 사용함으로써 원고의 경제적 이익을 침해한 행위에 해당한다."

> **'생명의 나무' 목판액자에 대한 서울중앙지방법원 2014가합528947 판결**
>
> 피고가 이 사건 저작물과 완전히 동일하거나 거의 동일한 제품인 피고 제품을 수입, 판매
> 함에 있어 이 사건 저작물이 원고가 인터넷 홈페이지에서 판매하는 제품임을 잘 알면서도
> 원고의 홈페이지 등에서 광고 목적으로 사용한 사진 등을 무단 도용하여 피고 제품의 판
> 매를 위해 사용한 사안에서,
> "이러한 피고의 행위는 원고의 상당한 투자나 노력으로 만들어진 성과 등을 공정한 상거
> 래 관행이나 경쟁질서에 반하는 방법으로 자신의 영업을 위하여 무단으로 사용하여 원고
> 의 경제적 이익을 침해한 행위라고 평가할 수 있으므로, 피고가 이 사건 저작물1, 2와 동일
> 하거나 매우 유사한 피고 제품 1, 2를 수입·판매하고 원고의 광고들을 무단 도용한 행위는
> 부정경쟁방지법 제2조 제1호 (차)에서 정한 부정경쟁행위에 해당한다."

라. 사진의 유형

사진은 촬영목적에 따라 다양한 경우가 있으나 여기서는 ❶ 의료시술이나 제품에 대
한 광고와 뉴스 보도 등 실용 목적을 갖는 사진, ❷ 피사체인 촬영대상을 인위적으로
배치한 사진, ❸ 풍경 촬영 사진, ❹ 미술품 촬영 사진, ❺ 사람의 초상을 찍은 사진 등
으로 나누어 검토한다.

(1) 실용 사진

예술적 시각에서 촬영된 사진은 사진에 표출된 촬영자의 개성으로 인하여 사진저작
물로 보호받을 가능성이 높다. 이에 비해 실용적인 목적 하에 충실하게 사실을 재현
한 의료 사진이나 통상적인 촬영 방법으로 제품만을 충실하게 표현한 제품 사진은
사진저작물로 보호되지 않는다. 시사 보도에 사용된 사진 중 보도 목적 현장에서 신
속하게 촬영한 사진에 대하여 창작성을 인정하기 어렵지만 이러한 현장성과 신속성
의 제약을 벗어나 촬영자 고유의 개성이 들어간 보도 사진은 창작성을 인정받을 수
있다. 그러나 저작권법 제7조 제5호[121]가 적용되는 '사실의 전달에 불과한 시사보도'

---

121 **저작권법 제7조 (보호받지 못하는 저작물)**
   5. 사실의 전달에 불과한 시사보도

에 속하는 사진저작물은 저작권 보호를 받지 못한다.

① 의료 사진

치질수술부위 재현사진에 대한 대법원 2008다44542 판결

고주파 수술기를 이용하여 치핵 절제 수술 부위를 촬영한 사진은 촬영 대상을 중앙 부분에 위치시킨 채 근접한 상태에서 촬영하여 수술 장면, 환부 모습, 치료 경과 등을 충실하게 표현하여 명확한 정보를 제공한다는 실용적 목적을 위하여 제작된 것으로서 창작성을 인정할 수 없어 저작물성이 부인된다고 하였다.

모발이식 상담 글 사진에 대한 서울중앙지방법원 2007가합16095 판결

원고가 모발이식 수술을 받은 환자들의 사진에는 모발이식 수술 자체가 수술 방법의 선택과 시술 능력이 필요하여 원고의 개성이 투영되어 있고, 수술 후 시점의 선택, 수술 전후가 비교되도록 한 배치, 촬영 위치와 각도, 조명의 측면에서 원고의 창작성과 개성이 드러나므로 사진저작물이라고 주장한 사안에서,
원고의 사진들은 모발이식 수술 전후의 모습을 대비함으로써 모발치료의 효과를 나타내고자 하는 목적에서 촬영한 것이고, 위 사진들의 구체적인 촬영 방법이나 촬영 후의 현상과 인화의 과정에서 원고의 개성을 가미하고 있다고 볼 수도 없다고 하였다.

성형수술 인물 모델 사진에 대한 서울고등법원 2013라346 판결

성형모델들이 3개월이 넘는 기간을 설정하여 의상, 머리, 화장 각 분야 전문가들의 협조를 받고 전문 스튜디오에 의뢰하여 촬영한 성형수술 전후 인물 모델 사진에 대하여,
성형수술의 광고효과를 극대화하려는 실용적 목적을 갖는 것으로 성형수술의 장면, 성형모델의 변화 등을 충실하게 표현하여 정확하고 명확한 정보를 전달하기 위한 전형적인 촬영, 현상, 인화의 방법을 선택하여 사용한 것으로 창조적 개성을 인정할 수 없다고 하였다.

② 제품 사진

햄 제품 광고사진에 대한 대법원 98다43366 판결

카탈로그의 제작을 위한 햄 제품 등 광고용 사진으로 작성된 제품 사진과 이미지 사진 중 '제품 사진'에 대해서만 상고가 제기된 사안에서,
햄 제품만을 촬영한 제품 사진에 대하여는 광고라는 실용적 목적을 달성하기 위하여 햄 제품 자체만을 충실하게 표현하면서 촬영자의 사진기술을 이용한 것에 불과하다며 창작성을 부인한 원심(서울고등법원 96나39570 판결)을 유지하였다.

저작물의 유형

위 판결은 광고라는 실용적 목적 달성을 위하여 햄 제품 자체만을 충실하게 표현하였다며 창작성을 부인하였다. 그러나 제품만을 촬영한 사진이라고 하여 창작성이 모두 배척되는 것은 아니며, 제품을 촬영한 사진이 제품의 모습을 재현하는 정도에 그치는 경우에는 창작성을 인정하기 어렵지만 제품의 모습을 그대로 재현하는 것이 아니라 보는 사람의 구매를 유발하기 위하여 제품에 대한 정갈함, 풍부함, 맛난 외관 등을 유도하기 위하여 촬영에 있어서 각도, 대상물의 구도와 배치, 조명 등에 창작성을 발휘한 경우라면 창작성이 인정될 수 있다고 본다.

위 판결은 광고가 실용적 영역이라는 점을 들어 제품 사진의 창작성을 배척하고 있다. 실용 목적으로 촬영된 사진에는 범죄 현장이나 화재 교통사고 등 현장을 확인 보전하기 위한 사진, 과학실험 내용을 보여주기 위한 사진, 보도를 위한 현장 사진, 건축이나 의료치료의 과정 경과를 보여주기 위한 사진, 촬영대상의 변경 전후를 비교를 위한 사진, 제품 광고나 회사 홍보를 목적으로 촬영한 사진 등 다양한 경우가 존재하며, 이러한 사진을 촬영하는 실용 목적에 따라서 창작성이 제한될 수 있다.

촬영대상을 있는 그대로 충실하게 촬영하여야 실용 목적을 달성할 수 있는 대부분의 경우에는 창작적 개성이 개입할 여지가 적은 게 사실이다. 그렇지만, 홍보나 광고의 경우는 보는 사람들의 인식에 영향을 미치려는 실용 목적을 달성하기 위해 촬영대상의 선정, 구도, 위치, 조명, 셔터 등을 조작하고 현상, 인화, 디지털 편집과정을 거치며 대상을 부각하거나 다소 왜곡하는 과정에서 촬영자의 창작적 개성이 발휘될 수도 있다. 또한 고도의 사진기술을 갖는 촬영자라면 오히려 창작성 있는 결과물을 내놓을 가능성이 높아질 것이다. 따라서 광고라는 실용적 목적을 달성하기 위하여 햄 제품 자체만을 충실하게 표현하면서 광고사진작가의 사진기술을 이용한 것에 불과하다며 창작성을 부인한 위 판시부분에 의문이 남는다.

음성증폭기 홍보사진에 대한 서울중앙지방법원 2011가합99530 판결

피고의 ❶ 여성 모델이 피고의 제품인 이 사건 음성증폭기의 위쪽과 아래쪽을 각각 엄지 손가락과 검지 손가락으로 잡고 있는 모습을 촬영한 사진, ❷ 이 사건 음성 증폭기를 어댑터에 부착시켜 콘센트에 연결한 모습을 촬영한 사진, ❸ 이 사건 음성증폭기의 구성제품 중 하나인 '이어후크'만을 별도로 촬영한 사진, ❹ 이 사건 음성증폭기를 USB 케이블로 노트북에 연결한 다음 노트북 위에 제품을 올려놓은 장면을 촬영한 사진, ❺ 이 사건 음성증폭기에 연결되는 USB 케이블만을 별도로 촬영한 사진에 대한 사안에서,

피사체가 위 ❶ 사진의 여성 모델 이외에는 피고의 제품 자체 또는 그 주변기기에만 한정되고, 단순히 피사체가 명확하고 선명하게 나오게 하기 위하여 피사체를 중앙에 위치시킨 다음 적당한 거리에서 찍는 통상적인 방법에 의해 촬영되었다며 음성증폭기 홍보사진 ❶ ~❺에 대하여 저작물성을 배척하였다.

도시락 홍보사진에 대한 서울동부지방법원 2015노793 판결

도시락, 후식 등 제품(샌드위치, 김밥, 과일, 떡, 쿠키, 케이크 등 종류별 단품 제품 또는 여러 개 품목이 하나의 제품으로 구성된 다양한 모둠 제품 등)만을 개별적으로 흰색 또는 상아색 배경에 두고 해당 제품의 내용과 구성이 잘 보이도록 약간 위에서 내려 보는 시선 및 각도로 촬영하여 피사체인 해당 제품의 내용과 구성 자체만을 충실하게 표현하고 있는 도시락, 후식 홍보사진에 대하여,

촬영대상인 도시락을 준비하는 과정에서 음식물의 종류, 배치, 장식, 포장 등을 고려하였다고 하더라도 이는 피사체 자체를 충실하게 표현하기 위한 수단에 불과할 뿐 피사체의 선정에서의 창작성을 부여하기는 어렵다고 하였다. 아울러 해당 상품의 구성과 내용에 관한 정확하고 명확한 정보를 표현하여 그 제품에 대한 정보전달과 광고라는 실용적인 목적에서 촬영된 것으로서 사진저작물로 보호할 수 없다고 하였다.

'야마하' 음향기기 광고에 대한 서울서부지방법원 2005카합1848 결정

음향기기회사인 채권자 야마하가 싱가포르에 수출한 제품을 채무자가 한국으로 수입하여 채권자가 만든 한국어로 된 제품설명서를 첨부하고 채권자의 홈페이지에 있는 사진 촬영 전문업체에 의뢰하여 상당한 비용과 시간을 들여 촬영한 제품 사진과 설명문을 사용하였던 사안에서,

비록 사진의 용도가 제품의 모습 자체를 충실하게 표현하여 광고라는 실용적인 목적을 달성하기 위한 것이라 하더라도 사진 촬영을 위하여 투자한 시간과 비용, 선정과정 등 사정에 비추어 창작성이 인정된다고 하였다.

위 판결은 제품 사진이 사진 촬영 전문 업체에 촬영을 의뢰하여 상당한 비용과 시간을 들여 제작한 사실 등을 근거로 창작성을 인정하였다. 이는 앞서 본 햄 제품 사진에 대한 대법원 98다43366 판결과 다른 견해를 취한 것으로 보인다. 그런데 사진 촬영 전문 업체에 상당한 비용을 주고 촬영된 제품 사진의 경우 창작성을 가질 가능성이 크기는 하지만 사진 촬영 전문 업체가 촬영하였다고 하여 당연히 사진의 창작성이 인정될 수 있는 것은 아니다. 위 판결은 제품 사진이 제품의 모습 자체를 충실하게 표현하여 광고라는 실용적인 목적을 달성하기 위한 것이라고 판시하여 오히려 제품 사진의 창작성을 의심하게 만들고 있을 뿐 달리 제품 사진의 창작성을 인정할 만한 근거를 제대로 판시하지 않았다.

③ 보도 사진

(2) 인위적 피사체 사진

사진의 피사체에는 자연풍경과 같이 고정된 것, 사람의 동작이나 표정 중 선택된 것이 있고 나아가 인위적으로 선택, 조합, 배치한 것도 있다. 이 중 촬영자가 피사체를 인위적으로 선택, 조합, 배치하여 촬영한 사진에 대하여 창작성을 인정할 것인지에 대하여 논의가 있다.

① 촬영자가 작품의 대상 구도를 선택하거나 조합, 배치하는 구상 자체는 아이디어의 단계에 속한다. 또한 이러한 구상이 개략적이라서 사진의 구체적이고 독특한 표현을 구현하지 않는 경우는 피사체에 대한 결정행위에 불과하여 아이디어에 해당한다.
사진의 창작적 요소들에 대하여 선택의 폭이 넓으면 창작성을 인정받을 가능성이 커진다. 피사체의 선택, 조합, 배치에 선택의 폭이 넓고 이것이 사진의 구체적이고 독특한 표현으로 나타난 경우 창작성이 인정된다. 이러한 사진에 표현된 피사체의 선택, 조합, 배치를 모방하는 것은 타인의 창작적 표현을 모방한 것으로서 저작권 침해가 될 수 있다.

② B가 사진으로 표현하고자 하는 대상에 대한 '선택, 조합, 배치 그 자체'를 수행하고 A가 B에 의해 선택, 조합, 배치된 인위적 조형을 사실 그대로 재현하는 촬영을 하였다면 A는 사진 촬영행위를 하였더라도 사진저작물의 창작적 표현형식에 기여하였다고 볼 수 없어 사진저작자로 인정되지 않는다. A와 B가 선택, 조합, 배치한 인위적 조형을 찍은 사진에 A의 촬영 구도, 앵글 선택, 인화 등에 창작성이 인정되고, 또한 사진으로 표현된 인위적 조형 표현에 B가 창작성을 발휘한 부분이 있다면 A와 B의 공동저작물이 성립할 수 있다.

'구름빵' 그림책에 대한 서울서부지방법원 2015가합32059 판결

원고는 'C'라는 제목으로 아동용 그림책인 '이 사건 저작물'을 창작하고 2004년경 주식회사 한솔교육을 통하여 이 사건 저작물을 출판하였고, 피고는 한솔교육의 직원으로 이 사건 저작물에 포함된 이 사건 사진을 촬영하였던 사안에서,

'이 사건 저작물'은 장면마다 2차원 평면의 캐릭터 인형과 소품을 제작한 후 배경이 되는 3차원의 공간을 만들고 거기에 평면의 캐릭터와 각종 소품을 세워 무대장치와 같은 입체물을 만들어 그 입체물을 촬영한 사진을 수록하는 독창적인 방식으로 제작되었고, '이 사건 사진'은 줄거리를 설명하는 그림의 기능으로 이 사건 저작물에 삽입된 것으로서 단순히 기존의 피사체를 찍은 것이 아니라 가제본 책의 스케치에 따라 캐릭터 인형 및 소품, 공간을 제작, 배치하는 방식으로 피사체를 만들고 그 피사체를 가제본 책 스케치의 구도에 맞추어 촬영한 것으로, '이 사건 저작물'은 줄거리, 캐릭터 구상 및 스토리보드 제작, 가제본 책 제작, 캐릭터 인형 및 소품 제작, 입체물 제작, 시험촬영, 본 촬영, 이 사건 사진 선택의 과정을 거쳐 제작되었는데, 원고는 본 촬영의 전 단계인 줄거리 구상부터 시험촬영까지의 과정을 독립적으로 수행하였던 반면 전문 사진작가가 아니라 이 사건 저작물을 출판한 한솔교육의 직원이었던 피고는 이 사건 사진의 본 촬영에만 참여하였으며, 원고는 가제본 책을 제작하는 단계에서부터 이 사건 사진의 구도와 카메라의 각도, 색감의 변화, 빛의 방향을 염두에 두고 스케치를 하고 피사체인 입체물을 제작했으며, 이 사건 사진과 거의 동일한 구도와 카메라 각도로 시험촬영을 한 점, 원고는 피고와 조명의 사용, 카메라 앵글, 조명의 변화, 초점 등 세부적인 사항을 협의하여 결정하였고 폴라로이드 사진을 이용하여 최종본이 될 사진의 구성을 확인하였던 점, 피고가 이 사건 사진에 전문적인 조명의 효과를 주고 대형 필름카메라를 이용한 다초점 기능 등을 활용하였다고 하더라도 이는 피고가 창작적인 표현을 한 것이 아니라 단순히 원고가 원하는 효과를 내기 위하여 기술적인 조력을 하였거나 아이디어를 제공한 것으로 평가해야 하는 점 및 원고는 캘리포니아 예술대학 필름/비디오학부 애니메이션 학과에서 공부하여 카메라 각도와 렌즈의 사용, 조명의 활용에 일정 정도의 지식이 있었던 것으로 보이는 점을 고려하면 피고는 이 사건 저작물의 제작과정 전반에 대한 창작의 자유나 재량권이 없이 단순히 이 사건 사진의 촬영에 보조적인 역할을 하였던 것으로 보는 것이 상당하므로 이 사건 저작물의 창작적 표현형식에 기여하였다고 할 수 없다고 하였다.

저작물의 유형

③ 광고 등 실용 목적으로 제품을 촬영한 사진이라고 하더라도 촬영대상인 제품의 배경이나 주변에 다른 장식물이나 소품을 독창적으로 조화롭게 배치하고 촬영한 이미지 사진에 대하여 대부분 창작성이 인정되고 있다.

햄 제품 광고사진에 대한 서울고등법원 96나39570 판결

햄 제품을 다른 장식물이나 과일, 술병 등과 조화롭게 독창적으로 배치하여 촬영한 '제품 이미지 사진'에 대하여 창작성을 인정하였으나 피사체인 제품만을 충실하게 표현하여 광고라는 실용적인 목적을 달성하기 위하여 햄 제품만을 촬영한 제품 사진에 대한 창작성은 배척하였다.

광고용 찜질방 사진에 대한 대법원 2005도3130 판결[122]

피해자의 광고사진 중 일식 음식점의 내부 공간을 촬영한 사진은 단순히 깨끗하게 정리된 음식점의 내부만을 충실히 촬영한 것으로서 누가 찍어도 비슷한 결과가 나올 수밖에 없는 사진으로서 사진저작물에 해당한다고 보기 어렵지만 피해자의 광고사진 중 ❶ A 내부 전경 사진은 목욕을 즐기면서 바깥의 해운대 풍경을 바라볼 수 있다는 A 업소만의 장점을 부각하기 위하여 피해자 소속 촬영담당자가 유리창을 통하여 저녁 해와 바다가 동시에 보이는 시간대와 각도를 선택하여 촬영하고, ❷ 그 옆에 편한 자세로 찜질방에 눕거나 앉아 있는 손님의 모습을 촬영한 사진을 배치함으로써 해운대 바닷가를 조망하면서 휴식을 취할 수 있는 최상의 공간이라는 이미지를 창출시키기 위한 촬영자의 창작적인 고려가 나타나 있다고 볼 수 있고, ❸ 또한 A의 내부공간은 어떤 부분을 어떤 각도에서 촬영하는가에 따라 전혀 다른 느낌의 분위기를 나타낼 수 있으므로, 누가 촬영하여도 같거나 비슷한 결과가 나올 수밖에 없는 경우에 해당한다고도 보기 어렵다. 그렇다면 A 사진은 그 촬영의 목적 자체가 피사체의 충실한 재현에 있다거나 촬영자의 고려 역시 피사체의 충실한 재현을 위해 기술적인 측면에서만 행하여졌다고 할 수 없고 광고 대상의 이미지를 부각시켜 광고의 효과를 극대화하고자 하는 촬영자의 개성과 창조성이 있다고 볼 수 있다고 하였다.

곰인형 유아 사진에 대한 서울고등법원 2009나74658 판결

원고는 유아 사진 촬영 분야에서 선도적 위치에 있는 자로서 아기들 사진의 아기를 곰인형들 중 하나로 보이게 하면서 정적인 곰인형들 사이에서 동적인 아기의 귀여운 모습을 생동감 있게 표현한 사진을 홈페이지에 올렸고, 피고는 별다른 표정 변화나 동작이 없는 정적인 아기의 모습이 배경 및 곰 인형들과 대비, 강조되도록 표현한 사진을 자신의 사이

---

122 원심은 문제 된 사진이 광고라는 실용적 목적으로 제작되고, 피사체의 충실한 재현목적을 위한 촬영이 이루어져서 누가 하더라도 같거나 비슷할 수밖에 없다는 이유로 모두 창작성을 부인하였다.

트에 게시한 사안에서,

원고가 아기의 옷, 모자의 색상과 곰인형 몸체의 색상을 일치시키고 아기에게 곰인형의 머리 형태와 유사하게 보이도록 전체적으로 동그란 형태의 모자를 씌운 후 아기를 곰인형 사이에 앉히는 등 피사체에 대한 선택, 조합, 배치에 의한 표현에 창작성을 인정하였다.[123] 다만 원고가 실질적으로 유사하다고 주장하는 ❶ 벽을 배경으로 모자를 쓴 아기를 가운데 앉힌 후 아기의 좌우로 아기보다 약간 작은 곰인형들을 나란히 배열한 점, ❷ 카메라와 아기 사이의 거리가 유사하고, 카메라의 앵글이 아기의 정면 눈높이에 맞추어져 있으며, 사진에 음영이 거의 나타나 있지 않은 점 등에 대하여 창작성을 인정할 수 없다며 ❶, ❷ 표현은 실질적유사성을 판단함에 있어 대비할 요소라 할 수 없다고 하였다.

카탈로그 가구 사진에 대한 서울중앙지방법원 2006가합106830 판결

원고의 카탈로그용 가구 사진은 인터넷 쇼핑몰을 통한 제품의 소개와 광고의 효과를 극대화하기 위하여 원고의 가구 제품과 각종 소품, 배경 등이 독창적으로 조화롭게 배치하여 촬영한 것인데 피고가 원고의 카탈로그의 가구 사진을 이용하여 일부분을 조합하거나 합성하는 방법으로 사진을 만든 사안에서,

원고의 카탈로그용 가구 사진은 원고의 가구 제품과 각종 소품, 배경 등이 독창적으로 조화롭게 배치하고 촬영한 것으로 피사체인 원고의 가구 제품과 소품의 배치, 배경과 구도의 설정 등에 촬영자 고유의 개성이 표현되어 창작성이 있다고 하였다.

판매광고용 파스텔 가구 사진에 대한 의정부지방법원 2017가합53729 판결

가구 제품의 이미지를 부각시켜 제품의 소개와 광고의 효과를 극대화하기 위해 가구 제품과 각종 소품, 배경 등을 독창적으로 조화롭게 배치한 다음에 촬영한 가구 사진은 피사체인 가구 제품과 소품의 배치, 배경과 구도의 설정 등에 창작성이 있다고 하였다.

여행사 홈페이지에 관한 서울중앙지방법원 2010가합53476 판결

선정한 여행지에서 여행객들의 관심을 불러 일으킬만한 장면과 구도를 선택하고, 위 장면을 촬영할 적절한 시각을 설정한 뒤, 주변 장식품의 배치, 카메라의 각도 및 빛의 방향 등

---

123 위 판결에서 원고 사진의 창작적 요소로서 인정한 내용으로 ❶ 아기의 옷과 모자의 색상과 곰인형 몸체의 색상을 일치시키고 아기에게 곰인형의 머리 형태와 유사하게 보이도록 전체적으로 동그란 형태의 모자를 씌운 후 아기를 곰인형 사이에 앉힌 것, ❷ 아기의 몸이 오른쪽으로 약간 기울어지면서 시선이 반대편 허공으로 향하는 순간을 포착하여 촬영한 것이 있다. ❶은 촬영자의 피사체에 대한 선택 조합 배치에 의한 표현에, ❷는 셔터찬스의 포착에 창작성을 인정한 것이라고 할 수 있다.

저작물의 유형

을 조절하는 등의 노력(예를 들어 촬영 장면이 욕실인 경우 욕조 내부에 꽃잎을 뿌려놓거나 욕실 내부에 장식품을 배치하는 방법, 촬영 장면이 침실인 경우 내부조명을 켜거나 끄는 등의 선택 또는 베개나 장식품을 배치하는 방법 등)을 통해 여행지의 이미지를 부각시켜 광고 효과를 극대화하기 위하여 촬영된 사진에 대하여 저작물성을 인정하였다.

④ 촬영대상에 배경을 설정하거나 장식물이나 소품을 사용하여 촬영하였더라도 표현대상과 배경이나 소품이 독창적으로 조화롭게 배치되었다고 볼 수 없는 경우에는 창작성이 인정되지 않는다. 예를 들어 ❶ 벽을 배경으로 모자를 쓴 아기를 가운데 앉힌 후 아기의 좌우로 아기보다 약간 작은 곰인형들을 나란히 배열하고 촬영한 사진, ❷ 접시에 담긴 음식만을 촬영한 사진, ❸ 의류 제품을 바닥에 펼쳐놓거나 마네킹 또는 옷걸이 등에 걸어놓고 촬영한 사진, ❹ 예물을 촬영하면서 배경이 설정되었으나 예물에 초점을 맞추고 배경은 흐리게 촬영한 사진 등이 그러하다.

중국요리사진 CD-ROM에 대한 서울중앙지방법원 2004노3463 판결

중국 음식을 접시에 담고 그 주변에 꽃이나 주방 용구 등을 소품삼아 적절히 배치하여 촬영한 사진은 창작성을 인정하였으나 접시에 담긴 음식만을 촬영한 사진에 대한 창작성은 배척하였다.

파티복 사진에 대한 서울중앙지방법원 2015가합519612 판결

파티복 제품을 모델에게 착용시키고 주변의 가구, 배경, 장식물 등과 조화롭게 배치하며 모델이 여러 가지 자세를 취하도록 하여 촬영한 사진은 피사체만을 표현하려 한 것이 아니라 제품의 이미지를 부각시켜 광고의 효과를 극대화하기 위한 촬영 방법으로 만들어진 것이라며 창작성을 인정하였으나 그 이외 제품을 바닥에 펼쳐놓거나 마네킹 또는 옷걸이 등에 걸어놓고 촬영한 사진에 대하여 창작성을 배척하였다.

네이버 예물광고사진 유사문서공격에 대한 서울중앙지방법원 2017가합521091 판결

단순히 '예물과 이 사건 예물업체의 상호가 기재된 명판만을 촬영한 사진'에 대한 창작성을 배척하였다. 그 외에 '특별한 배경이 설정된 사진'은 예물에 초점을 맞추고 배경은 흐리게 처리하는 촬영 방법을 사용하였지만 배경을 제대로 드러내지 아니한 채 예물을 부각시켜 광고와 판매를 위한 실용적 목적으로 촬영된 것이고, 그 구도와 모양이 예물 업계에서 일반적으로 사용되는 것과 유사하다며 창작성을 배척하였다.

(3) 풍경 사진

사진 촬영자가 선택한 피사체의 선택과 구도 등은 사진의 창작성 요소인데, 풍경사진의 경우 피사체는 고정된 존재이고 촬영할 수 있는 구도도 제한적이다. 또한 풍경사진에서 촬영자가 어렵게 발견한 촬영지점 자체나 그에 따른 구도나 피사체 자체도 저작권으로 보호받을 수 있는 것은 아니다.

이처럼 풍경사진의 피사체와 구도에 제한적 요소가 있다고 하더라도 보이는 풍경을 그대로 찍는 것이 아니라 나름대로 촬영대상 및 구도에 대한 고민을 거쳐 촬영을 하는 경우 창작성을 가질 수 있다. 그리고 그 결과 동일한 풍경을 유사한 구도로 찍은 다수의 사진저작물이 발생할 수 있다.

'솔섬사진'에 대한 서울고등법원 2014나211480 판결

2007. 2경 삼척에 있는 솔섬을 촬영한 후 이를 발표한 영국의 사진작가 마이클 케냐는 원고와 에이전시 계약을 맺고 '솔섬 사진' 작품에 관한 국내 저작권 등을 원고에게 양도하였다. 아마추어 사진작가인 김성필은 대한항공 여행사진 공모전에 솔섬을 촬영한 사진을 출품하여 입선으로 당선되었고 피고 주식회사 대한항공이 외주 광고제작사인 HS애드가 이 사건 공모전 사진을 이용하여 제작한 광고 영상을 2011. 8경부터 TV 및 인터넷에 사용하자 원고가 피고 회사를 상대로 솔섬 사진의 저작권침해를 이유로 손해배상을 청구하였던 사안에서,

자연 풍경인 솔섬을 촬영한 사진이 갖는 창작성의 요소에 대한 판단에서 ❶ 피사체인 솔섬은 누구나 접근 가능한 자연물로 '피사체의 선정'에 창작성을 인정할 수 없다 ❷ 알려지지 않은 새로운 '장소나 구도를 선택'하여 그 자연물을 촬영한 경우 창작성을 인정할 여지가 있지만 솔섬의 경우에는 그렇지 않다 ❸ '빛의 방향과 양의 조절'은 촬영한 계절 일시와 빛에 대한 노출 정도 등에 영향을 받는, 창작성이 큰 표현 부분이다 ❹ 촬영 대상이 고정된 자연물이므로 '셔터 찬스의 포착'은 별다른 의미를 갖기 어렵다 ❺ 자연물에 대한 구도의 설정이 제한되는 경우라면 그 '카메라 각도'의 범위 역시 상당히 제한되어 창작성이 없거나 미미하다 ❻ '셔터속도 기타촬영방법'으로 하늘의 구름을 제거한 후 수면을 매끄럽게 처리하여 나무가 거울처럼 반사되도록 함으로써 동양의 수묵화와 같은 정적인 느낌, 감성적이고 몽환적인 느낌을 들게 한 부분은 창작성이 매우 큰 부분이다 ❼ 8인치x10인치(201x252㎜)의 크기(정사각형에 가까운 형태)로 '인화'한 부분에 창작성을 인정할 여지는 있다고 하였다.[124]

---

124 확정된 위 판결은 창작적 표현형식에 해당하는 요소를 분리하여 각각 대비하거나 저작물을 전체적으로 대비하는 두 가지 방법 모두에 의하더라도, 이 사건 사진저작물과 이 사건 공모전 사진에는 분명한 차이가 나타나므로, 실질적유사성은 인정되지 아니한다고 하였다.

(4) 미술품 사진

회화나 조각 등 미술품을 사진으로 복제하여 사용하는 경우가 있다. 회화를 촬영한 사진은 대부분 피사체를 그대로 재현한 것으로서 사진의 창작성을 인정하기 힘든 경우가 많다.

조각을 촬영한 경우 조각저작물이 가진 창작적 표현을 사진에서 감지할 수 있어야 조각저작물에 대한 복제침해가 성립될 수 있다. 따라서 조각을 촬영하기는 하였지만 개성이 없는 실루엣만이 보이는 등 조각의 창작적 표현이 드러나지 않는 형태로 촬영된 경우에는 조각저작물에 대한 복제권이 침해되었다고 보기 어렵다. 또한 조각 작품을 촬영하여 사진의 구도의 설정, 빛의 방향과 양의 조절, 카메라 각도의 설정 등에 창작성이 인정되는 사진을 제작하면 원저작물인 조각저작물의 창작적 표현에 새로운 사진적 창작성을 부가한 2차적저작물이 성립될 수 있다.

저작권법 제35조는 사진촬영자가 공중에게 개방된 장소에 항시 전시된 회화나 조각, 건축물에 대해 촬영한 사진을 개방된 장소에 전시나 판매를 하려 하지 않는 한 해당 저작자의 허락 없이 촬영하여 복제할 수 있다고 정하고 있다. 또한 회화, 조각 등을 전시하거나 판매하는 경우 저작물을 소개하기 위하여 사진으로 촬영하여 책자에 실어 배포할 수 있도록 정하고 있다.

(5) 초상 사진

사람을 촬영한 초상사진에는 촬영된 사람에 대한 초상권이 존재할 수 있기 때문에 사진저작권과 별개로 초상 보호 문제가 발생한다. 저작권법 제35조 제4항은 위탁에 의한 초상화나 초상사진의 경우 초상자의 동의가 없는 때에는 이를 이용할 수 없다고 정하고 있고, 이를 위반하면 제138조 제1호의 형사처벌 대상이 된다.

현재 초상과 관련하여 민사상 퍼블리시티권이 명확히 인정되지 않으며, 다만 프라이버시권으로서의 초상권으로 구제될 수 있다. 그런데 초상사진을 초상자의 동의 없이 사용하는 행위에 대한 형사처벌을 정한 저작권법 제138조 제1호는 초상권자에게 유용한 조항이 될 수 있으나 실제 이 규정을 적용한 경우를 발견하기는 힘들다. 위 규정은 초상사진이 저작물성을 갖는 경우를 전제로 한 것으로서 초상이 포함된 사진이라도 저작물성이 없는 경우에는 위 조항이 적용되지 않는 한계가 있다.

한편 1957년 저작권법 제13조[125]는 초상 위탁 사진의 저작권은 촬영자가 아닌 위탁자에게 귀속하는 것으로 정하고 있었다. 1986년 개정 저작권법 부칙조항 제2조 제2항 제3,4호[126]는 구법 제13조에 의한 위탁 사진에 대하여 여전히 위탁자가 그대로 저작권을 갖도록 정하였다. 따라서 1957년 저작권법 당시 작성된 초상 사진에 대한 저작권은 이후 저작권법의 개정에 불구하고 현재 위탁자인 초상자가 보유하고 있는 경우가 있을 수 있다.

마. 사진 필름

사진이 촬영된 경우 ❶ 사진 촬영자가 창작한 사진저작물, ❷ 사진저작물이 수록된 필름이나 디지털 파일, ❸ 인화된 사진이 발생할 수 있다.

---

125 **1957년 저작권법 제13조 (촉탁저작물)**
　타인의 촉탁에 의하여 저작된 사진, 초상의 저작권은 그 촉탁자에 속한다.

126 **1986년 개정 저작권법 부칙조항 제2조 (적용범위에 관한 경과조치)**
　② 이 법 시행전에 종전의 규정에 의하여 공표된 저작물로서 다음 각호의 1에 해당하는 것은 종전의 규정에 의한다.
　3. 종전의 법 제13조의 규정에 의한 촉탁저작물의 저작권 귀속
　4. 종전의 법 제36조의 규정에 의한 사진의 저작권 귀속

　　　　　　　　　　　　　저작물의 유형

(1) 촬영자의 권리

사진 촬영자는 사진저작물에 대한 저작권을 취득하며 사진저작물이 수록된 디지털 파일은 복제나 공중송신 등 저작재산권 행사의 대상이 된다. 또한 유체물인 사진 필름과 인화된 사진에 대하여는 소유권을 갖는다. 일반적인 사진촬영 약정의 경우 인화된 사진에 대하여만 의뢰자에게 소유권을 이전할 의무를 부담하게 된다.

(2) 사진 필름의 귀속

의뢰인의 요청에 따라 사진촬영이 이루어진 경우라도 필름에 대한 소유권을 촬영 의뢰인에게 양도하기로 정하지 않는 한 필름의 소유권은 촬영자에게 그대로 유보된다. 사진 파일의 경우도 마찬가지이다. 촬영의뢰자에게 사진 파일을 제공하기로 하는 약정이 없는 한 촬영자가 의뢰인에게 파일을 건네줄 의무가 없다.

사진에 대한 저작권 중 저작인격권은 양도가 불가능하지만 저작재산권은 가능하다. 사진에 대한 저작재산권이 촬영자와 의뢰인 중 누구에게 있는지에 대하여 분쟁이 있는 경우 사진 필름의 소지 여부가 하나의 기준이 될 수 있다.[127] 필름에 대한 양도 약속이 있다고 하여 반드시 사진의 저작재산권이 양도된 것으로 보는 것은 아니며 촬영의 목적이나 대가 등 제반 사정을 고려하여 판단하게 된다.

> **세미누드 사진필름에 대한 청주지방법원 96가합4593, 97가합1751(병합) 판결**
>
> 일반적으로 직업 사진가에게 의뢰하여 사진을 촬영하게 되는 경우 사진이 창작성 있는 저작물인지의 여부와 관계없이 인화된 사진 이외에 필름 원판까지 의뢰자에게 인도한다는 특약이 없는 한 촬영자는 인화사진이라는 제작물을 의뢰자에게 교부할 의무가 있을 뿐이고 제작 수단이었던 필름 원판까지 의뢰자에게 인도하여야 할 의무는 없으며, 사진의 원판인 필름의 소유권은 당연히 촬영자에게 귀속된다고 하였다.[128]

---

127 음반에 대한 저작인접권이 누구에게 있는지에 대한 분쟁에서도 마스터테이프의 소지 여부가 저작인접권 귀속을 판단하는 중요한 근거가 되고 있다.

128 다만 위 사안에서 원판에 대한 소유권이 촬영자에게 있다고 인정된다고 하더라도 위탁에 의한 초상화 또는 이와 유사한 사진저작물의 경우이므로 저작권법 제35조 제4항에 따라 초상자인 사진의뢰자(위탁자)의 동의 없이 사진을 이용할 수 없다.

햄 제품 광고사진에 대한 서울고등법원 96나39570 판결

"저작물에 대한 소유권과 저작권은 별개의 개념으로 권리변동이 상호 무관하게 나타날 수 있는 바, 원고가 피고에게 양도한 것은 계약상 이미지 사진의 원판으로 저작물자체가 양도된 것이 아니고 가사 사진원판의 양도를 사진저작물의 특수성에 비추어 저작물의 양도로 볼 수 있다고 하더라고 사진당 금 2내지6 만원의 촬영료의 액수 등에 비추어 당사자사이의 의사가 저작권까지 양도하기로 한 것으로 볼 수 없다. 피고는 촬영의뢰계약에 의하여 약정된 이용범위에 국한하는 저작물인 이미지 사진의 소유권만을 취득한 것이다. 약정된 카탈로그에 사용하는 것 외에 가이드북에 사용할 수 없다"[129]

---

129 위 항소심 판결에서 파기된 1심은 광고물 제작자가 별다른 약정 없이 광고물 제작 의뢰자에게 광고물인 사진원
판을 양도하였다면 이는 그 광고물의 저작권 전부를 광고물 제작 의뢰자에게 양도한 것으로 봄이 상당하다고
판단하였다.

저작물의 유형

8 영상
저작물

가. 영상저작물의 정의와 특성

영상저작물은 연속적인 영상(음의 수반 여부는 가리지 않는다)이 수록된 창작물로서 그 영상을 기계 또는 전자장치에 의하여 재생하여 볼 수 있거나 보고 들을 수 있는 저작물이다.(저작권법 제2조 제13호)[130]

영상저작물은 '연속적인 영상'을 표현형식으로 만들어진다. 연속적인 영상은 사람의 눈에 영상이 연속적으로 나타나는 경우로서 영화, TV 방송영상물, 뮤직비디오, 스마트 폰으로 촬영한 동영상, 게임의 영상 등을 들 수 있다. 지하철 터널에서 연속적인 영상이 구현되는 터널 비디오 시스템에 의한 영상물도 이에 해당할 수 있다.

저작권법은 영상저작물에 다양한 저작물이나 실연이 포함될 수 있고 그에 따라 다수의 이해관계인이 존재하는 점을 고려하여 영상저작물에 관한 특례 규정[131]을 두고 있

---

130 **저작권법 제2조(정의)**
13. "영상저작물"은 연속적인 영상(음의 수반여부는 가리지 아니한다)이 수록된 창작물로서 그 영상을 기계 또는 전자장치에 의하여 재생하여 볼 수 있거나 보고 들을 수 있는 것을 말한다.

131 **저작권법 제5장 영상저작물에 관한 특례**
제99조 (저작물의 영상화)
① 저작재산권자가 저작물의 영상화를 다른 사람에게 허락한 경우에 특약이 없는 때에는 다음 각 호의 권리를 포함하여 허락한 것으로 추정한다.
1. 영상저작물을 제작하기 위하여 저작물을 각색하는 것
2. 공개상영을 목적으로 한 영상저작물을 공개상영하는 것
3. 방송을 목적으로 한 영상저작물을 방송하는 것

다. 이 특례 규정에 대한 자세한 내용은 나중에 별도로 정리하기로 한다.

나. 영상저작물의 성립요건

영상저작물이 성립하기 위해서는 기본적으로 연속적인 영상에 '창작성'이 있어야 하는데 이에 대하여는 아래 '다' 항에서 보기로 한다. 여기서는 영상저작물의 고유의 요건인 '연속적인 영상'과 '수록과 기계에 의한 재생'에 대하여 본다.

(1) 연속적인 영상

영화는 1초에 24개의 프레임이 연속적으로 지나가면서 시각적으로 움직이는 영상으로 만들어진다. 정지영상인 하나의 프레임이 창작성을 갖지 못하더라도 프레임들이 연속적으로 나타나 만들어지는 영상표현에 창작성이 있으면 영상저작물로 보호될 수 있다.

---

4. 전송을 목적으로 한 영상저작물을 전송하는 것

5. 영상저작물을 그 본래의 목적으로 복제·배포하는 것

6. 영상저작물의 번역물을 그 영상저작물과 같은 방법으로 이용하는 것

② 저작재산권자는 그 저작물의 영상화를 허락한 경우에 특약이 없는 때에는 허락한 날부터 5년이 경과한 때에 그 저작물을 다른 영상저작물로 영상화하는 것을 허락할 수 있다.

제100조 (영상저작물에 대한 권리)

① 영상제작자와 영상저작물의 제작에 협력할 것을 약정한 자가 그 영상저작물에 대하여 저작권을 취득한 경우 특약이 없는 한 그 영상저작물의 이용을 위하여 필요한 권리는 영상제작자가 이를 양도 받은 것으로 추정한다.

② 영상저작물의 제작에 사용되는 소설·각본·미술저작물 또는 음악저작물 등의 저작재산권은 제1항의 규정으로 인하여 영향을 받지 아니한다.

③ 영상제작자와 영상저작물의 제작에 협력할 것을 약정한 실연자의 그 영상저작물의 이용에 관한 제69조의 규정에 따른 복제권, 제70조의 규정에 따른 배포권, 제73조의 규정에 따른 방송권 및 제74조의 규정에 따른 전송권은 특약이 없는 한 영상제작자가 이를 양도 받은 것으로 추정한다.

제101조 (영상제작자의 권리)

① 영상제작의 제작에 협력할 것을 약정한 자로부터 영상제작자가 양도 받는 영상저작물의 이용을 위하여 필요한 권리는 영상저작물을 복제·배포·공개상영·방송·전송 그 밖의 방법으로 이용할 권리로 하며, 이를 양도하거나 질권의 목적으로 할 수 있다.

② 실연자로부터 영상제작자가 양도 받는 권리는 그 영상저작물을 복제·배포·방송 또는 전송할 권리로 하며, 이를 양도하거나 질권의 목적으로 할 수 있다.

저작물의 유형

음반제작자가 만드는 뮤직비디오도 영상저작물에 해당한다. 따라서 저작권법 제99조 내지 제101조의 영상저작물에 대한 특례조항이 적용될 수 있다. 위 특례규정은 음반제작자의 음반을 영상물에 사용하는 것에 대하여 별도의 규정을 두지 않고 있으며, 따라서 음반제작자가 만든 음반을 이용하여 만든 뮤직비디오에는 영상제작자의 권리와 음반제작자의 권리가 함께 존재하게 된다. 다만 저작권법 제2조 5호 단서[132]에서 음이 영상과 함께 고정된 경우를 음반에서 제외하고 있으므로, 예를 들어 가수의 가창과 연주자의 연주가 직접 이루어지는 장면을 촬영한 뮤직비디오에는 별도로 음반제작자의 권리가 존재하지 않는다.

(2) 수록과 기계에 의한 재생

① 영상저작물은 녹화 테이프나 디지털 저장공간 등의 매체에 수록되어야 하고[133] 영화관에서의 영사기, 빔프로젝터는 물론 컴퓨터, 스마트폰 등 기계나 전자장치 등에 의하여 수록된 영상을 재생할 수 있어야 한다.

② 스마트폰의 실시간 영상통화에서도 창작적인 영상이 존재할 수 있으나 이러한 영상이 스마트폰에 녹화되지 않은 경우가 있다. 이와 같이 영상통화 발신인이 송신하였지만 '녹화되지 아니한 영상통화 그 자체'는 영상저작물의 수록과 기계에 의한 재생 요건을 갖추지 못하여 영상저작물로 성립되지 않지만 스마트폰으로 촬영된 연속적 영상에 창작적 표현이 존재할 수 있다. 이러한 영상통화의 영상이 갖는 창작적 표현은 저작권법상 예시된 저작물 유형에 해당하지 않지만 연속적인 영상을 표현형식으로 하는 '영상저작물과 유사한 기타 저작물'로 볼 수 있으며 만약 제3자가 저작자의 허락 없이 이러한 영상 그 자체를 공연하거나 별도로 촬영하여 배포하면, 저작권 침해를 인정할 수 있다고 본다.

---

132 **저작권법 제2조**
　　5. "음반"은 음(음성·음향을 말한다. 이하 같다)이 유형물에 고정된 것(음을 디지털화한 것을 포함한다)을 말한다. 다만, 음이 영상과 함께 고정된 것을 제외한다.

133 영상저작물에서 요구하는 수록이 저작물의 성립요건으로서의 고정을 의미하는지에 대하여는 'ⅠⅠ. 2.가. (2) 표현의 고정'에서 정리한 바 있다.

③ 책이나 공책의 한 귀퉁이마다 조금씩 변해가는 그림을 그려 놓고 책장을 빠르게 넘기면 그림이 움직이게 보이는 '플립 북'은 연속적인 이미지를 수록하고 있다. 기계에 의한 재생 요건을 갖추지 못하여 영상저작물에는 해당하지 않지만 플립 북이 갖는 연속적인 이미지 표현에 창작성이 있으면 저작물로 보호될 수 있다고 본다.

④ 컴퓨터나 모바일 게임의 경우 게임물에 내장된 프로그램과 게임자의 조작에 따라 진행되는 게임 과정이 연속적인 영상으로 나타난다. 게임물 중 수록과 기계에 의한 재생 요건을 갖춘 연속적인 영상 표현에 대하여는 영상저작물의 성립을 인정할 수 있다. 그러나 게임을 수행하는 과정에서 게임 영상을 볼 수는 있지만 달리 게임물 기기에 고정되거나 재생되지 않는 경우에는 '영상물과 유사한 기타 저작물'에 해당할 수 있다.

다. 영상저작물의 창작성

일반적으로 시각적 디지털 기호나 촬영 매체를 통해 형성된 이미지를 의미하는 영상(映像)에는 정지된 '일정한 영상'과 움직이는 '연속적인 영상'이 존재한다. 영상저작물은 연속적인 영상에 창작성이 있는 경우이다.

(1) 사진저작물과의 구분
① 영상저작물은 과학 기계를 사용하여 만든 영상이라는 점에서 사진저작물과 유사하지만 '연속적인 영상'을 표현형식으로 한다는 점에서 '일정한 영상'을 표현형식으로 하는 사진저작물과 구분된다. 사진저작물의 창작적 표현은 정지된 시간에 존재하는 반면 연속적 영상으로 이루어진 영상저작물은 시간적 연속성을 갖는 촬영에서 창작성을 갖는 것으로서 시간적 연속성을 전제로 하는 시나리오에 대한 영상화를 가능하게 한다.

② 영상물 중 하나의 프레임만을 선택하여 스틸사진으로 사용하는 경우가 있다. 영상

저작물의 유형

저작물을 이루는 개개의 프레임 영상이 모두 창작성을 갖는 것은 아니지만 일부 프레임은 일정한 영상으로서 창작성을 가질 수 있다. 이러한 스틸사진이 영상저작물 이외에 사진저작물로 보호를 받을 수 있는지 아니면 영상저작물의 일부로 보호받을 수 있는지에 대하여 논의가 있다.

만약 영상저작물을 구성하는 '하나의 프레임 영상'을 영상물과 별개의 사진저작물로 본다면 다음과 같은 문제가 발생한다. ❶ 영상저작물에 대한 공동저작자라도 해당 사진의 표현에 대한 창작적 기여가 없으면 사진저작물에 대한 저작자가 될 수 없다. 하나의 영상물이 영상저작물 또는 사진저작물인지에 따라서 별개의 권리관계가 형성될 수 있다. ❷ 영상저작물은 항상 영상물을 이루는 수많은 프레임에서 인정될 수 있는 사진저작물이 함께 존재하는 저작물이 된다. 이는 '연속적 영상'과 '일정한 영상'을 기준으로 영상저작물과 사진저작물을 구분하려는 저작권법의 태도에 반한다. ❸ 하나의 창작물임에도 사진저작물 부분은 저작자 사망 후 70년간, 영상저작물 부분은 공표 시로부터 70년간 저작재산권을 보호하는 등 보호기간과 다르게 된다. ❹ 영상저작물의 저작자가 순간적인 하나의 프레임이 갖는 창작성 요소까지 미처 고려하지 못하였음에도 제작된 영상물 중에서 하나의 프레임이 갖는 사진저작물의 창작적 요소를 작위적으로 찾아내어 사진저작물로 보호하는 결과가 발생할 수 있다. 따라서 영상물의 스틸 사진은 불가분의 공동저작물인 영상저작물의 일부로 보고 영상물에 대한 공동저작자의 권리가 미친다고 보는 것이 타당하다.

다만 예를 들어 산이나 바다 등 고정된 풍경을 몇 초 동안 동영상으로 촬영한 경우와 같이 연속적 영상의 창작성에 대한 별다른 고려 없이 사진을 촬영하듯이 고정된 대상을 동영상으로 촬영한 경우 연속적 영상에 창작성이 없어 영상저작물이 될 수 없다. 하지만 그중에 사진저작물의 성립에 필요한 창작성의 요소가 있는 프레임은 예외적으로 사진저작물로 보호할 필요가 있다고 본다.

하급심 판례는 뉴스 영상물의 장면을 갈무리(Capture)한 사진에 대하여 영상저작물에 대한 저작재산권 침해를 인정하였다.

'모기와의 전쟁' 보도뉴스에 대한 서울고등법원 2011나52200 판결
해충퇴치기 판매업을 하던 피고가 자신의 제품이 방송사인 원고 A가 제작한 뉴스에 보도되자 원고 A와 원고소속 아나운서인 원고 B의 허락 없이 이 사건 뉴스의 동영상 파일을 자신이 운영하는 사이트에 그대로 복사하여 저장한 후 자신이 운영하는 사이트 내 인터넷 링크 방식으로 이 사건 뉴스가 재생되도록 하고 이 사건 뉴스의 시작 화면을 갈무리 (Capture)한 이 사건 사진을 자신의 홈페이지 메인화면에 게시한 사안에서, 방송사의 뉴스영상물에 영상물 제작과정의 창작성이 존재한다며 영상저작물로 인정하면서 뉴스의 시작 화면을 갈무리한 사진을 피고의 홈페이지 메인화면에 게시한 행위는 방송사의 영상저작물에 대한 저작재산권 침해라고 인정하였다.

(2) 창작성 요소

영상물은 연속적 영상에 표현되는 피사체와 구도, 빛이나 조명, 배경과 장소 의상 등의 색채 형태, 영상에 어울리는 음악, 영상의 연결과 편집 등에 창작성을 가질 수 있다. 따라서 연속된 영상의 표현을 구성하는 시나리오 및 배우의 선정, 촬영장소와 시기의 선택, 배우의 연기, 배경에 대한 촬영 앵글과 구도, 기타 촬영기법, 필름에 대한 편집 등 영상물의 기획, 촬영, 편집과정에 창작성이 존재하여야 한다.

'모기와의 전쟁' 보도뉴스에 대한 서울고등법원 2011나52200 판결

"영상저작물은 그 보도된 표현과 별도로 소재의 선택과 배열, 카메라 구도의 선택, 필름 편집, 그 밖의 제작기술로 표현되는 창작성이 존재하면 저작물로 인정된다."

일본 성인에로물에 대한 서울고등법원 2015라1508 결정

음란물에 해당하는 일본성인 영상물에 대하여 ❶ 시나리오를 바탕으로 ❷ 이를 구체화하는 기획과정에서 촬영장소와 배우의 선정, ❸ 촬영과정에서 영상에 고정될 수 있는 실연과 배경의 선택, 촬영조명 및 미술 작업, ❹ 편집과정에서 하나의 영상물로 완성하기 위하여 촬영된 필름의 삭제, 연결 작업 등 제작과정에 참여한 저작자의 창작적인 표현형식이 담겨 있다고 봄이 상당하다며 영상저작물성을 인정하였다.

(3) 영상물의 종류별 창작성

① 시나리오와 이를 구체화하는 기획 및 연출, 촬영과정에 감독 등의 창의적인 기여가 들어간 영상 장면을 연출해내는 '영화'의 창작성에는 의문이 없다.

저작물의 유형

② 건물 주변의 CCTV나 객석에서 스마트폰으로 연극을 촬영하는 경우와 같이 '고정된 촬영기기에 들어온 장면을 기계적으로 촬영한 영상'은 연속적인 영상이라고 하더라도 창작성이 결여되어 영상저작물이 될 수 없다.

③ 카메라를 고정하여 촬영한 영상이라도 촬영대상, 장소, 기간을 기획하여 장시간 꽃이나 풍경의 변화를 촬영하고 이를 고속으로 편집하여 제작한 '다큐멘터리 영상물'은 창작성이 있는 영상저작물로 보호받을 수 있다고 본다.

④ '유튜브 영상' 중 카메라를 고정하고 촬영한 먹방이나 핸드폰으로 촬영한 길거리 장면 등은 창작성을 갖추지 못하여 영상저작물로 보호를 받을 수 없는 경우가 많다. 이처럼 영상저작물이 성립되지 않더라도 영상 속에 어문저작물, 연극저작물, 음악저작물 등 저작물 그리고 실연이나 음반제작에 대한 권리가 존재할 수 있다.

⑤ '스포츠 경기 영상' 중 여러 대의 카메라로 다양한 각도에서 앵글이나 줌 등 다양한 기능을 사용하여 경기의 장면을 포착하거나, 선수를 클로즈업하거나, 특정 장면에 대하여 느린 동작으로 보여주는 등 개성 있게 촬영·편집한 영상 표현에 대하여는 저작물성이 인정된다.

⑥ 하급심 판례는 다양한 각도에서 촬영하고, 인터뷰를 촬영하고, 뉴스 시간에 맞춰 편집한 '뉴스 영상물'은 저작권이 배제되는 사실의 전달에 불과한 시사 보도에 해당하지 않고 영상저작물로 보호를 받을 수 있다고 하였다.

'모기와의 전쟁' 보도뉴스에 대한 서울고등법원 2011나52200 판결
방송사의 뉴스 영상물이 다른 보도 기사들과 구별되는 표현을 사용하고 평가의견이 들어간 보도문, 다양한 각도에서의 촬영, 인터뷰 장면, 뉴스 시간에 맞춘 분량 형식으로 편집하는 방식으로 제작된 사안에서,
'단순한 사실의 전달에 불과한 시사 보도'가 아니라 고유한 표현으로 재구성된 사실과 기자의 평가가 담긴 보도문을 효과적으로 전달하기 위하여 전문적인 기술로써 연속적인 영상으로 촬영하고 재구성하여 편집한 '영상저작물'이라고 판단하였다.

라. 영상저작물에 포함된 저작물

영상저작물에는 연속적 영상 표현뿐만 있는 것이 아니라 영상물에 포함된 어문·음악·미술·건축저작물의 표현, 영상에 수반된 음 등이 존재할 수 있다.

(1) 영상에 포함된 표현들

영상물에는 ❶ 배우의 대사, 줄거리, 자막, 내레이션과 같은 어문표현, ❷ 효과음, 배경음악과 같은 음악표현, ❸ 의상이나 촬영 배경에 있는 조형물이나 그림이 갖는 미술표현, ❹ 영화세트장이나 촬영 건물에 있는 건축표현 등 다양한 표현의 저작물이 존재할 수 있다. 그 외에도 배우의 연기나 연출가의 연출과 같은 실연도 포함되어 있다.

영상물에는 여러 저작물이 함께 들어 있고 이들이 포함된 영상은 다양한 방식으로 이용될 수 있다. 저작권법은 이러한 영상이용의 복잡성을 덜어내기 위해 영상저작물에 관한 특례조항을 두고 있다. 그러나 당사자 사이에서 위 특례조항의 배제를 약정하는 것이 가능하며, 그러할 경우 원래 가진 저작물의 성격이나 관계에 따른 저작권의 법리가 적용된다.

① 시나리오

소설을 기초로 영상을 만들기 위해 소설을 각색하는 과정을 거쳐서 소설의 2차적저작물인 시나리오가 작성된다. 이러한 시나리오를 영상제작한 영상물은 시나리오에 대한 2차적저작물이 된다. 시나리오작가가 시나리오의 영상화를 허락한 것은 2차적저작물의 작성과 작성된 2차적저작물인 영상물의 공연, 방송 등 이용에 대한 허락이라고 할 수 있다. 따라서 무단으로 시나리오를 사용하여 영상물을 제작하면 소설가나 시나리오 작가의 2차적저작물작성권 침해가 될 수 있다.

② 음악

영상제작에 음악저작물이 이용되는 것도 저작물이 영상화되었다고 한다. 그런데 영상물에 이용된 음악은 영상저작물의 원저작물로 이용되는 시나리오와는 다르다. 영상 속 음악은 녹음에 의하여 영상물에 복제되어 영상물에 결합된 형태로 존재한다. 영상화된 음악저작물에 대하여 저작권법 제99조가 적용된다. 따라서 작곡가가 악곡에 대한 영상화를 허락하면서 달리 정하지 않는 한 영상에 대한 복제는 물론 영상저 작물에 복제된 악곡에 대한 공연, 방송 전송 등에 대한 허락도 포함하게 된다.

③ 미술과 건축

영상제작에 회화나 조각과 같은 미술저작물이나 건축저작물이 이용되는 것도 저작 물이 영상화되었다고 할 수 있다.[134] 영상 속 미술이나 건축은 녹화에 의하여 영상물 에 복제되어 영상물에 결합된 형태로 존재한다.

영화를 촬영하는 배경에 창작성을 갖는 미술품이나 건축물이 있는 경우 원칙적으 로 저작물의 영상화에 대한 저작권자의 허락이 필요하다. 그런데 저작권법 제35조는 "가로·공원·건축물의 외벽 그 밖에 공중에게 개방된 장소에 항시 전시되어 있는 미 술·건축·사진저작물은 어떠한 방법으로든지 이를 복제하여 이용할 수 있다"고 정하 고 있으므로 개방된 장소에 전시된 미술·건축저작물의 저작자에게 별도의 승낙을 받 지 않더라도 녹화가 가능하다. 다만 이 경우 저작물 이용방법 중 '복제'만 가능하며 다른 이용방법은 저작권자의 허락이 필요하다.

한편 부수적 복제 등을 정한 저작권법 제35조의3[135]에 따라 영상물을 제작하는 과정 에서 촬영대상에 부수적으로 포함되어 보이거나 들리는 미술품이나 음악 등은 저작 재산권자의 허락 없이도 복제·배포·공연·전시 또는 공중송신이 가능하다. 또한 영화 세트장이 옛 건물 모습을 그대로 모방한 형상에 불과한 경우에는 건축저작물성을 갖 지 못하며 따라서 영화 촬영이 종료된 이후에 세트장 출입에 입장료 등을 받고 촬영 을 허락하고 있더라도 이는 저작권의 행사가 아니라 소유권의 관리 권한에 의한 것 이다.

---

134 그 외에 사진저작물이나 타인의 영상저작물이 이용될 수도 있다. 타인의 영상을 이용하는 경우 저작물의 인용, 부수적 이용, 공정 이용, 2차적저작물작성, 동일성유지권 침해 등 다양한 저작권 쟁점이 발생할 수 있다.

135 **저작권법 제35조의3(부수적 복제 등)**
사진촬영, 녹음 또는 녹화(이하 이 조에서 "촬영등"이라 한다)를 하는 과정에서 보이거나 들리는 저작물이 촬영등의 주된 대상에 부수적으로 포함되는 경우에는 이를 복제·배포·공연·전시 또는 공중송신할 수 있다. 다만, 그 이용된 저작물의 종류 및 용도, 이용의 목적 및 성격 등에 비추어 저작재산권자의 이익을 부당하게 해치는 경우 에는 그러하지 아니하다.

(2) 영상에 수반된 음

'영상에 수반된 음'에는 영상저작물, 시나리오 같은 어문저작물, 배경음악 같은 음악저작물, 배우의 실연, 음반제작자가 만든 음반 등 다양한 권리관계가 존재할 수 있다.

① 영상저작물을 정의한 저작권법 제2조 제13호는 "음이 수반된 연속적인 영상"도 영상저작물에 포함하고 또한 영상저작물을 "보고 들을 수 있는 것"이라고 하고 있다. 영상에 음이 수반되는 경우가 일반적이며 음이 수반되는 영상물은 당연히 영상저작물로 보호된다. 그런데 영상물 중 음은 영상저작물의 표현형식인 연속적 영상이 아니지만 영상과 결합하여 영상물의 창작성을 구성하는 요소가 될 수 있고 따라서 영상저작물의 창작적 표현을 이루는 부분으로서 보호될 수 있다고 본다.

② 영상에 수반된 음에는 연기자의 대사와 효과음, 음악이 존재할 수 있다.
❶ 연기자의 대사는 어문저작물인 시나리오를 연기자가 구술하여 실연한 것이며 대사가 갖는 '어문표현'에 대하여는 시나리오 어문저작물의 효력이 미칠 수 있다. 영상과 함께 녹음된 연기자의 대사음 그 자체만 가지고는 영상저작물로서의 창작적 요소를 발견하기 힘들다.
❷ 효과음은 영상에 필요한 소리를 직접 만들어 사용하거나 기존에 녹음된 라이브러리 사운드 파일을 이용하는 경우가 있다. 말 타고 가는 소리, 사람을 때리고 맞는 소리 등과 같은 효과음은 인간의 사상 감정을 창작적으로 표현한 것이 아니라 사실에 가깝게 만들어지는 음의 표현이라는 점에서 저작물성을 갖기 어렵다. 그러나 영상과 별도로 고정된 효과음의 녹음물이나 녹음 파일은 저작권법상 음반[136]에 해당한다. 따라서 이러한 효과음의 녹음물을 영상에 고정하는 것은 음반의 복제에 해당하며 음반제작자의 저작인접권이 효력을 미칠 수 있다.
❸ 영상음악이 음악저작물로서의 보호받는 것과는 별개로 영상과 어울리는 선택, 배치를 통하여 영상저작물의 창작성에 기여하는 경우 영상저작물의 일부로 보호받을

---

136 **저작권법 제2조 (정의)**
   5. "음반"은 음(음성·음향을 말한다. 이하 같다)이 유형물에 고정된 것(음을 디지털화한 것을 포함한다)을 말한다. 다만, 음이 영상과 함께 고정된 것을 제외한다.

수 있다고 본다. 따라서 영상 장면에 어울리는 음악을 선택·배치함에 창작성을 발휘한 음악감독은 영상저작물의 공동저작자가 될 수 있다. 다만 영상저작물로 보호되는 음악은 영상 장면에 어울리는 음의 선택과 배치에 창작성이 있는 것이므로 영상 장면의 배치와 관계없이 영상에 있는 음악을 한 곡씩 순서대로 수록한 음악 앨범에는 영상저작물의 권리가 미치지 않는다.

③ 영상물 중 영상 부분은 이용하지 않고 영상저작물의 창작적 표현요소가 된 음만을 이용한 경우에도 영상저작물의 저작재산권 침해를 주장할 수 있다. 예를 들어 연기자의 대사음, 효과음이나 배경음, 영상음악이 편집되어 어우러져 창작성을 갖는 경우가 그러하다. 또한 영상저작물 중 영상의 음만을 발췌하여 이용하는 경우에는 음의 창작성 여부에 불구하고 영상저작물 저작자의 동일성유지권에 대한 침해가 될 수 있다.

④ 영상의 음이 영상과 함께 고정된 경우에는 저작권법상 음반에 해당하지 않고 따라서 영상에 음을 고정한 자라고 하더라도 음반제작자의 저작인접권을 주장할 수 없다. 반면 영상에 수반된 음이라도 영상과 별도로 녹음된 경우에는 저작권법상 음반에 해당하여 음반제작자의 권리가 미친다.

마. 영상저작물에 대한 권리자

영상저작물에는 감독 등 공동저작자, 배우와 같은 실연자, 영상화를 허락한 시나리오 작가, 영상의 기획과 책임을 맡은 제작자 등 다양한 권리자가 존재한다.

(1) 다양한 이해관계인
영상저작물은 기획, 제작, 배급, 이용, 상품화 과정을 거치면서 기획자, 투자자, 제작자, 시나리오작가, 영화감독, 촬영감독, 배우, 배급자, 극장, 방송국 등 많은 이해관계인이 존재하게 된다. 이들 사이에서 다양한 형태의 계약이 체결되고 그에 따른 권리의무가 발생하고 있다.

영화감독이나 촬영감독과 같이 영상의 창작적 표현에 기여한 자들은 공동저작자의 지위를 갖는다. 영상제작을 위한 기획자, 투자자, 제작자가 영상저작물의 제작에 있어 그 전체를 기획하고 책임을 지는 지위를 가지면 영상제작자[137]로서 영상저작물에 관한 특례조항에 따라 영상물에 대한 권리를 갖는다. 영상의 유통에 관여한 배급자, 극장, 방송국 등은 관련된 계약 내용에 따라 영상 이용을 관한 권리를 갖게 된다.

(2) 공동저작자

저작권법은 누가 영상저작물에 대한 저작자가 될 수 있는지에 대하여 정하지 않았지만 영상물 제작과정에 참여한 자 중 영상저작물이 갖는 연속적인 영상에 창작적 기여를 한 자를 저작자로 보아야 한다는데 이견이 없다.

일반적으로 영화감독, 촬영감독, 조명감독, 미술감독 등을 영상저작물 저작자로 인정하고, 영상저작물은 이들이 공동으로 창작한 공동저작물로 보고 있다. 음악감독은 영상 장면에 어울리는 음악을 선택·배열하는 방법으로 영상저작물의 창작성에 기여할 수 있다. 이와 같이 음악감독이 영상물의 창작에 이바지한 부분은 개별적으로 분리하여 이용할 수 없는 형태로서 음악감독도 영상저작물의 공동저작자 지위를 갖는다고 본다.[138]

(3) 영상제작자

영상제작자는 영상저작물에 관한 특례규정인 저작권법 제100조, 제101조에 의하여 특약이 없는 한 영상저작물의 저작자로부터 영상저작물을 복제, 배포, 공개 상영, 방송, 전송 그 밖의 방법으로 이용할 권리를, 실연자로부터 영상저작물을 복제, 배포, 방

---

137 **저작권법 제2조 (정의)**
　　14. 영상제작자는 영상저작물의 제작에 있어 그 전체를 기획하고 책임을 지는 자를 말한다.

138 음악감독이 영화에 어울리는 새로운 음악을 창작하거나 음반을 제작하는 경우에는 음악저작물 저작자나 음반제작자의 지위도 아울러 갖는 것은 물론이다. 한편 영화에 있던 음악을 분리하여 영화음악 음반을 만드는 경우가 있다. 이처럼 영화에서 영화음악 부분의 분리 이용이 가능하므로 음악 부분은 공동저작물이 아니라 결합저작물이라는 의문이 들 수 있지만 음악감독이 가진 창작적 기여는 영상과 분리 이용될 수 있는 개개의 음악 자체에 있지 않고 해당 영상과 어울리고 또한 다른 음악과 전체적으로 조화를 이루는 '영상 속 음악의 선택과 배치'에 있고, 이러한 '영상 속 음악의 선택과 배치' 부분은 영상물과 분리 이용될 수 없는 것이라고 보아야 한다.

　　　　　　　　　　　　　　　　　　　　　　　저작물의 유형

송 또는 전송할 권리를 양도받은 것으로 추정된다. 그러나 그 이외의 영상저작물의 이용에 관한 권리와 양도성이 없는 저작인격권은 영상저작물의 공동저작자에게 유보된다.

(4) 시나리오 작가, 작곡가, 화가

영상에 사용된 시나리오와 음악, 영화 속 그림이나 조형물 등 미술저작물이 영상물의 완성에 기여하였다고 하더라도 그 자체가 연속적 영상의 창작적 표현에 기여한 것으로 보지 않는다. 따라서 영화 시나리오의 작가나 영화음악 작곡가, 영상 속 그림의 화가는 영상저작물에 대한 공동저작자로 인정되지 않는다. 이들은 어문·음악·미술저작물의 저작권자로서 영상저작물에 관한 특례규정 제99조에 따라 특약이 없는 한 영상제작을 위한 저작물 각색 과정이나 공개 상영 등에 대한 허락을 한 것으로 추정된다. 만약 시나리오 작가가 영상물제작자에게 시나리오의 이용 허락을 넘어 저작재산권을 양도하는 경우에는 더 이상 저작재산권을 행사할 수 없다.[139]

바. 영상저작물 녹화 등 금지

영화관에서 영화를 몰래 녹화하여 인터넷에 올리는 경우 그 피해가 막대할 수 있다는 점을 반영하여 저작권법 제104조의 6[140]은 영화상영관 등에서의 영상저작물 녹화 등을 금지하는 규정을 두고 있다. 이 규정은 사적 복제에 의하여 저작재산권이 제한되는 경우에도 적용된다. 위 규정 위반행위에 대하여 저작권법 제137조 제1항 제3의

---

139 저작권법 제45조는 저작재산권의 전부를 양도하는 경우 특약이 없는 때에는 2차적저작물을 작성하여 이용할 권리는 포함되지 아니한 것으로 추정하고 있다. 따라서 시나리오에 대한 저작권을 양도받음에 있어 반드시 영상화에 대한 권리에 대하여 정할 필요가 있다. 한편 저작권법 제11조 제4항은 2차적저작물이 공표되면 원저작물이 공표된다고 정하고 있으므로 미발표 각본이라도 각본이 사용된 영화가 공표되면 그와 함께 공표되었다고 할 수 있다.

140 **저작권법 제104조의 6 (영상저작물 녹화 등의 금지)**
누구든지 저작권으로 보호되는 영상저작물을 상영 중인 영화상영관등에서 저작재산권자의 허락 없이 녹화기기를 이용하여 녹화하거나 공중송신하여서는 아니 된다.

3호[141]에 형사 처벌규정을 두고 있다.

사. 영상저작물 관련 쟁점

영상저작물은 다른 저작물과 다르게 저작권 문제 이외에도 음란성, 명예훼손 등 다양한 법률적 쟁점을 갖는다.

(1) 음란성

영상물이 음란성을 갖고 있다고 하더라도 창작적 표현형식을 갖고 있다면 영상물의 내용에 속하는 음란성과 관계없이 저작물로 보호된다. 영상물에 있는 외설적 표현이나 예술적 가치와 같은 내용은 음란성을 판단함에 하나의 기준이 될 수 있지만 창작적인 표현의 존재 여부를 가지고 저작물의 성립 여부를 판단하는 저작물에 대한 기준이 될 수 없다. 음란성을 갖는다고 평가되는 영상물(예를 들어 일본성인 영상물)이라도 일반영화와 동일한 방식으로 제작되면서 감독 등의 창작성이 발휘되었다면 저작권 보호를 받을 수 있다.

판례는 음란한 내용의 영상물이라도 창작적인 표현형식을 갖고 있다면 그 내용의 유추적용이나 윤리성과 관계없이 저작물로서 보호된다고 한다.

> **웹하드 디스크펌프 음란물에 대한 대법원 2011도10872 판결**
> "원심이 음란한 내용이 담긴 영상저작물도 저작권법상의 저작물로 보호될 수 있음을 전제로 하여 이 사건 공소사실을 모두 유죄로 인정한 제1심판결을 유지한 것은 정당하고 거기에 상고이유 주장과 같은 위법이 없다."

---

141 **제137조 (벌칙)**
　① 다음 각 호의 어느 하나에 해당하는 자는 1년 이하의 징역 또는 1천만원 이하의 벌금에 처한다.
　3의3. 제104조의6을 위반한 자

저작물의 유형

(2) 명예훼손

영상저작물 중, 특히 영화와 관련하여 '명예훼손'이 법률적 쟁점으로 대두되는 경우가 있다. 예술적 저작물인 영화는 헌법상 표현의 자유, 학문 예술의 자유의 보호를 받는다. 하지만 한편에서는 영화에서의 표현이 해당 단체나 개인에 대한 명예를 훼손하는 경우가 있고 그로 인한 분쟁이 종종 발생한다.

영화 '실미도'에 대한 서울고등법원 2004라439 결정

1968. 4.경 창설된 684부대의 훈련병이었다가 사망한 12명의 유가족들인 채권자들은 채무자 회사들이 공동제작하고 채무자 강우석이 감독이었던 영화 '실미도'의 영화 장면 및 홍보자료의 내용이 영화 관련 망인들 내지 그 유가족들의 인격권을 침해하였다며 영화의 상영 금지 등을 구한 가처분 사안에서,

채권자의 가처분신청 중 이 사건 영화 중 '실미도 사건'에 관한 역사적 사실과 배치되는 각 영화 장면으로 인하여 이 사건 망인들 및 그 유가족들의 인격권이 침해되었다는 신청 부분은 배척되었다. 하지만 채무자는 공식 홈페이지, DVD 세트의 첨부물, 영화선전물 등에 허구임을 전제로 하는 'Movie 또는 Synopsis'의 항목과 완전히 구분되는 '신문 또는 About Fact'라는 별도의 항목에서 이 사건 영화의 소재인 '실미도 사건'에 관하여 비교적 상세하게 설명하는 광고, 홍보를 하였다. 이는 이 사건 영화 내용 중 최소한 위 별도의 항목에 기재된 내용과 관련되는 부분만큼은 '역사적 진실' 그대로 제작된 것처럼 일반인이 인식하도록 적극적으로 유도하는 결과를 가져온다고 법원은 판단했다. 또한 임의로 역사적 사실에 배치되는 내용을 기재하는 것은 이 사건 망인들 내지 유가족들의 인격권에 대한 중대한 침해가 된다며 이 범위에서 가처분신청이 인용되었다.

법원은 영화에 의한 명예훼손 등 인격권 침해 판단에 대하여 "실제 사건이나 인물을 모델로 한 영화가 역사적 사실을 왜곡하는 등의 방법으로 그 모델이 된 인물의 명예를 훼손하거나 인격권을 침해한 경우 피해자는 영화제작자 등을 상대로 하여 인격권 침해 등을 이유로 그 영화의 상영금지 등을 구할 수 있고, 그 모델이 된 사람이 이미 사망하였다고 하더라도 사후에 망인의 인격권을 중대하게 훼손하는 왜곡 등으로부터 인간으로서의 존엄과 가치를 보호하기 위하여 필요한 경우 그 유가족이 인격권 침해를 근거로 하여 이에 대한 금지청구권 등을 행사할 수 있다고 하겠다. 다만, 위와 같이 실제 인물을 모델로 한 영화가 피해자의 인격권을 침해하는지 여부를 검토할 때는, 시간이 경과함에 따라서 역사적 진실을 확인할 수 있는 객관적 자료의 한계로 인하여 진실 여부를 확인하는 작업이 용이하지 않을 수 있기 때문에 점차적으로 망인이나 그 유가족의 인격권보다는 역사적 사건을 소재로 하는 창작 내지 예술의 자유에 대한 보호의 정도가 상대적으로 중시될 수 있다는 점 등을 고려하여야 하고(대법원 1998. 2. 27. 선고 97다19038 판결 등 참조), 따라서 영화제작의 토대가 된 각종 자료들의 확실성과 신빙성, 역사적 사건에 대한 구체적이고 실질적인 사실 확인 작업이 비교적 용이하였는지 여부 등 여러 사정을 종합하여 영화제작자가 적절하고도 충분한 조사를 다하였는가, 그 영화의 내용이 객관적이고도 합리적인 자료나

근거에 의하여 뒷받침되는가 하는 점에 비추어 인격권 침해 여부를 판단해야 할 것이다. (대법원 1998. 10. 27. 선고 98다24624 판결 등 참조) 특히, 법원에서 '예술적 창작물'인 영화의 상영 자체를 금지하거나 혹은 그 영화 내용을 직접적으로 수정·삭제하여 달라는 취지의 피해자의 청구를 인용하는 것은 사법절차를 통하여 예술의 자유를 직접적으로 제한하는 결과를 야기할 수 있다는 점에 비추어 볼 때, 피해자에게 위와 같이 직접적 구제수단이 허용되는 사안은 명예훼손 또는 인격권 침해의 태양 및 그 정도, 침해경위 등 제반 사정을 종합적으로 고려하여 그 인격권의 핵심적 내용이 중대하게 훼손되는 경우 등으로 한정하여야 할 것이다."라고 하였다.

저작물의 유형

9 도형 저작물

가. 도형저작물의 정의와 특성

도형저작물은 '지도, 도표, 설계도, 약도, 모형 그 밖의 도형'으로 인간의 사상이나 감정을 창작적으로 표현한 저작물이다. (저작권법 제4조 제1항 제8호)[142]

도형저작물은 도형을 표현형식으로 하여 작성된 저작물이며, 설계도면, 모형 등에 담긴 창작적인 도형 표현이 저작물로 보호된다. 도형저작물에 속하는 도형은 평면적인 형태의 기계설계도, 건축설계도, 도표나 그래프, 지도, 입체적인 형태의 지구모형, 인체모형, 건축물모형 등 여러 분야에서 다양한 형태로 존재한다. 각종 도면은 기호, 수치, 점, 선, 그림 등으로 지도는 지구의 인문적·자연적 현상을 부각하거나 미술적 요소를 가미하여 모형은 입체가 갖는 형상, 모양, 비율, 색채로 표현하는 등 도형의 유형에 따라서 창작적 표현 방법이 다르다.

2차원 설계도와 같은 도형저작물에는 '도형 그 자체의 외형적 표현'뿐만 아니라 도형이 표현하고자 하는 대상인 건축물, 조형물, 산업용 기계 등과 같은 '입체 형상이 관념적으로 표현'되어 있다. 이 경우 도형이 표현한 입체 형상에 창작성이 있는지와 관계없이 도형 표현 그 자체에 창작성이 있으면 도형저작물이 된다.

---

142 **저작권법 제4조(저작물의 예시 등)**
　① 이 법에서 말하는 저작물을 예시하면 다음과 같다.
　8. 지도·도표·설계도·약도·모형 그 밖의 도형저작물

그런데 도형으로 표현한 입체 형상 중 건축물은 건축저작물, 조형물은 미술저작물에 해당할 수 있다. 따라서 도형이 관념적으로 표현한 것이 건축물이거나 조형물인 경우 도형저작물과 건축저작물이나 미술저작물이 동시에 성립하고 각 저작물이 갖는 창작적 표현형식에 대하여 저작권 보호를 받을 수 있다. 즉 도형 표현 그 자체를 복제하면 도형저작물에 대한 침해가 되고, 도형에서 표현된 관념적인 건축물이나 조형물을 복제하면 건축저작물이나 미술저작물에 대한 침해가 될 수 있다.

그러나 설계도에서 관념적으로 표현한 산업용 기계 형상은 산업적 공작물이므로 저작물성을 갖지 않는다. 설계도면으로 표현한 산업용 기계에 대한 형상이나 기술적 사상을 이용하여 산업용 기계를 실물로 만드는 것은 설계도면에 존재하는 아이디어 이용에 해당한다.

나. 도형저작물의 창작성

도형은 건축이나 기계 등과 같이 관념적으로 표현하고자 하는 대상이 속하는 해당 분야에서의 일반적인 표현 방법, 표현 대상의 규격 또는 그 용도나 기능, 저작물 이용자의 이해의 편의성 등에 의하여 창작적 표현에 제한을 받는 경우가 많다. 이러한 면에서 도형저작물은 예술성의 표현보다는 기능이나 실용적인 사상의 표현을 주된 목적으로 하는 이른바 '기능적 저작물'에 속한다고 한다.

따라서 도형저작물의 창작성을 검토할 때는 우선 도형표현의 제한요소에 해당하는 것이 무엇인지 가려내고 나머지 부분에서 작성자의 창조적 개성을 찾는 과정을 거치게 된다.

> **종이접기 도면에 대한 대법원 2009도6073 판결**
> "도형저작물은 예술성의 표현보다는 기능이나 실용적인 사상의 표현을 주된 목적으로 하는 이른바 기능적 저작물로서, 기능적 저작물은 그 표현하고자 하는 기능 또는 실용적인 사상이 속하는 분야에서의 일반적인 표현 방법, 규격 또는 그 용도나 기능 자체, 저작물 이용자의 이해의 편의성 등에 의하여 그 표현이 제한되는 경우가 많으므로, 작성자의 창조적 개성이 드러나지 않을 가능성이 크지만, 기능적 저작물도 구 저작권법의 보호대상이

저작물의 유형

되기 위해서는 작성자의 창조적 개성이 나타나 있어야 할 것임은 물론이다(대법원 2005. 1. 27. 선고 2002도965 판결 등 참조) 그리고 기능적 저작물에 있어서 구 저작권법은 그 기능적 저작물이 담고 있는 기술사상을 보호하는 것이 아니라 그 기능적 저작물의 창작성 있는 표현을 보호하는 것이므로, 설령 종전의 저작물 등과 다소간의 차이가 있다고 하더라도 그러한 사정만으로 그러한 기능적 저작물의 창작성을 인정할 수는 없고 작성자의 창조적 개성이 드러나 있는지 여부를 별도로 판단하여야 할 것이다(대법원 2007. 8. 24. 선고 2007도 4848 판결 참조)"

다. 도형저작물의 유형

저작권법은 저작물을 예시하면서 "지도, 도표, 설계도, 약도, 모형 그 밖의 도형저작물"을 규정하고 있다.

(1) 지도, 약도

지도의 창작성은 지구상 자연적 현상과 인문적 현상을 종래와 다른 새로운 방식으로 표현하였는지, 그 표현된 내용의 선택, 배열에 창작성이 있는지 등을 기준으로 판단할 수 있다. 이는 지형지물이나 방위, 등고선과 축척 등 지도의 구성요소들이 생략되거나 간략하게 표현된 약도의 경우에도 마찬가지이다.

객관적으로 존재하는 자연적·인문적 현상 그 자체를 지도에 표현한 부분은 사실의 재현에 불과한 것이다. 지도에 사실의 재현에서 벗어나는 개성 있는 도형 표현이 있어야 창작성을 인정받을 수 있다. 또한 지도는 국토지리정보원에 의한 공공측량 결과를 포함하여 기존의 소재를 이용하는 점, 표현방식도 보편적으로 통용되는 기호를 사용하고 있다는 점에서 창작성이 제한되고 있다.

지도의 창작성은 표현하고자 하는 대상에 대한 표현이 종래의 표현과 다른 독특한 방식으로 이루어진 경우와, 표현 대상을 부각하여 표시하거나 미술적 요소를 더하는 방식으로 작성한 경우에 인정될 수 있다. 또한 지면이 한정되어 모든 것을 표현할 수는 없기 때문에 무엇을 어떻게 선택하여 표현하느냐에 따라 표현이 달라질 수밖에 없다. 그러므로 지도를 구성하는 소재의 선택, 배열 및 표현 방법에 작성자의 개성이 발휘된 경우 창작성이 인정될 수 있다.

'전국도로관광지도'에 대한 대법원 2001다50586 판결

지도의 창작성은 지도의 내용이 되는 자연적 현상과 인문적 현상을 종래와 다른 새로운 방식으로 표현하였는지 여부와 그 표현된 내용의 취사선택에 창작성이 있는지를 기준으로 판단할 수 있다며 기존에 국내 및 일본에서 이미 발행되었던 지도책에서 채택한 표현 방식이나 취사선택과 동일·유사하거나 보편적으로 통용되는 기호형태의 변형에 불과한 표현을 한 전국도로관광지도에 대하여 창작성을 부인하였다.

'춘천시 관광지도'에 대한 서울중앙지방법원 2005가단12610 판결

춘천시의 전경을 입체적으로 표현하면서 의도적으로 왜곡하여 일부 지역을 크게 부각하거나 가깝게 표현한 춘천시 관광지도에 대하여 저작물성을 인정하였다.

오니온 맵에 대한 대법원 2009도14298 판결

도시의 일부 구역을 선택·구획하여 여러 구조물 중 주요 관광지와 구조물만을 선택하고 주요 구조물을 구조물의 본래 형상에 가깝게 입체적인 형태로 표시하되 지도의 목적에 맞도록 단순화하여 표시한 3D 지도에 대한 형사 사안에서,
❶ 특정 구역이나 주요 구조물을 지도상에 선택하여 표시하는 것은 지도의 용도 등에 따라 정해지는 것일 뿐이며, ❷ 주요 구조물 등을 입체적 형태로 표시하는 방법은 아이디어에 불과하고, ❸ 선택된 구역이나 구조물을 부각하여 표시하거나 입체적으로 표현하는 경우에는 창작적 표현이 될 수도 있으나 이 건에서 표현된 구조물은 본래의 형상과 가깝게 입체 형태로 표시하되 지도목적에 맞추어 단순화한 것이어서 창작성을 인정하기 어렵다고 하였다.[143]

---

143 위 오니온 맵 민사사건에 관한 서울중앙지방법원 2008가합36201 판결 재판에서 원고는 ❶ 각 도시의 건물 등 구조물을 3D(Three Dimensions, 3차원) 형태로 표시하고, ❷ 각 도시 중 주요한 부분만을 선택, 구획하여 표시하였으며, ❸ 건축물을 실사 형태로 나타내어 사실감을 높였고, ❹ 각 도시의 공원, 녹지, 도로 및 랜드마크 등을 원고만의 공간분석에 기초하여 시각적 효과가 뛰어난 방위, 구조물의 크기 등을 정하여 표현함으로써 가독성을 높인 데에 그 창작성이 있는 독자적인 도형저작물에 해당하고, 특히 위 지도에 표현된 구조물은 미술저작물에도 해당한다고 주장하였다.

(2) 도표

도표는 정보나 자료의 상호 관련된 사항들을 비교하거나 분류해서 이를 일정한 기준이나 양식으로 도식화하여 표현한 것이다. 이러한 도표는 정보를 분류하고 관련시키는 등 아이디어 부분이 아니라 분류된 정보를 도식화한 도형적 표현에 창작성을 가져야 도형저작물로 성립할 수 있다. 그러나 도표의 표현은 아이디어와 합체되는 부분이 많고 도형적 표현 방법도 제한적이라서 도형저작물로 성립되기 쉽지 않다. 그런데 이러한 도표를 작성함에 그래프 사진 그림 등 다양한 요소가 선택, 배열, 구성될 수 있으며 여기에 창작성이 있으면 편집저작물로 성립될 가능성을 갖는다.

> **'인쇄매체수용자조사보고서'에 대한 서울지방법원 2001가합17140 판결**
>
> 원고 사단법인 한국광고주협회가 만든 인쇄매체수용자조사보고서에서 조사의 결과를 표현하기 위한 표와 막대그래프 등은 보편적으로 사용되어 온 표현형식이라며, 언론사가 이와 유사한 표현형식을 사용하여 기사에 표현하더라도 저작권침해가 아니라고 하였다.

(3) 설계도

설계도는 설계자가 표현하고자 하는 대상인 기계, 건축물 등의 구조나 외형에 대한 기술적 사상을 기호, 수치, 점, 선, 그림 등으로 이루어진 도형으로 표현한 것이다. 설계도는 설계 대상의 용도와 기능에 따른 제약이 있고, 설계제도 표현기법이 규칙으로 정립된 부분이 많아 선택의 자유가 적으며, 관련자들이 이해할 수 있는 방식으로 작성되어야 한다는 제한이 있다. 그래서 도형저작물로서의 창작성을 인정받기 쉽지 않다.

> **지하철 화상전송 설비도면에 대한 대법원 2002도965 판결**
>
> 도형저작물은 기능이나 실용적인 사상의 표현을 주된 목적으로 하는 이른바 기능적 저작물로서, 기능적 저작물은 일반적인 표현 방법, 규격이나 용도, 기능 자체, 이용자의 이해편의성 등으로 표현이 제한되어 작성자의 창조적 개성이 드러나지 않을 가능성이 크고 기술구성에 따라 표현이 달라지는 것에 창작성을 인정할 수 없다고 하였다.
>
> 이 사안 화상전송기능을 구현하는 방식이나 장비의 종류, 배치 및 배선의 선택을 표현한 도면에 대하여, ❶ 이미 시방서 등에 제시되거나 요구되는 내용에 따라 작성된 것, ❷ 일반적인 도면작성 방법이거나 통상적인 배치나 표현 방법에 따라 작성된 것, ❸ 간략한 표현으로서 배치나 작도 방법에 별다른 특징이 없이 작성된 것, ❹ 기술적 사상의 차이에 따른

표현인 것 등을 이유로 창작성을 배척하였다.[144]

현대방폭 '기계제품도면'에 대한 대법원 2007도4848 판결

동일한 기계장치를 표현하는 설계도가 작성자에 따라 정확하게 동일하지 않고 다소간의 차이가 있을 수 있다고 하더라도 그러한 사정만으로 기능적 저작물의 창작성을 인정할 수는 없고 작성자의 창조적 개성이 드러나 있는지를 별도로 판단하여야 한다며 현대방폭이 제작한 실링·피팅 등의 제품도면은 도면을 작성하면서 상당한 정도의 시간과 노력이 들어갔다고 하더라도 제품들의 구조, 규격, 기능 등을 당해 기술 분야의 통상적인 기술자들이 정확하게 이해할 수 있도록 일반적인 표현 방법, 도면작성 방법에 따라 표현된 것으로서 누가 작성하더라도 달리 표현될 여지가 거의 없다며 창작성을 부인하였다.

예술의 전당 '무대기계도면'에 대한 서울중앙지방법원 2009가합84030 판결

제약된 환경이나 조건 아래에서 특정의 기술적 사상을 표현한 설계도는 그 표현 방법에 대폭적인 제한이 있을 수밖에 없으므로 그 독창성 판단은 더욱 엄격하게 이루어져야 한다며 ❶ 이 사건 설계도면은 단지 기능적인 무대 기계 설치에 관한 내용을 CAD(Computer Aided Design 컴퓨터 지원설계) 프로그램에 의하여 표준화된 기호, 수치 등으로 객관적으로 표현하면서 통상적으로 사용되는 설계도면 작성방식으로 작성되었고, ❷ 소실된 기존 무대 기계의 기본적인 철골구조와 규격에 맞추어 부분적으로 개선된 기능을 가진 무대 기계를 설치하기 위한 것으로, ❸ 피고 예술의 전당의 위 과업 지침서상의 상세한 기준에 의하여 작성되었던 점을 이유로 새로운 저작물이 될 수 있을 정도의 새로운 창작성이 부가되었다고 할 수 없다고 하였다.

'화장로설계도면'에 대한 서울중앙지방법원 2009가합108790 판결

원고 화장로 설계도서는 과업지시서의 요구 조건에 따라 그 설계에 대한 제약이 많았고, 당해 기술 분야의 통상적인 기술자들이 정확하게 이해할 수 있도록 일반적인 표현 및 도면작성 방법이 사용되어 달리 표현될 여지가 거의 없을 뿐만 아니라 설령 작성자에 따라

---

144 이러한 대법원 판단과 다르게, 원심 서울지방법원 2001노1890 판결은 화상전송 기능을 구현하는 방식이나 장비의 종류, 배치 및 배선의 선택에 따라 도면의 표현이 크게 달라지게 되고 나아가 동일한 선택을 한다고 하더라도 개별 장비의 모양, 배치 및 연결 관계 등의 도면 표현이 작성자마다 다를 수 있어 작성자의 개성을 인정할 수 있다며 하나의 몸체 내에 기능이 다른 장치들을 함께 내장하지 않고 기능이 다른 장치들을 별도로 제작·설치할 수 있도록 하는 방식을 채택하여 유지, 보수의 편의를 도모하고 일부 장비들을 국산화함으로써 도면의 표현이 다른 제안서 도면과 달랐던 삼성 SDS의 제안서 도면에 대하여 저작물성을 인정하였으나 대법원에서 파기환송되었다.

저작물의 유형

서 다소 다르게 표현될 수 있는 여지가 있다고 하더라도 작성자의 창조적 개성이 드러나기 힘든 점에 비추어 원고의 설계도서를 보호받는 기능성저작물로 보더라도 설계도서의 세세한 부분까지 거의 동일하게 모방한 경우가 아니면 원고의 저작권을 침해한 것이라고 할 수 없다고 하였다.

'중수도처리시설설계도'에 대한 서울중앙지방법원 2007카합3418 결정
이 사건 설계도면을 작성하면서 상당한 정도의 시간과 노력이 들어갔다고 하더라도 당해 기술 분야의 통상적인 기술자들이 정확하게 이해할 수 있도록 일반적인 표현 방법, 도면 작성 방법에 따라 표현한 설계도에 대하여 누가 작성하더라도 달리 표현될 여지가 거의 없을 뿐 아니라 설령 작성자에 따라서 다소 다르게 표현될 수 있는 여지가 있다고 하더라도 그러한 사정만으로는 위 각 설계도면에 작성자의 창조적 개성이 드러나 있다고 할 수 없는 것이라며 창작성을 배척하였다.

(4) 모형

모형저작물은 설계 도면이 기호, 선 등 2차원 도형으로 입체 형상을 관념적으로 표현하는 것과 달리 직접 입체적 형상 등으로 도형을 표현하는 도형저작물이다. 따라서 모형저작물은 모형으로 표현된 입체표현 그 자체에 창작성이 존재하여야 한다.[145]

모형에는 기존에 존재하는 건물이나 비행기 등 실물을 그대로 본떠서 표현하는 것과 아직 실물로 존재하지 않는 새로운 형상을 보여주기 위해 만든 것이 있다. 기존 실물을 본뜬 모형은 기존 대상의 형상이나 색채에 의하여 창작성이 제한될 수 있다. 즉 기존 대상의 형상이나 색채를 그대로 모방하여 만든 모형은 누가 하더라도 같거나 비슷할 수밖에 없는 표현으로서 창작성을 인정받기 힘들다. 그러나 모형의 형상이 대상물과 차이가 있다고 하여 창작성이 항상 인정되는 것은 아니며, 모형 표현이 일반적인 모습이거나 창작적 요소가 미미한 경우라면 도형저작물성이 부인될 수 있다. 기존 대상의 모습을 표현하는 것에서 오는 창작성 제한을 넘는 도형적 창작성이 존재하여

---

145 건축물 모형에 대하여는 후술하는 '라. 건축저작물과 도형저작물'에서 정리한다. 모형은 산업적 이용도 있지만, 취미, 예술, 실험, 교육 등 다양한 목적을 위하여 만들 수 있으며, 이러한 목적은 창작성 판단에 영향을 줄 수 있다.

야 도형저작물로 인정받을 수 있다.

이에 반해 아직 실물로 존재하지 않는 가공의 대상을 표현한 모형은 최소한의 창작성을 갖지 못한 단순한 형상이거나 또는 기존에 동일·유사한 형상의 모형들이 존재하고 있지 않는 한 창작성을 인정받을 수 있다고 본다.

광화문 입체퍼즐에 대한 대법원 2016다227625 판결

실제 광화문을 축소한 모형에 대한 사안에서, 실제 존재하는 건축물을 축소한 모형이 실제의 건축물을 충실히 모방하면서 이를 단순히 축소한 것에 불과하거나 사소한 변형만을 가한 경우에는 창작성을 인정하기 어렵다. 그러나 그러한 정도를 넘어서는 건축물의 형상, 모양, 비율, 색채 등에 관한 변형을 가하여 실제의 건축물과 구별되는 특징이나 개성이 나타난 경우라면 창작성을 인정할 수 있어 저작물로서 보호를 받을 수 있다. 이 사안에서 실제 광화문에 대한 모형을 만들면서 ❶ 광화문의 지붕의 성벽에 대한 비율, ❷ 높이에 대한 강조, ❸ 지붕의 이단 구조, ❹ 처마의 경사도, ❺지붕의 색깔, ❻ 2층 누각 창문 및 처마 밑의 한조물의 단순화, ❼문지기의 크기, ❽ 중문의 모양 등 여러 부분에 걸쳐 사소한 정도를 넘어서는 수준의 변형을 가한 모형은 도형저작물로서 보호를 받는다고 하였다.

퍼즐로 만들어지는 이 사안 광화문 모형은 '건축을 위한 모형'이 아니므로 건축저작물에 해당하지 않는다. 그러나 광화문 모형이 갖는 도형적 창작성은 건축적 형상과 색채에서 발견할 수 있다. 위 판례도 실제 건축물을 축소한 모형이 갖는 도형표현의 창작성을 실제 건축물과 차이가 있는 형상, 모양, 비율, 색채 등 건축 표현요소에서 찾으며, 이 사안 광화문 모형이 실제 광화문을 단순히 축소하거나 사소한 변형만을 가한 정도를 넘는 수준의 변형을 가하여 광화문과 구별되는 특징이나 개성이 나타났다며 도형저작물로서 창작성을 인정하고 있다.

그런데 실제 건물에 대하여 사소한 수준을 넘는 변형이 이루어진 모형이라고 하여 모두 도형저작물로서 창작성을 인정받을 수 있는 것은 아니라고 본다. 예를 들어 광화문의 모습을 축소 변형하였으나 단순한 형태의 도형으로 만든 모형에는 도형적 창작성이 없어 도형저작물로 인정되지 않을 수 있다. '기존 건물을 대상으로 한 모형'이 도형저작물성을 갖기 위해서는 ❶ 소극적으로 기존 건물의 형태를 그대로 모방하지 않아야 창작성을 가질 수 있고 ❷ 도형적 표현에 적극적인 창작성이 있어야 한다.

위 판결은 광화문 모형이 실제 광화문을 그대로 모방하지 않고 상당한 변형을 가한 점을 들어 창작성을 인정하고 있다. 그러나 이는 위 ❶에 해당하는 요소에 중점을 둔 것이다. 광화문 모형이 실제 광화문의 모양과 차이가 존재한다고 하여 도형저작물로서 창작성을 갖는 것은 아님에도 광화문 모형의 도형적 창작성 즉 ❷부분에 대하여 판결문의 ❶내지❼ 부분에 광화문과 구별되는 특징이나 개성이 있다고 할 뿐 구체적으로 어떤 표현 때문에 도형적 창작성을 갖는지는 명확하게 다루지 않았다.

저작물의 유형

(5) 그 밖의 도형저작물

도형적 표현뿐만 아니라 다른 표현형식인 색, 글자 등이 적절히 기재된 도면이라도 도형저작물이 될 수 있다. 판례는 종이를 이용하여 도형을 만들거나 변을 분할하는 방법 및 정십이면체를 만드는 종이접기 도면에 대하여 해당 사안에서 종이접기 방법이 새로운 것이 아니고, 새로운 표현형식으로 도면을 그리거나 설명한 것도 아니며, 누가 하더라도 달리 표현될 여지가 없고, 다르게 표현되더라도 창조적 개성이 드러나 있다고 할 수 없다고 하였다.

> **'자력선별기기 도안'에 대한 서울지방법원 2002가합64815 판결**
>
> 자석을 이용하여 철과 비금속, 비철금속을 선별하는 원리를 색, 글자, 도형을 적절히 이용하여 알기 쉽게 그린 자석 선별 제품 홍보 도안에 대하여,
> 위 도안이 동종 업계에 널리 공개된 기술을 알리는 것이라고 하더라도 그것만으로 창작성이 없다고 할 수 없다며 창작성을 인정하였다.[146]

> **종이접기 도면에 대한 대법원 2009도6073 판결**[147]
>
> 정사각형의 종이를 이용하여 정삼각형, 정오각형, 정육각형 등의 도형을 만드는 방법, 변을 2, 3, 4, 5, 6등분 등으로 분할하는 방법 및 정십이면체를 만드는 종이접기 도면에 대하여, 종이접기 앞·뒷면을 나타내는 방식, 접은 선, 화살표 기호는 국내 및 일본의 종이접기 분야에서 표준화된 기호 도식으로서 이 사건 쟁점 종이접기 부분은 국내 및 일본에서의 관련 종이접기 순서도에 비하여 그 배치나 순서 등에서 일부 차이가 있기는 하지만 ❶ 새로운 방법이 아니고 ❷ 새로운 표현형식으로 도면을 그리거나 설명한 것도 아니며, ❸ 누가 하더라도 달리 표현될 여지가 없고, ❹ 다르게 표현되더라도 창조적 개성이 드러나 있다고 할 수 없다며 창작성을 부인하였다.[148]

---

146 위 판결 사안의 도안은 색, 글자, 도형을 적절히 이용한 것으로 일반적인 설계도와는 차이가 있지만, 작동 원리를 도형으로 표현하고 있다는 점에서 도형적 표현에 중점이 있는 저작물에 속하는 것으로 보인다.

147 원심 서울중앙지방법원 2009노714 판결은 이 사건 종이접기 중 '기본 종이접기' 부분은 저작물성이 배척되어 무죄, '창작 종이접기'는 도형저작물성을 인정하여 이를 침해한 피고인에게 유죄를 선고하였으나, 유죄 부분이 대법원에서 파기되었다.

148 기존에 있는 국내와 일본의 종이접기의 순서도가 법원에 현출되어 창작성을 판단함에 고려된 것으로 보인다. 창작성이란 원래 기존에 사용되던 표현과 관계없이 독자적으로 작성한 표현에 개성이 존재하는 것이지만, 이러한 개성의 존부는 기존의 다른 표현을 비교하는 방법으로 판단하는 경우가 많으며, 이 사안도 창작성의 판단함에 다른 유사한 표현을 고려한 경우라고 할 수 있다.

라. 건축저작물과 도형저작물

건축저작물에는 '건축을 위한 모형 및 설계도서'가 포함되고 도형저작물에는 '설계도'와 '모형'이 포함된다. 따라서 건축을 위한 설계도서와 모형이 표현한 건축 공작물이 창작적이면서 동시에 도형 표현 그 자체에 창작성이 있으면 건축저작물과 도형저작물이 함께 성립할 수 있다.

(1) 건축설계도

도형저작물은 건축설계 도면에 표기된 제도상 '표기 방식'에 창작적 표현이 있으면 성립한다. 이와 달리 건축저작물은 건축설계도에서 관념적으로 인식되는 '입체의 건축물 표현'에 창작성이 있어야 한다. 이 경우 건축설계 도면상 표기된 기호, 선, 숫자 등은 음악저작물이 음악 기호로 외부에 표현되는 것과 마찬가지로 건축저작물의 외부적 표현수단에 해당한다.

(2) 건축물 모형

모형은 2차원의 설계도와는 달리 3차원의 입체 형상으로 표현된다. 이러한 모형에는 창작적인 건축공작물이나 도형적 표현이 존재할 수 있다.

❶ 저작권법은 모형 중 '건축을 위한 모형'만 건축저작물로 인정하므로 '건축공작물 형상을 가진 모형'이라도 건축을 위한 경우가 아니라면 건축저작물로 성립할 수 없다. 예를 들어 위 광화문 모형에 대한 판례 사안에서 입체 퍼즐로 만들기 위해 광화문을 변형·축소한 모형은 '건축을 위한 모형'이라고 볼 수 없어 건축저작물에 해당할 수 없고 도형저작물에만 해당할 수 있다. ❷ 기존의 건축물을 그대로 축소한 건축물 모형은 기존의 표현을 그대로 모방한 것이어서 건축저작물뿐만 아니라 도형저작물로서의 창작성도 인정받기 힘들다. ❸ 건축저작물의 창작적 표현을 그대로 또는 사소한 변형을 한 건축물 모형은 건축저작물에 대한 복제물에 해당한다. ❹ 건축저작물을 축소·변형하면서 새로운 창작적인 도형적 표현을 부가한 건물 모형은 건축저작물에 대한 2차적저작물로서의 도형저작물이 될 수 있다. 예를 들어 광화문이 건축저작물성을 갖고 있다면 도형적 창작성을 부가한 광화문 모형은 광화문을 축소·변경한 도형저작물로서 광화문에 대한 2차적저

저작물의 유형

작물이 될 수 있다. ❺ 그러나 건축물 모형의 대상이 된 건축물이 저작물성이 없는 경우라면 건축물 모형에 도형적 창작성이 있더라도 2차적저작물이 성립될 수 없다. 건축물 모형이 대상에 대한 단순한 모방을 넘는 독자적인 도형적 창작성을 가지면 도형저작물로 보호될 수 있다.

다만 기존 건축물에 대한 모형이 기존 건축물과 다른 표현을 하고 있다고 하여 모형의 창작성이 항상 인정되는 것은 아니다. 모형 자체가 일반적인 모습이거나 창작적 요소가 적은 경우라면 도형저작물이 성립하지 않을 수 있다.

마. 도형의 형상표현에 대한 복제

저작권법 제2조 22호[149]에서 정한 건축물의 복제는 도형저작물에는 적용되지 않는다. 건축저작물인 '건축을 위한 모형이나 설계도면'은 도형형식으로 표현되어 있지만 관념적으로 창작적인 건축저작물의 입체 형상을 표현하고 있는 까닭에 건축물 시공에 따른 복제가 인정되는 것이다.

그러나 기계에 대한 설계도는 도형 표현에 한하여 창작성을 가질 수 있을 뿐이며 설계도가 관념적으로 만들어내는 기계 형상은 산업적 산물이므로 저작권 보호의 대상이 아니다. 따라서 도형저작물인 설계도의 기계 형상에 따라 기계 실물을 만든다고 하더라도 도형저작물의 창작적 표현을 복제한 것이라고 할 수 없다.

한편 건축을 위한 모형이 아니라 도형저작물에만 해당하는 건물모형 예를 들어 입체 퍼즐로 만들어진 창작적인 건물모형을 기초로 새로운 건축적 창작성을 부가하여 축조한 실제 건축물은 도형저작물을 원저작물로 하여 성립된 2차적저작물이 될 수 있다.

---

149 저작권법 제2조 (정의)

22. "복제"는 인쇄·사진촬영·복사·녹음·녹화 그 밖의 방법으로 일시적 또는 영구적으로 유형물에 고정하거나 다시 제작하는 것을 말하며, 건축물의 경우에는 그 건축을 위한 모형 또는 설계도서에 따라 이를 시공하는 것을 포함한다.

10 컴퓨터프로그램 저작물

가. 컴퓨터프로그램저작물의 정의와 특성

컴퓨터프로그램저작물은 특정한 결과를 얻기 위하여 컴퓨터 등 정보처리능력을 가진 장치 내에서 직접 또는 간접으로 사용되는 일련의 지시, 명령으로 표현된 창작물을 말한다. (저작권법 제2조 제16호)[150]

원래 컴퓨터프로그램저작물(여기서 간단히 프로그램저작물이라 한다)은 1987. 7. 1 시행된 컴퓨터프로그램보호법에 의하여 규율되었으나 저작권법과 컴퓨터프로그램보호법을 통합한 2009. 4. 22 개정 저작권법이 시행되면서 저작권법의 적용을 받게 되었다. 따라서 프로그램저작물도 일반 저작물과 마찬가지로 저작권법과 저작권 관련 법리가 동일하게 적용된다. 그러면서도 프로그램저작물이 갖는 독특한 표현구조나 이용 관행을 고려하여 제9조 업무상저작물의 단서조항[151]이나 제37조의2 저작재산권 제한조항의 적용제외조항[152] 같은 예외규정과 제5장의2 프로그램에 대한 특례규정

---

150 **저작권법 제2조 (정의)**
    16. "컴퓨터프로그램저작물"은 특정한 결과를 얻기 위하여 컴퓨터 등 정보처리능력을 가진 장치(이하 "컴퓨터"라 한다) 내에서 직접 또는 간접으로 사용되는 일련의 지시·명령으로 표현된 창작물을 말한다.

151 **저작권법 제9조 (업무상저작물의 저작자)**
    법인등의 명의로 공표되는 업무상저작물의 저작자는 계약 또는 근무규칙 등에 다른 정함이 없는 때에는 그 법인등이 된다. 다만, 컴퓨터프로그램저작물(이하 "프로그램"이라 한다)의 경우 공표될 것을 요하지 아니한다.

152 **저작권법 제37조의2 (적용 제외)**
    프로그램에 대하여는 제23조·제25조·제30조 및 제32조를 적용하지 아니한다.

을 두어 일반 저작물과 다르게 규율하고 있다.

프로그램저작물은 특정한 결과를 얻기 위하여 컴퓨터 등에서 사용되는 지시, 명령을 프로그램 언어로 표현한 것이다. 프로그램저작물에는 프로그램 작성자가 C, COBOL, JAVA 등 프로그램 언어로 작성한 '원시코드(source code)'와 컴퓨터가 0과 1의 이진법 표현의 기계어만을 인식하는 까닭에 원시코드를 컴파일러 등에 의해 기계어로 변환한 '목적코드(object code)'가 있다. 저작권법은 "직접 또는 간접으로 사용되는 일련의 지시 명령"을 프로그램저작물의 요건으로 하는 까닭에 컴파일러의 과정을 거쳐 간접 사용되는 원시코드와 직접 사용되는 목적코드 모두 보호 대상에 포함한다. 프로그램 저작물은 컴퓨터에서 작성하여 표현할 수 있지만 종이에 작성하여 표현한 원시코드도 프로그램저작물을 외부로 표현한 것으로 저작물성을 가질 수 있다.

로마자, 알파벳, 기호 등을 사용하는 프로그램 언어로 작성된 원시코드는 언어 문자를 표현형식으로 하는 어문저작물과 마찬가지로 문자 기호에 의한 표현을 가질 수 있다. 그러나 원시코드는 인간에게 사상 또는 감정을 전달하는 어문저작물과 달리 컴퓨터에서 작동하는 지시, 명령의 문자적 표현으로서 저작권법이 정한 프로그램저작물 요건을 갖추어야 저작물로 보호된다.

물류관리프로그램에 대한 서울중앙지방법원 2014가합61994 판결

"컴퓨터프로그램의 소스코드는 그 독자가 한정되기는 하지만 어문저작물의 일종으로 볼 여지가 있다. 그런데 소스코드는 컴퓨터프로그램의 과제수행 논리(알고리즘)에 기한 일련의 지시·명령의 조합을 인간이 이해하는 언어로 기록한 것이고 이를 컴퓨터가 이해할 수 있는 기계언어로 번역하여 목적코드로 변환한 것이 OS나 응용프로그램 등의 컴퓨터프로그램이 되는 것이며, 컴퓨터프로그램 저작권 침해 여부 판단을 위해서는 당해 컴퓨터프로그램의 소스코드와 이를 침해하는 것으로 주장된 컴퓨터프로그램의 소스코드를 대비하여 창작적 표현 부분에 유사성이 있는지를 살펴야 하는 것이므로, 컴퓨터프로그램 저작권 침해 여부와 그 소스코드(어문저작물)의 저작권 침해 여부가 따로 판단되어질 것은 아니다. 즉, 소스코드를 어문저작물이라고 보더라도 그 저작권은 컴퓨터프로그램 저작권에 흡수된다고 볼 것이지 컴퓨터프로그램 저작권과 별도로 성립한다고 볼 것은 아니다."

나. 컴퓨터프로그램저작물의 성립요건

프로그램저작물은 ❶ 컴퓨터 등 정보처리능력을 가진 장치 내에서 사용되어야 하고, ❷ 특정한 결과를 얻을 수 있어야 하고, ❸ 컴퓨터 내에서 직·간접으로 사용되는 일련의 지시, 명령으로 이루어져야 한다. 그 외에 창작성과 외부적 표현 등 저작물의 요건을 갖추어야 저작물성을 갖는다.

(1) 정보처리장치 내에서 사용

컴퓨터가 가지는 연산, 제어, 기억, 입력, 출력 기능 중 입력, 출력을 제외한 연산, 제어, 기억의 기능만 가지고 있으면 '정보처리능력을 가지는 장치'에 해당한다고 한다.[153] 작동되지 않는 프로그램이나 수정 가능한 버그가 존재하는 프로그램도 컴퓨터 내에 사용될 수 있으면 저작물성을 가질 수 있다.

(2) 특정한 결과의 도출

컴퓨터에서 작동하는 프로그램 중 특정한 결과를 얻을 수 있는 기능을 가진 프로그램만이 프로그램저작물로 보호될 수 있다. 적은 수의 스텝으로 구성된 프로그램은 특정한 결과를 도출하는 기능을 가지기 어렵다는 점에서도 저작물성을 인정받기 어렵다. 그러나 전체 프로그램의 일부로서 독립하여 기능할 수 있는 하위 프로그램은 프로그램저작물성을 가질 수 있다. 응용프로그램을 구성하는 단위에 해당하더라도 독자적인 기능을 가진 모듈이나 서브루틴은 프로그램 저작물성을 갖는다.

> **리습파일에 대한 대법원 2010도8467 판결**
> 'InerCAD' 프로그램의 구성요소로서 건축설계 도면 중 기둥이나 문, 창호 등의 부분을 자동으로 작성하는 리습 파일(파일 확장자가 LSP인 파일)과 리습 파일이 도면을 자동으로 작성하는 데 필요한 값을 사용자가 입력할 수 있도록 하는 대화상자 DCL 파일에 대한 저작물성이 문제 된 사안에서,
> "따라서 비록 리습 파일과 DCL 파일이 '엘콘플랜' 프로그램이나 'InerCAD' 프로그램의 구

---

153 프로그램은 전화교환기 등 컴퓨터 이외의 정보처리능력을 가진 장치 내에서도 사용되는 것이기는 하나 이하에서는 컴퓨터를 중심으로 다룬다.

저작물의 유형

성요소라고 하더라도 각각의 리습 파일(DCL 파일과 연결된 경우에는 그 DCL 파일을 포함한 것을 말한다, 이하 같다)은 그 표현형식에 창작성이 인정되는 한 그 자체로도 프로그램저작물성을 가진다고 할 것이므로, 리습 파일의 복제 여부는 각각의 리습 파일별로 판단하여야 한다. 그런데 원심이 적법하게 채택하여 조사한 증거 등에 의하면 '엘콘플랜' 프로그램의 구성요소를 이루는 리습 파일들 중 일부 파일과 그에 대응하는 'InerCAD' 프로그램의 리습 파일 간의 유사도가 매우 높은 점이 인정되므로, 특별한 사정이 없는 한 피고인들은 그러한 리습 파일을 복제·배포함으로써 '엘콘플랜'의 프로그램저작권을 침해하였다고 할 것이다."

(3) 정보처리장치 내에서 사용되는 일련의 지시, 명령

① 프로그램저작물은 '일련'의 지시, 명령을 요건으로 하므로 하나의 명령이나 행으로 이루어진 프로그램 스텝[154]만으로는 저작물성을 인정할 수 없다. 또한 프로그램저작물은 컴퓨터에 대한 '지시, 명령'이어야하므로 컴퓨터가 아닌 사람에 대한 설명이나 지시를 담은 글로 이루어진 사용자 안내서[155] 등은 프로그램저작물이 아니다. 어문저작물로 인정될 수 있을 뿐이다.

> **캔디바 사이트 아이템에 대한 서울중앙지방법원 2003카합2639 결정**
> 신청인은 게임이나 이벤트에 참여할 때 사용할 수 있는 아바타의 치장 등에 필요한 아이템을 어도비 포토샵(Adobe Photoshop) 프로그램을 이용하여 작성된 아이템의 밑그림을 기초로 아바타의 체형 등을 고려하여 아이템의 크기, 색상에 따른 좌표 값을 설정하고 이를 gif 파일로 생성하는 방식으로 만들었는데 이후 피신청인은 신청인의 아이템과 모양, 색채, 소품의 존재와 위치 등에서 거의 유사한 아이템을 발표하였던 사안에서,
> 신청인의 아이템은 어도비 포토샵 프로그램을 이용하여 선택한 아이템이 컴퓨터 내에서 아바타에 적용되어 아바타와 일체로 구현되는 특정한 결과를 얻기 위한 일련의 지시, 명령으로 이루어진 컴퓨터프로그램이라며 피신청인의 아이템은 제작 도구를 이용하여 신청인의 아이템을 복제, 변형하는 방식으로 작성된 것으로서 신청인의 컴퓨터프로그램인 아이템에 대한 복제권, 개작권, 동일성유지권을 침해하였다고 하였다.

---

154 프로그램 중의 한 명령, 또는 한 행을 가리키며, 한 행 중에 복수의 문장을 쓰는 것이 허용된 BASIC 언어에서는 한 행 속에 존재하는 문장의 수가 그대로 스텝 수가 된다고 한다.

155 소프트웨어는 하드웨어에 대응하는 개념으로 프로그램, 시스템 설계도, 흐름도, 사용자 안내서 등을 종합하여 말하며, 소프트웨어 중 프로그램을 제외한 나머지는 프로그램저작물로서 보호하지 않고 도형이나 어문저작물 등으로 보호될 수 있다고 한다.

② 컴퓨터가 읽을 수 있는 기록매체의 전자파일이라도 컴퓨터 작동에 대한 지시가 없는 경우에는 정보처리 장치에 대한 지시, 명령 요건을 결여하여 프로그램저작물성을 갖지 못한다. 정보처리 장치의 프로그램이 처리할 데이터를 별개의 파일에 프로그램 자체에 규정한 일정한 기호나 문자로 기술한 경우라도 데이터 파일에는 정보처리 장치에 대한 지시, 명령이 없으므로 데이터 파일은 저작권법상 프로그램저작물에 해당하지 않는다.

판례는 ❶ 프로그램에 처리 정보를 제공하는 기호나 문자가 들어 있는 데이터와 지시, 명령이 표현된 프로그램에서 받아 처리하는 데이터인 프로그램 시리얼 번호, ❷ 단말기 구동 프로그램 중 동적 연결 프로그램들이 초기 환경 설정을 위하여 받아서 처리하는 데이터들이 기록된 것에 불과한 RFID 파일, ❸ 단지 응용프로그램이 초기 정보를 인식하도록 하는 역할을 하는 정보 파일이나 데이터 파일, ❹ EXCEL 프로그램의 셀에 함수식을 입력하는 방식으로만 제작된 파일을 프로그램저작물로 인정하지 않았다.

저작물의 유형

그 결과를 처리하지만, 정보처리 장치에 대한 지시·명령이 포함되어 있지 아니하므로 그 파일이 저작권법상 프로그램에 해당하지는 아니한다. 다만 이용되는 파일이 다르면 정보처리 장치의 처리 결과가 다르게 되나, 그것은 파일에 기술된 데이터 내용의 차이에 따른 것으로 처리결과가 다르다는 것만으로 데이터가 정보처리 장치에 지시나 명령을 내리고 있다고 할 수는 없다. 이처럼 데이터를 기술함에 있어서 프로그램 자체에 규정한 일정한 기호나 문자가 기술되어 있다면 프로그램이 이를 읽어와 그 기호나 문자에 의미를 부여하여 처리를 수행하더라도 그것은 프로그램이 그 기호나 문자를 데이터로 읽어와 정해진 처리를 수행하는 것에 불과하고 그러한 기호나 문자 등을 가지고 정보처리 장치에 대한 지시·명령이라고 할 수는 없으므로 그러한 기호나 문자가 들어있는 데이터를 가지고 저작권법상의 컴퓨터프로그램저작물이라고 할 수 없다."

프로그램시리얼번호에 대한 대법원 2001도2900 판결

"컴퓨터프로그램 시리얼번호는 컴퓨터프로그램을 설치 또는 사용할 권한이 있는가를 확인하는 수단인 기술적 보호조치로서, 컴퓨터프로그램에 특정한 포맷으로 된 시리얼번호가 입력되면 인스톨을 진행하도록 하는 등의 지시, 명령이 표현된 프로그램에서 받아 처리하는 데이터에 불과하여 시리얼번호의 복제 또는 배포행위 자체는 컴퓨터프로그램의 공표·복제·개작·번역·배포·발행 또는 전송에 해당하지 아니할 뿐 아니라 위와 같은 행위만으로는 컴퓨터프로그램저작권이 침해되었다고 단정할 수 없고,"라고 하였다.

RFID 파일에 대한 대법원 2012마1724 결정

"원심 판시 ECO_RFID.INI 파일(이하 '이 사건 파일'이라고 한다)은 원심 판시 RFID … 단말기 구동 프로그램 중 동적 연결 프로그램들이 초기 환경 설정을 위하여 받아서 처리하는 데이터들, 즉 시리얼 통신에 사용될 연결 포트를 설정하는 데이터와 프로그램에 연결된 리더기의 종류를 설정하는 데이터를 비롯하여 프로그램과 리더기 간의 통신 속도, 통신 해지 조건, 수신 반복 횟수, 통신 간격 및 재호출 횟수 등을 설정하는 데이터들이 기록된 것에 불과하고, 위와 같은 데이터들을 받아 처리하는 과정이 이 사건 파일의 어떠한 지시·명령에 따라 이루어진다고 보기 어려우므로, 이 사건 파일이 저작권법에 의하여 보호되는 컴퓨터프로그램저작물에 해당한다고 볼 수 없다."

자료관리시스템 ECO_RFID.INI 파일에 대한 대법원 2013다74998 판결

"원심 판시 ECO_RFID.INI 파일(이하 '이 사건 파일'이라고 한다)은 원심 판시 RFID … 단말기 구동 프로그램(이하 '이 사건 프로그램'이라고 한다) 중 동적 연결 프로그램들이 초기 환경 설정을 위하여 받아서 처리하는 데이터들, 즉 시리얼 통신에 사용될 연결 포트를 설정하는 데이터와 프로그램에 연결된 리더기의 종류를 설정하는 데이터를 비롯하여 프로그램과 리더기 간의 통신속도, 통신 해지 조건, 수신 반복 횟수, 통신 간격 및 재 호출 횟수 등을 설정하는 데이터들이 기록된 것에 불과하고, 위와 같은 데이터들을 받아 처리하는 과정이 이 사건 파일의 어떠한 지시·명령에 따라 이루어진다고 보기 어려우므로, 이 사건 파일이 저작권법에 의하여 보호되는 컴퓨터프로그램저작물에 해당한다고 볼 수 없다."

EXCEL 파일에 대한 수원지방법원 2003노3579 판결

EXCEL 프로그램의 셀에 함수식을 입력하는 방식으로만 제작된 파일을 제작하면서 사칙연산과 함수 등 응용프로그램인 EXCEL의 기본적인 연산기능과 참조기능을 사용하였지만 프로그래밍이라고 볼 수 있는 작업을 수행하지 않았던 사안에서,

"컴퓨터프로그램으로 인정되기 위해서는 프로그래머가 직접 코드(code)를 작성하거나 이를 대신하는 프로그램을 활용하여 간접적으로 코드를 작성하는 등의 직·간접적인 코딩 작업 또는 이에 준하는 프로그래밍 작업이 전제되어야 하고, 이러한 작업을 통해 생성된 소스코드(source code)는 컴퓨터프로그램의 요체라고까지 할 수 있다(대법원 2001. 6. 26. 선고 99다50552 판결 등 참조). 이에 비추어 볼 때 단순히 EXCEL 프로그램의 셀에 함수식을 입력하는 방식으로만 제작된 파일에는 위와 같은 프로그램 제작 과정이 존재하지 않아 '컴퓨터에 대한 일련의 지시·명령의 조합'이라는 요건을 충족한다고 볼 수 없다. … 검사는 대법원 판례(대법원 2001. 5. 15. 선고 98도732 판결)를 근거로 소스코드(source code)와 코딩(coding) 작업이 없어도 컴퓨터프로그램으로 볼 수 있다고 주장하나, 위 판결에서 대법원은 … 프로그램 제작에 있어 코딩 작업 자체가 불필요하다는 것이 아니라 프로그램 제작 과정이 직접적인 코딩 작업일 필요는 없다는 취지이고, 오히려 대법원은 "전체적으로 평가하면 일반적인 프로그램의 제작과정과 다를 바 없다'고 하여 간접적인 코딩 작업이 있음을 근거로 컴퓨터프로그램보호법상의 컴퓨터프로그램에 해당한다고 판단하였으므로, 대법원은 코딩 작업의 유무를 컴퓨터프로그램에 해당하는지 여부를 판단할 때 중요한 요소로 보고 있음을 알 수 있다(이는 "서체 파일의 구조에 해당하는 내용이 프로그램의 요체인 소스코드에 해당하며", "통상적인 프로그램과는 달리 파일의 구성요소를 제작자가 직접 코딩(coding)하지는 않지만", "종합적으로 관찰하면 일반 프로그램 코딩과정과 다를 바 없"다는 항소심 판결이 정당하다고 판결한 대법원 2001. 6. 26. 선고 99다50552 판결에서도 확인할 수 있다). 따라서 검사의 이 부분 주장은 이유 없다."

(4) 미완성 프로그램

하급심 판결은 ❶ 사용자의 입장에서는 사용할 수 없는 미완성의 프로그램이라도 오브젝트 파일이 생성되어 프로그램이 동작하여 일부 메뉴가 정상적으로 작동하는 경

우, ❷ 프로그램 개발이 중단, 포기되어 미완성이라도 하위 프로그램 중 일부는 독립하여 기능할 수 있고, 이러한 하위 프로그램을 개작하여 창작된 프로그램이 시험용 서비스를 제공할 수 있을 정도로 하위 프로그램들이 완성된 경우에 대하여 프로그램 저작물로서 보호하였다.

건설기계관리 프로그램에 대한 서울고등법원 2011나57212 판결

"전체 프로그램의 일부로서 독립하여 기능할 수 있는 하위 프로그램도 구 컴퓨터프로그램보호법에 의해 보호되는 컴퓨터프로그램에 해당한다. … G는 사용자의 입장에서는 사용할 수 없는 미완성의 프로그램이기는 하나, 오브젝트 파일이 생성되어 프로그램이 동작하고, '기본설정'등 일부 메뉴가 정상적으로 작동하는 점에 비추어, 미완성 상태의 G도 법의 보호를 받는 저작물에 해당한다고 봄이 상당하다."

온라인 게임 프로그램에 대한 서울중앙지방법원 2003가합95465 판결

"피고 회사와 피고 C는, 'A'는 2001. 1.경 그 개발이 중단될 당시 완성되지 아니한 상태로 캐릭터가 화면에서 이동하는 정도로만 개발되어 있었고, 'B' 또한 시험용 서비스만 제공되고 완성되기 이전에 개발이 포기되어, 양 프로그램 모두 미완성의 것이므로 프로그램 저작권 침해가 문제되지 않는다는 취지의 주장을 하나, 전체 프로그램의 일부로서 독립하여 기능할 수 있는 하위 프로그램도 컴퓨터프로그램보호범에 의해 보호되는 컴퓨터프로그램저작물에 해당하는데, 위 피고들 주장 자체에 의하더라도 개발 중단 당시 'A' 의 하위 프로그램들 중 일부는 독립하여 기능할 수 있는 상태였고, 이러한 하위 프로그램을 개작하여 창작된 'B' 또한 시험용 서비스를 제공할 수 있을 정도로 하위 프로그램들이 완성된 상태였다고 할 것이어서, 'A'와 'B'가 전체로서 완성되지 아니한 상태였다는 사정은 'A'의 하위 프로그램에 대한 원고의 프로그램 저작권 침해 여부에 영향을 미치지 못한다고 할 것이므로, 피고 회사와 피고 C의 위 주장은 받아들이지 아니한다."

---

(5) 서체파일

판례는 서체파일에 대하여 ❶ 특정한 서체 출력을 목적으로 한다는 점에서 특정한 결과가 존재하고, ❷ 서체파일의 제작자가 마우스를 이용하여 서체를 도안하는 과정과 이를 제너레이트하여 인간이 인식할 수 있는 포스트스크립트 파일로 저장하는 과정을 거치는 등 간접적인 코딩작업이 이루어지고, ❸ 글자의 좌표 값을 설정하고 이를 직선 또는 곡선으로 이동, 연결한 후 폐쇄부를 칠하라는 명령 등은 일련의 지시,

명령에 해당한다며 프로그램저작물에 해당한다고 하였다.[156]

다. 프로그램 언어, 규약, 해법의 보호배제

아이디어와 표현의 이분법은 프로그램저작물에도 적용된다. 따라서 프로그램언어로
이루어진 표현이 아닌 아이디어는 저작권 보호에서 배제될 수 있다. 프로그램저작물
에 대한 특례규정인 저작권법 제101조의2[157]는 프로그램 언어, 규약, 해법을 저작권
의 보호대상에서 제외하고 있다.

(1) 프로그램 언어

프로그램 언어인 C, COBOL, JAVA 등 그 자체는 어문저작물의 표현수단인 문자 언어
와 마찬가지로 보호받지 못한다. 또한 이러한 프로그램 언어의 체계도 일종의 문법에
해당하는 것으로 보호받지 못한다.

(2) 프로그램 규약

프로그램의 규약에 해당하는 인터페이스와 프로토콜 그 자체는 저작권 보호를 받지
못한다. 그러나 인터페이스가 갖는 규약을 위한 기능이나 다른 기기와의 호환성 등
제약요소에서 벗어난 창작적 표현이 들어 있다면, 이러한 인터페이스 표현 부분은
규약 그 자체나 제약적 요소가 보호되지 않는 것과는 별개로 저작물로 보호될 수 있
다. 특히 사용자 인터페이스는 문자 방식 인터페이스(CUI, Character User Interface), 메뉴
방식 인터페이스(Menu-based User Interface), 그래픽 사용자 인터페이스(GUI, Graphic User

---

156 서체파일의 프로그램저작물성과 창작성에 대하여는 후술하는 'Ⅳ. 3. 다. 서체파일'에서 정리하였다.

157 **저작권법 제101조의2 (보호의 대상)**
   프로그램을 작성하기 위하여 사용하는 다음 각 호의 사항에는 이 법을 적용하지 아니한다.
   ① 프로그램 언어: 프로그램을 표현하는 수단으로서 문자·기호 및 그 체계
   ② 규약: 특정한 프로그램에서 프로그램 언어의 용법에 관한 특별한 약속
   ③ 해법: 프로그램에서 지시·명령의 조합방법

Interface) 등의 형태로 표현되며 그에 따라 어문저작물, 편집저작물, 응용미술저작물로서 저작물성을 가질 가능성이 존재한다.

한편 광범위하게 채택되어 널리 사용되는 인터페이스의 경우 '사실상의 표준'으로서 아이디어와 표현이 합체되는 경우가 있으며, 이 경우 인터페이스의 저작물성은 제한된다.

PDA 증권프로그램화면에 대한 서울고등법원 2007나58805 판결

PDA 상에서 구동되는 프로그램의 사용자 인터페이스로서 증권거래에 필요한 기능을 메뉴로 배치하고 거래정보를 숫자, 문자, 그래프 등으로 나타낸 화면 구성에 대하여, PDA 화면에 있는 시각적 디자인에 대한 저작권 보호주장을 응용미술저작물에 대한 주장으로 보면서 ❶ 위 디자인은 이용된 물품인 PDA의 화면을 위하여 구성된 것으로서 독자성을 가진다고 할 수 없다고 하였고, ❷ 증권사들이 통상 채택하고 있는 검색조건을 약어와 숫자, 영문으로 축약한 검색조건의 표현방식은 아이디어에 해당하고, ❸ 기능 버튼을 클릭하면 우측에 상하로 스크롤이 가능한 상세화면 창이 뜨는 기능은 이 사건 화면 구성이 도입되기 전에 상용화된 컴퓨터프로그램의 사용자 인터페이스에서 널리 사용되고 있었던 것이며, ❹ PDA 단말기의 좁은 화면에서 구현하기 위한 기능들의 배치, 폰트의 크기나 기능 버튼의 활용 등에 있어서 제약이 따르고, ❺ 증권 서비스 고객들의 이용 편의를 위하여 기존 홈트레이딩 시스템의 메뉴 구조 및 기능 배치를 상당 부분 따를 수밖에 없는 것이라며 편집저작물성을 배척하였다.

위디스크 홈페이지에 대한 부산지방법원 2008가합705 판결[158]

"원고가 주장하는 이사건 기타 서비스 등을 보건대 이는, 3일간의 무료다운로드 기능 … 등으로서 원고가 제공하는 각종 서비스 자체를 가리키거나, 그와 같은 각종 서비스를 인터넷 홈페이지의 인터페이스에 메뉴로 구현시키는 방식, 도구 즉, 위 각 서비스 메뉴의 배치, 팝업 또는 배너 설정, 인터페이스의 그래픽, 레이아웃, 디자인, 서비스의 표현 문구 등을 가리키는 것으로 보인다.

원고가 제공하고 있는 이 사건 기타 서비스나 각종 기능 들은 아이디어 자체에 해당하는 것으로서 그것이 표현되어 비로소 생성되는 저작물 등에 해당하지 않음이 명백하고, 위와 같이 각 서비스를 인터넷 홈페이지의 메뉴로 배치하여 이를 인터페이스로 구현시키는 방

---

158 원고는 피고가 인터넷 홈페이지 A를 제작할 당시 그 기능별 메뉴의 내용, 구성, 배치에 관하여 원고의 인터넷 홈페이지 B에서 제공하는 서비스와 이용약관을 참조하여 설명 문구, 색상 값, 한글 표시 명칭, 팝업창 등의 운용 형태, 서버 상태 표시 및 그 표현 문구 등을 그대로 복제하거나 일부 수정하는 방식으로 이를 제작하였다며 이는 원고의 저작권, 프로그램보호법상의 복제권, 온라인디지털콘텐츠산업발전법상 온라인 디지털 콘텐츠 제작자의 권리를 침해하는 행위임과 동시에 민법 제750조의 불법행위에 해당한다고 주장한 사안이었다.

식, 구조는 프로그램의 본질적인 부분에 해당하지 않고 단지 이를 사용하거나 조작하기 위한 약속인 규약에 해당한다거나 설령 규약에 해당하지 않는다 하더라도 기능적 프로그램저작물에 해당하여 그 메뉴의 구성이나 기능별 배치가 표준화된 인터페이스를 벗어나 창조적인 개성을 가질 때에 비로소 프로그램저작물로서 보호받을 수 있다 할 것인데, … 이 사건 기타 서비스 등에 원고만의 창조적인 개성이 발현되었음을 인정할 증거가 없다."

물류관리프로그램에 대한 서울중앙지방법원 2014가합61994 판결
"컴퓨터의 경우 사용자 인터페이스는 사용자와 컴퓨터 사이의 의사소통이 구현되는 방법, 즉 사람이 컴퓨터를 마우스나 키보드 등으로 자작하는 과정(입력)과 컴퓨터가 그 조작의 처리결과를 나타내는 과정(출력)을 모니터 화면에 메뉴구조나 각종 아이콘, 작업창(Window), 결과표시창 등의 형태로 나타내는 방법을 말한다. … 컴퓨터프로그램의 사용자 인터페이스 화면이나 데이터베이스 구조 등은 당해 컴퓨터프로그램의 표현형식의 일부에 불과한 것이나, 그 소재의 선택 또는 배열, 구성에 창작성이 있다면 이는 독자적인 편집저작물로서 보호받을 수도 있을 것이다(서울중앙지방법원 2003. 8. 19.자 2003카합1713 결정 참조)"

(3) 알고리즘

저작권법 제101조의2 제3호에서 "프로그램에서 지시·명령의 조합방법"으로 정의하는 '해법'은 일반적으로 '알고리즘'이라고 한다. 추상적인 알고리즘은 표현이 아닌 아이디어에 해당하여 보호하지 않는다. 그러나 프로그램 언어로 알고리즘을 구체적으로 코드로 구현한 것은 표현으로서 저작권 보호를 받는다.

라. 컴퓨터프로그램저작물의 창작성

저작물의 창작성에 대한 기본적인 법리는 프로그램저작물에도 적용되며 프로그램이 갖는 기능성 등을 고려하여 프로그램저작물의 창작성을 제한하고 있다.

(1) 창작성에 대한 일반 법리의 적용

① 프로그램저작물에도 일반 저작물에 대한 창작성 법리가 적용된다. 프로그램의 구체적인 기술이 누가 작성하여도 거의 동일하게 되는 것이거나 간단한 내용과 같이 짧은 표현 방법으로 기술한 경우 창작성이 제한된다. 또한 프로그램에서 사용하는 명칭은 서적 제호가 보호를 받지 못하는 것과 마찬가지로 저작권 보호의 대상이 아니다.

> **국립중앙도서관 자료관리시스템 ECO_RFID.INI 파일에 대한 서울고등법원 2012나95785(본소), 2012나95792(반소) 판결**
>
> "… ECO_RFID.INI 파일에 기술되어 있는 내용은 누가 작성하여도 거의 동일하게 되는 것이거나 간단한 내용에 불과하여 프로그램 작성자의 어떠한 개성이 발현된 것으로서 인간의 사상 또는 감정을 창작적으로 표현한 저작물에 해당한다고 볼 수도 없다."

② 프로그램을 이루는 프로그램 단위 등에 대한 개별적인 명칭이나 행렬에 창작성이 없어도 이러한 요소의 선택과 배열, 구성에 창작성이 있으면 저작권으로 보호될 수 있다.

(2) 기능적 저작물의 제한

① 프로그램저작물은 대표적인 기능적 저작물로서 아래와 같은 이유로 기능성, 실용성, 효율성에 의하여 창작성에 제약을 갖게 된다. ❶ 표준적인 용어와 개념을 사용하고 알고리즘이 표현과 밀접하게 연관된다. ❷ 프로그램을 작성할 때 프로그램이 가져야 할 논리성, 효율성을 고려하여야 하는 제한을 받는다. ❸ 프로그램저작물은 그 자체가 독립하여 이용되는 것이 아니라 컴퓨터 및 다른 프로그램, 온라인 서비스 등 연관된 여건 속에서 이용되는 까닭에 프로그램이 실행되는 하드웨어, 다른 프로그램과의 연계성, 운영체계에 의한 제약을 갖는다. ❹ 관련 산업에서의 요구와 관련 분야에서의 프로그래밍의 관행 등 제작 여건에 의하여 표준화나 호환성의 요구를 충족하여야 한다.

물류관리프로그램에 대한 서울중앙지방법원 2014가합61994 판결

"창작성의 정도가 높고 다양한 표현가능성이 있는 문예저작물과 달리, 기능적 저작물은 목적으로 하는 기능을 수행하기 위해 표준적인 용어와 개념을 사용하여야 하므로 그 표현 방식이 상당히 제한될 수밖에 없고, 아이디어가 표현과 밀접하게 연관되기 마련이며, 특히 컴퓨터프로그램의 경우 프로그램에 내재한 논리성, 효율성의 고려, 하드웨어나 운영체제의 제약, 표준화나 호환성의 요구 등에 따라 특정한 결과를 구체화하는 방안이 한정될 수밖에 없고, 이를 일련의 지시·명령의 조합으로 표현함에 있어서도 표현의 다양성이 축소될 수밖에 없는바, 컴퓨터프로그램저작물의 실질적유사성을 판단할 때에는 이러한 점을 고려할 필요가 있다."

유통관리프로그램에 대한 서울중앙지방법원 2006가합92887 판결

"원고의 각 프로그램은 프로그램 언어, 거래처의 편의성이나 특성 등에 의하여 그 표현이 제한되는 프로그램저작물로서 ○○시스템의 KINDS-NT 프로그램과 시스템 플로우 등 알고리즘이 유사하고, 다만 위 프로그램을 기반으로 하여 운영체제의 변경이나 거래처의 특성 즉 기술구성의 차이에 따라 그 표현을 달리한 것에 불과하다 할 것이어서 그 창작성을 인정하기는 어렵고"라고 하였다.

② 프로그램 기능상 필수적인 모듈(Module)은 기능성으로 인하여 창작성을 인정받기 어렵다. 작성자의 창의적 개성을 인정받으려면 적어도 프로그램이 구현하는 동일한 기능에 대한 단순한 기술 구성의 차이를 넘어 구현하고자 하는 기능 자체가 기존 프로그램의 것과 차별성이 있어야 하고, 그 차별화된 기능을 소스코드에 담아야 한다.

인터넷전화교환기프로그램에 대한 서울고등법원 2009나60413 판결

"원고 프로그램은 일부 공개된 프로그램이 사용되기는 하였으나 그 정도가 미미하고, 상업적 목적으로 기존의 다른 인터넷 전화교환기 프로그램과 차별화된 기능을 구현하기 위하여 기존 프로그램과 구별될 정도로 독자적인 사상을 소스코드에 담고 있음을 알 수 있으므로 …구 컴퓨터프로그램 보호법의 보호를 받는 저작물에 해당한다고 봄이 상당"하다고 하였다.

마. 프로그램저작물의 보호 범위

① 프로그램저작물 저작권은 프로그램언어로 창작적으로 표현된 프로그램의 문장을 보호한다.

② 컴퓨터프로그램이 갖는 비문언적 표현이 어문저작물인 소설의 줄거리가 비문언적 표현으로 보호받듯이 저작권으로 보호받을 수 있는지에 대하여 논의가 있다. 알고리즘이 간단하지 않고 구체적이고 독특하며 프로그램의 본질적 구조로 구현된 경우 비문언적 표현에 이를 수 있다고 본다. 다만 비문언적 표현에 대한 창작성을 판단할 경우 컴퓨터프로그램이 갖는 기능성, 실용성, 효율성 및 외부적 제약 등 창작성 제약요소를 걸러내고 나아가 배타적 권리부여에 따른 산업적 영향까지 고려하는 등 엄격하게 창작성을 걸러내는 과정이 필수적으로 요구된다.

하급심 판례는 어문저작물과 프로그램 사이에 비문언적 유사성이 있다며 어문저작물의 침해를 주장한 사안에서 비문언적 표현의 유사성은 어문저작물들 사이에서 적용될 수 있다고 하였다.

채팅어플 프로그램에 대한 서울북부지방법원 2012가합20448 판결

원고는 지도나 약도에 가입자들이 접속한 위치를 표시하고 대화, 채팅이나 게임 등을 할 수 있는 서비스에 관한 내용을 담고 있는 어문저작물인 기획안을 작성하여 저작권등록을 한 바 있는데, 피고가 제공하는 사이트 서비스와 스마트폰 애플리케이션 서비스에서 구동하는 피고의 프로그램은 원고 기획안에 따라 창작되었으며, 지도상에 가입자들의 위치 및 성별을 표시하여 그 위치를 파악하며 채팅을 할 수 있는 구조를 취하고 있다는 점에서 원고 기획안 서비스의 내용과 실질적으로 유사하다며 손해배상을 구한 사안에서,

"원고는 원고 기획안과 피고 프로그램은 가입자들의 위치를 지도상에서 파악한 뒤 상대방을 터치 또는 클릭하여 대화를 나눌 수 있다는 점에서 포괄적·비문언적 유사성이 있다고 주장하나, 포괄적·비문언적 유사성은 어문저작물 상호 간에 있어서 저작물 속의 근본적인 본질 또는 구조를 복제함으로써 두 어문저작물 사이에 비록 문자 대 문장으로 대응되는 유사성은 없어도 전체적으로 포괄적인 유사성이 있는 경우를 말하므로 이 사건의 경우에는 적용될 여지가 없으며, 결국 원고가 주장하는 포괄적·비문언적 유사성이란 아이디어의 유사성에 불과하므로 원고의 위 주장 역시 이유 없다."

③ 프로그램저작물의 문장에 있는 지시, 명령에 따라서 표현된 결과물에 대하여는 영상저작물이나 편집저작물 등으로 보호하는 것은 별론으로 하고 프로그램저작물로는 보호하지 않는다.

저작물의 유형

2차적저작물과
편집저작물

오십저지사물가

문집지사울나

derivative works & compilations

derivative
works &
compilations

1

기존 저작물을 이용한 저작물

가. 기존 저작물의 이용 형태

저작물을 작성함에 기존에 만들어진 저작물을 ❶ 변경 이용하는 경우, ❷ 편집저작물의 소재로 이용하는 경우, ❸ 인용하는 경우 등이 있다. 만약 이용하고자 하는 기존 작품이 저작물성이 없는 경우라면 저작권법상 아무런 제한 없이 변경·이용할 수 있다. 다만 타인의 노력과 투자에 의하여 만들어진 성과물에 해당할 경우 민법상 불법행위나 부정경쟁행위가 문제 될 수 있다.

나. 저작물의 변경 이용

저작물은 기존에 없는 새로운 표현으로 작성되어야 하는 것은 아니며, 기존 저작물에 있던 표현을 변경하여 만들 수 있다. 기존 저작물을 변경해서 저작물을 만드는 경우 변경의 정도에 따라서 ❶ 단순한 복제물에 그치는 경우, ❷ 2차적저작물이 성립되는 경우, ❸ 별개의 새로운 저작물로 인정되는 경우가 있다. ❹ 이와 같은 기존 저작물의 변경에 대하여 동일성유지권의 침해 문제가 발생한다.[159]

---

159 풍자 또는 해학적으로 비평하기 위하여 원저작물의 특징적 표현 내지 스타일을 모방 변형하는 '패러디'의 경우

카탈로그 가구 사진에 대한 서울중앙지방법원 2006가합106830 판결

피고가 원고의 카탈로그 가구 사진을 이용하여 일부분을 조합하거나 합성하는 방법으로 만든 사진들을 나누어 ❶ 원고 사진 중 배경 부분을 제외한 가구 제품의 형태와 그 내부에 놓인 소품 일체의 영상부분을 잘라내어 다른 사진의 배경 부분과 합성하여 원고의 사진과 공간적 배경이 다르기는 하지만 가구 제품의 카탈로그용 광고사진의 이미지를 결정하는 가구와 그 내부의 소품 배열 부분 일체를 그대로 사용한 것에 대하여 '복제권 침해'를, ❷ 원고 사진 중 창작성 있는 가구 제품의 내부와 주변에 배치된 소품의 형태와 그 구체적 배치 및 구조를 잘라내어 다른 사진들의 일부분과 합성하여 구체적 소품의 형태나 배치가 달라 제품 광고사진의 이미지를 결정하는 가구와 그 내부의 소품 배열에 있어 새로운 창작성이 인정되는 경우에는 '2차적저작물작성권 침해'를, ❸ 예를 들어 가구 형태만을 잘라내어 이를 다른 사진의 수납옷걸이 내부의 의류 소품의 배치와 배경을 합성한 사진과 같이 원고의 가구 사진의 영상 중 가구의 형태 자체나 가구 내부 또는 상단에 놓인 소품 부분과 같은 일부분 등 창작성 없는 부분만을 잘라내어 이를 합성한 경우에는 별개의 '새로운 저작물'로 인정하였다.

(1) 복제물에 그치는 경우

기존 저작물을 그대로 모방한 경우뿐만 아니라 기존 저작물에 다소의 수정, 증감, 변경을 가하였더라도 기존 저작물과 동일성을 갖는 범위에 속하고 새로운 창작성이 부가되지 아니한 작품은 복제물에 불과하다.

'유혹의 소나타' 뮤직비디오에 대한 서울중앙지방법원 2007가합53681 판결

아이비의 '유혹의 소나타' 뮤직비디오는 컴퓨터그래픽 애니메이션인 '파이널판타지7 어드벤트 칠드런'의 영상 중 전투장면을 모방하여 영상물의 캐릭터를 아이비로 대체하고 전투장면을 실사화하는 방식으로 만들어졌는데 표절 의혹이 제기되자 피고들은 패러디한 것이라고 해명하고 뮤직비디오를 배포하였던 사안에서,

"피고들의 뮤직비디오에서 아이비가 무용수들과 함께 춤을 추면서 '유혹의 소나타'를 부르는 일부의 장면을 제외하고 뮤직비디오의 대부분을 차지하는 아이비가 어린 여자아이를 보호하면서 다른 남자와 싸우는 장면은 이 사건 영상물 중 'F'가 'H'와 싸우는 장면과 그 사건구성과 전개 과정, 배경, 등장인물의 용모와 복장, 등장인물들이 싸우는 동작 등에 있

에도 앞서 본 바와 같이 '복제물' '2차적저작물' '새로운 저작물'로 나타날 수 있다. 다만 비평 목적을 갖는 패러디에 대하여 저작권법 제28조 저작물 인용이나 제35조의5 공정이용 등 저작재산권의 제한, 동일성유지권 등 저작인격권의 침해 등 패러디 고유의 추가적인 법률적 문제가 있다. 패러디에 대하여는 나중에 저작재산권의 제한을 다루면서 정리하기로 한다.

2차적저작물과 편집저작물

어서 거의 동일하고, 차이점은 이 사건 영상물이 컴퓨터그래픽으로 제작한 영상물이고, 피고들의 뮤직비디오가 사람의 실제 연기를 카메라로 촬영한 영상물이기 때문에 생기는 사소한 것에 불과하다"며 복제권 침해를 인정하였다.

일본 연예인 화보에 대한 서울중앙지방법원 2007가합113644 판결

일본 연예인에 대한 '화보'를 휴대전화로 서비스 할 수 있도록 만든 '모바일 화보'는 저장매체 내지 저작물이 고정된 유형물이 필름과 전자기록 매체로서 서로 차이가 있고, 그 크기에 다소의 수정, 변경이 있을 뿐이며, 일본 연예인 화보와 실질적으로 동일하여 화보의 복제물에 불과하고 2차적저작물에 해당하지 않는다고 하였다.

(2) 2차적저작물이 성립되는 경우

기존의 원저작물을 기초로 원저작물과 실질적유사성을 유지하면서 사회 통념상 새로운 저작물이 될 수 있을 정도로 수정·증감하여 원저작물에 새로운 창작성이 부가되는 경우 원저작물과 별개의 2차적저작물이 성립된다. 예를 들어 타인의 교재를 이용한 강의가 교재와 실질적유사성이 인정되는 범위 내에서 수정·증감·변경한 것으로 인정되면 교재를 원저작물로 하는 2차적저작물에 해당할 수 있다.

창비교과서의 메가스터디 동영상에 대한 서울중앙지방법원 2012가합541175 판결

온라인사업자가 고등학교 국어교재를 이용한 동영상 강의는 해당 강사의 독창적인 교수법에 의해 진행된 경우로서 독자적인 새로운 저작물이라고 주장한 사안에서, ❶ 동영상 강의에 강사의 독창적인 설명이 표현되었어도 기본적으로 교재를 토대로 하여 지문 등을 그대로 낭독, 판서를 한 사실, ❷ 국어 교과의 성격상 교과서 또는 문제집의 지문 자체가 중요한 내용이 되고 동영상 강의의 전체적인 내용과 진행이 교재의 구성과 체계 지문 내용을 따른 사실, ❸ 교재로부터 인용된 부분을 제외하면 강의로서의 실질적 가치를 갖지 못하는 사실, ❹ 유사 음절 등을 통한 동영상 강의와 교재의 유사율(14.17%) 등을 근거로 독자적저작물 주장을 배척하고 동영상 강의는 국어 교재의 2차적저작물에 해당한다고 하였다.[160]

---

160 강의실에 고정된 영상촬영기로 강의 장면을 영상으로 찍었다면, 영상제작에 창작적 요소가 없어 교재나 강의에 대하여 영상제작에 의한 2차적저작물이 성립되기 어렵다.

(3) 새로운 저작물로 인정되는 경우

기존의 저작물을 이용하였더라도 기존의 저작물과 실질적인 유사성이 없는 창작물은 새로운 저작물이 된다.

뮤지컬 '사랑은 비를 타고'에 대한 서울고등법원 2006나47785 판결

초연 뮤지컬 노래와 제목은 동일하지만 기존 가사와 전혀 다른 가사를 작사하게 하고 배우들에게 새로 작사한 가사를 노래로 부르게 하는 경우 새로운 가사는 별개의 저작물로서 저작권 침해가 일어나지 않는다고 하였다.

영화 '2009 로스트 메모리즈'에 대한 서울고등법원 2003나6530 판결

영화가 소설로부터 소설의 기법이나 일부의 상황설정 및 그 배경 등을 빌리더라도 등장인물의 성격이나 주변 인물과의 관계설정, 전개 과정 및 결말 등 전체적인 창작적인 표현형식이 소설과는 다르게 구체적 독창적으로 표현되어 있으면 2차적저작물이 아닌 새로운 저작물이 된다고 하였다.

'개념원리수학'에 대한 서울고등법원 2004라689 결정

'개념원리수학'에 수록된 수학문제 풀이 동영상강의는 수강생의 이해를 위하여 ❶ 기본 개념을 일깨워 주거나, 유사한 예를 들어서 비교하거나, 이전 강의 내용을 상기시키기도 하고, ❷ 약간은 억지스럽기도 하고 우스꽝스럽기도 한 기호를 만들어 가르치기도 하며, ❸ 기본 개념이나 문제 풀이 방법을 재미있는 방식으로 연상시키기도 하는 등의 방법을 사용해, 학습서와 독립된 별개의 저작물이라고 하였다.

펀드투자상담사 수험교재에 대한 서울고등법원 2013나1398 판결

강사인 피고들이 '펀드투자상담사 자격시험 수험용 표준교재'를 기초로 표준교재에 기술된 문장의 키워드를 판서·설명하거나, 기본개념에 대하여 유사 사례를 들어 비교하거나, 내용을 추가 설명하거나, 이전 강의내용을 상기시키고 출제 예상 부분을 강조하거나, 예상되는 지문으로 예제를 만들어 설명하는 방식으로 '동영상 강의'를 한 사안에서, 이 사건 동영상강의는 '2차적저작물'이 아니라 표준교재와 실질적유사성이 없는 '새로운 저작물'이라고 하였다.[161]

---

161 한편 위 판결은 피고 D, E가 동영상 강의를 하며 표준교재에 기술된 내용을 그대로 낭독하거나 판서한 부분은 관련 법령의 내용에 해당하거나 표준교재가 저작되기 이전에 저술된 다른 서적들의 해당 부분과 표현이 동일

(4) 동일성유지권의 침해여부

저작인격권인 동일성유지권은 하나의 저작물로 분류되는 작품이 표현적 완결체로서 가지고 있는 창작적 및 비창작적인 표현, 이들 표현의 결합 형태나 구성 등 형식, 제호의 동일성을 유지할 수 있는 권리이다. 따라서 저작물 중 창작적인 표현 부분이 변경되지 않더라도 창작적 표현형식과 결합하여 있는 창작성이 없는 표현이나 제호를 바꾸면 동일성유지권의 침해가 성립할 수 있다.

기존 저작물을 그대로 모방하거나 기존 저작물의 동일성의 범위에 속하는 사소한 변경만 있으면 저작물의 복제로 인정되어 별도로 동일성유지권이 효력을 미치지 않지만 복제와 함께 이루어진 사소한 변경이 단순한 오탈자 등의 정정의 수준을 넘어 기존 저작물의 동일성을 훼손한 경우에는 동일성유지권이 효력을 미친다.

그러나 기존 저작물을 변경하였지만 기존 저작물의 창작적 표현과 실질적유사성이 없는 별개의 새로운 저작물이 성립한 경우에는 기존 저작물의 동일성유지권은 새로운 저작물에 효력을 미치지 못한다.

원저작물인 기존 작품을 개변하여 2차적저작물을 작성하는 경우 기존 작품에 대한 동일성유지권의 침해가 되는지에 대하여 논의가 있다.[162]

다. 편집저작물의 소재로 이용

저작권법상 편집물의 소재로 기존 저작물을 이용할 수 있으며 이러한 소재의 선택·배열 또는 구성에 창작성이 있으면 편집저작물이 성립할 수 있다. 이와 같이 작성된 편집저작물은 독자적인 저작물로서 보호되지만 편집저작물의 구성 부분이 되는 소재 저작물의 저작권에 영향을 미치지 않으며 소재 저작물의 저작자는 편집저작물의 성립과 관계없이 저작권을 행사할 수 있다.

하거나 유사하다며 창작적 표현에 해당하지 않는다고 판단하였다.

162 이 부분에 대하여는 후술하는 'III. 3. 라. 동일성유지권'에서 정리하였다.

라. 저작물의 인용

저작자가 저작물을 작성하면서 자신이 작성하는 저술 내용에 관련된 타인의 저작물을 복제 이용하는 경우가 있다. 저작권법 제28조는 타인의 공표된 저작물을 보도·비평·교육·연구 등을 위하여 정당한 범위 안에서 공정한 관행에 합치되게 인용할 수 있다고 정하고 있다.[163] '저작물의 인용'에 대해서는 나중에 저작권법 제4절 제2관 저작재산권의 제한 규정을 다루면서 정리하기로 한다.

---

[163] **저작권법 제28조 (공표된 저작물의 인용)**
공표된 저작물은 보도·비평·교육·연구 등을 위하여는 정당한 범위 안에서 공정한 관행에 합치되게 이를 인용할 수 있다.

2차적저작물과 편집저작물

2
2차적
저작물

가. 2차적저작물의 정의와 특성

2차적저작물은 기존의 저작물, 즉 원저작물을 번역·편곡·변형·각색·영상제작 그 밖의 방법으로 원저작물의 표현에 수정, 증감, 변경 등을 가하여 새로운 창작성을 부가한 창작물을 말한다. (저작권법 제5조[164] 제1항)

원저작물을 기초로 하는 2차적저작물은 2차적저작물에서 감지할 수 있는 원저작물의 창작적 표현과 원저작물을 수정하는 등 개변 과정에서 부가되는 새로운 창작적 표현이 함께 있는 저작물로서 저작권 보호를 받는 2개의 창작적 표현이 존재한다.

2차적저작물은 '복제물'과 달리 원저작물의 동일성의 범위를 넘는 개변이 있지만 '새로운 저작물'과 달리 원저작물과 실질적유사성을 갖는 저작물이다. 이와 같이 2차적저작물은 원저작물과 실질적유사성을 갖는 표현을 갖고 있지만 원저작물과 별개로 독자적인 저작물로 보호되며, 이때 2차적저작물의 보호는 그 원저작물 저작자의 권리에 영향을 미치지 않는다. (저작권법 제5조 제2항)

2차적저작물 작성자는 원저작물의 표현을 감지할 수 있는 2차적저작물에 대하여 원저작물의 저작권과 별개로 독자적인 저작권을 취득한다. 이 때 '원저작자의 동의'는

---

164 **저작권법 제5조 (2차적저작물)**
① 원저작물을 번역·편곡·변형·각색·영상제작 그 밖의 방법으로 작성한 창작물(이하 "2차적저작물"이라 한다)은 독자적인 저작물로서 보호된다.
② 2차적저작물의 보호는 그 원저작물의 저작자의 권리에 영향을 미치지 아니한다.

우리나라 저작권법상 2차적저작물의 성립요건이 아니다. 다만 원저작자의 동의를 받지 않은 경우 원저작자에 대하여 2차적저작물작성권 침해에 대한 책임을 부담하게 된다. 한편 1957년 저작권법 제5조 제1항[165]은 창작자의 동의를 얻은 개변의 경우 2차적저작물이 성립하는 것처럼 정하고 있었고, 1986년 개정 저작권법 제5조는 원저작자의 동의와 관계없이 2차적저작물을 독자적인 저작물로 보호하도록 정하면서 같은 법 부칙 제2조는 1957년 저작권법에서 보호받지 못한 저작물에 대하여는 1986년 개정 저작권법을 적용하지 아니한다고 정하였다. 그러나 1957년의 위 규정 문구에 불구하고 1957년 저작권법 시행 당시 저작자의 허락이 없더라도 현행법과 마찬가지로 2차적저작물로 성립하여 보호받는다고 보는 것이 일반적이다.[166]

여러 명이 저작물을 작성하는 경우 작성자들이 그 작성에 기여하는 정도나 작성된 저작물의 성질에 따라 '공동저작물'이나 '원저작물과 2차적저작물'이나 '결합저작물'이 될 수 있다. 각자 기여한 부분을 분리하여 이용할 수 없는 저작물이라고 하여 반드시 공동저작물이 되는 것은 아니며, 2차적저작물도 분리이용이 불가능할 수 있다. 이러한 점에서 공동저작물의 분리이용 불가능성 요건보다는 공동저작물에 요구되는 공동창작의 의사가 공동저작물과 2차적저작물을 구별하는 중요한 기준이 된다.

만화 '지옥의 세레나데', '이것이 법이다'에 대한 서울북부지방법원 2007가합5940 판결

만화저작물의 경우 만화 스토리 작성자와 만화작가 사이에 만화의 기획 의도, 전개방향 등에 대한 구체적인 협의 없이 만화 스토리 작성자가 단순히 만화의 줄거리로 사용하기 위해 독자적인 시나리오 내지 소설 형식으로 만화스토리를 작성하고 이를 제공받은 만화작가가 만화 스토리의 구체적인 표현방식을 글에서 그림으로 변경하는 경우에는 만화 스토리를 원저작물, 만화를 2차적저작물로 볼 여지가 있으나 만화 스토리 작가와 스토리를 가지고 만화를 작성한 자가 하나의 만화를 만들기 위하여 공동창작의 의사를 가지고 각각 맡은 부분을 창작함으로써 스토리가 만화가에게만 제공되었고 주제, 스토리와 연출 방법, 그림 등의 유기적인 결합으로 완성되어 각 기여 부분을 분리하여 이용할 수 없는 경우에는 '공동저작물'이 성립한다고 하였다.

---

165 **1957년 저작권법 제5조 제1항**
   타인의 저작물을 그 창작자의 동의를 얻어 번역, 개작 또는 편집한 자는 원저작자의 권리를 해하지 아니하는 범위내에 있어서 이를 본법에 의한 저작자로 본다.

166 이러한 입장과 달리 1957년 저작권법 시행 당시 빅터 프랭클(Viktor Frankl)의 저서 '인간의 의미 탐구'를 저작자 빅터 프랭클의 동의 없이 번역한 2차적저작물인 '죽음의 수용소에서'에 대하여 번역자의 저작권을 인정하지 않았던 서울고등법원 74나1938 판결도 있었다.

나. 2차적저작물의 성립요건

2차적저작물은 ❶ 원저작물에 기초한다는 점에서 종속성이 있어야 하며, ❷ 단순한 복제를 넘어 개변의 방법을 통하여 새로운 창작성이 부가되어야 하고, ❸ 개변된 저작물이 새로운 저작물이 아닌 2차적저작물이 되기 위해서는 원저작물과 실질적유사성을 가져야 성립한다.

(1) 종속성

2차적저작물은 원저작물에 기초하여야 한다는 점에서 원저작물에 대한 종속성을 가져야 한다. 따라서 원저작물의 존재를 알 수 없는 경우에는 2차적저작물은 성립하지 않는다.

> **피아노곡집에 대한 서울형사지방법원 93노797 판결**
> 원곡 '패랭이꽃'의 악보를 알 수 없는 상태에서는 편곡된 곡이 원곡에 대하여 편곡에 의한 2차적저작물로 인정받을 수 있는 정도로 창작성이 가미된 것인지 알 수 없으므로 2차적저작물로 인정할 만한 증거가 없다고 하였다.

종속성은 원저작물과 2차적저작물의 창작적 표현을 비교·확인하여 판단한다.[167] 2차적저작물의 성립요건인 종속성은 원저작자의 2차적저작물작성권에 대한 침해가 되는지를 판단할 경우에는 저작권 침해 요건인 의거관계나 실질적유사성의 판단요소가 되고 있다.

① 다른 저작물을 이용하여 저작물을 작성하였다고 하여 모두 종속성을 갖는 것은 아니다. 2차적저작물은 원저작물의 창작적 표현형식을 토대로 작성되어야 하므로 원저작물에 있는 아이디어나 창작성이 없는 표현을 기초로 하여 새로운 창작적 표현을

---

167 한편, 복제에서의 동일성은 원저작물과 복제물의 창작적 표현을 비교·확인하여 판단하는 과정을 거친다. 종속성과 동일성은 원저작물의 창작적 표현을 2차적저작물이나 복제물에서 감지할 수 있는지를 기준으로 판단하는 것으로서 사실상 동일한 내용을 갖는다고 할 수 있다.

부가한 저작물은 2차적저작물로 성립하지 않는다. 예를 들어 매회 별개의 스토리로 완결되는 연속극은 선행 드라마가 기본적으로 가진 주제와 등장인물 배경 등에 기초하더라도 이는 선행 드라마의 창작적 표현에 해당하지 않는 '기본적인 설정'을 토대로 작성된 것이다. 따라서 선행 드라마에 대한 2차적저작물이 아니라 각각 독립된 저작물이 될 수 있다.

② 2차적저작물을 다시 개변하여 만든 '3차적 작품'이 원저작물에 대한 종속성을 가질 수 있다. 이 경우 3차적 작품은 원저작물에 대한 2차적저작물이 될 수 있다. 따라서 시나리오를 원저작물로 하여 만들어진 2차적저작물인 영화의 후속 영화를 제작하면서 선행 영화의 줄거리 등을 포함할 경우 시나리오 저작자의 허락이 필요할 수 있다.

③ 2차적저작물이 종속성을 갖는 원저작물을 하나의 저작물로 제한할 이유가 없다. 따라서 공동저작물은 물론 결합저작물이나 별개로 존재하는 수개의 단독저작물들을 기초로 새로운 창작성을 부가한 경우에도 하나의 2차적저작물이 성립될 수 있다고 본다.

뮤지컬 '캣츠(CATS)'에 대한 서울지방법원 2000카합774 결정

신청인은 영국에 본점을 둔 공연기획사로서, 뮤지컬 작품 '캣츠(CATS)'에 관한 음악, 관현악편곡, 무대장치와 의상, 연출, 안무, 조명디자인 등 저작물에 대하여 각 저작권자로부터 저작권을 양수받아 보유하고 있고, 피신청인의 국내 '캣츠' 뮤지컬은 가사, 대본이 한글로 번역되었고, 무대장치나 분장·안무 등이 국내의 공연장이나 배우들의 사정 등에 맞추어 일부 변형된 것만이 다를 뿐, 그 외에 원작에 나오는 악곡, 분장(의상), 안무 등 위 뮤지컬을 구성하는 대부분의 저작물이 위 원작 '캣츠'의 독창적 표현물 그대로 본떠서 제작되었던 사안에서,

피신청인은 1980년대 제작된 '캣츠' 뮤지컬 원작을 기초로 1991년 국내에서 제작된 국내판 '캣츠'는 1995. 12. 6자 개정 저작권법 부칙 제4조 제3항에 따라 외국인의 저작물을 소급 보호하는 위 법 시행 이후에도 계속하여 이용할 수 있는 '2차적저작물'이라고 주장하였는데 법원은 뮤지컬에서 가사와 대본이 한국어로 번역되고 무대장치, 분장, 안무가 국내무대와 배우의 현실 사정에 맞추어 일부 변형되었다고 하더라도 악곡, 분장, 의상, 안무 등 뮤지컬을 구성하는 대부분의 저작물은 원작의 독창적 표현을 그대로 본떠서 제작한 경우에는 실질적인 유사성을 인정할 수 있다고 하였다.

피신청인들이 1991년에 제작하였다는 국내판 '캣츠' 뮤지컬 작품이 원작 뮤지컬에 대한 2차적저작물이 되기 위해서는 피신청인들이 실질적인 의미의 개변 작업을 더함으로써 그것이 원저작물로부터 독립한 별도의 창작물이 될 수 있을 정도에 이르러야 할 것이라고 하였다. ❶ 가사 내지 대사를 우리말로 번역하였다는 점과, ❷ 출연 배우의 분장, 안무, 무대장치를 우리나라의 공연 실정에 맞게 일부 변형, 각색하였다는 점이 인정되기는 하나, ❸ 위 원작의 음악(악곡)만큼은 거의 그대로 베껴서 사용하고 있고, ❹ 분장, 안무와 같은 저작물들도 가급적 원작과 유사하게 제작하려 하였던 사실을 인정할 수 있으므로 과연 위 1991년판 '캣츠' 뮤지컬 작품(뮤지컬을 구성하는 각 저작물의 결합)이 2차적저작물에 해당한다고 볼 수 있는지 의심이 든다며 부칙요건을 충족하지 못하였다고 판단하였다.

> 위 판결은 국내판 '캣츠' 뮤지컬 작품이 원작 뮤지컬에 대한 2차적저작물이 될 수 있다는 전제 하에 판단하고 있다. 원작 뮤지컬에 복수의 저작물이 결합되어 있는 것으로 보면서 '결합하여 있는 다수의 저작물'을 원저작물로 하여 2차적저작물 작성이 가능한 것처럼 판단하여 '결합된 다수의 저작물들'이 2차적저작물에 대한 원저작물로 될 수 있음을 보여주고 있다. 한편, 위 판결은 피신청인의 주장에 대해 국내판 '캣츠'의 원작 뮤지컬에 대한 2차적저작물성립 여부만을 판단한 것으로 보인다. 결합저작물인 원작 뮤지컬을 구성하는 개별저작물을 원저작물로 하는 2차적저작물이 성립할 수 있다. 이 사안에서도 국내판 뮤지컬 중 가사는 원작 뮤지컬의 가사를 번역한 2차적저작물로 성립된 것으로 보임에도 이 사안에서 다루지 않았다.

④ 원저작물이 저작재산권 보호기간이 경과되어 공중의 영역에 속하는 등 저작권 보호를 받지 못하는 경우에도 2차적저작물이 성립될 수 있다.

일본만화 '전략 삼국지'에 대한 서울고등법원 2002나22610 판결
원저작자가 전부 창작한 것이 아니고 부분적으로 중국 만화 원전과 유사한 표현이 존재하지만 만화의 형식을 통하여 새롭고 독특하게 표현하고 있는 일본 만화 '전략 삼국지'는 중국의 고전 나관중의 '삼국지연의'를 원저작물로 한 2차적저작물에 해당한다.

번역물 '꼬마철학자'에 대한 서울민사지방법원 87카합53920 결정
1957년 저작권법상 보호를 받지 못하는 원저작물을 기초로 한 번역저작물이라도 2차적저작물로 성립되어 독자적인 보호를 받는다고 하였다.

'생명의 나무' 목판액자에 대한 서울중앙지방법원 2014가합528947 판결

저작재산권 보호기간이 경과되어 공중의 영역에 속하는 원저작물인 화가 구스타프 클림
트의 벽화인 '생명의 나무'를 기반으로 하여 만든 목판 액자에 대하여 2차적저작물의 성립
을 인정하였다.

(2) 새로운 창작성

2차적저작물은 원저작물에 기초하지만 원저작물 표현이 갖지 않은 새로운 창작성이
부가되어 있어야 한다.

김 포장지 디자인에 대한 서울중앙지방법원 2010가합92280 판결

프리랜서 디자이너인 원고는 피고로부터 김 제품에 사용할 포장디자인을 의뢰받아서 어
린아이들 4명의 웃는 얼굴로 이루어진 '캐릭터'를 창작하고 '포장디자인'을 제작하여 피
고에게 주었으나 대금을 지급받지 못하여 저작물이용허락계약을 해지하였음에도 피고가
이를 사용하자 원고가 캐릭터 및 캐릭터를 이용한 2차적저작물인 포장디자인에 대한 침
해를 주장하였던 사안에서,
캐릭터에 대하여 저작물성이 인정되지만 캐릭터 및 제품명 도안과 안내 문구를 함께 배열
하여 제작한 포장디자인에 대하여는 제품 포장에 들어갈 한정된 항목을 배열하는 작업은
누가 하더라도 비슷할 수밖에 없다며 포장디자인은 2차적저작물이 되지 아니한다고 하
였다.

페이스북 사진에 대한 서울남부지방법원 2016노1019 판결

피고인은 인터넷에서 제1저작물과 제2저작물을 다운로드 받아 E의 노동 착취를 고발할
목적으로 제1저작물 여백을 일부 삭제하여 피고인이 창작한 후보자란에 삽입하거나 제2
저작물 중 문구 부분을 삭제하고 사진 부분만 남겨 피고인이 창작한 제2포스터 우측 중간
면에 삽입하였던 사안에서,
"피고인이 제1, 2포스터 중 제1, 2저작물을 이용한 방식은 그 주장에 의하더라도 제1저작
물의 상하좌우 여백을 약간 삭제하였거나 제2저작물의 사진 부분을 제외한 전시안내 문
구부분을 삭제한 후 이를 제1, 2포스터에 그대로 삽입한 것에 불과하고 거기에 어떠한 새
로운 창작성이 더해졌다고 판단되지 않는다. 또한 제1, 2포스터가 특정한 사상을 창작성
있는 표현으로 구체화한 저작물이라고 보기도 어려우므로 제1, 2저작물의 2차적저작물이
라고 볼 수 없다. 결국 제1, 2포스터를 제작하여 게시한 행위는 제1, 2저작물의 복제권을
침해한 것으로 보아야 한다."

① 시나리오를 영상으로 제작한 영상저작물은 연속적 영상에 새로운 창작성을 갖는 2차적저작물이 될 수 있다. 이에 비해 극본을 실연하는 정도에 그치는 공연물은 새로운 창작성을 발견할 수 없어 극본에 대한 2차적저작물이 되기 어렵다. 그러나 공연물이 극본 실연의 범주를 벗어나 새로운 연극적 또는 편집적 창작성을 갖고 있으면 극본에 대한 2차적저작물이 성립될 가능성이 있다고 본다. 그리고 기획안 등이 없이 이미 공연되던 공연물의 줄거리나 구성내용을 기초로 어문적 창작성을 부가하여 작성된 기획안은 공연물을 원저작물로 하는 2차적저작물이 될 수 있다.

체험전 '가루야 가루야'에 대한 대법원 2016다208600 판결

공연기획, 제작 등을 목적으로 설립된 원고는 밀가루를 소재로 하여 4개의 테마 방으로 구성된 어린이 체험전 '가루야 가루야'를 제작하여 2005. 7. 9. 초연 이래 변론종결일 무렵까지 전국 각지에서 체험전을 진행하면서 원고와 P는 2009. 10. 13. 'Q'라는 명칭으로 체험전의 구성과 내용을 표현한 어문저작물인 기획안을 창작하여 공동저작자로 저작권 등록을 마쳤는데 피고가 유사한 형태의 체험전을 열어 영업한 사안에서,

이 사건 기획안은 어문저작물로서, 그리고 이 사건 체험전은 기획안에 대한 2차적저작물로서 저작권의 보호를 받는데 피고의 체험전은 원고의 체험전과 실질적으로 유사하다며 저작권침해를 인정하였다.

"이 사건 체험전에는 어린이들의 밀가루 체험놀이 참여를 위한 각각의 테마별 공간과 소품의 형태 및 배치, 무대장치의 구성과 배경, 체험진행 배우들의 실연, 진행방법 및 진행규칙 등이 복합적으로 결합되어 있다. 이러한 요소들은 이 사건 기획안에 나타난 각각의 테마와 이야기의 흐름을 3차원의 공간에서 실체적으로 구현하여 어린이들로 하여금 그 공간(S, T, U, V, W)을 순차적으로 지나며 밀가루가 변화하는 다채로운 모습을 오감으로 체험하도록 하려는 이 사건 체험전의 제작 의도에 따라 선택, 배열되어 유기적인 조합을 이루고 있다. 그에 따라 이 사건 체험전은 기존의 체험전이나 밀가루 놀이와는 구별되는 창작적 개성을 갖게 되었다.

… 위와 같은 사정을 앞서 본 법리에 비추어 살펴보면, 이 사건 기획안은 사상이나 감정에 대한 독자적인 표현을 담고 있어 창작성을 인정할 수 있다. 이 사건 체험전은 그 구성요소들이 일정한 제작 의도에 따라 선택, 배열되고 유기적으로 조합됨으로써 기존의 체험전 등과는 구별되는 창작성 개성을 갖추고 있고, 이 사건 기획안에 나타난 각각의 테마와 이야기의 흐름을 공간에서 실체적으로 구현하여 이 사건 기획안과 실질적 유사성을 유지하면서 사회 통념상 새로운 저작물이 될 수 있을 정도의 창작적 노력이 부가되어 있으므로 저작권법 제5조 제1항에서 정한 2차적저작물로서 보호받을 수 있다."

위 판결은 이 사건 기획안을 어문저작물로 인정하고 이 사건 체험전을 이 사건 기획안을 원저작물로 하는 2차적저작물로 인정하였다. 그런데 1심판결부터 대법원판결까지 유지되었던 기

초 사실을 보면 2005년부터 '체험전'이 공연되었고 2009년에 이르러 체험전을 어문으로 표현한 '기획안'이 작성되어 저작권 등록이 되었다. 판시 내용상 명확하지 않지만 체험전이 먼저 창작되었고, 나중에 작성된 기획안은 기존의 체험전 구성과 진행내용을 어문저작물로 작성하여 저작권등록을 한 것으로 보인다. 따라서 기획안보다 먼저 만들어진 체험전을 기획안을 원저작물로 하는 2차적저작물로 본 것에 의문이 있다.

② 2차적저작물의 창작성이 일반적인 저작물보다 질적으로 높은 수준을 가져야 하는 것은 아니며, 별개의 창작성으로 족하다. 예를 들어 소설을 영상으로 제작하거나 각색했는데 원저작물이나 다른 영상물의 창작 수준보다 낮은 수준의 창작성을 갖는다고 하여 2차적저작물의 성립을 부인할 수는 없다.

③ 2차적저작물이 되기 위해서는 새로운 창작 부분이 있어야 하지만 새로운 창작 부분만으로 2차적저작물을 구성하는 것은 아니다. 2차적저작물은 새로운 창작적 표현과 원저작물의 본질적 특성을 감지할 수 있는 표현은 물론 비창작적인 표현 등으로 구성되어 전체적으로 2차적저작물을 이룬다고 할 수 있다. 판례는 원저작물의 영어 예문에 우리말 번역문, 해설 문장 등을 배열하거나 첨가하여 엮은 경우 번역 부분뿐만 아니라 함께 엮인 부분들 전체가 일체로서 2차적저작물에 해당할 수 있다고 하였다.

'디즈니 영어세계시리즈'에 대한 대법원 91다39092 판결
피고는 원고(The Walt Disney Company)의 저작물인 '디즈니의 영어세계시리즈-교재와 테이프'에 대한 한국판 출판물을 발행하면서 한국판 출판물에 대한 저작권은 원고에게 귀속하기로 약정한 사안에서,
피고는 이 사건 계약에 의거하여 제작한 서적, 카세트테이프, 카드 등은 원고의 원저작물의 원문과 그에 대한 번역문을 병기한 복제물로서 서적, 카세트테이프, 카드의 전체가 2차적저작물이라고 할 수 없다며 그 중 한국어 번역 부분만이 피고의 2차적저작물인데 위 번역문 부분에 대한 저작재산권을 원고에게 양도한 일이 없다고 주장하였는데,
"위의 서적, 카세트 테이프, 카드 등은 원고의 캐릭터를 책표지 등에 나타내고, 원저작물의 영어 예문에 우리말 번역문, 해설 문장 등을 배열하거나 첨가하여 엮은 것이므로, 원저작물과 그 번역문 또는 한국말로 된 해설은 불가분적으로 결합되어 하나의 저작물을 이루었다고 볼 것이고, 따라서 이는 일체로서 2차적저작물로 파악하는 것이 옳을 것이다."라고 하였다.

2차적저작물과 편집저작물

④ 다만 이러한 2차적저작물 중 '부가된 새로운 창작적 표현' 부분만이 2차적저작물에 대한 저작권으로 보호를 받는다. 저작물에는 창작적 표현은 물론 아이디어, 비창작적 표현 등이 존재하지만 저작물의 보호 범위는 '창작자가 만든 창작적 표현'에 한정된다는 일반적인 법리가 2차적저작물에도 그대로 적용된다.

⑤ 저작권법은 원저작물에 새로운 창작성을 부가하는 개변의 방법으로 번역, 편곡, 변형, 각색, 영상제작을 들고 있고 그 이외의 다양한 방법을 포섭하기 위하여 '그 밖의 방법'도 규정하고 있다. 이처럼 2차적저작물을 만들 수 있는 방법은 다양하며 그로 인한 변경의 정도나 내용이 각기 다른 까닭에 2차적저작물은 뒤에서 보듯이 여러가지 모습을 갖고 있다.

⑥ 원저작물과 함께 새로운 창작물이 나열되어 있다고 하더라도 2차적 작품 그 전체가 일체로서 창작성을 가지지 않으면 2차적저작물이 되지 않는다.

> **'약이 되는 쌀' 동영상에 대한 서울고등법원 2013나 2024465 판결**
> 원고가 이 사건 동영상의 전·후에 다른 자료를 삽입함으로써 원고의 2차적저작물 작성권을 침해하였다고 주장한 사안에서,
> 이 사건 동영상의 시작 전에 배아(현)미의 효능을 설명한 자료 등이, 종료 후에 즉석도정기를 설명하는 자료 등이 각 영상화되어 있으나 이 사건 동영상의 재생을 위해서는 동영상의 시작 화면에 표시된 재생 버튼을 별도로 클릭하여야만 재생이 이루어지도록 구성된 것으로 보이므로 위와 같이 영상화된 자료와 이 사건 동영상이 일체로 되어 새로운 창작성 있는 영상저작물이 되었다고도 보기 어렵다며 2차적저작물작성권 침해주장을 배척하였다.

(3) 실질적유사성

2차적저작물은 원저작물과 실질적유사성을 갖고 있어야 한다. 원저작물인 기존 작품을 변형하여 2차적 작품을 만드는 경우 원저작물이 갖고 있던 원래의 모습이 변경된다. 2차적 작품을 접하는 사람이 원저작물의 표현이 갖고 있던 '본질적인 특징을 감지'할 수 있는 경우 2차적 작품은 원저작물과 실질적유사성을 가지며 2차적저작물이

될 수 있다고 한다.[168]

① 2차적저작물에서 원저작물의 본질적인 특성을 감지한다는 것은 원저작물이 개변에 의하여 변경되었음에도 불구하고 원저작물의 본질적 특성을 담고 있는 주요한 창작적 표현 부분을 인식하거나 느낄 수 있는 경우를 말한다.[169] 예를 들어 편곡과 같이 원 악곡의 멜로디가 2차적저작물에 남아 있는 경우에는 외형적 표현이 원저작물을 감지할 수 있는 본질적 특성을 이루고, 요약문과 같이 외형적 표현이 개변되어 글의 구성, 전개, 줄거리 등만 남은 경우에는 원저작물의 내재적 표현이 2차적저작물에서 감지할 수 있는 본질적 특성을 이루게 된다.

② '실질적유사성'은 원래 저작물의 외형적·내재적 표현에 존재하는 창작적 표현을 가지고 두 저작물의 유사성을 실질적으로 대비하는 개념이다.[170] A 저작물과 B 저작물이 외관상 유사한 경우뿐만 아니라 규범적 평가를 통하여 실질적으로 유사한 경우를 포함한다. 결국은 A 저작물 내에서 B 저작물의 본질적인 특징을 감지할 수 있는 경우와 마찬가지의 내용을 가진다. 따라서 본질적인 특징을 감지할 수 있는 경우 실질적유사성이 인정된다고 하고 있다.

판례는 요약물이 원저작물과 실질적유사성을 가져 2차적저작물이 되는지 여부는 다음의 4가지 판단 기준을 종합적으로 고려하여 판단해야 한다고 하였다.

❶ 요약물이 원저작물의 기본으로 되는 개요, 구조, 주된 구성 등을 그대로 유지하고 있는지 여부. ❷ 요약물이 원저작물을 이루는 문장 중 일부만을 선택하여 발췌한 것

---

168 일본 판례는 '표현상의 본질적인 특징의 감득'을, 미국 판례는 '실질적유사성'을 2차적저작물의 성립요건으로 하고 있다고 하고, 우리나라에서는 일반적으로 '원저작물의 본질적 특성의 감지'를 '실질적유사성'과 동일한 내용으로 보고 2가지를 함께 사용하고 있다. 원저작물의 본질적 특성의 감지나 실질적유사성 모두 창작적 표현을 기준으로 판단하는 개념이다.

169 '본질적 특성의 감지'는 원저작물과 2차적저작물 사이뿐만 아니라 복제가 문제 되는 두 작품 사이의 실질적유사성에 대한 판단에서도 사용되는 개념이다.

170 실질적유사성은 일반적으로 저작권 침해의 요건으로 사용하는 개념이다. 그러나 저작권 침해의 경우가 아니더라도 원저작물을 기초로 2차적저작물이 되기 위한 요건, 기존 저작물의 영향을 받은 저작물의 창작성을 판단하는 경우 등에도 사용되고 있다. 2차적저작물에 관련된 실질적유사성은 '2차적저작물이 성립하기 위한 요건'이면서 '원저작물 저작자의 2차적저작물작성권에 대한 침해 요건'이 되고 또한 표절 시비가 있는 '2차적저작물 사이의 침해 요건'으로도 사용된다.

이거나 발췌한 문장들의 표현을 단순히 단축한 정도에 불과한지 여부. ❸ 원저작물과 비교한 요약물의 상대적인 분량. ❹ 원저작물에 대한 요약물의 대체 가능성 여부.

'THE POWER OF WE'의 요약물에 대한 대법원 2011도3599 판결

원저작물인 'THE POWER OF WE'의 저자의 승낙 없이 외국회사가 무단으로 작성한 영문 요약물에 대하여 외국회사와 계약을 체결하고 한국어로 번역하여 사용한 사안에서,

"어문저작물인 원저작물을 기초로 하여 이를 요약한 요약물이 원저작물과 실질적인 유사성이 없는 별개의 독립적인 새로운 저작물이 된 경우에는 원저작물 저작권자의 2차적저작물작성권을 침해한 것으로 되지는 아니하는데(대법원 2010. 2. 11. 선고 2007다63409 판결 등 참조),

여기서 요약물이 그 원저작물과 사이에 실질적인 유사성이 있는지 여부는 ❶요약물이 원저작물의 기본으로 되는 개요, 구조, 주된 구성 등을 그대로 유지하고 있는지 여부, ❷요약물이 원저작물을 이루는 문장들 중 일부만을 선택하여 발췌한 것이거나 발췌한 문장들의 표현을 단순히 단축한 정도에 불과한지 여부, ❸원저작물과 비교한 요약물의 상대적인 분량, ❹요약물의 원저작물에 대한 대체가능성 여부 등 '4가지 판단기준'을 종합적으로 고려하여 판단하여야 한다."

위 판결은 원저작물과 요약물인 2차적저작물 사이에 실질적유사성이 있는지를 판단하는 기준에 '대체 가능성'을 고려하고 있다. 이는 실질적유사성을 판단함에 있어 창작적 표현의 유사성으로 인하여 발생할 수 있는 당사자 사이의 경제적 이해관계를 고려 요소에 포함한 것이라고 할 수 있다.

③ 2차적 작품이 원저작물에 기초하였으나 원저작물의 표현이 모두 바뀌어 원저작물의 본질적 특성을 감지할 수 없는 경우에는 원저작물과 실질적유사성이 존재하지 않아 2차적저작물이 되지 못하고 별개의 새로운 저작물이 된다.

소설, 영화 '애마부인'에 대한 서울고등법원 91라79 결정

"원저작물에 대한 2차적저작물이 되기 위하여는 원저작물을 토대로 작성된 저작물이 단순히 사상, 주제, 소재 등이 같거나 유사한 것만으로는 부족하고 두 저작물사이에 사건의 구성, 전개 과정, 등장인물의 교차 등에 공통점이 있어서 새로운 저작물로부터 원저작물의 본질적인 특징 자체를 직접 감득할 수 있어야 할 것인데 , … 소설 애마부인이 수희라는 여인이 과실치사로 형을 살고 있는 남편의 출소를 기다리는 동안에 일어나는 일들과 과거의 회상 등이 묘사되고 있는 반면 영화 '애마부인 5'가 남편의 잦은 외도와 이로 인한 애마

라는 대학강사직에 있는 여인의 방황 및 남편의 외도의 상대자인 하나코라는 여인에 의한 남편의 죽음 등을 그 줄거리로 하고 있어 그 줄거리도 차이가 있고 그에 따른 전개 과정도 현저한 차이가 있어서 양자 사이에 원저작물과 2차적저작물의 관계를 인정할 만한 본질적인 특징 자체를 함께하고 있다고 볼 수 없으므로 영화 '애마부인 5'는 소설 애마부인과는 실질적유사성이 없는 별개의 저작물이라 할 것이고 따라서 위 영화가 위 소설의 2차적저작물임을 전제로 한 신청인의 위 주장은 이유 없다."

무용극, 영화 '행복은 성적순이 아니잖아요'에 대한 서울민사지방법원 89가합62247 판결

원고가 창작한 '행복은 성적순이 아니잖아요'라는 제명의 무용극이 널리 알려지자, 영화제작자인 피고가 원고의 승낙을 받아 무용극과 같은 제명의 영화를 제작하고 소외인으로 하여금 영화 시나리오를 소설화하여 같은 제명의 소설을 집필, 간행하게 한 사안에서,
두 저작물 사이에 실질적유사성 즉 사건의 구성 및 전개 과정과 등장인물의 교차 등에 있어 공통점이 있어야 하는데 무용극과 영화는 등장인물과 사건 전개 등 실질적 구성면에서 현저한 차이가 있어 무용극과 영화 사이에 내재하는 예술의 존재 양식 및 표현기법의 차이를 감안한다 하더라도 양자 사이에 2차적저작물의 관계를 인정할 만한 실질적유사성이 있다고 볼 수 없다고 하였다.

④ 2차적 작품에서 원저작물 표현의 일부가 발견되었다고 하여 반드시 2차적저작물이 되는 것은 아니다. 실질적유사성은 유사성의 정도를 기준으로 규범적으로 판단할 수 있다. 구체적 사안마다 2차적 작품에서 감지할 수 있는 원저작물의 특성이 본질적인지를 기준으로 실질적유사성을 판단하게 된다. 원저작물의 표현이 개변되었으나 원저작물이 갖고 있던 핵심적인 외형적 표현, 전체적인 미감, 내재적 표현의 상당 부분 등이 2차적 작품에 존재하는 경우 실질적유사성이 인정될 수 있다.

등대 도안에 대한 서울고등법원 2008나4461 판결

조형예술가인 원고가 피고 대한민국으로부터 해운대 앞바다에 세울 등대의 설계에 필요한 디자인을 제공해달라는 부탁을 받고 등대 도안을 제공하였고, 피고가 원고의 등대 도안을 기초로 건축사가 작성한 건축설계도서를 건설회사에 내주어 등대를 완공하였던 사안에서,
"원고의 등대 도안을 기초로 안○진이 설계한 이 사건 등대의 전체적인 형상은 원고의 등대 도안과 마찬가지로 등대의 하부기초를 꽃잎으로, 등탑을 꽃술로 하여 꽃술의 상부에

등대의 불빛을 밝히도록 하는 모양으로서 등대의 하부기초인 꽃잎은 총 16장으로 4장씩의 꽃잎이 3단으로 이루어져 있고, 등탑의 하단부인 꽃술의 기둥은 사선으로 구성된 아래 기둥과 높낮이가 일정한 곡면으로 된 윗면을 가지는 윗 기둥의 두 겹으로 구성되어 있으며, 등대의 상단부인 꽃술 윗부분은 끝에 구를 단 8개의 기둥이 아래로 내려갈수록 좁아지는 원기둥을 형성하고 그 내부에 등이 설치되도록 하는 형상인 사실, 안○진이 작성한 설계도면에 따라 피고가 건축한 등대도 이와 동일한 형상이고, 다만 윗 기둥의 색상만 원고의 등대 도안과 다르게 빨간색으로 도색되어 있는 사실을 인정할 수 있어, 피고가 사용한 설계도서는 원고의 등대 도안과 세부적인 표현방식이 다를 뿐 예정하고 있는 건축물의 전체적인 형상은 동일하므로 표현상의 본질적 동일성을 유지하고 있고, 이를 접하는 사람은 그 본질적인 특성을 느껴서 알 수 있으며, 이 사건 등대는 이러한 설계도서에 따라 건축되었으므로 피고가 건축한 등대 또는 피고가 등대를 건축함에 있어 사용한 건축설계도서는 원고의 등대 도안의 2차적저작물에 해당한다고 할 것이다."

프랑스 소설 '당나귀 귀' 번역물에 대한 대법원 2005다44138 판결

동화 C가 '당나귀 귀' 제호의 프랑스어 원작소설 A를 번역한 번역소설 B가 갖는 2차적저작물작성권을 침해한 것인지가 문제 된 사안에서,

❶ 번역소설 B와 동화 C의 유사한 줄거리와 사건 전개 부분은 원작소설 A가 가진 창작적 표현으로서 번역자가 새롭게 부가한 창작적 표현은 아니며, ❷ 또한 일부 유사한 어휘와 구문이 차지하는 질적 혹은 양적 비중은 미미하고, ❸ 번역소설 B와 동화 C는 서로 다른 주제를 갖고 있으며, 이로 인하여 유사 어휘나 구문 등이 배열된 순서나 위치, 삽입된 전체 문장이나 문단의 구성, 문체, 어조 및 어감 등에서 번역소설 B와 동화 C는 상당한 차이가 있다며, 번역소설 B가 번역저작물로서 갖는 창작적 특성이 동화 C에서 감지된다고 보기는 어렵다면서 동화 C가 번역소설 B를 기초로 한 2차적저작물로서, 저작권을 침해하였다는 주장을 배척하였다.

다. 2차적저작물의 저작권[171]

2차적저작물도 하나의 독자적인 저작물로서 저작권의 보호를 받는다. 2차적저작물은 원저작물과 실질적유사성이 있는 표현을 갖고 있고 원저작물과 다른 새로운 창작성이 부가되어 있어야 하는 특징이 있으며 이러한 특징을 반영한 2차적저작물 고유의 저작권 법리가 형성되어 있다.

(1) 저작권의 발생

2차적저작물이 성립하면 일반 저작물과 마찬가지로 복제권, 배포권 등 저작재산권과 동일성유지권 등 저작인격권으로 이루어진 저작권이 발생한다. 하지만 2차적저작물은 일반 저작물과 달리 하나의 2차적저작물에 '2차적저작물에 새로이 부가된 창작적 표현'과 '원저작물과 실질적유사성이 있는 창작적 표현'이 공존한다는 특징을 가지며 이러한 특징으로 인해 후술하듯이 2차적저작물만의 독특한 권리관계가 존재하게 된다. 2차적저작물 작성자가 원저작자로부터 작성을 허락받았는지 여부와 상관없이, 원저작물을 이용한 부분을 포함한 그 전체가 2차적저작물로 성립한다. 2차적저작물은 원저작물과 별개로 독자적인 저작물로서 저작권 보호를 받는다.

저작권법은 원저작물의 저작자에게 원저작물을 개작할 수 있는 2차적저작물작성권을 인정하고 있다. 그러나 개변작업에 관여하지 아니한 원저작물의 저작자에게 2차적저작물에 대한 저작권은 발생하지 않는다. 2차적저작물에 새로운 창작성을 부가한 2차적저작물 작성자가 2차적저작물의 저작자가 된다.

> **위탁프로그램에 대한 서울고등법원 96나1353 판결**
>
> 원프로그램의 저작자가 타인에게 원프로그램의 개작을 위탁하였는데 타인이 개작한 프로그램에 창작성이 인정되는 사안에서,
> 컴퓨터프로그램보호법상 프로그램을 개작할 권리는 원프로그램의 저작권자에게 있으므로, 개작된 프로그램의 저작권은 당연히 원프로그램의 저작권자에게 속한다는 원고의 주장에 대하여 개작된 프로그램은 2차적 프로그램으로서 원프로그램과 별개의 저작권의 대

---

171 '2차적저작물에 대한 저작권'과 2차적저작물의 기초가 되는 원저작물에 대한 권리인 '원저작자의 2차적저작물작성권'은 저작물 부분이 아닌 저작권 부분에서 정리할 내용이지만 이해의 편의상 '2차적저작물'과 함께 정리한다.

상이 되며, 개작된 프로그램의 저작권은 원칙적으로 개작된 프로그램을 창작한 개발자에게 속한다고 하였다.

(2) 저작권의 효력

2차적저작물 저작자는 일반 저작물과 같이 민·형사적으로 저작권을 행사할 수 있다. 2차적저작물을 무단으로 침해한 '제3자'에게 저작권을 주장할 수 있는 것은 물론이고 '원저작자' 또는 '원저작자로부터 2차적저작물작성을 허락받은 자'가 2차적저작물을 무단으로 사용하는 경우에도 2차적저작물에 대한 저작권을 행사할 수 있다.

'족보닷컴' 사이트에 대한 서울중앙지방법원 2005가합73377 판결
피고는 고등학교 영어 교과서 저작권자인 출판사들과 사용허락 계약을 체결하여 사용료를 지급하고 있는데 위 영어 교과서를 사용하여 시험문제를 작성한 B고등학교 교사인 원고들이 피고에게 저작권침해를 주장하며 손해배상을 청구하는 것은 동일 저작물에 대하여 2중의 사용대가 지급을 강요하는 것으로서 부당하다고 피고가 주장한 사안에서, 교과서를 발췌하거나 변형하여 만든 학교 시험문제가 교과서에 대한 2차적저작물이 된다고 하더라도 교과서와 별개의 독자적인 저작물이 되므로 시험문제를 무단으로 사용한 자가 교과서에 대한 사용승낙을 받았다고 하더라도 시험문제를 침해한 부분에 대하여 손해배상 책임을 진다고 하였다.

건축도면 번역물에 대한 서울동부지방법원 2013가합4997, 2013가합5006(중간확인) 판결
원고가 2005년경 원저작자와 4판 저서에 대하여 번역출판계약을 맺은 출판사의 요청으로 번역한 서적이 발행된 이후 2010년경 피고들이 원저작자와 5판 저서에 대한 번역출판을 맺은 출판사의 요청으로 번역서를 집필한 사안에서, 번역물인 2차적저작물을 창작한 자는 번역물을 침해한 자가 원저작자로부터 번역할 권리를 받은 지위에 있다고 하더라도 그에 대하여 손해배상청구를 할 수 있다고 하였다.

① 2차적저작물의 구성내용을 보면 '아이디어에 해당하거나 창작적이지 아니한 표현', '원저작물의 창작적 표현 부분', '추가로 새로이 창작된 표현 부분'이 존재한다. 이러한 구성내용 중 2차적저작물 작성자가 저작권을 행사하여 보호받을 수 있는 부분은 2차적저작물에 있는 모든 창작적 표현이 아니라 작성자가 새로이 부가한 창작적 표현 부분에 한한다.

> **프랑스 소설 '당나귀 귀' 번역물에 대한 대법원 2005다44138 판결**
>
> 번역저작권에 대한 침해요건인 실질적유사성은 원저작물을 언어체계가 다른 나라의 언어로 표현하기 위한 적절한 어휘와 구문의 선택 및 배열, 문장의 장단 및 서술의 순서, 원저작물에 대한 충실도, 문체, 어조 및 어감의 조절 등 번역저작물의 창작적인 표현에 해당하는 것만을 가지고 대상 저작물과 대비하여야 한다며, 프랑스 소설 '당나귀 귀'에 대한 번역저작물에 나타난 사건의 전개, 구체적인 줄거리, 등장인물의 성격과 상호관계, 배경설정 등은 경우에 따라 원저작물의 창작적 표현에 해당할 수 있음은 별론으로 하고 번역저작물의 창작적 표현이라 할 수 없다고 하였다.

② 따라서 2차적저작물을 무단으로 이용한 행위에 대하여 2차적저작물에 새로이 부가된 창작적 표현 부분을 기준으로 실질적유사성을 판단하고 손해배상액을 산정하여야 한다. 원저작자의 허락 없이 작성된 2차적저작물이 침해된 경우에도 일반적으로 2차적저작물 작성자에게 손해가 발생한다고 보고 손해배상을 인정하고 있다.

③ 2차적저작물 저작자의 동일성유지권은 2차적저작물의 내용, 형식 및 제호의 동일성 유지를 보호하는 권리로서 2차적저작물의 제호나 창작성이 없는 표현에 대한 변경에 대하여도 효력이 미친다. 또한, 2차적저작물을 구성하는 원저작물과 실질적유사성을 갖는 부분이 훼손된 경우에도 2차적저작물에 대한 동일성유지권의 효력이 미칠 수 있다고 본다.

(3) 원저작자와의 관계

원저작물 권리자의 허락을 받지 않고 2차적저작물을 작성한 자라도 원저작자의 저작권과 별개의 저작권을 취득하지만 원저작물에 대한 침해 책임은 면할 수 없다. 따라서 2차적저작물 작성자는 원저작물 권리자의 승낙 없이 작성된 2차적저작물을 이용할 수 없다.

다만 원저작물과 구분되는 새로운 창작부분이 추가되는 방식으로 개변이 이루어진 경우와 같이 2차적저작물 중 새로이 창작성이 부가된 부분이 원저작물과 분리될 수 있고 그 부분이 원저작물과 실질적유사성이 없다면, 그 부분만을 이용하는 행위는 원저작물에 대한 침해행위가 되지 않을 수 있다.

2차적저작물과 편집저작물

라. 2차적저작물의 이용 및 양도

저작권법 제45조와 제46조[172]는 저작재산권의 이용과 양도에 대하여 정하고 있고 이는 2차적저작물의 저작재산권의 양도와 이용에도 적용된다. 여기서는 원저작물 부분을 포함하고 있는 2차적저작물 특징과 관련된 이용과 양도의 권리관계만을 보도록 한다.

(1) 이용

2차적저작물은 원저작물과 별개의 저작물이므로 제3자가, 나아가 원저작물의 저작자라도 2차적저작물 작성자의 동의 없이 2차적저작물을 이용하면 저작권 침해가 된다. 그런데 2차적저작물을 적법하게 이용하려면 2차적저작물 작성자로부터 2차적저작물 이용에 대한 허락을 받아야 할 뿐만 아니라 2차적저작물작성권을 가진 원저작물 저작자의 허락도 필요하다. 원저작물 저작자의 허락이 없다면 2차적저작물 작성자라도 2차적저작물을 적법하게 이용할 수 없다. 이처럼 2차적저작물의 이용에 대하여 원저작자의 2차적저작물작성권과 2차적저작물 작성자의 저작권이 중첩적으로 효력이 미친다.

(2) 양도

2차적저작물의 양수인이 2차적저작물 작성자로부터 '2차적저작물'에 대하여 2차적저작물작성권을 포함한 저작재산권을 양도받더라도 '원저작물'에 대한 저작재산권

---

172 **저작권법 제45조 (저작재산권의 양도)**
① 저작재산권은 전부 또는 일부를 양도할 수 있다.
② 저작재산권의 전부를 양도하는 경우에 특약이 없는 때에는 제22조에 따른 2차적저작물을 작성하여 이용할 권리는 포함되지 아니한 것으로 추정한다. 다만, 프로그램의 경우 특약이 없는 한 2차적저작물작성권도 함께 양도된 것으로 추정한다.

저작권법 제46조 (저작물의 이용허락)
① 저작재산권자는 다른 사람에게 그 저작물의 이용을 허락할 수 있다.
② 제1항의 규정에 따라 허락을 받은 자는 허락받은 이용 방법 및 조건의 범위 안에서 그 저작물을 이용할 수 있다.
③ 제1항의 규정에 따른 허락에 의하여 저작물을 이용할 수 있는 권리는 저작재산권자의 동의 없이 제3자에게 이를 양도할 수 없다.

까지 함께 양도받은 것은 아니다. 따라서 양수인이 2차적저작물을 원저작물로 하는 또 다른 작품을 작성하면서 원저작물과 실질적유사성이 있는 부분을 이용할 경우 원저작물의 저작자로부터 이용에 관한 허락을 받아야 한다. 다만 원저작물과 2차적저작물에 관한 저작재산권을 모두 보유한 자가 그중 2차적저작물의 저작재산권을 양도하는 경우 그 양도계약에 원저작물 이용에 관한 허락이 포함되는 경우가 있을 수 있다.

판례는 원저작물과 2차적저작물에 관한 저작재산권을 모두 보유한 자가 그중 2차적저작물의 저작재산권을 양도하는 경우 원저작물 이용에 관한 허락도 포함되어 있는지는 양도계약에 관한 의사표시 해석의 문제로서 ❶ 계약의 내용, ❷ 계약이 이루어진 동기와 경위, ❸ 당사자가 계약에 의하여 달성하려고 하는 목적, ❹ 거래의 관행 등을 종합적으로 고찰하여 논리와 경험의 법칙에 따라 합리적으로 해석하여야 한다고 한다.

로지큐브-이엑스이온라인 창고프로그램에 대한 대법원 2014다5333 판결

이엑스이씨엔티 주식회사가 원고로부터 '오라클' 데이터베이스 관리시스템을 작동환경으로 하는 기존 로지큐브 프로그램을 'DB2' 데이터베이스 관리시스템에서 작동할 수 있도록 수정한 새로운 창고관리 프로그램인 'EXEOnline'을 제작, 납품받기로 하는 내용의 프로그램 개발위탁계약을 체결하면서 새로운 프로그램에 관한 모든 권리가 이엑스이씨엔티 주식회사에게 귀속된다고 약정하였다. 원고가 위 개발위탁계약에 따라 기존 프로그램을 이용하여 새로운 프로그램을 개발한 다음 이엑스이씨엔티 주식회사에게 새로운 프로그램의 소스코드뿐 아니라 그에 대응하는 '오라클' 기반의 소스코드도 함께 제공하였다. 이엑스이씨엔티 주식회사가 새로운 프로그램을 이용하여 B 업체에 창고관리 시스템을 공급하면서 'DB2' 기반의 작동환경을 '오라클'로 전환한 별도의 프로그램을 제작·판매한 사안에서,

"2차적저작물은 원저작물과는 별개의 저작물이므로, 어떤 저작물을 원저작물로 하는 2차적저작물의 저작재산권이 양도되는 경우 원저작물의 저작재산권에 관한 별도의 양도 의사표시가 없다면 원저작물이 2차적저작물에 포함되어 있다는 이유만으로 원저작물의 저작재산권이 2차적저작물의 저작재산권 양도에 수반하여 당연히 함께 양도되는 것은 아니다. 그리고 양수인이 취득한 2차적저작물의 저작재산권에 그 2차적저작물에 관한 2차적저작물작성권이 포함되어 있는 경우, 그 2차적저작물작성권의 행사가 원 저작물의 이용을 수반한다면 양수인은 원저작물의 저작권자로부터 그 원저작물에 관한 저작재산권을 함께 양수하거나 그 원저작물 이용에 관한 허락을 받아야 한다.

한편, 원저작물과 2차적저작물에 관한 저작재산권을 모두 보유한 자가 그중 2차적저작물

의 저작재산권을 양도하는 경우, 그 양도의 의사표시에 원저작물 이용에 관한 허락도 포함되어 있는 양도계약에 관한 의사표시 해석의 문제로서 그 계약의 내용, 계약이 이루어진 동기와 경위, 당사자가 계약에 의하여 달성하려고 하는 목적, 거래의 관행 등을 종합적으로 고찰하여 논리와 경험의 법칙에 따라 합리적으로 해석하여야 한다.

… 2차적저작물은 원저작물과는 별개의 저작물이므로, 비록 이 사건 개발위탁계약에 따라 이 사건 프로그램에 관한 저작재산권이 이엑스이에게 양도되었더라도 그에 의하여 곧바로 그 원저작물인 로지큐브에 관한 저작재산권까지 함께 양도된 것이라고 보기 어렵고, 달리 원고가 이 사건 개발위탁계약을 통하여 로지큐브에 관한 저작재산권을 이엑스이에게 양도하는 의사를 표시하였다고 볼 만한 사정도 찾아보기 어렵다.

다만 이 사건 프로그램의 저작재산권이 이엑스이에게 양도됨에 따라 그에 관한 개작권 또는 2차적저작물작성권도 양도된 것으로 볼 수 있는데, 앞서 본 사정에 비추어 볼 때 이엑스이가 이 사건 프로그램의 작동환경을 오라클로 전환하여 개작하는 경우 대하여도 원저작물인 로지큐브의 이용에 관하여 원고의 허락이 있었다고 봄이 타당하고, 이엑스이가 양수한 개작권의 범위가 제한된다고 볼 만한 특별한 사정도 없다. 따라서 이엑스이가 이 사건 프로그램을 이용하여 원고의 로지큐브와 마찬가지로 오라클을 작동환경으로 하는 렙실론 프로그램을 제작·판매하는 행위는 원고가 양도한 이 사건 프로그램을 개작할 권리에 포함되는 것으로서 로지큐브에 관한 원고의 저작재산권을 침해하는 행위에 해당하지 아니한다고 보아야 한다."

마. 2차적저작물의 유형

2차적저작물은 여러 가지 표현형식을 갖는 원저작물을 기초로 번역, 편곡, 변형, 각색, 영상제작, 그 밖의 방법 등 다양한 개변방법으로 작성되는 까닭에 2차적저작물의 구성이나 성격이 각기 다르다. 예를 들어 번역이나 편곡은 원저작물과 동일한 표현형식의 2차적저작물이 성립되지만 소설이나 각본의 영상제작은 다른 장르의 2차적저작물로 만들어진다. 또한 원저작물의 외형적 어문표현이 다른 언어로 변경된 번역물, 원저작물의 외형적 표현인 멜로디 일부가 그대로 사용되는 편곡물, 어문에서 영상으로 표현형식을 바꾼 영상제작물 등 다양한 형태로 존재하는 까닭에 유형에 따라 개별적 접근이 필요하다.

(1) 번역

번역은 어문작품을 언어체계가 다른 외국어로 표현하는 것을 말한다. 원저작물이나 번역물 모두 어문저작물이지만, 작품의 표현수단인 언어를 다른 언어로 변경하는 번역작업에 새로운 창작성이 발휘될 수 있다. 번역자의 능력에 따라서 원작에 충실한 번역, 원작을 실정에 맞추어 표현한 번역, 원작의 문장을 뛰어넘은 수준 높은 문장, 또는 미숙하고 조잡한 문장 등 질적인 차이를 보일 수 있다. 그러나 번역에 창작성이 있다면 번역 수준의 차이에 불구하고 2차적저작물이 성립될 수 있다.

> **영화 '라파예트'에 대한 서울중앙지방법원 2009노3941 판결, 대법원 2010도9498 판결**
> 원저작물인 영화 '라파예트'의 영상 자체에 대한 한글 자막을 넣고 '코멘터리' 및 '서플먼트' 부가영상을 추가하고 여기에도 자막을 작성하여 넣은 DVD는 영화저작물에 대한 2차적저작물이라고 하였다.

이 사안에서 영화배우의 대사를 번역한 영화 번역 자막은 영화의 원저작물에 해당하는 시나리오에 대한 번역물에 해당한다. 영상저작물에 번역 자막 형태로 추가되면 원래의 영상저작물에 새로운 어문 번역 창작 부분이 부가된다. 그런데 영화 자체 영상에 '코멘터리' 및 '서플먼트' 부가영상이 추가된 부분은 위 영상들이 영화영상 부분과 단순히 결합하여 있는 형태에 불과한 것으로 새로운 창작성이 부가된 것은 아니고 다만 여기에도 자막을 넣어 '코멘터리' 및 '서플먼트' 부가영상에 새로운 창작성을 부가하고 있을 뿐이다.
위 판결은 이러한 번역 자막이 추가된 영상들이 들어 있는 DVD 영상 전체를 영화에 대한 2차적저작물로 인정하고 있으나 '코멘터리' 및 '서플먼트' 부가영상 부분은 영화와 결합되어 있는 별개의 저작물로 보인다.

① 판례는 번역의 창작성은 다른 언어로 표현하기 위한 적절한 어휘와 구문의 선택 및 배열, 문장의 장단 및 서술의 순서, 원저작물에 대한 충실도, 문체, 어조 및 어감의 조절 등에 있다고 하였다.

> **프랑스 소설 '당나귀 귀' 번역물에 대한 대법원 2005다44138 판결**
> 이 사건 동화가 프랑스 '원작소설'인 '당나귀 귀'를 한국어로 번역한 번역물을 기초로 한 2차적저작물로서 저작권을 침해하였는지가 다투어진 사안에서,

번역저작물의 창작성은 원저작물을 언어체계가 다른 나라의 언어로 표현하기 위한 적절한 어휘와 구문의 선택 및 배열, 문장의 장단 및 서술의 순서, 원저작물에 대한 충실도, 문체, 어조 및 어감의 조절 등 번역자의 창의와 정신적 노력이 깃든 부분에 있는 것이고, 그 번역저작물에 나타난 사건의 전개, 구체적인 줄거리, 등장인물의 성격과 상호관계, 배경 설정 등은 원저작물의 창작적 표현에 해당할 수 있을 뿐이고 번역저작물의 창작적 표현이라 할 수 없다고 하였다.

② 번역에는 언어체계가 다른 외국어로 된 저작물에 대한 번역, 한문의 한글 번역 등이 포함되지만 언어체계가 동일한 경우의 속기부호를 일상어로 변환하거나 암호문을 일반문자로 해독하는 경우는 번역에 해당하지 않는다고 한다.

정약용 한문편지에 대한 서울중앙지방법원 2014가합501898 판결

조선시대 정약용이 아내와 자식, 그리고 제자들에게 한문으로 보낸 편지들을 모두 모아서 이를 번역하고 편집하여 완성한 후 출판한 저작물은 저작권법 제5조의 번역저작물 또는 제6조의 편집저작물로 봄이 상당하다고 하였다.

'심마니세계사'에 대한 서울중앙지방법원 2016가합556106 판결

국가기관인 교육부가 2011. 12.경 '사료로 보는 세계사 - 세계사 교과서 보완 지도 자료집'을 발간하면서 원고 저작물에 있는 내용의 일부분을 그대로, 혹은 약간의 수정을 가하여 게재하여 전국의 중학교와 고등학교에 배포하였던 사안에서,
원고 저작물을 구성하는 원사료의 한글 번역문은 외국어나 고문자 등으로 쓰인 원저작물과 실질적유사성을 유지하면서도 우리말의 구문 형식이나 한국어를 사용하는 언중(言衆)의 언어 습관에 맞게 그 내용을 적절히 수정·증감·윤문함으로써 원저작물의 창작성과는 구별되는 번역물로서의 새로운 창작성이 존재하는 '번역저작물'이라고 인정하였다.

③ 다른 언어로 번역하였다고 하여 모두가 2차적저작물 작성행위로 인정되는 것은 아니며, 다른 언어로 바꾸는데 창작성이 존재하여야 한다. 실용적인 내용으로서 간단하고 짧은 문장은 누가 번역하더라도 같거나 비슷할 수밖에 없는 경향이 있다. 이러한 경우에는 번역에 창작성이 인정되지 않아 2차적저작물이 성립하지 않을 수 있다.

> **건축도면 번역물에 대한 서울동부지방법원 2013가합4997, 2013가합5006(중간확인) 판결**
>
> 건축도면과 함께 제도 방법을 짧은 문장으로 해설한 외국 서적은 건축 제도 방법에 관하여 대부분 단문으로 설명하는 기능적 저작물이므로 이를 번역한 이 사건 번역서에 창작성이 인정될 수 없다고 주장한 사안에서,
>
> 각종 도면이 기능적 저작물에 해당한다고 하더라도 문장으로 그 제도 방법의 해설을 서술한 부분까지 기능적 저작물이라고 할 수는 없으며, 이는 그 문장의 장단에 불구하고 어문저작물에 해당하는 것으로 이 사건 번역서에는 ❶ 번역 투 표현이 아닌 국어문법에 맞는 표현, ❷ 외래어(한문)가 아닌 우리말식 표현, ❸ 구어체 표현, ❹ 직역하지 않고 의역한 부분 등이 포함된 사실을 인정하고 어문저작물인 '제도 방법의 해설 부분'의 번역의 어휘와 구문의 선택 및 배열, 원저작물에 대한 충실도, 문체, 어조 등에 번역자의 창조적 개성이 있다며 2차적저작물로 인정하였다.

④ 1957년 저작권법은 제26조의 개작권과 별도로 제25조에 번역권을 정하였고, 제34조 제1항은 '저작권자가 원저작물 발행일로부터 5년 내에 그 번역물을 발행하지 않을 때는 번역권이 소멸한다.'고 정하였다. 1987. 7. 1자로 시행된 1986년 개정 저작권법 부칙 제2조 제1항은 '이 법 시행전에 종전의 규정에 의하여 저작권의 전부 또는 일부가 소멸하였거나 보호를 받지 못한 저작물에 대하여는 그 부분에 대하여 이 법을 적용하지 않는다.'고 정하고 있다.

그러므로 원저작물이 1981.12.31 이전에 발행되었으나 저작자가 그 후 5년간 번역물을 발행하지 아니한 경우에는 2차적저작물작성권 중 번역권은 소멸한 것으로 볼 수 있다.[173]

(2) 편곡

편곡은 원저작물인 악곡에 변화를 주어 새로운 창작성이 부가된 악곡으로 만드는 것을 말한다.[174]

---

173 **1957년 저작권법 제39조 (존속기간의 시기)**
　　제30조 내지 제34조의 경우에 있어서 저작권의 기간을 계산함에는 저작자사망의 해 또는 저작물을 발행 또는 공연한 때의 익년부터 기산한다.

174 피아노곡집에 대한 서울고등법원 94나9186 판결은 1957년 저작권법 제5조 제2항 제3호는 '음악적저작물을 원저작물과 다른 기술로써 전화시키어 그 선율을 변화시키는 것'을 음악저작물의 개작으로 정하고 있는데 이

전래영어동요에 대한 대법원 2002도81 판결

고소인이 영어 동화 테이프에 삽입할 전래영어동요 20곡에 대한 편곡을 의뢰하면서 편곡할 원곡들 중 일부를 제공하고 녹음과정을 감독하였던 경우라도 고소인의 의뢰에 따라 컴퓨터 미디작업을 통하여 단순한 멜로디 악보에 다양한 악기 반주를 첨가하고 전주와 간주를 삽입하는 편곡한 자가 편곡자로서의 저작권을 갖는다고 하였다.

'사랑은 아무나 하나'와 '여자야' 노래에 대한 대법원 2004다18736 판결

'사랑은 아무나 하나' 노래의 악곡 중 전주 5마디가 '여자야' 노래의 전주, 간주 부분과 유사하지만 '여자야'의 악곡과 실질적유사성이 없다고 판단한 사안에서,
'여자야' 노래의 악곡은 구전가요 '영자송' 등을 연결해서 배치하고, 템포를 빠르게 하고, 전주와 간주를 추가한 것으로 구전 가요에 대한 2차적저작물에 해당한다고 하였다.

'칵테일 사랑' 노래에 대한 서울민사지방법원 94카합9052 결정

"가요 칵테일 사랑은 주멜로디를 그대로 둔 채 코러스를 부가한 이른바 '코러스 편곡'으로 코러스가 상당한 비중을 차지하고 있고, 코러스 부분이 단순히 주멜로디를 토대로 단순히 화음을 넣은 수준을 뛰어넘어 편곡자의 노력과 음악적 재능을 투입하여 만들어져 독창성이 있으므로 저작권법상 2차적저작권으로서 보호받을 만한 창작성이 있다."

① 음악저작물의 창작성은 '가락'을 중심으로 창작성 여부를 판단하는 경우가 많지만 대부분의 편곡에서는 원곡의 가락을 이용하므로 가락보다는 '리듬과 화성'이 편곡저작물의 창작성을 가름하는 기준이 되는 경우가 있다.

아리랑 노래에 대한 서울중앙지방법원 2013가합559814 판결

"통상의 음악저작물의 경우에는 가락을 중심으로 창작성 여부를 판단함이 원칙이지만, 기존의 곡을 편곡하는 경우에 편곡된 곡은 기존 곡의 가락을 대부분 이용하게 되므로 이러한 경우에는 가락보다는 리듬, 화성의 요소를 더욱 중요한 요소로 봄이 옳다. 이 사건에서 원고 아리랑의 가락이 경기아리랑의 가락과 동일함은 당사자 사이에 다툼이 없으므로, 원고 아리랑의 창작성을 판단함에 있어서는 결국 나머지 리듬, 화성 등의 요소를 종합적으

는 1986년 개정저작권법상 편곡과 동일한 것이라고 하였다.

로 고려하여 판단할 수밖에 없다.

… 경기아리랑을 재즈 풍으로 새로이 편곡한 기타 듀엣 연주곡(다만 원고 아리랑에는 가
사를 가창하지 않은 채 가락을 따라 부르는 목소리가 들어가 있다)인 사실을 인정할 수 있
는바, 원고 아리랑은 그 화성의 요소를 복합적으로 고려해 보았을 때 듣는 사람으로 하여
금 민요로서 연주 또는 가창되는 경기아리랑과는 전체적인 분위기나 느낌을 달리하고 있
다고 판단된다.

… 원고 아리랑은 경기아리랑과 대비하여 화성과 관련하여서는 원고 자신의 독자적인 감
정의 표현을 담고 있다는 의미에서 저작권법상의 창작성이 인정되고, 나아가 곡을 전체적
으로 살펴보더라도 원저작물인 경기아리랑을 기초로 하되 그것과 실질적 유사성을 유지
하고 이것에 사회통념상 새로운 저작물이 될 수 있을 정도의 수정·증감을 가하여 새로운
창작성을 부가한 저작물에 해당되므로, 원고 아리랑은 저작권법 제5조 제1항의 원저작물
을 편곡의 방법으로 작성한 2차적저작물에 속하는 편곡 저작물로 인정된다."

② 기존 음악의 표현을 변경하였더라도 박자를 빠르게 하거나 조성을 장조에서 단조
로 바꾸는 경우는 복제의 동일성의 범주에 속하는 사소한 변경으로서 2차적저작물
의 방식인 편곡에 해당하지 않는다.

프로야구 응원가에 대한 서울중앙지방법원 2018가합516867 판결

작곡 음악저작물을 야구장 응원가로 사용하기 위하여 음악 전문가가 아닌 야구장 관객들
로서는 기존 악곡과 차이를 알아채지 못할 정도로 음역대를 조금 높이거나 박자 템포를
약간 빠르게 변경한 것은 기존 악곡을 실질적으로 개변한 것에 이르지 못한 사소한 변형
으로서 편곡에 해당하지 아니한다고 하였다.

'하늘색 꿈' 노래에 대한 서울고등법원 2000나48908 판결

피고가 원고가 작곡한 '꿈의 세계' 제목의 원곡을 편곡하면서 노래의 전반부에는 원고의
원곡을 그대로 두고 후반부에 후렴 부분만을 추가하여 '하늘색 꿈' 노래를 만들었던 사안
에서,
'하늘색 꿈' 노래를 구성하는 가락, 화성, 박자에 있어서의 원고 원곡 '꿈의 세계'와 미세한
차이는 가사의 변경에 따른 불가피한 변경으로 보고 피고가 편곡한 '하늘색 꿈' 노래에 원
고 악곡의 창작적 표현이 그대로 남아 있어 원고의 원곡 '꿈의 세계'와 실질적으로 동일하
다며 원고를 '하늘색 꿈' 노래에 대한 저작자로 인정하면서 '하늘색 꿈' 노래에 대한 피고의
권리침해를 기초로 손해배상을 인정하였다.

이 사안에서 '하늘색 꿈' 노래에는 피고가 원고 악곡에 후렴 부분을 추가하는 형태로 편곡한 부분이 있었던 것으로 보인다. 위 판결이 피고가 추가한 후렴부분만으로는 2차적저작물로서 편곡에 이르지 못한 것으로 판단한 것인지 아니면 피고가 편곡한 부분에 대한 판단을 간과한 것인지 불명확하다. 만약 후렴부분의 피고 편곡에 2차적저작물성이 인정되었다면 손해배상의 산정 시 원고의 원저작물인 작곡과 피고의 편곡에 의한 기여 부분을 고려하였어야 할 것이다. 나아가 원고가 원곡의 저작자라도 2차적저작물의 저작자인 피고 동의 없이 편곡된 노래를 단독으로 사용할 수 없는 상황이 발생할 수도 있었다.

③ 구전의 민요를 단순히 채보하는 것은 민요의 음악표현을 변경하지 아니한 채 악보에 고정한 것으로 새로운 창작성이 부가되지 않아 편곡에 해당하지 않는다.

피아노곡집에 대한 서울고등법원 94나9186 판결
이미 세상에 널리 알려져 있으나 원곡에 해당하는 악보가 없는 곡을 개인의 기억에 의하여 악보에 옮긴 후 약간의 수정, 증감을 가한 소위 '채보'는 그 원곡 자체가 없으므로 원곡에의 의존성과 새로운 창작성을 구비하였다는 점에 관하여 특별한 입증이 필요하다고 하였다.

④ 실제 재판에서 증거관계의 차이에 따라서 동일한 노래에 대한 2차적저작물의 성립을 다르게 보는 경우가 있었다.

'섬데이' 노래에 대한 서울고등법원 2012나24707 판결, 대법원 2013다14828 판결
항소심 판결은 피고의 노래에서 주도적으로 전체 곡의 성격을 지배하며 음악저작물 총 86마디 중 20마디에 걸쳐 반복적으로 사용된 '피고의 후렴구 부분'이 '원고 저작물 부분'과 동일·유사하다는 점을 근거로 피고 음악저작물을 원고 음악저작물에 대한 2차적저작물로 인정하였다. 그러나 상고심 판결은 침해가 되었다고 주장한 '원고 저작물 부분'에 대하여 창작성을 인정하지 않으면서 항소심의 위 판단 부분이 파기되었다.

피아노곡집에 대한 서울형사지방법원 93노797 판결, 서울고등법원 94나9186 판결, 대법원 96다2460 판결
피아노곡집에 수록된 원곡을 1961년에 편곡한 '강아지 왈츠', '내 마음의 노래'에 대한 형사 사건에 대한 서울형사지방법원 93노797 판결은 1933년(昭和 8년)에 일본 춘추사가 발행한 '세계음악전집' 등에 각 실린 곡들과 비교하여 볼 때 일부 반주 부분이나 선율에 꾸밈음 첨가, 조성 변화 등이 있기는 하나 기본적으로 선율의 변화가 없어 창작성이 가미된 것으로는 볼 수 없다고 인정하였다. 이처럼 피해자의 편곡과 유사한 편곡이 이미 출판되어 있었던 이상 피해자의 편곡은 원곡에 대하여 새로운 창작성을 부가한 2차적저작물로 보기 어렵다고 하였다.

그러나 위 분쟁에 대한 민사사건에 대한 서울고등법원 94나9186 판결, 대법원 96다2460 판결은 '강아지 왈츠'의 원곡을 어린이들이 쉽고 재미있게 연주할 수 있도록 고치려는 의도에서 ❶ 위 원곡은 내림 라(Db)장조인 것을 내림 마(Eb)장조로 한 음을 높여 변조함으로써 느린 속도로 연주하여도 속도감이 있을 듯한 효과를 내었고, ❷ 위 원곡의 지나치게 빠른 연속음 연주와 화려하지만 어려운 꾸밈음 연주를 간략하게 고치거나 줄여, ❸ 쉬우면서도 웅장하게 연주할 수 있도록 수정하는 외에 부선율을 붙이는 등으로 새로운 변화를 가하면서도, ❹ 원곡의 예술성을 대체로 살림으로써 원곡에다가 원고의 창의에 의한 부가가치를 덧붙였다며 위 편곡을 2차적저작물로 인정하였다.[175]

⑤ 음악저작물 중 악곡은 편곡에 의하여 개변되지만 가사는 어문표현의 변경 등의 방법으로 2차적저작물이 작성된다.

'돌아와요 부산항에' 노래에 대한 서울서부지방법원 2004가합4676 판결

'돌아와요 충무항에' 가사와 '돌아와요 부산항에' 가사는 상황 설정 및 소재, 전체적인 형식이 동일하고 문구 일부만을 바꾸었을 뿐이므로 '돌아와요 충무항에' 가사와 이 사건 '돌아와요 부산항에' 가사 사이에는 '실질적유사성'이 인정되었다. ❶ '돌아와요 부산항에' 가사는 연인을 그리워하는 내용이 형제를 그리워하는 내용으로 바뀌었고, ❷ 곡의 리듬에 맞추어 일부 표현을 수정하고, ❸ 2절 가사는 항구의 풍경에서 재일 동포의 귀환 내용으로 대부분 바뀌는 등 새로운 창작성이 더해졌다며 '돌아와요 충무항에' 가사에 대한 '2차적저작물'이라고 하였다.

---

175 위 형사 분쟁에서 피고는 원고의 편곡저작권을 침해하였다는 내용으로 기소되었다가 이 사건 곡들에 대한 감정 결과가 모두 받아들여진 결과로 이 사건 곡들이 편곡저작물에 해당하지 않는다며 항소심 법원에서 무죄판결을 선고받았다.
그런데 민사사건에서는 위 형사사건에서의 증거 외에도 많은 증거가 추가로 제출, 조사됨으로써 그 증거관계가 위 형사사건에서와 반드시 같지 않게 되어 위 증거들을 믿지 않는다고 하였다.

(3) 변형

변형은 원저작물이 갖는 형상, 색채, 공간적 요소에 변화를 주는 등 방법으로 개변 제작하는 경우이다. 단순한 형태의 변형을 넘어 새로운 창작성을 인정할 만한 변형이 이루어져야 2차적저작물이 될 수 있다. 예를 들어 평면적인 회화를 3차원의 구조물의 형태로 변경하는 등 원저작물이 갖는 공간적 차원을 달리하는 것은 변형에 해당한다.

드라마 '겨울연가' 캐릭터에 대한 서울고등법원 2009나4116 판결
드라마 '겨울연가', '대장금', '주몽'에서 사용된 의상이나 소품 모양을 헬로 키티 캐릭터 상품에 사용한 사안에서,
영상저작물의 장면이나 등장인물 등을 2차원 또는 3차원 형상으로 만들거나, 사진저작물에 나타난 형태를 3차원 형상으로 만드는 경우 2차적저작물작성권의 침해가 될 여지가 있다고 하였다.

'도깨비방망이' 극본에 대한 서울남부지방법원 2014나10460 판결
누구나 이용할 수 있는 전래동화를 기초로 어린이 뮤지컬 공연에 적합하도록 등장인물의 이름, 줄거리, 소재 등에 변형을 가하고 소설에서 극본으로 장르를 달리해 변형한 '도깨비방망이' 극본에 대하여 2차적저작물성을 인정하였다.

'피구왕 통키'에 대한 서울지방법원 96가합56868(본소), 96가합80106(반소) 판결
우리나라 인형제작자가 일본 만화이자 일본 만화영화인 '피구왕 통키'의 주인공 및 등장인물의 캐릭터를 모방하여 인형을 만들어 일본 만화 영화제작자 사이에 발생한 분쟁에서 일본 만화의 저작자로부터 영상화할 수 있는 권한을 받아 영상을 제작하였던 일본 만화 영화제작자가 국내 '피구왕 통키' 인형제작자에 대하여 형사고소를 하였으나 캐릭터의 저작자는 만화가라는 이유로 공소기각 되었다.
이에 인형제작자는 자신이 제작한 인형은 2차적저작물인데 저작권법 제98조 제1호가 2차적저작물 작성행위를 처벌하지 않고 있고 또한 적법한 고소권자가 아닌 자의 고소로 인하여 피해를 입었다며 민사상 손해배상을 구한 사안에서,
만화의 평면 캐릭터를 그대로 본떠 입체 인형으로 상품화한 경우에는 단순한 변형에 불과하고 2차적저작물성을 갖기 위한 새로운 창작성이 부가되어 있다고 할 수 없다고 하였다.

'신기한 아기나라' 노랫말 카드에 대한 대법원 2006다55593 판결

동요를 따라 부르기 쉽게 동요의 악보와 가사에 배경 그림을 넣은 노랫말 카드를 만들었다고 하더라도 노랫말 카드는 악보나 가사에 아무런 변형이 없이 작성된 것으로 2차적저작물작성에 해당한다고 할 수 없다고 하였다.

① 판례는 기존 시놉시스에 나타난 기본 설정을 그대로 차용하여 구체적인 상황 설정 등에만 다소의 수정, 증감, 변경을 가한 데에 그치지 않고, 구체적인 사건의 전개 과정, 등장인물들의 성격과 상호 관계 등에 새로운 요소를 추가하여 변형한 새로운 시놉시스는 2차적저작물이 될 수 있다고 하였다.

'비보이를 사랑한 발레리나'에 대한 대법원 2010도7234 판결

무언극 '비보이를 사랑한 발레리나' 시놉시스는 ❶ 단순히 '프리즈(Freeze)'의 시놉시스에 나타난 기본 설정을 그대로 차용하여 구체적인 상황 설정 등에만 다소의 수정, 증감이나 변경을 가한 데에 그치지 않고, ❷ 구체적인 사건의 전개 과정, 등장인물들의 상호 관계 등에 발레리나가 비보이와 동화되어 가는 과정에서의 사랑, 내·외적 갈등 및 그 극복 구조 등을 새로이 추가한 것으로 '프리즈' 시놉시스에 대한 2차적저작물에 해당한다고 하였다.

② 요약물은 원저작물의 내재적 표현을 축약하는 방법으로 변형하여 개변된 것이다. 원저작물과 실질적유사성을 가지면 원저작물에 대한 2차적저작물이 될 수 있다.

'THE POWER OF WE'의 요약물에 대한 대법원 2011도3599 판결

'영문의 원저작물'인 'THE POWER OF WE'의 저자의 승낙 없이 외국회사가 무단으로 작성한 '영문요약물'을 외국회사와 계약을 체결하고 한글로 번역한 '번역요약물'을 작성·사용한 사안에서, 번역요약물은 원저작물과 실질적으로 유사하여 원저작물에 대한 2차적저작물이 된다며 침해를 인정하였다.[176]

---

176 이 사안 원심 서울중앙지방법원 2010노3247 판결은 "이 사건 각 영문요약물은 이 사건 각 원저작물을 요약한 것에 불과하고, 이 사건 각 번역요약물은 이 사건 각 영문요약물을 번역한 것에 불과하며, 이 사건 각 영문요약물 및 번역요약물은 이 사건 각 원저작물과 목차 및 주요내용 등에 있어서 상당부분 유사성을 가지고 있다. … 이 사건 각 원저작물은 성공전략이나 경영전략에 대한 이 사건 각 원저작자의 사상이 표현된 것으로서, 그 주요 전략내용 등은 이 사건 각 영문요약물이나 이 사건 각 번역요약물에도 그대로 유지되고 있다. … 위 번역요약물은 원저작물인 'THE POWER OF WE'와 목차 및 주요내용 등에 있어서 상당부분 유사성을 지니고 있었던바, 결국 피고인은 위와 같이 원저작물에 대한 2차적저작물인 번역요약물을 작성하는 방법으로 원저작자의 저작

　　　　2차적저작물과 편집저작물

> **'엔조이 삼육오' 제작 만화 줄거리에 대한 서울중앙지방법원 2004노555 판결**
>
> '괴물 같은 놈', '강타자'의 '줄거리'에 비추어 볼 때 이를 만들기 위해서는 ❶ 만화에 대한 높은 수준의 이해가 필요할 뿐만 아니라 ❷ 만화 내용과 어긋나지 않는 범위 내에서 인터넷 이용자들이 흥미를 느끼도록 만화 내용을 압축적으로 재미있게 새로이 표현한 '만화 줄거리'는 원래의 만화 내용과의 차별성 및 독창성이 있다며 2차적저작물성을 인정하였다.

(4) 각색과 영상제작

① 각색은 소설을 연극이나 영화에 적합하도록 각본화하는 것을 말한다. 소설을 각색하여 영화각본을 만드는 경우 영화각본은 소설에 대한 2차적저작물이 된다.

기존 영화의 스토리를 변경하여 후속 영화를 만든 경우 후속 영화에서 기존 영화에 있는 줄거리, 사건 전개 등을 감지할 수 있다면 후속 영화는 기존 영화가 영상저작물로서 가진 연속적 영상에 대한 창작성을 이용한 것이 아니라 기존 영화의 각본을 변경하여 2차적저작물로 만들어진 각본을 영상화한 것에 해당한다.

② 영상제작 방법의 대표적인 예로는 각본을 기초로 영화를 만드는 것을 들 수 있다.[177] 기존 영상물을 기초로 만든 새로운 영상물에서 기존 영상이 표현한 창작적인 '연속적인 영상'을 감지할 수 있다면 새로운 영상물은 기존 영상물에 대한 2차적저작물이 된다. 그러나 기존 영상물을 이용하면서 거기에 새로운 영상물을 붙이는 방법을 통하여 2차적저작물이 만들어지는 경우는 영상제작 방법이 아니라 편집, 수정, 증감 등 '그 밖의 방법'을 통하여 2차적저작물을 만든 경우라고 할 수 있다. 다만 단순한 증감이 이루어진 경우에는 2차적저작물이 성립하지 않는다.

권을 침해"하였다고 판시하였다. 여기서 원심이 번역요약물이 원저작물과 상당부분 유사성을 지니고 있었다고 한 '목차 및 주요내용 등'은 '내재적 표현'을 의미하는 것으로 보인다.

177 2차적저작물의 방법인 '영상제작'은 저작물의 영상에의 이용을 의미하는 영상물에 관한 특례규정 제99조에서 정한 저작물의 '영상화' 개념과 일치하지 아니한다. 예를 들어 영상에 음악을 넣는 것은 위 특례규정상 음악의 영상화에 해당하지만 2차적저작물의 작성방법인 '영상제작'에는 해당하지 않는다.

뮤지컬녹화물 인터넷 게시에 대한 서울고등법원 2002나986 판결

피고가 이 사건 뮤지컬을 녹화한 후 이를 14개의 부분으로 나누어 피고의 인터넷 홈페이지에 올려놓는 행위만으로는 거기에 별다른 창작성이나 실질적 개변이 있다고 인정할 수 없다며 2차적저작물성을 부정하였다.

(5) 그 밖의 방법

저작권법 제5조는 2차적저작물이 성립할 수 있는 개변방법으로 원저작물에 대한 번역·편곡·변형·각색·영상제작 이외에 "그 밖의 방법"도 규정하고 있다.

① 소설의 줄거리를 그대로 사용하면서 배경이 되는 시대나 장소 등을 바꾸거나 어린이가 접할 수 있도록 용어나 내용을 쉽게 만드는 것도 2차적저작물의 개변방법이 될 수 있다.

② 그림을 그대로 촬영한 사진은 사실의 재현에 불과하고 새로운 창작적 요소가 존재할 가능성이 매우 낮다. 그러나 반대로 미리 촬영된 사진을 보고 그림을 그리는 경우 단순한 복제가 될 경우도 있으나 대부분 회화가 갖는 고유의 미적 표현이 추가되는 개변이 있는 것으로 볼 경우가 많다.

③ 하급심 판례는 백과사전을 기반으로 만들어진 CD가 백과사전을 단순히 데이터베이스화한 것에 그치지 않고 그 내용에 관련된 동영상과 사운드를 추가하고 컴퓨터용어사전 등을 유기적으로 연결되도록 수록한 경우 2차적저작물이 된다고 하였다.

'동서문화 한국세계대백과사전'에 대한 서울고등법원 2001나37271 판결

'동서문화 한국세계대백과사전'이라는 제호의 백과사전을 기반으로 창작된 2차적저작물인 CD에 대하여,

"이 사건 CD는 이 사건 백과사전을 단순히 데이터베이스화 한 것에 그치지 아니하고, 컴퓨터의 사용환경에 맞추어 이 사건 백과사전의 내용에 관련된 동영상과 사운드를 추가하는 외에 컴퓨터 용어사전, 영한, 한영사전, 세계영화 걸작선인 비디오백과, 세계지도, 사건연도별 연대표 등을 수록하면서 각각 백과사전의 내용과 상호 유기적으로 연결되도록 구

2차적저작물과 편집저작물

성하여 멀티미디어 기능을 강화함으로써 이 사건 백과사전을 실질적으로 변개하였다고 할 것이므로 이 사건 CD는 이 사건 백과사전을 토대로 창작된 2차적저작물이라고 할 것이다."

④ 하급심 판례는 교과서의 목차와 개별 단원의 제목 및 배열 순서, 수록된 핵심 지문 등을 인용하되 여기에 관련된 기출 문제나 예상 문제를 부가한 문제집은 교과서를 수정·증감하여 만들어진 2차적저작물에 해당된다고 하였다.

교과서 문제집에 대한 서울중앙지방법원 2011가합12175 판결

피고들 교과서는 전체 단원, 개별단원, 세부항목에 대한 배열방식과 선택된 소재가 다른 교과서와 차별성이 있어 편집저작물로 인정된다고 하였다. 또한 피고들 교과서는 독자적으로 작성한 어문저작물을 포함하고 있는데, 그 목차와 배열순서에 따라 교과서의 지문과 표현을 이용하여 문제를 만드는 방법으로 수정·증감하여 만든 원고의 문제집은 피고들의 교과서를 원저작물로 하는 2차적저작물에 해당한다고 하였다.

⑤ 하급심 판례는 포토샵 프로그램을 이용하여 제1 이미지의 외형을 추출하고, 그 색채를 무채색으로 보정하고, 크기를 축소하는 방법으로 작성된 제2 이미지는 누가 실루엣 처리작업을 하더라도 비슷하게 제작될 수밖에 없는 것이라며 2차적저작물에 해당한다고 볼 수 없다고 하였다.

'REDEYE' 사건에 관한 서울중앙지방법원 2012가합521324 판결

원고가 액세서리 등에 대한 일러스트레이션으로 '개를 산책시키는 여성'을 형상화한 제1 이미지를 제작하고, 이후 포토샵 프로그램을 이용하여 제1 이미지의 외형을 추출하고, 이를 무채색으로 보정하고, 크기를 축소하는 제2 이미지를 제작하였다. 이후 피고가 제2 이미지와 거의 동일한 이미지를 상표에 사용하고 액세서리 상품에 이용한 사안에서,
❶ 원고의 제1 이미지에 대하여 미술저작물로 인정하였다. ❷ 원고의 제2 이미지는 제1 이미지의 실루엣 처리작업만으로 손쉽게 제작될 수 있는 것으로서 누가 실루엣 처리작업을 하더라도 비슷하게 제작될 수밖에 없는 것이라며 제1 이미지와 별개의 저작물이거나 2차적저작물에 해당한다고 볼 수 없다고 하였다. ❸ 제2 이미지와 실질적으로 유사한 피고 이미지도 제1 이미지에 대한 복제물일 뿐이며 개변이 있는 2차적저작물에 해당한다고 볼 수 없다고 하였다.

⑥ 하급심 판례는 가요가 소설에 대한 주제음악으로 작성되었더라도 가요는 소설에 대한 2차적저작물에 해당하지 않는다고 하였다.

가요 '고독'에 대한 남부지방법원 88가합2442 판결

원고는 1984. 6.경 자전적 장편소설인 '테레사의 연인'을 제작 발표한 후 같은 해 12.경 위 소설의 주제음악이라는 이름으로 '고독' 외 6곡을 작사 작곡하여 음반으로 제작·판매하였다. 원고는 가요 '고독'은 위 소설 '테레사의 연인'의 주제음악으로서의 위 소설의 2차적저작물이라면서 가요 '고독'을 무단사용 또는 편곡·방송한 것은 원저작물인 위 소설 저작물에 대한 침해가 된다고 주장한 사안에서,
가요 '고독'은 소설 '테레사의 연인'에 대한 2차적저작물이 아니라고 하였다.

이 사안에서 원고는 가요 '고독'은 원저작물 소설 '테레사의 연인'에 대한 주제음악제작 방법으로 개변한 것이라는 취지의 주장을 한 것으로 보인다. 위 판결에서 2차적저작물의 배척이유를 명확히 밝히고 있지 않지만, 가요와 소설 두 작품 사이에 종속관계를 인정하기 힘들고 적어도 가요에서 소설저작물의 창작적 표현을 감지할 수 없는 까닭에 2차적저작물성을 배척한 것으로 보인다.

⑦ 1986년 개정 저작권법 이후 현재까지 음반은 저작인접권으로 보호하고 있다. 따라서 음악저작물을 기초로 음반을 제작하였더라도 음반은 음악저작물에 대한 2차적 저작물이라고 할 수 없다. 다만 1957년 저작권법은 음악저작물을 음반에 녹음하는 것을 개작으로 보았고 음반을 저작물로 보호하였다. 따라서 위 1957년 저작권법 시행 당시 저작물로 인정되던 음반을 창작적으로 개변하면 2차적저작물인 음반이 성립될 수 있었다.

도이치 그라모폰 음반에 대한 대법원 2003다41555 판결

음반을 저작물로 보고 저작권으로 보호하고 있었던 1957년 저작권법 당시 제작된 도이치 그라모폰 음반에 대한 복각 음반이 2차적저작물이 되는지 문제 된 사안에서,
1957년 저작권법 당시 저작물로 보호되던 음반에 대하여 이루어진 디지털 샘플링 작업의 내용이 새로운 저작물을 생성할 수 있을 정도의 수정 증감이라고 볼 수 없다는 이유로 2차적저작물성을 부인하였다.

　　　　　　　　　　　　　　　　2차적저작물과 편집저작물

'하늘색 꿈' 노래반주곡에 대한 서울고등법원 2011나89103 판결

'하늘색 꿈' 노래에 대하여 반주곡(음)을 컴퓨터용으로 수치화하여 수록한 메모리 칩은 저작권법상 음반이며, 이러한 음반은 이 사건 음악저작물인 악곡을 이용하여 만든 2차적저작물에 해당하고, 위 음반을 노래반주기에 수록하여 배포하거나 전송하는 것은 이러한 2차적저작물을 이용하는 행위에 해당한다고 하였다.

위 판결에 대하여 상고심 대법원 2012다109798 판결은 위 항소심 판결 중 사적복제판단 부분에 잘못이 있다는 이유로 위 판결을 파기환송하였다. 그런데 위 항소심 판결은 악곡을 이용하여 제작한 음반을 2차적저작물로 보고 이를 기초로 손해배상을 판단하고 있다. 그러나 2차적저작물이 되기 위해서는 새로운 창작성이 부가되어야 하는데, 음반의 제작행위는 음을 유체물에 고정하는 행위로서 악곡에 새로운 창작적 표현을 부가한 행위라고 볼 수 없다. 이 사안에서 음반을 악곡에 대한 2차적저작물이라고 판단한 부분은 의문이다.

'사랑해요 LG송'에 대한 서울고등법원 2011나103375 판결

원고는 1987년 발표한 히트곡인 A를 창작한 작곡자이고, 피고가 1994년 F가 작곡한 광고 방송용 G 노래를 16개의 다양한 버전으로 만들어 피고 그룹의 광고에 사용한 사안에서, 법원은 원고의 침해주장을 정리하면서 ❶ 원고가 사용하는 '표절'은 복제권 침해주장으로 사용할 수 있지만, ❷ 이 사건 피고의 행위는 F가 작곡한 'G'를 사람의 음성과 악기 등으로 실연하여 고정한 2차적저작물인 '음반'을 이용한 것이므로 2차적저작물 작성권 침해를 주장하는 것으로 볼 수 있고, ❸ 또한 원고도 이 사건 음악저작물에 대한 저작재산권 중 2차적저작물에 관한 권리를 행사하는 것이라고 밝히고 있다고 하면서, ❹ 원고의 2차적저작물작성권 침해 주장을 전제로 피고의 침해를 판단하였으나 G는 A와 실질적유사성이 존재하지 않는 별개의 저작물이라고 판단하였다.

위 판결 결론의 타당성에도 불구하고 위 판시부분은 의문이다. 동일한 악곡이라도 실제 누가 음반 제작작업을 하느냐에 따라서 음반 노래가 달라질 수 있는 까닭에 음반제작에 들어간 음반제작자의 창작적 노고를 전혀 부인할 수는 없다. 그러나 현행법상 음반 제작행위는 새로운 창작적 표현이 부가되는 2차적저작물 작성행위로 볼 수 없다. 따라서 이 사안에서 피고가 원고의 작곡을 음반에 이용하였다고 하더라도 음반이라는 2차적저작물을 작성한 것으로 볼 수 없다. 이 사안에서는 F가 작곡한 G가 원고 작곡의 A에 대한 복제 또는 2차적저작물이 되는지가 문제가 될 뿐이다. 만약 G가 A에 대한 침해로 인정되는 경우라면 피고가 G를 음반으로 제작하여 광고에 이용한 행위는 F가 만든 A에 대한 복제물이나 2차적저작물인 G를 원고의 허락 없이 음반에 수록하여 원고의 작곡 A에 대한 복제 배포권 또는 2차적저작물에 대한 이용권 침해가 문제 될 수 있었다.

2차적저작물

'오리지날 히트 팝스음반'에 대한 서울중앙지방법원 2007가합20803 판결

하나의 음반에 수록될 여러 곡의 음량, 음색 등을 균일하게 맞추는 등의 작업을 하여 이를 CD 등에 녹음시키는 정도의 작업을 거친 것만으로는 원곡에 다소의 수정 증감을 가한 데에 불과하여 새로운 창작성이 부가되었다고 보기 어렵다고 판시하여 2차적저작물성을 부인하였다.[178]

공무원시험대비 강의파일에 대한 서울중앙지방법원 2007나17801 판결

원고는 공무원 시험대비 강의를 한 저작자로부터 저작권을 양수받아서 2차적 저작권 및 음반제작자의 권리가 있다며, 웹사이트를 운영하는 피고가 게시판을 설치하여 회원들이 원고의 강의 파일을 다운받을 수 있는 파일공유 사이트를 홍보하는 글을 게시할 수 있게 하여 원고의 권리를 침해하고 있으므로 원고에게 손해를 배상할 의무가 있다고 주장한 사안에서,

법원은 원고는 저작자로부터 단순이용 허락을 받은 지위에 있는 자로서 손해배상 등을 구할 지위에 있지 않다며 원고의 청구를 배척하였다. 아울러, 원고가 강의안 전자파일을 제작하면서 ❶ 저작권자들의 강의 내용 중 농담 등 강의 내용과 무관한 부분은 삭제하고, ❷ 음질이 고르지 못하거나 잘 들리지 않는 부분을 이퀄라이저 등을 통하여 편집한 것에 대하여 2차적저작물성을 부인하였다.[179]

---

178 원고는 이용허락을 받은 원음에 대해 마스터링 작업을 하여 CD에 수록하였으므로 CD는 '원음'에 대한 2차적저작물이므로 2차적 저작권을 갖는다고 주장하였는데 법원은 원고의 주장을 선해하여 '원곡'에 대한 2차적저작물의 성립 여부를 판단하였던 사안이다.

179 강사의 강의에는 강사가 만든 강의를 내용으로 한 어문저작물과 이를 구술한 강사의 실연행위가 함께 있으며, 이 사안에서 저작권법상 어문저작물과 실연, 음반에 대한 변경행위가 있었던 것으로 보인다. 어문저작물에 속하는 강의 중 농담 부분을 삭제한 것은 어문저작물과 실연을 변경한 것에 해당하지만 녹음된 음의 음질을 편집한 부분은 어문저작물이 아닌 녹음물 즉 음반에 대한 변경에 해당하는 것으로 어문저작물의 변경이라고 할 수 없다.

2차적저작물과 편집저작물

3

2차적저작물의 원저작물 저작자의 저작권

가. 원저작물 저작자의 지위

2차적저작물을 작성한 자에게 2차적저작물에 대한 독자적인 저작권이 인정된다. 하지만 2차적저작물의 기초가 된 원저작물에 대한 저작자의 저작권에는 영향이 없다. (저작권법 제5조 제2항)[180] 원저작물은 그 성립과 동시에 저작권으로 보호를 받고 있던 것이다. 원저작물을 기초로 한 2차적저작물의 작성사실과 무관하게 원저작물에 대해서는 저작재산권인 복제권, 2차적저작물작성권 등과 저작인격권인 동일성유지권, 성명표시권, 공표권 등 저작자의 저작권 보호가 그대로 유지되는 것이 당연하다.

따라서 원저작자의 허락 없이 2차적저작물을 작성한 경우 2차적저작물이 독자적인 저작물로 보호되고, 그 작성자에게 저작권이 발생하더라도 원저작자가 가진 2차적저작물작성권 침해가 성립한다.

---

180 **저작권법 제5조 (2차적저작물)**
   ② 2차적저작물의 보호는 그 원저작물의 저작자의 권리에 영향을 미치지 아니한다.

나. 복제권

2차적저작물에는 원저작물과의 실질적유사성을 갖는 표현 부분이 존재하여야 한다. 번역, 편곡, 변형, 각색, 영상제작 그 밖의 방법으로 제작된 2차적저작물에 원저작물의 표현 부분이 그대로 남아 있을 수 있다. 예를 들어 번역물은 원저작물의 문언적 표현이 다른 언어로 변경되었더라도 원저작물의 줄거리, 논리 구조, 서술 진행 형태 등 내재적 표현이 2차적저작물인 번역물에 그대로 존재한다. 편곡물에는 흔히 원작곡물의 멜로디가 상당 부분 사용된다. 소설을 시나리오로 만들거나 시나리오를 영화로 만드는 경우에는 각색과 영상제작에 의한 개변이 있지만 소설의 줄거리, 주인공의 성격, 사건의 전개 과정 등 내재적 표현이 남아 있다. 2차적저작물을 작성함에 있어 이렇게 원저작물의 표현을 고정하면 이는 저작물의 이용 형태상 원저작물에 대한 복제 개념에 속할 수 있다.

① 그런데 2차적저작물에 수반되는 원저작물의 복제적 이용 부분이 2차적저작물의 번역, 편곡 등 개변에 불가피한 경우임에도 2차적저작물 작성에 복제권자의 허락이 필요하다면 2차적저작물 대부분의 경우 복제권의 효력이 미치게 될 가능성이 있다. 또한 2차적저작물작성권과 복제권이 분리되어 양도된 경우 2차적저작물작성권자의 권리는 복제권의 제약으로 인하여 형해화 될 수 있다. 이러한 면은 저작권법이 복제권과 2차적저작물작성권을 저작권에 대한 지분 권리로서 나누고 있는 점에 반할 수 있다. 따라서 저작권의 지분적 권리이지만 개념적으로 영역이 중복되는 2차적저작물작성권과 복제권의 경계를 획정할 필요가 있다.

② 원저작물의 동일성 범위에 속하는 창작적 표현의 복제이용이 2차적저작물을 만드는 '개변 방법상 필연적이거나 불가피한 경우'에는 동일성을 갖는 표현이 재제·고정되어 있다고 하더라도 원저작자는 2차적저작물작성권을 주장할 수 있을 뿐 복제권은 별도로 주장할 수 없다고 본다. 예를 들어 번역물에는 원문의 어문적 표현이 다른 언어로 바뀌지만 줄거리 등 내재적 표현은 번역물에 남아 있게 된다. 이는 번역이 갖는 개변 방법상 불가피한 것으로서 번역물이 갖는 줄거리 등 내재적 표현 부분의 이용은 2차적저작물작성의 범위에 포섭되고 별도로 원저작자의 복제권 대상이 되지

않는다.

그러나 번역서적에 번역물이외에 원문을 함께 게재하는 경우와 같이 2차적저작물을 만드는 개변 방법상 불가피한 경우가 아님에도 2차적저작물에 원저작물과 동일성을 갖는 부분이 복제된 경우에는 해당 복제 부분에 대하여 원저작자의 복제권이 효력을 미칠 수 있다고 본다. 이 경우 2차적저작물에 대하여 원저작자의 복제권과 2차적저작물작성권이 함께 효력을 미칠 수 있다.

'디즈니 영어세계시리즈'에 대한 대법원 91다39092 판결[181]
원저작물인 영어 예문과 그 번역문 또는 한국말로 된 해설이 불가분하게 결합한 한국판 출판물은 하나의 2차적저작물에 해당한다고 하였다.

이 사안에서 영어 예문은 한국판 출판물이 갖는 '영어 교재의 용도상' 반드시 필요한 구성 부분이기는 하지만 원저작물을 개변하는 '번역 방법상' 불가피하게 게재된 부분이라고 할 수 없는 까닭에 한국판 출판물 중 번역 부분에 대하여는 원저작자의 2차적저작물작성권이, 영어 예문에 대하여는 복제권이 효력을 미칠 수 있는 것처럼 보일 수 있다. 그러나 이 판결은 한국판 출판물이 단순히 영어 예문을 번역하는 방법으로 개변한 것이 아니라 원저작물인 영어 예문에 우리말 번역문, 해설 문장 등을 배열하거나 첨가하는 개변 방법으로 새로운 창작성을 부가한 것으로 보고 있다. 이러한 개변방법으로 인해 단순 번역의 경우와는 달리 영어 예문의 게재가 불가피한 경우로 보이며 따라서 한국판 출판물에 게재된 영어 예문에 대하여 원저작자의 2차적저작물작성권 이외 복제권은 별도로 효력을 미치지 못할 것으로 보인다.

③ 원저작물을 축약한 요약물에 원저작물의 문언적 표현이 상당 부분 게재된 경우가 있을 수 있다. 이 부분은 요약을 통한 개변 방법에 불가피한 부분이 아니므로 요약 부분이 2차적저작물로 성립하는 것과 별도로 원저작자의 복제권 효력이 미칠 수 있다.

'부동산학개론'에 대한 서울중앙지방법원 2003노2711 판결
피고인이 '부동산학개론'을 저술하면서 '현대부동산학' 저자의 승낙을 받지 않고 책의 일

---

181 이 판결은 앞서 '2. 나. (2) ③'에서 다룬 바 있다. 이 판결 사안에서 2차적저작물에 대하여 원저작자의 복제권이 효력을 미치는지 여부는 쟁점이 되지 않았지만 이해의 편의를 위하여 이 사안을 상정하여 정리해 보았다.

부 번역 표현을 그대로 또는 요약 게재하였고 또한 책의 서술 순서, 소제목의 설정, 표현 방법 등을 동일·유사하게 하여 서적을 발행한 사안에서, 피고인에 대하여 '현대부동산학' 저자가 갖고 있는 복제권 및 2차적저작물작성권 침해를 인정하였다.

'석굴암 그 이념과 미학' 서적에 대한 서울중앙지방법원 2012가합80045 판결

"장르가 다르다고 하더라도 저작권 침해가 성립할 수는 있으므로, 창작적인 표현형식에서 이 사건 서적과 소설 사이에 내재하는 표현기법 등의 차이를 감안하여 실질적유사성을 판단하면 된다고 할 것이다. 따라서 양자 사이에 의거관계와 실질적 유사성이 인정되어 이 사건 소설로부터 이 사건 서적의 본질적인 특징 자체를 직접 감득할 수 있는 경우에는, 이 사건 소설은 이 사건 서적에 수정·개변을 가하여 작성된 새로운 저작물인 '2차적저작물'로 보아야 한다. 2차적저작물의 경우, 원저작물과의 사이에 부분적·문언적 유사성이 중요한 부분의 상당 범위에 걸쳐 인정되는 경우에는 원저작물에 대한 복제권의 침해가 성립될 수 있고, 이러한 부분적·문자적 유사성이 인정되지 않는다 하더라도 주제, 소재, 구성 등의 포괄적·비문언적 유사성이 인정되는 경우에는 2차적저작물 작성권의 침해가 성립될 수 있다."고 하였다.

위 판결은 부분적·문언적 표현과 포괄적·비문언적 표현을 나누어 복제권과 2차적저작물작성권 침해를 판단하고 있다. 그러나 문언적·비문언적 표현은 모두 저작물 표현에 해당하는 것으로서 침해된 표현 부분이 부분적·문언적 표현인지 포괄적·비문언적 표현인지를 기준으로 복제권과 2차적저작물작성권 침해를 구분할 수는 없다고 본다. 위 판결에서 2차적저작물에서 원저작물과의 사이에 부분적·문언적 유사성이 중요한 부분의 상당 범위에 걸쳐 인정되어 복제권 침해로 인정한 부분은 2차적저작물 개변 방법상 불가피한 경우에 속하지 않아 2차적저작물의 개변 범위에 속하지 않으므로 원저작물의 복제권이 미치는 경우라고 할 수 있다.

또한 위 판결에서 부분적·문언적 유사성이 인정되지 않는다고 하더라도 주제, 소재, 구성 등의 포괄적·비문언적 유사성이 인정되어 2차적저작물작성권 침해가 인정된 부분은 해당 2차적저작물 작성을 위한 불가피한 개변 범위에 속할 수 있는 것이므로 복제권이 미치지 않고, 2차적저작물작성권의 효력이 미치는 것으로 판단할 수 있었다고 본다.

다. 2차적저작물작성권

원저작물 저작자의 2차적저작물작성권은 원저작물을 개변한 2차적저작물의 작성과 그 이용에 대하여 효력을 미친다. ❶ 원저작물 저작자가 2차적저작물도 작성한 경우, ❷ 타인이 원저작물 저작자 허락을 받고 2차적저작물을 작성한 경우, ❸ 타인이 무단으로 2차적저작물을 작성한 경우 등에 따라 원저작자의 2차적저작물에 대한 권리행사내용이 달라진다.

(1) 권리의 내용

저작자는 그의 저작물을 원저작물로 하는 2차적저작물을 작성하여 이용할 2차적저작물작성권을 가진다. (저작권법 제22조)[182] 2차적저작물작성권은 원저작물을 이용하여 2차적저작물을 '작성하는 행위'에 효력을 미친다. 또한 2차적저작물에는 기본적으로 원저작물과 실질적유사성을 갖는 표현 부분이 존재하므로 2차적저작물을 이용하면 원저작물의 창작적 표현도 이용하게 된다. 저작자의 2차적저작물작성권은 작성된 2차적저작물을 저작권법이 보호하는 복제, 배포 등의 방법으로 '이용하는 행위'에 대하여도 배타적 효력을 갖도록 정하고 있다.

이처럼 원저작물 저작자의 2차적저작물작성권은 '2차적저작물의 작성행위'와 작성된 '2차적저작물의 이용행위'에 대하여 모두 효력이 미친다. 예를 들어 소설가가 자신의 소설을 영화 시나리오로 만드는 것에 대하여 허락을 하였는데 허락받은 자가 이를 어기고 연극 극본으로 작성한 경우 소설가의 2차적저작물작성권 중 '작성'에 대한 권리침해가 된다. 그리고 원저작자로부터 번역에 대한 승낙을 받으면서 정한 번역물의 출판 기한을 넘겨 번역물을 복제·배포하면 원저작자의 2차적저작물작성권 중 '이용'에 대한 권리를 침해한 것이 된다.

---

182 **저작권법 제22조 (2차적저작물작성권)**
　　저작자는 그의 저작물을 원저작물로 하는 2차적저작물을 작성하여 이용할 권리를 가진다.

(2) 권리의 행사

① 원저작자가 2차적저작물을 작성한 경우

원저작자가 원저작물 뿐만 아니라 2차적저작물도 만든 경우 원저작자는 원저작물과 2차적저작물에 대한 저작자 지위를 함께 가진다. 타인이 무단으로 위 2차적저작물을 복제하면 '원저작물의 저작자'로서 가진 2차적저작물작성권과 '2차적저작물의 저작자'로서 가진 복제권을 행사할 수 있다. 이 경우 원저작자는 원저작물에 대한 2차적저작물작성권을 행사하지 않고 2차적저작물의 저작자로서 복제권만을 행사하더라도 충분히 구제를 받을 수 있다는 점에서, 원저작자의 2차적저작물 작성권 중 이용에 대한 권리는 타인이 작성한 2차적저작물이라서 원저작자가 2차적저작물에 대하여 저작권을 갖지 못하는 경우 효용이 있는 권리라고 할 수 있다.

② 원저작자의 허락을 받아 2차적저작물이 작성된 경우

원저작자가 원저작물에 대한 2차적저작물 작성을 타인에게 허락한 경우 원저작자는 자신이 허락한 범위에서 2차적저작물을 작성 및 이용에 이의를 제기할 수 없을 뿐이며 그 이외에는 원저작물의 저작권을 행사할 수 있다.

'2차적저작물의 작성'[183]과 '작성된 2차적저작물의 이용'은 별개로서 그에 대한 원저작자의 허락이 모두 필요하다. 2차적저작물 작성에 관한 허락에 대한 협의를 진행하면서 동시에 향후 작성될 2차적저작물의 이용범위에 관련하여 그 이용 매체와 방법 및 이용 기간에 대한 허락범위도 함께 정하는 것이 일반적이다.

2차적저작물을 작성한 자는 2차적저작물 저작자로서 제3자에게 2차적저작물을 이용하게 할 수 있다. 그러나 그 이용허락의 범위도 원저작자와 2차적저작물 작성자 사이의 이용허락 범위에 의한 제약을 받게 된다.

③ 타인이 무단으로 2차적저작물을 작성한 경우

원저작자는 자신의 허락 없이 원저작물을 개변하여 만든 2차적저작물을 작성하거나 이용하는 자에게 '원저작물'에 대한 2차적저작물작성권 침해를 주장할 수 있고 2차

---

183 2차적저작물의 작성에는 변형, 첨가, 영상제작 등 다양한 개변형태나 방법이 존재할 수 있으며, 2차적저작물에 대한 약정을 할 경우에 특정한 형태나 방법의 작성만을 허락하는 경우가 일반적이다.

2차적저작물과 편집저작물

적저작물 작성이용행위에 대하여 정지청구 및 손해배상을 청구할 수 있다. 무단 작성된 2차적저작물 그 자체를 이용하지 않고 2차적저작물에 들어 있는 원저작물의 표현 부분(예를 들어 번역물의 등장인물이나 줄거리)만을 무단으로 이용하는 경우는 2차적저작물이 아닌 원저작물에 대한 침해행위가 되며, 원저작자는 원저작물에 대한 저작권 침해를 주장할 수 있다.

(3) 2차적저작물작성권 중 이용에 대한 권리

① '원저작자의 2차적저작물작성권 중 이용에 대한 권리'는 원저작자가 타인이 작성한 2차적저작물을 적극적으로 이용할 수 있는 권리가 아니다. 그러므로 원저작자라도 타인이 작성한 2차적저작물을 무단 이용하면 2차적저작물 작성자가 가진 저작권에 대한 침해가 된다. '원저작자의 2차적저작물작성권 중 이용에 대한 권리'는 타인이 작성한 2차적저작물을 원저작자의 허락 없이 이용하는 경우 소극적으로 침해금지를 구하는 경우에 효용성을 갖는다.

② 앞에서 본 바와 같이 원저작물 저작자 A는 무단으로 2차적저작물을 작성하여 복제 이용하는 B에 대하여 2차적저작물작성권 침해를 주장할 수 있다. 그런데 B가 작성한 2차적저작물을 제3자 C가 무단으로 복제 이용하는 경우 A가 C에게 2차적저작물작성권을 주장할 수 있는지 또는 원저작물에 대한 복제권을 행사할 수 있는지에 대하여 논의가 있다.

앞서 '나. 복제권'에서 본 바와 같이 B가 2차적저작물을 작성함에 있어 복제개념에 속하는 방법을 이용한 경우라도 그것이 해당 2차적저작물에 대한 개변 방법상 불가피한 경우에는 A는 B에게 2차적저작물작성권만을 행사할 수 있고, 그러하지 아니한 경우에는 2차적저작물작성권과 별개로 복제권을 행사할 수 있다고 본다. C가 B가 무단 작성한 2차적저작물을 복제 이용하는 경우에도 2차적저작물의 개변 방법상 불가피하지 아니한 복제 부분이 존재하는 경우에는 A는 C에게 2차적저작물작성권과 별개로 복제권을 행사할 수 있다. 개변 방법상 불가피한 복제부분이 존재하는 2차적저작물을 복제 이용하는 경우 A는 2차적저작물작성권만을 행사할 수 있다.

③ 원저작자 A의 2차적저작물작성권 중 이용에 대한 권리는 원저작자 A가 작성한 경

우뿐만 아니라 타인인 B가 작성한 2차적저작물을 제3자 C가 이용하는 경우에 대하여도 효력을 미칠 수 있다.

예를 들어 B가 원저작자 A의 승낙을 받지 않고 A 소설에 대한 번역 부분과 원문 부분을 함께 넣은 번역 서적을 발행한 경우 위 번역 서적에는 ❶ 원문을 다른 언어로 개변한 부분, ❷ 내재적 표현에 해당하는 소설 줄거리, ❸ 번역에 불필요한 원문의 복제 부분이 존재할 수 있다. ❶은 2차적저작물의 개변 부분이고, ❷는 복제 개념에 속하더라도 번역의 개변 방법상 불가피한 경우이며, ❸은 번역 개변 방법상 불가피하지 아니한 경우로서 A의 복제권이 미칠 수 있는 부분이다. 제3자 C가 무단으로 B의 번역 서적을 복제·배포한 경우 A가 B의 번역 서적에 대하여 2차적저작물작성권 이외에 복제권을 가지고 있는지에 따라서 B의 2차적저작물의 작성 및 이용행위나 복제행위 그리고 C의 2차적저작물 이용행위나 복제행위에 대하여 권리를 주장할 수 있다.

라. 동일성유지권

저작자는 원저작물의 원형을 그대로 유지하려는 인격적 권리로서 동일성유지권을 갖는다. 원저작물을 개변하는 2차적저작물의 작성과정에서 발생하는 원저작물 변경과 관련하여 원저작물의 저작자가 갖는 2차적저작물작성권 이외에 동일성유지권이 2차적저작물에 대하여 효력을 미치는지에 대하여 논의가 있다. 이 논의는 일반적으로 제3자가 무단으로 원저작물을 이용하여 2차적저작물을 작성한 경우 원저작물에 대한 2차적저작물작성권 침해 이외에 동일성유지권의 침해를 인정할 것인지를 중심으로 다루어지고 있으나 여기서는 ❶ 저작자가 2차적저작물작성을 허락한 경우, ❷ 저작자의 허락 없이 무단으로 2차적저작물이 작성된 경우, ❸ 2차적저작물작성권이 양도된 경우로 나누어 검토한다.

(1) 저작자가 2차적저작물작성을 허락한 경우
저작자가 타인에게 원저작물에 대한 변경이 수반되는 2차적저작물의 작성을 허락하는 경우 그 허락에는 2차적저작물을 작성하기 위한 원저작물 변경을 허락하는 의사

표시가 포함되어 원저작물 개변에 따른 동일성 훼손에 대한 허락의사가 존재하는 것으로 볼 수 있다. 그러므로 2차적저작물에 대하여 저작자의 동일성유지권이 미친다는 긍정적인 입장을 취하더라도 2차적저작물 작성을 허락한 범위에서 동일성유지권을 행사할 수 없는 까닭에 부정하는 입장과 차이가 없다.

그런데 2차적저작물작성을 위한 변경에 대하여 저작자의 허락이 있었다고 하더라도 변경의 방법이나 범위 등에 대한 문제는 별개로 남게 된다. 2차적저작물을 작성함에 원저작물에 대한 변경이 어디까지 가능한지는 원저작자가 허락한 원저작물에 대한 변경 범위에 대한 의사표시 해석의 문제이다.

'롯티' 도안에 대한 대법원 92다31309 판결

'원래의 너구리 도안'을 개변하여 창작성을 부가하여 2차적저작물에 해당하는 것으로 보이는 '새로운 너구리 도안'을 제작한 사안에서,

'새로운 너구리 도안'에 '원래의 너구리 도안' 저작자의 동일성유지권이 미치지만 '새로운 너구리 도안'으로 변경함에 '원래의 너구리 도안' 저작자의 묵시적 동의가 있었다며 동일성유지권의 침해가 아니라고 판단하였다.

위 판결은 이 사안 '원래의 너구리 도안'을 변경하여 만든 '새로운 너구리 도안'이 '원래의 너구리 도안'에 대한 2차적저작물에 해당되는 것인지에 대하여 판단하지 않았다. 그러나 '새로운 너구리 도안'은 '원래의 너구리 도안'이 갖는 의인화 형상, 자세 등을 모방하면서도 눈과 입 주변, 귀 모양 등을 새롭게 표현하였으므로 '원래의 너구리 도안'을 원저작물로 하여 만든 2차적저작물로 보인다.

위 판결은 '원래의 너구리 도안'을 변경하여 '새로운 너구리 도안'으로 만드는 것에 대하여 '원래의 너구리 도안' 작성자의 동의가 있어 동일성유지권의 침해가 되지 않는다고 하였다. 위 판결은 2차적저작물의 작성에도 동일성유지권이 미치는 것을 전제로 하고 있다는 점에서 2차적저작물에 대하여 동일성유지권이 효력이 미치는 것을 긍정하는 입장으로 분류되고 있다.

① 저작자와의 사이에 저작물 변경에 대한 명확한 약정이 있다면 그 약정이 저작자의 인격권을 침해하는 등 사회질서 등에 반하지 않는 한[184] 저작물의 본질적 내용의 변경을 포함하는 모든 변경이 가능하다. 따라서 원저작자가 2차적저작물 작성자에게

---

184 당사자 사이에 저작자의 명예를 해치는 형태의 저작물의 변경에 대한 약정은 저작자의 인격권 침해를 초래하는 반사회 질서행위에 해당하는 것으로서 무효가 될 수 있다.

원저작물의 본질적 내용이 변경될 수 있는 2차적저작물작성을 허용한 경우에는 본질적 내용이 변경되더라도 동일성유지권을 행사할 수 없다고 본다.

저작자로부터 2차적저작물 작성에 대한 허락은 있었으나 변경 방법 및 범위에 대한 명확한 약정이 없는 경우에는 2차적저작물의 성격이나 내용, 허락의 배경 및 당사자의 이해관계, 관련 거래의 관행이나 제반 사정 등을 종합적으로 고려하여 변경의 방법과 범위를 해석하여야 할 것이다.

금성출판사 교과서에 대한 대법원 2010다79923 판결

저작자는 그의 저작물의 내용, 형식 및 제호의 동일성을 유지할 권리를 가진다. 저작자가 명시적 또는 묵시적으로 동의한 범위 내에서 저작물을 변경한 경우에는 저작자의 위와 같은 동일성유지권 침해에 해당하지 않는다. 저작물에 대한 출판계약을 체결한 저작자가 저작물의 변경에 대하여 동의하였는지 여부 및 동의의 범위는 출판계약의 성질, 체결 경위, 내용, 계약 당사자들의 지위와 상호관계, 출판의 목적, 출판물의 이용실태, 저작물의 성격 등 제반 사정을 종합적으로 고려하여 구체적·개별적으로 판단하여야 한다고 한 바 있다.

이 판결은 2차적저작물작성에 따른 개변 범위가 문제된 사안이 아니고 동일성유지권에 기초한 저작물의 변경에 대한 동의 여부 및 그 범위를 판단함에 고려하여야 할 사항을 제시한 것이지만 위 판결에서 제시한 기준은 2차적저작물작성에 따른 개변 동의에 대한 판단에서도 동일하게 적용될 것으로 보인다.

② 만약 2차적저작물 작성자가 원저작자로부터 허락받은 개변의 범위를 넘어 작성하면 저작자의 허락 없이 2차적저작물을 작성한 경우와 마찬가지의 동일성유지권 침해 문제가 남게 된다.

하급심 판례는 저작자의 허락을 받고 2차적저작물을 작성한 경우 원저작물에 대한 변경이 저작자의 명예나 명성을 해치거나 또는 통상적인 변형에서 예정하고 있지 않은 본질적인 변형이 이루어지지 않는 한 동일성유지권 침해가 되지 않는다고 하였다.

등대 도안에 대한 서울고등법원 2008나4461 판결

조형예술가인 원고가 피고 대한민국으로부터 해운대 앞바다에 세울 등대의 설계에 필요한 디자인을 제공해달라는 부탁을 받고 등대 도안을 피고에게 제공하였고 피고는 건축사가 원고의 등대 도안을 기초로 작성한 건축설계도서를 건설회사에 내주어 등대를 완공하였다. 원고는 피고가 ❶ 등대 도안에서 제시한 스테인리스강이 아닌 콘크리트로 등대를

2차적저작물과 편집저작물

제작하였고, ❷ 꽃잎의 크기, 폭 등의 전체적인 비례를 임의로 변경하는 등 원고의 창작 의도와 전혀 다른 등대를 건축하여 원고의 등대 도안에 관한 동일성유지권을 침해하였다고 주장한 사안에서,

"2차적저작물의 작성에는 필연적으로 원저작물에 대한 개변이 동반되므로 형식적으로 동일성유지권을 침해하고 있는 것처럼 보이지만, 2차적저작물의 작성에 관해 저작자의 허락을 받은 경우에도 동일성유지권을 침해하는 것으로 보게 되면 개변에 관해 허락을 받은 의미를 무시해버리는 결과가 된다. 따라서 저작권법에 명문의 근거가 없다고 하더라도 개변된 내용이 저작자의 명예나 명성을 해치는 경우 또는 통상적인 변형에서 예정하고 있지 않은 본질적인 변형이 이루어진 경우에 해당하지 않는 한 저작자의 허락을 받고 2차적저작물을 작성하는 행위는 저작자의 동일성유지권을 침해하는 것이 아니고, 이는 저작권법이 당연히 예정하고 있다고 해석함이 상당하다. 살펴건대, 원고는 자신의 등대 도안에 기초해서 피고가 등대를 건축하도록 허락하였고, 피고가 건축한 등대의 모양도 기본적으로 원고의 등대 도안의 표현과 같이 총 16장으로 된 등대의 하부기초인 꽃잎, 2단으로 구성된 꽃술의 기둥, 끝에 구를 단 8개의 기둥으로 이루어진 원기둥형태의 꽃술 윗부분으로 이루어진 형상인바, 원고의 등대 도안과 실제로 건축된 등대의 차이는 해상에서 등대로 건축하면서 예상할 수 있는 정도의 변경 범위에 속한다고 보이므로, 원고가 피고에게 등대 도안의 이용을 허락한 이상 이러한 정도의 변경에 묵시적 동의가 있었다고 봄이 상당하다. 따라서 원고의 동일성유지권 침해 주장은 이유 없다(더욱이 피고가 등대의 재질 등을 변경한 것은 등대가 해상에서 파도의 압력을 견디는 구조물로 만들기 위한 것이므로 그 정도의 변경은 저작권법 제13조 제2항 제3호에 정해진 저작물의 성질이나 그 이용의 목적 및 형태 등에 비추어 부득이하다고 인정되는 범위 안에서의 변경으로 볼 수도 있다)"

위 판결은 저작자로부터 2차적저작물 작성에 대한 허락은 있었으나 구체적으로 원저작물의 변경 범위를 정하지 아니한 사안에 대한 것이다. 저작자의 명예나 명성을 해치는 경우와 통상적인 변형에서 예정하고 있지 않은 본질적인 변형을 원저작물 변경의 한계로 판시하고 있다. 만약 위 사안과 달리 원저작물의 본질적인 변경에 대한 저작자의 허락이 있었다면 동일성유지권의 침해가 되지 않는다고 본다.

'만화로 보는 그리스로마신화'에 대한 서울고등법원 2007나60907 판결

영화제작자인 원고와 만화저작자인 피고가 만화의 영화화를 약정하면서 만화저작자인 피고의 명예나 성망을 해칠 우려가 있는 방법으로 저작물의 제호, 내용 등을 바꾸고자 할 경우에는 피고의 동의를 얻는다고 약정하였다. 만화의 캐릭터는 풍성한 웨이브 머리와 울퉁불퉁한 근육, 남신(男神)의 경우 대체로 노출된 상반신에 그리스인의 복장인 히마티온을 걸친 모습 등이 그 특징이었다. 이에 반하여 원고가 제작한 영화에서는 헤어스타일이 단순하고, 상반신도 노출이 되지 않는 복장을 착용하도록 하였으며 화려한 장신구나 무기

를 소지하도록 하는 등 캐릭터의 표현에 있어서 원저작물인 만화와 다소 차이가 있었다. 영화제작자인 원고가 만화 저작자인 피고의 저작인격권을 침해한 바 없음에도 피고가 이를 이유로 영화 상영 등을 방해하였다며 손해배상을 구한 사안에서,

❶ 만화영화가 출판물 형태의 원저작물과는 달리 영상저작물로서, 만화영화 제작기술, 비용 등을 고려할 때 각 캐릭터의 모습을 적절히 단순화시킬 필요가 있고, ❷ 이미지의 차이가 동영상으로 표현할 때 발생하는 체형의 일그러짐 등의 문제를 해결하는 과정에서 불가피하게 발생한 것이라고 하였다. 이 사건 영화에서 제호와 캐릭터의 표현을 다소 변경한 것은 이 사건 원작 만화에 수정, 변경을 가하여 작성되는 2차적저작물의 작성 범위에 속하는 것이어서 원작 만화의 저작자인 피고의 명예를 훼손하는 방법으로 실질적으로 변경되었다고 볼 증거가 없다며 당초 약정을 벗어나서 동일성유지권을 침해한 것이라고 할 수 없다고 하였다.[185]

(2) 저작자의 허락 없이 2차적저작물이 작성된 경우

타인이 원저작자의 허락 없이 2차적저작물을 작성한 경우 원저작물의 저작자가 동일성유지권을 행사할 수 있는지에 대하여 긍정하는 입장과 부정하는 입장으로 나누어지고 판례도 일정하지 않다.

① 긍정하는 입장은 원저작물의 저작자는 2차적저작물작성권과 동일성유지권을 모두 행사할 수 있다고 한다. 하급심 판례 중에는 무단으로 작성된 2차적저작물에 대하여 저작자가 2차적저작물작성권과 동일성유지권을 모두 행사할 수 있다고 한 경우가 있다.

필자는 아래와 같은 이유로 긍정하는 입장에 동의한다.

❶ 저작권법 제5조 제1항은 2차적저작물을 독자적으로 보호한다고 정하고 있지만 같은 조 제2항은 이러한 2차적저작물의 보호는 그 원저작물 저작자의 권리에 영향을 미치지 아니한다고 정하고 있다. ❷ 2차적저작물작성권은 저작자의 재산적 이익에 대한 권리이고, 동일성유지권은 저작자

---

185 이 판결은 만화저작자가 원작만화에 대한 2차적저작물작성을 허락한 사안에 대한 것이다. 이 사건 관련 계약에서 저작자의 명예나 성망을 해칠 우려가 있는 방법으로 위 저작물의 제호, 내용 등을 바꾸고자 할 때는 반드시 만화 저작자의 동의를 얻어야 한다고 약정하고 있었고, 이러한 약정내용이 저작자의 동일성유지권의 효력을 제한하고 있었던 사안이었다.

의 인격적 이익에 대한 권리로서 별개의 보호법익을 갖는 것으로 이를 구분하여 적용하여야 한다. 무단으로 작성된 2차적저작물에 2차적저작물작성권 이외에 동일성유지권의 효력이 미치더라도 별개의 보호법익에 대한 보호로서 모순이 없다. ❸ 2차적저작물은 새로운 창작적 표현이 부가되어 있지만 원저작물을 개변하여 작성된 것이다. 원저작물의 특성을 감지할 수 있는 표현이 남아있어 원저작물과 실질적유사성이 있는 저작물로서 원저작물의 동일성이 훼손된 형태이다. ❹ 타인이 무단으로 원저작물을 개변하였지만 2차적저작물작성에 이르지 못하여 복제물에 해당하는 경우 복제권과 동일성유지권의 침해가 인정된다. 원저작물과 실질적유사성을 유지하는 복제물과 2차적저작물의 차이점은 새로운 창작적 표현의 부가 여부에 있다. 만약 무단 작성된 2차적저작물에 대하여 동일성유지권의 침해를 부인하면 복제물이나 2차적저작물 모두 동일하게 원저작물이 변경되고 원저작물과 실질적유사성이 인정됨에도 새로운 창작적 표현이 부가되면 동일성유지권 침해가 되지 않고, 그에 미치지 못하면 동일성유지권이 침해된다는 결론에 이른다. 이처럼 창작적 표현이 부가되었다고 하여 동일성유지권의 효력을 제한하는 것에 대한 합리적 근거가 없다. ❺ 동일성유지권의 침해를 인정할 경우 발생하는 불합리한 문제는 2차적저작물작성에 대한 원저작자의 의사해석이나 저작권법 제13조 제2항 제5호 등 제한 규정으로 해결될 수 있다.

가요 '고독'에 대한 남부지방법원 88가합2442 판결

원고가 작사·작곡한 가요 '고독'을 편곡하여 '가요드라마'라는 연속 프로그램에서 단막극 '고독'을 방영하면서 주제음악 및 배경음악으로 사용한 것에 대하여 방송권, 2차적저작물작성이용권의 침해와 함께 동일성유지권의 침해를 인정하였다.

'유혹의 소나타' 뮤직비디오에 대한 서울중앙지방법원 2007카합856 결정

피신청인이 애니메이션 '파이널 판타지7 어드벤트 칠드런'의 등장인물의 용모, 복장 및 상호관계, 사건의 구성 및 전개 과정, 그 배경이 되는 장소, 화면구성 내지 편집 부분을 무단으로 모방하여 제작한 아이비의 '유혹의 소나타' 뮤직비디오에 대하여,
피신청인은 이 사건 애니메이션에 의거하여 그와 실질적으로 유사한 이 사건 뮤직비디오를 제작·상영·판매함으로써 이 사건 애니메이션에 대한 신청인의 저작권 중 동일성유지권 및 2차적저작물작성권을 침해하였다고 하였다.

의학논문 번역본에 대한 서울중앙지방법원 2007가합114203 판결

의학 논문을 무단으로 영역한 사건에서 2차적저작물 작성권의 침해와 별도로 원고의 저작인격권 중 동일성유지권 침해를 인정하였다.

② 부정하는 입장은 원저작자에 대한 2차적저작물작성권의 침해가 될 뿐이며, 원저작자가 동일성유지권을 주장할 수 없다고 한다. 하급심 판례 중에는 무단으로 작성된 2차적저작물에 대하여 저작자가 2차적저작물작성권 이외에 동일성유지권을 행사할 수 없다고 한 경우가 있다.

'야록 통일교회사'에 대한 서울지방법원 96가합48355 판결

피고들이 원저작물을 번역·출판하면서 원저작물의 18개 부분을 삭제하고 15개 부분 및 사진 18장을 무단으로 보충하여 동일성유지권을 침해하였다는 원고들의 주장에 대하여, 원고들의 위 주장이 사실이라고 하더라도 ❶ 동일성유지권은 원저작물 자체에 어떠한 변경을 가하는 것을 금지하는 내용의 권리이므로 원저작물을 변경하는 것이 아니라 원저작물로부터 2차적저작물을 작성하는 경우에는 동일성유지권의 효력이 미친다고 볼 수 없고, ❷ 더구나 무단 번역의 경우에는 저작재산권인 2차적저작물 작성권을 침해하는 행위에 해당할 뿐 동일성유지권의 침해 여부는 거론될 여지가 없다고 하였다.[186]

'돌아와요 부산항에' 노래에 대한 서울서부지방법원 2004가합4676 판결

'돌아와요 충무항에' 노래 가사를 토대로 2차적저작물인 '돌아와요 부산항에' 노래를 만들면서 원작사자의 이름을 밝히지 않았던 사안에서,
❶ 2차적저작물인 가사를 발표하면서 원저작물인 가사의 작사자를 표시하지 않았더라도 원저작자의 성명표시권을 침해하였다고 할 수 없고, ❷ 새로운 독창성을 갖는 2차적저작물로 인정된 이상 원저작자에 대한 2차적저작물작성권 침해 이외에 동일성유지권이 침해된다고 할 수는 없다며 성명표시권 침해나 동일성유지권 침해가 되지 않는다고 하였다.

사극 드라마 극본에 대한 서울남부지방법원 2014노378 판결[187]

드라마 극본가의 허락 없이 극본을 기초로 2차적저작물인 소설을 만들어 출판한 사안에서, 원저작자의 동의를 받지 않고 무단으로 원저작물을 기반으로 저작물을 창작한 경우라도 그 저작물에 독자적인 창작성을 있으면 2차적저작물이 된다. 저작권법 제13조에 의하면 이렇게 2차적저작물로 성립한 이상 원저작자는 자신의 저작물에 대하여 동일성유지권을

---

186 뒤에서 정리하는 드라마 '선덕여왕' 사건 판결은 2차적저작물의 경우 어느 정도 원저작물의 내용변경이 당연히 수반된다고 보고 있으나 위 판결은 2차적저작물의 작성은 원저작물 자체에 변경을 가하는 것이 아니라는 입장이다.

187 위 항소심 판결에 대한 피고인들의 상고가 대법원에서 기각 확정되었으나 동일성유지권 판단부분은 대법원에서 다루지 않았다.

가질 뿐 새로운 창작성을 가지는 2차적저작물에 대하여 동일성유지권을 가진다고 규정하고 있지 않다는 점을 근거로 '저작재산권인 2차적저작물작성권 침해'를 이유로 처벌할 수 있음은 별론으로 하고, 새로운 창작성을 가지는 2차적저작물에 원저작자를 표시하지 않았고, 원저작물의 동일성을 유지하지 않았다는 이유로 즉 '저작인격권 침해'로 처벌할 수는 없다며 이 사건 소설에 피해자의 성명을 표시하지 않고 출간하도록 했어도 원저작권자인 피해자의 성명표시권 또는 동일성유지권을 침해하였다고 보기 어렵다고 하였다.

③ 하급심 판례 중에는 2차적저작물에는 원저작물의 내용 변경이 당연히 어느 정도 수반된다며 기본적으로 동일성유지권 침해를 부인하면서도 2차적저작물을 통해 감득할 수 있는 원저작물의 본질까지 왜곡 훼손함으로써 원저작권자의 저작물에 대한 존중감을 해치는 정도에 이르는 경우에 한하여 동일성유지권 침해가 인정된다고 한 경우가 있다.

드라마 '선덕여왕'에 대한 서울고등법원 2012나17150 판결[188]

피고들이 원고가 뮤지컬 제작을 위하여 만든 'The Rose of Sharon, 무궁화의 여왕 선덕' 대본을 무단 변경하여 드라마 '선덕여왕'을 제작하였다며 2차적저작물작성권 침해를 인정하였다. 그러나 2차적저작물이란 원저작물에 수정, 개변을 가하여 작성된 새로운 저작물을 의미하므로 2차적저작물에는 어느 정도 원저작물의 내용변경은 당연히 수반된다고 하였다. 그러면서 동일성유지권의 침해에 대하여는 2차적저작물을 통해 감득할 수 있는 원저작물의 본질까지 왜곡 훼손함으로써 원저작권자의 저작물에 대한 존중감(동일성)을 해치는 정도에 이르는 사정이 없는 한 동일성유지권 침해가 성립되지 않는다고 하였다.

---

188 이 사건 1심은 원고의 대본은 뮤지컬 대본이고, 피고 드라마 '선덕여왕'의 장르는 사극으로서 피고 드라마가 원고의 대본에 따라 제작되었다고 볼 수 없다고 판단하였다.
그러나 위 2심판결은 원고의 대본과 피고 드라마는 실질적유사성을 가지고 있으며, 피고 드라마는 원고 대본에 의거하여 이를 이용하여 제작·방송된 것이라고 판단하여 2차적저작물작성권 침해를 인정하였다. 또한 2차적저작물을 통해 감득할 수 있는 원저작물의 본질까지 왜곡·훼손함으로써 원저작권자의 저작물에 대한 존중감(동일성)을 해치는 정도에 이르는 경우에 한하여 동일성유지권 침해로 인정된다며 동일성유지권에 대하여는 침해를 배척하였다.
이 사건 대법원판결은 의거관계와 실질적유사성에 대한 원심의 판단 부분을 배척하고 원심을 파기환송하였는데 의거성과 실질적유사성만 다루었고, 동일성유지권 침해 부분에 대한 판단은 없었다.

(3) 2차적저작물작성권이 양도된 경우

저작자는 저작재산권에 해당하는 2차적저작물작성권을 양도할 수 있다.[189] 2차적저작물작성권의 양도는 2차적저작물의 작성·이용을 위하여 거래되지만 신탁목적으로 이루어지는 경우도 있다.

① 저작자로부터 2차적저작물작성권을 양도받은 자가 작성한 2차적저작물에 대하여 저작자가 동일성유지권을 행사할 수 있는지 문제 될 수 있다.

이에 대하여는 별다른 논의가 없다. 앞서 본 긍정하는 입장에 따르면 이 경우에도 저작자가 동일성유지권을 행사할 수 있다고 할 수 있다. 그러나 원저작자가 2차적저작물작성권을 양도하였음에도 동일성유지권을 이유로 2차적저작물로의 개변을 거절할 수 있다면 사실상 2차적저작물작성권의 양도는 의미가 없어지고 양도된 2차적저작물작성권의 형해화를 초래할 수 있다. 원저작자가 2차적저작물작성권을 양도한 경우에는 타인에게 2차적저작물 작성을 허락한 경우와 마찬가지로 2차적저작물작성에 필요한 합리적인 범위에서 저작물의 동일성을 훼손하는 것에 대한 동의가 포함되어 있다고 보고, 원저작자는 그 한도 내에서 동일성유지권을 행사할 수 없다고 본다.

이는 2차적저작물작성권 양수인의 허락을 받은 제3자가 2차적저작물을 작성한 경우나 양도된 2차적저작물작성권이 다시 양도된 경우에도 동일하게 보아야 한다. 이 경우에도 2차적저작물작성에 대한 원저작자의 의사해석을 통하여 또는 동일성유지권의 예외를 정한 저작권법 제13조 제2항 제5호 "그 밖에 저작물의 성질이나 그 이용의 목적 및 형태 등에 비추어 부득이하다고 인정되는 범위 안에서의 변경"의 해석을 통하여 2차적저작물작성에 대한 동일성유지권 행사를 제한하여 합리적인 결과를 도출할 수 있다.

한편 부정하는 입장의 논리대로라면 2차적저작물작성권이 양도된 경우에는 저작자의 허락을 받지 않고 2차적저작물을 작성한 경우와 마찬가지로 원저작자는 2차적저

---

189 저작권법은 저작재산권을 전부 양도한다는 합의가 있더라도 2차적저작물작성권의 양도에 대한 특약이 없으면 2차적저작물작성권은 양도되지 아니한 것으로 추정하고 있다.
저작권법 제45조 (저작재산권의 양도)
② 저작재산권의 전부를 양도하는 경우에 특약이 없는 때에는 제22조에 따른 2차적저작물을 작성하여 이용할 권리는 포함되지 아니한 것으로 추정한다. 다만, 프로그램의 경우 특약이 없는 한 2차적저작물작성권도 함께 양도된 것으로 추정한다.

작물에 대하여 동일성유지권을 행사하지 못한다고 할 수 있다.

하급심 판례는 2차적저작물작성권이 양도된 이상 실질적유사성이 유지된 변형은 2차적저작물의 작성과정에서의 변형이라며 동일성유지권 침해라고 볼 수 없다고 하였다. 다만 원저작물 변형이 원저작자의 명예나 명성을 해치는 정도라면 민법상 일반 인격권에 대한 침해가 될 여지가 있으나 사안의 경우는 그와 같은 정도로 보기 어렵다고 하였다.

'구름빵' 그림책에 대한 서울고등법원 2019나2007820 판결

원고 백희나는 2003. 9. 8. 피고 한솔교육과 피고 한솔교육의 회원제 월간 그림책 시리즈인 '북스북스플러스'의 그림책 1권을 개발하는 저작물개발용역계약을 체결하였다. 그 계약에서 저작물의 저작인격권을 제외한 일체의 권리는 피고 한솔교육에게 양도된 것으로 본다고 정하였는데 피고 한솔교육은 이 사건 저작물을 활용하여 뮤지컬을 공연하도록 하고, 애니메이션을 제작하여 방송하였던 사안에서,

"H 만화(애니메이션)는 성별과 나이를 알 수 없던 이 사건 캐릭터에 7세, 5세 남매로 나이와 성별을 부여하고 이 사건 저작물에 나오는 가족 외에 이 사건 캐릭터의 친구들과 외가, 친가 및 이웃들을 추가하여 H를 먹고 주인공이 날아다닌다는 설정 외에는 새로운 이야기로 만들어진 사실이 인정되고, 피고 B는 H 만화의 내용을 이용하여 별지2 차 저작물 목록 기재 서적을 출간하였음은 앞서 본 바와 같다.

위와 같이 개변의 정도가 커 실질적 유사성의 범주를 벗어난 새로운 캐릭터 및 추가된 이야기 부분에 대하여는 이미 별개 독립의 저작물이 되어 버리므로, 동일성유지권이 침해되었다고 볼 수 없다. 그리고 전체 저작물과 별개로 실질적 유사성이 유지된 캐릭터 등에서의 변형은 2차적저작물작성권이 양도된 이상 2차적저작물을 작성하는 과정에서의 변형으로서, 동일성유지권 침해라고 볼 수 없다(위와 같은 변형이 저작자인 원고의 명예나 명성을 해치는 정도라면 저작권법상의 동일성유지권 침해라기보다는 민법상의 일반 인격권 침해에 해당할 여지가 있으나, 그와 같은 정도라고 보기도 어렵다) 따라서 피고들이 원고의 동일성유지권을 침해하였다고 볼 수 없다"

---

② 2차적저작물작성권을 포함한 저작재산권이 저작권신탁단체에 신탁된 경우에 대하여 별다른 논의가 없다. 저작재산권의 신탁에서도 신탁자로부터 수탁자에게 2차적저작물작성권이 양도된다. 한편 판례는 저작권신탁계약의 법적 성질은 신탁법상의 신탁에 해당한다고 보고 있고, 따라서 신탁계약에 따라 저작재산권은 법률상 신탁자로부터 수탁자에게 완전히 이전하여 수탁자가 권리자가 되고, 권리에 대한 소 제기의

권한을 포함한 모든 관리처분권이 수탁자에 속하게 된다.[190]

앞서 본 긍정 입장을 유지하면 신탁 및 양도에 불구하고 저작자는 수탁자의 허락을 받고 작성된 2차적저작물에 대하여도 동일성유지권을 행사할 수 있다.

그러나 부정 입장에 따르면 신탁자인 저작자는 신탁 양도된 2차적저작물작성권에 따라 작성된 2차적저작물에 대하여 동일성유지권을 행사할 수 없고, 수탁자인 신탁단체는 양수받은 2차적저작물작성권에 의하여 저작자와 무관하게 2차적저작물작성을 허락할 수 있다. 이렇게 되면 저작재산권만을 신탁받은 단체가 원저작물에 대한 개변을 정하게 되어 단순히 저작물의 재산적 이용을 넘어 저작자의 고유권한인 저작인격권적 요소인 동일성유지에 대한 권리를 행사하는 결과를 초래할 수 있다.

저작물 신탁의 경우 저작자가 신탁단체에 저작재산권만 신탁하고 저작인격권은 저작자가 보유하는 내용의 신탁 약정을 하고, 신탁단체가 저작물이용신청자에게 2차적저작물의 작성을 허락하는 경우 별도로 원저작자로부터 허락을 받도록 하는 것이 일반적이다.

(4) 2차적저작물의 제호

2차적저작물 제호가 원저작물 '제호'와 상이한 것에 대하여는 원저작물 '내용이나 형식'의 개변으로 인한 동일성유지권 저촉 문제와 다르게 볼 필요가 있다. 해당 저작물에 대한 표지(標識)인 제호는 저작물의 내용 형식과 결합하여 저작물을 완결하는 구성요소로서 저작자의 동일성유지권의 대상이 된다. 그런데 2차적저작물의 제호는 원저작물과 별개의 저작물로 인정되는 2차적저작물에 대한 표지일 뿐이며 달리 원저작물이나 원저작물의 개변 부분에 대한 표지로 게재된 것이 아니다. 제호의 경우 원저작물에 대한 동일성유지권 침해 문제가 발생하지 않는다.[191]

---

190 이에 관한 판례로 서태지 음악저작물 신탁에 대한 대법원 2010다1272 판결, '너를 향한 마음' 노래에 대한 서울지방법원 98가합83680판결 등이 있다. 저작재산권 신탁 등 저작권위탁관리에 대하여 저작권법 제7장 제105조 이하에서 규정하고 있고 이 부분에 대하여는 나중에 저작권위탁관리단체를 다루면서 정리한다.

191 2차적저작물과 마찬가지로 편집저작물의 제호도 편집 소재로 사용된 저작물과 별개로 정할 수 있고 새로운 편집저작물의 제호일 뿐이며, 소재저작물에 대한 동일성유지권의 침해가 되지 아니한다.

2차적저작물과 편집저작물

> **'동서문화 한국세계대백과사전'에 대한 서울고등법원 2001나37271 판결**
>
> '동서문화 한국세계대백과사전'이라는 제호의 백과사전을 기반으로 창작된 2차적저작물
> 인 CD에 대하여 원저작물인 백과사전의 저작권자의 성명표시권, 동일성유지권은 미치지
> 않는다며, 이 사건 CD의 내용을 인터넷으로 검색하도록 서비스하면서 원저작물의 제호와
> 달리 '야후! 백과사전'이라는 명칭을 사용한 부분에 대하여 백과사전 저작자가 갖는 동일
> 성유지권에 대한 침해가 되지 아니한다고 하였다.

위 판결은 2차적저작물에 대하여 원저작권자의 성명표시권, 동일성유지권이 미치지 않는다는 부정설의 입장에서 판단하고 있다. 그러나 이 사안의 '야후! 백과사전'은 2차적저작물인 CD에 대한 표지일 뿐이며 원저작물의 표지로 사용된 것이 아니어서 동일성유지권의 침해가 되지 않는 점에서 긍정, 부정의 논의와 무관하게 동일한 결론에 이를 수 있었던 사안이었다.

마. 성명표시권

2차적저작물에 원저작자의 성명표시권의 효력이 미치는지에 대하여도 논의가 있다. 이 논의에서는 원저작물과 별개의 독자적 저작물인 2차적저작물에 대하여 원저작자의 성명을 표시하여야 하는지가 문제된다. 개변으로 인하여 원저작물이 훼손되는 2차적저작물에 대하여 원저작자의 동일성유지권이 효력을 미치는지에 대한 논의와는 다르게 접근할 필요가 있다.

❶ 타인의 저작물을 이용하는 경우 성명 표시를 하여야 하는 점, ❷ 저작물을 인용하는 경우에도 인용된 저작물에 대한 출처 명시 의무를 인정하고 있는 점[192], ❸ 2차적저작물은 원저작물에 기초하였고 2차적저작물에서 원저작물의 본질적 특성을 감지할 수 있음에도 원저작자를 밝히지 않고 원저작물의 창작 부분을 포함한 2차적저작

---

[192] **저작권법 제37조 (출처의 명시)**
① 이 관에 따라 저작물을 이용하는 자는 그 출처를 명시하여야 한다. 다만, 제26조, 제29조부터 제32조까지, 제34조 및 제35조의2부터 제35조의4까지의 경우에는 그러하지 아니하다.
② 출처의 명시는 저작물의 이용 상황에 따라 합리적이라고 인정되는 방법으로 하여야 하며, 저작자의 실명 또는 이명이 표시된 저작물인 경우에는 그 실명 또는 이명을 명시하여야 한다.

물 전체를 2차적저작물작성자의 저작물로만 성명 표시하는 것은 원저작자의 인격적 이익을 침해하게 된다는 점 등을 고려하면 2차적저작물에 대하여 원저작자의 성명 표시권이 미친다고 본다. 다만 저작권법 제12조 제2항 단서에 따라 "저작물의 성질이나 그 이용의 목적 및 형태 등에 비추어 부득이하다고 인정되는 경우"에는 2차적저작물에 대한 원저작자의 성명표시권이 제한될 수 있다.

하급심 판례는 2차적저작물에 대한 원저작자의 성명표시권 침해에 관하여 일관된 입장을 보이지 않고 있다.

① 긍정 판례

'야록 통일교회사'에 대한 서울지방법원 96가합48355 판결

박정화는 가제 '야록 통일교회사'(제1 저작물)를 창작하고 이후 1993년 제1 저작물 중 일부를 발췌하여 일본에서 일본어로 '6 마리아의 비극'(제2 저작물)을 출판하였는데 피고 유효민은 1996. 2. 20.경 피고 이대복과 함께 위 제2 저작물('6 마리아의 비극')을 번역한 다음 '제호 : 야록 통일교회사(野錄 統一敎會史), 저자 : 박정화 외 2명'으로 표시하여 제4 저작물을 출판하였고, 박정화가 1997. 3. 26. 사망하였던 사안에서,

"피고들이 이 사건 제 2저작물을 번역, 출판함에 있어 그 저자를 "망 박정화외 2 인"으로 표시하였음은 앞서 인정한 바와 같은 바 이 사건 제 2저작물이 망 박정화 1인의 창작물임에도 불구하고 이를 번역, 출판하면서 그 저자를 위와 같이 표시한 행위는 번역본인 이 사건 제4저작물에 관한 원고의 성명표시권을 침해하는 행위에 해당한다고 할 것이고(정확히는 원작: 망 박정화, 번역: 유효민·이대복으로 표시하여야 할 것이다) 이로 인하여 망 박정화가 정신적 고통을 받았을 것임이 경험칙상 명백하므로 피고들은 이를 금전으로나마 위자할 의무가 있다고 할 것이다."

의학논문 번역본에 대한 서울중앙지방법원 2007가합114203 판결

저작권법 제12조 제2항의 "저작물을 이용"에 2차적저작물작성도 포함되므로 한국어로 된 의학 논문을 영역하여 2차적저작물을 작성하면서 원저작자를 표시하지 않으면 성명표시권 침해가 된다고 하였다.

서태지 뮤직비디오에 대한 서울지방법원 99가합42242 판결

서태지의 노래 'Take Two'의 뮤직비디오를 제작하던 피고가 약 8분 길이의 단편영화 애니메이션 작품 '왜 울어(Why do you cry- 이카루스의 꿈)'를 제작한 저작권

2차적저작물과 편집저작물

자인 원고로부터 'Take Two'의 뮤직비디오에 원고의 단편영화 중 약 20-30초가량의 분량을 삽입 편집하는 것에 대하여 승낙을 받았다. 피고가 완성한 5분 20초 분량의 'Take Two'의 뮤직비디오에 이 사건 단편영화의 장면 중 1분 20초 분량을 발췌, 삽입하였는데 뮤직비디오의 크레딧에 단편영화 저작자의 성명을 단순히 절지애니메이션 부분의 연출자로 표기하였던 사안에서,

"원고의 저작물인 이 사건 단편영화 중의 일부장면들이 이 사건 뮤직비디오의 상당한 분량에 걸쳐 사용되었고 그 전체 구성에서 차지하는 비중 또한 상당하다고 보이는 이상 이를 사용한 피고 전상일로서는 저작자인 원고의 특별한 의사표시가 없는 한 이 사건 뮤직비디오를 공표함에 있어서 그 제작을 위하여 이 사건 단편영화가 사용되었으며, 그 저작자는 원고라는 취지를 적당한 방법으로 표시하여야 할 의무가 있다고 할 것이다. 그런데, 앞서 본 바에 의하면 피고 전상일은 이 사건 뮤직비디오의 크레딧에 원고의 성명을 단순히 절지애니메이션 부분의 연출자로 표기하고 있음에 불과하다는 것인바, 이러한 표기만으로는 이로써 사회통념상 이 사건 뮤직비디오에 원고의 저작물인 이 사건 단편영화가 사용되었음을 표시한 적당한 방법이라고 보기 어렵다 할 것이므로 결국 피고 전상일은 원고의 이 사건 단편영화에 관한 성명표시권을 침해하였다고 할 것이다."

이 판결 사안에서 원고는 단순히 단편영화의 일부분을 발췌하여 사용하는 것을 허락한 것일 뿐이고 2차적저작물의 작성까지 허락한 것으로 보이지 않는다. 그러나 실제로 이용된 단편영화의 사용 분량과 내용을 보면 뮤직비디오는 단편영화를 이용한 2차적저작물로 볼 여지가 있다. 만약 뮤직비디오가 단편영화에 대한 2차적저작물이 되는 경우라면 원저작자의 성명표시권에 대한 침해를 긍정한 입장으로 구분할 수 있다.

② 부정 판례

'동서문화 한국세계대백과사전'에 대한 서울고등법원 2001나37271 판결

'동서문화 한국세계대백과사전'이라는 제호의 백과사전을 기반으로 창작된 2차적저작물인 CD에 대하여 원저작물인 백과사전의 저작권자의 성명표시권은 미치지 않는다고 하였다.

'돌아와요 부산항에' 노래에 대한 서울서부지방법원 2004가합4676 판결

2차적저작물인 가사를 발표하면서 원저작물인 가사의 작사자를 표시하지 않았더라도 원저작자의 성명표시권을 침해하였다고 할 수 없다며 '돌아와요 충무항에' 노래 가사를 토대로 2차적저작물인 '돌아와요 부산항에' 노래를 만들면서 원작사자의 이름을 밝히지 않았다고 하더라도 성명표시권 침해가 되지 않는다고 하였다.

사극 드라마 극본에 대한 서울남부지방법원 2014노378 판결

드라마 극본가의 허락 없이 극본을 기초로 2차적저작물인 소설을 만들어 무단 출판한 사안에서,

저작권법 제12조에 의하면 저작자는 "저작물의 원본이나 복제물"에 그의 실명 또는 이명을 표시할 권리를 가진다고 규정하고 있을 뿐 "2차적저작물"에 성명표시권을 가진다고 규정하고 있지 않다. 비록 어떠한 저작물을 기반으로 하였으나 독자적인 창작성을 가지는 것은 2차적저작물이 되고, 2차적저작물이 성립한 이상 원저작자의 저작재산권인 2차적저작물작성권 침해를 이유로 처벌할 수 있음은 별론으로 하고, 새로운 창작성을 가지는 2차적저작물에 원저작자를 표시하지 않았다는 이유로 처벌할 수는 없다며 이 사건 소설에 피해자의 성명을 표시하지 않고 출간하도록 했어도 원저작권자인 피해자의 성명표시권을 침해하였다고 보기 어렵다고 하였다.[193]

바. 공표권

2차적저작물에 이용된 원저작물이 아직 공표되지 않은 경우 2차적저작물에 원저작자의 공표권이 효력을 미친다. 저작자의 동의 없이 미공표 상태의 원저작물을 기초로 2차적저작물을 작성하면 원저작자의 공표권 침해가 된다.

(1) 공표에 대한 원저작자의 동의 추정

미공표 저작물의 저작자가 2차적저작물작성권을 양도하거나 2차적저작물의 작성이용에 대한 허락을 한 경우 그 상대방에게 미공표 저작물의 공표를 동의한 것으로 추정된다.(저작권법 제11조 제2항[194]) 그런데 공표는 저작물을 배포하거나 공연, 공중송신,

---

193 저작인격권에 대한 형사처벌 조항인 저작권법 제136조 제2항 제1호는 '저작인격권 또는 실연자의 인격권을 침해하여 저작자 또는 실연자의 명예를 훼손한 자'로 정하고 있다. 위 형사판결은 "설령, 새로운 창작성을 가지는 2차적저작물에도 원저작자를 표시하여야 하고, 원저작자의 허락을 받지 않고 2차적저작물을 작성하면 동일성유지권을 침해하는 것이라고 하더라도, 피고인들이 "MBC 주말특별기획 <E> 원작/G 소설"이라고 표시하여 이 사건 소설을 피해자의 동의 없이 출간한 행위가 피해자에 대한 저작인격권 침해를 넘어서 피해자의 명예를 훼손하는 정도에 이르렀다는 점을 인정할 만한 증거가 없다."라고 판시하고 있다.

194 **저작권법 제11조 (공표권)**
　② 저작자가 공표되지 아니한 저작물의 저작재산권을 제45조에 따른 양도, 제46조에 따른 이용허락, 제57조에

전시하는 경우와 같이 공중에게 저작물을 노출하는 개념이다. 저작자의 이용 허락이 있더라도 허락된 이용 방법에 따르는 공표를 추정할 뿐이다. 따라서 예를 들어 2차적저작물의 작성이나 그에 대한 복제만 허락한 경우와 같이 공중에 저작물이 노출되지 않는 이용 방법을 허락한 경우에는 제11조 제2항의 추정은 적용되지 않는다고 보는 것이 일반적이다.

(2) 2차적저작물의 공표에 의한 원저작물의 공표

2차적저작물은 대부분 원저작물 일부만을 이용하거나 표현을 개변하는 방법으로 작성한다. 원저작물이 미공표인 경우 원저작물 전체가 아니라 원저작물과 실질적유사성을 가지는 일부의 표현만이 2차적저작물에 포함되어 있더라도 2차적저작물의 공표를 통해 원저작물이 공표되는 것으로 보고 원저작자의 공표권이 효력을 미친다고 하는 것이 일반적이다. 그러나 이 문제는 2차적저작물 작성에 대하여 원저작자의 동의가 있었던 경우와 그렇지 않은 경우를 나누어 볼 필요가 있다.

❶ 저작권법은 2차적저작물 작성에 원저작자의 동의가 있는 경우에 대하여 제11조 제4항[195]을 두고 있다. 제11조 제4항은 '원저작자의 동의를 얻어' 미공표 원저작물을 개변하여 2차적저작물을 작성·공표하면 원저작물도 공표된 것으로 본다는 규정이다. 저작자의 동의가 있는 경우에는 원저작물의 일부만이 원저작물로 사용되거나 원저작물과 다르게 개변되어 사용되어도 2차적저작물에 사용된 원저작물이 공표된 것으로 간주하고 있다.

❷ 2차적저작물 작성에 원저작자의 동의가 없는 경우라도 저작자의 공표권을 저작물의 최초 공표에 대한 권리로 보는 이상 2차적저작물이 공표되면 원저작물에 대한 최초 공표도 함께 이루어지고, 그 범위에서 원저작자는 더 이상 공표권을 주장할 수 없다.[196]

따른 배타적발행권의 설정 또는 제63조에 따른 출판권의 설정을 한 경우에는 그 상대방에게 저작물의 공표를 동의한 것으로 추정한다.

195 **저작권법 제11조 (공표권)**
④ 원저작자의 동의를 얻어 작성된 2차적저작물 또는 편집저작물이 공표된 경우에는 그 원저작물도 공표된 것으로 본다.

196 저작자의 동의 없이 저작물이 공표된 경우 저작자가 여전히 저작물에 대하여 공표권을 행사할 수 있는지에 대

그런데 예를 들어 미공표 영상물 중 일부 영상만이 2차적저작물의 원저작물로 사용되거나 또는 미공표 소설이 각색되어 2차적저작물인 시나리오로 작성되어 공표되었을 뿐이며 원래의 소설로서 공표되지 않은 경우가 있다. 이와 같이 원저작자의 동의가 없는 2차적저작물의 작성·공표가 있더라도 원저작자는 아직 공중에 노출되지 아니한 원저작물 부분이나 개변 이전의 원저작물 그 자체의 공표에 대하여 인격적 이익을 가질 수 있다. 따라서 저작자의 동의가 없었더라도 2차적저작물의 원저작물로서 이미 공표된 범위에서는 더 이상 저작자가 공표권을 행사할 수 없지만 2차적저작물의 무단 공표에 불구하고 여전히 원저작자가 공표에 대한 인격적 이익을 갖는 아직 공중에 노출되지 않은 원저작물 부분에 대하여 원저작자의 공표권이 효력이 미칠 수 있다고 본다. 따라서 앞서 예로 들은 미공표 전체 영상물이나 소설저작물을 무단으로 발행하면 원저작자의 공표권 침해가 된다고 할 수 있다.

하여 논의가 있다. 공표의 개념은 공표자의 주관적 요소를 고려하지 않는 것이므로 저작자의 동의가 없는 경우에도 공표 요건을 충족할 수 있다고 본다. 이에 대하여는 나중에 공표권을 다룰 때 정리하고자 한다.

2차적저작물과 편집저작물

4 편집
저작물

가. 편집저작물의 정의와 특성

편집저작물은 집합물인 편집물 소재의 선택·배열 또는 구성에 창작성을 갖는다. 검색을 위한 체계를 갖는 데이터베이스와 구분되며 일반저작물과 중복하여 성립할 수 있다.

(1) 편집저작물의 개념

편집저작물은 편집물로서 그 소재의 선택·배열 또는 구성에 창작성이 있는 것을 말한다. (저작권법 제2조 제18호)[197] 편집저작물의 기본이 되는 편집물은 '저작물 또는 부호·문자·음·영상 그 밖의 형태의 자료 등 소재의 집합물'을 말한다. (제2조 제17호)[198] 편집물 소재는 저작물뿐만 아니라 저작물이 아닌 부호·문자·음·영상 그 밖의 형태를 포함한다. 따라서 창작성이 있는 글이나 영상물 등 저작물이나 전화번호와 같이 단편적인 정보, 간단한 문구와 영상 등 저작물성을 갖지 못한 자료를 소재로 하더라도 이러한 소재의 편집물은 소재와 별개로 독자적인 편집저작물로 보호될 수 있다.

---

197 **저작권법 제2조 (정의)**
  18. "편집저작물"은 편집물로서 그 소재의 선택·배열 또는 구성에 창작성이 있는 것을 말한다.

198 **저작권법 제2조 (정의)**
  17. "편집물"은 저작물이나 부호·문자·음·영상 그 밖의 형태의 자료(이하 "소재"라 한다)의 집합물을 말하며, 데이터베이스를 포함한다.

'여행천하 유럽' 서적에 대한 서울지방법원 2001가합64030 판결

여행안내 서적인 '여행천하유럽'은 여행 정보를 제공하기 위하여 팸플릿, 백과사전, 관련 서적 등과 같은 여행지와 관련된 자료들을 편집하여 기술한 편집물로서 비록 기존의 다른 여행안내 서적이나 백과사전 등에 소개된 내용을 기초로 하고 있지만 자신들의 축적된 여행 경험과 지식을 바탕으로 기획 의도에 필요하다고 선별한 내용만을 모으고 현장 방문 시 느꼈던 감상 등도 보태어 기술함으로써 소재의 선택이나 배열에 창작성이 있는 편집저작물에 해당한다고 하였다.

목재방부제 광고물에 대한 수원지방법원 2008노5682 판결

목재방부제 광고물이 B 주식회사와 C의 홈페이지에 게재되어 있던 사진 및 문구들을 이용하여 제작된 것이라도 회사의 이미지 제고 및 판매촉진을 도모할 목적으로 작성된 것으로 문구의 내용이나 형태, 사진의 선택 및 배치 등 소재의 선택과 배열에 창작성이 있다고 하였다.

'살아있는 동안 꼭 해야 할 49가지' 서적에 대한 서울고등법원 2008나68090 판결

중국인인 탄줘잉(覃卓穎)과 왕징(王晶)은 일상생활에서 잔잔한 감동을 주는 이야기 99가지 '一生要做的99件事'(일생에 해야 할 99가지 일)이라는 제목의 이 사건 중문 서적을 저술하였다. 피고가 무단으로 이 사건 중문 서적에 실려 있는 99가지의 이야기 중 45가지를 선별하여 번역하고, 이 사건 중문 서적에 실려 있지 않은 4가지 이야기를 추가하고 삽화를 넣어 "살아 있는 동안 꼭 해야 할 49가지"라는 제목으로 이 사건 번역서적을 발행하였던 사안에서,
'일생에 하여야 할 일'이라는 주제에 적합한 99가지의 '이야기'들을 소재로 선택하고 이를 독자적으로 배열한 중문 서적에 대하여 편집저작물성을 인정하였다.[199]

---

199 위 판결은 이 사건 중문 서적에 대한 편집저작물성을 인정하였으나 "원고는 이 사건 중문 서적 자체가 편집저작물에 해당함을 이유로 개별 이야기들 이외에 이 사건 중문서적 자체에 대한 저작권 침해 역시 주장하고 있으나, 위에서 본 사실관계 및 앞서 든 각 증거에 인정되는 다음과 같은 사정, 즉 피고 위○○이 이 사건 중문서적에 실려 있는 이야기들을 전부 번역·출판하지는 않은 점, 이야기를 배열하는 순서에서도 이 사건 중문서적과 이 사건 번역서적은 큰 차이를 보이는 점 등에 비추어 보면, 이 사건 번역서적이 이 사건 중문서적의 소재 선택, 배열이나 구성을 그대로 이용하였다고 보기 어려우므로, 원고의 이 부분 주장은 이유 없다."며 피고의 편집저작권 침해는 인정하지 않았다.
한편 상고심인 대법원 2010다66637 판결은 45개의 이야기 중 4개 이야기는 원저작물에 수정, 증감을 가한 것에 불과하여 독창적인 저작물로 볼 수 없다는 이유로 피고 손해배상 부분을 파기하여 환송하였다.
환송 후 원심 서울고등법원 2012나24622 판결은 위 45개 이야기 중 종전 상고심이 판단한 4개 이야기뿐 아니라 22개 이야기가 2차적저작물로서의 독창성이 인정되지 않고, 나머지 23개 이야기만 저작재산권 침해가 인정된다고 판단하였다. 아울러, ❶ 이 사건 중문 서적이 창작성이 있는 편집저작물이라고 볼 수 없고, ❷ 이 사

　　　　　　　　　　　　　　　　　　　　　　　2차적저작물과 편집저작물

(2) 데이터베이스와의 구분

편집저작물은 소재의 집합물인 편집물을 기본으로 하는 까닭에 결과적으로 축척된 다양한 정보에 접근할 경우도 있다. 편집저작물과 구분해야 할 것으로서 데이터베이스[200]가 있다. '편집저작물'이나 '데이터베이스'는 모두 소재의 집합물인 '편집물'에 해당하지만 '편집저작물'은 소재의 선택, 배열, 구성에 창작성을 갖추어야 하고, '데이터베이스'는 검색을 위한 체계적 배열 및 구성을 갖추는 등 성립요건이 다르다. 다만 편집저작물이 편집물을 구성하는 소재의 창작적인 선택, 배열, 구성이 소재의 접근 검색을 위한 체계를 함께 갖추고 있으면 데이터베이스의 지위를 함께 가질 수 있다. 오늘날 디지털 기술이 발전하면서 정보를 최대한 많이 모아 축적하는 것이 사업적 기반이 되는 경우가 많고, 이에 대한 노력과 투자가 이루어지고 있다. 이처럼 최대한 모든 정보를 모으는 등 '정보의 망라적 축적'이 있더라도 편집저작물이 되는 것은 아니며 축적된 정보의 선택, 배열, 구성에 창작성이 있어야 편집저작물이 된다. 다만 창작성 없이 망라적으로 구축된 소재가 검색을 위한 체계를 갖는다면 데이터베이스로서 보호될 수 있다.

전자지도에 대한 서울지방법원 2000가합54067 판결

지리 정보를 체계적으로 정리하여 전산화한 전자 지도는 지표상의 자연적 현상들과 인문적 현상들에 관한 지리 정보를 체계적으로 정리하여 소재의 선택 및 배열에 있어 창작성이 있다며 편집저작물로 인정하였다.[201]

건 중문 서적에 나타난 전체적·구체적인 편집상의 표현이 이 사건 번역 서적에 실질적으로 유사한 형태로 차용되었다고 볼 수도 없다고 하여 원고의 편집저작물 저작권 침해에 관한 주장을 배척하며 손해액 원금은 환송 전 원심이 인용한 4억 원보다 감액하여 2억 원만을 인용하였다.

위 환송 후 원심에 대한 상고심 대법원 2013다22775 판결은 원고의 이 사건 청구 중 이 사건 중문 서적이 편집저작물에 해당함을 전제로 편집 저작권을 침해하였다고 하여 손해배상을 청구한 부분은 위 환송판결의 선고로써 확정되었음에도 환송 후 원심이 편집저작권 침해를 원인으로 하여 손해배상을 구하는 부분까지 심리하여 판단한 것은 환송 후 원심의 심판범위에 관한 법리를 오해하여 잘못 판단한 것이라고 하였다.

200 **저작권법 제2조 (정의)**
19. "데이터베이스"는 소재를 체계적으로 배열 또는 구성한 편집물로서 개별적으로 그 소재에 접근하거나 그 소재를 검색할 수 있도록 한 것을 말한다.
저작권법은 데이터베이스제작자의 보호에 대하여 제91조 내지 제98조를 두고 있다.

201 위 판결은 인쇄물 지도가 갖는 도형저작물로서의 표현이 아니라 전자 지도가 디지털 부호로 데이터베이스로서 표현되어 있던 사안에 대한 것이다. 위 판결은 정보처리 장치를 이용하여 검색할 수 있는 데이터베이스도 편집물에 포함했던 2000년 저작권법 제6조에 따라 데이터베이스를 편집물로 보고 그 소재의 선택 또는 배열에 창

(3) 일반저작물과 중복 성립

하나의 작품에 일반 저작물의 표현형식에 의한 고유의 창작성이 있을 뿐만 아니라 저작물을 구성하는 소재에 대한 선택, 배열, 구성에 창작성이 있는 경우에는 일반 저작물과 편집저작물로서 중복하여 성립할 수 있다.

작성을 인정하여 편집저작물로 인정한 사안이다.

2차적저작물과 편집저작물

나. 편집저작물의 아이디어와 표현

편집저작물에도 일반 저작물과 마찬가지로 아이디어와 표현이 존재할 수 있다.

(1) 편집 표현의 보호

① 편집저작물에 대하여 저작권보호범위에 대한 아이디어와 표현의 이분법이 적용될 수 있다. 따라서 편집저작물 중 선택, 배열, 구성 등 편집에 창작성이 있는 표현은 보호되지만 편집과정에 발휘된 아이디어 그 자체는 창작적이라고 하더라도 원칙적으로 보호되지 않는다.

> **동서언론 부정기간행집에 대한 대법원 92도569 판결**
> 학술논문집에 피고인의 논문이 일정한 기준에 의하여 선별되어 게재된 것으로 보이는 외관을 가지고 있다며 1편의 논문만이 수록된 논문집에 대하여 편집저작물성을 인정하였다.

위 판결은 논문집은 그에 수록된 논문과는 별도의 편집저작물이 될 수 있는데 피고인은 편집저작물인 논문집에 대한 저작자임에도 불구하고 피고인이 아닌 한국외국어대학교 부설 국제커뮤니케이션연구소라고 표시한 것은 저작권법 제99조 제1호(현행법 제137조 제1항 제1호) 소정의 죄에 해당한다고 판시하였다. (제137조 (벌칙)… 1. 저작자 아닌 자를 저작자로 하여 실명·이명을 표시하여 저작물을 공표한 자) 그러나 위 사안은 논문집에 피고인의 논문 1편만이 게재되어 있었던 경우이다. 피고인의 논문이 일정한 기준에 의하여 선별되어 게재된 것으로 보이는 외관이 있기는 하지만 일정한 기준에 의하여 선별하여 1편의 논문을 게재한다는 것은 아이디어의 영역에 속하는 것이다. 편집저작물은 집합물인 편집물에 대하여 인정되고 소재의 선택, 배열, 구성 등 편집 표현에 창작성이 있어야 한다. 이 사안에서 소재가 된 논문의 편집 표현에 창작성이 있었다고 볼 수 없음에도 1편의 논문이 실린 논문집에 편집저작물성을 인정한 것은 의문이다.

② 이와 같이 소재의 선택, 배열, 구성을 통해 나타난 편집물의 구체적 표현은 보호되지만 소재의 선택, 배열, 구성에 대한 추상적이거나 이론적인 기준이나 방법 그 자체는 아이디어로서 보호하지 않는다. 따라서 편집저작물 중 소재가 배열된 표현 그 자체를 모방하지 않고, 편집저작물의 추상적인 소재의 배열 방법만을 모방하여 다른 소재를 가지고 새로운 편집물을 만드는 것은 저작권 침해가 되지 않는다. 다만 편집저

작물의 작성자가 소재의 편집 작업에 상당한 노력과 투자를 한 경우 부정경쟁행위가
성립할 경우가 있다.

경마예상지에 대한 서울고등법원 99나7116 판결

"어떤 편집물이 그 소재인 저작물과 독립하는 별개의 저작물인 편집저작물로서 보호받으
려면, 소재를 선택하거나 배열하여 편집물을 작성하는데 창작성이 있어야 할 것이지만,
추상적인 선택방법이나 배열 방법 그 자체는 보호되지 아니하고 소재의 선택이나 배열의
결과 소재가 구체적으로 배열되어 있는 결과, 즉 편집물에서 소재의 선택이나 배열에 창
작성이 있다고 인정되는 경우에 비로소 편집저작물로서 보호를 받는 것이다···. 가사 원고
의 경마지의 도표가 편집저작물로서 보호되어야 할 정도의 창작성이 있다고 할지라도 추
상적인 선택방법이나 배열 방법은 그 자체는 저작권으로 보호되지 않으므로, 피고들이 원
고의 편집저작물 중 소재의 선택이나 배열에 관하여 창작성이 있는 부분을 '소재가 배열
되어 있는 그 자체'로서 모방한 것이 아니고, 다만 추상적인 소재의 배열 방법 그 자체만을
이용하여 한국마사회에서 제공하는 소재를 가지고 원고와 마찬가지로 배열하더라도 이
를 저작권의 침해로 볼 수는 없다 하겠다."

(2) 내재적 표현의 인정여부

추상적인 분류 기준이나 편집 방법과 달리 세밀하고 독특한 분류 기준이나 편집 방
법 자체가 편집저작물의 창작적 표현으로 볼 수 있는지에 대하여 논의가 있다.

편집저작물에 구현된 분류 기준, 편집 방법이 비문언적·내재적 표현으로 보호되는
소설의 줄거리 수준과 대등할 정도로 세밀하고 독특한 구조와 전개 과정을 갖고 있
고 이것이 편집물 전체의 본질적인 구성 체제를 이루고 있으면 아이디어를 넘어 일
종의 내재적 표현으로서 저작권 보호를 받을 수 있다고 본다.

따라서 비록 다른 소재를 사용하였으나 위와 같은 편집저작물의 내재적 표현을 그대
로 무단 사용한 경우 편집저작물에 대한 침해가 될 수 있다. 다만 이러한 편집 방법이
내재적 표현으로서 저작권 보호를 받기 위해서는 실용성과 기능성에 따른 표현의 제
약에서 벗어나야 한다.

          2차적저작물과 편집저작물

다. 편집저작물의 창작성

편집저작물은 일정한 방침이나 목적 아래 이루어진 소재의 선택, 배열 또는 구성에 의한 표현에 창작성이 존재하여야 한다.

(1) 소재의 선택, 배열, 구성

① 편집저작물은 소재의 선택, 배열, 구성에 창작성이 있어야 한다. 저작권법 제2조 제17호는 편집저작물을 구성하는 '소재'로서 '저작물 또는 부호·문자·음·영상 그 밖의 형태의 자료'를 들고 있다. 저작권법에서 저작물과 그와 함께 예시된 부호·문자·음·영상 등 자료는 문구의 내용상 저작물성이 없는 표현물 내지 표현적 요소를 의미하는 것으로 보인다. 따라서 아이디어는 편집저작물의 소재에 포함되지 않으며, 다만 앞서 본 바와 같이 세밀하고 독특한 분류 기준, 편집 방법은 편집저작물의 내재적 표현이 될 수 있다.

편집저작물은 예를 들어 어문저작물은 언어와 문자, 음악저작물은 음, 미술저작물은 형상과 색채 등 '표현형식'에 의한 표현에 창작성이 있어야 하는 것처럼 '소재의 선택, 배열, 구성'에 의한 표현에 창작성이 존재하여야 한다.[202]

편집저작물은 다양한 소재를 모은 편집물을 제작하는 과정에 투입된 노력과 자본과 무관하게 소재의 선택, 배열, 구성에 의한 표현에 창작성이 있어야 한다.

경매정보지에 대한 대법원 96도2440 판결

❶ 경매과정 및 그 결과란, 등기부상의 권리관계란을 작성함에 등기부등본이나 경매기록에 나와 있는 내용을 기계적으로 옮기지 않고 상당한 지식을 토대로 알기 쉽게 필요한 부분만을 발췌·요약한 비중이 절대적으로 크고 ❷ 또한 저렴한 비용과 손쉬운 노력으로 얻을 수 있는 단순한 자료와 상당한 자본과 노력을 투입하여 얻은 경매과정 및 그 결과란, 등

---

202 이와 같이 편집저작물에서 '소재의 선택, 배열, 구성'은 일반 저작물의 '언어와 문자', '음', '형상과 색채' 등과 마찬가지로 인간의 사상 또는 감정을 창작적으로 표현하는 '표현형식'의 지위를 갖는다고 말할 수 있다.
한편 편집저작물뿐만 아니라 일반 저작물에서도 어문에서의 어휘, 문장, 줄거리, 음악에서의 가락, 리듬, 화성, 안무에서의 동작 및 몸짓, 건축에서의 공간 및 구성 등 요소를 선택, 배열, 구성하여 창작성을 만들 수 있고, 이 경우 일반 저작물은 해당 유형 고유의 특정한 표현형식으로 만들어지는 창작적 요소에 대한 선택, 배열, 구성 방법으로 창작성을 만드는 것인 반면 편집저작물은 특정한 표현형식 요소가 아니라 소재에 대한 선택, 배열, 구성으로 창작성을 만든다는 점에서 차이가 있다는 점은 ' I 의 2. 저작물의 표현'에서 정리한 바 있다.

기부상의 권리관계란을 결합한 경매정보지에 대하여 편집저작물로서의 창작성을 인정하였다.

조세조약일람표에 대한 서울형사지방법원 93노1924 판결

이미 재무부에서 발간한 바 있는 '우리나라가 외국과 체결한 조세협약 개요'에 수록된 것을 참고하였다고 하더라도 횡으로는 항목별로, 종으로는 대한민국과 조세조약을 체결한 해당 국가별로 배열하고 각 항목에 해당하는 각국과 체결된 조세조약의 내용을 요약 기술한 조세조약 일람표에 대하여 편집저작물성이 인정되었다.

운전면허시험집에 대한 서울지방법원 94가합63879 판결

운전면허시험에 대비한 필수적인 지식 등을 수집·소개하고, 출제 가능성이 큰 법률, 시행령, 시행규칙을 선별하여 항목별로 요약·정리·해설하고, 자동차구조에 관하여 출제 가능성이 높은 부분만을 발췌하여 적절히 그림 등을 덧붙여 정리하고, 예상문제와 기출문제를 적절하게 배열한 운전면허시험집의 편집저작물성을 인정하였다.

수험정보지 '취업정론'에 대한 서울지방법원 98가합91391 판결

'TIME' 기사를 발췌하여 번역한 기사와 타인의 영어 서적에 있는 문제와 해석을 선별하고 부록으로 각종 시험문제와 해설을 선별하여 첨부하는 등 타인의 저작물에서 발췌한 소재를 선택·배열한 수험정보지에 대하여 편집저작물로서 창작성을 인정하였다.

'여행천하 유럽' 서적에 대한 대법원 2009도291 판결

여행지에서의 교통, 볼거리, 식당, 숙박시설 등 정보 중에서, 여행 경험과 지식을 바탕으로 여행에 유용한 정보를 일목요연하고 편리하게 제공한다는 여행책자의 편집 목적에 비추어 필요한 정보들만을 취사선택하여 나름 편집한 부분에 대하여 편집저작물로서의 창작성을 인정하였다. 그러나 도시 정보, 교통, 여행 코스, 볼거리, 음식, 쇼핑 및 숙박 정보, 지도 등의 구성 부분은 다른 여행책자가 취하고 있는 일반적인 구성 형태라며 창작성을 부인하였다.

마포구, 강북구 주요업무책자에 대한 서울중앙지방법원 2013가합29818 판결

'2013 마포구 주요업무계획' 책자를 만든 원고가 '2013 강북구 주요업무계획' 책자를 만

2차적저작물과 편집저작물

든 피고에 대하여 편집저작권 침해 주장을 하였고, 피고는 원고의 저작물은 구청 주요업무계획 책자를 만든다면 누구나 생각할 수 있는 정도에 불과한 내용으로 저작물성이 없고, 두 책자 모두 구청 주요업무계획 책자가 취할 수밖에 없는 일반적인 구성 형태라고 반박한 사안에서,

원고의 저작물 중 소재인 특정 문구, 사진, 특정 문양 및 특정 색을 독자적인 표현 방법에 따라 선택한 부분에 대하여 편집저작물성을 인정하였고 다만 주요업무계획이라는 내용을 일정한 구성으로 배열한 것에 대하여는 창작성을 부인하였다.

자동차 광택제 제품 라벨에 대한 서울중앙지방법원 2013가합55534 판결

이 사건 자동차 광택제 제품 라벨은 일정한 목적 하에서 특정 색을 띠는 도형, 제품명 및 제품의 특성을 드러내는 문구, 제품이 주로 쓰이는 대상인 자동차 부분의 사진, 기타 문양 등의 소재가 통일성 있게 최소한의 창작성을 가지면서 선택, 배열되어 편집저작물에 해당한다고 하였다.

이 사안의 라벨은 도형, 문자, 사진, 미술 등 다양한 요소가 존재하는 표현물로서 개개의 일반 저작물로서의 창작성을 인정하기가 쉽지 않았던 것으로 보인다. 편집저작물은 이처럼 다양한 소재가 어우러져 사용되었으나 특정한 표현형식에 대하여 창작성을 갖는 일반 저작물로서 보호하기 어려운 경우 존재감을 갖는다.

제모기 광고물에 대한 수원지방법원 성남지원 2016가합204512 판결

광고모델을 섭외하여 스튜디오에서 모델을 촬영한 사진과 가정용 제모기 제품에 관한 문구를 결합한 광고물에 대하여 광고를 접하는 소비자의 주목도에 큰 영향을 미치는 사진과 텍스트 부분의 상대적 위치, 각 부분의 크기, 배열 방식, 텍스트 부분의 장식은 저작자의 고유한 개성이 드러난 표현이라며 이 사건 광고물은 피고로부터 제공된 제품에 관한 정보 자체와는 구분되는 독자적인 편집저작물로서 보호할 만한 창작성이 있다고 하였다.

구매대행 웹사이트 홈페이지에 대한 서울지방법원 2003카합1713 결정

구매대행 웹사이트의 홈페이지에 있는 상품정보 등의 구성 형식이나 배열, 서비스 메뉴의 구성에 편집저작물성을 인정하였다.

PC방 사업 홈페이지에 대한 서울고등법원 2007나110116 판결

피고가 원고의 PC방 사업 홈페이지의 내용을 기초로 상호, 가맹점 표지, 문장 그림 사진 위치 등에 사소한 변경만을 하고 복제한 사안에서,
홈페이지의 내용은 PC방 사업과 관련한 수익모델, 개점 절차, 투자 항목 등의 여러 가지 사항을 PC방 창업을 희망하는 고객에게 제공하기 위하여 원고 나름의 지식과 노하우를 독자적인 방법으로 표현한 편집저작물이라고 하였다.

② '선택, 배열, 구성' 외에 소재의 '수집'이 편집저작물의 창작성 대상이 되는지에 대하여 논의가 있다. 단순히 일정한 영역에 속하는 자료를 모으려는 목적으로 이루어지는 수집에 대하여는 창작성을 인정할 수 없다. 그러나 자료의 수집 또는 수집된 자료를 선별하는 과정에서 선택이 함께 이루어지고 이러한 수집과 선택, 배열, 구성에 창작성이 있다면 편집저작물로서의 창작성이 인정될 수 있다고 본다. 소재를 '수집한 자'와 '선택·배열·구성한 자'가 다를 경우 수집과정에서 창작적인 선택에 기여한 자는 편집저작물의 공동저작자가 될 수 있다. 그러나 해당 영역에 대한 자료를 망라하여 단순히 수집한 자는 편집저작물에 창작적 기여를 하였다고 볼 수 없고 공동저작자로 인정되지 않는다.

③ 저작물의 창작성에 신규성을 요구하지 않는 것은 편집저작물의 경우에도 마찬가지이다. 기존에 없는 새로운 '선택, 배열, 구성'으로 편집하여야 편집저작물의 창작성이 인정되는 것이 아니고, 또한 편집에 신규성이 있다고 하여 편집저작물의 창작성이 인정되는 것도 아니다.

'파트너 성경'에 대한 서울고등법원 96라95 결정

대한성서공회가 발행한 성경전서의 본문을 12부분으로 나누어 권별로 그대로 전재한 것은 이전부터 흔히 실시되어 온 분책 방식이고, 가사 이 사건 성경책에서 처음으로 시도된 것으로서 신규성이 있다고 하더라도 이는 기존의 분책 방식으로부터 용이하게 착안할 수 있으므로 소재의 선택이나 배열에 창작성이 있다고 할 수 없다고 하였다.

2차적저작물과 편집저작물

(2) 편집의 방침과 목적

편집저작물을 작성하려는 일정한 방침과 목적 그 자체는 아이디어 요소이지만 소재의 선택, 배열, 구성에 의한 편집 표현에 창작성을 만드는 요소가 된다. 편집하려는 소재를 일정한 방침 혹은 목적을 가지고 선택, 배열, 구성하는 데 창작성을 발휘하는 경우 편집저작물의 창작성이 나타날 수 있다. 편집이 일정한 방침이나 목적 아래 이루어지지 않고 임의로 이루어진 경우 예를 들어 ❶ 소재의 발행 시점이나 주제에 따라서 단순 열거하거나, ❷ 분량을 조정하기 위하여 분책하는 등 임의로 나눈 데 불과한 경우, ❸ 단순히 기계적으로 소재를 결합 배치하는 경우에는 편집저작물 창작성을 인정할 수 없다.

법조 수첩에 대한 대법원 2001다9359 판결

편집저작물은 "일정한 방침 혹은 목적을 가지고 소재를 수집 분류 선택하고 배열하여 편집물을 작성하는 행위에 창작성이 있어야"한다고 하였다.

'북역 고려사'에 대한 서울고등법원 96나52092 판결

북한에서 발간한 '고려사역본'에 '고려사한문원본'을 기계적으로 결합·배치한 것에 불과한 '북역고려사'는 편집물이지만 역본에 한문 원본을 기계적으로 결합·배치한 것에 불과하여 편집저작물이나 2차적저작물이 아니라고 하였다.

위 판결은 단순한 편집물은 저작물이 아니기에 저작권법의 보호는 받지 못하지만 타 출판사의 표시가 있는 서적을 그대로 복제하여 배포한 경우에는 타인의 상품을 사칭하여 판매한 경우로서 부정경쟁행위에 해당한다고 하였다.

'성서 주해보감'에 대한 대법원 92도2963 판결

'성서 주해보감'은 보는 사람들이 이해하기 쉽도록 성경 구절의 일부 또는 전부를 위 한글 개역 성경에서 찾아서 인용하고 있으나 ❶ 이는 누구나 찾아볼 수 있는 '한글 개역 성경'에 있는 소재를 편집한 것으로서, ❷ '한글 개역 성경'에 있는 주제성구 중의 일부를 옮겨 놓는 단순한 기계적 작업을 하였고, ❸ 주제성구 부분이 차지하는 비중이 극히 적다며 '성서 주해보감'은 그 소재의 선택 또는 배열이 독자적인 저작물로 보호될 정도로 창작성이 있다고 인정할 수 없다고 하였다.

국세청기준시가 자료집에 대한 서울지방법원 97가합75507 판결

이 사건 책자는 ❶ 국세청 고시자료의 내용 중 고시금액을 삭제하고 대신 참조할 국세청 고시자료의 해당 쪽수를 표기하고, 소재지 표기에 있어 '시, 군, 구'를 '-'로 대체하거나, 금액, 층수 등의 용어를 '고시금액', '해당 층' 등으로 변경한 점이 있으나, ❷ 국세청 고시자료의 각 내용 및 배열 방식 등을 전체적으로 대비하여 보면 국세청 고시자료를 그대로 옮겨 놓는 단순한 기계적 작업의 범주를 벗어나지 않는다며 이 사건 책자에 대하여 편집저작물의 창작성을 배척하였다.

(3) 창작성의 고려요소

소재의 선택, 배열, 구성에 의하여 만들어진 편집저작물의 창작성은 구체적으로 ❶ 편집자의 편집 목적과 의도, ❷ 수집한 자료의 선별과 발췌, 정리와 배열, 구성과 형식을 통하여 편집된 표현내용, ❸ 편집물 분야에서 형성된 기존 편집 방법 등 요소를 고려하여 판단하게 된다.

우표앨범에 대한 서울고등법원 98라240 결정

신청인이 신청인의 우표 앨범은 그간 발행된 모든 한국 우표를 망라한 것이 아니라 신청인이 수집하였던 과거의 우표와 한국우표 도감에 나오는 우표를 기초로 이를 각권의 분량에 맞게 적절히 조정하여 발행 순과 주제 순으로 9권의 책으로 나누어 분류 수록하였고, 권마다 편철의 편의를 위하여 바인더식 방식을 최초 도입하였으며, 알기 쉽고 찾기 쉽게 우표마다 제목과 함께 고유의 일련번호를 붙이는 등 소재의 선택과 배열에 나름의 독창성을 가미한 편집저작물이라고 주장한 사안에서,

신청인의 우표 앨범은 ❶ 종래부터 있어왔던 발행순과 시리즈물이 나온 주제에 따라 우표들을 한데 모아 놓은 데에 불과하여 독창성을 인정할 수 없고, ❷ 전 9권으로 나누어 분류 수록한 점도 어떤 주제와 의도를 가지고 한 것이 아니라 발행 순과 주제 순에 따라 우표를 나열하면서 분량 조정을 위해 임의적으로 나눈 데 불과하며, ❸ 고유번호도 기존에 대한 우표회에서 한 우표 분류 방식과 크게 다르지 않아 원고가 독창적으로 고안해낸 우표 분류번호라 할 수도 없고, ❹ 바인더식 편철 방법은 이미 다른 저작물에서는 통상적으로 이용되고 있는 편철 방식일 뿐만 아니라 그 자체로는 편집저작물을 정함에 있어 아무런 관련도 없다며 편집저작물성을 배척하였다.

2차적저작물과 편집저작물

라. 창작성의 제한

편집저작물에 대하여 일반 저작물과 마찬가지로 창작성을 필터링할 수 있는 관련 법리가 적용된다.

① 편집저작물도 일반 저작물과 마찬가지로 최소한의 창작성을 갖고 있어야 한다. 예를 들어 일정한 취향에 맞는 몇 개의 음악을 선택하여 배열한 경우와 같이 편집 분량이 미미한 경우에는 편집저작물이 되기 위한 최소한의 창작성을 갖추지 못한 것으로 볼 수 있다.

CD 트랙 구분 효과음에 대한 대전지방법원 2011가합14194 판결

CD 트랙 사이의 효과음은 트랙 구분을 위한 용도의 짧은 음향으로서 ❶ '일정한 방침 목적'에 따른 행위자의 창작성이 개입할 여지가 없고, ❷ 효과음 '선택'에 개성이 있다고 할 수 없으며, ❸ 일률적인 트랙 첫머리 '배치'는 누가 하더라도 비슷할 수밖에 없는 성질이라며 창작성을 인정하지 않았다.

'정태춘 박은옥 힛트곡 모음집'에 대한 서울고등법원 94나6668 판결

기존 음반에 녹음된 가요 21곡 중 16곡을 단순히 발췌하여 그 배열만 달리하여 모아 놓은 '정태춘 박은옥 힛트곡 모음집'은 히트곡 모음집을 만들기 위하여 사용된 궁리, 방법에 의한 선택과 배열 정도에 불과하여 창작성이 없다고 하였다.

'오리지날 히트 팝스음반'에 대한 서울중앙지방법원 2007가합20803 판결

이 사건 CD는 음원 이용을 허락받은 520여 곡 중에서 ❶ 40대 후반에서 70대 초반의 수요자가 들었을 때 향수에 젖을 수 있는 음악, ❷ 위 수요자 층이 어릴 때 혹은 젊었을 때 자주 접할 수 있었던 1950년대 이후 1980년대 초 사이의 음악, ❸ 광고 배경음악이나 영화 삽입곡으로 쓰여 위 수요자 층에 친숙한 음악이라는 기준을 정하여 총 108곡을 선별한 뒤, ❹ '추억', '사랑', '연인', '순수', '열정', '명화 음악'이라는 6개의 소주제를 정하고, ❺ 가사나 제목, 삽입되었던 영화나 드라마의 내용 등이 각 소주제와 관련성이 있는지를 기준으로 5장의 CD에 나누어 수록한 것으로 소재 선택, 분류 및 구성에 창작성이 있어 편집저작물에 해당한다고 하였다.

② 편집물에 창작성이 인정되기 위해서는 다양한 모습으로 소재를 선택, 배열, 구성을 할 수 있는 등 선택의 폭이 넓어야 한다. 그러나 주어진 편집 원칙이나 규범, 양식 등 편집물의 목적이나 성격에 의하여 편집방법이 제한적인 경우에는 창작성이 부인될 수 있다.

③ 편집물에는 소재에 대한 접근, 검색, 비교, 정리 등 편집 목적을 달성하기 위한 유용한 기능이 있을 수 있다. 그러나 유용한 기능이 있다고 하여 편집저작물의 창작성의 정도가 높아지는 것은 아니다. 편집저작물의 표현이 실용적 기능에 따른 것이라면 기능적 저작물과 마찬가지로 표현의 제한으로 창작성을 인정받기 어려워진다.

> **사진식자기, 타이프 글자판 배열표에 대한 대법원 77누76 판결**
>
> 종래 원고나 국내 각 인쇄소 또는 신문사 등에서 사용하던 한글 문자판의 배열 순서와는 달리 받침이 있는 자와 없는 자와의 구별, 사용 빈도수에 따른 배열 등 원심 판시와 같은 몇 가지 점에 있어서 특징 있게 제작한 사진식자기 배열표와 타이프 글자판 배열 표에 대하여 저작물성을 인정하였다.

> 이 사안의 타이프, 글자판 배열, 표의 배열에 대하여 창작성을 인정한 판시내용 중 '받침이 있는 자와 없는 자의 구별의 방법'은 아이디어와 표현의 합체법리가 적용될 수 있는 경우이고, '사용 빈도수에 따른 배열'은 기능적인 성격에 따라 창작성이 제한되는 경우임에도 창작성을 인정한 점에 의문이 있다.

> **법조 수첩에 대한 대법원 2001다9359 판결**
>
> 법조 수첩이 갖는 업무상 찾아보기 쉬운 유용한 기능 자체는 창작적 표현형식이 아니며, 수록된 자료는 손쉽게 구할 수 있는 것으로서 수첩을 제작하는 누구라도 동일한 자료를 '선택'할 것이고, 수첩의 조직, 자료의 '배치', 나열의 정도가 통상적인 편집 방법으로서 창작성이 있는 편집물이라고 할 수 없다며 이와 달리 편집저작물성을 인정한 원심을 파기환송하였다.[203]

---

203 파기된 원심 서울고등법원 2000나42115 판결 내용을 보면,
  "원고의 수첩 중 ①, ② 부분은 법조 유관기관 및 단체의 조직표나 명단, 전화번호 등을 계통별·직역별로 체계적인 순서를 정하여 수록함으로써 이용자로 하여금 각 기관·단체의 전체적 구조와 구성원 등에 관한 정보를 용이하게 얻을 수 있도록 한 것이고, ③부분은 각종 법령 등에 산재하여 있는 소송절차에 필요한 다양한 자료를 발

2차적저작물과 편집저작물

④ 편집물의 소재에 대한 선택, 배열, 구성이 오래전부터 사용하던 편집, 이미 기존에 관행적으로 사용되어 온 편집, 또는 누가 하더라도 동일한 편집인 경우에는 창작성이 인정되지 않는다.

경마예상지에 대한 대법원 99다51371 판결

경마예상지의 내용 중 피고들에 의하여 저작권이 침해되었다고 주장하는 부분은 모두 한국마사회 등으로부터 제공받은 자료를 과거부터 누구나 사용해오던 도표 등 일반적인 표현방식으로 편집한 것에 불과하므로 그 표현형식에 창작성이 있다고 할 수 없다고 하였다.

성형 눈시술 사진에 대한 서울중앙지방법원 2011가합3027 판결

환자들의 개별적 눈 모양에 따른 시술 결과를 구체적으로 확인하여 시술의 효과를 직접적으로 대비하여 인식하기 위한 사진의 선택, 배열 또는 구성은 같은 종류의 사진 편집에서 통상적으로 행하여지는 편집 방법이라며 편집저작물성을 부인하였다.

웹사이트 레이아웃 및 메뉴, 콘텐츠에 대한 서울중앙지방법원 2005가합101661 판결

원고의 웹사이트의 부분 중 레이아웃 등은 아이디어에 불과하거나 기존 웹사이트에서 유사한 형태가 있으며, 시험출제 경향 등 내용 구성도 공개된 정보이거나 기존 웹사이트 내용과 유사하다며 편집저작물성을 부인하였다.

프로젝트제안서에 대한 서울중앙지방법원 2018가합517075 판결

프로젝트 제안서에서 ❶ 텍스트의 중요도 등에 따라 글씨의 크기를 달리하거나, 네모 칸이나 원형 도표, 점선 등을 활용하거나, 강조 부분에 도표를 삽입한 것은 가독성을 높이고 간결하게 내용을 전달하기 위한 수단으로서 제안서 등의 작성에 일반적으로 사용되는 전형적·통상적인 표현 방법이고, ❷ 제안서를 작성함에 있어 한글과 영어를 일관하여 하나의 글꼴 체로 사용하는 방법은 별다른 특색이 없는 일반적인 표현 방법이며, ❸ 제안서 전체를 특정한 색으로 통일하되 명도와 채도만을 조절하여 상·하위 카테고리를 구분하는 표지로 사용하거나, 좌측 상단에 해당 면 기재 정보의 목차를 삽입하거나, 그 하단부에 해당

쳬하여 일목요연하게 정리해 놓음으로써 소송관계인이 소송이나 법률문제를 처리함에 있어서 손쉽게 이용할 수 있도록 한 것이며, 이러한 부분들이 통상적으로 일지형식의 책자를 구성하는 ④, ⑤ 부분과 결합하여 이용자에게 편의를 제공하고 있으므로, 원고의 수첩은 소재 또는 자료의 선택 및 배열에 있어서 창작성을 인정할 수 있는 편집저작물로서 저작권법상의 보호대상에 해당"한다고 하였다.

면 기재 정보의 핵심을 드러내는 문장을 삽입하는 등의 표현형식은 제안서의 내용이 일관되어 보이고 쟁점이 명확하게 파악되도록 통상적으로 활용되는 기능적인 표현이라면서 프로젝트 제안서 소재의 선택과 배열 등에 창작성이 있는 표현이 있는 편집저작물로 보기 어렵다고 하였다.

인터넷 화면 구성에 대한 서울지방법원 98카합1699 결정

인터넷 화면에서 보이는 입찰 결과 화면 구성에서 계약기관, 관리번호, 공고 번호, 수요기관, 품목, 입찰 일자, 지역 제한 여부, 입력 일자의 요소는 이를 제외하기 곤란한 필수적인 요소로서 결국 누가 하더라도 같거나 비슷할 수밖에 없는 경우라며 저작물성을 배척하였다.

유학알선 홈페이지에 대한 서울중앙지방법원 2009가합16426 판결

"홈페이지는 텍스트, 그림, 사진 등 여러 소재를 선택 또는 배열하고 있다는 점에서 현행 저작권법상으로는 편집저작물에 가장 유사하다고 할 수 있고, 따라서 홈페이지가 그 소재의 선택 또는 배열에 창작성이 있다면 독자적인 편집저작물로서 보호될 수 있다 할 것이다. … 원고 홈페이지의 메인화면의 경우 가운데 부분에 사진이 있고, 그 오른쪽에 로그인 화면, 상단에 대분류 카테고리로, 하단에 보험 종류별 카테고리로 각 분류하며, 그 아래에 제휴 페이지, 고객센터 정보 등을 게시하는 등으로 배치하고 있고, L 페이지에는 상단에 쇼핑백을 들고 있는 사람의 그림이 있고, 그 옆에 영어로 'Buy and Sell'라고 기재한 후 그 아래에 게시물이 게재되어 있는 사실, … 원고 홈페이지의 위와 같은 구성이나 배열은 일반적으로 전자상거래 업체의 홈페이지에서 흔히 볼 수 있는 형태의 배열이나 구성에 불과하고, 달리 그 분류, 배열, 구성 등에서 창조성이 인정된다고 보기 어려우므로, 원고 홈페이지에 타 홈페이지와 구별되는 독특한 개성이 있음을 전제로 한 원고의 이 부분 주장도 이유 없다."

쇼핑몰 홈페이지에 대한 서울중앙지방법원 2018가합519088 판결

인터넷 쇼핑몰에서 한 줄에 세 칸씩 상품을 배열하고 해당 상품을 클릭하면 상세페이지가 새 창을 통하여 열리는 방식으로 상품을 판매하는 의자 제품 쇼핑몰 홈페이지의 게시물의 배열 방식, 링크 방법이나 사진 편집 방법 등은 다른 인터넷 쇼핑몰 사이트에서 흔히 사용되는 방식과 큰 차이가 없다며 편집저작물성을 배척하였다.

마. 편집저작물의 저작권

편집저작물이 성립되면 작성자에게 일반 저작물과 동일한 내용의 저작권이 발생한다. 편집저작물의 저작권은 편집저작물을 이루는 개별적 소재에 대하여는 효력을 미치지 않고 따라서 소재에 대한 권리와 함께 존재한다.

(1) 저작자의 권리

편집저작물을 표현하는 소재의 선택, 배열, 구성에 대하여 창작성을 발휘한 자가 창작자 원칙에 의하여 저작자의 지위를 가지게 된다. 편집저작물의 저작자는 일반 저작물과 마찬가지로 저작재산권과 저작인격권을 갖는다.

> **위키방식 온라인백과사전서비스 UCC 사이트에 대한 서울중앙지방법원 2014가합44470 판결**
>
> 이용자들이 자유롭게 작성, 수정 및 편집을 하는 위키 방식의 온라인 백과사전에 관한 UCC 사이트에 있는 데이터베이스의 데이터를 타인이 크롤링하여 그대로 미러링하는 사이트에 대한 사안에서,
> ❶ UCC 사이트 운영자인 원고가 사이트에 기본 방침 및 게시물 작성규칙 등 자료를 게시하고 프런트 페이지를 직접 관리하면서 게시되는 주제별 목차를 작성 편집할 수 있었으나, ❷ 사이트의 게시물과 이를 정리한 목차는 사이트의 통상적인 운영 과정에서 개별 이용자들의 의사에 따라 작성, 수정, 배열되어 공중의 이용에 제공되는 것이다. 따라서 사이트 운영자가 일정한 방침이나 목적을 가지고 사이트에 게시된 소재를 수집, 분류, 선택, 배열하는 행위를 하였다고 보기 어렵다며 원고가 편집저작물의 저작자라는 주장을 배척하였다.

(2) 보호 범위

편집저작물은 소재의 선택, 배열, 구성에 의한 창작적 표현을 보호한다. 편집저작물을 구성하는 개별적인 소재가 창작성을 갖지 않더라도 그 전체가 하나의 독자적인 저작물로서 보호된다. (저작권법 제6조 제1항)[204]

---

204 **저작권법 제6조 (편집저작물)**
　① 편집저작물은 독자적인 저작물로서 보호된다.

① 편집저작물의 전부가 아니라도 상당 부분의 창작적 표현 부분을 무단 이용하면 편집저작권 침해가 될 수 있다.

> **'20세기 미술의 모험' 서적 연표에 대한 대법원 92마1081 결정**
>
> 편집저작물 중 소재의 선택이나 배열에 관하여 창작성이 있는 부분을 이용하면 반드시 편집저작물 전체를 이용하지 않더라도 저작권을 침해한 것으로 인정될 수 있으나 피신청인 서적의 연표는 신청인 서적의 연표를 참고하면서 소재를 추가하고 배열을 달리하여 전체적으로 자신의 창작성을 가미한 것으로서 신청인의 연표의 창작성이 있는 부분을 그대로 모방한 것이라고 보기는 어렵다고 본 원심의 부가적·가정적인 판단의 결론은 정당하다고 하였다.[205]

② 편집저작물이 실용성, 기능성을 갖는 경우에 그로 인해 표현이 제한된다. 이 경우 편집 체계 및 구성, 선택된 소재 및 배열 등을 그대로 무단 사용하는 경우와 같이 제한된 범위에서만 저작권 보호를 받게 된다.

> **'건물신축단가표'에 대한 서울고등법원 2003나80316 판결**
>
> '건물신축단가표'는 건물을 정확하고 용이하게 감정·평가하기 위하여 건물을 나름대로 분류하고, 그 각각의 건물에 대하여 세부항목별로 공사비 적산표를 두고 있는 구성체계를 가지고 있어 전체적으로 그 소재의 선택 및 배열에 있어 최소한의 창작성을 갖추고 있지만 기능적 성질을 띤 편집저작물로서 표현이 제한될 수밖에 없으므로 그에 대한 저작권침해는 편집 체계 및 구성, 선택된 소재 및 이의 배열 등을 상당 부분 그대로 사용하는 등의 경우와 같이 제한된 범위에서만 인정된다고 하였다.

③ 편집저작권은 편집저작물을 구성하는 소재 그 자체에 대하여 효력을 미치지 않는다. 따라서 제3자가 창작성이 있는 편집저작물을 구성하는 소재를 이용한 경우 그것

---

205 이 사건 원심 서울고등법원 91라149 결정은 신청인이 만든 '20세기 미술의 모험' 서적에 실린 연표의 개개 항목과 연표의 소재의 선택, 배열에 창작성이 없고, 가사 연표가 편집저작물로서의 창작성이 있더라도 편집저작권은 편집저작물 전체를 이용할 경우에만 적용된다며 피신청인의 '20세기 미술의 시각' 책의 연표 항목의 일부가 신청인의 연표 항목과 일치하더라도 전체적으로 볼 때 항목의 선택이나 배열이 서로 달라 신청인의 연표를 그대로 모방하였다고 볼 수 없다며 피신청인이 신청인의 편집저작권을 침해하였다고 볼 수 없다고 판단하였다.

2차적저작물과 편집저작물

이 편집저작물의 소재의 선택, 배열, 구조에 대한 창작적 표현 부분에 해당하지 않는한 편집저작권의 침해라고 할 수 없다. 다만 소재가 저작물인 경우에는 소재 저작물에 대한 침해가 인정될 수 있다.

> **구한말 사진집에 대한 부산지방법원 99가합18766 판결**
>
> 원고는 유럽 등지에서 우리나라 구한말 내지는 개화기 당시의 인물, 풍속, 풍물 등을 촬영한 사진과 그 원판 등 5,000여 점의 사진 자료를 수집하여 현대적 현상, 인화 기법으로 사진화하여 1986년경 원고가 소장하고 있는 사진 자료 중 566점의 사진을 구한말 궁궐과 황제 등의 모습, 한미전쟁(신미양요), 청일전쟁, 동학란(동학 농민 운동), 구 한국 군대, 관혼상제, 경주, 1890년대의 판화 등의 주제에 따라 나누어 수록하면서 사진 밑에 제목과 간략한 설명을 덧붙여 놓은 서적을 발행하였는데 피고들이 서적을 발행하면서 원고 서적에 수록된 사진을 게재한 사안에서,
> 이 사건 서적에 수록된 사진은 ❶ 기록 목적의 사진이라는 점에서 사진저작물성이 배척되었고, ❷ 이 사건 서적은 구한말 당시의 시대상과 사회상을 알리기 위하여 사진이라는 소재를 선택하고 인물, 사건 등의 주제별로 사진을 분류·배열한 점에 있어서는 독창성이 있어 편집저작물에 속하지만, ❸ 제3자가 편집저작물 중 소재 부분만을 복제하였다면, 소재 저작물에 대한 저작권 침해가 성립하는 것은 별론으로 하고, 편집저작물에 대한 저작권 침해는 성립하지 않는다고 하였다.

(3) 소재 저작물과의 관계

① 편집저작물의 소재로서 글이나 그림, 사진과 같은 저작물이 사용될 수 있다. 편집저작물의 보호는 그 편집저작물의 구성 부분이 되는 소재의 저작권 및 그 밖에 이 법에 따라 보호되는 권리에 영향을 미치지 않는다. (저작권법 제6조 제2항)[206] 따라서 이러한 경우에는 편집저작물에 대한 저작권과 소재 저작물에 대한 저작권이 함께 효력을 미친다. 이러한 편집저작물을 사용하기 위해서는 2가지 권리에 대한 처리가 모두 요구된다.

---

206 **저작권법 제6조 (편집저작물)**
　② 편집저작물의 보호는 그 편집저작물의 구성부분이 되는 소재의 저작권 그 밖에 이 법에 따라 보호되는 권리에 영향을 미치지 아니한다.

활동보조인 양성교육 표준교재에 대한 서울중앙지방법원 2012가단5043334 판결

1차 교육교재에 필요한 삽화에 대한 저작재산권을 보유하고 있던 원고가 보건복지부와 계약을 맺고 1차 교육교재 글의 구성, 내용을 수정·편집하여 다시 창작한 글과 원고의 삽화 일부로 구성된 편집저작물인 2차 교육교재를 작성하고 2차 교육교재에 대한 소유와 판권을 보건복지부에 양도한 사안에서,

피고가 보건복지부의 허락 없이 2차 교육교재를 책자로 만들어 배포한 행위는 2차 교육교재를 구성하는 소재인 원고의 삽화에 대한 저작권 침해가 된다고 하였다.

② 편집저작물에서 소재가 된 저작물의 저작자 허락이 없더라도 편집저작물로 성립될 수 있고, 편집저작물의 저작자는 편집저작물에 대하여 제3자에게 배타적 권리를 행사할 수 있다. 그러나 편집저작자가 소재저작물의 저작자로부터 허락을 받지 않고 소재저작물을 편집하여 사용하는 행위는 소재 저작물에 대한 저작권 침해행위가 된다.

잡지 '골프매거진 USA'의 사진 기사에 대한 서울지방법원 99가합57053 판결

피고가 국내잡지를 발행하면서 월간지인 '골프매거진 USA'에 게재된 톱 100 티칭프로들이 쓴 일부 기사를 "당신의 잠재능력은 어디까지" 등의 제목을 달아 사진, 삽화 등과 함께 번역, 게재한 사안에서,

피고가 월간지 발행자의 허락 없이 여러 개의 기존 저작물 또는 여러 가지 자료나 정보 등 소재의 선택 및 배열이 창작성을 지닌 편집저작물인 월간지를 임의로 번역·복제하여 출판한 행위는 월간지 발행자의 편집저작물의 저작권을 침해한다고 하였다.

위 판결은 월간지 발행자가 갖는 편집저작권을 침해한 것으로 인정하였으나 피고의 침해행위는 월간지에 들어 있는 개별적인 기사를 뽑아서 사진 등과 함께 불법으로 사용한 행위이며, 달리 소재의 선택, 배열 등에 대한 창작성이 있는 부분을 사용한 것으로 보이지 아니함에도 불법으로 사용한 개별 기사 등에 대한 저작권 침해가 아닌 월간지 발행자의 편집저작권에 대한 침해로 인정한 것에 의문이 있다.

5 게임
저작물

가. 게임 저작물의 정의와 특성

컴퓨터나 모바일에서 이용되는 게임물에 대한 '게임 저작물'은 저작권법이 예시하고 있는 저작물 유형이 아니다. 게임 저작물에 대한 중요한 판결인 대법원 2017다212095 판결은 "게임 저작물은 단일한 표현형식으로 표현된 것이 아니며 어문저작물, 음악저작물, 미술저작물, 영상저작물, 컴퓨터프로그램 저작물 등이 결합되어 있는 복합적 성격의 저작물로서, 컴퓨터 게임물이나 모바일 게임물에는 게임 사용자의 조작에 의해 일정한 시나리오와 게임 규칙에 따라 반응하는 캐릭터, 아이템, 배경화면과 이를 기술적으로 작동하게 하는 컴퓨터프로그램 및 이를 통해 구현된 영상, 배경음악 등이 유기적으로 결합되어 있다"고 하였다.

게임 저작물은 ❶ 게임물에 함께 결합하고 있는 어문, 음악, 영상 등 구성 요소들이 각자 고유의 표현형식에 창작성을 갖는 경우 '개별적으로 보호를 받는 다수의 저작물'이 성립할 수 있고 ❷ 저작자의 제작 의도와 시나리오를 기술적으로 구현하는 과정에서 다양한 구성요소들을 선택·배열하고 조합함으로써 다른 게임물과 확연히 구별되는 창작적 개성을 가지는 경우 구성요소의 선택, 배열, 구성 방법으로 창작적 표현을 한다는 점에서 게임물 전체가 '하나의 편집저작물'로 성립할 수 있다.

게임물에 대한 분쟁에서 기존 게임의 구성요소에 저작물성이 있는지, 기존 게임의 구성요소와 유사한 요소를 갖는 새로운 게임이 실질적유사성을 갖는 것인지 등이 주로 문제가 되고 있다. 한 장

르의 게임물이 최초 만들어진 이후 유사한 게임물들이 등장하는 현실 속에서 게임물이 갖는 아이디어와 표현의 구분이 모호하고 기존 게임물이 갖는 표현들이 표준적 형태로 보이는 경우가 있는 등 게임 저작물에 대한 침해요건인 실질적유사성에 대한 판단이 쉽지 않다.

한편 새로운 형태의 게임물을 만들기 위해서는 저작권법상으로 보호되는 표현요소뿐만 아니라 게임 이용자에게 어필하는 새로운 게임 방법 등 아이디어적인 요소 등에 대하여 많은 투자와 노력이 소요되므로 저작권 침해 이외에 부정경쟁행위가 문제 될 수 있다.

'팜 히어로 사가' 게임에 대한 대법원 2017다212095 판결

게임 속 특정 블록이 3개 이상 직선으로 연결되면 없어지면서 점수를 득하는 '매치-3-게임'인 원고의 '팜 히어로 사가(Farm Heroes Saga)' 게임과 피고의 '포레스트 매니아(Forest Mania)' 게임 사이의 분쟁 사안에서,

게임물이 ❶ 저작물이 되기 위한 창작성은 게임물을 이루는 개별적인 구성요소에 대한 창작성과 그와 별개로 게임물의 구성요소들이 창작적으로 선택, 배열되고 조합됨에 따라 전체적으로 어우러진 게임물 자체에 대한 창작성으로 존재하며, ❷ 게임물은 캐릭터, 아이템, 배경화면과 컴퓨터프로그램 및 이를 통해 구현된 영상, 배경음악 등 다양한 요소가 유기적으로 결합하여 있는 복합적인 저작물로서 게임물을 구성하는 구성요소들에게 각각의 창작성이 있을 수 있고, 또한 구성요소들이 제작 의도나 시나리오에 따라 구현되는 과정에서 선택, 배열되고 조합됨에 따라 전체적으로 어우러져 다른 게임물과 구별되는 창작성을 가질 수 있는데, ❸ 이 사건 원고 게임물은 축적된 게임 개발 경험과 지식을 바탕으로 필요한 요소들을 선택, 배열, 조합하여, 제작 의도와 시나리오에 따라 구현된 주요한 구성요소들이 선택, 배열되고 유기적인 조합을 이루어 선행 게임물과 확연히 구별되는 창작성을 갖게 되었는데 피고 게임물은 원고 게임물의 창작적인 표현형식을 그대로 포함하여 양 게임물은 실질적으로 유사하다며 저작권침해를 부인하였던 원심을 파기하였다.[207]

---

207 이 사건 1심은 저작권침해를 부인하고 부정경쟁행위를 인정하였고, 항소심은 저작권침해를 부인하고 부정경쟁행위도 배척하였는데, 상고심은 부정경쟁행위에 대하여 판단하지 않고 저작권침해를 인정하며 파기환송하였다.

나. 게임 저작물의 아이디어와 표현

하나의 완성된 모습을 갖는 게임물에는 ❶ 게임물의 일부를 구성하는 음악, 미술, 영상, 캐릭터, ❷ 게임 규칙 등 요소 ❸ 게임물의 소재에 대한 선택, 배열, 구성에 의한 편집물이 존재할 수 있다.

(1) 구성 저작물

게임물을 구성하는 어문, 음악, 미술, 영상 등 표현과 이를 구현하는 프로그램 표현은 게임물에 결합되어 있더라도 개별적인 저작물로 성립될 수 있으며, 아이디어와 표현의 이분법에 따라 구성 저작물의 창작적 표현은 각자 저작권 보호를 받는다.

(2) 게임 규칙 등

게임물을 구성하는 게임 규칙, 게임의 장르, 게임의 배경, 게임의 전개 방식이나 단계 변화 등은 그 자체로 보면 게임의 개념, 방식, 해법, 창작 도구로서 표현이 아닌 '아이디어'에 해당하여 저작권 보호에서 배제된다. 예를 들어 타인이 게임 규칙만을 모방하여 다른 게임물을 개발한 것에 대하여 저작권 침해를 인정하기 어렵다. 앞서 '4. 다. (1) ①'에서 본 바와 같이 편집저작물을 구성하는 소재는 표현적 요소이어야 한다. 따라서 게임물에서 추상적인 '아이디어 요소'에 해당하는 개별적 게임 규칙, 진행 방법은 직접 편집저작물의 소재가 될 수는 없다. 그런데 개별적인 게임 규칙, 진행 방법 등이 모여 게임물 전체에 대한 구체적이고 독특한 게임 진행방식이나 시나리오로 나타날 수 있고 이것이 게임물의 본질적인 구조를 이루는 경우가 있다. 이 경우 구체적이고 독특한 게임 진행방식이나 시나리오는 게임물이 갖는 '내재적 표현'이 될 수 있다.

> **'봄버맨' 게임에 대한 서울중앙지방법원 2005가합65093(본소), 2006가합54557(반소) 판결**
>
> 원고의 온라인 '크레이지 아케이드 비엔비' 게임은 ❶ 바둑판 모양의 플레이 필드에서 이용자가 조종하는 캐릭터가 물풍선을 설치하면 일정 시간 경과 후 물풍선이 터져 물줄기가 십자 형태로 나오게 되고, ❷ 물줄기에 캐릭터가 맞으면 캐릭터가 물방울에 갇히고 일정 시간 동안 물방울에서 빠져나오지 못하면 물방울이 터지면서 패하게 되며, ❸ 위 플레이

필드는 물풍선에 의해 파괴되는 소프트 블록과 파괴되지 않는 하드 블록, 캐릭터가 이동할 수 있는 통로로 구성되고, ❹ 소프트 블록이 파괴되면 일정한 확률로 특정한 기능을 갖는 아이템이 나타난다.

피고의 가정용 오프라인 '봄버맨' 게임은 ❶ 바둑판 모양의 플레이 필드에서 이용자가 조종하는 캐릭터가 폭탄을 설치하면 일정 시간 경과 후 폭탄이 터지면서 화염이 십자 형태로 나오게 되고, ❷ 그 화염에 상방 또는 자신의 캐릭터가 맞으면 캐릭터가 죽어 패하는 것이며, ❸ 위 플레이 필드는 폭탄에 의해 파괴되는 소프트 블록과 파괴되지 않는 하드블록, 캐릭터가 이동할 수 있는 통로로 구성되고, ❹ 소프트 블록이 파괴되면 일정한 확률로 특정한 기능을 갖는 아이템이 나타난다. 이러한 원·피고 게임들 사이의 침해가 문제 된 분쟁에서 원고는 피고의 침해정지 손해배상청구권이 존재하지 아니함을 구하고 피고는 반소로서 원고 게임의 침해정지 및 손해배상을 구한 사안에서,

추상적인 게임의 장르, 기본적인 게임의 배경, 게임의 전개 방식, 규칙, 게임의 단계변화 등은 게임의 개념, 방식, 해법, 창작 도구로서, 아이디어에 불과하므로, 그러한 아이디어 자체는 저작권법에 의한 보호를 받을 수 없다. 그런데 게임의 전개 방식, 규칙 또는 그러한 것들의 선택과 배열이 무한히 많은 표현 형태 중에서 저작자의 개성을 드러내는 것이어서 게임 저작물의 내재적 표현으로 볼 수 있으면 저작권으로 보호된다. 단순히 컴퓨터 게임이 갖는 제약에 의해 표현이 제한되는 경우에는 특정한 게임 방식이나 규칙이 게임에 내재되어 있다고 하여 저작권으로 보호되지는 않는다. 원·피고 게임에서 유사한 게임의 각종 설정, 전개 방식과 규칙 등이 내재적 표현에 해당한다는 피고의 주장에 대하여, 직사각형 플레이 필드 안에서 폭탄을 이용하여 상대방 캐릭터를 죽이는 것을 기본원리로 하는 게임에서, ❶ 캐릭터가 격자 모양으로 구성된 맵을 수평 혹은 수직으로 장애물을 피해 이동하면서 폭탄을 설치하여 적을 처치하는데, ❷ 폭탄은 설치된 후 일정 시간이 경과하면 십자형으로 화염을 내뿜으며 폭발하고, ❸ 화염의 길이는 매스 단위로 미쳐 상대방 캐릭터가 맞으면 승리하고, ❹ 패하지 않기 위해서는 그 화염을 피하고자 블록 뒤로 숨는' 게임 전개 방식은 표준적인 선택에 불과하고 다양하게 표현될 여지가 크지 않다며 피고가 주장하는 내재적 표현은 다양한 표현 가운데서 저작자가 자신의 개성을 드러낸 것이라고 보기 어려워 저작권법이 보호하는 표현이라고 볼 수 없다고 하였다.

(3) 편집저작물

게임 저작물의 경우 게임물의 구성 부분이 갖는 개별적 창작성보다는 게임물 전체가 다른 게임물과 구별되는 창작성을 갖는지가 더 중요한 문제가 되고 있다. 게임물은 게임물을 만드는 과정에서 구성요소를 선택, 배열, 구성하여 게임물 전체가 다른 게임물들과 구별되는 창작적 개성을 가질 수 있으며 이 경우 '소재의 선택, 배열, 구성'에 의한 '편집저작물의 표현'이 성립한다.

다. 게임 저작물의 창작적 요소

다양한 소재나 저작물이 결합되거나 편집된 게임은 다양한 구성요소가 개별적으로 또는 결합하여 편집된 부분에 창작성을 가질 수 있다.

(1) 개별적 창작성

게임물을 구성하는 개별적 표현이 창작성을 가지면 저작권으로 보호된다. 게임 진행에 동원되는 시각적 도구와 게임 화면의 배경을 이루는 플레이 필드, 맵, 아이템이 갖는 디자인과 색채, 음향 등에 대한 구체적인 표현에 창작성이 인정될 수 있다. 게임에 등장하는 인물이나 사물의 형태는 캐릭터 저작물로서 독자적인 저작물성을 가질 수 있다.

> **'알라딘 골드' 게임에 대한 서울중앙지방법원 2012카합534 결정**
>
> 게임물에 사용되고 있는 캐릭터 중 '말' 캐릭터, '양탄자와 마법 램프' 캐릭터, '불꽃' 캐릭터, '보물 동굴' 캐릭터는 게임물과 별개로 저작권의 보호대상이 되는 저작물에 해당한다고 하였다.

(2) 편집적 창작성

하급심 판례는 게임 규칙, 게임에 등장하는 캐릭터, 게임 맵의 디자인 등 다양한 요소들이 일정한 의도나 방침에 따라 선택되고 배열됨으로써 다른 게임과 확연히 구별되는 특징이나 개성이 나타나 창작적 개성을 가지면 저작물로서 보호받을 수 있다고 하였다.

> **'부루마블'과 '모두의 마블'에 대한 서울고등법원 2017나2064157 판결**
>
> 원고는 보드게임 '부루마블'을 개발하여 저작권을 가진 자로부터 위 보드게임을 소재로 모바일게임을 개발하는데 필요한 저작재산권 등에 대하여 독점적 이용권을 부여받은 자로서 피고가 개발한 모바일게임 '모두의 마블'에 대하여 침해정지 등을 구한 사안에서,
> ❶ 게임을 하는 방법이나 게임 규칙, 진행방식 등 게임에 관한 기본 원리나 아이디어는 저작권으로 보호하지 않지만, ❷ 게임을 구성하는 게임 규칙, 게임에 등장하는 캐릭터, 게임 맵의 디자인 등 다양한 요소들이 일정한 의도나 방침에 따라 선택되고 배열됨으로써 다른

게임과 확연히 구별되는 특징이나 개성이 나타나 창작적 개성을 가지면 저작물로서 보호받을 수 있다고 하였다. 이 사안에서 원고가 주장하는 규칙이나 표현의 선택, 배열 및 조합은 ❶ 저작권의 보호대상이 될 수 없는 사상의 영역에 해당하거나, ❷ 기존 보드게임에 도입되어 있던 것과 동일 또는 유사한 변형에 불과한 것의 선택, 배열 및 조합에 불과하여 같은 장르의 다른 게임들과 확연히 구별되는 특징이나 개성이 나타나 있다고 보기는 어렵다며 저작물성을 배척하였다.

이 사안에서 원고는 게임 규칙이나 표현의 선택, 배열, 조합은 그 자체가 편집저작물로서 저작물로 보아야 한다는 취지의 주장을 하였다. 이 판결도 이러한 원고의 주장을 전제로 게임 규칙이 편집저작물의 소재가 될 수 있는 것처럼 판시하고 있다. 그러나 개별적인 게임 규칙은 아이디어 요소로서 직접 편집물의 소재가 될 수 없고 다만 개별적인 게임 방법에 대한 선택 배열 조합이 게임 시나리오로서 게임물의 전체적인 구조나 전개 과정을 표현하는 경우 게임물의 내재적 표현이 되어 보호받을 수 있을 뿐이다. 내재적 표현에 이르지 못한 게임 규칙이라도 게임물의 표현적 소재에 대한 선택, 배열, 구성을 가름하는 아이디어로서의 역할을 할 수 있으나 이러한 역할을 하였다고 하여 편집저작물의 소재가 되는 것은 아니라고 본다.

(3) 창작성의 제한

게임물에 관한 아이디어를 표현함에 필수 불가결하거나 또는 전형적인 표현, 선행된 게임물에 의하여 표준화된 표현은 창작성이 결여된 것으로서 저작권 보호를 받을 수 없다. 게임물은 컴퓨터의 조작과 모니터에서의 표현, 사용자의 흥미, 게임 용량, 호환성 등과 같이 게임의 여건에 따른 표현의 제약이 있으며, 이러한 제약으로 인하여 기능적 저작물과 마찬가지로 창작성이 제한된다.

2차적저작물과 편집저작물

6   방송포맷
저작물

가. 방송포맷 저작물의 정의와 특성

'방송포맷'은 일반적으로 방송 제작에 들어가는 소재와 기획 아이디어, 연출 방법과
제작 노하우 등을 말한다. 프로그램 제작 관련자들이 만든 완성된 형태의 기획안으로
표현되거나 방송포맷을 거래하기 위하여 프로그램에 관련된 모든 노하우를 기재한
포맷바이블(Format Bible) 또는 방송영상물로 표현될 수 있다.

포맷 바이블은 특정 방송프로그램 포맷에 대한 제작노하우와 자료를 정리한 방송포맷 매뉴얼이
다. 저작물성을 떠나 현실적으로 국경을 넘어 거래되고 있는데, 프로그램의 내용과 구조와 같은 기
본적인 내용 이외에 제작비용과 일정, 캐스팅 방법, 촬영장소, 무대 디자인, 자막 등 화면편집, 프로
그램 그래픽, 음악 제작과 선정, 편성과 마케팅, 법률사항, 문제와 해결방안, 기타 관련 부가사업 등
에 대한 노하우가 포함되어 있다고 한다.

그런데 방송포맷을 저작권으로 보호하여야 할 필요성은 어문이나 영상에 의한 표현
그 자체가 아니라 방송물의 구성내용과 진행 과정에서 표현된 방송요소에 대한 창작
적인 선택, 배열, 구성에 있다. 판례는 방송프로그램을 구성하는 개별 요소들이 일정
한 제작 의도나 방침에 따라 선택되고 배열됨에 따라 구체적으로 어우러진 방송프로
그램에 대하여 저작물성을 인정하는 입장을 취하고 있다.

방송 프로그램 '짝'에 대한 대법원 2014다49180 판결[208]

리얼리티 방송 프로그램에서 프로그램을 진행하는 사회자 없이 출연한 남녀들이 한 장소에 모여 합숙 생활을 하면서 제작진이 정한 규칙에 따라 행동하도록 하고 그 과정에서 일어나는 상호작용을 객관적으로 관찰할 수 있도록 한다는 제작 의도나 방침에 따라, 프로그램에 출연하는 남녀들이 사회로부터 격리되어 합숙하면서 짝을 찾는 일에만 몰두하게할 뿐만 아니라 출연자의 나이와 직업 이외의 신상정보가 드러나지 않도록 하고, 남녀별로 각각 통일된 유니폼을 입도록 하며, 출연자들을 좀 더 객관화된 대상으로 표현하기 위하여 남자 1호, 여자 1호 등의 호칭을 사용하며, 자기소개 시간을 통해 출연자가 자신의 매력을 드러내도록 하고, 같이 도시락을 먹을 이성 상대방을 선택하도록 하며, 원하는 이성상대방과 데이트할 권리를 획득하기 위하여 동성 간에 경쟁하도록 하는 등의 장치를 통해일반 사회에서 짝을 찾기 위한 경쟁의 모습을 좀 더 축소하여 상징적으로 보여주며, 제작진과의 속마음 인터뷰나 가족과의 전화 통화 등의 요소를 프로그램 중간중간에 배치하여출연자의 솔직한 모습과 속마음을 드러내어 시청자들에게 전달하도록 하고, 전체적인 사건의 진행이나 출연자의 심리 등을 다큐멘터리 프로그램과 같이 평어체와 문어체를 사용하는 성우의 내레이션을 통해 시청자들에게 전달함으로써 짝을 찾아가는 남녀의 모습을객관적으로 관찰하는 느낌을 극대화하면서, 무대, 배경, 소품, 음악, 진행 방법, 게임 규칙등 프로그램을 구성하는 개별요소들의 창작성 인정 여부와는 별개로 구성요소의 선택이나 배열이 충분히 구체적으로 어우러져 위에서 본 기존의 방송 프로그램과는 구별되는 창작적 개성을 가지고 있다고 하였다.

위 판결은 방송프로그램에 대하여 무대, 배경, 소품, 음악, 진행 방법, 게임 규칙 등 방송요소에 대한 선택, 배열, 구성에 창작성이 있다며 편집저작물로 인정하고 있다. 그런데 방송 진행 방법, 게임 규칙은 표현이 아닌 아이디어에 해당할 수 있다. 아이디어에 해당할 수 있는 진행 방법, 게임 규칙 등을 포함한 방송요소의 선택, 배열, 구성에 대하여 저작물성을 인정하고 있다는 점에서 표현 요소에 해당하는 소재의 선택, 배열, 구성에 의하여 창작성을 갖는 일반 편집저작물과는 차이가 있다.

---

208 대법원에서 파기된 이 사건 원심은 원고가 독창적인 장면으로서 저작권법의 보호 대상이라 주장하는 원고 영상물의 내용은 ❶ 저작권법의 보호 대상이라 할 수 없는 아이디어의 영역에 포함되는 것에 불과하거나, ❷ 이미 다른 영상물에서 사용되고 있었던 장면으로서, ❸ 창작성을 인정하기 어려우므로 실질적인 유사성이 있는지를 판단함에 있어서 고려할 수 없는 부분이라며 원고가 주장하는 방송프로그램의 저작물성을 배척하는 판단을 하였다.

2차적저작물과 편집저작물

나. 방송포맷 저작물의 창작성

방송영상물은 원래 영상저작물로 보호될 수 있다.[209] 방송포맷 저작물은 기존 영상저작물의 보호될 수 없는 '방송물의 구성내용과 진행 과정이 갖는 표현'에 대한 창작성을 보호하려는 새로운 형태의 편집저작물이라고 할 수 있다.

(1) 방송물의 구성 내용과 진행 과정의 표현

방송포맷 저작물은 방송 무대, 배경, 소품, 음악, 진행 방법 등 방송 소재의 선택, 배열, 구성에 의해 이루어진 '방송물의 구성내용과 진행 과정이 갖는 표현'을 대상으로 한다. 방송포맷이 저작물로 성립하기 위해서는 외부로 표현되어야 하는데, 방송포맷은 방송영상물의 연속된 영상으로 외부에 표현된다. 방송포맷 저작물은 연속적인 영상으로 외부에 표현되지만 '연속적인 영상 표현'에 창작성을 갖는 것이 아니라 '방송물의 구성 내용과 진행 과정이 갖는 표현'에 창작성을 갖는 저작물이다. 그런데 방송물의 구성내용과 진행 과정은 방송물의 외형적 표현인 영상에 내재한 것으로 보여 마치 영상저작물의 내재적 표현처럼 보일 수 있다. 하지만 영화의 줄거리가 영상저작물의 내재적 표현이 아니라 시나리오의 표현인 것처럼, '방송물의 구성내용과 진행 과정'은 영상저작물의 연속적인 영상이 갖는 표현과 구분되는 방송포맷의 표현이다. 이처럼 방송영상물에는 연속적 영상 표현에 의한 영상저작물과 방송물의 구성내용과 진행 과정 표현에 의한 방송포맷 저작물, 영상 극본 등 어문저작물이 함께 존재할 수 있다.

기존에 방송된 방송영상물에 나타난 방송포맷을 나중에 어문으로 작성하였다고 하더라도 방송포맷 저작물은 방송프로그램이 영상으로 제작되는 시점에 이미 성립되었다고 보아야 한다.

한편 방송포맷을 구성하는 것 중 '방송 진행 방법 그 자체'를 부분적으로 보면 아이디어에 해당할 수 있지만 방송 진행 방법이 방송포맷의 구체적이고 독특한 본질적 구조를 이루는 경우 내재적 표현에 이를 수 있는 점은 앞서 본 게임 저작물과 마찬가지이다.

---

209 방송에는 TV와 라디오의 방송물이 있지만 여기서는 편의상 '방송영상물'로 표현된 방송포맷을 기초로 정리한다.

(2) 편집적 창작성

방송포맷의 표현에 해당하는 '방송물의 구성내용과 진행 과정'은 방송 무대, 배경, 소품, 음악, 진행 방법 등 방송을 구성하는 요소의 선택, 배열, 구성에 의하여 창작성을 가진다. 아이디어나 내재적 표현에 해당할 수 있는 '진행 방법'[210]도 있지만 편집물의 소재에 해당하는 방송 요소의 선택, 배열, 구성에 의하여 창작성을 갖는다는 점에서 방송포맷은 편집저작물성을 갖는다.

방송요소들의 선택, 배열, 구성이 간단하지 않아 누구나 쉽게 설정하기 어려운 정도로 독창적이고, 또한 이러한 구체적인 설정이 기존 다른 방송프로그램과는 구별되는 경우라면 저작물로 인정받을 수 있다.

(3) 창작성의 제한

방송포맷이 방송물의 구성내용과 진행 과정에 대한 기본적인 설정에 불과하여 구체성과 독창성을 갖지 못하면 아이디어 영역에 속하여 저작권으로 보호받기 힘들다. 노력과 자금을 투자하여 만든 기본적인 설정 형태의 방송포맷을 임의로 사용하는 경우에는 저작권법상 보호는 받지 못하지만 민사상 불법행위, 부정경쟁방지법상 타인성과사용행위 등으로 보호될 가능성이 남아 있다.

또한 방송포맷 중 방송물의 제작 조언 및 지원, 방송물의 홍보, 광고 협찬 등 예산 및 수입관리 부분은 정보에 해당하는 것으로 방송포맷의 거래 목적물이 될 수는 있다. 하지만 저작물의 성립요건인 창작적 표현에 해당하지 않아 저작권 보호에서 배제될 수 있다.

---

210 이는 앞서 '4. 나. (2)'에서 본 편집저작물의 분류 기준, 편집 방법이나 '5. 나. (2)'에서 본 게임 저작물에서의 게임 규칙과 유사한 법률적 지위를 갖는다.

2차적저작물과 편집저작물

기타
저작물

서적물
기타

other works

other
works

IV

1

캐릭터
저작물

가. 캐릭터 저작물의 정의와 특성

캐릭터는 정의나 범위가 확립된 것은 아니지만 애니메이션이나 만화에 등장하는 인물, 동물, 물건, 연극 영화나 드라마에 출연한 연기자, 소설이나 대본 등에서 어문으로 표현된 등장인물 등이 갖는 고유의 생김새나 도안, 특이한 동작이나 성격, 명칭을 말한다고 할 수 있다.

캐릭터는 애니메이션의 주인공과 같이 시각적으로 표현된 '시각적 캐릭터'와 소설의 주인공과 같이 어문으로 표현된 '어문적 캐릭터'로 구분할 수 있다. 시각적 캐릭터는 인형 등 상품에 표현된 '상품 캐릭터', 애니메이션 및 만화에서 보이는 모습인 '가공형상 캐릭터', 방송이나 영화에 출연한 연기자 등의 모습인 '연기자 캐릭터' 등으로 나누어 볼 수 있다.

캐릭터는 대중 매체를 통하여 대중에게 알려진 경우가 많고 그로 인하여 고객 흡인력을 갖고 상품화권의 대상이 되는 것이 일반적이어서 이러한 상품화의 내용을 캐릭터의 정의에 포함하는 경우가 있지만 상품화와 관련된 요소는 캐릭터의 저작물성과는 직접 관련이 없다.

> **'리틀밥독'에 대한 대법원 99도115 판결**
> 개를 소재로 한 만화저작물인 '리틀밥독' 캐릭터를 창작성이 있는 저작물이라고 한 원심을 유지하면서, 피해자의 만화 캐릭터가 특정 분야 또는 일반 대중에게 널리 알려진 것이라

거나 고객 유인력을 가졌는지 여부는 저작권법에 의한 보호 여부를 판단함에 있어 고려할 사항이 아니라고 하였다.

나. 캐릭터의 독자적 저작물성

캐릭터는 애니메이션이나 만화, 영화나 드라마, 소설이나 대본 등에서 등장인물의 모습으로 존재할 수 있으며, 이 경우 캐릭터와 별개로 애니메이션, 드라마, 소설 등과 같이 저작물성을 갖는 원저작물이 존재한다.

캐릭터에 대하여 캐릭터가 등장하는 만화, 소설, 영화 등 원저작물이 미술저작물, 어문저작물, 영상저작물로 보호받는 것과 별개로 캐릭터 자체를 독자적인 저작물로 인정할 것인지에 대하여 논의가 있다.[211]

캐릭터의 독자성 논의는 캐릭터의 상품화 등 캐릭터로 인하여 발생하는 법률문제를 쉽게 해결할 수 있다는 현실적인 요청에서 비롯되었다. 하지만 저작권법리상으로는 캐릭터를 저작물의 구성하는 '아이디어'로 볼 것인지, 또는 '표현'으로 볼 것인지에 대한 견해 차이로 나타나고 있다. 캐릭터의 독자적인 저작물성을 긍정하면 '캐릭터 저작물'에, 부인하면 '원저작물'에 기초하여 캐릭터에 관한 이용이나 침해행위를 판단하게 된다.

(1) 저작물성 긍정 입장

① 캐릭터의 독자적 저작물성을 긍정하는 견해는 시각, 청각, 동작 요소가 결합한 캐릭터가 창작성을 가질 경우 원저작물과 별개의 저작물로서 보호할 수 있다고 하는 입장이다. 이는 원저작물에 수록된 하나의 개체로서 캐릭터가 갖는 표현들에서 추출

---

211 저작권법이 예시하는 저작물의 유형이 아니더라도 인간의 사상이나 감정에 대한 창작적 표현물은 저작물로 보호될 수 있고, 또한 하나의 작품이라고 하여 하나의 저작물만이 인정되어야 하는 것은 아니다. 예를 들어 하나의 영화작품에 대하여 영상적 창작성을 인정하여 영상저작물을 인정하는 이외에 영화에서 표현된 캐릭터에 대하여 별도의 저작물성을 인정할 수 있는지, 또는 다수의 저작물이나 요소가 결합하여 있는 전체 뮤지컬에 대하여 구성저작물과 별개의 저작물성을 인정할 수 있는지 등이 문제 될 수 있다.

기타 저작물

하여 인식할 수 있는 일관된 특징적 모습을 원저작물과 별개의 표현으로 인정하는 입장이라고 할 수 있다.

❶ 예를 들어 영화 속 캐릭터는 다양한 모습이나 동작으로 표현되어 있지만 하나의 개체로서 인식될 수 있다. 소설의 줄거리가 추상적인 아이디어가 아니라 어문의 외형적 표현에서 추출되는 내재적 표현으로 보호되는 경우와 유사하게, 캐릭터는 영화 속 캐릭터가 갖는 다양한 모습의 표현에서 추출되는 구체적이고 개성 있는 일관된 표현을 가질 수 있고 이러한 일관된 고유의 특징적 표현을 가지는 캐릭터는 원저작물인 영상저작물과는 구분하여 독자적인 저작물성을 가질 수 있다.

❷ 캐릭터는 외형, 명칭, 동작, 역할, 목소리, 말투 등 다양한 요소가 결합하여 일관성이 있는 특징을 보유한 개체로 표현된 것이다. 이러한 캐릭터를 단일한 표현형식을 갖는 영상저작물이나 미술저작물의 표현으로 보호하기에는 미흡할 수 있다. 예를 들어 시각적·청각적·동적 요소가 결합한 캐릭터 저작물을 색채와 형상이라는 표현형식을 보호하는 미술저작물만으로 커버하기 어렵다. 또한 원저작물인 게임, 영상, 만화의 일부분을 이루는 캐릭터의 표현요소 중 일부만 침해하는 경우, 캐릭터를 새로운 동작이나 모습으로 사용되는 경우 등과 같이 원저작물인 게임, 영상, 만화에 대한 저작권만으로 처리하기에 번거롭거나 어려운 경우가 있다. 이러한 점을 고려하면 캐릭터의 독자적 저작물성을 긍정하는 것이 합리적으로 보인다.

대법원 판례는 실황야구 캐릭터는 추상적 개념이 아닌 구체적인 표현이라며 창작성이 있는 저작물로서 원저작물인 게임물과 별개로 저작권법의 보호 대상이 된다고 판단하여 시각적 가공형상 캐릭터에 대하여 독자적 저작물성을 긍정하고 있다.

'실황야구' 게임에 대한 대법원 2007다63409 판결

만화, 텔레비전, 영화, 신문, 잡지 등 매체를 통하여 등장하는 인물, 동물 등의 형상과 명칭을 뜻하는 캐릭터의 경우 그 인물, 동물 등의 생김새, 동작 등의 시각적 표현에 작성자의 창조적 개성이 드러나 있으면 원저작물과 별개로 저작권법에 의하여 보호되는 저작물이 될 수 있다며, '실황야구 게임'의 캐릭터는 야구선수 또는 심판에게 만화 속 등장인물과 같은 귀여운 이미지를 느낄 수 있도록 인물의 모습을 개성적으로 도안함으로써 저작권법이 요구하는 창작성의 요건을 갖추었으므로 창작성이 있는 저작물로서 원저작물인 게임물과 별개로 저작권법의 보호 대상이 될 수 있음에도 원심이 캐릭터를 이름, 용모, 역할 등의 특징을 가진 등장인물이 반복하여 묘사됨으로써 각각의 표현을 떠나 일반인의 머릿속에 형성된 일종의 이미지로서 표현과는 대비된다고 전제한 판단 부분은 잘못이라며 '실황야

구 게임'의 캐릭터에 대하여 독자성을 인정하였다.[212]

'알라딘 골드' 게임에 대한 서울중앙지방법원 2012카합534 결정

아케이드 게임물에 사용되고 있는 캐릭터 중 '말' 캐릭터, '양탄자와 마법램프' 캐릭터, '불꽃' 캐릭터, '보물동굴' 캐릭터는 '알라딘과 요술램프' 등을 연상시키는 소재들을 개성적으로 도안하여 작성자의 창조적 개성이 드러나 있다며 원저작물인 게임물과 별개로 저작권법의 보호 대상이 되는 저작물에 해당한다고 하였다.

영화 '닌자 거북이' 캐릭터에 대한 서울고등법원 92나15668 판결

외국영화 '닌자 거북이'의 캐릭터를 신발류의 상표 등으로 부착 판매할 수 있는 소위 상품화권이란 위 영화의 인기에 따라 일반에 널리 알려진 위 영화상의 의인화된 거북이의 형상을 영화흥행권과는 별도의 저작권으로 파악하여 피고가 원고에게 원고가 그가 제조하는 신발의 상표 등으로 사용할 수 있도록 그 사용권을 부여한 취지로 해석함이 상당하다고 하였다.

일반적으로 긍정 입장으로 소개되고 있는 위 판결은 영화의 캐릭터를 상품화에 이용할 수 있는 권리를 저작권으로 보고 영화공연권과는 별도의 권리라고 하고 있으나 캐릭터를 영상저작물의 일부로 본 것인지 또는 캐릭터 저작물의 독자성까지 인정한 것인지 명확하지 않다.

---

212 이 사건 원심 서울고등법원 2006나72392 판결은 "이 사건 실황야구라는 저작물에서 등장하는 캐릭터가 독자적으로 저작권법상 보호를 받을 수 있는지 여부에 관하여 보건대, 실황야구와 같은 저작물은 등장하는 여러 캐릭터, 플롯(Plot), 게임의 전개, 다양한 선택, 도구 등 여러 가지 구성요소로 이루어지는 것이 보통인바, 원고 승계참가인이 창작성을 가진 저작물이라고 주장하는 별지 대비목록 중 실황야구 캐릭터는 이 사건 실황야구라는 저작물의 일부분에 불과하고, 이와 별도로 실황야구 캐릭터의 상품화 과정을 거쳐 독자적인 저작물성을 인정할 정도에 이르지 않는 한 독자적인 저작물성이 인정되는 캐릭터로 볼 수 없다. 또한, 저작권법 제2조 제1호는 저작권 보호의 대상이 되는 저작물이란 '인간의 사상 또는 감정을 표현한 창작물을 말한다.'고 규정하고 있고, 이 창작물이란 표현 그 자체를 가리킨다는 것이 일반적인데, 캐릭터라는 것은 일정한 이름, 용모, 역할 등의 특징을 가진 등장인물이 반복하여 묘사됨으로써, 각각의 표현을 떠나 일반인의 머릿속에 형성된 일종의 이미지로서, 표현과는 대비된다. 즉, 캐릭터란 그 개개장면의 구체적 표현으로부터 승화된 등장인물의 특징이라는 추상적 개념이지 구체적 표현이 아니며, 결국 그 자체가 사상 또는 감정을 창작적으로 표현한 것이라고 볼 수 없는 것이다. 따라서 이 사건을 돌이켜 보면, 실황야구 캐릭터가 등장하는 실황야구 자체를 영상저작물로 보호하는 것으로 족하고, 별도로 실황야구 캐릭터 자체를 독립된 저작권법의 보호대상으로 보기에는 부족하다 할 것이다."라고 판단하였으나 대법원에서 파기되었다. 이 원심판결은 캐릭터의 독자성을 부인하는 대표적인 입장으로 소개되고 있다.

기타 저작물

② 캐릭터 자체에 저작물성을 인정할 경우 캐릭터 모습을 형성하는 표현형식이 형상과 색채, 연속된 영상, 문자와 언어 또는 이들이 결합된 형태에 따라 미술저작물, 영상저작물, 어문저작물 등의 성격을 일부 또는 혼합하여 가지는 저작물이 될 수 있다. 원저작물인 미술저작물이나 영상저작물과 별개의 독자적인 저작물성을 인정하더라도 시각적 캐릭터는 그 내용에 따라 미술저작물이나 영상저작물의 성격을 가질 수 있다. 이러한 캐릭터 저작물의 성격에 따라서 캐릭터 저작물의 보호기간이나 영상저작물에 관한 특례규정의 적용에 차이가 있을 수 있다.

예를 들어 애니메이션에 등장하는 캐릭터가 그 이전에 만화가가 창작한 만화에서 만들어져 '미술저작물의 성격'을 가진 경우를 살펴보자. 저작권법 제99조[213]에 의하여 만화가가 캐릭터 저작물의 영상화를 허락하면 저작권법 제99조 제1항 제1 내지 6호의 이용방법(캐릭터 저작물의 영상화를 위하여 각색하거나 영상저작물을 공개 상영하는 것 등)을 허락한 것으로 추정된다. 그럼에도 불구하고 저작권법 제100조 제2항[214]에 따라 미술저작물인 캐릭터 저작물은 영상제작자에게 영상물 이용에 관한 저작재산권으로 양도되지 않고, 만화가가 그대로 저작재산권을 보유하게 된다. 그러나 애니메이션 캐릭터가 '영상저작물의 성격'을 갖는다면, 캐릭터의 독자적 저작물성을 인정한다고 하더라도 영상저작물에 관한 특례규정의 취지에 비추어 캐릭터 저작물에 저작권법 제100조 제1항이 적용 또는 유추적용이 될 수 있다.

---

213 **저작권법 제99조 (저작물의 영상화)**
　① 저작재산권자가 저작물의 영상화를 다른 사람에게 허락한 경우에 특약이 없는 때에는 다음 각 호의 권리를 포함하여 허락한 것으로 추정한다.
　1. 영상저작물을 제작하기 위하여 저작물을 각색하는 것
　2. 공개상영을 목적으로 한 영상저작물을 공개상영하는 것
　3. 방송을 목적으로 한 영상저작물을 방송하는 것
　4. 전송을 목적으로 한 영상저작물을 전송하는 것
　5. 영상저작물을 그 본래의 목적으로 복제·배포하는 것
　6. 영상저작물의 번역물을 그 영상저작물과 같은 방법으로 이용하는 것

214 **저작권법 제100조 (영상저작물에 대한 권리)**
　① 영상제작자와 영상저작물의 제작에 협력할 것을 약정한 자가 그 영상저작물에 대하여 저작권을 취득한 경우 특약이 없는 한 그 영상저작물의 이용을 위하여 필요한 권리는 영상제작자가 이를 양도 받은 것으로 추정한다.
　② 영상저작물의 제작에 사용되는 소설·각본·미술저작물 또는 음악저작물 등의 저작재산권은 제1항의 규정으로 인하여 영향을 받지 아니한다.

③ '실황야구 게임'에 대한 대법원 2007다63409 판결이 나오기 전에는 캐릭터 저작물의 독자성까지 나아가 판단하지 않고 캐릭터도 문학, 학술 또는 예술의 범위에 속하는 창작물이라고 볼 수 있는 한 저작권법상의 저작물로서 보호되어야 한다며 기존의 미술저작물이나 영상저작물로 인정하는 판례도 있었다.

만화영화 '101마리 달마시안'에 대한 대법원 2002도446 판결

미국 '디즈니 엔터프라이즈 인크'가 만든 만화영화 '101마리 달마시안'에 등장하는 101마리의 달마시안 종의 개가 갖는 표현에 대하여,
달마시안 종의 개에게 만화주인공으로서만이 가질 수 있는 독특한 사랑스러움과 친숙함 등을 느낄 수 있도록 도안함으로써 저작권법에서 요구하는 창작적 요소를 갖추었다며 저작물성을 인정하고 저작권의 보호대상으로 인정하였다.

이 사안에 대한 1심은 "만화영화에 나오는 달마시안 종(種) 개의 모습 그 자체는 비록 실제보다 더 단순화되어 표현되었거나 개의 몸에 있는 점의 수나 크기가 달리 표현된 점은 있으나 이는 만화로서 표현되는 특성상의 차이점에 불과할 뿐 원래의 자연에 존재하는 달마시안 종 개의 모습과 본질적으로 차이를 보여서 사람의 사상이나 감정에 의하여 새로이 창작된 모습이라고 볼 수는 없고 자연에 존재하는 달마시안 종 개를 거의 그대로 묘사하였다"며 창작성을 인정할 수 없다고 하였으나,
항소심은 이를 파기하면서 창작성을 인정하였다. 그 근거로 달마시안 종의 개에게 만화주인공으로서만이 가질 수 있는 독특한 사랑스러움과 친숙함 등을 느낄 수 있도록 도안한 것이라고 판시하고 있다. 항소심이나 대법원은 캐릭터에 대한 느낌만 설시하고 있을 뿐이며 실제 구체적으로 어떤 표현이 창작적인지에 대하여 판시하지 않고 있다.

만화영화 '탑블레이드'에 대한 대법원 2005도70 판결

㈜손오공이 만든 만화영화 '탑블레이드'에 등장하는 주인공인 다섯 꼬마 강민, 레이, 맥스, 카이, 교수의 캐릭터가 아닌 주인공이 사용하는 동물 형상 캐릭터를 복제하여 팽이에 부착한 것에 대하여 저작권침해로 인정하였다.

'마시마로' 캐릭터에 대한 서울지방법원 남부지원 2002가합84 판결

봉제완구를 제조·판매하는 원고들이 플래시 애니메이션의 주인공인 '마시마로' 캐릭터를 창작하고 미술저작물로 등록한 피고에게 마시마로 캐릭터에 대한 저작권이 존재하지 아

기타 저작물

니한다고 주장하며 제기된 사안에서,

원고는 플래시 애니메이션의 주인공인 마시마로 캐릭터는 구체적 표현으로부터 승화된 등장인물의 총체적인 아이덴티티로서, 추상적 개념에 불과할 뿐 그 자체가 구체적 표현이라고 할 수 없다고 주장하였으나 캐릭터도 문학, 학술 또는 예술의 범위에 속하는 창작물이라고 볼 수 있는 한 원칙적으로 저작권법상의 저작물(주로 미술저작물이나 영상저작물)로서 보호되어야 한다며, ❶ 7회까지 연재된 플래시 애니메이션에서 전개되는 독창적이고 엽기적인 내용, ❷ 마시마로라는 등장인물의 반항적인 성격, ❸ 몸통보다 큰 머리, 가늘고 작은 귀, 일직선으로 닫힌 눈 등의 특징적인 표현을 갖는 마시마로 캐릭터에 대하여 저작권법상 미술저작물로 인정하였다.[215]

(2) 저작물성 부정 입장

캐릭터는 인격과 같은 추상적인 개념으로서 구체적인 표현이 아니라며 원저작물로 보호된다며 캐릭터의 독자적 저작물성을 부정하는 입장이 있다. '실황야구 게임' 캐릭터에 대하여 2010. 2. 11. 선고된 대법원 2007다63409 판결이 나오기 전까지 애니메이션 캐릭터에 대한 저작물성을 부인하는 판례가 있었다. 이러한 부정 입장의 대표적인 판례로 소개되는 뽀빠이가 등장하는 'Thimble Theater' 만화에 대한 일본 최고재판소 판결은 캐릭터를 만화 등장인물에서 승화된 추상적인 인격체로 보고 캐릭터가 만화를 떠나서 독자적으로 저작물성을 갖지 못하며 만화를 구성하는 미술저작물 부분에 대한 침해로 처리할 수 있다고 하였다.

캐릭터의 독자적 저작물성을 부인하고 캐릭터 보호를 원저작물에 기초할 경우에는 상대방의 캐릭터 사용에 대하여 원저작물의 구체적인 부분과 일일이 비교하여 실질적유사성을 검토하는 번거로움이 있다. 하지만 결과는 독자성을 긍정하는 입장과 동일할 수 있다.

> **'Thimble Theater' 만화에 대한 일본 최고재판소 1997. 7. 17 판결**
>
> "연재만화에 있어서는 해당 등장인물이 그려진 각 회의 만화 각각이 저작물로서, 구체적인 만화를 떠나 위 등장인물의 이른바 캐릭터를 가지고 저작물이라고 할 수는 없다. 일반적으로 캐릭터라고 하는 것은 만화의 구체적인 표현으로부터 승화한 등장인물의 인격이

---

215 위 판결은 캐릭터에 대하여 독자성을 부정하며 마시마로의 미술저작물로서의 창작성을 부정하는 원고의 주장을 배척하고 미술저작물로서의 저작물성을 인정하였다.

라고 할 수 있는 추상적 개념이고 구체적 표현 그 자체가 아니므로, 그 자체가 사상 또는 감정을 창작적으로 표현한 것이라고 할 수 없기 때문이다. … 저작권의 침해가 있다고 하기 위해서는 연재만화 중의 어느 회의 만화에 관하여 인정되는 것인지 검토하여야 한다."

'네티비' 캐릭터에 대한 부산지방법원 2005카합77 결정

소설이나 연극, 영화, 만화 등에 등장하는 인물의 특징, 성격, 역할을 뜻하는 이른바 캐릭터는 일정한 이름, 용모, 역할 등에서 특징을 가진 위 인물이 반복하여 묘사됨으로써 각각의 표현을 떠나 독자의 머릿속에 형성된 일종의 이미지에 해당하여 그 자체가 사상 또는 감정을 창작적으로 표현한 것이라고 할 수는 없다며 캐릭터 그 자체는 저작물에 해당한다고 할 수 없다고 하였다.

'피구왕 통키'에 대한 서울지방법원 96가합56868(본소), 96가합80106(반소) 판결

"이 사건과 같이 캐릭터가 만화, 영화 속의 등장인물인 경우에도 원래의 저작물의 일부로서 보호를 받는다 할 것이므로 허락 없이 만화나 영화의 등장인물 등 캐릭터를 복제하여 상품에 이용하는 행위는 만화나 영화 저작권의 침해"가 된다며 만화 등장인물의 캐릭터는 원저작물인 만화, 영화저작물의 일부로서 보호를 받는다고 하였다.

(3) 오리지널 캐릭터의 저작물성

캐릭터 중 만화, 영화 등 대중매체에 표현되기 전에 상품에 사용할 것을 목적으로 개발된 소위 '오리지널 캐릭터'는 원래 그 자체가 미술저작물에 해당할 수 있다. 이러한 캐릭터는 상품에 사용되더라도 미술저작물성을 그대로 보유하므로 캐릭터의 독자적인 저작물성을 별도로 논할 실익이 적다.

'르 슈크레 토끼' 캐릭터에 대한 대법원 2015도11550 판결

'르 슈크레 토끼' 캐릭터는 오리지널 캐릭터의 일종으로 개발된 도안으로서, 물품에 표시되는 이외에도 2008년경 일본에서 공표된 동화책들에서 물품에 부착되지 않은 형태로 게재되는 등 이 사건 캐릭터 자체만의 형태로도 사용되어 왔다. 위 캐릭터가 저작물의 요건으로서 창작성을 구비하였는지 여부는 도안 그 자체로 일반적인 미술저작물로서 창작

성을 구비하였는지 여부에 따라 판단하면 충분하다고 하였다.[216]

'헬로 키티' 캐릭터에 대한 서울고등법원 99나23514 판결

피고가 원고 회사의 '헬로 키티' 캐릭터[217]를 임의로 모방한 도안을 만들고 이를 사용한 아동복을 제작 판매한 사안에서,

학설에 따라서는 캐릭터의 독자적 저작물성을 부인하는 견해도 있지만 캐릭터가 그 자체로서의 생명력을 갖는 독립된 저작물로 인정될 경우 그 내용에 따라 어문저작물 또는 미술저작물에 해당하여 저작권법의 보호 대상이 된다. '헬로 키티' 캐릭터는 고양이의 얼굴 부위를 단순화, 의인화한 도안의 구성과 다양한 사용 형태에 비추어 볼 때 그 자체가 상품과 물리적·개념적으로 분리되는 독립한 예술적 특성을 지니고 있으므로 저작권법상 미술 저작물에 해당한다고 하였다.[218]

위 판결은 헬로 키티 도안은 상품에 이용할 것을 의도하고 만들어진 도안이고 실제 상품에 부착하여 사용되었다며 상품과 분리되는 독립적인 예술적 특성을 인정하여 응용미술저작물성을 인정하였다. 그러나 헬로 키티 도안은 외부에 발표할 당시에는 아직 상품에 사용되지 않은 단계라서 상품과 분리되는 예술적 특성 여부를 떠나 그 자체로 미술저작물성을 갖고 있었다. 따라서 위 판결의 입장과 달리 캐릭터에 대한 독자적저작물성을 부인하더라도 미술저작물 침해가 인정되는 사안이었다.

---

216 '르 슈크레 토끼'에 대한 항소심 대구지방법원 2014노816 판결은 이 사건 캐릭터는 그 자체가 상품과 물리적·개념적으로 분리되는 독립한 예술적 특성을 지니고 있으므로 저작권법상 응용미술저작물에 해당한다고 하였다.

217 일본회사인 주식회사 산리오에 근무하는 디자이너가 1974. 10경 업무상 창작한 '헬로 키티(HELLO KITTY)'는 고양이 얼굴을 어린이들에게 친근감이 느껴지도록 귀여운 모양으로 형태를 단순화시킨 것이다. 1975. 2. 원고 회사가 발행한 'Hallmark Summer Promotion'에 처음 공표하였다. 1975. 3. 위 캐릭터를 손지갑에 처음 부착하여 판매한 이래 학용품, 생활용품, 의류, 장식품 등에서 이용되었으며, 1981년 제작된 '키티와 미미의 새로운 우산'을 비롯하여 헬로 키티를 주인공으로 한 10여 편의 영화가 상영되었다. 이처럼 상품에 사용할 것을 목적으로 만든 헬로 키티는 오리지널 캐릭터로 성립되고 이후 영화 등에서 이용되면서 애니메이션의 캐릭터 지위도 갖게 되었다.

218 위 판결은 캐릭터의 독자적 저작물성을 긍정하는 태도를 취하면서 상품과의 분리되는 예술적 특성을 갖는다는 점을 근거로 미술저작물에 해당한다고 하였다. 이 사안은 상품에 사용하기 위해 만들어진 오리지널 캐릭터로서 미술저작물성을 가진 헬로 키티 캐릭터를 무단 복제한 건이었다. 따라서 구태여 헬로 키티 캐릭터를 원저작물과 별개의 저작물로서 캐릭터의 독자성을 판단할 필요성이 적었던 사안이었으나 위 판결은 캐릭터의 독자성을 긍정하는 입장을 밝히고 있다.

다. 캐릭터 저작물의 유형

캐릭터 저작물은 시각적 표현에 의한 캐릭터와 어문적 표현에 의한 캐릭터가 있고 시각적 표현에 의한 캐릭터는 캐릭터의 형상이 가공적인 경우와 실존하는 연기자인 경우로 나눌 수 있다.

(1) 시각적 가공형상 캐릭터

만화, 애니메이션, 게임물 캐릭터와 같이 시각적 표현을 갖는 가공 형상 캐릭터는 원저작물인 만화, 애니메이션 영화, 게임물 등 원저작물과 별개의 저작물로서 저작권법의 보호 대상이 될 수 있다.

① 그림책의 글과 함께 그림으로 묘사된 캐릭터가 줄거리의 내용에 따라 다양하게 표현된 경우 만화 캐릭터처럼 그림책에 대한 저작물과 별개의 독자적인 캐릭터 저작물로 보호될 수 있다.

기타 저작물

었다. 원고는 위 서적에 대한 원고의 저작재산권은 양도되었으나 서적에 등장하는 캐릭터는 저작권법의 보호를 받는 별도의 저작물로서, 양도대상에 포함되지 않았음에도 피고들이 무단으로 캐릭터를 이용하여 만화, 뮤지컬 등에 사용하여 원고가 갖고 있는 캐릭터 저작물의 저작권을 침해하였다고 주장한 사안에서,

"이 사건 캐릭터는 고양이를 의인화하여 성별과 나이를 알 수 없는 '나와 동생'의 관계를 설정한 점, 고양이 얼굴에 사람 몸을 가지고 있고 눈 크기와 형태, 입술모양 등에 웃음 가득한 어린아이의 모습이 나타나는 점, 이 사건 캐릭터는 구름빵을 먹고 날아다니는데 이러한 특징은 원고가 현실에 존재하지 않는 동작을 창의적으로 도안한 것으로 보이는 점 등의 사정을 알 수 있는바, 이 사건 캐릭터는 원고의 정신적 노력의 소산인 인간의 사상 또는 감정을 표현한 창작물로 저작권법의 보호대상이 된다."

② '만화나 게임물'에 등장하는 캐릭터는 생김새, 동작 등 시각적 표현에 주로 창조적 개성이 드러난다. 이에 비해 '애니메이션'에 등장하는 캐릭터는 생김새만이 아니라 캐릭터의 몸짓이나 말투, 행동 양식, 목소리 등으로 구성된다. 애니메이션 캐릭터의 개성 있는 외형 디자인, 특유한 몸짓이나 말투, 개성 있는 성우의 녹음, 편집으로 형성되는 목소리 등이 결합한 캐릭터 표현은 독자적인 캐릭터 저작물로 보호받는다.

애니메이션 '뽀로로'에 대한 서울고등법원 2013나39638 판결

1심에서 원고는 자신이 '뽀로로' 캐릭터에 대한 단독저작권을 갖고 있다는 확인을 구하였고, 1심 법원은 '뽀로로' 캐릭터는 원저작물인 애니메이션의 원화와는 별개로 독립된 저작물이라며 원화를 창작한 원고와 함께 캐릭터의 창작에 기여한 피고에게도 캐릭터에 대한 저작자의 지위를 인정하였다.

항소심에 이르러 원고는 애니메이션 영상저작물에 사용된 등장인물에 관한 기본 그림은 그 자체로서 저작권법상 보호되는 독립된 저작물이 된다며 원고만이 직접 창작한 이 사건 애니메이션에 나오는 등장인물에 관한 그림인 미술저작물에 대한 저작자는 원고라는 확인을 구한다(이는 '총체적 아이덴티티로서의 캐릭터'가 아닌 '시각적 저작물로서의 캐릭터'만을 별지로 특정하여 당심에서 추가로 구하는 것이다)고 주장하였던 사안에서,

이 사건 캐릭터는 펭귄 캐릭터의 외형, 얼굴, 몸, 소품 등 시각적인 표현 방안이 구체적이고 상세하게 기재된 피고 작성의 '가이드라인'에 어느 정도 들어맞고 피고가 요청한 수정 사항(눈동자, 주둥이 모양, 입 주변 검은 선, 날개 모양, 발 등)들이 거의 반영된 등 피고가 이 사건 각 캐릭터의 구체적인 시각적 표현형식의 창작에 실질적으로 기여하였다고 볼 수 있고 또한 피고는 시나리오와 대본 작업에 일부 참여하였고 성우를 섭외하여 녹음, 음악 및 음향효과, 믹싱 작업을 담당하는 등 이 사건 각 캐릭터의 디자인, 시나리오나 대본의 반복으로 만들어지는 캐릭터 특유한 몸짓이나 말투, 행동 양식과 성우의 녹음 등으로 형성

되는 캐릭터의 목소리, 말투 등의 구체적 표현형식의 창작에 기여하였다며 원고와 피고는 이 사건 각 미술저작물을 포함하는 이 사건 각 캐릭터에 관하여 공동으로 저작권을 갖고 있다고 하였다.

(2) 어문적 캐릭터

어문적 캐릭터는 만화 영상처럼 시각적 표현이 아니라 소설과 같은 어문적 표현에 의하여 만들어지는 캐릭터를 말한다. 시각적 캐릭터는 시각으로 보이는 캐릭터에서 창작적 개성을 찾아내는 까닭에 저작물성 여부를 판단하기 쉽다. 하지만 시각적 요소가 없는 어문캐릭터는 어문이 갖는 표현의 방법이나 그 한계로 인하여 등장인물의 일정한 행동 양식, 성격, 말투 등에서 창작적 개성이 명확하게 드러나지 않는 한 창작성을 인정하기가 쉽지 않다.

어문저작물에 존재하는 단순하고 추상적, 전형적인 인물 유형은 아이디어에 해당한다. 예를 들어 긴 생머리에 예쁘장한 외모, 가난한 고아, 계모와 사는 불행한 가정환경을 갖는 인물, 재벌가의 아들로서 공부를 잘하고 잘생긴 외모를 가지고 있는 인물과 같이 전형적인 특징을 갖는 경우에는 캐릭터의 창작적 표현에 해당하지 않는다.

하급심 판례는 어문저작물에 등장하는 인물에 대하여 '어문적 캐릭터'가 성립될 수 있는 가능성을 인정하면서 '어문적 캐릭터'가 되기 위해서는 어문으로 표현되는 등장인물이 ❶ 구체성, 독창성, 복잡성을 가지며, ❷ 다른 작품에는 존재하지 않는 특성을 갖춰야 하고, ❸ 구체적으로 작품에서의 이름, 시각적 요소(외모, 복장 등 이야기 속에 서술된 신체적 또는 시각적 특징), 청각적 요소(목소리, 말투, 자주 사용하는 단어나 어법 등), 성격적 요소(성격적 특성, 습관, 행동양식 또는 초능력과 같은 특별한 능력 등)등이 함께 어우러진 표현에 창작성이 있어야 한다고 하고 있다. 또한 여러 명의 캐릭터가 등장하는 경우에는 다른 등장인물과의 관계를 통해 사건의 전개과정과 밀접한 관련이 있으면서 저작물에서 양적, 질적으로 차지하는 비중이 높아 그 저작물의 중핵에 해당하는 경우 캐릭터의 저작물성을 가질 수 있다고 한다.

그러나 실제 사안에서 어문캐릭터의 저작물성이 인정된 사안은 아직 나타나지 않고 있다.

기타 저작물

소설 '까레이스키'에 대한 대법원 99다10813 판결

소설 등에 있어서 '추상적인 인물유형'은 표현이 아닌 '아이디어' 영역에 속하는 것이라고 하였다.

소설 '귀여니'에 대한 수원지방법원 성남지원 2007가단29996 판결

소설 등 문학작품에서 등장인물은 그 자체로는 저작권에 의하여 보호되는 표현에 해당한다고 볼 수 없으나 구체성, 독창성, 복잡성을 가진 등장인물이거나 다른 등장인물과의 상호과정을 통해 사건의 전개 과정과 밀접한 관련이 있으면서 보호되는 표현에 해당할 수 있다면서 양 소설 모두 ❶ 여주인공이 긴 생머리에 예쁘장한 외모를 가지고 있고, ❷ 가난한 고아이거나 계모와 사는 불행한 가정사를 가진 인물이라는 점, ❸ 남주인공이 평창동에 사는 대기업 재벌의 둘째 아들로서, ❹ 공부를 잘하고 잘생긴 외모를 가지고 있는 인물이라는 점 등 일부 유사한 점이 있으나 이는 학원 로맨스물을 비롯한 소설, 만화 등 남녀 주인공의 전형적인 특징들로서 독자적으로 보호받는 수준의 독창적 캐릭터라고 볼 수 없다고 하였다.[219]

만화 '웍더글 덕더글'에 대한 서울중앙지방법원 2007가합62777 판결

만화 '웍더글 덕더글'의 저작자인 원고가 무술극 '챔프'는 자신의 만화에 있는 주제와 소재 일부 장면이 유사하고 캐릭터도 동일하다며 '챔프' 제작자에 대하여 손해배상을 구한 사안에서,[220]

"소설 등 작품에 등장하는 캐릭터는 그 자체로는 저작권에 의하여 보호되는 표현에 해당한다고 볼 수 없으나 구체적 독창성, 복잡성을 가진 등장인물이거나 다른 등장인물과의 상호과정을 통해 사건의 전개 과정과 밀접한 관련을 가지면 보호되는 표현에 해당할 수 있고 그 등장인물이 작품에서 차지하는 비중이 클수록 이를 차용하는 경우 실질적 유사성이 인정될 가능성이 높아진다 할 것이다."고 하면서 ❶ 가부장적 가장 캐릭터는 다른 작품에서도 흔하게 등장하는 것이고, ❷ 무술 가족을 소재로 한 코미디 장르에서 등장하는 딸의 캐릭터도 몇 안 되는 선택 가능성 중 하나이며, ❸ 술을 많이 마시는 캐릭터는 취권에서 필수불가결한 설정이라는 이유로 원고의 청구를 배척하였다.

---

219 위 판결은 소설 사이의 표절에 대한 사안으로서, 저작권 침해요건인 실질적유사성을 판단함에 있어 소설의 ❶ 사건의 전개 과정, ❷ 등장인물, ❸ 대사, ❹ 기타로서 주제, 분위기, 세팅 등 요소를 비교하였는데 그 중 등장인물을 비교한 부분에서 캐릭터의 저작물성을 인정할 수 있다는 입장을 보였다.

220 이 판결은 시각적으로 표현되는 만화의 캐릭터에 대한 분쟁에 대한 것이기는 하지만 원고가 만화 캐릭터의 시각적 형상에 대한 침해를 주장한 것이 아니라 만화의 시나리오에서 표현된 등장인물이 가진 성격이나 행동 등 요소에 대한 모방을 주장한 사안에 대한 것이다.

> **창작스토리공모출품 만화시나리오에 대한 서울중앙지방법원 2016가합536768 판결**
>
> "시나리오의 주인공과 같은 어문적 캐릭터는, ❶ 이름, ❷ 시각적 요소(외모·복장 등 이야기 속에 서술된 캐릭터의 신체적 또는 시각적 특징), ❸ 청각적 요소(캐릭터의 목소리, 말투, 자주 사용하는 단어나 어법 등), ❹ 성격적 요소(캐릭터의 성격적 특성, 습관, 행동양식 또는 초능력과 같은 특별한 능력 등)라는 4가지 요소로 구성되고 어느 캐릭터의 어떤 구성요소 또는 그 구성요소의 일부가 유사한 점이 있다고 하더라도 유사하지 않은 다른 점이 있으면 그러한 점까지 모두 포함하여 유사성 여부를 판단하여야 한다."

(3) 연기자 캐릭터

영화나 드라마에 출연한 연기자에 의하여 형성된 캐릭터는 드라마 각본과 연출, 연기자의 초상과 그에 대한 분장, 연기자의 연기동작 및 말투 등 어문적·시각적·청각적 요소가 결합되어 있을 수 있다.

연기자의 초상, 동작, 말투가 구체적이고 개성 있는 일관된 표현으로 나타나는 경우에 연기자캐릭터는 창작성을 가지며 원저작물인 영상저작물과는 구분하여 독자적인 저작물성을 가진다.

드라마나 영화에 출연한 연기자의 캐릭터는 가공의 애니메이션 캐릭터와 달리 연기자의 초상에 대한 권리가 관여한다. 따라서 연기자 캐릭터를 무단 이용할 경우 캐릭터 저작권 침해와 별개로 연기자의 초상권 침해가 발생할 수 있다.

> **드라마 '겨울연가' 캐릭터에 대한 서울고등법원 2009나4116 판결**[221]
>
> 드라마 '겨울연가', '대장금', '주몽'에서 남녀 주인공이 극 중에서 자주 입었던 의상이나 소품 모양을 '헬로 키티' 캐릭터 상품에 사용한 사안에서,
> 드라마의 캐릭터는 등장인물의 용모, 행동거지, 명칭, 성격, 목소리, 말투, 상황이나 대사 등을 모두 합한 총체적인 아이덴티티를 말하는 것이어서 위와 같은 속성을 배제한 채 남녀 주인공이 극 중에서 자주 입었던 의상이나 눈 오는 풍경 등 명칭이나 복장, 사용하는 소

---

221 위 판례는 드라마 '겨울연가' 등에서 사용된 의상이나 소품 모양에 대하여 저작권법상의 보호를 배척하였으나, 타인의 노력에 의한 성과물에 편승한 행위는 민법상 법적으로 보호할 가치가 있는 이익을 침해하였다는 이유로 불법행위로 인정하였다. 현행 법규상으로는 부정경쟁방지법상 신설된 성과부정사용 금지규정을 적용할 수 있는 사안이었다.

드라마 '임꺽정'에 대한 서울고등법원 97나43323 판결

연기자인 원고는 드라마에서 얼굴을 분장하고 임꺽정 역을 연기하였는데 보령제약이 겔포스 광고에 극중 임꺽정 캐릭터를 모방하여 캐리커처로 그려서 이용한 사안에서, 임꺽정으로 분장한 드라마상 얼굴이 원고의 실제 얼굴에 자연스럽게 일체화된 모습을 보여 주고 있었는데 당시 드라마상 캐릭터는 쟁점이 되지 않고, 원고가 갖는 초상권에 대한 침해가 인정되어 손해배상이 인정되었다.

라. 캐릭터 저작물의 저작자

캐릭터를 독자적인 저작물로 긍정하는 경우 원저작물 저작자와 별개로 캐릭터 저작물에 대한 저작자가 존재할 수 있다.

(1) 캐릭터에 대한 창작적 기여자

캐릭터 저작물의 저작자는 캐릭터가 갖는 외형적 모습, 말투, 목소리, 동작 등 표현에 창작적으로 기여한 자가 된다.

① 어문적 캐릭터는 소설 등 어문저작물에서 캐릭터의 표현이 추출되는 까닭에 특별한 사정이 없으면 어문저작물을 작성한 저작자가 어문적캐릭터의 저작자 지위를 함께 갖는다.

② 연기자 캐릭터의 경우 연기자의 독특한 초상, 동작, 말투에 창작적으로 기여를 한 자라면 시나리오 작가, 연출자, 분장사, 연기자 등 지위와 관계없이 연기자 캐릭터에 대한 저작자의 지위를 가질 수 있다.

③ 가공형상 캐릭터의 경우 캐릭터를 그린 미술 작가, 더빙에서 독특한 어투를 만들어낸 성우, 그 이외 캐릭터의 특유한 몸짓이나 말투, 행동양식 등 캐릭터의 창작적 표현 부분에 기여한 자는 캐릭터 저작물의 저작자가 될 수 있다.

애니메이션 '뽀로로'에 대한 서울중앙지방법원 2011가합103064 판결

원·피고가 공동으로 애니메이션을 제작하는데 원고가 애니메이션의 각 장면을 구성하는 원화를 만들었던 사안에서,

원고가 '뽀로로' 캐릭터에 대한 단독저작권을 갖고 있다고 확인을 구한 청구에 대하여 법원은 '뽀로로' 캐릭터는 원저작물인 애니메이션의 원화와는 별개로 독립된 저작물이고 원화를 창작한 원고와 함께 캐릭터의 창작에 기여한 피고도 저작자의 지위에 있다고 인정하였다.

"피고는 이 사건 애니메이션의 시나리오 작업과 대본 작업에 일부 참여하였고, 각 캐릭터의 시각적 디자인의 작성에 관한 외형, 얼굴, 몸, 소품 등에 대한 가이드라인을 원고에게 제시하거나 원고가 작성한 뽀로로 캐릭터에 대한 눈동자의 위치 및 크기, 고글 안에 있는 흰 부분, 발의 위치, 펭귄 부리의 크기 및 모양 등에 대한 수정의견을 제안하여 원고가 이에 따라 이 사건 각 캐릭터를 계속 수정하여 만들어 왔고, 등장인물의 이름을 짓는 작업에도 관여를 하였으며, 한국교육방송공사 내부 스튜디오에서 성우를 섭외하여 녹음, 음악 및 음향효과, 믹싱 작업을 담당한 사실 …. 피고의 이러한 행위는 단순히 저작물의 작성 과정에서 아이디어나 소재 또는 필요한 자료를 제공하는 등의 관여 정도를 넘어서 이 사건 각 캐릭터의 디자인, 시나리오나 대본의 반복으로 인하여 만들어지는 캐릭터의 특유한 몸짓이나 말투, 행동양식, 성우의 녹음 등으로 인하여 형성되는 캐릭터의 목소리, 말투 등의 구체적 표현형식에 기여하는 행위에 해당한다고 볼 수밖에 없고, 이에 의하면 피고 역시 이 사건 각 캐릭터에 관한 저작인격권을 갖고 있다고 봄이 상당하다."

이 사안에서 캐릭터의 대사를 단순히 그대로 녹음하는 것은 음반제작행위에 해당할 뿐 캐릭터의 어투 표현을 창작한 행위라고 할 수는 없다. 캐릭터의 어투는 높낮이, 톤, 강약, 말투 등으로 구성되는 '음'으로 캐릭터의 개성을 표현할 수 있고, 캐릭터에게 이러한 창작적인 어투를 부여한 자는 캐릭터의 창작적 표현에 대하여 기여를 한 자로서 저작자의 지위를 가질 수 있다.

(2) 애니메이션 캐릭터 저작자

캐릭터 저작물 중 저작자의 지위가 주로 문제되는 것은 애니메이션 캐릭터의 경우이다. 애니메이션 캐릭터를 원화에서 창작한 경우와 만화에 기초한 경우로 나누어 본다.

기타 저작물

① 원화로 창작한 캐릭터

애니메이션은 영상의 기본이 되는 원화들을 작성하고 원화들을 순서대로 일정한 영상으로 촬영하여 연속적인 영상으로 만드는 제작과정을 거친다. 애니메이션의 기초인 원화에서 비로소 애니메이션 캐릭터의 외형이 창작된 경우 원화를 그린 작가는 애니메이션 캐릭터의 시각적 표현 부분에 대하여 창작적 기여를 한 자의 지위를 갖는다.

애니메이션의 원화를 그린 작가가 애니메이션 제작사의 고용된 경우라면 업무상저작물이 성립되어 제작사에게 원화에 대한 권리가 귀속된다. 원화 작가가 제작사에 고용되지 않은 프리랜서라면 원화가 갖는 권리는 원화 작가가 보유한다. 그런데 애니메이션 원화는 애니메이션을 만드는 과정에서 제작된 것이므로 미술 작품 그 자체보다는 영상물의 일부로 갖는 의미가 크다. 따라서 원화를 그린 자는 영상저작물의 성격을 갖는 캐릭터의 시각적 요소에 대한 창작적 기여를 한 자로서, 애니메이션에 대한 공동저작자의 지위를 가진다고 본다.

② 만화에 기초한 캐릭터

영상제작을 통하여 캐릭터가 만들어진 것이 아니라 이미 원작 만화에서 창작된 캐릭터를 가지고 애니메이션 영화로 만든 경우 캐릭터 저작물은 애니메이션 영화제작자가 아닌 만화저작자가 보유한다. 그러나 만화 캐릭터를 기초로 하지만 새로운 색채 디자인, 창작적인 동작, 목소리 등 추가되는 등 영상 캐릭터에 새로운 창작성이 부가되면 만화 캐릭터에 대한 2차적저작물인 영상 캐릭터 저작물이 성립한다. 이 경우 원저작물인 만화 캐릭터의 저작자와 2차적저작물인 영상 캐릭터의 저작자가 별도로 존재할 수 있다.

> **'피구왕 통키'에 대한 서울지방법원 96가합56868(본소), 96가합80106(반소) 판결**
>
> "일반적으로 만화나 만화영화의 저작자는 자신이 창작한 만화나 만화영화의 주인공 등 캐릭터에 대하여 저작권을 원시취득하는 것이나, 이 사건과 같이 잡지에 연재된 동명의 원작 만화를 애니메이션화한 만화영화의 경우 그 캐릭터는 만화영화 저작자에 의해 최초로 창작된 것이 아니므로 영화 저작자가 캐릭터에 대한 저작권을 원시취득하였다고는 할 수 없고, 다만 원작만화의 캐릭터에 대한 저작권을 승계취득한 경우 또는 원작 만화의 캐릭터가 만화영화 제작과정에서 본래 가지고 있던 요소 외에 새로운 색채·디자인 등이 부가

되는 등 변형이 이루어짐으로써 그 새롭게 부가된 요소에 대하여 독자적인 권리가 발생하였다고 할 수 있는 경우에 한하여 만화영화의 저작자는 그 캐릭터에 관하여 저작권을 행사할 수 있게 된다 할 것이다."

(3) 영상제작자의 지위

캐릭터 저작물이 영상저작물의 성격을 가지면, 저작권법 제99조 이하의 영상저작물에 관한 특례규정을 적용 또는 유추적용할 수 있다. 따라서 영상제작자는 캐릭터 저작물 저작자로부터 위 특약상의 권리를 양도받아 행사할 수 있는 지위를 갖는다. 그런데 위 특례규정 제101조 제1항[222]은 영상제작자가 영상저작물저작자로부터 양도받은 것으로 추정하는 영상저작물의 이용을 위하여 필요한 권리에 '캐릭터를 상품화하는 권리'는 포함하지 않는다. 따라서 영상제작과 관련하여 캐릭터의 상품화에 대한 별도의 약정이 없으면 영상 속 캐릭터 저작물 저작자가 캐릭터의 상품화에 관련된 권리를 행사하게 된다.

마. 캐릭터 저작물의 보호 범위

캐릭터 저작물은 일반 저작물과 마찬가지로 창작적 표현만이 보호되며 아이디어와 사실은 보호의 범위에서 배제된다. 또한 캐릭터 저작물을 개변하였으나 원래의 캐릭터와 실질적유사성을 갖는 캐릭터는 2차적저작물이 될 수 있다.

(1) 창작적 표현

캐릭터 저작물에는 다른 일반 저작물과 마찬가지로 창작적인 표현만이 있는 것이 아

---

222 **제101조 (영상제작자의 권리)**
　① 영상저작물의 제작에 협력할 것을 약정한 자로부터 영상제작자가 양도 받는 영상저작물의 이용을 위하여 필요한 권리는 영상저작물을 복제·배포·공개상영·방송·전송 그 밖의 방법으로 이용할 권리로 하며, 이를 양도하거나 질권의 목적으로 할 수 있다.

기타 저작물

니라 저작권법의 보호를 받지 못하는 부분들이 있을 수 있다. 캐릭터에 대한 창작적인 표현만이 저작권의 보호대상이 된다.

캐릭터에 대한 표현이라도 최소한의 창작성이 존재하여야 한다. 종전부터 흔하게 사용되었던 관행적 표현, 기술적 또는 개념적인 제약 때문에 표현 선택의 폭이 좁아서 유사하게 표현될 수밖에 없는 전형적인 표현 등 창작적 표현이 제한된 경우에는 창작성이 배척될 수 있다.

서로 유사한 캐릭터 저작물 사이에 표절시비가 발생하는 경우 침해되었다고 주장하는 캐릭터에서 창작적인 캐릭터 표현 부분을 찾아내고 이를 기초로 침해하였다는 캐릭터의 표현을 비교하여 실질적유사성을 판단하게 된다.

(2) 아이디어와 사실

캐릭터 저작물에는 아이디어에 해당하는 추상적 인물 유형 등이 존재할 수 있다. 아이디어와 표현의 이분법에 따라 캐릭터가 가진 추상적인 인물 유형(예를 들어 화이트 칼라로 보이는 직장인, 작고 귀여운 이미지의 토끼, 엄격하면서도 속 깊은 아버지, 수다스럽고 현실적인 어머니, 귀엽고 통통한 이미지의 곰)은 아이디어에 속하는 것으로서 저작권 보호를 받지 못한다. 여우나 토끼, 곰 등 동물의 형상을 그대로 표현한 캐릭터는 사실을 그대로 묘사한 것에 불과하여 창작성을 인정받기 어렵다.

'구어스 치킨' 캐릭터에 대한 의정부지방법원 2012노144 판결

이 사건 캐릭터는 수탉이 선글라스를 쓰고 한 손에 치킨을 든 채로 오토바이를 타고 배달을 가는 모습으로 치킨배달을 이미지화하기 위하여 디자인된 캐릭터에 대하여,
저작권법에 의한 보호를 받을 가치가 있는 정도로 최소한도의 창작성이 있다고 보기는 어렵다고 하였다.

'실황야구' 게임에 대한 대법원 2007다63409 판결

야구선수 캐릭터의 신체를 2등신 정도의 비율로 설정하여 머리의 크기를 과장하고 얼굴의 모습을 부각하되 다른 신체 부위의 모습은 과감하게 생략하거나 단순하게 표현하는 한편, 역동성을 표현하기 위해 다리를 생략하되 발을 실제 비율보다 크게 표현한 '실황야구' 캐릭터에 대하여,
이미 만화, 게임, 인형 등에서 귀여운 이미지의 어린아이 같은 캐릭터들을 표현하는 데에

흔히 사용되었던 것이거나 야구를 소재로 한 게임물의 특성상 필연적으로 유사하게 표현될 수밖에 없는 것이라고 하였다.

'무대리' 캐릭터에 대한 대구지방법원 2008카합286 결정

'무대리' 캐릭터의 표현 중 머리가 몸통에 비해서 상대적으로 크고 3등신에 가까우며, 둥글넓적한 얼굴에서 눈과 입이 가장 부각되어 과장된 표정을 짓고, 덥수룩한 머리에 팔과 다리가 짧고 통통하며, 서류철을 들고 있는 표현 부분에 대하여,
이는 화이트칼라에 속하는 직장인이라는 아이디어에 기초하여 만화 지면 혹은 도안의 크기를 고려하여 캐릭터를 최대한 단순하게 만들고 이를 적절하게 표현하기 위한 것이며 서류철을 들고 있는 부분도 회사원임을 나타내는 전형적인 형태로서 아이디어를 표현하는 방법에 있어 기술적인 또는 개념적인 제약 때문에 표현 방법에 한계가 있는 경우나 시각적 캐릭터의 설정에 있어 전형적으로 수반되는 표현에 해당하여 저작권의 보호대상이 될 수 없다고 하였다.

'미피' 캐릭터와 '부토' 캐릭터에 대한 서울중앙지방법원 2012카합330 결정

❶ 흰색 토끼의 신체를 2등신 정도의 비율로 설정하여 머리의 크기를 과장하고, ❷ 얼굴의 모습을 부각하되 팔다리 등 다른 신체 부위의 모습은 과감하게 생략하거나 단순하게 표현하고, ❸ 얼굴 및 귀가 둥근 모양이고, ❹ 귀가 위쪽으로 쫑긋하게 세워져 있으며, ❺ 두 눈이 작고 까만 점으로 표시된 캐릭터의 표현에 대하여,
귀여운 이미지의 동물 캐릭터들을 표현하는 데에 흔히 사용되었던 것들이고 특히 귀가 위쪽으로 쫑긋하게 세워져 있는 것은 토끼라는 동물의 특성상 필연적으로 유사하게 될 수밖에 없는 것이라고 하였다.

(3) 변경된 캐릭터

만화를 기초로 제작된 영화는 만화에 대한 2차적저작물이 될 수 있다. 하지만 영화에 등장하는 캐릭터가 항상 만화 캐릭터에 대한 2차적저작물이 되는 것은 아니다. 영화 속 캐릭터가 만화 속 캐릭터의 창작적 모습을 그대로 유지하는 경우라면 영상 속 캐릭터 모습에 대하여 만화 캐릭터의 저작권이 미치게 된다.

그러나 원래의 캐릭터를 변경한 경우 변경된 캐릭터에서 원래의 캐릭터가 가지고 있는 본질적 특성이 감지되고 새로운 창작성이 부가되어 있으면 변경된 캐릭터는 2차적저작물이 될 수 있다. 그리고 원래의 캐릭터와 실질적유사성이 인정되지 아니할 정

기타 저작물

도로 많이 변경되면 별개의 새로운 캐릭터로 성립하여 독자적으로 보호될 수 있다.

> **만화영화 '톰과 제리'에 대한 대법원 96도1727 판결**
> "일련의 연속된 특정 만화 영상저작물의 캐릭터가 어느 시점을 기준으로 하여 새로운 저작물로서 인정되기 위하여서는 종전의 캐릭터와는 통일성이 인정되지 아니할 정도의 전혀 새로운 창작물이어야 할 것인데, 기록에 의하면 피고인이 사용한 톰 앤 제리 캐릭터가 1987. 10. 1. 이전의 캐릭터와 동일성이 유지되지 아니할 정도의 새로운 창작물이라는 점을 인정할 아무런 증거가 없으므로, 이 사건 톰 앤 제리 캐릭터가 1987. 10. 1. 이후에 창작된 새로운 저작물임을 전제로 하는 논지도 이유 없다."

바. 캐릭터 저작물의 보호기간

캐릭터를 독자적인 저작물로 긍정하면 원저작물과 별개로 캐릭터 저작물에 저작재산권 보호기간이 적용되어야 한다.[223] 개인이 창작한 캐릭터라면 저작권법 제39조[224]에 따라 저작자가 생존하는 동안과 사망한 후 70년간 존속하고, 공동저작물은 맨 마지막으로 사망한 저작자가 사망한 후 70년간 존속한다. 캐릭터가 회사에서 창작한 업무상저작물이라면 제41조[225]에 따라 공표한 때부터 70년간 존속한다.

저작물이 계속적·순차적으로 간행하는 경우의 저작물의 공표 시기에 대하여 저작권법 제43조는 ❶ 책·호 또는 회 등으로 공표하는 저작물의 경우에는 매책·매호 또는 매회 등의 공표 시, ❷ 일부분씩 순차적으로 공표하여 완성하는 저작물의 경우에는

---

223 캐릭터의 독자성을 부인하는 입장에서는 원저작물에 따라 미술저작물이나 영상저작물의 보호기간을 적용한다.

224 **저작권법 제39조 (보호기간의 원칙)**
① 저작재산권은 이 관에 특별한 규정이 있는 경우를 제외하고는 저작자가 생존하는 동안과 사망한 후 70년간 존속한다.
② 공동저작물의 저작재산권은 맨 마지막으로 사망한 저작자가 사망한 후 70년간 존속한다.

225 **저작권법 제41조 (업무상저작물의 보호기간)**
업무상저작물의 저작재산권은 공표한 때부터 70년간 존속한다. 다만, 창작한 때부터 50년 이내에 공표되지 아니한 경우에는 창작한 때부터 70년간 존속한다.

최종 부분의 공표 시로 정하고 있다. 그런데 캐릭터가 계속적·순차적으로 발행되는 간행물에 등장하는 경우가 있다. 이 경우에도 캐릭터 표현은 순차적으로 완성되는 것이 아니라 캐릭터가 등장한 시점에 표현이 완성되고 공표되는 것이 대부분이다. 따라서 이러한 캐릭터의 공표 시기가 보호기간의 기준이 되는 경우 캐릭터가 등장한 시점을 기준으로 보호기간을 산정하여야 한다.

영상저작물의 성격을 가지는 캐릭터 저작물은 기본적으로 연속된 영상적 표현에 창작성의 기반을 두고 있고 영상제작자에게 양도되는 영상저작물의 저작재산권과 일체로서 처리할 필요성이 있는 경우로서 공표한 때부터 70년간 영상저작물을 보호하도록 정한 저작권법 제42조[226]가 유추적용될 수 있다.

만화에 들어있던 캐릭터는 미술저작물로서의 성격을 가지며 따라서 저작자 사망 후 70년간 보호된다고 할 수 있다.

한편 만화를 기초로 한 영상저작물은 만화와는 달리 공표 후 70년간 보호된다. 하지만 만화를 기초로 한 영상물의 캐릭터가 만화 캐릭터와 동일한 모습을 유지한 경우 만화 캐릭터가 갖는 미술저작물의 보호기간이 적용될 수 있다. 그러나 영상물 캐릭터에 동작, 목소리 등 새로운 창작적 표현이 추가되어 2차적저작물 또는 별개의 새로운 캐릭터 저작물로 인정되면 만화 캐릭터에 대한 미술저작물로서의 보호기간과 별개로 영상물 캐릭터에 대하여 영상저작물의 보호기간이 유추적용될 수 있다.

사. 캐릭터의 상품화

캐릭터는 상품에 이용할 목적으로 만들어지는 경우가 많고 이런 이유로 캐릭터를 상품이나 서비스, 영업에 수반하여 고객흡인력 또는 광고효과라는 경제적 가치를 지니는 것이라고 정의하기도 한다.

---

226 **저작권법 제42조 (영상저작물의 보호기간)**
영상저작물의 저작재산권은 제39조 및 제40조에도 불구하고 공표한 때부터 70년간 존속한다. 다만, 창작한 때부터 50년 이내에 공표되지 아니한 경우에는 창작한 때부터 70년간 존속한다.

기타 저작물

옷과 같은 상품에 캐릭터를 도안으로 사용하는 것을 캐릭터의 '상품화'라고 하며, 이러한 상품화를 허락할 수 있는 권리를 '상품화권'이라고 한다. 상품화권은 캐릭터에 대한 권리를 갖는 자가 상품화를 위하여 행사할 수 있는 권리라는 의미가 있으나 그 자체가 독자적이거나 배타적인 권리가 아니며, 캐릭터의 권리자가 캐릭터와 관련하여 저작권법, 상표법, 디자인보호법에서 발생한 권리에 기초해서 라이센스 계약 등을 통하여 행사할 수 있는 권리를 지칭하고 있는 개념이다.

캐릭터의 상품화로 인한 분쟁에는 저작권법뿐만 아니라 민법, 상표법, 부정경쟁방지법 등 상품거래에 관련된 법률이 관여하게 된다.

2

저작물의
제호

가. 제호의 저작물성

저작물의 제호는 저작물을 구성하는 요소이기는 하지만 저작물의 표지로서 저작물
성이 배제되고 있다. 그러나 제호를 저작물로 보호하려는 입장도 있다.

(1) 저작물로서의 보호배제

판례는 시나 소설, 연극이나 영화, 노래 등 저작물의 제호는 저작물에 대한 표지에 불
과하고 사상 또는 감정의 창작적 표현이라고 보기 어렵다는 이유로 제호의 저작물성
을 배척하는 것이 일반적이다. 캐릭터의 '명칭'도 저작물의 제호와 마찬가지로 그 자
체는 저작물로 보호되지 않는다.

> **만화 '또복이'에 대한 대법원 77다90 판결**
> 만화 제명 '또복이'는 사상 또는 감정의 표명이라고 보기 어려워 저작물로서의 보호는 인
> 정하기 어렵다며 피고가 제조한 빵의 상품명을 '또복이'로 하여 포장지에 인쇄, 판매하였
> 다고 하더라도 저작권 침해가 되지 아니한다고 판단한 원심의 판단은 정당하다고 하였다.

> **소설, 영화 '애마부인'에 대한 서울고등법원 91라79 결정**
> "일반적으로 저작물의 제호 자체는 저작물의 표지(標識)에 불과하고 독립된 사상, 감정의
> 창작적 표현이라고 보기 어려워 저작물로서의 요건을 구비하지 못하고 있다 할 것이므로

기타 저작물

위 소설의 제호인 '애마부인'이 저작물임을 전제로 한 신청인의 위 주장도 이유 없다."

자서전 '자유인'에 대한 서울지방법원 서부지원 90카6150 결정

신청인이 저술한 '自由人'이라는 제호의 자서전 저작물이 국내에 널리 알려지고 베스트셀러 상위를 기록한 이후에, 피신청인들이 사상서인 '自由人,자유인' 저작물을 출간한 사안에서,

신청인은 피신청인의 출간행위는 '自由人'이라는 제호의 저작물에 관한 권리침해라고 주장하며 피신청인 저작물의 제작금지가처분신청을 하였고, 이에 피신청인은 저작물의 제호는 저작권법상 저작물로서 보호되지 아니한다며 신청인에게 가처분 신청을 구할 권원내지 피보전권리가 없다고 주장하였는데, 신청인의 신청이 기각되었다.

시 '비목'에 대한 서울고등법원 2017나13 판결

"국립국어원에서 나온 표준국어대사전에 의하면 비석(碑石)은 돌로 만든 비를, L은 K를 각 의미한다. E라는 단어는 위 사전에 수록되어 있지 않다. 따라서 이 사건 제목은 원고가 이 사건 시를 지으면서 운율 등을 고려하여 L의 글자 순서를 바꿔 만든 문학적 표현인 조어(造語)인바, 저작권을 부여할 정도의 창작성이 있다고 볼 수 없다[미국 저작권법 하에서도 제목과 같은 개별적인 단어와 짧은 구문 그 자체는 저작권의 보호대상이 되지 않는다는 '단어와 짧은 구문(Words and Short Phrases)이론'에 의해 헤드라인은 개별적으로 저작권의 보호대상이 되지 않는 것이 일반적이다]. 그렇다면 이 사건 제목은 원고의 어문저작물에 해당하지 않으므로, 원고의 이 부분 청구는 모두 이유 없다."

연극 '품바'에 대한 서울고등법원 89라28 결정

연극 대본 제목으로 사용하고 있는 '품바'라는 단어는 그 주장 자체에 의하더라도 각설이타령의 후렴구에서 따온 의성어의 일종이라는 것이어서 정신적 활동의 산물이라고 할 수 없을뿐더러, 일반적으로 저작물의 제목 자체는 저작물의 표지에 불과하고 독립된 사상이나 감정의 창작적 표현이라고 할 수 없는 경우가 많아서 저작물로서의 요건을 구비하지 못하고 있다고 하였다.

뮤지컬 '사랑은 비를 타고'에 대한 서울고등법원 2006나47785 판결

피고 회사는 소외인에게 의뢰하여 원고가 만든 초연 뮤지컬 가사와 전혀 다른 가사를 작사하게 하고 출연 배우들에게 이를 연습시켜 새로 작사한 가사를 노래로 부르게 한 사안에서,

피고 회사가 이 사건 뮤지컬의 곡의 가사를 초연 뮤지컬의 가사와 다르게 하면서 일부 곡의 제목을 그대로 유지하더라도 저작물의 제호는 저작물의 표지에 불과할 뿐 사상 또는 감정의 표현이라고 볼 수 없으므로 가사가 전혀 다른 곡임에도 같은 제목을 사용하는 것은 초연 뮤지컬의 가사에 관한 저작권을 침해하지 않는다고 하였다.

무용극, 영화 '행복은 성적순이 아니잖아요'에 대한 서울민사지방법원 89가합62247 판결

피고는 '행복은 성적순이 아니잖아요'라는 제명의 무용극을 창작한 원고의 승낙을 받고 위 무용극과 같은 제명의 영화를 제작하였고 이후 소외인으로 하여금 위 영화 시나리오를 소설화한 같은 제명의 소설을 간행하자 원고가 위 영화 및 소설의 원저작자라며 성명표시권이 침해되었다고 주장한 사안에서,
제명은 사상이나 감정의 표현이라고 볼 수 없어서 저작권의 보호대상이 될 수 없으므로 동일 제명을 사용한 영화 및 소설의 제작이 무용극에 대한 저작권 침해가 된다고 볼 수 없다고 하였다.

'무대리' 캐릭터에 대한 대구지방법원 2008카합286 결정

"채무자가 사용하는 이 사건 각 도안 중에는 대상 캐릭터만을 표시한 것과 대상 캐릭터와 'C' 명칭을 함께 표시한 것이 있는데, 후자의 경우 'C' 명칭을 함께 표시함으로써 대상 캐릭터에 대하여 C 캐릭터와 동일하거나 유사하다는 인상을 주는 효과가 있고, 이로 인하여 채무자의 'C' 요리주점 체인사업의 고객 흡인력이 향상 될 것이라고 예상되나, 만화의 제호나 그 만화에 등장하는 주인공의 명칭에 불과한 'C' 명칭 자체는 사상 또는 감정의 표현이라고 보기 어려워 저작물로서 보호받을 수 없으므로, 아래에서 대상 캐릭터와 C 캐릭터의 실질적 유사성을 대비함에 있어서는 'C' 명칭을 표시하는 부분을 제외한 시각적 표현물인 대상 캐릭터만을 비교의 대상으로 한다."

(2) 제호 보호에 관한 논의

제호에 대한 저작물 보호를 일률적으로 부정할 것이 아니라 개별적으로 창작성 유무를 심사하여 판단할 수 있는지에 대하여 논의가 있다.　　.

저작물의 성립요소인 '인간의 사상이나 감정'은 단순한 생각이나 기분으로도 가능하다. 그런데 작가가 자신의 작품에 대한 제호를 정하는 경우 단순한 생각이나 기분의 수준보다 더 깊은 숙고과정을 거쳐 제호를 정하는 경우가 있다. 또한 저작물은 표현 부분이 어떤 기능이나 역할을 하는지가 아니라 창작적 표현이 존재하는지 여부에 따

라 저작물로서의 성립 여부가 결정된다. 예를 들어 상표 도안은 식별 표지의 지위를 가짐에도 불구하고 창작적 표현으로 인정되면 저작물성을 인정받을 수 있고 서적에 첨부되는 후기나 추천 글이라도 본문의 글과는 별도의 저작물로 성립할 수 있다. 제호가 작품의 내용을 표시하거나 또는 다른 작품과 구별하기 위하여 만들어지는 표지의 지위를 갖는다고 하더라도 인간의 사상이나 감정에 대한 창작적 표현을 갖는다면 저작물성을 인정하는 것이 저작권의 법리에 부합한다고 본다.

그런데 저작물의 제호는 서적뿐만 아니라 미술, 음악, 연극, 영화 등 여러 유형의 저작물 표지로서 작성되는데 저작물의 제호는 대부분 '문자와 언어'의 표현형식을 갖는 것으로 어문저작물성을 갖는다. 따라서 예를 들어 미술저작물로 인정되는 미술 작품에 대한 제호가 창작적이어서 어문저작물성을 갖는 경우라면 하나의 미술 작품에 미술저작물성과 어문저작물성이 함께 존재하게 될 것이다.

이러한 논리에 불구하고 현실적으로 제호는 저작권으로 보호할 만한 최소한의 창작적 표현을 갖추지 못한 단순한 단어나 문구로 이루어지는 것이 대부분인 까닭에 창작성을 인정받는 경우는 매우 예외적일 것으로 보인다.

하급심 판례 중에는 제호의 저작물성을 일률적으로 부인하지 않고 창작적 사상 또는 감정을 충분히 표현한 제호는 독립된 저작물로 보호될 수 있다는 가정 아래 제호에 대한 저작물성을 판단한 경우가 있다.

'불타는 빙벽'에 대한 서울남부지방법원 2004가단31955 판결

1977년 '불타는 빙벽'이라는 소설이 포함된 11편의 중편소설을 수록한 소설집을 '불타는 빙벽'이라는 제목으로 출판하였던 원고는 이 사건 제호가 비록 두 단어로 되어 있지만 이들은 결합 불가능하고 모순관계에 있는 조합으로 누구도 쉽게 생각하지 못하는 원고만의 독창성과 문학적 개성이 집약된 것이고 작품 내용 전체를 집약적으로 나타내는 독창성 있는 창작물로서 저작물이라고 주장한 사안에서,

"설사 현대 사회에서 제호가 갖는 사회적·경제적 중요성 등을 고려하여 제호의 저작물성을 일률적으로 부인하지 않고 제호 중 창작적 사상 또는 감정을 충분히 표현한 것을 선별하여 독립된 저작물로 보호하는 입장에 선다고 하더라도, 완성된 문장의 형태가 아닌 불과 두 개의 단어로만 구성되어 있는 이 사건 제호가 독자적으로 특정의 사상이나 감정 혹은 기타의 정보를 충분히 표현한 것으로 보기 어려우므로, 이 사건 제호가 저작물임을 전제로 하는 원고의 주위적 청구는 더 나아가 살펴 볼 필요 없이 이유 없다."

'내가 제일 잘 나가' 노래에 대한 서울중앙지방법원 2012카합996 결정

여성그룹 2NE1이 부른 '내가 제일 잘 나가' 노래 저작자가 '내가 제일 잘 나가사끼 짬뽕'이라는 문구를 사용한 삼양식품의 라면광고에 대하여 침해를 주장한 사안에서,

"이 사건 제호는 '내가 인기를 많이 얻거나 사회적으로 성공하였다'는 단순한 내용을 표현한 것으로서 그 문구가 짧고 의미도 단순하여 어떤 보호할 만한 독창적인 표현형식이 포함되어 있다고 보기 어려우므로, 비록 이 사건 가요에 이 사건 제호와 동일한 가사가 반복되어 나온다 하더라도 그것만으로 이 사건 제호가 저작물로 보호되는 것은 아니다."

나. 동일성유지권에 의한 보호

창작적 표현이 없는 제호라도 저작물의 내용, 형식 및 제호의 동일성을 보호하려는 동일성유지권의 보호대상이 된다.

(1) 제호의 동일성 보호

저작물로 성립된 하나의 작품에는 창작적 표현, 창작성이 없는 표현, 아이디어에 해당하는 것, 제호 등 다양한 요소가 포함되어 있다. 저작재산권은 저작물에 있는 창작적 표현형식을 보호의 대상으로 한다. 그러나 저작인격권 중 하나인 동일성유지권[227]은 저작물의 내용, 형식 및 제호를 동일성 유지의 대상으로 하고 있다. 따라서 타인이 임의로 제호를 변경하여 저작물을 이용하면 동일성유지권 침해가 된다.

'가자, 장미여관으로' 시나리오에 대한 서울민사지방법원 90카98799 결정

'가자, 장미여관으로' 제호의 시집을 낸 마광수 교수가 '가자, 장미여관으로'라는 제목으로 시나리오를 작성하여 진행하던 중 영화제작자와 분쟁이 발생하였고, 이후 영화제작자가 동일한 제목의 다른 시나리오를 사용하여 영화를 제작하자 마광수 교수가 동일성유지권 침해를 주장하였던 사안에서,

"원저작물에 변경을 가하는 것이 아니고 원저작물과 동일성의 범위를 벗어나 전혀 별개의

---

227 **저작권법 제13조 (동일성유지권)**
　① 저작자는 그의 저작물의 내용·형식 및 제호의 동일성을 유지할 권리를 가진다.

　　　　　　　　　　　　　　　　　　　　　　　　　　기타 저작물

저작물을 창작하는 경우에는 비록 그 제호가 동일하다 하더라도 원저작물에 대한 동일성유지권을 침해하는 것으로 볼 수는 없다 할 것인 바 이 사건에서 채무자가 지정하여 위 영화를 제작하는 데 사용하는 시나리오가 채권자가 저작한 위 두 편의 시나리오와 전혀 다른 별개의 독창적 내용의 창작물인 시나리오임은 앞서 인정한 바와 같으므로 채무자가 제작하는 위 영화가 채권자가 저작한 위 두 편의 시나리오에 대한 저작자의 동일성유지권을 침해하였다는 채권자의 주장은 이유 없다 할 것이다."[228]

(2) 2차적저작물의 제호

2차적저작물의 제호는 원저작물의 표지를 변경한 것이 아니라 2차적저작물에 대한 표지로서 게재된 것이다. 따라서 2차적저작물의 제호에 대하여는 원저작물에 대한 동일성유지권 침해 문제가 발생하지 않는다.

'동서문화 한국세계대백과사전'에 대한 서울고등법원 2001나37271 판결

'동서문화 한국세계대백과사전'이라는 제호의 백과사전을 기반으로 창작된 2차적저작물인 CD에 대하여 이 사건 CD의 내용을 인터넷으로 검색하도록 서비스하면서 원저작물의 제호와 달리 '야후! 백과사전'이라는 명칭을 사용한 부분에 대하여 백과사전 저작자가 갖는 동일성유지권에 대한 침해가 되지 아니한다고 하였다.

다. 저작권 이외의 보호방법

저작권으로 보호받지 못하는 저작물의 제호라도 당사자 사이의 약정으로 제호의 이용에 대한 권리관계를 정할 수 있고 제호가 상표로 출원되면 상표법의 보호를 받을 수 있다. 그 외에 식별기능을 갖는 제호에 대하여 부정경쟁방지법이 적용될 경우가 있다.

---

228 위 판결은 "『가자 장미여관으로』라는 제목의 채권자 시집은 당시 문학계 및 독자들에게 비교적 널리 인식되어 주지성을 획득하고 있었던 사실이 인정됨에 비추어 채무자는 위 계약체결 당시 위 시나리오를 원작으로 하여 이를 영상화하려는 목적에서 위와 같은 계약을 체결한 것이 아니고 채권자의 위 시집 특히 그 제목의 주지성이나 또는 그 상징적 이미지를 영화에 이용하려는 의도에서 위와 같은 계약을 체결한 것으로 보인다"라고 판시하였다. 당시 재판에서 쟁점이 되지 않았지만 타인의 성과를 가로챈 부분을 이유로 한 민법상 불법행위였고, 최근의 입법이라면 부정경쟁행위를 검토할 수 있는 사안이었다.

(1) 약정에 의한 보호

제호는 저작재산권의 배타적인 권리 대상이 아니지만 당사자 사이에 제호를 독점적으로 이용하기로 하는 약정을 할 수 있다. 그리고 이러한 약정에 따라 제호를 이용하는 자는 제호에 대하여 배타적인 권리는 없지만 계약상대방에게 제호의 독점적 사용을 주장할 수 있다.

> **영어교재 'This is Grammar'에 대한 서울중앙지방법원 2009가합118001 판결**
>
> 원고 출판사와 저작자 피고가 영어교재에 대하여 맺은 출판계약서에 "제4조 (제목 등의 저작권 및 상표 사용권) 본 저작물의 제목 및 시리즈 제목 등의 표기 사항에 대한 저작권은 원고 회사에게 있으며, 원고 회사는 본 저작물의 제목 및 시리즈 제목 등을 원고 회사의 상표로 사용할 수 있다."라고 정하였다. 위 출판계약에 따라 'This is Grammar' 초급 1, 2 중급 1, 2 고급 1, 2 서적이 출판되었고, 위 계약종료 이후 저작자인 피고가 설립한 회사에서 'This is Grammar' 초급 1, 2 등을 출판하였다. 이에 원고는 출판계약 기간 만료 후에도 원고 회사만 위 제호 등을 사용할 수 있고, 저작자인 피고는 사용하지 않기로 약정한 출판계약을 위반하였다고 주장하며 피고 서적의 제작, 판매 금지를 구한 사안에서,
>
> ❶ 출판계약 제4조에서 규정한 것은 당해 서적의 표지 중 글자체나 색상, 배열 등에 창작성이 있는 경우 그 부분의 저작권을 원고 회사에 부여한 것으로 보일 뿐이고, ❷ 교재의 저작자인 피고 김경숙에 대한 관계에서 그 교재의 출판권자인 원고 회사가 서적의 제호(This is Grammar) 그 자체에 대한 독점적 사용권을 취득하였다고 보기 어려운 점 등에 비추어 피고 김경숙이 이 사건 각 출판계약 종료 이후에도 원고 회사에 대한 관계에서 'This is Grammar' 및 'This is'를 포함하는 제호를 원고 회사가 독점적으로 사용하기로 하는 데 합의하였다고 보기 어렵다고 하였다.

(2) 상표권에 의한 보호

① 서적의 제호가 상표로 출원되어 상표등록이 되는 경우가 있다. 그런데 저작물의 제호는 유체물인 서적 상품을 나타내기도 하지만 서적에 수록된 무체물인 창작물의 명칭 내지는 그 내용을 함축적으로 나타내는 것이다. 그러한 창작물을 출판·제조·판매하고자 하는 자는 누구든지 제호를 사용할 수 있는 것으로서 상표법상 식별력이 인정되지 않는 보통명칭 또는 관용상표로서의 표시 또는 품질 등을 나타내는 기술적 상표로서의 표시에 해당할 수 있다.[229] 따라서 상표등록이 된 제호가 있더라도 다른

---

229 **상표법 제33조(상표등록의 요건)**

기타 저작물

사람이 서적의 제호로 사용하는 것에 대하여는 상표권이 효력이 미치지 않는 것이 원칙이다. 다만 타인의 등록상표를 정기간행물이나 시리즈물의 제호로 사용하는 등 특별한 경우 사용 태양, 사용자의 의도, 사용 경위 등 구체적인 사정에 따라 실제 거래계에서 제호의 사용이 서적의 출처를 표시하는 식별표지로서 인식되는 경우에는 상표권의 효력이 미친다.

'녹정기' 번역물에 대한 대법원 95다3381 판결

"서적의 제호는 그것이 보통 일반적으로 사용되는 것이 아니고 그 저작물의 내용을 직접 표시하는 것이 아닌 한은 서적이나 필름 등의 상표로서 사용되는 경우에는 다른 상품과 식별하는 능력이 있고 출처표시로서의 기능도 있다고 할 것이나, 이들 문자도 서적류의 제호로서 사용되는 경우에는 그것은 당연히 해당 저작물의 창작물로서의 명칭 내지 그 내용을 나타내는 것이며, 그러한 창작물을 출판하고 제조판매하고자 하는 자는 저작권법에 저촉되지 않는 한은 누구든지 사용할 수 있는 것으로서 품질을 나타내는 보통명칭 또는 관용상표와 같은 성격을 가지는 것이므로 제호로서의 사용에 대하여는 상표법 제51조의 규정에 의하여 상표권의 효력이 미치지 않는다고 할 것이다."

월간지 '꿈을 키우는 재능교육'에 대한 대법원 96마217 결정

신청인은 '재능국어', '재능수학' 등 제호의 학습지, '재능 가족'이라는 홍보용 사보를 발행하고 '재능교육' 등 재능이 고딕 문자로 들어간 상표를 등록하였다. 피신청인은 '꿈을 키우는 재능교육'이라는 제호를 고딕 문자로 표시한 월간지를 발행한 사안에서,
원심은 신청인 사용의 고딕체의 '재능교육'이라는 문자와 피신청인 사용의 고딕체로 된 '꿈을 키우는 재능교육'이라는 제호 중 '재능교육' 부분은 그 외관, 호칭, 관념에 있어서 유사한 면이 있으나 소명자료를 종합하면 ❶ 신청인의 상표의 요부 중 하나인 '재능교육'은 '재능을 기르고 높이기 위하여 합리적인 훈련과 올바른 지도를 주지로 하는 교육'을 의미하는 말로서, ❷ 신청인이 신청인의 상표를 등록하기 이전부터 일반적으로 사용되던 교육 용어인 사실이 인정되므로, ❸ 이것을 그 지정상품에 표시할 경우 이는 그 상품의 효능, 용도 등을 표시하는 표장에 불과한 기술적 상표에 불과하다. 따라서 '꿈을 키우는 재능교육'이라는 제호 사용에 대하여는 상표권에 기한 방해금지, 예방을 청구할 수 없다고 하였으나,

---

① 다음 각 호의 어느 하나에 해당하는 상표를 제외하고는 상표등록을 받을 수 있다.
1. 그 상품의 보통명칭을 보통으로 사용하는 방법으로 표시한 표장만으로 된 상표
2. 그 상품에 대하여 관용하는 상표
3. 그 상품의 산지·품질·원재료·효능·용도·수량·형상·가격·생산방법·가공방법·사용방법 또는 시기를 보통으로 사용하는 방법으로 표시한 표장만으로 된 상표

대법원은 등록상표인 경우 ❶ 상품의 효능, 용도 등을 표시하는 기술적 상표라고 하더라도 그 사정만으로 곧바로 그와 동일·유사한 상표에 대하여 상표권의 효력이 미치지 않는다고 할 것은 아니고, 상품의 효능, 용도 등을 '보통으로 사용하는 방법으로 표시하는' 상표에 대하여서만 그 효력이 미칠 수 없다고 보아야 할 것이므로, ❷ 등록된 기술적 상표의 상표권이 위 규정에 따라 효력을 미치지 않는다고 하려면 대상 상표 등이 상품의 효능, 용도 등을 '보통으로 사용하는 방법으로 표시하는' 상표인지가 우선 확정되어야 한다고 할 것인데, ❸ 원심이 피신청인의 위 제호 사용이 상품의 효능, 용도 등을 '보통으로 사용하는 방법으로 표시하는' 것인지 여부를 더 나아가 살피지 아니한 채 신청인의 등록상표가 기술적 상표라는 사유만을 설시하고서 곧바로 신청인의 상표에 관한 상표권의 효력이 피신청인의 제호에 미치지 않는다는 취지로 판단한 것은 판결에 이유를 제대로 명시하지 아니한 위법을 저지른 것이라고 할 것이므로 이 점을 지적하는 논지는 이유 있다며 원심결정을 파기하였다.

'리눅스 내가 최고' 서적에 대한 대법원 2000후3395 판결

원고가 'Linux'에 대하여 상표등록을 하였는데, 피고가 리눅스(Linux) 컴퓨터 운영체제 프로그램의 사용방법 등을 설명하는 서적 제목으로 '리눅스 내가 최고'를 사용한 사안에서, "피고가 리눅스(Linux)라는 컴퓨터 운영체제 프로그램의 사용방법 등을 설명하는 내용의 책을 출판하면서 그 책에 사용한 "리눅스 내가 최고"라는 표장은 그 책의 제목으로만 사용되었고 그 책의 출처를 표시하거나 그 책을 다른 출판사의 책과 식별되도록 하기 위한 표장으로서 사용한 것이 아니므로, 원고의 이 사건 등록상표인 'Linux'의 상표권의 효력이 피고가 책의 제목으로 사용한 위 표장에 미치지 아니한다."

'영어공부 절대로 하지마라' 서적 제호에 대한 대법원 2005다22770 판결 (2차환송판결)[230]

정기간행물이나 시리즈물의 제호에 타인의 등록상표를 사용하는 경우에는 사용 태양, 사용자의 의도, 사용 경위 등 구체적인 사정에 따라 실제 거래계에서 제호의 사용이 서적의 출처를 표시하는 식별표지로서 인식될 수도 있으므로, 이러한 상표적 사용의 경우에는 상표권의 효력이 미친다고 하였다.

---

230 '영어공부 절대로 하지마라' 서적의 제호에 대하여, 대법원 2002다56024 판결, 대법원 2005다22770 판결, 대법원 2006다29983 판결 등 3번의 파기환송 판결이 있었다.
저자인 신청인과 출판업자인 피신청인 사이에 신청인 저술의 영어학습법에 관한 출판권설정계약이 맺어졌고, 같은 해 7. 19경 '영어공부 절대로 하지마라'라는 제호의 서적이 출판되었다. 신청인은 '영어공부 절대로 하지마라!'에 관하여 2001. 10. 6경 상표출원을 하여 2003. 11. 7 상표등록을 하였다. 피신청인이 '영어공부 절대로 하지마라' 중학입문, 중학기본, 중학실력, 중학졸업 등 8가지 제호의 서적을 발행하자 신청인이 부정경쟁행위와

기타 저작물

② 서적의 제호는 저자가 아닌 출판사에 대한 식별표지가 될 수 있다. 저자가 상표 등록한 서적 제호라도 이미 그 이전에 출판사가 식별력을 가진 시리즈 제호로 사용하였던 경우에는 등록된 상표는 무효가 될 수 있다.

> **'영어공부 절대로 하지마라' 서적 제호에 대한 대법원 2006다29983 판결(3차환송판결)**
>
> 신청인 저자가 출원한 이 사건 등록상표는 '영어공부 절대로 하지 마라'를 표장으로 하고 '정기간행물, 학습지, 서적, 연감' 등을 지정상품으로 하고 있다. 그런데 이 사건 등록상표의 출원일 이전에 출판업자인 피신청인이 시리즈물로 출판한 서적에 사용되어 일반 수요자에게 널리 알려짐으로써 상표성과 주지성이 인정되는 선사용 상표와 표장이 같다. '서적'이라는 상품에 사용된 상표가 가지는 출처표시기능은 저자가 아니라 출판업자를 위한 것이라고 보아야 한다. 따라서 이 사건 등록상표의 지정상품 중 이 사건 가처분신청과 관련된 '정기간행물, 학습지, 서적, 연감'은 피신청인의 선사용 상표의 사용상품인 '서적'과 같거나 유사하여 상표법 제7조 제1항 제9호에 의하여 등록 무효로 될 개연성이 높다고 하였다.[231]

③ 출판업계에서는 제호만이 아니라 디자인이나 내용, 편집 방법의 유사성, 연관성 일관성을 갖는 일련의 서적들을 출판 형태상 '시리즈물'로 칭하고 있다. 그런데 이와 같은 출판 형태 구분상 시리즈물에 해당한다고 하더라도 이러한 시리즈물 제호 사용

상표권침해를 이유로 가처분신청을 하였던 사안에서 3차에 걸친 환송판결이 있었던 것이다.

❶ 1차 환송판결은, 서적 표지에 기재된 '저자 명칭'이 일반적으로 그 저술업의 활동 주체를 나타내고, '제호'는 원래 서적에 담긴 저작물의 창작물로서의 명칭 내지 그 내용을 직접 또는 함축적으로 나타내는 것이다. 신청인이 '영어공부 절대로 하지마라'의 저자로 널리 인식되었다고 하더라도 '영어공부 절대로 하지마라' 제호는 여전히 신청인이 창작한 저작물 또는 그 저작물을 담고 있는 서적이라는 상품 그 자체를 가리키는 것일 뿐, 신청인의 저술업이라는 영업의 표지로 되었다고 볼 수는 없으므로 피신청인의 제호 사용이 부정경쟁방지법상 영업주체혼동행위가 되지 않는다고 하였다.

❷ 2차 환송판결은 피신청인이 시리즈물인 서적의 제호의 일부로 신청인의 등록상표를 사용하는 경우에는 시리즈물인 서적에 대한 출처를 표시하는 경우가 되어 상표적 사용으로서 상표권 침해가 될 수 있다고 하였다.

❸ 3차 환송판결은 신청인 저자의 등록상표의 출원일 이전에 출판업자인 피신청인이 시리즈물로 출판한 서적에 제호로 사용되어 상표성과 주지성이 인정되는 경우 저자인 신청인의 등록상표는 등록 무효가 될 수 있다고 판단하였다.

231 위 3차 환송판결은 서적이라는 상품에 사용된 상표가 가지는 출처표시 기능은 저자가 아니라 출판업자를 위한 것으로 보아야 한다고 판단하고 있다. 그러나 반드시 일률적으로 출판사의 출처기능만을 한다고 할 수 없다. 예를 들어 하나의 시리즈물이라고 식별할 수 있도록 제작한 시리즈물을 저작자나 출판사가 아니라 출판기획사가 제작하는 경우 시리즈를 구성하는 각 서적마다 제호가 다르고 저자와 출판사가 다를 경우도 있다. 제호, 저자, 출판사가 다른 출판형태에서 시리즈물표지는 서적마다 각기 다른 저자나 출판사에 대한 출처표시가 아니라 시리즈물을 기획하고 제작한 자에 대한 식별기능을 하고 있다고 보아야 할 경우가 있다.

에 대하여 상표권의 효력이 미치지 않는 경우가 있다.

'2,000원으로 밥상차리기' 서적에 대한 서울중앙지방법원 2009카합1394 결정

채권자와 채무자는 2003년경 출판기획사인 채무자가 기획하여 만든 '2,000원으로 밥상차리기' 서적 등에 대하여 출판권설정계약을 맺었다. 채무자는 2005년경 채권자가 출판하지 않기로 한 '2,000원으로 아침상 차리기'를 비롯하여 2009. 5경 '베비로즈의 2,000원으로 밥상차리기' 서적 등 18종의 '그리고 책 시리즈'를 발행해왔다. 그런데 채권자는 2008. 11경 '2,000원으로 밥상차리기' 서적 저자와 직접 출판권설정계약을 맺었고 2009. 7경 채무자를 상대로 '베비로즈의 2,000원으로 밥상차리기'는 2003년 출판권설정계약을 위반한 것이고 자신이 2005년에 등록한 'Y. 2,000원으로 밥상차리기' 상표를 침해한 것이라며 채무자의 '베비로즈의 2,000원으로 밥상차리기'의 판매금지 등을 구한 사안에서,

타인의 등록상표를 정기간행물이나 시리즈물의 제호로 사용하는 등 예외적인 경우 사용의 태양, 사용자의 의도, 사용 경위 등 구체적 사정에 따라 제호의 사용이 서적의 출처를 표시하는 식별표지로서 기능하는 경우에 한하여 상표권의 효력이 미치는데 이 사건에서 출판 형태상 시리즈물을 구성하는 '그리고 책 시리즈'의 제호는 ❶ 'ㅇㅇㅇ원으로 ㅇㅇ하기'라고 되어 있어 서로 유사하긴 하지만, ❷ 별지 제1목록 기재와 같이 그 서적마다 각기 다르고 독창적인 사실, ❸ '그리고 책 시리즈' 중 이 사건 제2도서의 제호만이 '베비로즈의 2,000원으로 밥상차리기'로 된 사실이 인정되므로 채무자들이 이 사건 상표를 그리고 책 시리즈에 동일하게 반복하여 채무자들이 출판하는 시리즈물의 출처를 나타내는 식별표지로 사용하고 있다고 보기 어렵다고 하였다.

이 사안에서 채권자는 '영어공부 절대로 하지마라!'라는 상표와 관련된 판결(대법원 2005. 8. 25. 선고 2005다22770 판결) 내용 중 타인의 등록상표를 시리즈물의 제호로 사용하는 경우 사용 경위 등 사정에 따라 실제 거래계에서 제호의 사용이 서적의 출처를 표시하는 식별표지로서 인식되는 경우 상표권의 효력이 미칠 수 있다는 내용을 인용하면서 '2,000원으로 밥상차리기'를 포함하여 채무자가 발행한 서적은 시리즈물이고, '2,000원으로 밥상차리기'라는 제호가 시리즈물에 사용되고 있으므로 위 판례에 따라 상표법에 저촉된다고 주장하였다.

출판업계에서는 제호만이 아니라 디자인이나 내용, 편집 방법의 유사성, 연관성, 일관성을 갖는 일련의 서적들을 출판 형태상 '시리즈물'로 칭하고 있는데 채무자가 발행하고 있는 '베비로즈의 2,000원으로 밥상차리기'등 20여 권의 서적도 '000원으로 000 하기'라는 제호 구성 형식과 디자인의 유사성 및 편집내용의 동일성에 기초하여 출판 형태상 '시리즈물'로 구분될 수 있는 것이었다. 그런데 위 사안에서 채무자의 시리즈물의 제호는 채권자가 상표등록한 '2,000원으로 밥상차리기'를 각 시리즈물에 동일하게 반복하여 식별표지로 사용하는 형태가 아니라 시리즈 서적마다 각기 다른 제호(예를 들어 2,000원으로 중국요리 만들기, 5,000원으로 손님상 차리기 등)를 사용하고 있었다. 채무자가 사용한 '베비로즈의 2,000원으로 밥상차리기'라는 제호

기타 저작물

는 '출판형태상 시리즈물'을 구성하는 하나의 서적에만 사용한 제호일 뿐이며, 위 대법원판례
에서 시리즈물 서적들의 출처를 표시하는 식별표지라고 판단하고 있는 시리즈물의 제호 방식
으로 사용된 바 없었다.

이처럼 출판 형태 구분상 시리즈물에 해당한다고 하여 그 제호 사용에 대하여 상표권의 효력
이 미치는 것은 아니며, 예를 들어 등록상표인 '영어공부 절대로 하지마라!'라는 제호를 다수의
시리즈물에 동일하게 모두 사용(예를 들어 '영어공부 절대로 하지마라!' 중학입문, '영어공부 절대로 하
지마라!' 중학실력 등)함으로써 시리즈물 서적들의 출처를 표시하는 식별표지가 된 경우에는 상
표권의 효력이 미치게 된다.

④ 음반 제목도 서적과 마찬가지로 상품에 대한 명칭으로서 상표권 등록이 될 수 있
다. 그런데 음반에 사용되는 제목은 음반에 수록된 내용을 함축적으로 나타내는 것에
불과하여 식별표지로서의 기능이 없다. 하지만 시리즈 음반의 제목 같은 경우에는 단
순히 창작물의 내용을 표시하는 명칭에 머무르지 않고 상품의 식별표지로서 기능을
갖게 되어 상표법에서 보호하는 식별표지와 충돌하는 경우도 있다.

'진한커피' 음반에 대한 대법원 2005다67223 판결

피신청인이 1999. 10경과 2000. 12경 발매한 '진한커피' 편집 음반 1, 2집에 들어갈 곡의
선택, 배열에 관여하였던 신청인이 2002. 5경 '진한커피'에 대한 상표를 출원하고 같은 해
9월 경 주식회사 진한커피를 설립하고서 편집 음반에 수록될 음원을 모아서 2002. 11경
피신청인과 '진한커피3집'에 대한 음반 제조, 판매 계약을 체결하고 피신청인이 음반의 제
조배포자로 된 '진한커피3집'을 출시하였다. 2003. 8경 '진한커피'에 대한 상표등록을 받
은 신청인은 2004. 8경 다른 회사와 음반제조판매계약을 맺고 '진한커피 4집'을 발매하
였다. 피신청인의 진한커피 명칭의 사용중단요구에 편집 음반의 제명을 '이별후에'로 변
경하여 출시하고 나서 상표권을 근거로 피신청인을 상대로 '진한커피'를 제명으로 사용한
'진한커피' 제4집, '진한커피' 제5집 음반의 제작 판매 금지를 구한 사안에서,

피신청인의 '진한커피' 시리즈 편집 음반에 사용된 '진한커피'라는 제명은 '편집음반' 상품
과 관련하여서는 거래자나 일반 수요자 사이에 특정인의 상품을 표시하는 식별표지로서
인식되기에 이르렀는데 신청인이 피신청인의 자본과 노력 등에 의하여 획득되어 '진한커
피' 제명에 화체된 신용 등에 편승하여 이익을 얻을 목적으로 이 사건 등록상표를 출원·등
록한 상표권의 행사는 상표제도의 목적이나 기능을 일탈하여 등록상표에 관한 권리를 남
용하는 것으로서 허용될 수 없다고 하였다.

(3) 부정경쟁방지법에 의한 보호

저작물의 제호는 유체물인 서적 등 상품에 표시되어 다른 상품과 구별할 수 있는 표지가 될 수 있다. 제호가 국내에서 널리 인식된 특정 상품의 출처를 표시하는 식별력을 갖는 표지가 될 경우 부정경쟁방지법상 상품 주체 혼동행위[232]를 금지할 수 있는 식별표지가 된다. 이와 같이 제호를 사용하여 상품 주체 혼동을 일으키는 부정경쟁행위에 대하여 침해금지 및 손해배상을 구할 수 있고 형사상 제재가 있다.

> **방송극 '혼자 사는 여자' 제목에 대한 대법원 79마364 결정**
> 신청인이 '혼자 사는 여자' 제목의 방송극을 영화화할 수 있는 권리를 취득하였고, 그에 대한 영화화 기획이 일간지 등을 통하여 보도된 상태에서 피신청인이 신청외인의 원작 '독신녀'를 '혼자 사는 여자'라는 제호로 사용하여 영화로 제작 상영하려고 하는 사안에서, 피신청인이 원작 '독신녀'를 영화화함에 있어서 '혼자 사는 여자'라는 제호를 사용하는 행위는 부정경쟁행위에 해당한다고 하였다.

---

232 **부정경쟁방지 및 영업비밀보호에 관한 법률 제2조 제1항**
　　가. 국내에 널리 인식된 타인의 성명, 상호, 상표, 상품의 용기·포장, 그 밖에 타인의 상품임을 표시한 표지와 동일하거나 유사한 것을 사용하거나 이러한 것을 사용한 상품을 판매·반포 또는 수입·수출하여 타인의 상품과 혼동하게 하는 행위

3 서체

가. 서체의 개념과 보호

서체란 한 벌의 문자를 독특한 형태로 통일성이 있거나 조화롭게 디자인을 한 것으로 타이프페이스, 글자체, 글꼴이라고도 한다. 이러한 서체는 인쇄 기술적 방법뿐만 아니라 컴퓨터에 의하여 구현될 수 있다.

서체에 대하여 나라마다 보호 여부 및 방법이 다르다. 우리나라 디자인보호법은 '글자체'라는 용어를 사용하며 제한적으로 보호하고 있고[233], 저작권법은 서체에 관한 규정을 두지 않고 있다. 판례는 '서체'라는 용어를 사용하면서 '서체도안'은 저작물로 보호하지 않고 서체를 디지털화한 '서체파일'에 대해서는 컴퓨터프로그램저작물로 보호하는 입장을 취하고 있다.

---

[233] 디자인보호법 제2조 (정의) 제2호
"글자"란 기록이나 표시 또는 인쇄 등에 사용하기 위하여 공통적인 특징을 가진 형태로 만들어진 한 벌의 글자꼴(숫자, 문장부호 및 기호 등의 형태를 포함한다)을 말한다.

나. 서체도안

문자의 형상에 미적 형상이 더해진 서체도안은 저작권법상 응용미술저작물이나 미술저작물로 보호하기 어렵다. 그러나 서체도안의 미적 형상 부분이 상업적으로 이용되는 등 일정한 경우에는 서체도안의 창작자를 보호할 필요성이 있다.

(1) 서체도안의 저작물성

인간의 사상이나 감정을 표현하는 수단 내지 도구로서의 기능을 하는 한 벌의 문자에 대한 디자인인 서체에 대하여 저작권으로 보호할 것인가에 대하여 논의가 있다.

① 판례는 서체도안에 대한 저작물성을 부인하고 있다. 아래 소개하는 대법원 94누5632 판결은 응용미술저작물에 대하여 독자성 요건을 정한 2000년 저작권법 개정 이전에 나온 판례이다. 그러나 2000년 저작권법 개정에 불구하고 현재까지 한 벌의 서체가 문자의 실용적 기능에서 벗어나 독자성을 인정하기 어렵다고 보는 것이 우리나라 판례의 입장이라고 할 수 있다. 이 사건 원고들은 산돌체모음, 안상수체모음, 윤체B, 공한체 등 서체도안이 우리 저작권법상 응용미술작품에 해당하는 미술저작물이라고 주장하였고, 법원은 서체도안을 실용적 기능을 갖는 '응용미술작품'으로 보면서 응용미술작품의 미적인 요소 자체가 실용적인 기능과 별도로 하나의 독립적인 예술적 특성이나 가치를 가지고 있어서 예술의 범위에 속하는 창작물이어야 저작물로서 보호된다고 판시한 대한방직 염직 도안에 대한 대법원판결을 제시하며 서체도안의 저작물성을 부인하였다.

> **서체도안 저작권등록반려처분에 대한 대법원 94누5632 판결**
> 산돌체모음, 안상수체모음 등 서체 디자이너들이 신청한 저작권 등록에 대하여 주무관청에서 저작물성을 인정하기 어렵다며 해당 신청을 반려하는 처분을 하자 이에 반려처분의 취소를 구한 사안에서,
> "원고들이 등록관청인 피고에게 저작물 등록신청을 하면서 제출한 등록신청서 및 '산돌체 모음', '안상수체 모음', '윤체 B', '공한체 및 한체 모음' 등 이 사건 서체도안들을 기록에 의하여 살펴보면, 원고들이 우리 저작권법상 응용미술작품으로서의 미술저작물에 해당한다고 주장하면서 저작물등록을 신청한 이 사건 서체도안들은 우리 민족의 문화유산으로서 누구나 자유롭게 사용하여야 할 문자인 한글 자모의 모양을 기본으로 삼아 인쇄기술에 의해 사상이나 정보 등을 전달한다는 실용적인 기능을 주된 목적으로 하여 만들어진 것임

기타 저작물

이 분명한 바, 위와 같은 인쇄용 서체도안에 대하여는 일부 외국의 입법례에서 특별입법을 통하거나 저작권법에 명문의 규정을 둠으로써 법률상의 보호대상임을 명시하는 한편 보호의 내용에 관하여도 일반 저작물보다는 제한된 권리를 부여하고 있는 경우가 있기는 하나, 우리 저작권법은 서체도안의 저작물성이나 보호의 내용에 관하여 명시적인 규정을 두고 있지 아니하며, 이 사건 서체도안과 같이 실용적인 기능을 주된 목적으로 하여 창작된 응용미술작품은 거기에 미적인 요소가 가미되어 있다고 하더라도 그 자체가 실용적인 기능과 별도로 하나의 독립적인 예술적 특성이나 가치를 가지고 있어서 예술의 범위에 속하는 창작물에 해당하는 경우에만 저작물로서 보호된다고 해석되는 점(당원 1996. 2. 23. 선고, 94도3266 판결 참조) 등에 비추어 볼 때, 우리 저작권법의 해석상으로는 이 사건 서체도안은 신청서 및 제출된 물품 자체에 의한 심사만으로도 저작권법에 의한 보호대상인 저작물에는 해당하지 아니함이 명백하다고 할 것이다. 따라서, 등록관청인 피고가 원고들의 이 사건 등록신청서 및 제출된 서체도안 자체에 의한 심사결과에 따라 이 사건 서체도안이 우리 저작권법의 해석상 등록대상인 저작물에 해당되지 않는다고 보아 원고들의 이 사건 등록신청을 반려한 조치는 적법하다고 할 것"이라고 하였다.

육포 포장지 서체에 대한 서울동부지방법원 2012고정494, 2012고단1923(병합) 판결[234]

"이 사건 서체도안을 포함하여 일반적인 서체도안의 경우 특단의 사정이 없는 한 그 자체를 미적 감상의 대상으로 할 의도로 작성되는 것은 아니라고 할 것이다. … 이 사건 서체도안은 주로 한글 자모의 모양 및 그 초·중·종성 결합 형태와 관련하여 글자체를 미적으로 변형하여 표현한 것으로서, 문자, 글자가 의사 전달 수단 내지 언어, 사상 등의 표현수단으로 사용되는 것에 부수하여 그 기본적인 형태는 그대로 유지하면서 다만 문자 등의 표시에 시각적 효과 등을 첨가하거나 강화함으로써 보다 효과적으로 의사 등을 표현, 전달함에 있어 사용되어질 것을 예상하고 그러한 용도에 사용될 것을 의도하여 만들어진 것으로 보인다. 그 미적 요소 내지 창작성이 문자의 본래의 기능으로부터 분리, 독립되어 별도로 감상의 대상이 될 정도의 독자적 존재를 인정하기 어려우므로, 그 자체가 예술에 관한 사상 또는 감정의 창작적 표현물이라고 보기 어려워 저작권법상 보호의 대상이 되는 저작물 내지는 미술저작물이라고 보기 어렵고, 달리 이 사건 G 서체도안이 저작권법상 보호되는 저작물이라고 인정할 만한 증거가 없다."[235]

---

234 위 판결 2012고정494호는 G 서체 자체가 미술저작물로서 저작물에 해당함을 전제로 기소되고, 2012고단1923호는 G 컴퓨터프로그램을 다운로드하여 프로그램저작권을 침해하였다며 기소되어 병합되었던 사안이다. 피고인은 2012고정494호 사건에서 G는 서체 내지 서체도안으로서 저작권법에 의하여 보호되는 저작물이 아니라고 주장하였고, 2012고단1923호 사건에서는 컴퓨터프로그램 자체를 다운로드하여 사용한 것이 아니라며 프로그램저작권을 침해한 것이 아니라고 주장하였던 형사 건이다.

235 위 판결은 서체도안은 미적 요소 내지 창작성이 문자의 본래 기능으로부터 분리, 독립되어 별도로 감상의 대상이 될 정도의 독자적 존재로 인정되어야 저작물이 된다고 하면서 서체도안이 미적 감상의 대상으로 할 의도로

② 서체도안은 현행 저작권법상 응용미술저작물이나 미술저작물로 접근할 수 없는 요소를 갖고 있다.

❶ 서체도안은 저작권법 제2조 제15호에서 정의하고 있는 '응용미술저작물'로 보기 어렵다. 응용미술저작물은 '양산되는 물품'에 복제되어야 한다. 그러나 서체도안은 응용미술에 해당하더라도 '양산되는 물품'에 사용되지 않을 수 있다. 서체는 소설, 논문의 글자체, 영상자막, 광고물의 글, 서적 표지 제호에서 사용되거나 컴퓨터상의 글자체 등 '문자로서 사용되는 모든 경우'에 사용될 수 있다. 한편 여우머리 형상 상표에 관한 대법원 2012다76829 판결은 도안이 물품에 동일한 형상으로 사용될 경우뿐만 아니라 홈페이지 등에 도안이 게재되는 방법으로 함께 사용된 경우 응용미술저작물이 아니라 미술저작물로서의 창작성만을 판단하면 된다고 한다. 이러한 판례의 입장에 따르면 물품에 복제된 형태로 사용될 뿐만 아니라 홈페이지 등에 사용될 수 있는 서체도안을 응용미술저작물로 접근하기 어렵다.

❷ 서체도안을 '미술저작물'로 보고 다만 기능성으로 인한 창작성 제한 법리만으로 규율하기도 어렵다. 서체도안은 문자의 기본적인 형상을 유지하여야 하고 정보 전달 기능을 갖고 있다. 서체도안은 인간의 사상이나 감정을 어문으로 외부로 표현할 수 있는 어문저작물의 표현수단인 '문자'의 형상에 미술저작물의 표현형식인 미적 형상이 더해진 디자인이다. 이러한 서체도안을 저작권으로 보호할 경우 미적인 형상뿐만 아니라 문자 형상에 대한 배타적 지배력을 함께 주게 되며 문자에 대한 특정인의 배타적 지배력은 인간의 사상이나 감정의 어문적 표현, 나아가 문화발전을 추구하는 저작권법의 궁극적인 목적에 반하는 경우가 생길 수 있다.

❸ 한편 예를 들어 광고물이나 서적의 제호에서 서체도안이 사용되는 경우 단순히 정보의 전달이라는 기능에 머무르지 않고 일반인에게 심미감을 줄 목적으로 서체도안의 미적 형상 부분이 상업적으로 이용되는 경우가 있을 수 있다. 이러한 형태의 서체도안의 이용에 대하여 서체 창작자를 보호할 필요가 있다. 이를 해결하기 위하여 서체도안을 새로운 유형의 저작물로 인정하고 그에 관한 입법을 고려할 필요가 있다고 본다.

작성된 경우는 저작물성이 부인되는 일반 서체와 달리 취급되어야 하지만 이 사건 서체도안이 주로 본문용이 아닌 제목용으로 사용하기 위하여 고안되었다고 하여 달리 취급할 것은 아니라고 하였다.

(2) 디자인보호법에 의한 보호

2004년 의장법이 디자인보호법으로 개정되면서 글자체를 디자인의 범위에 포함하고 있으며 설정 등록된 글자체를 디자인권으로 보호하고 있다.[236]

특허청에 디자인으로 등록되어 디자인권으로 보호받는 글자체는 기록이나 표시 또는 인쇄 등에 사용하기 위하여 공통적인 특징을 가진 형태로 만들어진 한 벌의 글자꼴이라고 정의되고 있다. 저작권으로 보호하지 않는 서체도안은 디자인보호법상 글자꼴에 해당하는 것으로서 디자인보호법에 의한 보호를 받을 수 있다.

다만 디자인권은 업으로서 등록 디자인 또는 유사 디자인을 할 권리를 독점하는 것이다. 따라서 글자체를 생산·유통하는 업체가 아닌 자의 글자체의 사용에 대하여 권리를 주장할 수 없다. (디자인보호법 제92조)[237]

또한 타자, 조판, 인쇄 등 통상적인 과정에서의 글자체의 사용 및 그 사용으로 생산된 결과물에 대하여는 디자인권의 효력이 미치지 않는다고 정하였다. (디자인보호법 제94조 제2항)[238] 글자체에는 한글, 영문자, 숫자, 특수기호, 한자, 기타 외국 문자의 글자체 등이 있다.

---

236 **디자인보호법 제2조 (정의)**
   이 법에서 사용하는 용어의 뜻은 다음과 같다.
   1. "디자인"이란 물품[물품의 부분(제42조는 제외한다) 및 글자체를 포함한다. 이하 같다]의 형상·모양·색채 또는 이들을 결합한 것으로서 시각을 통하여 미감을 일으키게 하는 것을 말한다.
   2. "글자체"란 기록이나 표시 또는 인쇄 등에 사용하기 위하여 공통적인 특징을 가진 형태로 만들어진 한 벌의 글자꼴(숫자, 문장부호 및 기호 등의 형태를 포함한다)을 말한다.

237 **디자인보호법 제92조 (디자인권의 효력)**
   디자인권자는 업으로서 등록디자인 또는 이와 유사한 디자인을 실시할 권리를 독점한다. 다만, 그 디자인권에 관하여 전용실시권을 설정하였을 때에는 제97조제2항에 따라 전용실시권자가 그 등록디자인 또는 이와 유사한 디자인을 실시할 권리를 독점하는 범위에서는 그러하지 아니하다.

238 **디자인보호법 제94조 (디자인권의 효력이 미치지 아니하는 범위)**
   ② 글자체가 디자인권으로 설정등록된 경우 그 디자인권의 효력은 다음 각 호의 어느 하나에 해당하는 경우에는 미치지 아니한다.
   1. 타자·조판 또는 인쇄 등의 통상적인 과정에서 글자체를 사용하는 경우
   2. 제1호에 따른 글자체의 사용으로 생산된 결과물인 경우

(3) 서예작품과 문자디자인

'서예작품'은 한 벌의 문자가 모인 형태가 아니고 또한 문자로서의 정보전달이라는 기능보다는 문자 형태의 예술적 미감을 추구한다는 점에서 서체에 포함되지 않으며, 미술저작물로서 보호된다. 또한 간단한 문자나 단어를 기초로 한 '문자 디자인'은 정보전달을 위하여 만들어진 문자의 평범한 형상을 벗어난 창작적인 미적 형상을 가지면 미술저작물로 보호될 수 있다. 이러한 문자 디자인의 형상에 색채 또는 그러데이션, 스크래치 등에 의한 질감적 표현이 함께 결합하여 있으면 표현 선택의 폭이 넓어지게 되어 창작성이 인정되기 쉽다. 하지만 색채, 질감적 요소가 갖는 기법 자체 등 아이디어 요소는 배제하고 심미적 관점에서 창작성을 판단하여야 한다.

문자 디자인도 누가 하더라도 유사한 결과가 나오지 않을 정도의 최소한의 창작성이 인정되어야 한다. 그런데 만약 이러한 최소한의 창작성만 갖는 경우에는 저작권 보호의 범위가 좁아져 데드카피와 같은 경우에만 보호를 받을 수 있다.

'Be The Reds!'에 대한 대법원 2012도10777 판결

'Be The Reds!' 디자인이 새겨진 티셔츠 등을 입은 모델을 촬영한 사진을 포토 라이브러리 업체에 판매위탁을 위하여 배포한 행위에 대한 저작권침해 형사사건에서 무죄를 선고한 1, 2심을 파기환송하면서,

"이 사건 저작물은 'Be The Reds!'라는 2002년 한·일 월드컵 당시 널리 알려진 응원 문구를 소재로 한 것으로서, 그 창조적 개성은 전통적인 붓글씨체를 사용하여 역동적이고 생동감 있는 응원의 느낌을 표현하고 있는 도안 자체에 있다. … 이 사건 저작물은 그 성격상 저작자의 창조적 개성의 발휘에 따른 미적 표현이 드러나 있는 미술저작물의 일종"이라고 하였다.

캘리그라피 '여수名家'에 대한 서울중앙지방법원 2017가단5055851 판결

이 사건 캘리그라피는 원고가 직접 붓을 들고 글씨를 쓴 것으로 선의 굵기나 형태, 운필의 방식 등을 통하여 특정한 인상이나 심미감을 감득할 수 있는 것으로서 미술저작물 중 서예로서의 법적 성격을 가짐과 동시에 응용미술저작물의 성격도 아울러 가진다고 하였다. 응용미술저작물로 볼 경우 이 사건 캘리그라피는 그 사용 실태 및 현황 등에 비추어 그것이 이용된 물품과 구분되어 독자성을 인정할 수 있고, 이 사건 캘리그라피를 미술저작물 중 서예로 파악할 경우 물품과의 분리가능성은 따로 문제가 되지 아니한다고 하였다.

다. 서체파일

서체도안을 컴퓨터에서 사용하도록 개발된 서체파일에 대하여 프로그램저작물로 보호할 수 있는지에 대하여 논의가 있다.

판례는 서체파일은 ❶ 서체도안을 화면에 보이게 하거나 인쇄로 출력하기 위하여 ❷ 좌표 값과 좌표 값을 연결하는 일련의 지시, 명령을 ❸ 프로그래밍 언어로 표현한 '프로그램저작물'에 해당한다. 서체파일의 창작성은 서체파일을 제작하는 과정에 있어서 글자의 윤곽선을 수정하거나 제작하기 위한 제어점들의 좌표 값과 그 지시·명령어를 선택하는 것에 있다고 하였다.

직선 또는 곡선으로 이동·연결시킨 후 폐쇄부를 칠하라는 명령 등은 서체와 같은 그림을 그리는 연산작용을 실행시키는 '일련의 지시·명령'에 해당하며, 글자의 윤곽선 정보를 백 터화된 수치 내지 함수로 기억하였다가 출력기종의 조건에 맞게 변환하여 출력하는 방식을 취한다는 점에서 단순한 데이터 파일과 구별되고, 단독으로 실행되지 않는다 하더라도 컴퓨터프로그램보호법에서 보호하는 프로그램이 반드시 단독으로 실행되지 않는다고 하더라도 컴퓨터프로그램보호법에서 보호하는 프로그램이 반드시 단독으로 실행되는 것만을 뜻한다고 볼 수 없으므로 결국 원고들의 이 사건 서체 파일은 컴퓨터프로그램보호법상의 프로그램에 해당한다. … 원고들이 집중적으로 노력과 비용을 투입한 프로그램의의 핵심적 내용은, 서체제작자가 독특한 서체의 이미지와 모양을 구상하여 도안하고, 이를 수치로 데이터화한 뒤, 폰토그라퍼에서 추출한 대략의 윤곽선을 수정하면서 최종적인 좌표값과 연결명령어를 설정하는 과정에 있다 할 것인바, 이와 같이 독자적 구상에 따라 특정한 서체를 도안하고 모니터상의 이미지를 기초로 응용프로그램과 마우스를 이용하여 좌표 및 외곽선수정작업을 거쳐 최종적인 좌표를 선택함으로써(동일한 형태의 서체라하여 그 자체로 모든 좌표값을 결정짓는 것은 아니다) 서체를 생성하는 일련의 과정을 고찰할 때, 이는 단순히 기능적·반복적 작업의 차원을 넘어서, 서체제작자의 개성적 표현방식과 창의적 선택이 스며들어 있는 저작과정으로 평가하여야 할 것이므로, 이 사건 서체파일은 창작성이 있는 저작물에 해당한다."

서체파일의 제작하기 위해서는 서체도안이 우선 제작되어야 한다. 서체파일을 만들기 위해서는 먼저 서체를 종이에 작성하고 이를 스캐너로 읽어 들여 데이터로 만들고 윤곽선을 완성하여 서체도안을 완성하는 과정이 거치게 된다. 위 판결은 서체도안의 완성과정에서 존재하는 제작자의 디자인적·미적 요소에 서체파일의 창작성을 찾지 않고 서체의 윤곽선을 구성하는 제어점의 좌표 값과 지시, 명령어의 선택에서 서체파일의 창작성을 인정하고 있다.

(1) 서체파일의 저작자

서체파일 제작과정에 독특한 서체 형상을 도안하여 제공한 자가 별도로 존재하더라도 서체 형상을 수치로 데이터화한 후 폰토그라퍼를 이용하여 최종적으로 서체파일을 생성한 자가 서체파일의 저작자가 된다.

서예글씨 서체개발에 대한 광주고등법원 2014나3561 판결

서체개발업자인 피고 B는 서예 담당 교수로서 서예가로 활동하는 원고의 서예체를 서체 프로그램으로 개발하기로 원고와 약정하고 폰트디자이너 G에게 원고의 서체를 디지털화하는 예비작업을 위한 용역을 주었다. G는 원고의 작품집에서 컴퓨터프로그램 제작에 적합한 서체를 고르거나 원고가 직접 쓴 원고(原圖)를 받아서 작업하면서 원고의 검수 및 승인을 받아서 폰트디자인을 만들고, 피고 B의 기술팀이 컴퓨터프로그램으로 서체 프로그램을 완성한 사안에서,

원고가 도안한 독특한 서체의 이미지와 모양을 피고 B가 집중적으로 노력과 비용을 투입하여 수치로 데이터화한 후 폰토그라퍼를 이용하여 모음과 자음을 조합하여 만든 표본문장에 대하여 자음과 모음의 크기 및 위치, 자간 등의 수정을 거쳐 최종적으로 서체별로 한글 2,350자를 생성한 것으로 피고 B나 그 지휘, 감독 하에 있는 G의 개성적 표현방식과 창의적 선택이 스며든 저작과정을 거쳐 만들어진 이 사건 각 서체 프로그램은 창작성이 있는 저작물로서 저작권은 이를 창작한 피고 B에게 귀속된다고 하였다. 다만 피고 B가 원고에게 이 사건 서체 프로그램의 저작권을 인정하는 약정을 하는 등 제반 증거에 비추어 서체 프로그램 개발계약에 따라 프로그램저작권은 원고에게 양도되었다고 하였다.

(2) 서체파일의 복제

다음과 같은 경우는 서체파일에 대한 복제에 해당하여 프로그램저작물에 대한 침해가 된다.

❶ 타인의 서체파일을 그대로 복제하는 경우는 물론, ❷ 서체파일에 내재된 데이터와 지시, 명령의 상당 부분을 복제하는 경우, ❸ 전환프로그램을 이용하여 파일의 포맷만을 변경시켜 동일한 프로그램으로 다시 제작하는 경우

(3) 출력된 서체도안의 이용

서체파일을 이용하여 출력된 서체도안의 형상을 이용하는 행위는 프로그램저작물에 대한 침해행위가 되지 않는다. 또한 외주제작업체 등 타인이 불법 복제한 서체파일을 이용하여 제작한 이미지 파일을 공급받아서 인터넷에 게시하였더라도 서체 프로그램이 아니라 이미지 파일에 있는 서체도안만을 이용한 경우에는 저작권 침해가 되지 않는다. 인터넷에 게시된 사진이나 영상에 들어 있는 축하 현수막이나 교실 게시판의 글, 프리젠테이션 문구 등에 특정 서체도안이 들어간 경우라도 서체파일을 사용한 결과물인 서체도안의 존재만 인정될 뿐이며, 서체파일에 대한 저작권침해가 확인된 것은 아니다. 또한 이미지 파일에 서체파일의 정보가 있다고 하더라도 서체파일에 대한 이용이 확인되지 않으면 저작권 침해가 인정되지 않을 수 있다.

육포 포장지 서체에 대한 서울동부지방법원 2012고정494, 2012고단1923(병합) 판결

피고인 A는 피고인 회사에서 출시 예정 제품인 '쇠고기 육포'의 포장지에 표시되는 문구 중 '100% 우리고기'에 사용할 글씨체를 인터넷으로 검색하던 중 ❶ 어떤 블로그에서 G 컴퓨터프로그램을 이용하여 만들어진 글자를 발견하고는 그 글자 이미지를 캡처하여, ❷ 일종의 문서작성 프로그램에 붙여 넣은 후 그 문서작성 프로그램에서 글자 크기를 확대하여 출력한 다음 이를 스캔하여 그림 파일로 저장하고, ❸ 포토샵 프로그램으로 그림 파일을 불러들여 필요한 글자의 외곽선에 점을 찍는 작업(서체 아웃라인 패스 작업)을 거친 다음, ❹ 그 점들을 이어 선이 생기게 하여 글자를 완성하여 포장지 디자인에 사용하였다는 사안에서,

"피고인 A는 이 사건 G '프로그램 자체'를 '다운로드'하여 그 프로그램을 이용하여 포장지에 쓰일 문자를 디자인한 것이 아니라, 앞서 본 바와 같은 방식으로 디자인한 것으로서 이러한 방식의 디자인이 프로그램을 '복제'한다거나 '개작'하는 행위에 해당하지 아니함은 분명하고, 달리 피고인 A의 위와 같은 행위가 구 컴퓨터프로그램 보호법에 위반된다는 점을 인정할 증거가 없다."며 무죄로 판단하였다.

한국마사회 서체에 대한 서울중앙지방법원 2012가합535149 판결

원고가 피고의 서체파일을 원고가 구입한 문자발생기에 설치하지 않은 이상 위 문자발생기에 설치된 피고의 서체파일을 사용한 사실만으로 저작권법상 복제 또는 배포권을 침해하였다고 보기 어렵고, 또한 원고가 구입한 문자발생기에 '흔글' 프로그램의 번들 등으로 설치된 서체파일을 사용한 행위는 프로그램의 복제·배포행위에 해당하지 아니한다고 하였다.

산돌02서체에 대한 서울중앙지방법원 2017나29582 판결

피고는 안산시로부터 홍보영상물 제작을 의뢰받아 자막 부분을 하도급 주었는데 자막을 하도급 받은 업자가 서체 프로그램을 이용하여 영상물 자막을 만들어 납품하여, 피고가 이 사실을 모르고 영상물을 안산시에 납품한 사안에서,

도급인인 피고가 민법 제757조에 따른 책임이 없는 한 서체 프로그램의 사용에 따른 책임이 없고 영상물을 사용하면서 이용된 서체도안에 대하여 저작권침해의 책임도 없다고 하였다.

기타 저작물

(4) 중고 컴퓨터에 저장된 서체파일

이미 컴퓨터에 저장되어있던 서체파일을 컴퓨터에서 구동하는 행위는 서체파일의 사용에 해당하는 행위로서 서체파일에 대한 복제 등 침해행위에 해당하지 않는다. 그런데 하급심 판례 중에는 피고가 구입한 중고 컴퓨터에 이미 복제된 서체파일을 이용하여 서체도안을 작성하였다고 주장한 사안에 대하여 서체파일이 저장된 중고 컴퓨터의 구매 사실에 관한 입증이 없다거나 저작권 침해 여부를 확인하지 않고 만연히 중고 컴퓨터에 저장된 이 사건 서체 프로그램을 사용하였다며 프로그램저작물에 대한 침해를 인정한 경우가 있다.

애플리케이션 서체에 대한 서울남부지방법원 2015가단227523 판결

피고는 중고로 구매한 컴퓨터에 저장되어 있던 이 사건 서체 프로그램을 이용하여 스마트폰 애플리케이션의 표지화면에 'Shopping', 'School' 등을 표시하였을 뿐 서체파일을 불법 복제한 사실이 없다고 주장한 사안에서,

피고가 중고 컴퓨터를 구매하였다는 사실 및 그 컴퓨터에 이 사건 서체 프로그램이 저장되어 있었다는 사실에 관한 아무런 증거가 없는 이상 피고가 이 사건 서체 프로그램을 원고의 승낙 없이 복제하였다고 추정함이 타당하므로 피고의 주장은 받아들일 수 없다고 하였다.

헤움디자인에 대한 서울중앙지방법원 2017나61562 판결

피고가 음식점의 메뉴판, 간판 등에 대한 디자인작업을 하면서 중고 컴퓨터에 저장되어 있던 서체 프로그램을 사용하여 'C'라는 문구를 작성한 사안에서,

피고는 디자인업에 종사하는 사람으로서 서체 프로그램이 저작권의 보호대상이 될 수 있고 그로 인한 저작권 침해 문제가 발생할 수 있다는 점을 충분히 인식할 수 있었다고 할 것임에도 저작권 침해 여부를 확인하지 않고 만연히 중고 컴퓨터에 저장된 이 사건 서체 프로그램을 사용함으로써 원고의 저작권을 침해하였으므로 원고가 입은 손해를 배상할 책임이 있다고 하였다.

이 사안에 대한 형사 건에서 검찰은 피고의 '고의'가 인정되지 아니한다며 무혐의 판단을 하였고, 민사 건에서 법원은 피고에게 타인에 의하여 중고컴퓨터에 저장되어 있던 서체 프로그램의 저작권 침해 여부를 확인하지 않고 사용한 과실을 인정하여 손해배상을 인정하였다.

이 사안에서 피고는 컴퓨터에 저장된 서체 프로그램을 구동시킨 바는 있지만 서체 프로그램 자체를 복제·배포한 사실이 없었음에도 법원이 서체 프로그램을 구동하여 서체도안을 작성한

행위에 대하여 프로그램저작권 침해에 대한 과실 책임을 인정한 것에 의문이 있다. 다만 이 사안에서 만약 피고가 미필적으로 중고컴퓨터에 있는 서체 프로그램이 저작권 침해하여 저장된 것이라는 인식을 갖고 있었던 것으로 볼 수 있는 경우라면 저작권법 제124조 제1항 제3호의 '프로그램의 저작권을 침해하여 만들어진 프로그램의 복제물을 그 사실을 알면서 취득한 자가 이를 업무상 이용하는 행위'에 해당하여 침해간주행위에 해당하는 것으로 볼 수는 있었다.

(5) 교육기관의 서체파일 작성문서 사건

교육기관에서 서체파일을 사용해 문서를 작성한 사안에 대하여 저작권 침해에 대한 결론이 다른 두 가지 판결이 있다.

① 문서의 내용에 비추어 교직원들이 학교에서 작성한 것으로 보이고 외부인이 학교 컴퓨터에 서체파일을 다운로드할 가능성이 없다며 교직원들이 서체파일을 다운로드한 사실을 인정하여 손해배상 청구를 인정하였다.

> **윤디자인 서체(1)에 관한 서울서부지방법원 2017나33081 판결,**
> **대법원 2018다208789 판결**
>
> 학교 교직원들이 서체파일이 사용된 문서를 작성한 사실을 인정하고 있고, 문서의 성격, 작성자 및 작성 시기에 비추어 문서들은 교직원들에 의하여 학교에서 작성한 것으로 봄이 상당하다고 인정하였다. 학교 컴퓨터에 서체파일이 다운로드되어 있었던 것으로 보이는데 외부인이 다운로드할 가능성이 없으므로 서체파일이 아니라 기존문서를 다운로드받아 이용하여 문서를 작성한 것이라는 피고의 주장을 배척하고 교직원들의 서체파일의 다운로드 사실을 인정하여 손해배상을 인정하였다.

② 해당 문서가 피고가 아닌 인쇄업체 등 외부에서 작성되거나 외부에서 작성된 문서를 불러와 복사한 것일 수 있다고 보았고 따라서 해당 서체를 사용한 문서가 피고 컴퓨터를 통하여 홈페이지에 게시되었다고 하더라도 피고가 서체파일을 무단 이용하였다고 볼 수 없다고 판단하였다.

윤디자인 서체(2)에 대한 서울서부지방법원 2019나32013 판결, 대법원 2019다284193 판결

원고는 피고의 홈페이지에 게시된 문서들을 내려받고 이 문서들에 원고의 서체파일의 사용정보가 담겨 있다며 서울시 소속 공무원들이 서체 프로그램을 불법 다운로드 받아 임의로 사용하였다고 주장하고,

피고는 이 사건 서체 프로그램을 다운로드받은 사실을 부정하면서 이 사건 서체를 사용한 문서가 피고 소관 컴퓨터를 통해 홈페이지에 게시되었다는 사실이 있더라도, ❶ 이는 피고가 인쇄를 의뢰한 인쇄업체가 가독성이나 심미성을 위해 편집 등의 과정을 거치면서 인쇄업체의 컴퓨터에 다운로드되어 있던 이 사건 서체로 사용하여 편집하는 등 해당 문서가 외부의 컴퓨터에서 작성된 것일 수 있고, ❷ 피고 소관 컴퓨터에서 작성된 것이라 하더라도 외부기관에서 이 사건 서체를 사용하여 작성한 문서를 불러와 그중 일부를 복사 후 붙여넣기를 하여 문서를 작성하는 경우 문서정보에 외부 문서에서 사용한 서체가 포함되어 표시될 수 있으므로 이 사건 서체를 사용한 문서가 홈페이지에 게시되었다는 사정만으로 피고가 보유한 컴퓨터에 이 사건 서체 프로그램이 다운로드되어 있다는 사실을 추정할 수 없다고 주장한 사안에서,

피고 문서들에 원고의 서체파일의 사용정보가 있다고 하더라도 해당문서가 피고가 아닌 인쇄업체 등 외부에서 작성된 문서일 수 있고, 다른 곳에서 작성된 문서의 일부내용을 복사하여도 서체파일의 정보가 표시될 수 있다며 해당서체를 사용한 문서가 피고 컴퓨터를 통하여 홈페이지에 게시되었다고 하더라도 피고가 서체파일을 무단 이용하였다고 볼 수 없다고 하였다.

저작자

authors

authors

V

1 저작자

가. 저작자의 지위

저작권법은 저작물을 실제 창작한 자에게 저작자의 지위를 부여하고 다만 업무상저작물 등의 경우에 그 예외를 인정하고 있다.

(1) 창작자 원칙

저작자는 인간의 사상 또는 감정이 창작적으로 표현된 저작물을 실제 창작한 자를 말한다. (저작권법 제2조 2호)[239] 실제 저작물을 창작한 자가 저작자가 되는 것을 '창작자 원칙'이라고 한다. 저작물을 창작한 저작자에게 원시적으로 저작권이 발생하며, 별도의 절차나 형식을 필요로 하지 않는다. (저작권법 제10조 제2항)[240]

예를 들어 A가 저작물 제작에 필요한 자료와 비용을 모두 부담하면서 B에게 저작물을 대신 제작시킨 경우 A가 아니라 실제 저작물 창작에 기여하는 정신적 활동을 한 B가 저작자가 된다. 당초 의도한 작품을 완성하지 못한 미완성된 작품이라도 창작적 표현이 존재하면 작품 제작자는 저작자의 지위를 갖는다.

---

[239] **저작권법 제2조 (정의)**
　2. "저작자"는 저작물을 창작한 자를 말한다.

[240] **저작권법 제10조 (저작권)**
　② 저작권은 저작물을 창작한 때부터 발생하며 어떠한 절차나 형식의 이행을 필요로 하지 아니한다.

(2) 저작물 창작행위

저작자가 저작물을 작성하면 그에 대한 법률효과로서 저작권이 발생한다.[241] 저작권 발생이라는 법률효과를 가져오는 저작자의 저작물 창작행위는 사람의 정신작용에 의한 법률사실로서 '사실행위'에 속한다.[242] 저작물 창작행위는 사실행위에 속하므로 '의사표시'에 대한 민법 규정이나 법리가 적용되지 않는다. 따라서 저작물 창작행위에 저작권을 발생시키려는 의사표시가 필요하지 않고 의사표시의 대리에 대한 민사상 법리도 적용되지 않는다.

저작물 창작행위는 사실행위로서 의사표시에 필요한 의사능력이나 행위능력을 요구하지 않는다. 따라서 의사표시를 할 행위능력이 없는 미성년자도 자신의 개성을 발휘하여 창작적인 표현행위를 하여 저작자가 될 수 있다.[243]

하지만 창작적인 표현인 저작물이 되기 위해서는 저작자가 독자적으로 작성하고 창작적 개성이 발휘되어 있어야 하는 까닭에 창작행위에 대한 저작자의 의식과정이 필요하다고 본다. 따라서 의식불명 상태인 자의 창작행위는 성립될 수 없다. 또한 예를 들어 1살이 안 된 어린아이가 우연히 물감이 묻은 손과 발을 움직여 종이에 남긴 형상과 색채가 추상화 작품으로 보이는 경우가 있을 수 있다. 이처럼 객관적으로 창작적 표현이 존재한다고 하여 창작행위에 대한 의식이 없다고 보이는 어린아이를 저작자로 인정하기 어렵다고 본다. 이러한 저작물 작성에서 요구되는 의식의 정도는 저작권으로서 보호하고자 하는 저작자의 노고나 개성의 발휘 등 관점을 기준으로 사안에 따라 구체적으로 판단할 문제로 보인다.

저작자의 저작물 창작은 계획적·의도적이어야 하는 것은 아니며 즉흥적일 수 있고

---

241 저작물에 대하여 저작권을 부여하는 근거에 대하여 ❶ 저작자의 정신적 노동에 대한 대가라고 하는 노동이론과 ❷ 저작물이 문화발전을 유인해준 것에 대한 대가라는 유인이론이 있다.

242 민사상 일정한 '법률효과'를 발생시키는 총체적 사실을 '법률요건'이라고 하고 이러한 법률요건을 구성하는 개개의 사실을 '법률사실'이라고 한다. 법률사실에 해당하는 '사실행위'는 그 행위자의 의사와 관계없이 그 행위가 행하여졌다는 것 또는 그 행위에 의하여 생긴 결과에 대하여 법률효과를 부여하는 행위를 말하며 여기에는 외부적 결과 발생만 있으면 되거나 또는 행위자에게 어떤 의식과정이 있을 것을 요구하는 경우가 있다. 민법상 매장물의 발견이나 주소의 설정이 전자이고 점유의 취득, 사무관리, 부부의 동거 등이 후자의 예에 속한다고 한다.

243 다만 미성년자에게 발생한 저작권에 기초하여 미성년자가 타인에게 저작물을 이용 허락하거나 사용료를 받는 행위는 민법상 행위능력이 요구되는 법률행위로서, 19세 미만의 미성년자는 법정대리인의 동의를 얻어야 한다.

우연성이 일부 개입될 수도 있다. 저작자가 당초 의도하지 않은 색채, 형상, 구도 등 표현 결과가 발생한 경우에도 전체적으로 저작자의 사상 또는 감정에 의한 표현행위에 의하여 만들어진 것으로 볼 수 있다면 저작자의 저작물 작성행위로 인정될 수 있을 것이다. 그러나 우연에 의해서'만' 만들어진 작품, 예를 들어 촬영자가 카메라를 만지던 중 의도하지 않게 셔터가 눌려 우연히 찍힌 사진에 창작적 개성이 존재하는 것으로 보이는 경우 법률상 저작물 창작행위로 인정하기 어렵다고 본다. 하지만 우연에 의하여 작품이 만들어진 것이 사실이라고 하더라도 재판 중 그에 대한 입증은 별개의 문제로 남는다. 작품제작자가 작품의 창작성을 주장할 경우 우연성이 밝혀지기 어렵고, 작품에 드러난 표현을 기준으로 창작성을 판단하면서 실제와 달리 창작성이 인정될 수도 있다.

판례는 저작물 창작과정에서 어떤 형태로든 복수의 사람이 관여된 경우 누가 저작물을 창작했는지는 주장과 증거에 따라서 판단되어야 하는 사실인정의 문제이고, 저작물의 창작적인 표현형식에 어느 정도 기여해야 저작자로 인정되는지는 법적 평가의 문제라고 한다.

> **화투그림 대작에 대한 대법원 2018도13696 판결**
> "저작물을 창작한 사람을 저작자라고 할 때 그 창작행위는 '사실행위'이므로 누가 저작물을 창작하였는지는 기본적으로 사실인정의 문제이다. 그러나 창작과정에서 어떤 형태로든 복수의 사람이 관여되어 있는 경우에 어느 과정에 어느 정도 관여하여야 창작적인 표현형식에 기여한 자로서 저작자로 인정되는지는 법적 평가의 문제이다. 이는 미술저작물의 작성에 관여한 복수의 사람이 공동저작자인지 또는 작가와 조수의 관계에 있는지 아니면 저작명의인과 대작(代作)화가의 관계에 있는지의 문제이기도 하다."

(3) 저작자 지위의 강행성

저작자와 저작권의 귀속에 관한 저작권법 제2조 제2호, 제10조 제2항 등은 당사자 사이의 약정에 의하여 변경할 수 없는 강행규정이다. 당사자 사이에서 창작자가 아닌 자를 저작자로 정하였다고 하더라도 창작자 원칙에 따라 실제 저작물을 창작한 자가 저작자의 지위를 갖는다. 다만 저작물을 창작하지 아니한 자를 저작자로 인정하기로 하는 합의가 저작자가 취득한 저작권 중 일신에 전속하지 않는 저작재산권을 양도하기로 약정한 것으로 해석될 경우도 있다.

'롯티' 도안에 대한 대법원 92다31309 판결

저작권법에서 저작물을 창작한 자를 저작자로 하고(저작권법 제2조 제2호), 저작권은 저작한 때로부터 발생하며, 어떠한 절차나 형식의 이행을 필요로 하지 않고(동법 제10조 제2항), 저작인격권은 이를 양도할 수 없는 일신전속적인 권리(동법 제14조 제1항)라고 정한 규정들은 당사자 사이의 약정에 의하여 변경할 수 없는 강행규정이라고 하였다.

뮤지컬 '사랑은 비를 타고'에 대한 서울고등법원 2006나47785 판결

초연 뮤지컬의 악곡과 각본의 저작권이 성립될 당시부터 원고에게 귀속하기로 한 '원·피고의 합의' 또는 뮤지컬의 제작·공연업계에서 창작 뮤지컬의 공연권이 제작·연출자에게 원시적으로 귀속하고, 그에 따라 작곡·극작가도 그 창작 뮤지컬의 악곡과 각본을 가지고 제3자와 창작 뮤지컬을 제작·공연하려고 할 때는 원 제작·연출자의 이용 허락을 받아야 하는 것이 '관행 내지 사실인 관습'임을 인정할 만한 증거가 없을 뿐만 아니라 이는 강행규정인 저작물의 저작자와 저작권의 귀속에 관한 법 제2조 제2호, 제10조 제2항 등에 저촉되어 효력이 없다고 하였다.

'사랑은 아무나 하나' 노래에 대한 서울고등법원 2003나17219 판결

'연안부두'를 작곡한 원고는 '사랑은 아무나 하나' 악곡의 일부분이 '연안부두'의 일부분과 동일하다고 주장하였고 이후 '사랑은 아무나 하나'를 만든 조방헌의 동의를 얻어 피고 사단법인 한국음악저작권협회에 '사랑은 아무나 하나' 작곡 부분 저작권자(보작자)로 등록하였다. 이를 근거로 '사랑은 아무나 하나' 중 일부 악곡 부분에 관하여 원래 저작권자의 지위에 있거나 또는 조방헌으로부터 저작권자의 지위를 양수하였다고 주장한 사안에서, "이 사건 가요 악곡이 구전가요에 기초한 것으로 2차적저작물로서 요구되는 창작성을 가지고 있다고 하더라도 이러한 2차적저작물인 이 사건 가요 악곡 전체에 관한 저작자로서의 권리는 실제로 저작활동을 통하여 창작성을 부가한 조방헌에게 귀속한다 할 것이고, 창작과정에 전혀 관여하지 아니한 원고가 이에 관한 공동저작권자가 될 수 있는 것은 아니며, 사후에 원고와 조방헌 사이에서 원고를 이 사건 가요의 작곡부분의 보작자(저작권자)로 인정한다는 합의를 하였다고 하여 원고가 공동저작권자가 될 수 있는 것도 아니다."[244]

---

244 위 사안에서 원고는 자신이 만든 자료를 제출해서 관련 협회에 '사랑은 아무나 하나' 악곡 보작자로 등록한 사실이 있었고 이러한 등록으로 협회로부터 저작권사용료를 받다가 나중에 직접 보작한 것이 아니라는 이유로 협회에게 사용료 환수를 한 사실이 인정되었다. 원고는 자신이 권리를 주장하는 '사랑은 아무나 하나' 악곡을 직접 작성하지 않아 저작자 또는 공동저작자가 될 수 없었다. 원고가 아무런 창작행위를 하지 않았더라도 약정을 통하여 저작자로부터 저작재산권을 양도받을 수도 있었으나 저작권의 양도라고 볼만한 사실이 인정되지 않았던 사안이다.

(4) 창작자 원칙의 예외

① 저작권법 제9조는 창작자 원칙에 대한 예외로 업무상저작물에 대한 법인등의 저작자 제도를 두고 있다. 업무상저작물의 경우 저작물을 실제 창작한 자가 저작자가 되지 않고, 업무상으로 창작한 자를 고용한 '법인등 사용자'가 저작자의 지위를 갖는다. 이 부분은 후술하는 '5. 업무상저작물의 저작자'에서 다룬다.

② 1957년 저작권법상 촉탁사진으로서 1977년 1월 1일부터 1987년 6월 30일까지 사이에 복제하여 발매 또는 배포되어 보호기간이 남아있는 경우에는 이후의 저작권법 개정에 불구하고 창작자 원칙의 예외로 촉탁자에게 저작권이 있다.[245]

③ 1957년 저작권법은 음반, 연주, 가창을 저작물로 보고 있었다. 그에 따라 현행법상 저작물 창작자라고 볼 수 없는 음반제작자, 연주자, 가창자가 1957년 저작권법 시행 당시에는 저작자로서 저작권을 갖고 있었다. 판례는 1957년 저작권법상 음반의 저작자를 결정하면서 현행저작권법상 음반제작자의 결정과 동일한 기준을 적용하였다.

> **신중현과 킹레코드에 대한 대법원 2013다56167 판결**
> "구 저작권법상 음반에 관한 저작자의 결정에서 현행 저작권법상 음반 제작자의 결정과 통일적인 기준을 적용할 필요가 있다. 그렇다면 구 저작권법상 음반에 관한 저작자는 음반의 저작권을 자신에게 귀속시킬 의사로 원저작물을 음반에 녹음하는 과정을 전체적으로 기획하고 책임을 지는 법률상의 주체를 뜻한다고 보는 것이 타당하고, 이러한 법률상의 주체로서의 행위가 아닌 한 음반의 제작에 있어서 연주·가창 등의 실연이나 이에 대한 연출·지휘 등으로 사실적·기능적 기여를 하는 것만으로는 음반에 관한 저작자가 될 수 없다고 보아야 한다."

---

245 1957년 저작권법 제13조는 타인의 촉탁에 의하여 저작된 사진, 초상의 저작권은 그 촉탁자에 속한다고 정하여 사진 등을 창작한 자가 아닌 위임자인 촉탁자에게 저작권을 인정하였다. 1986년 저작권법 부칙 제2조 제2항은 이 법 시행 전에 종전의 법 제13조의 규정에 의한 촉탁저작물의 저작권 귀속은 종전의 규정에 의한다고 정하여 개정에 불구하고 촉탁자의 저작권이 남아 있게 되었다.
한편 1957년 저작권법 제35조 제40조에 의하면 사진저작물의 보호기간은 저작물발행 익년부터 10년이지만 1987. 7. 1 시행된 개정저작권법 시행 당시 저작권의 보호기간이 남아 있으면 1986년 개정법에 따라서 보호기간이 저작자 사후 50년으로 연장되었다. 그리고 1957년 저작권법 제36조는 학문적저작물에 삽입된 사진의 저작권은 학문적저작물의 저작자에게 각 귀속하는 것으로 정하고 있었는데 초상 촉탁사진과 마찬가지로 저작권법의 개정에 불구하고 학문적저작물의 저작자가 현재까지 저작권을 가진 경우가 있을 수 있다.

(5) 북한 저작물

헌법 제3조 "대한민국의 영토는 한반도와 그 부속도서로 한다."는 규정에 따라 우리나라 저작권법의 효력은 대한민국의 주권 범위 내에 있는 북한지역에도 규범적으로 미친다. 따라서 북한에서 창작된 저작물의 저작자도 우리나라 저작권법에 따라서 결정된다.[246]

> **'북한판 동의보감에 대한 서울고등법원 2004나14033 판결**
>
> 북한에서 번역한 동의보감에 대하여 우리나라의 저작권법에 따라 북한판 동의보감을 완성한 자는 북한의 '보건부동의원(현재 고려의학과학원)'이라는 단체라고 인정하였다.

나. 저작자 추정

저작권법 제8조 제1항은 '저작자 및 저작권 보유사실'에 대한 추정을, 제2항은 발행자, 공연자, 공표자의 '저작권 보유사실'에 대한 추정을 정하고 있다.[247] 이러한 추정제도는 저작물을 원활하게 거래하기 위하여 또한 저작자의 지위에 대한 분쟁이 발생한 경우 권리침해에 대한 입증을 용이하게 하기 위한 것이다.

---

246 그러나 북한에도 저작권법이 존재하고, 2003년경 베른조약에도 가입했다. 현재까지는 북한 저작물에 대한 재판이 우리나라에서 진행되는 경우에 한하여 우리나라 저작권법이 일방적으로 적용되었던 사안만이 있었다. 북한의 저작권에 대한 문제는 헌법 제3조의 규범적 효력에 불구하고 국내법적 문제로 볼 수 없는 남북 관계의 특수성이 있으며 이 부분은 나중에 '국제 저작권'을 다루면서 정리하기로 한다.

247 **저작권법 제8조(저작자 등의 추정)**
① 다음 각 호의 어느 하나에 해당하는 자는 저작자로서 그 저작물에 대한 저작권을 가지는 것으로 추정한다.
1. 저작물의 원본이나 그 복제물에 저작자로서의 실명 또는 이명(예명·아호·약칭 등을 말한다. 이하 같다)으로서 널리 알려진 것이 일반적인 방법으로 표시된 자
2. 저작물을 공연 또는 공중송신하는 경우에 저작자로서의 실명 또는 저작자의 널리 알려진 이명으로서 표시된 자
②제1항 각 호의 어느 하나에 해당하는 저작자의 표시가 없는 저작물의 경우에는 발행자·공연자 또는 공표자로 표시된 자가 저작권을 가지는 것으로 추정한다.

(1) 저작자 및 저작권 보유 추정

저작권법 제8조 제1항은 "1. 저작물의 원본이나 그 복제물에 저작자로서의 실명 또는 이명(예명·아호·약칭 등을 말한다. 이하 같다)으로서 널리 알려진 것이 일반적인 방법으로 표시된 자 2. 저작물을 공연 또는 공중송신하는 경우 저작자로서의 실명 또는 저작자의 널리 알려진 이명으로서 표시된 자"인 경우 저작자로서 그 저작물에 대한 저작권을 가지는 것으로 추정한다고 정하고 있다.

① 저작자가 누구인지 다투는 저작권 분쟁에서 관련된 사실관계가 명확하지 아니한 경우 저작자 추정 규정은 승부를 가름하는 역할을 할 수 있다. 오래된 저작물에 관한 분쟁 사안에서 저작물 발행 당시의 음반, 노래나 노래 정보가 담긴 관련 서적 등이 증거자료로 제출되곤 하며, 이러한 음반이나 서적 등에 기재된 저작자의 표시는 저작자 추정 규정이 적용되어 저작자가 정해지게 된다. 저작자에 대한 추정 규정은 법인등의 명의로 공표되는 업무상저작물의 저작자인 사용자에도 적용된다.

> **프란치스꼬회 한국어 교재에 대한 서울고등법원 98카18 결정**
> "이 사건 저작물이 1967. 10. 무렵 최초로 간행될 당시에 원고와 소외 안토니 반데산데가 그 공동저작자로 표시되어 있었던 이상 원고와 위 안토니 반데산데는 구 저작권법(1986. 12. 31. 법률 제 3916호로 전문 개정되기 전의 것) 제6조 제1호에 의하여 이 사건 저작물의 공동저작자로 추정된다."

> **'돌아와요 부산항에' 노래에 대한 서울서부지방법원 2004가합4676 판결**
> 노래 '돌아와요 부산항에'의 가사가 '돌아와요 충무항에'의 가사를 기초로 한 것인지가 쟁점이 된 사안에서,
> 당시 발행된 음반 자켓에 '돌아와요 충무항에'의 작사자로 A의 성명이 표시된 사실에 저작자 추정 규정을 적용하여 A를 '돌아와요 충무항에'의 작사자로 추정하였다.

> **'구름빵' 그림책에 대한 서울서부지방법원 2015가합32059 판결**
> 사진과 글로 구성된 저작물의 표지 내지 등에 기재된 저작물의 제목 밑에 "글 그림 원고 | 빛그림 피고"라고 기재되어 있었고, 저작물 내지에는 원고와 피고의 약력이 병렬적으로 기재되어 있던 사안에서,

"저작물의 원본이나 그 복제물에 저작자로서의 실명이 일반적인 방법으로 표시된 자는 그 저작물에 대한 저작권을 가지는 것으로 추정된다. 한편, 이 사건 저작물에 피고가 '빛그림' 을 담당하였다고 기재되어 있는 사실은 앞서 본 바와 같고, 갑 제1호증의 기재에 의하면 이 사건 저작물에서 빛그림은 사진의 순 우리말이라고 설명하고 있으므로 이 사건 저작물 에 피고가 공동저작권자로서 이 사건 사진에 대한 저작권이 있음이 일반적인 방식으로 표 시되어 있다 할 것이다. 그러므로 원고와 피고는 이 사건 저작물에 대한 공동저작자로 추 정되고, 원고가 피고의 이 사건 저작물에 대한 저작인격권이 없음을 주장, 입증할 책임이 있다."

이 사건 저작물 제목 밑에 "글 그림 원고 | 빛그림 피고"라고 기재되어 있다. 따라서 '글 그림'과 '빛그림'으로 각자의 창작부분을 구분하여 저작자 표시가 되어 있음에도 위 판결과 같이 원피 고를 이 사건 저작물의 공동저작자로 추정하는 것이 타당한지 의문이다. 만약 사안과 다르게 사진 촬영한 피고에게 사진에 대한 창작적 기여를 인정한다고 하더라도 이 사건 저작물이 아 니라 사진부분에 대하여만 공동저작물로 보는 것이 타당해 보이는 사안이다.

② 저작자 추정 규정은 간주 규정과 달리 추정을 번복할 만한 다른 명확한 증거가 있 다면 번복이 가능하다. 그러나 객관적으로 서적 등의 표지에 기재된 것에 대하여 추 정적 효력을 부여하는 까닭에 반대의 증거로 번복하기가 쉽지 않다.

'님은 먼 곳에' 가사에 대한 서울고등법원 2006나3204 판결

TV 연속극의 주제곡으로 사용된 '님은 먼 곳에' 노래의 가사에 대한 저작자로 방송물 자막 에 원고의 예명 유호가 기재되었다. 피고 신중현은 ❶ '님은 먼 곳에' 노래의 가사는 자신 이 즐겨 사용하는 작사 형식이고, ❷ 노래를 수록한 음반 및 가요집에 이 사건 가사의 작사 자로 피고가 표시되어 있고, ❸ 원고가 이 사건 소송제기 전까지 30년 이상 동안 이 사건 가사에 대한 권리를 주장한 사실이 없다며 드라마에 표시된 저작자 추정은 복멸되었다고 주장한 사안에서,
"이 사건 노래 제작 당시 … 연속극의 작가가 연속극의 분위기에 어울리도록 주제곡의 가 사를 작사하고 이에 맞추어서 작곡자가 작곡을 하는 것이 일반적인 방송관행이었던 사실, 원고는 이 사건 가사 이외에도 'G' 등 지금도 널리 불리는 노래들의 작사가로서 이름이 높 았던 사실 … 1971, 4, 25, 발행된 '오늘의 가요'라는 대중가요 서적에는 먼저 발매된 '신중 현 작편곡집'과 달리 이 사건 노래의 작사자로 원고의 예명인 '유호'를 표기하고 있는 사실, 이 사건 노래를 처음으로 불렀던 김추자 … 이 사건 연속극 및 노래의 제작에 직접 관여하 여 그 내막을 잘 아는 위치에 있는 이 사건 연속극의 조연출 E, 이 사건 연속극의 음악담당 이었던 D 등이 이 사건 가사의 작사자를 원고라고 진술하고 있는 사실을 인정할 수 있다.

저작자

…작사가로도 널리 알려진 원고가 단지 참고용 또는 피고의 작사 작업을 돕기 위한 용도만으로 직접 가사를 원고지에 적어 주었다거나, 피고가 원고로부터 건네받은 위 가사를 원고나 연출진의 동의 없이 임의로 고쳤다는 것은 위 가사의 작성 경위, 당시의 방송관행, 당사자들의 위상 및 그 역학 관계에 비추어 쉽게 납득하기 어렵고, 통상적인 작사형식만으로 구체적인 노래의 작사자를 판별하거나 단정 짓기는 곤란하며, … 원고가 이 사건 노래의 작사자라는 추정이 깨어졌다고 할 수 없고, 달리 피고의 주장을 인정할 만한 증거가 없다."

'알뜰한 당신' 가사에 대한 서울지방법원 96가합48324 판결

한국음악저작권협회에 '알뜰한 당신' 등 노래의 저작재산권자로 피고의 피상속인 등이 등록되어 있었다. 망 조영출은 1934년경부터 1946년경까지 시인 및 작사가로 활동하다가 월북한 자로서 조명암 등 예명을 사용하여 480여 곡에 달하는 유행가 가사를 창작한 바 있다. 망 조영출의 상속인이 '알뜰한 당신' 등의 가사에 대한 저작권 확인을 구하면서 망인의 예명인 '조명암'이 '알뜰한 당신'의 작사자로 표기된 음반 표지를 증거로 제출하였다. 피고는 당시 작사가로 유명했던 망 이부풍이 위 노래 가사를 만든 것인데 그 당시의 국내음반 제작기술의 한계로 인하여 일본에서 음반을 찍어 국내에 들어오는 과정에서 음반 표지에 작사자 표기가 바뀐 것이라는 증언을 근거로 저작자 추정의 복멸을 주장한 사안에서,

"첫째, 위 망인의 예명인 '조명암'이 위 노래의 작사자로 표기되어 있는 위 갑 제9호증의 1, 2(각 음반 표지사진)는 위 빅터레코드사에서 발매한 음반의 표지인 사실은 기록상 명백한 바, 당시 위 망인이 위 빅터레코드사와 무관하였으면 위 레코드회사가 음반을 제작·발매함에 있어 자기 회사와 무관한 위 망인의 이름을 작사자로 표기한 표지를 부착한 채 그대로 음반을 발매할 아무런 이유가 없다 할 것인 데도 위와 같이 표기된 음반이 그대로 판매되었고, 당시 이에 관하여 어떠한 이의나 분쟁이 있었다고 볼 만한 아무런 자료도 찾아볼 수 없는 점, 둘째, 위 음반표지상의 표기가 사실과 다르게 잘못 표기된 것이라고 보기 위해서는 음반표지와 같은 중요한 지면에 작사자를 표기함에 있어 실제의 작사자가 아닌 전혀 다른 사람의 이름을 표기한다는 일이 어떻게 가능한가에 대하여 납득할 만한 설명이 있어야 할 것인 바, 그 당시 음반 제작기술상의 한계로 말미암아 보통 일본에서 음반을 찍은 다음 이를 국내에 들여와 발매한 것이 사실이라 하더라도 그 사실만으로 바로 음반표지상의 작사자 이름이 잘못 기재되거나 인쇄가 잘못될 가능성이 특별히 높았다고 단정할 수 없으며, 게다가 이사건의 경우 단순한 오기가 아니라 전혀 다른 이름으로 표기한 것이어서 표지인쇄과정에서의 실수에 위하여 잘못 표기되었다는 것은 더욱 수긍하기 어려운 점, 셋째, 위 망 조영출과 같은 월북한 작사자의 경우를 제외하고는 발표 당시의 작사자 표기와 나중에 등록된 작사자 이름과 달라진 예를 찾아볼 수 없는 점"을 들어 '알뜰한 당신' 가사는 위 망 조영출이 1937년경 '조명암'이라는 예명으로 작사한 노랫말인 사실을 인정하였다.

저작자

(2) 발행자 등의 저작재산권자 추정

저작권법 제8조 제2항은 저작물의 원본이나 그 복제물에 저작자 실명 등 제8조 제1항의 각 호의 해당하는 저작자 표시가 없는 저작물의 경우 발행자·공연자 또는 공표자로 표시된 자가 저작권을 가지는 것으로 추정한다고 정하고 있다. 이처럼 발행자 등이 '저작권'을 가지는 것으로 추정한다고 정하고 있지만 발행자 등을 '저작자'로 추정하는 규정이 아니다. 여기서 '저작권'은 '저작재산권'으로 해석하는 것이 일반적이다. 따라서 제8조 제1항의 각 호의 해당하는 저작자 표시가 없는 저작물의 경우에는 발행자·공연자 또는 공표자로 표시된 자를 저작재산권자로 추정하고 있다.

한편 저작물의 원본이나 복제물에 저작자의 표시가 기재되어 있지 않고 발행자만이 표시된 저작물의 경우라도 실제 발행자가 업무상저작물에 대한 사용자의 지위에 있거나 편집물의 소재 선택, 배열, 구성의 창작성에 기여를 한 사실이 인정되면 '저작자'의 지위를 가질 수 있는 것은 당연하다.

교학사 자습서에 대한 서울지방법원 남부지원 95카합148 결정

문예학술에 대한 신탁단체가 회원이나 비회원이 집필한 무기명저작물에 대하여 대행 관리할 저작권이 있다며 가처분신청을 한 사안에서,

피신청인 발행의 별지 목록의 자습서들에 게재된 ❶ 무기명 저작물에 대하여는 이를 최초로 게재하여 교과서를 편찬, 발행한 교육부에 그 저작권이 있음이 추정되고, ❷ 또한 위 무기명 저작물들은 교과서 편찬에 게재할 기획 하에 교육부가 교육개발연구원에 촉탁하여 그 소속 직원들이나 위촉에 의하여 선정된 필자에 의하여 집필된 저작물로서, 교육부의 명의로 발행된 교과서에 최초 게재된 사실을 인정할 수 있다며, 위 무기명 저작물들은 그 공표자인 교육부에 저작권이 있다고 할 것이므로 신청인에게 위 무기명 저작물에 대한 저작권이 있음을 전제로 구하는 이 사건 가처분신청은 그 피보전권리가 없으므로 이유 없다고 하였다.

위 판결은 저작권법 제8조 제2항에 의거 교육부가 저작권을 보유하고 있다고 추정하고 한편 제9조 단체명의저작물 규정을 적용하여 교육부가 저작자로서 저작권을 갖고 있다고 하고 있다. 위 판결내용 중 교육부가 촉탁한 교육개발연구원의 소속 직원뿐만 아니라 '위촉된 필자'에 의하여 집필된 저작물까지 단체명의저작물로 인정하고 있다. 그러나 '위촉된 필자'는 피고용자의 지위에 있다고 볼 수 없고 위촉된 필자가 교육부의 실질적 지휘, 감독 하에 있는 등 사정이 없는 한 위촉된 필자가 작성한 부분은 업무상저작물에 해당하지 아니할 수 있다.

(3) 추정의 중복

저작물에 대한 저작자 등 표시가 저작물의 원본과 복제물, 복제물과 복제물에 따라 서로 다른 경우 각각 제8조의 요건을 갖추면 동일한 저작물에 대하여 복수의 저작자 내지 저작재산권자의 추정이 각각 발생하고 그 결과 제8조의 추정이 중복될 수 있다. 저작물의 '복제물'에 원본과 다른 저작자 표시가 있는 경우 시기적으로 먼저 만들어진 '원본'의 저작자 표시가 우선하여 추정의 효력을 받을 수 있다. 어느 것이 시기적으로 먼저 만들어졌는지가 불투명하면 저작자로 추정되는 일방당사자는 자신과 마찬가지로 추정 규정에 따라 저작자로 추정되는 상대방에게 추정의 법률적 효과를 주장할 수 없다. 예를 들어 원고가 저작자라고 주장하여 피고에게 손해배상을 구하는 경우 입증책임의 원칙에 따라 원고는 자신이 저작자라는 사실을 입증할 책임을 부담해야 한다. 만약 입증이 없으면 불이익을 받게 된다.

'님은 먼 곳에' 가사에 대한 서울고등법원 2006나3204 판결

김추자가 부른 '님은 먼 곳에' 노래는 1969. 11경부터 방영된 TV 연속극에 삽입되어 방송되었다. 13회의 연속극 방영 말미의 자막(Ending Credits)에 위 노래의 작사자로 원고의 예명이, 작곡자로 피고의 성명이 표시되었다. 위 연속극 종방 이후 1970년경 Q 레코드사를 통하여 위 노래가 포함된 'R' 음반을 제작, 배포하면서 위 노래의 작사자로 피고 신중현의 성명이 표기되었던 사안에서,

"이 사건 노래는 1969. 11. 9.경 이 사건 연속극에 삽입되어 방송됨으로써 처음으로 공표된 사실, 총 13회에 걸쳐 방송된 이 사건 연속극은 원고의 널리 알려진 예명인 '유호'를 이 사건 노래의 작사자로 표시한 자막(Ending Credits)을 삽입하여 말미에 함께 방영한 사실은 앞서 본 바와 같으므로, 이 사건 가사의 저작자는 원고로 추정된다 (피고는, 이 사건 노래는 1970년경 이 사건 음반을 통하여 최초로 음반으로 제작되었는데, 위 음반에 피고가 이 사건 노래의 작사자로 표시되어 있으므로 이 사건 가사의 저작자는 피고로 추정된다고 주장하나, 이 사건 노래는 이 사건 음반 제작 이전인 1969. 11. 9.경 원고의 저작물로서 표시되어 방송됨으로써 먼저 공표되었으므로 피고의 위 주장은 이유 없다)"고 하였다.[248]

---

248 위 사안에서 원고 유호는 피고 신중현이 이 사건 노래를 작곡하기 전에 직접 원고지 1장에 이 사건 가사를 작성하여 피고에게 건네주었다며 이 사건 가사의 저작자는 원고라고 주장하였다. 피고 신중현은 ❶ 이 사건 노래의 작사 및 작곡을 의뢰받을 당시 연속극의 연출진으로부터 원고지 2 내지 3장 정도에 가득히 적힌 참고용 가사를 건네받기는 하였으나, ❷ 참고용 가사의 도입부에서 이별을 후회하는 감정이 길게 서술된 부분을 단순하고 직설적인 '사랑한다고 말할걸 그랬지'로 표현을 변경하고, ❸ 참고용 가사 중에서 '눈물 주고'와 '꿈도 주고'를 추출하여 '마음 주고, 눈물 주고, 꿈도 주고, 멀어져갔네'라는 가사를 만드는 등으로 위 참고용 가사를 이용하였을 뿐이라고 주장하였다. 피고가 직접 이 사건 노래의 악곡과 어울리게 단어와 문장을 선정하고 이를 적절히 반복하여 배열하는 등으로 이 사건 가사를 창작하였다고 주장하는 등 서로 사실관계가 상반된 주장이 있었으나 저작

(4) 동일한 원본 등에 복수의 저작자 표시가 있는 경우

동일한 하나의 원본이나 복제물에 저작자로 추정될 수 있는 복수의 저작자 표시가 존재하여 저작자 표시가 불명확하면 저작자 추정 규정을 그대로 적용할 수 없다. 이 경우에는 추정 규정을 떠나 저작자의 표시내용과 실제 저작물의 창작과정이 어떠하였는지 등 사실관계에 따라 저작자가 정해지게 된다.

'여행천하 유럽' 서적에 대한 서울지방법원 2001가합64030 판결

원고가 '여행천하 유럽' 서적을 출판하면서 배낭여행자로 유명한 '여행천하 여행사'의 대표인 박영진(배낭박)로부터 허락을 받고 이 사건 서적에 위 대표가 저자인 것처럼 서문을 기재하였고 마지막 페이지 중단에는 '지은이 : 배낭박' 상단에는 'ⓒ KIM JI HYUN 1999', 'map & photo ⓒ El Camino Publication 1999'를 기재하고 지은이 표시 밑에는 '발행·편집 : 김지현'이라고 기재하였던 사안에서,

이 사건 서적은 원고의 기획 하에 원고의 피용자가 업무상 이 사건 서적의 저술 작업에 참여하여 만들어진 것이다. 이 사건 서적의 지은이를 박영진으로 표시하여 출판하였으나 그와 별도로 'ⓒ KIM JI HYUN 1999'라고 표시하여 저작권자를 원고로 표시하였으므로 특별한 사정이 없는 이상 이 사건 서적은 사용자인 원고의 명의로 공표된 업무상저작물로서 원고가 그 저작자가 된다고 하였다.[249]

'심마니세계사'에 대한 서울중앙지방법원 2016가합556106 판결

원고는 원고 저작물의 초판 표지와 속지의 '서지 정보 표시' 부분에 자신을 '엮은이'로 기재하였다가 3쇄부터 서지 정보 표시 부분에 '엮은이'로 기재된 자신의 이름을 빼고 대신 '지은이'라고 해서 '전국역사교사모임'을 대신 기재하였다. 국가기관인 교육부가 2011. 12.경 '사료로 보는 세계사 - 세계사 교과서 보완 지도 자료집'을 발간하면서 원고 저작물 내용의 일부분을 그대로 혹은 약간의 수정을 가하여 게재하여 전국의 중학교와 고등학교에 배포하였던 사안에서,

"❶ 원고는 원고 저작물의 발간일 이전부터 원고 저작물의 구성 및 내용과 유사한 사료 중심 역사 학습 자료를 만들어 자신이 가르치는 학생들에게 배포하기도 하였던 점, ❷ 원고 저작물의 발간 당시부터 현재까지, 원고 저작물의 내용 일부가 다른 교과용 도서나 참고서 등에 활용된 경우 원 자료의 저작자에게 지급하는 보상금을, 원고가 원고 저작물의 저작권자의 지위에서 꾸준히 수령하여 온 점, ❸ 교계(敎界) 전반에 원 사료를 직접 활용한

자 추정 규정을 적용하여 판단하였다.

249 ⓒ의 표시와 함께 기재된 성명은 '저작권자' 표시일 뿐, '저작자'의 표시가 아니지만, 저작자를 판단함에 중요한 자료가 될 수 있다.

역사 학습 방법론에 관한 원고의 지명도가 상당히 높은 것으로 보이는 점, ❹ 위와 같이 원고 저작물의 서지 정보에 전국역사교사모임이 지은이로 기재된 이후에도, 여전히 표지에는 원고가 엮은이로 계속 기재되어 있는 점, ❺ 아래에서 보는 바와 같은 원고 저작물의 편집저작물로서의 성격상 관련 자료를 제공한 역사교사모임 구성원들보다 오히려 이를 종합하여 일련의 구성을 갖춘 책자로 만들어 낸 편저자에게 저작권이 있다고 보는 것이 더욱 합리적이라고 보이는 점 등을 종합하여 보면, 원고 저작물의 내용에 관하여 정신적 노력을 들여 이를 편집하고 저술한 사람은 원고라고 봄이 상당하다."

(5) 실명등록 저작자 추정 규정과의 경합

저작권법은 제8조의 추정 규정 이외에 제53조 제3항[250]에 실명 등록자의 저작자 추정 규정을 두어 추정이 경합할 수 있다. 저작권법 제53조에 따르면 저작자의 '실명'을 등록할 수 있고, 실명 이외의 이명은 저작물의 공표 당시에 이명을 사용한 경우에만 등록할 수 있다. 다만 이명은 등록이 되더라도 실명과는 달리 저작자로서의 추정력을 인정하지 않고 있다. 이와 달리 저작권법 제8조는 '실명 또는 널리 알려진 이명'에 대하여 저작자 추정을 하고 있다.

따라서 제8조와 제53조 제3항의 추정이 경합하는 경우는 저작자의 실명이 저작물에 표시되거나 저작권 등록된 경우이다. 이처럼 저작자 추정이 경합하는 경우의 법률적 효력에 대하여 논의가 있다. 그런데 저작권 등록 절차상 등록신청서에는 등록과 관련한 복제물이나 그 내용을 알 수 있는 도면, 사진 등의 서류 또는 전자적 기록 매체 등을 첨부(저작권법 시행규칙 제6조 제2항 참조)하도록 하고 있기 때문에 실제 추정이 경

---

250 저작권법 제53조 (저작권의 등록)
① 저작자는 다음 각 호의 사항을 등록할 수 있다.
1. 저작자의 실명·이명(공표 당시에 이명을 사용한 경우로 한정한다)·국적·주소 또는 거소
2. 저작물의 제호·종류·창작연월일
3. 공표의 여부 및 맨 처음 공표된 국가·공표연월일
4. 그 밖에 대통령령으로 정하는 사항
② 저작자가 사망한 경우 저작자의 특별한 의사표시가 없는 때에는 그의 유언으로 지정한 자 또는 상속인이 제1항 각 호의 규정에 따른 등록을 할 수 있다.
③ 제1항 및 제2항에 따라 저작자로 실명이 등록된 자는 그 등록저작물의 저작자로, 창작연월일 또는 맨 처음의 공표연월일이 등록된 저작물은 등록된 연월일에 창작 또는 맨 처음 공표된 것으로 추정한다. 다만, 저작물을 창작한 때부터 1년이 경과한 후에 창작연월일을 등록한 경우에는 등록된 연월일에 창작된 것으로 추정하지 아니한다.

합하는 경우가 발생할 가능성이 적다. 그럼에도 제8조의 추정과 제53조 제3항 실명 등록자의 저작자 추정이 경합하는 경우가 발생하면 두 조항의 추정력은 함께 소멸하는 것으로 보고, 구체적인 사실관계 즉 저작물의 작성 경위와 저작물에 관한 관련자료, 저작자 표시의 시기, 저작물의 사용 방법 및 이해관계, 분쟁에 이르게 되는 과정과 그에 대한 당사자의 태도 등을 종합적으로 고려하여 저작자를 결정하는 것이 합리적이다.

다. 대작의 저작자

대작은 실제 작품을 만든 사람의 명의가 아니라 타인의 명의로 작품을 공표하는 경우를 말한다.

① 창작자 원칙에 따라 대작으로 공표된 저작물에 대하여 공표명의자가 아니라 실제 작품을 만든 자가 저작자의 지위를 갖는다. 대외적으로 저작자로 공표된 명의로 인하여 공표명의자가 저작자 추정을 받을 수 있지만 대작이 드러나면 저작권법 제8조나 제53조 제3항의 추정은 복멸된다.

또한 당사자 사이에 대작을 약속하면서 제작에 기여하지 아니한 자를 저작자로 정하기로 하거나 또는 저작자로 표시되는 자에게 저작권을 귀속하기로 하는 합의가 있더라도 실제 대작을 만든 자가 저작자의 지위를 갖게 된다. 다만 사안에 따라서 저작재산권이 양도된 것으로 해석될 수 있을 뿐이다.

② 대작은 당사자 사이에 합의가 있더라도 민사적인 저작자의 지위 문제에 그치지 않고 저작권법 제137조 제1항 제1호[251] 위반으로 인한 형사처벌을 받을 수 있다. 또한

---

251 **저작권법 제137조 (벌칙)**
　① 다음 각 호의 어느 하나에 해당하는 자는 1년 이하의 징역 또는 1천만원 이하의 벌금에 처한다.
　1. 저작자 아닌 자를 저작자로 하여 실명·이명을 표시하여 저작물을 공표한 자

저작자에 대한 등록을 허위로 한 경우에는 제136조 (벌칙) 제2항 제2호[252]에서 정한 '제53조 및 제54조 (제90조 및 제98조에 따라 준용되는 경우를 포함한다)에 따른 등록을 거짓으로 한 자'에 해당할 수 있다. 제137조 제1항 제1호는 창작적 표현을 하지 아니한 자를 저작자로 표시하여 공표하는 행위를 처벌하는 규정으로서 허위의 저작자 명의로 저작물을 공표한 대작자의 행위가 이에 해당한다. 이러한 대작에 대하여 당사자사이에 합의가 있었더라도 저작자 표시에 대한 사회적 신용을 보호할 필요가 있기 때문에 대작자와 명의자 모두 공모자로서 공범으로 처벌될 수 있다.

다만 자신의 자서전을 쓰기에 표현능력이 부족한 자가 대작자의 도움을 받아 자신의 명의로 자서전을 발행하고 지인에게 나누어주거나 또는 작품 내용에 대작으로 만들어졌음을 밝히는 경우와 같이 수요자에 대한 기망을 의도하지 않고 저작자 표시에 대한 사회 신용에 별다른 영향이 없는 경우라면 사회상규에 반하지 아니하여 형사처벌 요건인 위법성이 조각될 수 있다.

석사학위논문 대작에 대한 대법원 94도2708 판결

논문 작성자가 논문의 제목, 주제, 목차 등을 직접 작성하였다고 하더라도 자료를 분석, 정리하여 논문의 내용을 완성하는 일의 대부분을 타인에게 의존하거나 타인이 전체 논문의 초안 작성을 의뢰하고, 그에 따라 작성된 논문의 내용에 약간의 수정만을 가한 논문은 논문 작성자가 주체적으로 작성한 논문이 아니라 타인에 의하여 대작된 것으로 보았다. 논문 대작을 의뢰하여 받은 논문을 자신이 작성한 것처럼 대학원에 제출한 것은 위계로 대학원의 학사업무를 방해한 것으로 인정하였다.[253]

---

252 **저작권법 제136조 (벌칙)**
② 다음 각 호의 어느 하나에 해당하는 자는 3년 이하의 징역 또는 3천만원 이하의 벌금에 처하거나 이를 병과할 수 있다.
2. 제53조 및 제54조(제90조 및 제98조에 따라 준용되는 경우를 포함한다)에 따른 등록을 거짓으로 한 자

253 이 형사사건에서 검찰은 형법상 위계에 의한 업무방해죄로 기소하였고 저작권법 제99조 제1호(현 제137조 제1호)를 적용하지 않았다. 원심은 피고인들이 논문의 전체 집필 과정에서 주체적인 역할을 담당함으로써 그 논문의 주제 및 내용을 타인의 힘으로 완성한 것으로 볼 수 없는 정도로까지 발전시켰다며 피고인들이 작성한 논문으로 보고 무죄를 선고하였다. 그러나 대법원은 문제 된 논문이 타인에 의하여 대작된 것으로 보고 대작 제출행위를 업무방해죄에 해당한다고 보았다.

소설 '이휘소'에 대한 서울지방법원 94가합97216 판결

소설 속의 일기가 위 이휘소의 저작물이 아닌데도 위 이휘소의 저작물이라고 표시한 것은
이른바 '부(負)의 저작물'에 관한 이휘소의 저작권을 침해한 것이라고 주장한 사안에서,
소설을 작성하면서 이휘소가 작성하지 아니한 일기를 임의로 창작하여 이휘소가 작성한
것이라고 표시하였더라도 '저작자가 아닌 이휘소'의 저작권 침해한 것으로 볼 수 없다고
하였다.[254]

---

254 이 사안은 '저작자가 아닌 자'를 저작자로 하여 저작물을 공표한 경우처럼 보이지만 소설 작품에서 실제 생활과
　　다른 픽션임을 표시하였다면 소설에 이휘소가 편지를 쓴 것처럼 표현되어 있다고 하더라도 저작자가 아닌 자
　　를 저작자로서 표시하여 공표한 것이라고 볼 수는 없다.

　　　　　　　　　　　　　　　　　　　　　　　　　저작자

2 여러 명 관여 저작물의 저작자

가. 개요

저작물의 제작 과정에 다수의 사람이 관여하더라도 저작물의 창작적 표현에 기여한 자만이 저작자로 인정된다. 여러 사람이 하나의 작품의 제작 과정에 참여하면 여러 사람의 기여 부분 내지 창작적 표현이 함께 존재하게 된다. 이러한 작품에 대한 참여자들의 기여내용에 따라 '공동저작물', '결합저작물', '2차적저작물' 등 다른 법률관계가 형성될 수 있고, 그에 따라 해당 저작자의 지위나 저작자들 사이의 관계도 달라진다.

나. 창작적 표현의 기여자

저작물은 창작적 표현과 창작성이 없는 표현, 아이디어 등이 어우러진 하나의 표현물이다. 창작적 표현에만 주목하면 하나의 작품 중 창작성이 있는 표현 부분만을 저작물이라고 하거나 또는 창작적 표현이 여러 군데 있는 작품의 경우에는 여러 개의 저작물이 있는 것처럼 보일 수 있다. 그러나 저작물은 창작적 표현과 그 이외의 요소들이 어우러져서 그 전체가 하나의 완결성을 가지며, 저작물에 대한 권리인 동일성유지권은 창작적 표현에 해당하지 않을 수 있는 내용, 형식, 제호를 보호하고 있는 점을 고려하면 저작물은 하나의 표현물 전체를 말한다고 할 수 있다.

이러한 저작물 중 창작적 표현만이 보호되고 이러한 창작적 표현을 만든 자는 저작자의 지위를 갖는다. 여러 사람이 저작물의 제작에 참여하더라도 저작물의 창작적 표현에 기여하지 아니한 자는 저작자의 지위를 인정받을 수 없다.

(1) 아이디어, 소재, 자료 제공자

저작물의 창작에 대한 아이디어, 소재, 필요한 자료를 제공한 것만으로는 저작자가 될 수 없다. 창작적 표현을 촉발하는 아이디어를 제공하거나 표현하고자 하는 주제나 의도 등을 알려주는 것 또는 창작에 관련된 자료를 제공하는 것만으로는 창작적 표현형식 그 자체에 기여하였다고 할 수 없어 저작자의 지위를 갖지 못한다.

해양정책학 서적에 대한 대법원 2007도7181 판결

대학교수인 피고인이 시간강사인 피해자에게 피해자가 저술하던 '해양정책론'을 자신과 공저로 출판하자고 제안하여 피해자가 마지못해 초고의 전자파일이 담긴 디스켓 등을 내주었다. 피고인이 여기에 간단한 수정, 교정을 하고 몇 권의 문헌 자료를 제공한 상태에서 피해자가 공저 출판을 거절하고 단독 저서로 출판하였다. 이에 피고인은 자신이 공동저작자라며 피해자가 단독 명의로 출간하여 저작권을 침해하였다는 취지의 고소장을 제출하였고 또한 '해양정책론'과 기본적으로 내용이 동일한 '○○와 국가의 정책'을 피해자와 협의 없이 공저로 출판하였다. 이에 대하여 피해자는 피고인을 무고, 저작권법 위반 등의 죄로 고소하였고 피고인에 대하여 유죄가 인정되었던 사안에서,

2명 이상이 저작물의 작성에 관여한 경우 ❶ 그중에서 창작적인 표현형식 자체에 기여한 자만이 그 저작물의 저작자가 되는 것이고, ❷ 창작적인 표현형식에 기여하지 아니한 자는 비록 저작물의 작성 과정에서 아이디어나 소재 또는 필요한 자료를 제공하는 등의 관여를 하였다고 하더라도 그 저작물의 저작자가 되는 것은 아니며, ❸ 가사 저작자로 인정되는 자와 공동저작자로 표시할 것을 합의하였다고 하더라도 달리 볼 것이 아니라고 하였다.

발레 '발레와 빛의 소리'에 대한 서울고등법원 2016나2020914 판결

공연기획사의 운영자인 원고는 자신이 기획·제작하는 발레 작품에 대하여 발레 무용수 겸 안무가인 피고에게 창작 발레 작품의 안무를 맡도록 하였다. 피고 안무가는 발레 작품에 관하여 자신의 명의로 저작권 등록을 하였다. 원고는 발레 작품이 업무상저작물 또는 자신과의 공동저작물에 해당한다고 주장하며 피고 안무가를 상대로 저작권침해금지 등을 구한 사안에서,

원고가 ❶ 발레 작품의 제작, 기획, 공연 과정에서 전체적인 조율, 지휘, 감독을 한 사실, ❷ 전체적인 구상, 기획, 연출을 한 사실, ❸ 공연 연습 과정을 확인한 사실, ❹ 무용수들의 등장 위치와 동작의 타이밍 무용수들의 시선의 처리 등에 관하여 의견을 제시하고 수정을 요청한 사실[255] 등은 인정되지만 이처럼 원고가 피고의 안무에 대하여 의견을 제시한 사실만으로는 무용 부분에 대한 공동저작자로 인정하기 부족하다며 구체적인 안무를 담당한 피고가 안무가로서 저작권을 갖는다고 하였다.

'세계명작동화'에 대한 서울고등법원 95나8746 판결

동화책을 제작함에 있어서, 그림 작가가 미술의 작업 내용 중 ❶ 창작성이 있는 등장인물과 배경의 연필 데생 및 펜으로 위 연필 데생을 그대로 셀로판지에 옮겨 그리는 셀 트레스 작업, 셀 컬러 지정작업 부분을 수행하였고, ❷ 그림 작가가 지정한 색으로 채색하는 나머지 기계적인 채색 작업을 타인이 수행한 사안에서,
그림 작가를 완성된 그림 전체에 대한 저작자로 인정하였다.

'하늘색 꿈' 노래에 대한 서울고등법원 98라347 결정

신청인이 작곡한 '꿈의 세계'라는 악곡에 보조참가인이 후렴 부분만을 일부 추가하여 만들어진 '하늘색 꿈' 악곡에 대한 저작자의 지위가 문제 된 사안에서,
이 사건 노래의 원곡은 그 대부분이 신청인의 '꿈의 세계'에 기초하여 여기에 보조참가인이 후렴 부분만을 일부 추가하여 만들어진 것이므로 그 저작권자는 신청인이라고 하였다. 가사 이 사건 노래의 원곡에 보조참가인이 일부 기여한 공로를 인정하더라도 1980년 가요제에 출품될 당시 저작권자는 신청인으로 되었고, 그 후 공개되어온 저작권자도 신청인일 뿐만 아니라 이에 대하여 보조참가인이 오랜 기간 아무런 이의를 제기하지 아니한 점에 비추어 보면, 보조참가인도 신청인을 이 사건 노래의 원곡의 저작권자로 인정하였다고 봄이 상당하다. 피신청인들이 신청인으로부터 아무런 사용승낙을 받지 않고 이 사건 음반 제품을 제작, 판매한 것은 신청인의 저작권을 침해한 것이라고 하였다.

위 판결은 위 '하늘색 꿈' 노래의 대부분이 신청인이 작곡한 것이고 피고 보조참가인이 후반부에 추가한 후렴 부분은 일부라는 이유로 신청인을 저작자로 인정하고 있다. 그러나 단순히 양적인 비중만을 가지고 저작자를 정할 수 없다. 또한 저작자의 지위는 당사자 사이의 약정이나 인정 여부로 정해질 수 없는 '창작자 원칙'에 비추어 보조참가인이 오랜 기간 아무런 이의를 제

---

255 위 판결은 이 부분에 대하여, 원고가 '기획자 연출자의 지위에서' 안무가에게 작품의 콘셉트에 맞추어 수정을 요구한 것으로 볼 여지가 있다고 판시하였다.

기하지 아니한 점에 비추어 신청인을 위 노래의 저작권자로 인정하였다고 하여 신청인이 저작자가 되는 것도 아니다.

위 판결에서 보조참가인이 추가한 후렴 부분에 창작성이 적어 저작물성이 없는 경우인지, 후렴 부분에 창작적 기여가 존재하였다면 편곡으로서 2차적저작물 또는 공동저작물이 될 수 있었는지, 후렴 부분에 대한 저작재산권이 포기되거나 양도된 것인지 등에 대한 판단이 미흡해 보인다.

지하철 화상전송 설비도면에 대한 대법원 선고 2002도965 판결

광주지하철공사 입찰시방서에 제시된 화상전송 기능을 구현하는 화상전송 설비에 대한 각종 장비의 배치 및 연결 관계를 표현하고 삼성SDS의 로고가 기재되어 있던 도면에 대한 사안에서,

이 사건 도면 중 도면번호 KJVTS-001 등 도면은 조달청이 제시한 입찰시방서의 화상전송 설비에 관한 그림에 대응하는 도면들인데 입찰시방서의 도면은 간략한 그림인데 비하여 입찰제안서의 대응도면은 실물을 구체적으로 묘사하는 등의 차이가 있어서 양 도면이 동일하지 않다. 이 사건 도면은 김주범의 요청으로 피고인 5 주식회사의 직원인 조정애가 CAD 프로그램으로 작성한 것으로서 도면의 작성과정에서 김주범은 위 입찰시방서 그림들을 복사하여 그 위에 '이쁘게'라고 표시한 것을 조정애에게 주었을 뿐이고, 위 도면들을 입찰시방서 도면과 다른 모양으로 구체화한 조정애는 삼성SDS의 직원이 아니어서 위 도면들이 삼성SDS의 단체명의저작물로 될 수는 없으므로 삼성SDS가 도면의 저작권자라고 할 수는 없다고 판단하였다. 원심은 조정애를 삼성SDS의 도면 작성 보조자로 인정하였으나 그 도면 작성 경위와 도면의 내용에 비추어 볼 때 위 도면 등은 조정애가 삼성SDS의 의뢰를 받아 독자적으로 작성한 것으로 봄이 상당하다고 하였다.

iBT 영어시험 프로그램에 대한 서울중앙지방법원 2012가합42456 판결

"원고 A의 주장에 의하더라도 자신은 D 영어시험에 대한 기획분석과 정보제공, 현장테스트, 마케팅 등을 담당하였다는 것인데, 원고 A의 이러한 행위가 이 사건 프로그램의 제작에 기여한 바가 있다고 하더라도 이는 이 사건 프로그램의 창작적인 표현형식 자체에 기여한 것이 아니라 필요한 자료를 제공하는 등의 관여를 한 것에 불과하므로 원고 A을 이 사건 프로그램의 저작자라고 할 수 없다. … 원고들과 피고가 2010. 4.경부터 같은 해 10.경까지 사이에 메일을 주고 받으면서 이 사건 D 영어시험 서비스에 대한 프로그램 제작에 도움이 될 만한 타사(특히 주식회사 팰트)의 문제를 분석하고 프로그램에 대한 전반적인 조언과 디자인에 대한 의견을 교환한 사실은 인정되나, 원고 B의 이러한 행위가 이 사건 프로그램 창작에 필요한 자료를 제공한 것을 넘어 이 사건 프로그램의 작성 행위 자체에 기여하였다는 점에 관하여는 구체적인 주장과 입증이 없으므로, 위 원고의 위 주장도 이유 없다."

저작자

(2) 창작 보조자

타인의 저작물을 창작하는 것을 보조하는 지위에 있더라도 저작물의 창작적 표현에 기여하였다면 저작자가 될 수 있다. 보조자가 '조수', '감수자', '교열자' 등의 지위나 역할 명칭에 불구하고 저작물의 창작적 표현에 기여하는 행위를 하면 공동저작자의 지위를 가질 수 있다. '조교'가 교수의 논문 작성을 보조함에 단순히 자료를 수집하여 제공한 것뿐만 아니라 집필 일부분을 작성하였다면 해당 부분에 대한 저작자나 2차적저작물인 번역물에 대한 저작자가 될 수 있다. 그리고 논문에서 해당 부분을 분리하여 이용할 수 없는 경우에는 교수와 함께 공동저작자의 지위를 가질 수 있다.

는 주장은 이유 없다고 하였다.

뮤지컬 '친정엄마' 대본에 대한 대법원 2012도16066 판결, 서울남부지방법원 2012노979 판결

뮤지컬 '친정엄마'에 대한 초벌 대본을 수정·보완하는 각색 작업이 이루어진 사안에서, ❶ 초벌 대본을 각색한 작업자가 초벌 대본의 작가와 대등한 지위에 있지 않고 초벌 대본 작가의 통제를 받으며 개괄적인 방향 제시를 받았지만 구체적인 수정, 보완작업에 상당한 재량권을 가졌던 점, ❷ 과거와 현재를 오가는 교차편집과 새로운 인물의 창조 등 통상의 각색 작업을 넘는 연극의 중요한 특징요소를 작성한 점, ❸ 각색 작업자에 대하여 각색료 외에 로열티를 지급하기로 한 계약, ❹ 대본과 포스터에 각색 작자로 표시된 점을 근거로 각색 작업자를 보조자라기보다는 새로운 창작성을 부가한 공동저작자라고 하였다.

애니메이션 '뽀로로'에 대한 서울중앙지방법원 2011가합103064 판결

원·피고는 방송용 애니메이션을 공동으로 제작하기로 약정하고 진행하여 '뽀롱뽀롱 뽀로로' 애니메이션을 제작하였다. 원고는 애니메이션의 원화를 창작하였다는 사실을 근거로 시각적 캐릭터의 특징은 시각적인 생김새에서 표현된 것이므로 위 애니메이션에 등장하는 '뽀로로' 등 캐릭터에 대한 저작권은 자신에게 있다고 주장한 사안에서,
피고는 캐릭터의 시각적 디자인의 작성에 관한 외형, 얼굴, 몸, 소품 등에 대한 가이드라인을 원고에게 제시하거나 원고가 작성한 '뽀로로' 캐릭터에 대한 눈동자의 위치 및 크기, 고글 안에 있는 흰 부분, 발의 위치, 펭귄 부리의 크기 및 모양 등에 대한 수정 의견을 제안하였고 이에 따라 원고가 캐릭터를 계속 수정하여 만들어 왔다며 피고는 단순히 저작물의 작성 과정에서 아이디어나 소재 또는 필요한 자료를 제공하는 등의 관여 정도를 넘어서 캐릭터 디자인의 구체적 표현형식에 기여하는 행위를 한 자로서 공동저작자의 지위를 갖는다고 하였다.

(3) 저작물 제작 의뢰자

① 저작물 제작을 의뢰한 자가 아이디어와 소재 및 필요한 자료를 제공하면서 단순히 저작물을 주문하는 경우에는 저작자의 지위를 가질 수 없다.

골프 코스에 대한 서울고등법원 2015나2016239 판결

스크린 골프 사업자가 무단으로 이용한 골프장의 골프 코스에 대하여 골프장 운영자들이 저작권을 갖고 있다고 주장한 사안에서,

골프장의 골프 코스는 건축저작물에 준하는 것으로 그 저작자는 건축물의 경우와 마찬가지로 해당 코스를 조성한 건축주가 아니라 이를 설계도면에 작성한 설계자라고 하였다.[256]

햄 제품 광고사진에 대한 서울고등법원 96나39570 판결

'광고대행업자'가 광고사진을 촬영, 제작을 의뢰하면서 촬영 대상물의 대부분을 준비하고 촬영 시안을 미리 작성하는 등의 역할을 하였고, '촬영자'인 원고가 이를 이용하여 사진 기술과 창의성을 동원하여 촬영한 사안에서,

이 사건 이미지 사진은 단지 원고의 사진 기술을 이용하여 그 촬영 대상을 복제하는 수준에 그치는 것이 아니라 원고가 '광고대행업자'의 준비를 적절히 이용하여 그의 사진 기술과 창의성을 동원, 촬영에 이른 것이라며 이 사건 이미지 사진저작권은 원고에게 귀속된다고 하였다.

'독서실 전등 관리프로그램'에 대한 대법원 2011다69725 판결

❶ 원고가 A의 요청에 따라 이 사건 프로그램을 개발하였고, ❷ 원고가 A가 운영하던 참인테리어 사무실에서 이 사건 시스템의 개발 작업을 하면서 참인테리어의 개발부장이라는 직함을 사용하였으며, ❸ A가 이 사건 시스템 개발에 드는 비용을 부담하기로 한 사정은 알 수 있으나 원고와 A 사이의 도급계약에 해당하는 이 사건 프로그램 제작에 관한 계약에 따라 개발된 이 사건 프로그램의 저작자는 주문자인 A가 아니라 이를 창작한 원고라고 하였다.

동물병원용 프로그램에 대한 서울고등법원 2013나55869 판결

"개발을 위탁하였다고 하더라도 원고 측은 이 사건 프로그램의 이름, 설계 및 구성 등에 대한 기본적인 아이디어를 제공하는데 그쳤고, 전적으로 이 사건 프로그램에 관한 기획을 하였다고 보기 어려우며, 이 사건 프로그램 개발비가 아닌 피고 B가 설립한 피고 C에 대하여 투자금으로 2,000만원을 지급하였을 뿐이다. 그보다는 피고 B가 이전에 개발한 저작물인 I 프로그램의 기술적 구성과 내용을 바탕으로 소스(Source) 프로그램을 제작하고, F가 수집한 자료의 체계와 내용을 컴퓨터프로그램으로 구현하는 추가 작업을 거쳐 이 사건

---

256 위 판결은 골프장 운영자들의 골프장의 골프 코스에 대한 저작권 주장을 배척하였으나, 스크린 골프 업자의 행위는 골프장의 골프 코스의 모습 내지 종합적인 이미지에 상당한 투자와 노력을 하여 성과를 갖고 있던 골프장 운영자에 대하여 부정경쟁방지법 제2조 제1호 차목의 시행 전인 2014. 1. 30까지는 '민법상 불법행위'에 해당하고 그 이후부터는 '부정경쟁방지법 제2조 제1호 차목의 부정행위'에 해당한다고 하였다.

프로그램을 개발하여 완성하였다.

이러한 사정에 비추어, D 또는 원고는 피고 B에게 이 사건 프로그램 개발을 요청하면서 이 사건 프로그램이 갖추어야 할 개괄적이고 외형적인 기능들을 추상적으로 적시하였을 뿐이고, 원고의 주장과 같이 피고 B가 D 또는 원고의 피용자로서, 또는 그의 실질적인 지휘감독에 따라 이 사건 프로그램을 개발하였다고 보기 어렵다. 따라서 D 또는 원고의 이 사건 프로그램 개발 요청에 따라 개발된 이 사건 프로그램에 관한 저작권은 프로그램 개발을 위탁한 D 또는 원고가 아니라 개발자인 피고 B에게 귀속한다."

② 그러나 의뢰자가 저작물을 단순히 주문한 것에 그치지 않고 저작물 작성에 관한 상세한 기획 구성내용을 제공하고 저작물의 제작과정에도 개입하여 의뢰자의 의견이 저작물의 창작적 표현에 직접 반영된 경우 의뢰자는 저작물을 주문받아 제작한 자와 함께 공동저작자의 지위를 가질 수 있다.

예를 들어 저명인의 자서전을 작성하면서 저명인의 구술을 집필 작가가 정리하는 경우가 있다. 집필 작가가 저명인의 기억과 생각, 자료만 제공받은 경우라면 자서전의 창작적 어문표현을 만든 집필 작가가 저작자가 된다. 그러나 집필을 의뢰한 저명인이 집필 작가의 저술내용을 검토하면서 단순한 오탈자 수정을 넘어서 창작적 문구의 첨삭이나 수정 및 문장의 편집 등 어문작성에 기여한 경우라면 공동저작자의 지위를 가질 수 있다. 또한, 영화제작자가 시나리오작가에게 시나리오의 비문언적 표현에 해당하는 구체적이고 독특한 줄거리를 제공하였다면 시나리오를 직접 작성하지 않았어도 시나리오에 대한 공동저작자의 지위를 가질 수 있다.

③ 출판사가 저자와 출판계약을 맺고 저자의 저술 활동을 돕기 위하여 ❶ 정보와 자료를 취합하는 경우, ❷ 오탈자 정정, 문구 수정, 교정을 하는 경우, ❸ 제호와 목차를 만드는 경우, ❹ 원고의 일부를 보완하거나 다시 작성하는 경우 등 다양한 경우가 있을 수 있다. 그런데 서적출판계약이 종료되고 저작자가 다른 출판사에서 출판하려는 경우 출판사는 당초 저자가 보내온 저술 내용만 저자에게 권리가 있으니 그 부분만 가지고 다른 출판사에서 출판할 수 있다고 주장하는 경우가 있다.

위 ❶~❸의 경우 출판사는 저자의 집필을 보조하는 역할을 하였을 뿐이며 창작적 표현 자체에 기여한 것으로 볼 수 없다. 나아가 ❶~❸의 결과물을 저자의 저작물에 포함시키는 것에 동의한 것으로 볼 수 있다.

❹의 경우 출판사가 출판물의 창작적 표현에 기여를 하게 되면 공동저작물이 성립할 수 있다. 그렇더라도 출판사가 저작자 명의를 저작자 단독으로 하고 저작물 전체에 로열티를 지급하는 등 저자 단독저작물을 전제로 한 사실이 있다면 출판사가 공동저작물에 대한 권리를 포기했거나 저작자에게 양도한 것으로 해석할 수 있는 경우도 있다. 다만 이런 경우라도 저작인격권은 포기 및 양도될 수 없으므로 출판사에 그대로 남게 된다.

다. 공동저작물, 2차적저작물, 결합저작물

저작권법은 공동저작물과 2차적저작물에 관한 규정을 두고 있다. 예를 들어 만화 시나리오를 기초로 만화를 그리는 경우 시나리오와 만화작업의 상호관계에 따라 시나리오에 대한 각색 과정이나 변형이 있는 '2차적저작물', 만화에 대한 공동창작의 의사에 의한 '공동저작물' 등이 발생한다. 그리고 그에 따라서 공동저작자, 원저작자와 2차적저작물 작성자가 존재하게 된다.

저작권법이 정하고 있지 아니한 결합저작물은 개개의 저작물이 하나의 작품에 결합하여 복수의 저작물이 존재하고 있는 형태를 말한다. 예를 들어 교과서에 함께 들어 있는 글과 삽화, 독립된 분야별로 집필자를 나누어 각자 작성한 서적, 각본, 무대미술, 음악 등으로 이루어진 뮤지컬 등을 들 수 있다. 결합저작물을 구성하는 개개의 저작물에는 단독저작물뿐만 아니라 공동저작물, 2차적저작물도 있을 수 있다.

(1) 공동저작물

공동저작물은 2명 이상이 공동으로 창작한 저작물로서 각자의 기여한 부분을 분리하여 이용할 수 없는 것을 말한다. (저작권법 제2조 제21호)

공동저작물과 결합저작물의 구분 기준에 대하여 복수의 기여 부분을 분리하여 '개별적으로 이용'하는 것이 가능한지를 기준으로 하는 '개별적 이용가능성설'과 기여 부분이 '물리적으로 분리' 가능한지를 기준으로 하는 '분리가능성설'이 있다. 저작권법은 공동저작물에 대하여 "이바지한 부분을 분리하여 이용할 수 없는 것"이라고 정하여 개별적 이용가능성설을 따르고 있고 따라서 '이바지한 부분을 분리하여 이용할 수 있는' 결합저작물과 구별된다.

또한 후술하는 '3. 공동저작자'에서 보듯이 공동저작물이 되기 위해서는 '공동창작의 의사'가 있어야 하는지에 대하여 논의가 있다. 공동창작의 의사가 있어야 한다는 입장에서는 공동저작물이 되려면 객관적으로 개별적 이용이 불가능하고 주관적으로 공동창작의 의사가 있어야 한다. 따라서 공동창작의 의사가 있더라도 각자의 표현 부분을 객관적으로는 분리하여 개별적으로 이용할 수 있는 경우와, 개별적 이용이 불가능하더라도 공동창작의 의사가 없는 경우에는 공동저작물이 될 수 없다. 대표적인 공동저작물로 영화감독, 촬영감독, 미술감독 등의 창작성이 연속적 영상에 표현되어 분리하여 이용할 수 없는 영상저작물을 들 수 있다. 분리하여 이용할 수 없는 하나의 글이나 그림, 악곡 등을 여러 명이 공동창작의 의사로 만드는 경우에도 공동저작물이 성립한다. 이러한 공동저작물의 창작적 표현에 기여한 자는 공동저작자의 지위를 갖는다.

(2) 결합저작물

결합저작물은 외관상 하나의 작품에 해당하지만 여러 명이 만든 여러 개의 창작적 표현들이 그 자체가 완결성을 가지며 개별적으로 분리하여 단독으로 이용을 할 수 있는 것을 말한다. 공동저작물과 달리 공동 창작 의사가 존재하지 않고 또한 결합한 저작물을 개별적으로 이용할 가능성이 있는 형태이다. 이와 같이 결합된 여러 개의 저작물에 대하여 각각의 저작자가 존재한다.

예를 들어 '악곡과 가사'는 하나의 노래를 구성하고 함께 이용되고 있는 저작물이지만 앞서 'Ⅱ. 2. 라. 가사'에서 정리한 바와 같이 여러 명이 함께 악곡과 가사의 창작에 모두 참여하여 노래를 공동 창작한 경우, 하나의 노래에 대한 작곡, 작사를 1인이 한 경우가 아닌 한 결합저작물에 해당한다. 악곡은 '음', 가사는 '어문'이라는 서로 다른 표현형식을 갖는 데다 동일한 악곡에 대하여 다른 가사가 함께 하는 것이 가능하고 연주의 경우에는 악곡만이 사용될 수 있는 등 현실적으로 각자 창작한 악곡과 가사는 분리 이용하는 것이 가능하기 때문이다. 이는 작곡가와 작사자가 서로 상의 없이 각자 별개로 창작한 경우는 물론 하나의 노래에 사용할 목적으로 악곡과 가사를 동

저작자

시에 만들었다고 하더라도 마찬가지이다.

발레 '발레와 빛의 소리'에 대한 서울고등법원 2016나2020914 판결

"발레는 무용저작물로서 일반적으로 무용수의 역동적인 움직임과 무용에 사용된 음악, 의상, 조명, 무대장치 등이 결합되어 있는 종합예술의 장르에 속하고 복수의 저작자들에 의하여 외관상 하나의 저작물이 작성된 경우이기는 하나, 그 창작에 기여한 복수저작자들 각자의 이바지한 부분이 분리되어 이용될 수도 있다는 점에서 공동저작물이 아닌 단독저작물의 결합에 불과한 이른바 결합저작물이라고 봄이 상당하다."

'만화로 보는 그리스로마신화'에 대한 서울고등법원 2005나20837 판결

원고가 만화를 창작한 것은 만화의 콘티 작성과 그림 작업을 한 원고이고 만화의 대사 부분에 대한 원고(原稿)를 작성한 자는 단순한 편집자에 불과하다고 주장하며 만화저작물에 대한 저작재산권이 원고에게 단독으로 있다는 확인을 구한 사안에서,

"만화제작시 필요한 작업은 크게 스토리 작성, 콘티 작성, 그림 작업으로 나뉘고, 이 사건 만화와 같은 학습, 교양만화의 경우 특히 스토리의 중요성이 크므로 스토리 작가와 그림 작가 따로 정하여져 각각 스토리 작성과 그림 작업을 하는 것이 일반적인 사실, 피고 D의 대표이사이던 J는 4, 5년간에 걸쳐 수많은 그리스 로마 신화 관련 자료를 읽고 정리하는 작업을 거친 후, P가 1800년대에 저술한 'Q'라는 책 중 그리스 로마 신화부분을 주로 참조하고 나머지 자료들을 추가한 다음, 어려운 책에는 주(註)를 달아야 하는데 만화책에는 주(註)를 다는 것이 자연스럽지 못하다는 점을 고려하여 아버지가 아들, 딸에게 그리스 로마 신화에 대하여 들려주는 형식으로 스토리를 구성하여 원고에게 송부하여 주었고, 원고가 위 J에 송부해 준 스토리상의 극의 전개 및 대사를 100% 가깝게 반영한 콘티 및 그림 작업을 하여 이 사건 만화를 완성한 사실, … 위 인정사실에 의하면 이 사건 만화는 J의 스토리 작성(대사부분 포함)과 원고의 콘티 작성 및 그림 작업이 결합되어 이루어진 결합저작물로서 당초부터 스토리 부분에 대한 저작권은 J 또는 피고 D가 보유하고 있었다고 할 것이므로, 이 사건 만화가 원고의 단독저작물이라고 할 수는 없으므로, 원고의 위 주장 부분도 이유 없다."

(3) 2차적저작물

2차적저작물은 원저작물을 기초로 하여 원저작물과 실질적유사성을 유지하면서 수정, 변경 등을 가하여 새로운 창작적 표현을 부가한 저작물을 말한다. 2차적저작물에는 공동저작물과 달리 공동창작의 의사가 존재하지 않는다. 2차적저작물에는 원저작물에 대한 저작권과 2차적저작물에 대한 저작권이 함께 존재한다. 2차적저작물 작성

자는 원저작물에 새로운 창작성이 부가된 2차적저작물 전체에 대하여 저작자 지위를 갖지만 자신이 2차적저작물에 부가한 새로운 창작적 표현 부분에 대하여만 저작권 보호를 받는다.

컴퓨터용 음악 편곡에 대한 대법원 99도863 판결

대중가요 184곡을 컴퓨터를 이용하여 연주할 수 있도록 컴퓨터용 음악으로 편곡[여기서 편곡은 컴퓨터를 이용하여 음악을 연주할 수 있도록 해 주는 컴퓨터프로그램이 작동될 때 그 프로그램에 입력 인자로 사용될 자료(Data)를 미리 약속된 규칙 내에서 작성자의 취향에 따라 다양하게 배열하여 만드는 일련의 과정을 말하는 의미임]을 함에 있어 컴퓨터 음악과 관련 컴퓨터프로그램에 대한 높은 수준의 이해는 물론 시간적으로도 상당한 노력이 요구되고, 편곡자의 독특한 방법과 취향이 그 편곡된 컴퓨터 음악에 반영되어 편곡의 차별성과 독창성이 인정된다며 2차적저작물성을 인정하였다.

(4) 중첩적 성립

2차적저작물과 공동저작물, 결합저작물은 중첩적으로 성립할 수 있다. 두 사람이 공동창작을 하면서 원저작물을 개변하고 새로운 창작성을 부가하면 원저작물에 대한 '2차적저작물'이면서 그 자체는 '공동저작물'이 될 수 있다. 두 사람이 각자 원저작물을 개변하여 새로운 창작성을 가진 2차적저작물을 만들어 이를 결합시켜 외관상 하나의 작품을 만든 경우 '2차적저작물'의 '결합저작물'이 성립할 수 있다.

예를 들어 두 사람이 소설을 요약하여 글과 삽화로 2차적 작품을 만든 경우 두 사람이 공동창작의 의사로 분리하여 이용할 수 없는 형태의 글과 삽화를 공동제작하면 글과 삽화는 하나의 공동저작물이면서 2차적저작물이 될 수 있다. 이와 달리 글과 삽화를 공동창작하지 아니한 경우 각각의 글과 삽화가 모두 소설에 대하여 각각의 2차적저작물이 되고 이러한 2차적 작품에 들어 있는 글과 삽화는 결합저작물 관계를 가지게 된다.

체험전 '가루야 가루야'에 대한 서울중앙지방법원 2015나15275 판결

"이 사건 체험전은 이 사건 기획안을 기초로 한 2차적저작물로서 여러 개의 저작물에 의하여 외관상 하나의 저작물이 창작된 결합저작물이라고 봄이 상당하다"

위 판결은 결합저작물로 본 체험전의 구성 부분으로 테마별 공간과 소품의 형태 및 배치, 무대 장치의 구성과 배경, 체험 진행 배우들의 실연, 진행 방법 및 진행규칙 등을 들고 있다. 그런데 결합저작물을 인정하려면 결합한 저작물의 개개의 표현형식에 의한 창작성이 필요하나 위 판결이 들고 있는 구성요소들이 어떤 근거로 저작물성을 가지는지 알 수 없다. 한편, 이 사건 상고심 판결은 체험전의 구성 부분에 대한 저작물성을 판단하지 않고 체험전 전체를 구성하는 요소들의 선택, 배열, 구성에 창작성이 인정되어 체험전 전체가 원저작물인 기획안과 별개의 2차적저작물이 된다고 판시할 뿐이며 결합저작물에 대하여는 판단하지 않았다.

3

공동
저작자

가. 개요

공동저작물은 2명 이상이 공동으로 창작한 저작물로서 각자의 기여한 부분을 분리하여 이용할 수 없는 것을 말한다. (저작권법 제2조 제21호)[257] 이러한 공동저작물을 창작한 자가 공동저작자가 된다. 공동저작물에도 저작물의 창작적 표현을 만든 자가 저작자가 된다는 창작자 원칙이 적용되지만 그 외에 공동저작물의 요건을 갖추어야 공동저작자의 지위를 갖게 된다.

공동저작물은 공동으로 창작되고 분리이용이 불가능하여야 한다. 하나의 공동저작물을 만들기 위해 2명 이상이 각각 맡은 부분에서 창작적 행위를 하는 '공동창작 요건'과 각자의 창작 부분이 유기적으로 결합하여 각 기여 부분을 분리하여 이용할 수 없는 '분리불가능 요건'을 충족한 경우 공동저작물이 성립된다.

> **만화 '지옥의 세레나데', '이것이 법이다'에 대한 서울북부지방법원 2007가합5940 판결**
> 만화가인 피고가 출판사와 출판권설정계약을 체결하여 만화 스토리 작가인 원고들의 성명 등을 표시하지 않은 채 피고 명의로 만화를 출간한 사안에서,
> ❶ 원고들이 만화 이야기의 주제와 다양한 배경 설정, 등장인물들 사이의 갈등, 대결, 화해 등의 관계구조로 만화 스토리를 창작하여 시나리오 등으로 피고에게 제공하고, 피

---

257 **저작권법 제2조** (정의)
   21. "공동저작물"은 2명 이상이 공동으로 창작한 저작물로서 각자의 이바지한 부분을 분리하여 이용할 수 없는 것을 말한다.

저작자

고는 만화 스토리에 기초하여 다양하게 장면을 구분, 배치하고 그림을 그리는 역할을 담당하였고, ❷ 피고는 만화 완성의 의도로 위 원고들에게 만화 스토리의 작성을 의뢰하고, 위 원고들도 피고의 그림 작업 등을 거쳐 만화를 완성하는 것을 전제로 피고에게 만화 스토리를 제공하였으며 다른 만화작가에게 제공되는 경우에는 그 성격 등의 기본적인 구조가 변형되었을 가능성이 높고, ❸ 원고들은 피고로부터 만화들에 관한 스토리의 기획, 구상, 작성 등의 과정에서 구체적인 작업 지시나 감독을 받은 바 없으며, 피고가 모든 만화 스토리에 자신의 고유한 아이디어, 기획 의도를 표현하기는 물리적으로 어렵고, ❹ 이 사건 만화는 캐릭터의 행동과 묘사의 정황적 설명을 글과 그림으로 나타내어 이야기를 전개하는 코믹 스트립스(comic strips)의 일종이라는 점을 종합하면 이 사건 만화들은 원·피고가 하나의 만화를 만들기 위해 공동창작의 의사를 가지고 각각 맡은 부분의 창작을 함으로써 주제, 스토리와 그 연출 방법, 그림 등의 유기적인 결합으로 완성되어 각 기여 부분을 분리하여 이용할 수 없는 '공동저작물'에 해당한다고 하였다.[258]

나. 공동창작 요건

❶ 여러 명 각자가 창작적 표현에 기여하여야 하고, ❷ 객관적으로 여러 명이 공동저작물의 제작에 참여하여야 하고 참여자들에게 공동창작의 의사가 존재하는 공동관계가 있어야 한다.

(1) 창작적 표현에 대한 기여

공동저작자는 공동저작물의 창작적 표현에 기여한 자이어야 한다. 저작물 제작에 필요한 아이디어나 소재 또는 필요한 자료를 제공하는 등 제작에 관여하였다고 하여 공동저작자가 되는 것은 아니다.

법인은 창작적 표현을 직접 만들지 못하지만 업무상저작물에 대하여 저작자로 의제될 수 있으므로 공동저작물을 만드는 2명 이상의 자에 자연인뿐만 아니라 법인도 포

---

258 위 판결은 만화 스토리 작성자가 만화작가와 사이에 기획 의도, 전개 방향 등에 대한 구체적인 협의 없이 ❶ 단순히 만화의 줄거리로 사용하기 위해 독자적인 시나리오 내지 소설 형식으로 만화 스토리를 작성하고, ❷ 이를 제공받은 만화작가가 만화 스토리의 구체적인 표현방식을 글에서 그림으로 변경하면서 만화적 표현방식에 맞게 수정·보완하고, ❸ 그 만화 스토리의 기본적인 전개에 근본적인 변경이 없는 경우에는 만화 스토리를 원저작물로, 만화를 '2차적저작물'로 볼 여지가 있다고 하였다.

함된다. 따라서 자연인과 자연인, 법인과 자연인, 법인과 법인이 함께 공동저작물을 작성할 수 있고, 이들이 공동저작자가 될 수 있다.

① 당사자 사이에서 저작물 창작에 기여하지 않은 누군가를 저작자 또는 공동저작자로 표시하기로 합의를 하였더라도 표시된 자가 공동저작자가 되는 것은 아니다. 공동저작물의 창작적 표현에 기여한 자가 아니면 공동저작자가 될 수 없다. 다만 공동저작물에 대한 합의가 완성된 저작물에 대한 저작재산권의 양도 등으로 해석될 경우가 있다. 그런데 당사자의 합의에 따라 저작물의 원본이나 복제물에 표시된 공동저작자 명의에 대하여 저작권법 제8조의 저작자 추정 규정이 적용될 수 있고 이를 부인하고 실제 저작자를 주장하려는 자는 추정을 번복할 반증에 대한 입증책임을 부담하게 된다.

해양정책학 서적에 대한 대법원 2007도7181 판결

2명 이상이 저작물의 작성에 관여한 경우 그중에서 창작적인 표현형식 자체에 기여한 자만이 그 저작물의 저작자가 되는 것이고, 창작적인 표현형식에 기여하지 아니한 자는 비록 저작물의 작성 과정에서 아이디어나 소재 또는 필요한 자료를 제공하는 등의 관여를 하였다고 하더라도 그 저작물의 저작자가 되는 것은 아니다. 가사 저작자로 인정되는 자와 공동저작자로 표시할 것을 합의하였다고 하더라도 달리 볼 것이 아니라고 하였다.

'사랑을 멈출 수 없는 여자' 노래에 대한 서울고등법원 2008나96026 판결

원고가 '사랑을 멈출 수 없는 여자', '이별전야', '황혼' 등에 대한 노래 가사의 초고를 작성하여 피고에게 제공하고 피고는 원고의 초고 중 일부를 노래 가사에 더욱 적합하도록 수정함으로써 원고의 초고가 노래 가사들의 다른 부분과 불가분하게 결합하여 있는 노래 가사들은 원·피고 공동저작물이라고 하였다.

제모기 광고물에 대한 수원지방법원 성남지원 2016가합204512 판결

피고가 제모기 광고물 제작을 위하여 스튜디오에서 광고모델을 촬영한 사진과 텍스트의 배열 등에 창작성이 있는 편집저작물인 제모기 광고물을 구성하는 텍스트의 기초가 된 데이터베이스를 제공한 사안에서,

광고물의 창작성은 텍스트의 내용에 있는 것이 아니라 사진과 텍스트의 배열 방식에 있다는 점에서 피고가 이 사건 광고물의 창작적 표현형식에 기여하였다고 보기는 어렵다며 제모기 광고저작물에 대한 공동저작자로서의 창작적 기여를 인정하지 않았다.

저작자

'두만강 700리' 영상물에 대한 서울남부지방법원 2003가합8504 판결

원·피고는 피고의 '두만강 700리' TV 영상제작을 위해 원고가 피고 측 취재 인원의 중국 입국 및 체류 현장 취재 장비의 중국 반입을 책임지기로 하는 약정을 맺었다. 원고가 피고 측 취재 인원들에게 숙박시설, 방한복, 식사 등을 제공하고 현지 안내를 해주고 중국 도문의 변경지역의 경계가 삼엄하여 피고 측 취재 인원이 동행하던 원고 측 안내인에게 부탁하여 그가 피고 측의 카메라를 가지고 도문의 변경지역을 10분 정도 촬영하도록 하였다. 원고가 영상물 제작에 창작적으로 기여하였다며 공동저작자라고 주장한 사안에서, 공동저작자가 되기 위해서는 저작물의 창작에 관여하여야 하는데 원고가 이 사건 영상물의 제작 기획, 감독, 카메라 촬영, 제작 편집 등에 직접 참여하여 이 사건 영상물의 제작에 창작적으로 기여하였음을 인정할 증거가 없다며 원고의 청구를 배척하였다.

'바보처럼 공부하고 천재처럼 꿈꿔라'에 대한 서울서부지방법원 2012카합710 결정

피신청인은 신청인이 '바보처럼 공부하고 천재처럼 꿈꿔라' 저작물의 초고를 작성하였으나 제호를 비롯하여 저작물에 실제로 포함된 대부분 내용은 피신청인의 윤문과 재집필을 통해 새롭게 창작한 것이므로 위 저작물은 신청인과 피신청인의 공동저작물에 해당한다고 주장한 사안에서,

"이 사건 계약은 신청인이 이 사건 제호를 포함한 이 사건 저작물의 단독 저작권자임을 전제로 피신청인에게 출판권을 설정하는 것을 그 내용으로 삼고 있는 점, 피신청인은 이 사건 저작물을 발행한 약 5년간 신청인만을 저자로 표시하였고, 이 사건 계약에 따라 신청인에게 지속해서 인세를 지급하였던 점 등을 고려하면, 신청인이 이 사건 제호를 비롯한 이 사건 저작물을 창작한 이 사건 저작물의 단독저작권자라고 보는 것이 타당하고, 피신청인이 이 사건 저작물의 공동저작권자라는 피신청인의 주장은 이유 없다."

이 사안 피신청인은 자신이 서적의 제호와 목차를 구성하였고 윤문 작업과 일부 원고 재 집필을 통해 발행된 서적의 내용과 저자인 신청인의 초고가 다르다고 주장한 사안이었다. 위 결정은 당사자 사이의 출판계약과 계약이행 사실만을 고려하여 공동저작물 주장을 배척하였다. 서적으로 발행된 저작물의 창작적 표현에 대한 당사자들의 실제 기여 부분 및 정도 등에 따른 공동저작물의 성립 가능성에 대하여 판단하지 않은 부분은 미흡해 보인다.

② 공동저작자의 공동저작물에 대한 창작적 표현의 정도를 단독 저작자의 경우와 다르게 취급할 것인지에 대하여 논의가 있다. 일반적으로 공동저작자가 기여한 그 부분만으로도 하나의 저작물로 성립될 정도에 이르러야 한다고 한다. 그러나 공동저작자는 하나의 저작물로 보는 공동저작물이 갖는 창작적 표현에 기여를 하면 되는 것이

지 기여한 표현 부분 자체가 하나의 저작물성을 가질 필요는 없다고 본다.[259]

공동저작물은 여러 명의 각자 기여 부분 그 자체만으로도 독립적으로 저작물성을 갖는 경우도 있지만 그 자체로는 저작물성을 갖지 못하는 여러 명의 창작적 기여 부분이 합쳐져서 하나의 창작적 표현으로 만들어져 하나의 공동저작물이 완성되는 경우도 있다. 여러 명이 공동저작물을 만드는 과정에서 부분적으로 수정, 가필을 하며 표현을 완성시키는 기여를 한 경우 해당 수정, 가필 부분 그 자체의 표현만으로는 독립된 저작물성을 갖추지 못할 수 있다. 이처럼 공동저작물의 창작적 표현을 구성하는 일부 표현이 독립적인 창작성을 갖지 못하더라도 그것이 다른 표현들과 어우러져서 완성된 창작적 표현이 된다면 그 일부 표현은 공동저작물의 아이디어가 아니라 창작적 표현에 대한 기여가 될 수 있고 이러한 일부 표현을 만든 자도 공동저작자의 지위를 갖는 것으로 볼 수 있다.

하급심 판례는 2명 이상이 서로 여러 차례의 수정을 거치면서 논문이나 시나리오 저작물을 완성하는 경우 최종적으로 완성된 저작물에 어느 1인의 작성 부분이 남아 있거나 나아가 작성 부분이 남아 있지 않게 되었다 하더라도 그 최종적인 표현이 나오기까지 최소한의 창작적 기여가 있다면 완성된 저작물은 공동저작물로 볼 수 있다고 판단하였다.

영화 '6년째 연애 중' 시나리오에 대한 서울고등법원 2009나2950 판결

'G 시나리오'가 원고에 의하여 수정되고, '원고 시나리오'가 피고 D 등에 의하여 순차 수정된 경우 최종적으로 완성된 '피고 시나리오'의 저작자가 문제 된 사안에서,

특히 ❶ 시나리오와 같이 여러 집필 작가의 동시 또는 순차의 수정작업에 의하여 완성되며, ❷ 최종적으로 완성된 시나리오를 각 작가가 기여한 부분별로 분리하여 이용할 수 없는 저작물이라면, ❸ 후행 저작자의 수정, 보완의 결과 선행 저작자의 창작적 기여 부분이 전혀 남아 있지 아니한 경우를 제외하고는 완성된 저작물은 이에 대하여 창작적 기여를 한 작가들의 공동저작물로 봄이 상당하다.… 원고 시나리오는 G 시나리오를 기초로 하여

---

259 미국에서 공동저작행위의 성립과 관련하여 공동저작자 1인의 기여 부분을 따로 떼어서 보더라도 독립된 저작물로 평가할 수 있을 정도로 창작성 있는 표현에 기여하여야 공동저작자가 될 수 있다는 '골드스타인' 견해와, 창작성 있는 표현에 한 단어, 한 줄이라도 최소한도 이상을 기여하면 그 기여가 아이디어를 구상하는 정도라도 공동저작자가 된다는 '니머' 견해가 있다. 골드스타인의 견해와 같이 각자의 기여분이 독립한 저작물로 평가되어야 하는 것으로 한정할 필요는 없지만 니머의 견해와 같이 아이디어적 기여만으로 공동저작자의 지위를 부여하는 것은 수긍할 수 없다.

저작자

이를 수정하여 작성된 것이지만 그 수정의 정도에 비추어 원고 시나리오에는 원고의 창작적 기여가 부가되었다고 할 것이다.

증권학회지 논문에 대한 서울동부지방법원 2011가합23093 판결, 서울고등법원 2012나61409 판결

증권학회지에 게재된 이 사건 논문에 원·피고가 공동 저자로 기재되어 있고 관련 형사사건에서 원고는 원고와 피고가 이 사건 논문의 공동 저자라고 진술한바 있다. 원고는 이 사건 논문 중 피고가 작성하여 최종적으로 남아 있는 부분은 'IV. 검증결과'에 피고가 원고의 통계분석결과표를 보고 그 내용을 그대로 글로 기재한 부분과 '각주 9)' 부분 두 군데뿐이고 나머지는 모두 삭제되어 이 사건 논문에 남아 있지 않다. 따라서 위와 같이 삭제된 부분에 대하여 피고가 어떠한 기여가 있다 하더라도 이는 이 사건 논문 저작자를 판단함에 있어서 고려할 사항이 아니라며 피고의 저작권이 부존재한다는 청구를 구한 사안에서, "2명 이상이 작성한 저작물의 저작자를 판단함에 있어서, 각자 작성한 부분이 구분될 수 있는 경우 그 작성 부분에 관하여 창작성 여부 등을 검토하여야 할 것이나, 2명 이상이 서로 수 차례의 수정을 거치면서 저작물을 완성하는 경우 최종적으로 완성된 저작물에 어느 1인의 작성 부분이 남아 있지 않게 되었다 하더라도, 그 최종적인 표현이 나오기까지 최소한의 창작적 기여가 있는 것으로 볼 수 있다면, 최종적으로 남아 있게 된 표현에 대한 다른 작성자의 기여가 전혀 없다고는 할 수 없다. 앞서 살펴본 바와 같이, 비록 최종적으로 완성된 이 사건 논문에서 피고가 독자적으로 작성한 부분은 'IV. 검증결과' 부분과 '각주 9)'부분뿐이나, 피고는 원고가 제공한 자료를 기초로 이 사건 논문 전체를 영문으로 작성하였다가 이를 다시 국문으로 작성하였고, 비록 원고에 의하여 수정 또는 삭제되었으나 스스로의 견해에 기초하여 창작성 있는 표현을 작성하였는바(갑 제23호증의 1~3, 학술적으로 오류가 있는 부분이라 하더라도 창작적 표현이 아니라 할 수는 없다), 이러한 피고의 작성 부분이 원고와의 수정 등 공동작업의 과정에서 남아 있지 않게 되었다는 사정만으로는 최종적으로 완성된 부분에 대한 피고의 창작적 기여가 없다고 볼 수는 없다."며 논문에 대하여 공동저자의 기재로 인한 저작자 추정을 뒤집기 어렵다고 하였다.

(2) 공동관계

공동저작물이 되기 위해서는 객관적으로 저작물 창작에 여러 명이 함께 참여하고 참여자들에게 주관적으로 공동창작의 의사가 있는 공동관계가 있어야 한다.

① 객관적으로 여러 명이 저작물 창작에 참여하는 관계가 있어야 한다. 저작물 작성에 참여한 여러 명이 동일한 시기에 창작하였는지 또는 다른 시기에 각자 창작하였

는지 여부와 상관없이 객관적으로 하나의 저작물 제작에 협력하여 창작하는 관계가 있어야 한다.

영화 '6년째 연애 중' 시나리오에 대한 서울고등법원 2009나2950 판결

'G 시나리오'가 원고에 의하여 '원고 시나리오'가 피고 D 등에 의하여 순차 수정된 사안에서, 선행된 '원고 시나리오'와 최종적으로 완성된 '피고 시나리오'는 사건의 전개 과정, 등장인물 대사에 '실질적유사성'이 있는 점을 근거로 원고가 피고 시나리오에 창작적으로 기여한 것을 인정하고 피고 시나리오의 공동저작자로 인정하였다.

'권투선수' 각본에 대한 의정부지방법원 고양지원 2012가합50780 판결

❶ 영화감독인 피고가 이 사건 각본 제작 이전부터 이 사건 각본의 대강 줄거리, 등장인물, 각본을 통해 표현하고자 하는 의도 등을 정리하는 등 이 사건 각본의 아이디어 발상 단계부터 적극적으로 진행하여 이 사건 각본의 전체적인 줄거리, 등장인물, 배경, 대사 등에 대하여 어느 정도의 구상을 마친 상태였다고 보이고, ❷ 이 사건 각본의 제작과정에서 원고와 피고 사이에 트리트먼트 및 기타 여러 자료가 수시로 오가며 피고의 구상이 이 사건 각본의 창작 과정에 상당 부분 반영되었던 사안에서, 피고를 영화 각본의 공동저작자로 인정하였다.

② 창작에 참여한 자들에게 '공동 창작의 의사'가 있어야 한다. 공동저작물의 성립에 '공동 창작의 의사'가 필요한지에 대하여 논의가 있다. 판례는 공동저작물이 되기 위해서는 공동 창작의 의사 즉 공동의 창작행위에 따라 각자가 기여한 부분을 분리하여 이용할 수 없는 단일한 저작물을 만들어 내려는 의사가 있어야 한다고 하였다.

뮤지컬 '친정엄마' 대본에 대한 대법원 2012도16066 판결

피고인은 수필 '친정엄마'를 집필하여 출간한 이후 연극 '친정엄마' 공연에 사용할 초벌 대본을 작성하였다. 고소인은 이 '초벌 대본'을 수정·보완하여 '최종 대본'을 완성하였다. 피고인이 고소인의 동의 없이 최종 대본을 이용하여 뮤지컬 친정엄마의 대본을 만들어 뮤지컬을 공연하게 한 사안에서,
2명 이상이 '공동창작의 의사'를 가지고 창작적인 표현형식 자체에 기여를 하여야 공동저작자가 되고 여기서 공동창작의 의사는 법적으로 공동저작자가 되려는 의사를 뜻하는 것이 아니라 공동의 창작행위에 의하여 각자의 기여한 부분을 분리하여 이용할 수 없는 단일한 저작물을 만들어 내려는 의사라고 하였다. 이 사안에서 피고인은 자신이 작성한 연

저작자

극 초벌 대본이 고소인에 의하여 수정, 보완되어 새로운 창작성이 부여되는 것을 용인하고, 고소인도 피고인과 별개의 연극 대본을 작성할 의도가 아니라 피고인이 작성한 초벌 대본을 기초로 이를 수정·보완하여 더욱 완성도 높은 연극 대본을 만들기 위하여 최종 대본의 작성 작업에 참여하였고, 최종대본은 그 창작적인 표현형식에 있어서 피고인과 고소인이 창작한 부분을 분리하여 이용할 수 없는 단일한 저작물이 된 점 등을 들어 피고인과 고소인을 최종대본의 공동저작자로 봄이 타당하다고 하였다.

③ 공동창작의 의사는 공동으로 단일한 저작물을 만들려는 제작 참여자들의 태도와 제작 내용, 결과 등 객관적 행위에 의하여 판단될 수 있다. 공동저작물 창작에 기여한 자는 법적으로 공동저작자로 인정될 것에 대한 기대 또는 인식이 없더라도 공동저작자가 될 수 있다고 한다.

판례는 2명 이상이 시기를 달리하여 순차적으로 공동창작을 하는 경우 ❶ 선행 저작자에게 자신의 창작 부분이 후행 저작자의 수정, 증감 등을 통하여 하나의 완결된 저작물을 완성한다는 의사가 있고, ❷ 후행 저작자에게도 선행 저작자의 창작 부분을 기초로 하여 이에 대한 수정, 증감 등을 통하여 하나의 완결된 저작물을 완성한다는 의사가 있어야 '공동창작의 의사'가 있는 것으로 인정할 수 있다. 반면에 선행 저작자에게 자신의 창작으로 하나의 완결된 저작물을 만들려는 의사가 있을 뿐인 경우 선행 저작자의 창작 부분이 하나의 저작물로 완성되지 아니한 상태에서 후행 저작자의 수정, 증감 등에 의하여 분리이용이 불가능한 하나의 저작물이 완성되었다고 하더라도 둘 사이에 공동창작의 의사가 있다고 인정할 수 없다. 이 경우 후행 저작자에 의하여 완성된 저작물은 선행 저작자의 창작 부분을 원저작물로 하는 2차적저작물로 볼 수 있다고 하였다.

드라마 '김수로' 형사사건에 대한 대법원 2014도16517 판결
극작가인 피해자는 집필 계약에 따라 드라마 극본을 집필하다가 일부 회를 완성한 상태에서 피고인들로부터 귀책사유 없이 집필 계약의 해지를 통보받고 집필을 중단하게 되었다. 피해자는 피고인들에게 피해자가 작성한 드라마 극본의 이용금지 등을 통보하였으나 다른 작가들에 의하여 드라마 극본이 완성된 사안에서,
"2인 이상이 시기를 달리하여 순차적으로 창작에 기여함으로써 단일한 저작물이 만들어지는 경우에, 선행 저작자에게 자신의 창작 부분이 하나의 저작물로 완성되지는 아니한

상태로서 후행 저작자의 수정·증감 등을 통하여 분리이용이 불가능한 하나의 완결된 저작물을 완성한다는 의사가 있고, 후행 저작자에게도 선행 저작자의 창작 부분을 기초로 하여 이에 대한 수정·증감 등을 통하여 분리이용이 불가능한 하나의 완결된 저작물을 완성한다는 의사가 있다면, 이들에게는 각 창작 부분의 상호 보완에 의하여 단일한 저작물을 완성하려는 공동창작의 의사가 있는 것으로 인정할 수 있다. 반면에 선행 저작자에게 위와 같은 의사가 있는 것이 아니라 자신의 창작으로 하나의 완결된 저작물을 만들려는 의사가 있을 뿐이라면 설령 선행 저작자의 창작 부분이 하나의 저작물로 완성되지 아니한 상태에서 후행 저작자의 수정·증감 등에 의하여 분리이용이 불가능한 하나의 저작물이 완성되었다고 하더라도 선행 저작자와 후행 저작자 사이에 공동창작의 의사가 있다고 인정할 수 없다. 따라서 이때 후행 저작자에 의하여 완성된 저작물은 선행 저작자의 창작 부분을 원저작물로 하는 2차적저작물로 볼 수 있을지언정 선행 저작자와 후행 저작자의 공동저작물로 볼 수 없다. …

애초에 이 사건 집필계약에서 특별한 사정이 없는 한 피해자가 이 사건드라마의 극본을 완성하기로 약정되어 있을 뿐만 아니라 피해자가 별다른 귀책사유 없이 피고인들로부터 이 사건 집필계약의 해지를 통지받은 후 이에 대응하여 피해자가 작성한 드라마 극본의 이용금지 등의 통보까지 하였다. 그렇다면 설령 이 사건 피해자 극본을 포함하여 피해자가 창작한 부분이 이 사건 전체 극본의 일부 구성 부분으로서 피해자가 창작한 부분과 나머지부분이 분리하여 이용할 수 없는 단일한 저작물이 되었다고 하더라도, 피해자에게는 자신의 창작 부분이 하나의 저작물로 완성되지 아니한 상태로서 후행 저작자의 수정·증감 등을 통하여 분리이용이 불가능한 하나의 완결된 저작물을 완성한다는 의사가 있는 것이 아니라, 자신의 창작으로 하나의 완결된 저작물을 만들려는 의사가 있을 뿐이어서 피해자와 이 사건 전체극본을 최종적으로 완성한 작가들 사이에 공동창작의 의사가 있다고 인정할 수 없다. 따라서 이 사건 전체 극본은 피해자의 창작 부분을 원저작물로 하는 2차적저작물로 볼 수 있을지언정 피해자와 위 작가들의 공동저작물로 볼 수 없다."

뮤지컬 '친정엄마' 대본에 대한 서울남부지방법원 2011가합10007 판결[260]

"❶ 원고는 F에게 "새롭게 연극다운 대본을 만들어 보겠다. 이렇게 해도 되느냐?"라고 물어 허락을 받았고, 피고는 이 같은 F의 허락과 원고의 포괄적인 수정에 대해 별 이의를 제기하지 않은 점, ❷ 원고가 2006. 12. 21. 과 26. "우선 말씀하신 부분을 수정해 보았는데, 제가 잘 이해를 하고 썼는지, 걱정되는 부분들도 있습니다.", "선생님 말씀대로 수정해보니, 저도 지금 마지막 수정본이 처음보다 좋은 대본임을 느낍니다."라는 내용으로 피고에게 이메일을 보낸 점, ❸ 원고가 수정·보완한 내용 중에 '엄마'가 아버지에 의해 구타당하는 장면 등은 피고의 의사를 반영하여 삭제한 점, ❹ 이 사건 초벌 극본의 각색은 주로 F가

---

260 이 판례는 '친정엄마' 민사 1심에 대한 판결로서, 동일 사안에 대한 형사사건의 판결들과 다르게 다른 공동저작자의 동의 없이 일부 공동저작자가 저작권을 행사하는 것은 권리침해행위가 된다고 판단하였고 항소심에서 조정으로 종결되었다.

저작자

피고와 협의하여 연극연출의 기본적인 방향을 정하면 원고가 그게 따라 수정·보완하는 방식으로 진행되었고, 원고의 수정·보완에서 피고는 사전에 원고에게 대략적인 의견을 표명하거나 사후에 원고가 수정·보완한 내용 중 일부를 삭제하는 등으로 관여한 점, ❺ 이 사건 각색극본의 표지와 포스터에는 '극본 피고, 각색 원고'라고 표시되어 피고와 원고가 모두 극본의 완성에 기여한 것으로 표현되어 있었고, 피고가 이에 대해 이의를 제기하지 않은 점 등을 인정할 수 있는 바, ❻ 여기에 앞서 본 바와 같이 원고가 F에게 "원작의 따뜻한 느낌을 최대한 살리고, '엄마'의 캐릭터에는 변화를 주지 않으려 했다."라는 내용으로 이메일을 보낸 점 등을 보태어 보면, 선행 창작자인 피고는 원고가 이 사건 각색극본에 새로운 창작성을 부가하는 것을 허락 내지 수인하였고, 후행 창작자인 원고 역시 이 사건 초벌극본에 터잡아 새로운 창작을 부가하는 의사가 있었다고 볼 것이므로 원고와 피고에게 이 사건 각색극본을 공동으로 창작할 의사가 있었음을 추인할 수 있다."

다. 분리불가능 요건

공동저작물은 각자가 공동저작물에 기여한 부분을 개별적으로 분리하여 이용할 수 없는 형태이어야 한다. 따라서 여러 명이 하나의 글을 만들어 내는 경우 각자가 쓴 부분에 대하여 물리적인 분리 자체가 불가능하거나 또는 물리적으로 분리가 가능하더라도 현실적으로 개별적인 분리 이용이 불가능하여야 공동저작물이 된다.

수인이 만든 저작물에 대한 '물리적인 분리'가 가능한지 여부는 객관적인 외형으로 쉽게 판단할 수 있다. 그러나 여러 명이 만든 저작물 중 각자 작성한 부분에 대한 '개별적인 분리이용'이 가능한지 여부에 대한 기준에 대하여 논의가 있다. 여러 명이 만든 저작물 중 각자 작성한 부분에 대한 개별적인 분리이용이 가능한지는 각자의 기여 부분을 분리할 경우 공동작품이 추구하는 문화·예술적 요소가 유지될 수 있는지, 그리고 각 기여 부분의 경제·사회적 요소를 종합적으로 고려하여 규범적으로 평가하여야 한다고 본다.

'통일교 조사보고서'에 대한 서울지방법원 94가합50354 판결
"여러 작성자가 특정 부분을 나누어 집필한 것이 아니라 공동의 조사 내용을 토대로 공동으로 작성한 것 또는 수록 자료별로 조사위원이 특정되어 있다 하더라도 전체적으로 조사위원회의 기획에 따라 조사위원별로 분야를 나누어 해당 조사위원이 위촉받은 분야에 관한 조사보고서를 작성한 뒤 이를 유기적으로 종합한 전체적인 조사보고서를 작성하였으며 각 조사위원들이 수집한 자료들을 조사위원별로 구분 없이 종합 수록되어 있는 것은, 각자의 이바지한 부분을 분리하여 이용할 수 없는 소위 공동저작물에 해당한다."

라. 토론회, 공저서적, 취재기사의 공동저작물 성립 문제

토론회, 세미나 등 여러 명의 창작부분이 함께 존재하는 경우라도 공동저작물의 요건을 갖추어야 공동저작물로 성립한다.

(1) 토론회

토론회 참석자들의 토론이 공동저작물이 되는지에 대하여 논의가 있다. 토론의 공동저작물 여부는 참석자들의 공동창작 의사, 토론 부분의 분리이용 가능성에 따라 결정될 수 있다. 구체적 사안에 따라 전체가 하나의 공동저작물이 되는 경우 참석자의 개별적 발언을 독립된 하나의 단독저작물로 보고 전체를 결합저작물이 되는 경우도 있다. 예를 들어 '최근 우리나라 코로나 방역조치를 어떻게 보느냐'와 같은 단일한 질문에 각자의 의견만을 피력하는 좌담회라면 물리적인 분리뿐만 아니라 분리이용도 가능할 수 있으므로 각자의 의견은 단독저작물, 전체는 단독저작물의 결합으로 볼 수 있다. 그러나 질문과 답변 그에 대한 보충 질문이나 반론에 대한 답변이 이어지는 경우에는 하나의 주제에 대하여 여러 가지 발언이 합쳐져 하나의 공동저작물을 구성하는 것이라고 볼 수 있는 경우도 볼 수 있다.

(2) 세미나 자료집

세미나 자료집은 발제문과 토론문의 결합저작물에 해당할 가능성이 높다. 발제문과 함께 게재된 토론문을 발제문과 분리하여 이용하기 어려운 경우가 있지만, 일반적으로 발제자나 토론자에게 공동창작의 의사를 인정하기 어렵고, 발제문은 토론문과 분리하여 이용할 수 있기 때문이다.

(3) 공저 서적

공저 서적에 공동 저자들이 저술범위를 나누어 각자 저술하고 각 저술 부분을 분리 이용하는 것이 가능한 경우에는 결합저작물에 해당한다. 그러나 공동 저자들의 저술 부분들이 수정, 가필, 결합 등 편집이 이루어져서 각자의 저술 부분이 융합되어 일체의 저술이 된 경우에는 분리이용이 불가능한 공동저작물이 된다.

(4) 인터뷰

잡지사의 기자가 관련자를 섭외하여 인터뷰를 진행하고 그 내용을 기초로 잡지 기사를 작성하는 경우 기자의 인터뷰에서 응한 관련자의 구술은 어문 표현으로서 그 자체가 어문저작물이 될 수 있다. 관련자 구술을 그대로 기재하거나 어법에 맞추는 등 사소한 수정만이 있는 기사는 구술과 별개의 저작물이 될 수 없고 관련자의 구술만이 단독저작물이 된다. 그러나 구술 내용을 기사의 소재로만 사용하고 구술과 다른 어문표현으로 기사가 작성되었다면 기사는 인터뷰 구술과 별개의 저작물로 성립할 수 있다. 잡지에 기자의 글이 실리고 그 중간에 관련자 구술이 삽입되어 있더라도 인용 요건을 갖추면 기사는 기사 작성자의 단독저작물이 된다.

기자와 인터뷰에 응한 자가 하나의 완결된 잡지 기사를 완성한다는 공동의사로 임하고 잡지 기사가 분리되어 이용할 수 없는 경우에는 공동저작물이 된다. 기자의 글과 인터뷰 구술이 함께 존재하지만 공동의사 없이 분리 이용할 수 있는 경우에는 결합저작물이 된다. 구술을 기초로 기사를 작성하면서 새로운 창작성이 부가된 경우에는 잡지 기사는 구술을 원저작물로 하는 2차적저작물이 될 수 있다. 이때 기사가 업무상으로 작성된 경우라면 해당 기사는 업무상저작물로서, 기자가 소속된 잡지사가 저작자의 지위를 가질 수 있다.

마. 사후 공동저작물 성립 문제

'사망한 저작자'가 저술해 놓았던 작품을 '사후 저작자'가 이어받아 개정하는 유저보정(遺著補訂) 형태의 저술에 대하여 '공동저작물'로 볼 것인지, '2차적저작물'로 볼 것인지에 대한 논의가 있다.

여기서는 공동저작물에 대하여 이시적(異時的) 공동창작행위 또는 공동창작의 의사를 인정할 것인지 등의 논리를 기준으로 공동저작물 또는 2차적저작물로 볼 것인지를 판단하지 않고 유저보정에 의한 사후 저작물을 공동저작물로 볼 경우 형성되는 실제 법률관계를 기준으로 살펴본다.

① '사망한 저작자' A에게 상속인이 있는 경우

저작재산권에 관하여 A의 상속인과 '사후 저작자' B의 공동관계가 형성되고, 공동저작물에 관한 규정이 적용된다. 그런데 A의 저작인격권은 상속되지 않으므로 공동저작물에는 B의 저작인격권만이 존재하며, 공동저작물의 저작인격권에 대한 저작권법 제15조가 적용되지 않는다. (다만 이는 공동저작물을 작성한 공동저작자 중 일부가 사망한 경우에도 동일하므로 유저보정의 경우에만 해당하는 것은 아니다.)

② '사망한 저작자' A에게 상속인이 없는 경우

저작권법 제49조[261]에 의하여 A의 저작재산권은 소멸하고 따라서 A의 저작물은 저작인격권은 물론 저작재산권이 없는 만인 공유의 저작물이 된다. 이처럼 이미 저작권이 소멸하였음에도 A에게 생전에 공동의사가 있었고, B의 공동창작행위가 있다고 하여 공동저작물로 인정한다면 B를 공동저작물 전체에 대한 유일한 저작권자로 인정하는 결과를 초래한다. (한편 저작권법 제48조 제3항은 공동저작물의 저작재산권자가 상속인 없이 사망한 경우 해당 지분이 다른 저작재산권자에게 배분되도록 정하고 있다. 그러나 공동저작물 성립이전에 사망한 저작자에게 상속인이 존재하지 않는 상태에서 이루어진 유저보정의 경우 이 규정을 적용할 수는 없다.) 이 경우 B의 승낙 없이는 A의 저작물이 포함된 공동저작물을 타인이 이용할 수 없게 된다.

이와 같이 유저보정에 의한 사후 저작물을 공동저작물로 보게 되면 A에게 상속인이

---

261 **제49조(저작재산권의 소멸)**
저작재산권이 다음 각 호의 어느 하나에 해당하는 경우에는 소멸한다.
1. 저작재산권자가 상속인 없이 사망한 경우에 그 권리가 「민법」 그 밖의 법률의 규정에 따라 국가에 귀속되는 경우
2. 저작재산권자인 법인 또는 단체가 해산되어 그 권리가 「민법」 그 밖의 법률의 규정에 따라 국가에 귀속되는 경우

존재하지 않는 경우 저작권법 제49조에 따라 이미 저작권이 소멸하여 만인 공유의 저작물이 되어 있는 A의 저작물이 포함된 공동저작물에 대하여 B에게 배타적 권리를 주게 되어 저작권소멸제도의 취지에 반하는 결과를 초래한다.

이러한 점을 고려하면 유저보정 형태의 저술을 공동저작물로 보지 않고, B가 새로이 부가한 창작적 표현 부분만이 저작권으로 보호되는 2차적저작물로 보는 것이 법률적 모순이 적다고 할 수 있다.

4 공동저작자의 권리행사

가. 공동저작자들의 권한 조율

공동저작물이 성립하면 공동저작자에게 복제권이나 성명표시권 등 저작권이 발생한다. 그런데 단독저작물의 경우와 달리 공동저작물의 경우에는 여러 명의 공동저작자에게 저작권이 귀속되는 까닭에 여러 명의 공동저작자 사이의 권한을 조율하거나 공동저작물을 거래하는 제3자를 고려할 필요가 있다. 저작권법은 공동저작자의 저작인격권에 대하여 제15조,[262] 저작재산권에 대하여 제48조[263] 규정을 두고 있다. 이 규정들은 공동저작자들이 제3자에게 공동저작물에 대한 이용을 허락하는 경우뿐만 아니

---

[262] **저작권법 제15조 (공동저작물의 저작인격권)**
① 공동저작물의 저작인격권은 저작자 전원의 합의에 의하지 아니하고는 이를 행사할 수 없다. 이 경우 각 저작자는 신의에 반하여 합의의 성립을 방해할 수 없다.
② 공동저작물의 저작자는 그들 중에서 저작인격권을 대표하여 행사할 수 있는 자를 정할 수 있다.
③ 제2항의 규정에 따라 권리를 대표하여 행사하는 자의 대표권에 가하여진 제한이 있을 때에 그 제한은 선의의 제3자에게 대항할 수 없다.

[263] **저작권법 제48조 (공동저작물의 저작재산권의 행사)**
① 공동저작물의 저작재산권은 그 저작재산권자 전원의 합의에 의하지 아니하고는 이를 행사할 수 없으며, 다른 저작재산권자의 동의가 없으면 그 지분을 양도하거나 질권의 목적으로 할 수 없다. 이 경우 각 저작재산권자는 신의에 반하여 합의의 성립을 방해하거나 동의를 거부할 수 없다.
② 공동저작물의 이용에 따른 이익은 공동저작자 간에 특약이 없는 때에는 그 저작물의 창작에 기여한 정도에 따라 각자에게 배분된다. 이 경우 각자의 기여한 정도가 명확하지 아니한 때에는 균등한 것으로 추정한다.
③ 공동저작물의 저작재산권자는 그 공동저작물에 대한 자신의 지분을 포기할 수 있으며, 포기하거나 상속인 없이 사망한 경우에 그 지분은 다른 저작재산권자에게 그 지분의 비율에 따라 배분된다.
④ 제15조제2항 및 제3항의 규정은 공동저작물의 저작재산권의 행사에 관하여 준용한다.

저작자

라 공동저작자 중 1인이 직접 공동저작물을 이용하는 경우에도 적용된다.

공동저작물에 대한 권리 행사에 공동저작자나 저작재산권자 전원의 합의를 필요로 하는 이 규정들은 강행규정의 성격을 가진다. 따라서 제48조를 위반하여 다른 저작재산권자의 동의 없이 이루어진 공동저작물에 대한 저작재산권 양도는 효력이 없다.[264]

> **골프 코스에 대한 서울고등법원 2015나2016239 판결**
>
> "제2골프장의 골프코스의 공동저작자인 A가 2004. 8. 20. 사망하였고, 원고 B는 A의 상속인인 C, D로부터 A의 제2골프장의 골프코스 디자인에 관한 모든 권리를 양수한 사실은 인정되나, 더 나아가 제2골프장의 골프코스의 공동저작자 중 1인인 E가 A의 상속인들이 원고 B에게 그 저작재산권 지분을 양도하는 것에 대하여 동의를 하였다는 것에 대하여 원고 B의 아무런 주장·입증이 없으므로 원고 B의 위와 같은 저작재산권 지분 양수는 무효라고 봄이 타당하다."

> **개집 디자인에 대한 서울중앙지방법원 2012카합2882 결정**
>
> "저작권법 제48조 제1항 … 에 의하면, 공동저작물의 일방 저작재산권자가 다른 저작재산권자의 동의 없이 공동저작물을 타인에게 양도하는 것은 다른 특별한 사정이 없는 한 무효라고 할 것이다. 이 사건으로 돌아와 보건대, 앞서 본 바와 같이 이 사건 저작물을 C와 F의 공동저작물로 보는 이상, F가 C의 동의를 받지 아니한 채 단독으로 신청인에게 이 사건 저작물을 양도한 것은 다른 특별한 사정이 없는 한 무효라고 봄이 상당하다"

나. 공동저작물에 대한 민법 적용

민법은 제2편 제3장 제3절에 공유, 합유, 총유 등 공동소유에 관한 규정을 두고 있다.

---

264 한편 '친정엄마' 사건에 대한 형사재판인 대법원 2012도16066 판결은 공동저작자 중 한 명이 제48조를 위반하여 공동저작물을 이용한 행위는 형사상 저작재산권 침해죄의 구성요건에 해당하지 않고 다만 제48조에서 규정한 '저작재산권의 행사방법'을 위반한 행위에 해당한다고 하였다.

민법 제278조[265]는 이러한 규정들은 소유권 이외의 재산권에도 준용하며, 다른 법률에 특별한 규정이 있으면 그에 의한다고 정하고 있다. 민법의 공동소유에 대한 특별규정인 공동저작물에 관한 저작권법 제15조, 제48조는 민법에 우선하여 적용되며, 저작권법이 정하지 아니한 부분에 대하여 민법 규정이 적용될 수 있다.

저작권법 제15조와 제48조는 공동저작자의 저작인격권과 저작재산권의 행사에 대하여 적용되는 것으로 공동저작자가 갖는 다른 일반적인 권리에 적용되지는 않는다. 예를 들어 공동저작자의 계약해제권에 대하여 저작권법 제15조, 제48조가 적용되지 않고 민법 제547조[266] 등 해제권조항이 적용된다.

드라마 '제4공화국'에 대한 서울지방법원 남부지원 95카합3860 결정

채권자는 방송국과 구두로 극본 집필 계약을 맺고 보조작가와 함께 극본 1회부터 8회까지 집필하였으나 극본이 채권자 모르게 변경된 사실을 발견하고 집필을 거부하고 계약 해지를 하였다고 주장하며 극본의 이용금지를 구한 사안에서,

극본의 집필 내용 및 과정을 근거로 보조작가들을 공동저작자로 인정하면서 이 사건 극본 집필 계약은 공동 집필 계약이고 이 사건 저작물도 공동저작물에 해당하는 것이므로 계약 해제의 불가분성의 비추어 공동저작자 전원의 일치된 의사에 의하지 않고는 이를 해제할 수 없다고 하였다.

다. 저작재산권의 후발적 공동보유

공동저작자는 공동저작물에 대하여 발생한 저작재산권을 원시적으로 공동보유한다. 공동저작자가 보유하던 저작재산권이 양도, 상속되어 후발적으로 여러 명이 공동저작물의 저작재산권을 공동 보유할 수 있다. 또한 단독저작물의 저작재산권이 양도,

---

265 **민법 제278조 (준공동소유)**
   본절의 규정은 소유권 이외의 재산권에 준용한다. 그러나 다른 법률에 특별한 규정이 있으면 그에 의한다

266 **민법 제547조 (해지, 해제권의 불가분성)**
   ① 당사자의 일방 또는 쌍방이 수인인 경우에는 계약의 해지나 해제는 그 전원으로부터 또는 전원에 대하여 하여야 한다.
   ② 전항의 경우에 해지나 해제의 권리가 당사자 1인에 대하여 소멸한 때에는 다른 당사자에 대하여도 소멸한다.

상속되어 여러 명이 단독저작물의 저작재산권을 공동 보유하는 경우가 생긴다. 저작물에 대하여 양도, 상속이 발생하더라도 저작인격권은 양도, 상속되지 않으므로 후발적 공동보유는 저작재산권에서만 문제 된다. 이러한 저작재산권의 후발적 공동보유에 대하여 제48조를 적용할 수 있는지에 대하여 논의가 있다.[267]

(1) 공동저작물의 경우

저작권법 제48조는 공동저작물의 저작재산권 행사, 지분 포기 등에는 '공동저작물의 저작재산권자'를, 이익의 배분 및 대표자 선정은 '공동저작자'를 행사 주체로 정하고 있다.

① 일부 공동저작자의 저작재산권이 양도, 상속되더라도 일부 공동저작자가 공동저작물의 저작재산권자로 남아있는 경우 제48조가 '적용'될 수 있다.

② 공동저작물의 저작재산권이 모두 양도, 상속되어 공동저작자가 공동저작물의 저작재산권자로 남아 있지 않은 경우라도 공동저작물에 대한 저작자의 기여 부분을 나누어 이용하거나 그 권리를 처리하기 어려운 현실을 감안하면 공동저작물의 저작재산권 행사에 대한 구체적 타당성을 확보하기 위하여 제48조를 유추적용[268]할 수 있다고 본다.

③ 하급심 판례는 '공동저작물의 저작자로서 저작재산권을 보유하는 자'들(A, B, C) 중 일부 저작재산권자(A)의 권리가 양도(A→D) 되었더라도 '공동저작물의 저작자로서 저작재산권을 보유하는 자'들(B, C)이 남아 있는 경우에는 제48조를 적용한다. 아울러 A, B, C는 존재하지 않고, 공동저작물에 대한 저작재산권을 양도받아 후발적으로 공

---

267 공동저작물의 저작재산권의 행사에 관한 저작권법 제48조를 공동저작물에 대한 공동저작자의 '원시적 공동보유'의 경우뿐만 아니라 단독저작물이나 공동저작물의 저작재산권이 상속, 지분양도 등으로 형성된 '후발적 공동보유'의 경우에도 적용 또는 유추적용이 될 수 있는지에 대하여 ❶ 공동저작물인지, ❷ 공동저작자가 존재하는지, ❸ 인적결합이 존재하는지 여부 등을 기준으로 제48조를 적용 또는 유추적용을 할 수 있다거나 민법의 준공동소유 등 규정을 적용할 수 있다는 등 여러 입장이 있다.

268 유추적용은 해당 사항에 대한 법률조항이 없지만 구체적 타당성을 추구해야 할 필요가 있는 경우 관련 조항을 유추하여 적용하는 해석 방법이다.

동 보유하게 된 자들(D, E, F)만 있는 경우에는 제48조를 배제하는 특약이 있거나 공동 저작물 행사를 협의할 만한 인적결합 관계가 없는 등 특별한 경우가 아닌 한 일반적으로 제48조를 유추적용할 수 있다고 하였다.

> **영화 '두사부일체'에 대한 서울고등법원 2007나67809 판결**
> 제니스 엔터테인먼트가 영화 제작업무를, 주식회사 필름지가 영화 판권 등 상행위 관련 업무를 각 분담하여 '공동 영상제작자'로서 영화의 공동저작자인 감독, 연출 등으로부터 저작권을 공동으로 양수받아 저작권을 공동으로 보유하였는데 주식회사 필름지가 제니스 엔터테인먼트의 동의 없이 저작재산권을 제3자에게 양도한 것에 대하여 제48조를 유추적용할 수 있는지가 문제 된 사안에서,
> ❶ 저작권의 특성, ❷ 공동보유자 상호 간의 인적 결합관계, ❸ 저작재산권을 공동보유하게 된 경위 등을 종합적으로 고려하여, ❹ 저작재산권의 후발적 공동보유에 대하여 원칙적으로 유추적용을 인정하면서, ❺ 다만 제48조를 배제하는 특약이 있거나, ❻ 공동보유자 사이에 저작물의 행사를 협의할 만한 인적결합 관계가 없는 경우에는 유추적용을 배제할 수 있다고 하면서 이 사안에 대하여 제48조를 유추적용하여 양도인과 제3자 사이의 양도의 효력을 부인하였다.

위 판결은 '공동저작물'인 영상저작물의 공동저작자들이 갖고 있던 저작재산권이 영상제작자의 지위에 있던 '제니스 엔터테인먼트'와 '주식회사 필름지' 두 회사에 양도되어 두 회사가 영상물에 대한 저작재산권을 공동보유하게 되었던 사안에 대한 것이다. 위 판결은 '단독저작물'의 저작재산권의 공동보유 관계가 포함되는 '저작재산권의 후발적 공동보유'가 있는 모든 경우에 대하여 제48조를 유추적용할 수 있다고 판단한 것은 아니다.

(2) 단독저작물의 경우

① 단독저작물의 양도 상속 또는 복수의 단독저작물 공유관계 합의에 의한 '단독저작물의 저작재산권 공동 보유'에 대하여는 공동저작물을 전제로 하는 제48조를 적용할 수 없고 또한 공동저작물의 기여에 따른 권리관계를 조율하기 위한 제48조를 유추적용할 만한 구체적 필요성도 발견하기 어렵다. 제48조를 적용, 유추적용할 수 없는 이 경우에는 민법의 공동소유에 관한 규정이 적용될 수 있다.

② 여러 사람이 공동으로 소유권이외의 재산권을 소유하는 것을 '준공동소유'라고 하며, 여기에는 '준총유', '준합유', '준공유'가 있다.

저작자

❶ '준총유'는 법인격 없는 사단 예를 들어 종중이 업무상저작물로 취득하거나 저작물을 양도받아 저작재산권을 갖고 있는 경우이다.

❷ '준합유'는 법률의 규정 또는 계약에 의하여 성립할 수 있다. (민법 제271조 제1항)[269] 그런데 저작재산권에 대하여 준합유의 성립을 정한 '법률의 규정'은 없는 까닭에 '계약'에 의해서만 저작재산권에 대한 준합유가 성립할 수 있다. 여러 명이 계약을 통하여 이룬 조합이 저작재산권을 갖는 경우 준합유의 법리가 적용된다.

조합저작물에 대한 대구지방법원 2017가합202023 판결

원고와 C는 D라는 상호로 과학교재, 교구 제작사업을 함께 운영하면서 D에서 이 사건 저작물을 발간하였는데, C가 자신의 딸 명의로 저작권등록을 하여 원고가 자신의 단독저작물을 주장하며 저작권등록 말소등록 절차를 구한 사안에서,

이 사건 저작물은 원고와 C가 공동 경영하는 D의 영업활동 과정에서 출판된 것으로 보여 위 저작물의 저작권자는 위 조합이고, 원고는 조합원으로서 합유자에 해당할 여지가 있다며 원고가 이 사건 저작물의 단독 저작권자라는 원고의 주장을 배척하였다. 한편 합유물에 관한 소송은 원칙적으로 합유자 전원이 제기하여야 하는 고유필수적 공동소송이지만 예외적으로 민법 제272조 단서에 따라 합유물의 보존행위를 위한 소의 제기는 합유자 각자가 할 수 있다며 피고가 이 사건 저작물에 대한 권리가 없음은 명백하므로 원고는 합유물의 보존행위로서 피고에게 저작권등록의 말소를 구할 수 있다고 하였다.[270]

❸ 여러 명이 단독저작물을 양도, 상속받은 경우 저작재산권의 '준공유'가 성립한다. 이 경우 민법 제262조부터 제270조가 적용되며, 다만 저작물이나 저작재산권의 성격과 배치되는 조항은 적용이 배제될 수 있다.[271] 준공유되는 저작물도 무체적 성격을 그대로 보유한다. 따라서 소유물과 달리 저작물의 준공유자 일방이 타 준공유자를 배

---

269 **민법 제271조 (물건의 합유)**
　① 법률의 규정 또는 계약에 의하여 수인이 조합체로서 물건을 소유하는 때에는 합유로 한다. 합유자의 권리는 합유물 전부에 미친다.

270 위 판결은 조합의 저작물이라는 전제 하에 원고의 청구를 인용하는 판단과 원고와 C의 공동저작물이라는 전제 하에 원고의 말소등록청구를 인용하는 판단을 모두 인정하였다.

271 예를 들어 민법 제269조는 준공유물에 대한 공유물분할을 정하고 있다. 그러나 준공유 대상인 저작물은 공유물분할방법 중 현물분할은 어렵고 경매분할만이 가능할 것으로 보인다.

제하고 배타적·독점적으로 지배할 수 없다. 한편 준공유자는 민법 제263조[272]에 따라 공유물인 저작물 전부를 지분의 비율로 사용·수익할 수 있다. 따라서 준공유자 1인이 공유물인 저작물 전부를 단독으로 사용하여도 곧바로 지분권 침해가 되는 것은 아니다. 예를 들어 준공유자가 대상 저작물을 사용하여 2차적저작물을 작성한 경우라도 지분권 침해를 이유로 2차적저작물의 반환을 요구하거나 판매, 배포 등의 금지를 구할 수 없다. 다만 준공유자 일방이 준공유 저작물을 이용하여 수익을 올리는 경우에는 자신의 지분 비율을 넘어 수익을 올린 부분에 대하여 부당이득반환을 청구할 수 있다고 본다.

라. 공동저작물의 저작인격권 행사

공동저작자의 저작인격권은 공동저작자 각자 저작물에 대하여 가지는 인격적 이익에 대한 권리이다. 공동저작자의 저작인격권은 다른 공동저작자의 것과 독립된 단일한 권리의 성격을 갖는다는 점에서 지분적 성격을 갖는 공동저작자의 저작재산권과 다른 특성을 갖는다.

(1) 저작권법 제15조

저작권법 제15조 제1항은 공동저작물에는 공동저작자의 인격적 이익이 결합하여 있고, 또한 공동저작자 각자의 기여 부분을 분리 이용할 수 없다는 점을 고려하여 공동저작물의 저작인격권은 저작자 전원의 합의에 따라서만 행사할 수 있고, 각 저작자는 신의에 반하여 합의의 성립을 방해할 수 없다고 정하고 있다. 따라서 원칙적으로 공동저작물의 저작인격권은 공동저작자 중 한 사람이라도 반대하면 행사할 수 없게 된다. 제15조 제2항과 제3항은 공동저작물의 저작자는 그들 중에서 저작인격권을 대표하여 행사할 수 있는 자를 정할 수 있고, 이 경우 권리를 대표하여 행사하는 자의 대

---

272 **민법 제263조 (공유지분의 처분과 공유물의 사용, 수익)**
　공유자는 그 지분을 처분할 수 있고 공유물 전부를 지분의 비율로 사용, 수익할 수 있다.

표권에 가하여진 제한이 있을 때에 그 제한은 선의의 제3자에게 대항할 수 없다고 정하고 있다.

만화 '지옥의 세레나데', '이것이 법이다'에 대한 서울북부지방법원 2007가합5940 판결

원·피고 2명의 공동저작자 중 1명인 피고가 다른 공동저작자인 원고의 동의 없이 만화들을 재출판하면서 만화 제목 '스와트'를 '이것이 법이다' 등으로 변경한 것은 원고가 가진 동일성유지권의 침해가 된다고 하였다.

대학교재에 대한 의정부지방법원 고양지원 2015가합75698 판결

이 사건 서적의 초판부터 2013년 판까지는 '저자'란에 'A(원고), E, D 공저'라고 기재되어 있었는데, 원고는 이 사건 서적 2014년 판이 출판되기 전 피고에게 이 사건 서적 2014년 판부터는 위 저자 중 'D'를 삭제하여 달라고 이야기하였다. 그러나 피고가 출판한 이 사건 서적 2014년 판의 겉표지 중 '저자'란에는 'A(원고), E 공저'라고 표시되어 있으나 그다음 장의 속지 중 '저자'란에는 예전과 그대로 'A(원고), E, D'라고 표시되었던 사안에서, "원고와 피고 사이에 이 사건 출판권설정계약을 체결할 당시 그 계약서에는 '저작권자의 표시 : 원고와 D 공저'라고 되어 있었고, 2009. 2. 17. 초판이 발행될 때부터 2013년까지 출판된 총 7,700부의 이 사건 서적의 '저자'란에는 모두 'A(원고), E, D 공저'라고 기재되어 있음은 앞서 본 바와 같으므로, 위 인정사실에 의하면 위와 같이 이 사건 서적의 저자로 이름이 표시된 '원고와 E, D'은 이 사건 저작물의 공동저작자로 추정된다. … D도 이 사건 저작물의 공동저작자로 추정되는 점 등을 고려하면, 피고의 원고에 대한 성명표시권 침해행위가 인정되기 위해서는 공동저작권자인 원고와 E, D 전원의 합의에 의해 또는 원고가 위 공동저작자 중에서 저작인격권을 대표하여 행사할 수 있도록 정해진 자로서, 이 사건 저작물의 저자에서 D의 이름을 더 이상 기재하지 아니하기로 결정한 뒤 이를 피고에게 알렸음에도 불구하고 피고가 이 사건 서적 2014년판의 '저자'란에 D을 기재하였음이 인정되어야 할 것이나, 갑 제6,7호증(가지번호 포함)의 각 기재 및 영상에 의하면 원고가 단독으로 피고에게 이 사건 저작물의 저자에서 D을 삭제하여 달라고 이야기하고, 그럼에도 피고가 이에 반하여 속지의 '저자'란에 종전과 같이 'A(원고), E, D 공저'라고 표시된 이 사건 서적 2014년판을 출판한 사실이 인정될 뿐인바, 위 인정사실만으로는 피고가 원고에 대한 성명표시권을 침해하였음을 인정하기에 부족하고, 달리 이를 인정할 증거가 없다."

---

(2) 다른 공동저작자의 동의 없는 저작인격권 행사

후술하는 '아. 다른 공동저작자의 동의 없는 공동저작자의 이용행위'에서 보듯이 공동저작자의 '저작재산권'이 문제 된 '친정엄마' 형사사건 판례는 저작권법 제48조 위반행위를 권리침해행위로 보지 않고 권리행사 방법의 위반행위로 보았다. 저작권법 제15조 규정 내용이 공동저작물의 저작재산권 권리행사에 관한 제48조 내용과 유사하지만 저작인격권의 경우는 저작재산권에 대한 위 판례 해석과는 다르게 볼 필요가 있다. 공동저작자 1인이 다른 공동저작자의 동의 없이 저작인격권을 행사하는 제15조 위반행위는 ❶ 공동저작물의 저작인격권은 저작재산권의 경우와 달리 이익의 분배 등의 방법을 통하여 이해관계를 조절하기 어려운 성격을 가지고, ❷ 공동저작자 1인이 동일성유지권을 행사하여 저작물을 변형하는 경우 나머지 공동저작자의 동일성유지에 따른 인격적 이익을 침해하며, ❸ 공동저작물에 대한 성명표시권은 공동저작자 각자의 인격적 이익으로 분리될 수 있는 등 공동저작물의 저작인격권은 각자 인격적 이익에 대한 것으로 독립적 성격을 갖는다는 점을 고려하면 저작재산권에 관한 제48조와 다르게 권리침해행위에 해당할 것으로 보인다.

한편 저작권법 제136조 제2항 제1호[273]는 저작인격권의 침해가 명예훼손이 되는 경우에 한하여 형사처벌을 하도록 정하고 있다. 따라서 일부 공동저작자의 제15조 위반행위는 다른 공동저작자의 저작인격권을 침해한 권리침해행위가 되지만 저작자의 명예를 훼손하는 행위가 되지 않는 한 제136조에 의하여 형사 처벌되지 않는다.

(3) 신의에 반하여 합의 성립을 방해하는 경우

공동저작자의 일부가 저작인격권을 행사하는 것이 사회 상규에 비추어 타당함에도 공동저작자 중 일부가 반대하는 불합리한 상황이 있을 수 있다 이를 막기 위하여 제15조 제1항 단서에서 '신의에 반하여' 합의 성립을 방해할 수 없다고 규정하고 있다. 이때 '신의'는 민사상 일반조항의 성격을 갖는 '신의칙이나 금반언의 원칙'을 의미하는 것으로 해석된다. 따라서 민사상 신의칙의 적용과 마찬가지로 구체적인 사안을 고려하여 적용 여부가 정해지는데 여기서 저작인격권은 인격적 요소가 강하다는 점이 고려되어야 할 것이다.

---

273 **저작권법 제136조(벌칙)**
  ② 다음 각 호의 어느 하나에 해당하는 자는 3년 이하의 징역 또는 3천만원 이하의 벌금에 처하거나 이를 병과할 수 있다.
  1. 저작인격권 또는 실연자의 인격권을 침해하여 저작자 또는 실연자의 명예를 훼손한 자

저작자

마. 공동저작물의 저작재산권 행사

저작재산권은 양도, 상속이 가능하므로 따라서 공동저작물 저작자가 아니라도 공동저작물의 저작재산권을 양도, 상속받아 저작재산권자의 지위를 가질 수 있다.

(1) 저작재산권의 행사

저작권법 제48조 제1항은 공동저작물에 대한 저작재산권을 행사하려면 저작재산권자 전원의 합의를 요구하고 있다. 공동저작물을 사용하려는 제3자에 대하여 사용승낙을 하는 경우뿐만 아니라 공동저작물의 저작재산권자 중 한 명이 공동저작물을 복제, 배포하는 경우에도 전원의 합의가 요구된다. 적극적으로 공동저작물의 저작재산권을 행사하는 것이 아니라 소극적으로 공동저작물의 침해에 대한 정지청구를 구하는 경우에는 저작권법 제129조, 제123조에 따라 전원의 합의가 없더라도 일부 공동저작재산권자가 침해정지를 구할 수 있다.

> **'네티비' 캐릭터에 대한 부산지방법원 2005카합77 결정**
> 신청인은 '네티비, Netibee' 캐릭터 및 시나리오를 완성하고 2002. 11. 22경 상표, 서비스표 등록을 출원하였다. 2003. 1. 10경 중국 법인 2곳과 신청인은 3D 애니메이션 '네티비'를 공동제작하기로 하는 합작 계약 등을 체결하였고 합작 계약에 따라 애니메이션 13편을 만들었다. 피신청인은 합작 계약자인 중국 법인과 계약을 맺고 중국 내에서 판매할 2차적저작물을 제작하고 있었다. 신청인은 캐릭터에 대한 저작권 등을 단독으로 보유하고 있다며 '네티비' 캐릭터 등을 원저작물로 하는 2차적저작물인 캐릭터 및 그 캐릭터가 포함된 게임, 포털사이트, 캐릭터 북 등을 제작, 배포, 판매 등의 금지를 구하였다. 피신청인은 위 합작 계약의 내용에 따라 애니메이션 '네티비'에 대한 권리는 신청인 및 두 중국 법인이 공동으로 보유하고 있다며 피신청인이 중국 법인과 계약을 맺고 2차적저작물을 제작하는 것은 적법하다고 주장한 사안에서,
> 캐릭터에 대한 독자적 저작물성을 부인하는 입장을 취하며 위 캐릭터에 대하여 저작권 등을 단독으로 보유하고 있다는 신청인의 주장을 배척하였다.[274] 위 합작 계약을 근거로 애

---

274 위 판결은 캐릭터의 저작물성을 부정하고 있으나 만약 캐릭터의 독자적 저작물성을 인정하였다면, 신청인은 '네티비' 애니메이션 제작 이전에 창작한 '네티비' 캐릭터 저작물에 대하여 단독으로 저작권을 가질 수 있다. 그러나 '네티비' 애니메이션 제작에 영상저작물에 대한 특례조항이 적용될 수 있고 따라서 애니메이션 영상저작물에 이용된 캐릭터 저작물의 영상물 이용에 관한 권리는 영상제작자(신청인, 중국법인 2곳)에게 양도된 것으로 볼 수 있다. 그런데 위 특례 규정상 영상제작자에게 양도되는 권리는 영상물로 이용함에 필요한 권리로 한정되며, 영상물을 기초로 2차적저작물을 작성하여 이용할 권리는 포함되지 아니한다. 다만 이 사안에서는 캐릭터저

니메이션 '네티비'를 신청인과 중국 법인 2곳의 공동저작물로 인정하였다. 따라서 피신청인이 이를 이용한 2차적저작물을 작성하기 위해서는 구 저작권법 제45조에 따라서 신청인을 포함한 저작재산권자 전원의 동의를 얻어야 함이 원칙이다. 그러나 "'네티비' 중국 내모든 판권은 중국법인에게 귀속된다"고 하는 합작 계약의 내용은 공동저작물의 저작재산권의 행사 방법에 대한 합의에 해당한다. 따라서 피신청인이 중국 법인과의 계약으로 중국 내에서 판매할 2차적저작물을 제작하는 것에 대하여 신청인의 동의가 없었더라도 적법하다고 판단하였다.

위 판결은 합작 계약서에 '네티비' 작품의 소유권은 신청인 및 두 중국 법인에게 공동으로 귀속된다고 명시되어 있다는 점을 근거로 애니메이션은 공동저작물에 해당한다고 판단하고 신청인 및 두 중국 법인을 '공동저작자'로 보고 있다. 그러나 공동저작자인지 여부는 공동저작물 표현에 대한 창작적 기여를 기준으로 할 것임에도 신청인, 중국 법인 2곳이 영상저작물인 애니메이션 제작에 어떠한 창작적 기여를 한 것인지 판시하지 않고 다만 합작 계약만을 근거로 공동저작물성을 판단한 부분은 설득력이 부족해 보인다. 신청인, 중국 법인 2곳 전부 또는 일부가 영상저작물에 대한 창작적 기여가 없어 공동저작자가 아닌 공동영상제작자의 지위만을 가질 수도 있었는데 위 판결은 신청인, 중국 법인 2곳이 애니메이션의 공동저작자이면서 공동영상제작자의 지위를 갖는 것으로 보고 있는 듯하다. 다만 일반 영화의 경우에는 일반적으로 영상저작물의 공동저작자와 영상제작자가 구분되지만 애니메이션 영상저작물은 영상제작회사에 소속된 직원들의 업무에 의하여 만들어질 수 있는 까닭에 애니메이션을 제작하는 회사가 저작자의 지위도 갖는 경우가 있을 수 있다. 신청인, 중국 법인 2곳이 공동저작자이면서 공동영상제작자의 지위를 가질 수도 있는 사안이다.

(2) 저작재산권의 처분

공동저작물의 저작재산권에 대한 행사뿐 아니라 처분도 제한된다. 공동저작물에 대한 저작재산권의 지분을 '상속으로 승계하는 경우'에 대하여는 아무런 제한이 없지만 저작권법 제48조 제1항은 공동저작물에 대한 저작재산권의 지분을 '양도하거나 질권의 목적으로 하는 경우'에는 다른 저작재산권자의 동의를 얻도록 하고 있다. 공동저작재산권자 전원의 합의 없이 권리를 행사하거나 지분을 양도한 경우 원칙적으

작자이면서 애니메니션의 공동제작자인 신청인이 중국 법인 2곳과 체결한 위 합작 계약의 내용에 '네티비' 애니메이션의 2차적저작물의 이용행위도 포함하고 있었던 까닭에 판결의 결론은 동일할 것으로 보인다.

저작자

로 무효이다.

(3) 신의칙에 반하는 경우

제48조 제1항은 공동저작물의 저작재산권 행사에 대하여 저작재산권자 전원의 합의
나 지분의 양도 등에 대한 다른 저작재산권자의 동의가 요구되는 경우 신의에 반하
여 합의의 성립을 방해하거나 동의를 거부할 수 없다고 정하고 있다.

공동저작물의 저작재산권 행사에 대한 합의의 성립을 반대하는 공동저작자의 행위
가 신의칙에 반하는 경우 논의가 있으나 대부분 나머지 공동저작자 전원의 권리행사
는 유효하며 반대 공동저작자에 대한 권리침해가 되지 않는다고 보고 있다. 여기서
'신의칙'은 민사상 신의성실의 원칙 및 금반언의 원칙을 의미한다고 한다.

하급심 판례는 제48조 제1항 단서상, 합의의 성립을 방해함으로써 공동저작권자의
저작재산권 행사를 방해하는 것이 신의성실의 원칙 또는 금반언의 원칙에 위배되는
지를 판단할 경우 대법원 2000다5909 판결에서 제시한 '일반민사상 신의칙에 대한
판단 기준'을 적용하여 ❶ 해당 공동저작물의 목적, 성질 및 내용, ❷ 공동저작권자들
사이의 관계와 각자가 공동저작물의 창작에 기여한 정도, ❸ 저작재산권 행사에 관

한 합의가 성립되지 못한 경위, ❹ 저작재산권 행사의 성질, 내용, 시기 등의 구체적 태양, ❺ 저작재산권의 행사나 불행사로 인하여 공동저작권자들이 얻을 이익이나 입게 될 불이익의 내용, 정도 및 그와 같은 불이익을 조정·완화해 줄 수 있는 수단이나 장치의 존재 여부, ❻ 저작재산권 행사에 협력할 것이라는 신의를 상대방에게 주었거나, 상대방이 그러한 신의를 형성할 만한 특별한 사정이 존재하는지 여부 등을 종합적으로 고려하여야 한다고 하였다.

증권학회지에 대한 서울고등법원 2018나2059206 판결
공동저작자인 원·피고가 이용자에게 공동저작물에 대한 이용 허락을 한 이후에 원고가 실증 논문으로서 결과 재현 불가 등의 학문적 오류를 이유로 이용 허락받은 자에 대한 저작재산권 행사로써 이용 허락을 철회하면서 이러한 원고의 이용 허락의 철회에 대하여 반대하는 피고의 행위는 신의칙상에 반한다고 주장한 사안에서,
일반 신의칙에 대한 판단기준(대법원 2000다5909 판결 등)을 적용하여 이용 허락 철회에 대한 피고의 부동의가 공동저작권자로서 신의에 반하여 합의의 성립을 방해한 것이라고 보기 어렵다고 하였다.

바. 공동저작물의 이익배분 등

저작권법 제48조 제2항 내지 제4항에 따르면 공동저작물의 이용에 따른 이익은 공동저작자 간에 특약이 없을 때에는 그 저작물의 창작에 기여한 정도에 따라 각자에게 배분된다. 이 경우 각자의 기여한 정도가 명확하지 아니한 때에는 균등한 것으로 추정하며, 공동저작물의 저작재산권자는 그 공동저작물에 대한 자신의 지분을 포기할 수 있다. 또한 포기하거나 상속인 없이 사망한 경우 그 지분은 다른 저작재산권자에게 그 지분의 비율에 따라 배분된다. 아울러 저작인격권에 관한 제15조 제2항 및 제3항[275]을 공동저작물의 저작재산권 행사에 준용한다고 정하고 있다.

---

275 **저작권법 제15조 (공동저작물의 저작인격권)**
　②공동저작물의 저작자는 그들 중에서 저작인격권을 대표하여 행사할 수 있는 자를 정할 수 있다.
　③제2항의 규정에 따라 권리를 대표하여 행사하는 자의 대표권에 가하여진 제한이 있을 때에 그 제한은 선의의 제3자에게 대항할 수 없다.

사. 공동저작물의 침해에 대한 구제

저작권법 제129조[276]는 공동저작물의 저작자 또는 저작재산권자의 권리가 침해된 경우 그 구제를 위한 권리행사에 대하여 정하고 있다.

(1) 손해배상과 침해정지

❶ 제129조 전단은 공동저작물에 대한 침해가 있는 경우 공동저작물의 저작자 또는 저작재산권자는 단독으로 제123조[277]의 저작인격권이나 저작재산권에 대한 '침해정지'를 구할 수 있도록 하였다. ❷ 제129조 후단은 공동저작물에 대한 '저작재산권' 침해에 관하여 저작재산권자는 단독으로 자신의 지분에 관하여 제125조[278]의 '손해배상'을 구할 수 있도록 정하고 있다. 즉 저작권법 제129조는 저작재산권 침해에 대한 침해정지와 손해배상을, 저작인격권 침해에 대한 침해정지 등 구제방법을 정하고 있다.

> **'통일교 조사보고서'에 대한 서울지방법원 94가합50354 판결**
> 피고 사단법인 한국기독교총연합회의 지시, 감독을 받는 '문선명집단 대책 특별위원회'의

---

276 **저작권법 제129조 (공동저작물의 권리침해)**
　　공동저작물의 각 저작자 또는 각 저작재산권자는 다른 저작자 또는 다른 저작재산권자의 동의 없이 제123조의 규정에 따른 청구를 할 수 있으며, 그 저작재산권의 침해에 관하여 자신의 지분에 관한 제125조의 규정에 따른 손해배상의 청구를 할 수 있다.

277 **저작권법 제123조 (침해의 정지 등 청구)**
　　① 저작권 그 밖에 이 법에 따라 보호되는 권리(제25조·제31조·제75조·제76조·제76조의2·제82조·제83조 및 제83조의2의 규정에 따른 보상을 받을 권리를 제외한다. 이하 이 조에서 같다)를 가진 자는 그 권리를 침해하는 자에 대하여 침해의 정지를 청구할 수 있으며, 그 권리를 침해할 우려가 있는 자에 대하여 침해의 예방 또는 손해배상의 담보를 청구할 수 있다.

278 **저작권법 제125조 (손해배상의 청구)**
　　① 저작재산권 그 밖에 이 법에 따라 보호되는 권리(저작인격권 및 실연자의 인격권을 제외한다)를 가진 자(이하 "저작재산권자등"이라 한다)가 고의 또는 과실로 권리를 침해한 자에 대하여 그 침해행위에 의하여 자기가 받은 손해의 배상을 청구하는 경우에 그 권리를 침해한 자가 그 침해행위에 의하여 이익을 받은 때에는 그 이익의 액을 저작재산권자등이 받은 손해의 액으로 추정한다.
　　② 저작재산권자등이 고의 또는 과실로 그 권리를 침해한 자에 대하여 그 침해행위에 의하여 자기가 받은 손해의 배상을 청구하는 경우에 그 권리의 행사로 통상 받을 수 있는 금액에 상당하는 액을 저작재산권자등이 받은 손해의 액으로 하여 그 손해배상을 청구할 수 있다.
　　③ 제2항의 규정에 불구하고 저작재산권자등이 받은 손해의 액이 제2항의 규정에 따른 금액을 초과하는 경우에는 그 초과액에 대하여도 손해배상을 청구할 수 있다.

전문위원으로 활동하였던 원고는 이 사건 서적은 원고를 포함하여 조사위원 5인이 공동으로 작성한 공동저작물이므로 그 공동저작권자의 1인으로서 그 저작인격권 중 공표권에 기초하여 위 저작물의 출판, 발매, 배포의 금지를 구한다고 주장한 사안에서,

원고를 공동저작자로 인정하면서 "피고는 원고의 이 사건 금지청구는 신의칙에 반하는 것으로서 허용될 수 없는 것이라고 주장하므로 살피건대, … 이 사건 서적의 전체적인 창작성에서 원고의 기여 부분이 차지하고 있는 비중은 전체 455면 중 10면으로 극히 미미하며, 피고는 원고의 집필부분을 서적에서 제외하고 원고의 이름 및 서명을 삭제하며 그 곳에 원고는 본 보고서의 내용에 동의하지 않아 조사위원직을 사임한다는 뜻을 기재하여 주겠다는 피고 측의 위와 같은 제의에 따른다고 한다 하더라도 원고의 기본적인 의도는 충분히 달성될 수 있다고 보여지는 데에도 불구하고 이 사건 서적의 내용은 '소외 최순영의 명예를 훼손하는 것이며 이 사건 서적이 출판되면 원고는 이 사건 서적의 공동저작자로서 소외 최순영으로부터 손해배상청구를 당할 우려가 있다'는 등의 간접적이고 추상적인 이유만을 내세워 여러 사람의 노력이 응집되어 있는 공동저작물 전부에 대해, 그것도 이미 원고 스스로 조사보고를 완료하여 그에 기하여 종합보고서가 제작 완료된 단계에서 그 출판·발매·배포의 금지를 구하는 원고의 이 사건 청구는 신의칙에 반하여 허용될 수 없다 할 것이므로, 피고의 이 부분 항변은 이유 있다."고 하였다.

이 사안에서 공동저작자인 원고는 공동저작물의 침해가 있다며 단독으로 저작인격권 침해에 대한 침해정지를 구하자 피고는 원고의 금지청구는 민법상 신의칙에 반한다는 항변을 하였다. 위 판결은 민법상 신의칙을 적용하여 원고의 피고에 대한 권리행사가 신의칙에 반한다고 판단하였다. 그런데 이 사건 서적들은 피고가 기획을 하여 원고 등 조사위원들에게 조사를 위촉하여 그 조사 결과를 보고하도록 하여 작성된 저작물이고, 피고와 조사위원들 사이에 피고가 조사 결과의 발표에 대한 권한을 갖기로 하는 합의가 있었던 것으로 보인다. 만약 그렇다면 피고가 이 사건 공동저작물을 서적으로 출판한 것은 공동저작물에 대한 침해가 되지 않으므로 민법상 신의칙의 법리를 적용할 필요 없이 공동저작물의 침해를 전제로 한 저작권법 제129조의 적용이 없고 따라서 원고 1인이 공표권에 기초하여 피고에게 출판금지를 구할 수 없었던 것으로 판단할 수도 있었던 사안으로 보인다.

(2) 저작인격권 침해에 대한 손해배상 및 명예회복 등의 청구

저작권법 제129조 후단은 공동저작물의 '저작재산권'이 침해된 경우의 손해배상에 대하여 정하고 있을 뿐이고 저작자의 '저작인격권'이 침해된 경우의 손해배상 및 명

예회복 등의 청구에 관한 제127조[279]를 포함하지 않고 있다. 공동저작물의 저작인격권 침해에 대한 손해배상이나 명예회복조치에 대하여는 별도의 규정이 없는 상태이다. 따라서 공동저작물에 대한 저작인격권이 침해된 경우 공동저작자가 단독으로 손해배상 청구 및 명예회복 조치의 청구를 할 수 있는지에 대하여 논의가 있다.

판례는 공동저작물에 관한 저작인격권의 침해가 저작자 전원의 이해관계와 관련이 있는 경우에는 전원이 저작인격권의 침해에 대한 제127조의 '손해배상이나 명예회복 등 조치청구'를 할 수 있다. 하지만 공동저작물에 관한 저작인격권의 침해가 공동저작자 중 특정인의 인격적 이익만 관련이 있으면 특정인만이 '손해배상이나 명예회복 등 조치청구'를 청구할 수 있다. 또한 공동저작물에 관한 저작인격권 침해를 이유로 한 '정신적 손해배상'을 구하는 경우에는 공동저작자 각자가 단독으로 자신의 손해배상청구를 할 수 있다고 한다.

> **'세계대역학전집'에 대한 대법원 98다41216 판결**
>
> 피고가 원고 외 1인이 공동저술한 '세계대역학전집'의 일부 삽화와 내용을 무단 이용한 '신통수상술대전'을 제작·판매하자 공동저작자인 원고가 저작재산권과 성명표시권 및 동일성유지권 등의 저작인격권 침해를 주장하며 침해금지와 손해배상을 구한 사안에서, 공동저작자 중의 1인에 불과한 원고가 단독으로 제기한 이 사건 소는 부적법하다는 피고들의 본안전항변에 대하여 공동저작물에 관한 권리가 침해된 경우 제95조 (현 제127조)에 의한 저작인격권의 침해에 대한 손해배상이나 명예회복 등 조치청구는 저작인격권의 침해가 저작자 전원의 이해관계와 관련이 있는 경우에는 전원이 행사하여야 하지만 1인의 인격적 이익이 침해된 경우에는 단독으로 손해배상 및 명예회복조치 등을 청구할 수 있고, 특히 '저작인격권 침해를 이유로 한 정신적 손해배상'을 구하는 경우에는 공동저작자 각자가 단독으로 자신의 손해배상청구를 할 수 있다고 하였다.

위 판결은 제127조의 "손해배상이나 명예회복조치 등"은 저작인격권의 침해가 저작자 전원의 이해관계와 관련이 있는 경우에는 전원이 행사하여야 한다고 하면서도 저작인격권 침해를 이유로 한 '정신적 손해배상'은 공동저작자 각자가 단독으로 자신의 손해배상을 청구할 수 있다고 하여 저작인격권의 침해로 인한 손해배상청구 주체에 대하여 모순이 있는 것처럼 보인다. 그러나 ❶ 위 판례의 내용은 손해배상에 갈음하거나 손해배상과 함께 구할 수 있는 '명예회복

---

[279] **저작권법 제127조 (명예회복 등의 청구)**
저작자 또는 실연자는 고의 또는 과실로 저작인격권 또는 실연자의 인격권을 침해한 자에 대하여 손해배상에 갈음하거나 손해배상과 함께 명예회복을 위하여 필요한 조치를 청구할 수 있다.

조치'는 공동저작물에 대한 저작인격권의 침해가 저작자 전원의 이해관계와 관련이 있는 경우에는 전원이, 1인의 인격적 이익에 관련이 있으면 1인이 행사할 수 있다고 판단한 것으로 이해된다. 전자의 경우 전원이 행사하여야 하는 것은 '손해배상이나 명예회복 등 조치'가 아니라 '명예회복에 필요한 조치'라고 하여야 정확함에도 위 판례는 '손해배상이나 명예회복 등 조치'라고 판시하여 혼란을 주고 있다. ❷ 저작인격권의 침해에 따른 손해배상청구권은 금전배상을 목적으로 하는 채권적 성격의 권리로서 준물권인 저작인격권과 구분되고 또한 저작자의 인격이 관계된 명예회복 조치와는 달리 재산적 성격의 구제 방법이다. 공동저작물의 저작인격권이 침해된 경우 침해된 공동저작자들에 대한 금전적 배상은 가분적으로 평가할 수 있고 다른 공동저작자의 인격적 이익의 관여 없이 해당 공동저작자에 대한 침해 구제로서의 기능을 다할 수 있다. 따라서 저작인격권의 침해가 저작자 전원의 이해관계에 관련이 있는지 불구하고 공동저작자 단독으로 각자 저작인격권 침해에 따른 손해배상을 청구할 수 있다고 보는 것이 합당하다.

위 판례는 '명예회복에 필요한 조치'는 저작인격권의 침해가 공동저작자 전원 또는 1인의 인격적 이익에 관련되었는지에 따라 전원 또는 1인이 행사할 수 있다는 기준으로 제시하고 있다. 이러한 판례 기준을 저작인격권을 이루는 공표권, 동일성유지권, 성명표시권에 대하여 구체적으로 적용해 보면 ❶ 공동저작자의 '공표권'과 '동일성유지권'은 공동저작물 전체에 대하여 갖는 공표와 동일성유지에 대한 권리로서 원칙적으로 공동저작자 전원의 인격적 이익과 관련이 있다. 이러한 공표권이나 동일성유지권이 침해되면 공동저작자 전원의 인격적 이익이 침해되고 따라서 공동저작자 1인이 다른 공동저작자가 보유하는 인격적 권리를 가지고 명예회복조치를 구할 수 없다. 따라서 공동저작자 전원의 인격이 관여되는 공표권이나 동일성유지권의 침해에 대한 제127조의 명예회복 조치는 전원이 보호를 구할 수 있다. ❷ 공동저작물에 대한 외부적 성명 표시에 대한 권리인 '성명표시권'은 공동저작자 각자의 성명에 대한 권리로서 가분적 성격을 가질 수 있는 까닭에 전원 또는 일부의 인격적 이익이 관여될 수 있고 1인의 성명표시권이 침해된 경우 단독으로 명예회복조치를 구할 수 있다. 정리하면 특별한 사정이 없는 한 공동저작물에 대한 저작인격권 중 '동일성유지권이나 공표권'이 침해된 경우에는 저작자 전원이, '성명표시권'이 침해된 경우에는 해당 개별 공동저작자가 명예회복조치를 구할 수 있다고 할 수 있다.

(3) 단독저작물을 공유하는 경우

단독저작물을 여러 명이 공유하는 경우에는 제129조가 적용되지 않는다. 그러나 공유하는 단독저작물에 대한 침해가 있는 경우 공유자 중 일부는 침해구제를 위한 보존행위로서 방해배제를 구할 수 있다.

> **소설 '두만강'에 대한 서울민사지방법원 89카합13962 결정**
> 월북작가인 이기영이 북한에서 소설 '두만강'을 저술하고 사망하여 남한의 장남이 위 소설에 대한 저작권 중 3/13지분을 상속하였다. 그 장남이 사망하여 각 6/34, 4/34에 해당하는 저작권 지분을 상속받은 신청인들이 침해금지를 구한 사안에서,
> 위 소설에 대한 저작권은 신청인들을 포함한 공동상속인의 준공유에 속하고 준공유의 목적인 저작권의 행사는 준공유자들의 다수결에 의하여야 하는데 과반수에 달하지 못하며 의결 절차를 거치지 않아 저작권을 행사할 수 없다는 피신청인의 주장에 대하여, 방해배제는 방해 없는 상태로의 복귀를 의미하는 것이어서 보존행위에 해당하는 것이라 할 것이므로 준공유자 각자가 그 목적인 권리 전부에 대한 방해의 배제를 청구할 수 있다고 하였다.

아. 다른 공동저작자의 동의 없는 공동저작물의 이용

공동저작물도 무체적 성격을 갖는 까닭에 일부의 공동저작자가 다른 공동저작자의 제지를 받지 않고 임의로 저작물을 이용하는 경우가 발생할 수 있다.

(1) 합의 없는 공동저작물의 저작재산권 행사

저작권법 제48조 제1항은 공동저작물의 저작재산권은 그 저작재산권자 전원의 합의에 의하지 않고는 이를 행사할 수 없다고 정하고 있다. 공동저작자가 다른 공동저작자와의 합의 없이 공동저작물을 이용하면 다른 공동저작자의 권리침해가 되는지에 대하여 논의가 있다.

판례는 공동저작자들 사이에서 제48조 제1항이 정하고 있는 공동저작물에 관한 저작재산권의 행사 방법을 위반한 행위가 될 뿐이며, 다른 공동저작자의 공동저작물에 관한 저작재산권을 침해하는 행위까지 된다고 볼 수 없다고 하였다. 따라서 제136조

제1항[280]의 저작재산권 침해범죄가 되지 않는다고 한다. 이와 같이 저작재산권 침해가 되지 않는다는 판례 입장에 따라 특별한 사정이 없는 한 공동저작물 이용행위에 대한 금지 청구도 구하기 어렵다.

그러나 공동저작자 전원과 합의 절차를 거쳐야 할 공동저작자의 의무를 정한 저작권법 제48조 위반행위로 인하여 손해가 발생한 경우 손해배상을 구할 수는 있다.

뮤지컬 '친정엄마' 대본에 대한 대법원 2012도16066 판결[281]

피고인은 수필 '친정엄마'의 작가로서 연극을 위한 '초벌 대본'을 만들었다. 고소인은 피고인의 동의 하에 '초벌 대본'에 대한 각색 수정작업을 하여 피고인과 고소인의 공동저작물에 해당하는 '최종대본'을 완성하고 연극에 이용하였다. 이후 피고인이 고소인의 동의 없이 '최종대본'을 기초로 뮤지컬 '친정엄마'의 대본을 만들어 공연기획사에게 뮤지컬 '친정엄마'를 공연하게 한 사안에서,

피고인의 행위는 제48조에서 규정한 '저작재산권의 행사방법'을 위반한 행위일 뿐이며 '저작재산권 침해행위'에 해당하지 아니한다며 무죄로 판단하였다.

"구 저작권법 제48조 제1항 전문은 "공동저작물의 저작재산권은 그 저작재산권자 전원의 합의에 의하지 아니하고는 이를 행사할 수 없다"고 정하고 있는데, 위 규정은 어디까지나 공동저작자들 사이에서 각자의 기여한 부분을 분리하여 이용할 수 없는 단일한 공동저작물에 관한 저작재산권을 행사하는 방법을 정하고 있는 것일 뿐이므로, 공동저작자가 다른 공동저작자와의 합의 없이 공동저작물을 이용한다고 하더라도 그것은 공동저작자들 사이에서 위 규정이 정하고 있는 공동저작물에 관한 저작재산권의 행사 방법을 위반한 행위가 되는 것에 그칠 뿐 다른 공동저작자의 공동저작물에 관한 저작재산권을 침해하는 행위까지 된다고 볼 수는 없다. 원심이 같은 취지에서 이 사건 저작물의 공동저작자인 피고인이 다른 공동 저작자인 고소인과의 합의 없이 이 사건 저작물을 이용하더라도, 구 저작권법 제136조 제1항의 저작재산권 침해행위에는 해당하지 아니한다고 판단한 것은 정당"하다고 하였다.

---

280 **저작권법 제136조 (벌칙)**
① 다음 각 호의 어느 하나에 해당하는 자는 5년 이하의 징역 또는 5천만원 이하의 벌금에 처하거나 이를 병과(倂科)할 수 있다.
1. 저작재산권, 그 밖에 이 법에 따라 보호되는 재산적 권리(제93조에 따른 권리는 제외한다)를 복제, 공연, 공중송신, 전시, 배포, 대여, 2차적저작물 작성의 방법으로 침해한 자
2. 제129조의3제1항에 따른 법원의 명령을 정당한 이유 없이 위반한 자

281 이 사건 1, 2심 판결도 ❶ 공동저작물의 분리이용 불가능성, ❷ 공동저작물 이용에 대한 이익 배분을 통한 이해관계조정 가능성, ❸ 형사처벌이 되는 경우 공동저작물 이용의 지나친 제한, ❹ 다수관련자가 존재하는 대본 등에 대하여 공동저작권자 확정의 어려움, ❺ 죄형법정주의에 따른 형벌 규정 해석의 엄격성 등을 근거로 제48조 제1항의 저작권 행사 방법을 위반하는 것일 뿐 제136조 제1항의 저작권 침해 행위에는 해당하지 아니한다고 하였다.

저작자

위 형사판결에서 저작권법 제136조 제1항의 저작재산권침해 범죄의 성립 여부가 쟁점으로 다루어졌다. 공동저작자가 다른 공동저작자의 동의 없이 최종 대본을 가지고 뮤지컬 대본을 만든 행위는 무단으로 2차적저작물을 작성한 행위이지만 제136조 제1항 저작재산권침해 범죄는 되지 아니한다는 판단을 하였다. 그런데 ❶ 2차적저작물을 무단으로 작성할 경우 동일성유지권 침해가 함께 성립할 수 있다는 입장에서 사안을 검토해 보면, 위 사안은 공동저작자가 다른 공동저작자의 동의 없이 2차적저작물을 작성하여 공동저작물의 동일성을 훼손한 경우이다. 이 경우에도 저작권법 제15조 제1항이 정하고 있는 공동저작자들 사이에서의 공동저작물에 관한 저작인격권의 행사 방법을 위반한 행위에 그치는 것인지, 아니면 저작인격권 침해행위가 되는지 문제 될 수 있다. 공동저작자의 제15조 위반행위는 권리행사방법위반에 그치지 않고 저작인격권의 침해가 될 수 있음은 앞서 정리한 바 있다. 다만 저작인격권 침해행위에 대한 형사처벌조항인 저작권법 제136조 제2항은 저작인격권 침해행위가 저작자의 명예가 훼손되는 경우에만 형사처벌을 하도록 정하고 있는 까닭에 2차적저작물작성행위가 다른 공동저작자의 명예를 훼손한 것이 아니한 저작인격권 침해죄는 별도로 성립되지 아니할 것으로 보인다. ❷ 위 판결은 공동저작자 스스로 공동저작물을 사용한 것인지 제3자에게 공동저작물을 사용하게 한 것인지를 구분하지 않고 피고인이 공동저작물의 저작재산권을 행사한 행위만을 대상으로 판단하고 있다. 그러나 만약 이 사안에서 제3자인 공연기획사가 공동저작물을 사용한 행위가 판단 대상이 되었다면 좀 더 고려할 점이 있다. 공동저작자 1인이 다른 공동저작자의 동의 없이 공동저작물의 저작재산권을 행사하여 제3자에게 이용하게 한 행위는 위 판결의 판시 내용상 저작권법 제48조 제1항을 위반한 행위가 되지만 제136조의 범죄에 해당하지 아니한다. 그런데 공동저작자 1인으로부터 허락을 받은 제3자가 공동저작물을 이용하는 경우 제48조의 강행규정상 공동저작자 1인의 이용 허락은 무효이므로 아무런 권원 없이 공동저작물을 무단이용한 제3자에게 고의가 인정되면 허락을 하지 아니한 공동저작자의 저작재산권을 침해한 범죄가 성립될 수 있다. 이 경우 공동저작자 1인의 이용 허락을 받고 공동저작물을 이용한 제3자는 저작재산권 침해죄에 해당하는 반면 이를 허락한 공동저작자는 저작재산권 침해죄에 해당하지 않는 등 어색한 결과가 초래될 수 있다.

6인 창작 무용극에 대한 서울중앙지방법원 2017카합81259 결정, 서울고등법원 2017라21187 결정

6인이 만든 무용극을 그중 2명이 공동저작물의 행사에 대한 합의 절차를 거치지 않고 일부 수정하여 독자적으로 재공연을 한 사안에서,

1심은 신청인이 저작권침해 여부와 관계없이 합의가 없는 한 공연을 할 수 없으므로 임시의 지위를 정하기 위한 가처분규정(민사집행법 제300조 제2항)에 따라 공연권 행사의 중지를 구하는 주장에 대하여 '친정엄마' 사건에 대한 대법원판결 내용에 따라서 채무자들의 행위는 저작권행사 방법을 위반한 것에 그칠 뿐 다른 공동저작자의 저작권을 침해하는 행

위까지 된다고 할 수 없다며 저작권침해행위를 전제로 한 신청을 기각하였다.

항고심 서울고등법원 2017라21187 결정은 1심 판단을 그대로 인용하고 나아가 '보전의 필요성'에서 임시의 지위를 정하기 위한 가처분제도는 현재의 현저한 손해와 급박한 강포(強暴) 등을 방지하려는 응급적 처분이라는 점과 본안판결과 같은 침해금지라는 부작위의무를 부과하는 만족적 가처분에서 보전의 필요성을 판단함에 신중한 결정이 필요하다는 일반원칙을 설시하고, "합의절차를 거치지 아니하였다는 것, 즉 채권적 청구권인 작위의무를 위반하였다는 것을 이유로 손해배상 청구 등 본안소송을 제기하는 것은 별론으로 하고 만족적 가처분인 금지청구권을 인정할 수 있을 정도의 채권자들에게 현재의 현저한 손해를 피하거나 급박한 강포를 방지할 필요성이 있다는 점이 소명되었다고 보기 어렵고 달리 이를 인정할 증거가 부족하다"고 하였다.

(2) 공동저작물의 저작재산권에 대한 후발적 공유의 경우

제48조 제1항은 공동저작자가 아니라 공동저작물의 저작재산권을 후발적으로 공유하고 있는 경우에 적용 또는 유추적용될 수 있다는 점은 앞서 '다. (1)'에서 본 바 있다. 이러한 후발적인 공동저작재산권자 사이에서 다른 공동저작재산권자의 동의 없이 공동저작물을 이용하는 경우도 공동저작자의 경우와 마찬가지로 해석하여야 할 것이다.

5 업무상저작물의 저작자

가. 개요

저작권법 제2조 31호[282]는 "업무상저작물은 법인·단체 그 밖의 사용자(이하 "법인등"이라 한다)의 기획 하에 법인등의 업무에 종사하는 자가 업무상 작성하는 저작물을 말한다."고 정하고 있다.

그리고 제9조[283]는 "법인등의 명의로 공표되는 업무상저작물의 저작자는 계약 또는 근무규칙 등에 다른 정함이 없는 때에는 그 법인등이 된다. 다만 컴퓨터프로그램저작물의 경우 공표될 것을 요하지 않는다."고 정하고 있다.

저작물을 창작한 자가 저작자가 된다는 창작자 원칙에 따르면 회사 소속 직원이 회사의 업무로 저작물을 창작한 경우 실제 창작행위를 한 직원이 저작자의 지위를 가져야 한다. 그런데 제9조는 업무상저작물에 대하여 창작자 원칙에 대한 예외를 인정하여 업무상저작물이 법인등의 명의로 공표되는 경우에는 창작자인 업무종사자가

---

282 **저작권법 제2조 (정의)**
    31. "업무상저작물"은 법인·단체 그 밖의 사용자(이하 "법인등"이라 한다)의 기획하에 법인등의 업무에 종사하는 자가 업무상 작성하는 저작물을 말한다.

283 **저작권법 제9조 (업무상저작물의 저작자)**
    법인등의 명의로 공표되는 업무상저작물의 저작자는 계약 또는 근무규칙 등에 다른 정함이 없는 때에는 그 법인등이 된다. 다만, 컴퓨터프로그램저작물(이하 "프로그램"이라 한다)의 경우 공표될 것을 요하지 아니한다.

소속한 법인등을 저작자로 의제[284]하고 있다. 업무상저작물의 저작자를 정한 제9조는 이 조항에서 정한 요건을 갖추면 실제 창작자가 아닌 법인등을 저작자로 간주한다는 법적 의제 규정이라고 보고 있다.

1957년 저작권법은 '업무상저작물'에 대하여 정하지 않고 있었다. 1986년 개정 저작권법 제9조는 "단체명의저작물의 저작자" 규정[285]을 신설하였다. 현행법과 거의 동일하지만 단서에 기명저작물에 대한 예외를 두었다. 따라서 업무상 작성한 저작물에 피고용인의 성명이 작성자로 기재된 경우에는 업무상저작물이 되지 않았고 피고용인이 저작자가 되었다.

2006년 개정 저작권법은 기명저작물에 대한 단서조항을 삭제하였고, 따라서 저작물에 작성자의 이름이 게재되어 있더라도 업무상으로 작성하여 법인등의 명의로 공표된 것으로 인정되면 업무상저작물이 되도록 하였다.

업무상저작물의 저작자 규정은 저작물을 실제 창작한 자연인에게 즉시 저작권이 발생한다는 '창작자 원칙'에 대한 예외규정이다. 저작권의 기본원칙이라고 할 수 있는 창작자 원칙에 대한 예외 규정인 만큼 위 업무상저작물의 성립요건을 제한적으로 엄격히 해석할 것이지 확대·유추할 것은 아니다.

만화영화 및 어린이영화에 대한 서울중앙지방법원 2018가합509432 판결

1957년 저작권법이 시행 중이던 1986년경 E 회사의 대표이사로 근무하던 피고 D가 등장인물, 줄거리를 창작하고 영상물을 감독하여 작품을 제작한 어린이영화 등 영상저작물에 대하여 원고가 피고 D가 E 회사에서 업무상 제작한 것으로 1986년 개정저작권법상 단체명의저작물에 해당한다고 주장한 사안에서,

1986년 저작권법이 시행된 1987. 7. 1. 전에는 단체명의저작물의 저작자에 대한 규정이 없었으므로 1957년 저작권법 제38조, 제30조 제1항, 제4조에 의하여 E 회사가 아니라 위 영상물을 제작·감독하여 창작한 개인인 피고 D에게 저작권이 귀속되었다고 하였다.

---

284 '의제'는 본질은 같지 않지만 법률에서 다룰 때는 동일한 것으로 처리하여 동일한 효과를 주는 것을 말한다.

285 1986년 개정 저작권법 제9조(단체명의저작물의 저작자)
   법인·단체 그밖의 사용자(이하 이 조에서는 "법인등"이라 한다)의 기획하에 법인등의 업무에 종사하는 자가 업무상 작성하는 저작물로서 법인등의 명의로 공표된 것(이하 "단체명의저작물"이라 한다)의 저작자는 계약 또는 근무규칙등에 다른 정함이 없는 때에는 그 법인등이 된다. 다만, 기명저작물의 경우에는 그러하지 아니하다.

저작자

'통일교 조사보고서'에 대한 서울지방법원 94가합50534 판결

출판된 서적의 발행자로 피고 소속 OOO 조사위원회로 기재되고 그 표지에 작성자로 원고 외 4인의 이름이 기재되었던 사안에서,

피고는 위 서적은 법인인 피고의 기획 하에 그 업무에 종사하는 자들인 원고 등 조사위원들이 작성한 저작물이므로 위 서적들의 저작권자는 피고 또는 그 산하단체라고 주장하였으나 서적에 '발행자'로 단체를 기재하였다고 하더라도 서적을 작성한 개인이 '작성자'로 명시되었다면 '저작권법 제9조 단서의 기명저작물'에 해당하여 그 작성자로 표시된 자가 그 저작권을 가진다고 하였다.

위 판결은 당시 시행되던 저작권법 제9조 단서의 '기명저작물'에 해당하는 사안이었던 까닭에 원고가 위원회 조사위원으로서 업무상 작성하였는지를 구체적으로 판단하지 않았다. 만약 현행 저작권법이 적용된다면 법인의 기획이나 업무상 작성 등 업무상저작물의 요건을 충족하는지, 작성자의 이름이 업무분담의 차원에서 게재된 것인지, 발행자인 법인의 이름으로 공표된 것으로 볼 수 있는지 등을 판단하여 업무상저작물로서 법인이 저작자의 지위를 가질 수 있는지를 판단하여야 한다.

'족보닷컴' 사이트에 대한 서울중앙지방법원 2005가합73377 판결

피고가 운영하는 족보사이트에 무단으로 학교 시험문제가 사용되어 시험문제를 만든 학교 교사들과 피고 사이에 분쟁이 발생하였다. 피고는 족보사이트에 게재된 시험문제는 학교의 교사들이 업무상 작성한 것이고, 학생들에게 배포되고 회수되지 않음으로써 공표되었으므로 저작권법 제9조에 의하여 시험문제의 저작권은 대한민국에게 귀속된다고 주장한 것에 대하여,

시험문제지 우측 하단에 'A 고등학교'라고 명기되고 출제자 표시는 되어 있지 않은 등 A 고등학교의 명의로 공표된 A 고등학교 시험문제의 저작권은 A 고등학교 설립과 경영의 주체인 서울특별시로 판단하였다. 반면 시험지 첫 장 상단에 출제자인 교사들의 성명이 '출제자' 또는 '출제'란에 표시되고 출제자의 인장이 날인된 B, C 고등학교 시험문제에서 출제자의 기명은 단순한 업무 분담의 표시가 아니라며 B, C 고등학교 시험문제는 '출제자의 기명저작물'이라서 저작권법 제9조의 단체명의저작물에 해당하지 아니한다고 판단하였다.

나. 법인등의 업무상저작물의 요건

법인등의 업무상저작물이 되기 위해서는 제2조 제31호에서 정한 업무상저작물 요건과 제9조의 업무상저작물의 저작자에서 정한 요건을 모두 충족하여야 한다.

(1) 사용자의 저작물 기획

법인·단체 그 밖의 사용자가 저작물의 작성에 관하여 기획하여야 한다.

① 사용자의 범위

저작권법은 "법인·단체 그 밖의 사용자"라고 정하였으므로, 법인인 이상 영리·비영리, 사단법인·재단법인을 불문하고 또한 단체로서 법인격이 없는 사단이나 재단 또는 조합 형태의 단체, 그 외에 국가나 지방자치단체도 포함된다. 저작권법은 "그 밖의 사용자"라 하여 개인 사용자 등도 포함하고 있으므로, 단체나 개인을 가리지 않으며, 사용자의 지위를 갖추면 된다.

② 대상 저작물

업무상저작물에 해당할 수 있는 저작물의 종류에는 제한이 없으며 일반적인 저작물은 물론 편집저작물, 2차적저작물도 포함된다.

예를 들어 영상물 제작회사가 영상을 제작하는 데 참여한 감독이 프리랜서가 아니라 제작회사와 고용계약을 맺고 있던 피용자인 경우를 살펴보자. 영상제작자가 영상제작에 참여하여 저작권을 취득한 자로부터 영상물 이용에 필요한 권리를 양도받는 것으로 추정하는 영상물에 대한 특례규정 제100조 제1항과 법인등을 업무상저작물의 저작자로 의제하는 제9조가 모두 적용될 수 있다. 이 경우 저작자를 의제하는 업무상저작물 규정(제9조)이 영상물 이용에 필요한 권리를 양도받는 것으로 추정하는 영상물에 대한 특례규정(제100조 제1항)에 우선하여 적용된다고 볼 수 있다. 따라서 영상물 제작회사는 ❶ 제9조에 의하여 피용자인 감독이 업무상으로 창작한 영상물에 대하여 공동저작자의 지위를 갖는다. ❷ 위 특례규정 제100조 제1항에 따라 피용자가 아닌 영상제작 협력자로서 영상물에 대하여 저작권을 취득한 자로부터 영상물의 이용에 필요한 저작재산권을 양도받아 저작재산권을 갖는다.

③ 사용자의 기획

업무상저작물이 되기 위해서는 사용자가 일정한 저작물 작성을 의도하여 구체적인 저작물 제작 방법이나 내용, 진행 방법 등을 정하여 제작을 명하는 기획이 있어야 한다. 이러한 기획은 업무상저작물 작성 이전에 사용자의 구체적인 지시로 나타나야 하는지에 대하여 논의가 있다.

'법인등의 기획'은 피용자가 법인등의 업무로서 저작물을 작성할 것을 예정하는 기획이라면 모두 포함될 수 있다고 본다. 따라서 사용자의 구체적인 지시가 없더라도 고용의 과정에서 통상적인 업무로서 기대되고 업무종사자가 저작물을 작성하는 것이 관행적으로 업무처리의 일환으로 이루어지는 경우에는 법인등의 묵시적 기획 하에 저작물이 작성된 것으로 볼 수 있다. 동료들 사이의 의견교환을 통하여 수립된 기획을 업무에 반영하여 추진하는 방법을 사용하고 있다면 이러한 기획도 '법인등의 기획'이라고 보아야 한다. 그러나 피용자가 법인등의 기획과 관련 없이 임의로 저작물을 만든 경우에는 이미 피용자가 원시적으로 저작자의 지위를 얻은 경우로서 이에 대하여 사용자의 사후승낙이 있다고 하여 저작자의 지위가 바뀌는 것은 아니다.

판례는 '법인등의 기획'은 법인등이 일정한 의도에 기초하여 저작물의 작성을 구상하고 그 구체적인 제작을 업무에 종사하는 자에게 명하는 것이라고 한다. 판례에서 인정한 '법인등의 기획'은 ❶ 명시적이 아니라도 법인등의 의사가 명시적으로 현출된 경우와 동일시할 수 있을 정도로 그 의사를 추단할만한 사정이 있으면 묵시적으로 이루어질 수 있고, ❷ 피용자에 대하여 지휘, 감독의 권한을 갖는 상사의 기획이나 동료들 사이의 의견교환 결과 확정된 기획도 포함한다.

프로그램의 업무상저작물에 대한 대법원 2007다61168 판결

"구 컴퓨터프로그램 보호법 (2009. 4. 22. 법률 제9625호로 폐지되기전의 것, 이하 같다) 제5조는 … '법인등의 기획'이라 함은 법인등이 일정한 의도에 기초하여 컴퓨터프로그램 저작물(이하 '프로그램'이라 한다)의 작성을 구상하고, 그 구체적인 제작을 업무에 종사하는 자에게 명하는 것을 말하는 것으로, 명시적은 물론 묵시적으로도 이루어질 수 있는 것이기는 하지만, 묵시적인 기획이 있었다고 하기 위하여는 위 법 규정이 실제로 프로그램을 창작한 자를 프로그램저작자로 하는 같은 법 제2조 제2호의 예외규정인 만큼 법인등의 의사가 명시적으로 현출된 경우와 동일시할 수 있을 정도로 그 의사를 추단할 만한 사정이 있는 경우에 한정된다고 봄이 상당하다."

위 판결은 업무상 작성한 프로그램저작물에 대하여 ❶ 법인등에게 업무상저작물의 저작권을 귀속하게 되는 규정은 창작자 원칙의 예외라는 점, ❷ 원래 컴퓨터프로그램보호법은 '법인등의 명의로 공표된 것'을 요건으로 하였으나 개발 진행 중인 프로그램의 저작권도 법인등에게 귀속되도록 하기 위하여 1994년 개정을 통하여 위 요건을 삭제한 점을 근거로 (구) 프로그램보호법 제5조에 따른 "법인 등 사용자의 기획"은 저작권법의 일반 업무상저작물보다 더 제한적으로 해석해야 한다는 입장을 밝혔다. 그러나 현재 프로그램저작물이 저작권법에서 함께 규율되는 상황에서 위 판결과 같이 프로그램저작물에 대한 법인등의 기획을 일반 저작물보다 더 제한적으로 해석해야 한다는 입장은 유지될 수 없다. 오히려 프로그램저작물은 ❶ 법인등의 명의로 공표되는 것을 요하지 않는 점, ❷ 프로그램에 대한 도급계약이라도 예외적인 경우 업무상저작물로 해석되고 있는 점 등으로 일반 저작물에 비하여 법인등의 저작물로 되기 용이한 상태라 할 수 있다.

(2) 업무종사자의 작성

① 법인등 사용자의 업무에 종사하는 자에 의하여 작성되어야 한다. 즉 저작물을 만든 종사자와 그를 고용한 사용자 사이에 고용 관계가 존재하여야 한다. 단 사용자의 업무에 종사하고 있는 피용자가 작성한 저작물이 모두 업무상저작물로 성립하는 것은 아니며 업무의 실질적인 내용을 고려해야 한다.

약정하고 피고 교재를 만드는 작업에 참여하면서 원고가 기존에 교재로 정리하여 놓았던 것과 다른 학습 안을 종합·편집하여 원고를 작성하였고 여기에 피고 직원들이 전산 편집과 일러스트 작업 및 아르바이트생의 작업을 더하여 피고 교재를 완성한 사안에서, 피고 경영의 몬테소리연합회의 직원이었던 원고가 피고의 기획과 지시에 따라 저작물을 업무상 작성한 것일 뿐이므로 그 저작권이 단체인 위 연합회에 있다는 피고의 주장에 대하여 ❶ 원고가 피고에게 본부장으로 채용된 관계에 있었고 피고가 저작물에 대하여 기획을 하고 팀을 구성하여 지시하였다고 하더라도, ❷ 원고의 보수내용 및 보수 외의 저작권료에 대한 약정(본부장으로서 기본급 50만 원, 신규 회원당 10만 원의 수당, 저작물 판매 수입의 10% 저작권료), ❸ 창작활동의 비중(원고가 기존에 사용하던 교재를 기초로 저작물의 원고(原稿)를 작성한데 반해 피고 팀원은 전산 및 일러스트 작업을 한 사실) 등을 고려하여, 원고가 순수한 피고의 피용자로서 피고의 비용 지출 하에 위 학습지를 저작하였다고 인정하기는 어렵다며 '업무상저작물'로 인정하지 않았다.

② 법인등의 업무에 종사하는 사용 관계를 '고용 관계'로 제한할 것인지 그보다 넓게 '실질적인 지휘 관계에 있는 경우'를 포함할 것인지에 대하여 논의가 있다. 판례는 고용 관계뿐만 아니라 실질적인 지휘 관계에 있는 경우를 업무상저작물의 사용 관계로 포함하고 있다.

법인등 업무에 종사하는 자는 '고용계약을 맺은 종사자'로 한정되지 않으며, '임원', 저작물을 제작하는 노무를 제공한 '파견근로자', '임시직이나 아르바이트' 등 고용의 외형적 지위가 아니라 사용자로부터 실질적 지휘, 감독을 받으며 업무에 종사하는지를 기준으로 정해진다.

업무상저작물을 구성하는 실질적 지휘, 감독 관계는 피용자가 업무에 종사하는 내용 중 ❶ 업무에 대한 지시 및 감독, ❷ 업무결과물에 대한 처리, ❸ 근무형태, ❹ 급료 등 보수 등을 종합적으로 고려하여 정해질 수 있다.

'족보닷컴' 사이트에 대한 서울고등법원 2006나110270 판결

저작권법 제9조에서 정한 '업무에 종사하는 자'는 '법인등의 실질적 지휘, 감독을 받으며 종사하는 자'이다. 공립고등학교 교사가 서울에 소재하는 공립고등학교의 학업 성적 관리 규정에 따라 교과협의회에서 결정된 시험 범위 및 교사별 출제 내용 및 문항 수에 따라 시험문제를 출제하고, 출제 문제에 대한 문항검토 회의를 거쳐서 최종 시험문제가 결정되면, 대표 출제 교사가 문제지 편집과 출제계획서를 작성해서 교무부 교사계, 교무부장, 교감, 교장의 순으로 내부 결재를 받은 사실을 인정하여 공립고등학교 교사들이 작성한 시험문제의 저작권은 공립고등학교의 설립, 경영 주체인 서울특별시에 귀속된다고 하였다.

김 포장지 디자인에 대한 서울중앙지방법원 2010가합92280 판결

피고들이 구인·구직 사이트를 통해 프리랜서로 활동하는 원고를 선발하여 비정기적으로 제품별로 포장디자인을 의뢰하여 각 작업에 대한 대가를 지급한 사안에서,
원고와 피고들 사이에 고용계약 및 기타 실질적인 지휘, 감독 관계없이 원고는 독립한 지위에서 자기 재량과 예술적인 감각에 따라 이 사건 캐릭터를 제작하였다며 이 사건 캐릭터는 업무상저작물이라고 할 수 없다고 하였다.

'임플란트 수술기 프로그램'에 대한 인천지방법원 부천지원 2009가합6775 판결

피고가 2004년부터 원고로부터 연봉 형식의 돈을 지급받고 원고를 사업장으로 한 고용보험, 국민연금 등이 가입되어 있으며 원고가 제공한 장비를 사용하여 프로그램을 개발하였던 사안에서,
피고는 회계 처리의 편의를 위해 원고의 직원으로 등재되어 있었던 것으로 ❶ 원고 사무실에 출근하지 않고 피고의 집에서 혼자 프로그램을 개발하여 왔던 점, ❷ 피고는 프로그램의 개발을 마친 뒤에도 원본 파일을 자신이 보유하면서 원고가 제공하는 컴퓨터 칩에 프로그램을 입력하여 회로를 만들어 원고에게 제공하였던 점, ❸ 피고가 기존에 지급받은 프로그램 사용료와 연봉 금액에 큰 차이가 없었던 점 등을 고려하여 원고의 업무상저작물 주장을 배척하였다.

자동차 홍보영상에 대한 서울중앙지방법원 2019가합540744 판결

피고는 자동차 디자인 및 제작업 등을 영위하는 회사이고, 원고 A는 피고와 근로계약을 체결하고 피고의 서울 영업소에서 근무하는 자이고, 원고 B는 원고 A의 대학 동기로 대학원 석사과정 중에 있는 자인데 원고들은 피고가 제작하는 차량의 홍보영상을 제작하는 내용의 미디어 마케팅 제안서를 작성하여 피고 대표이사 D에게 제출하였고 제안이 수락되어 영상이 완성되었던 사안에서,
"원고들이 이 사건 영상을 촬영한 사실은 앞서 본 바와 같고 …. 원고들이 피고에게 인건비를 제외한 견적서를 제시한 사실, 피고가 원고들이 실제 지출한 비용만을 지급하고 원고 A에게 영상의 수정을 지시한 사실은 앞서 본 것과 같다. 그러나 앞서 든 증거들에 따르면 원고 A가 피고와 체결한 근로계약에서 정한 담당업무는 피고 매장의 인포메이션 센터에서 차량 제품을 소개, 판매 및 안내하는 것이고, 근무시간은 월요일부터 목요일까지는 18:00부터 다음날 02:00까지, 금요일은 18:00부터 다음날 06:00까지인 사실, 이 사건 영상의 촬영이 위 근무시간 외의 시간에 이루어진 사실, 이 사건 영상을 공동으로 제작한

원고 B는 피고와 고용관계가 없는 사실, D가 원고 A에게 영상의 수정을 지시하였으나 그 내용은 완성된 영상물의 색감, 로고 색상, 파일 형식, 랜더링 등 사항에 그친 사실을 인정할 수 있다. 이러한 사실에 비추어 보면, 이 사건 영상이 피고의 기획 하에 피고의 업무에 종사하는 사람이 업무상 작성한 업무상저작물에 해당한다고 보기는 어렵다. 따라서 원고들이 이 사건 영상의 저작자이고, 저작권을 가진다."

③ '도급계약'에 의하여 저작물을 작성하는 경우는 업무상저작물이 되지 않는다고 보는 것이 원칙이다. 다만 컴퓨터프로그램에 대한 도급계약의 경우 업무상저작물이 인정되는 예외적인 경우가 있다. 형식상 도급관계이지만 개발자가 저작물 개발을 위하여 일정 기간 동안 회사에 출퇴근하면서 상당한 보수를 받고 회사의 지시에 따라 개발에 참여한 경우는 실질적 지휘, 감독을 받는 노무도급에 해당하며, 이 경우 업무상저작물에서 요구하는 사용관계가 성립될 수 있다.

'롯티' 도안에 대한 대법원 92다31309 판결

롯데월드가 디자이너에게 롯데월드 상징물을 만들 것을 의뢰하여 디자이너가 창작한 너구리 도안을 디자이너의 명시적 허락 없이 수정한 것은 디자이너가 갖고 있는 동일성유지권의 침해라며 제기된 가처분신청이 인용되자 제기된 가처분이의사건에서,
저작권법 제9조는 예외규정인 만큼 이를 제한적으로 해석하여야 하고 확대 내지 유추 해석하여 저작물의 제작에 관한 도급계약에까지 적용할 수는 없다고 하였다.

'전압관리프로그램' 위탁개발에 대한 대법원 98다60590 판결

A의 기획과 투자에 의하여 진행되는 관리프로그램 개발 업무의 일환으로 개발업자인 B에게 위탁되어 B의 인력만을 빌어 창작된 프로그램에 대한 사안에서,
업무상 창작한 프로그램의 저작자에 관한 구 컴퓨터프로그램보호법 제7조의 규정은 프로그램 제작에 관한 도급계약에는 '적용'되지 않는 것이 원칙이지만 주문자가 ❶ 전적으로 프로그램에 대한 기획을 하고, ❷ 자금을 투자하면서, ❸ 개발업자의 인력만을 빌어 그에게 개발을 위탁하고 이를 위탁받은 개발업자는 당해 프로그램을 오로지 주문자만을 위해서 개발·납품하여, ❹ 결국 주문자의 명의로 공표하는 것과 같은 예외적인 경우에는 법인 등의 업무에 종사하는 자가 업무상 창작한 프로그램에 준하는 것으로 보아 법 제7조를 '준용'하여 주문자를 프로그램저작자로 볼 수 있다며 저작자는 B가 아니라 주문자인 A라고 판단하였다.

구 컴퓨터프로그램보호법 (1994. 1. 5. 법 4712호로 개정되기 전의 것) 제7조는 국가·법인·단체, 그 밖의 사용자의 기획 하에 법인등의 업무에 종사하는 자가 업무상 창작한 프로그램으로서 법인등의 명의로 공표된 것은 계약이나 취업규칙에 달리 정함이 없는 한 그 법인등을 당해 프로그램의 저작자로 한다고 정하고 있었다. 이후 개정에 의하여 위 조항 중 '법인등 명의의 공표' 요건이 삭제되었고 위 컴퓨터프로그램보호법은 2009. 4. 22. 폐기되면서 저작권법과 통합되었다. 위 판결은 1994. 1. 5. 법 4712호로 개정되기 전의 컴퓨터프로그램보호법이 적용된 사안이었다.

'독서실 전등 관리프로그램'에 대한 대법원 2011다69725 판결

원고가 만든 '독서실 전등 관리프로그램'은 사용자인 피고의 기획 하에 피용자인 원고가 만든 것이므로 피고에게 저작권이 귀속된다고 주장한 사안에서,
구 컴퓨터프로그램 보호법 제5조는 프로그램저작물 창작자를 저작자로 하는 구 컴퓨터프로그램 보호법 제2조 제2호의 예외를 정한 것으로서 구 컴퓨터프로그램 보호법 제5조는 주문자가 전적으로 프로그램에 대한 기획을 하고 자금을 투자하면서 개발업자의 인력만을 빌려 그에게 개발을 위탁하고, 이를 위탁받은 개발업자는 당해 프로그램을 오로지 주문자만을 위해서 개발·납품하는 것과 같은 예외적인 경우가 아닌 한 프로그램 제작에 관한 도급계약에는 적용되지 아니한다. (대법원 2000. 11. 10. 선고 98다60590 판결 참조) ❶ 원고가 피고의 요청에 따라 원심 판시 이 사건 프로그램을 개발하였고, ❷ 원고가 피고가 운영하던 참인테리어 사무실에서 원심 판시 이 사건 시스템의 개발 작업을 하면서 참인테리어의 개발부장이라는 직함을 사용하였으며, ❸ 피고가 이 사건 시스템 개발에 드는 비용을 부담하기로 한 사정이 있으나 그러한 사정만으로는 이 사건 프로그램의 창작에 관하여 피고가 전적으로 기획을 하고 자금을 투자하면서 원고의 인력만을 빌려 원고에게 개발을 위탁하였다는 등의 예외적인 사정이 있다고 할 수 없다. 따라서 원고와 피고 사이의 도급계약에 해당하는 이 사건 프로그램 제작에 관한 계약에 따라 개발된 이 사건 프로그램의 저작자는 주문자인 피고가 아니라 이를 창작한 원고라고 할 것이라고 하였다.

위 판결은 원고와 피고 사이의 이 사건 프로그램 제작에 관한 계약은 '도급계약'에 해당한다고 보면서 원고를 저작자로 보았다. 그러나 이 사건 원심 서울고등법원 2010나89533 판결은 원고와 피고 사이의 위 프로그램개발에 관한 계약은 '개발위탁계약'이라며 이 계약에서 저작권 귀속을 정한 바 없으므로 창작자 원칙에 따라서 이 사건 프로그램의 창작자인 원고를 저작자로 본다고 하였다. 또한 원심판결은 컴퓨터프로그램의 경우 저작권 양도의 경우나 피용자가 직무상 작성한 경우 그 컴퓨터프로그램의 소스코드를 위탁자나 사용자에게 인도하는 것이 관례라고 판시하고 이를 기준으로 업무에 종사 여부를 판단하고 있다. 이러한 프로그램 거래 관행은 음반에서 마스터테이프, 영화에서 필름 원본, 사진의 필름 원본 등에 대한 양도거래의 경우에도 유사하게 나타날 수 있는데 이 사안 소스코드 인도에 대한 해석이 다른 저작물 원본의

저작자

양도 사안에 그대로 적용되는 것은 아니며 해당 거래의 구체적 내용에 따라서 해석이 달라질 수 있다.

(3) 업무상 작성 저작물

① 피용자가 만든 저작물이라도 '저작물 제작 자체'가 업무의 일환으로 이루어져야 한다. 이러한 업무는 피용자에게 '주어진 업무의 내용'을 기준으로 판단하게 된다. 직접적으로 저작물 작성에 대한 업무지시가 없더라도 피용자가 맡은 업무의 내용상 통상적으로 저작물 작성이 기대되었던 경우도 업무상 작성에 포함된다.

'피용자의 근무시간이나 근무 장소 및 형태'는 작성된 저작물이 업무 범위에 속하는지를 판단할 수 있는 기초적인 자료가 될 수 있다. 하급심 판례는 피용자가 업무상 작성한 저작물이라도 고용되기 전에 이미 작성된 저작물과 실질적으로 유사한 것이라면 업무상저작물이 되지 않는다고 한다.

> **'우사기히메' 캐릭터에 대한 수원지방법원 안양지원 2009가합5501 판결**
>
> 원고는 2005. 11.경 블로그에 자신이 창작한 A 캐릭터를 게시한 바 있다. 원고는 2006. 3.경 피고 회사에 입사하여 근무하던 중 B 캐릭터를 제작하였고 2009. 4.경 피고 회사에서 퇴사하면서 상품 판매 중단을 요청하였다. 그러나 피고 회사는 이에 응하지 않고 캐릭터 상품을 판매하여 발생한 분쟁에서, 원고는 B 캐릭터는 A 캐릭터와 동일한 것이라고 주장하고 피고는 B 캐릭터는 업무상저작물이라고 주장한 사안에서,
>
> B 캐릭터에 관한 저작권의 귀속은 B 캐릭터가 피고 회사의 기획 하에 원고에 의하여 업무상 작성된 것으로 피고 회사의 명의로 최초로 공표된 것인지 여부에 달려 있고 이는 결국 B 캐릭터가 원고가 피고 회사에 입사하기 전 자신의 블로그를 통하여 공표한 바 있는 A 캐릭터와 실질적으로 다른 독립한 캐릭터라고 인정될 수 있는지 여부에 따라야 한다면서 이 사건 각 캐릭터의 형태 및 세부요소, 디자인에서의 역할, 캐릭터의 특징 및 전체적인 심미감 등의 측면에서 이 사건 각 캐릭터는 서로 밀접한 연관성을 띠고 있다고 볼 것이므로 결국 이 사건 B 캐릭터는 이 사건 A 캐릭터와 실질적으로 동일한 것으로 피고 회사가 그 작성에 관하여 기획하거나 원고의 업무상 작성된 것이 아니라 원고가 자신이 창작한 캐릭터를 디자이너로서 피고 회사에게 제안하여 피고 회사가 사용할 수 있도록 한 것에 불과하다고 봄이 상당하다고 하였다.

② 피용자가 근무하는 시간이나 장소에서 저작물이 만들어졌다고 하더라도 업무와 관련이 없으면 업무상저작물이 성립되지 않는 경우가 있고, 반대로 비록 피용자의 근무시간 외에 또는 근무 장소가 아닌 곳에서 저작물이 만들어졌더라도 사용자의 기획에 의한 업무수행으로 볼 수 있다면 업무상저작물이 될 수 있다.

피용자가 자신에게 주어진 업무의 일환으로 저작물을 작성한 것이 아니라 업무를 수행하면서 쌓은 업무수행의 경험과 축적된 지식을 활용하여 업무수행과 별개로 저작물을 작성하는 경우에는 업무상저작물에 해당하지 않는다.

대학교수의 강의안은 대학교가 교수에게 업무로 그 작성을 요구하는 것이라도 대학교가 강의안을 기획하였다든지 강의안 작성업무에 대한 실질적인 지휘, 감독을 하고 있다고 인정하기 어렵다. 나아가 법인등의 명의로 공표되지도 않는 까닭에 업무상저작물 저작자 요건을 충족하지 못한다.

(4) 법인등의 명의로 공표
업무상저작물이 되기 위한 다른 요건을 갖춘 경우라도 '법인등의 명의'로 '공표되는' 것이어야 법인등이 저작자가 된다.

① 법인등의 명의
사용자가 개인이 아니라 법인인 경우 '법인 대표자 개인의 명의'로 업무상저작물을 공표하였다면 법인등의 명의로 공표되어야 한다는 요건을 결한 것으로 볼 수 있다.

저작물을 공표하면서 '법인등과 작성자의 명의가 함께 기재된 경우' 작성자 명의가 저작자의 표시로서 기재된 것이라면 법인등의 명의로 공표된 것이라도 볼 수 없고 작성자가 저작자가 된다. 반면에 작성자 명의가 단순히 업무분담의 표시로 기재된 경우에는 법인등의 명의로 공표된 것이라고 보아 법인등이 저작자가 된다.

신문사에 소속된 기자가 작성한 글에 '기자의 명의'가 게재한 것 중 일반 기사의 경우에는 업무분담표시의 의미로 해석되고, 칼럼에 대하여는 저작 명의로 기재된 것이라고 보는 것이 일반적이다. 일반기사는 시사적인 내용으로 저작물성이 낮을 수 있고 칼럼은 개인적 의견이 주를 이루어 저작물성이 높다는 차이가 있을 수 있다. 그런데 업무상저작물은 저작물성의 높고 낮음으로 그 성립 여부가 결정되는 것은 아니다. 또한 기자가 작성한 일반 기사나 칼럼은 모두 신문을 구성하는 글을 작성하는 신문기

저작자

자의 업무에 속할 수 있다. 기자가 작성한 일반 기사를 신문사의 명의로 공표된 것이라고 보면서 같은 신문에 실린 칼럼을 다르게 보기 위해서는 단순히 일반 기사 또는 칼럼에 해당한다는 이유가 아니라 신문사나 기자의 저작물로 인정할 수 있는 업무분담 내용 등 사정을 고려하여야 한다.

만화영화 및 어린이영화에 대한 서울고등법원 2018나2060312 판결

피고 D가 1987년 E 회사의 대표이사로 재직할 당시 만든 어린이영화 등 영상물의 공표 당시 오프닝 또는 엔딩 크레딧 등에 'E'가 표시되고 또한 '제작, 총감독 D'라고 표시된 사안에서,

피고 D가 E의 대표이사의 업무로서 위 저작물을 기획하고 창작한 것이라 보기 어려워 제9조 본문요건인 업무상 작성되었다고 볼 증거가 없고, 또한 제9조 단서의 피고 D의 기명저작물에 해당하여 법인등 단체저작물에 해당하지 아니한다고 하였다.

연합뉴스 기사에 대한 서울고등법원 2006나2355 판결

A 신문사 소속 기자들이 작성한 기사의 상단에 그 기사를 작성한 기자의 이름이 기재되고 하단에 그 기자의 이메일 주소가 기재되어 있지만 그 작성 기자 이름 옆에는 A 신문사의 상호 예를 들면 (서울=연합뉴스), (여수=연합뉴스) 등으로 기재되고 또한 A 신문사로부터 제공받은 기사를 게재하는 경우 그 기사 아래에는 당해 기사의 저작권이 A 신문사에 있다는 취지의 표시가 이루어진 경우 저작권이 인정되는 기사는 A 신문사의 기획 하에 A신문사의 소속 기자들이 업무로서 작성한 것으로 A 신문사의 명의로 공표된 기사라고 하였다.

② 공표의 범위

업무상저작물이 되기 위한 '공표'는 공연, 공중송신 또는 전시 그 밖의 방법으로 공중에게 공개하거나 저작물을 발행하는 경우를 말한다. 따라서 대외적으로 공표되는 경우뿐만 아니라 업무상저작물이 '단체의 구성원인 특정 다수인에게 배포한 경우'에도 발행에 해당하여 법인등의 명의로 공표되는 것으로 볼 수 있다.

'족보닷컴' 사이트에 대한 서울고등법원 2006나110270 판결

업무상저작물이 되기 위해서는 사용자의 명의를 단체 내부가 아닌 대외적으로 공표하여야 한다는 주장에 대하여 단체명의저작물의 공표요건에 해당하는 '공중'을 '단체 내지 단체구성원을 제외한 불특정다수 또는 특정 다수'로 범위를 축소하여 해석할 아무런 근거가

없으므로 문제가 된 시험문제는 단체의 구성원인 특정 다수의 학생에게 배포한 발행에 해당하여 '법인등의 명의로 공표'라는 요건에 충족되었다고 판단하였다.

③ 법인등의 명의로 공표될 예정인 경우

피용자가 업무상 작성한 저작물이 아직 대외적으로 '공표되지 않았지만 법인등의 명의로 공표될 것이 예정'되어 있으면 법인등이 그 업무상저작물에 대한 저작자의 지위를 갖는다.

하급심 판례는 2006년 저작권법은 업무상저작물의 저작자에 대한 법적 안정성을 확보하려는 취지에서 공표가 예정된 미공표저작물도 업무상저작물에 포함하기 위하여 구 저작권법 제9조의 '공표된'이라는 표현을 '공표되는'으로 개정하였으므로 미공표저작물이라도 법인등의 명의로 공표될 것이 예정되어 있다면 위 공표의 요건을 갖춘 것이라고 하였다.

아파트 분양 기사에 대한 광주지방법원 2011나15427 판결

원고 회사는 취재기자가 없던 원고 계열회사인 소외 회사로부터 취재기자 협조를 요청받고 원고 회사 소속 N 기자에게 취재를 지시하여 아파트 분양에 대한 기사를 작성하였다. 위 기사는 원고가 발간하는 정기간행물 C에 실리지 않고 소외 회사가 발행하는 생활정보지 E에 원고의 제호와 취재기자를 명기하지 않은 채 게재되었다. 이후 원고는 기사 상단에 원고의 간행물 제호인 "C"를, 기사 하단에 "C 언론 N 기자"를 각각 명기하는 조건으로 피고에게 기사 전재를 허락하였던 사안에서,

이 사건 저작물은 원고의 기획 하에 소속 기자가 작성한 업무상 저작물로서, 비록 C에 게재할 목적으로 작성된 것은 아니었다고 하더라도 다른 언론사 등에 공급되는 경우에는 원고 명의로 공표되는 것을 예정하고 있었다고 보이므로 저작권법 제9조에서 규정하는 법인등의 명의로 공표되는 업무상저작물로서 원고가 이 사건 저작물의 저작권자라고 하였다.

폐기 디자인에 대한 부산고등법원 2018나57912 판결

원고 회사에서 피고가 근무하는 동안 디자인한 도안에 대하여 피고는 원고가 그 디자인을 사용하지 않기로 하여 폐기를 지시한 디자인이라며, 이 도안은 공표할 것을 예정하지 않아 업무상저작물이 될 수 있는 미공표 상태의 저작물에 해당하지 아니한다고 주장한 사안에서,

저작자

> "피고가 원고 회사에 근무할 당시 창작한 도안 중 실제로 제품에 사용된 도안뿐만 아니라 완성된 제품에 그대로 사용되지 아니한 도안들도 미공표 저작물로서 저작권법 제9조에서 규정한 업무상저작물에 해당하고 피고가 폐기되었다고 주장하는 도안들은 원고의 수정 지시에 따라 수정 작업을 거친 후 일부 디자인이 변형된 모습으로 표현되어 완성된 제품이 나온 것일 뿐, 해당 도안이 완전히 폐기된 것으로 보이지 아니한다."

④ 공표 예정은 없지만 만약 공표된다면 법인등의 명의로 될 경우

그런데 현재 업무상으로 작성된 저작물을 대외적으로 '공표할 예정이 없지만 만약 공표된다면 법인등의 명의로 될 경우'에도 '공표되는' 요건을 충족하여 법인등이 저작자가 되는지에 대하여 논의가 있다.

법인등이 업무상저작물의 저작자가 되는 것은 창작자 원칙에 대한 예외로서 제한적으로 해석할 필요가 있다. 따라서 '공표되는' 요건을 해석함에 있어 법인등의 명의로 공표될 것으로 예정된 경우를 넘어 공표 자체가 예정되어 있지 아니한 경우까지 포함할 수는 없다고 본다. 따라서 이 경우는 '공표되는' 요건을 결한 것으로서 업무상저작물을 창작한 피용자가 저작자가 된다. 다만 저작권법 제9조 단서는 "컴퓨터프로그램저작물의 경우 공표될 것을 요하지 아니한다"고 정하고 있다. 따라서 컴퓨터프로그램저작물은 다른 일반 저작물과 달리 법인등 명의로 공표되지 않았더라도 법인등이 저작자의 지위를 갖는다.

(5) 계약 또는 근무규칙의 특약에 의한 예외

법인등 사용자의 저작물이 되기 위해서는 계약이나 근무규칙에서 저작물을 작성한 피용자를 저작자로 한다는 특약이 없어야 한다. 따라서 저작권법 제9조의 다른 요건을 갖춘 경우라도 계약 등에 피용자가 저작권을 갖기로 정하였다면 피용자가 저작자가 된다.

이러한 계약 등은 저작물이 작성 되어 저작권이 발생하는 시점에 존재하여야 한다. 저작물이 완성되고 법인등의 명의로 공표되어 법인등이 저작자가 된 이후에 비로소 위와 같은 계약 등이 성립된 경우에는 피용자에게 저작재산권이 양도된 것으로 해석할 가능성만이 있을 뿐이다.

또한 저작권법 제9조의 요건에 해당하지 않아도 고용주인 법인등에게 제작된 저작물에 대한 저작권이 귀속된다는 약정이 현실적으로 존재할 가능성이 크다. 이 경우 저작권 귀속약정에 불구하고 창작자 원칙과 강행규정인 저작권법 제2조 제2호나 제 9조에 따라 원칙적으로 창작자가 저작자의 지위를 갖는다. 다만 법인등을 저작자로 정하는 약정은 경우에 따라 저작재산권의 양도 합의로 볼 수 있는 경우가 있다.

다. 법인등 사용자의 저작권 원시취득

저작권법 제9조의 요건을 모두 갖추면 법인등은 저작자가 된다. 저작자의 지위를 갖는 법인등은 업무상저작물의 창작과 동시에 저작권을 원시취득하게 된다.

법인등에게 발생하는 저작권에는 저작재산권뿐만 아니라 인격적 권리인 저작인격권을 포함한다. 아직 미공표된 저작물이라도 법인등의 명의로 공표될 것이 예정되어 있는 등 제9조의 '공표되는' 요건을 충족하면 법인등의 저작물로 성립할 수 있으므로 이 경우 법인등은 저작자로서 갖는 공표권을 행사할 수 있다.

저작자

index : 판례 색인

대법원

저작권 노트

고등법원

저작권 노트

저작권 노트

지방법원

저작권 노트

저작권 노트

기타

전문영

    고려대학교 법학과를 졸업하고 제30회 사법시험 합격, 사법연수원 20기를 수료한 후 변호사로 활동하며 2013-14 한국저작권법학회 회장을 역임했다.

    현재 한국음악콘텐츠산업협회, ㈜삼성출판사 등의 법률자문, 한국저작권위원회 감정전문위원, 한국저작권보호원 저작권OK 자문위원을 맡고 있다.

    한국음반산업협회, 한국문학예술저작권협회, 한국영화배급협회, 방송문예포럼, 한국프로사진작가협회, 함께하는음악저작인협회, 한국패션일러스트레이션협회, 한국출판문화산업진흥원에서 법률자문 변호사로 활동했으며, 교통방송, KBS, EBS 라디오 등에서 일반 법률상담을 진행했다.

    30년간 법률사무소를 운영하며 음악·영화·출판·디자인·컴퓨터프로그램·연예인 전속계약 등 다수의 저작권 관련 재판 사건들을 수임하여 수행했다. 특히 디지털 기술의 등장과 함께 극심한 저작권 분쟁을 유발한 P2P '소리바다' 서비스에 대한 재판을 승소로 이끌며 '소리바다' 서비스의 유료화 합의를 이끌어낸 공로로 문화관광부장관상을 받았다. 또한 가수 김광석의 상속인들을 대리하여 소송을 수행한 김광석 음반에 대한 분쟁은 대법원 파기환송의 승소 판결을 받은 후 조정으로 종결했으나, 그 화제성으로 세간의 이목을 집중시키기도 했다.

    저서로 「21세기를 겨냥한 저작권 해설」(1999)이 있다.

전문영 변호사의
저작권 노트
저작물과 저작자 편

초판 1쇄 발행 2021년 11월 10일

지은이	전문영
발행인	박성아
편집인	홍사여리
디자인	onmypaper
제작·경영 지원	유양현

펴낸 곳	테라(TERRA)
주소	03908 서울시 마포구 월드컵북로 375, 2104호(상암동 DMC 이안상암1단지)
전화	02 332 6976
팩스	02 332 6978
이메일	terra@terrabooks.co.kr
등록	제2009-000244호

ISBN	978-89-94939-93-3 93360
값	36,000원

Copyright
Law